파생상품투자권유자문인력

한권으로 끝내기

SD에듀
㈜시대고시기획

파생상품투자
권유자문인력
한권으로 끝내기

Always **with you**

사람의 인연은 길에서 우연하게 만나거나 함께 살아가는 것만을 의미하지는 않습니다.
책을 펴내는 출판사와 그 책을 읽는 독자의 만남도 소중한 인연입니다.
SD에듀는 항상 독자의 마음을 헤아리기 위해 노력하고 있습니다.
늘 독자와 함께하겠습니다.

머리말 PREFACE

파생상품투자권유자문인력 자격시험을 준비하는 수험생 여러분, 반갑습니다. 파생상품투자권유자문인력 자격증 취득이 은행·증권회사를 비롯한 금융권에 종사하는 분들에게 ISA, 신탁상품 등의 판매 및 영업경쟁력 향상을 위해 필수과정이라는 것을 잘 알고 계실 것입니다. 그래서 "파생상품투자권유자문인력 자격증을 취득하려는 분들이 어떻게 하면 효율적으로 공부하여 합격할 수 있을까?"라는 고민 끝에, 본서를 내놓게 되었습니다.

본서의 특징은 크게 2가지로 요약할 수 있습니다.

첫 째 '핵심은 놓치지 않는다'입니다. 아무리 많은 문제를 담고 있더라도 시험의 핵심포인트를 벗어나게 되면 효율적인 학습이 불가능합니다. 많은 문제들을 제공하면서도 시험의 핵심을 놓치지 않기 위해 본서는 대표문제, 필수개념, OX퀴즈, 보충문제를 체계적으로 구성하여 수험생 여러분들이 각자 준비기간에 맞게 효율적으로 학습할 수 있도록 하였습니다.

둘 째 '이해 가능성을 높이자'입니다. 시중에 나온 수험서 중에는 문제의 내용과 질적인 측면에서 우수한 것들이 있습니다. 다만, 한 가지 아쉬운 점은 핵심문제 위주로 문제집을 구성하다 보니 전체적인 내용에 대한 이해가 쉽지 않다는 것입니다. 이런 경우 실제 시험에 유사한 문제가 출제된다고 하더라도 명쾌하게 답을 고르기가 쉽지 않습니다. 그래서 본서는 중요한 문제 사이사이에 향후 언제든지 출제 가능한 문제들로 다리를 놓고 자세한 해설을 달았습니다. 따라서 문제만 풀어보고도 전체 이론을 쉽게 이해할 수 있게 하였으며, 다양한 형태의 문제에도 당황하지 않도록 대비하였습니다.

이처럼 앞에서 언급한 본서의 강점과 특징에도 불구하고 모든 분들의 기대를 충족시키기에는 여전히 부족한 점이 있는 것도 사실입니다. 그럼에도 불구하고 파생상품투자권유자문인력 자격시험을 준비하시는 분들에게 가장 효율적인 학습방법을 제시하기 위해 최선을 다하여 집필 및 출간하였습니다.

아무쪼록 본서가 파생상품투자권유자문인력 자격시험을 준비하시는 분들에게 합격의 기쁨을 가져다주는 마중물이 되기를 기원합니다. 감사합니다.

박선호 씀

파생상품투자권유자문인력이란?

파생상품투자권유자문인력은 투자자를 상대로 파생상품, 파생결합증권 및 법 제4조 제7항 제1호에 해당하는 증권에 대하여 투자권유 또는 투자자문 업무를 수행하는 자를 말합니다. 파생상품투자권유자문인력은 금융투자업 관련 회사 현직자만 응시할 수 있으며, 관련 투자자보호교육을 사전 이수한 후 해당 자격시험에 합격한 자만 업무 수행이 가능합니다.

시험구성

구 분	과목명	문항수		세부과목명	세부문항수
		총	과 락		
1과목	파생상품 I	25	13	선 물	13
				옵 션	12
2과목	파생상품 II	25	13	스 왑	8
				기타 파생상품 · 파생결합증권	17
3과목	리스크관리 및 직무윤리	25	13	리스크관리	8
				영업실무	5
				직무윤리 · 투자자분쟁예방	12
4과목	파생상품 법규	25	13	자본시장 관련 법규(금융소비자보호법 포함)	17
				한국금융투자협회규정	4
				한국거래소규정	4
합 계					100

시험일정

회 차	접수기간	시험일자	합격자 발표
31회	24.01.08(월)~24.01.12(금)	02.04(일)	02.15(목)
32회	24.04.22(월)~24.04.26(금)	05.19(일)	05.30(목)
33회	24.10.28(월)~24.11.01(금)	11.24(일)	12.05(목)

※ 상기 시험일정은 금융투자협회(www.kofia.or.kr) 사정 등에 따라 일부 변경될 수 있으며, 응시인원에 따라 응시지역이 축소될 수 있습니다.

응시원서 접수방법

접수기간 내에 인터넷(http://license.kofia.or.kr)에서 작성 및 접수

시험 관련 세부정보

시험주관처	응시자격	응시료	시험시간	문제형식
한국금융투자협회 (license.kofia.or.kr)	사전교육이수 (금융투자교육원) + 금융기관 종사자	50,000원	10:00 ~ 12:00 (1교시 : 120분)	객관식 4지선다형

합격기준

응시과목별 정답비율이 50% 이상인 자 중에서 응시과목의 전체 정답비율이 70%(70문항) 이상인 자(과락기준은 시험 구성 참조)

응시제한대상(응시부적격자)

❶ 시험에 합격한 후 동일 시험에 재응시하려는 자
❷ 「금융투자전문인력과자격시험에관한규정」 제3-13조 및 제3-15조의 자격제재에 따라 응시가 제한된 자
❸ 「금융투자전문인력과자격시험에관한규정」 제4-21조 제3항 및 제4항에 따라 부정행위 등으로 시험응시가 제한된 자
❹ 투자권유자문인력 적격성 인증 시험의 경우 「금융투자전문인력과자격시험에관한규정」 제5-2조에 따라 투자자 보호 교육의 수강 대상이 아니거나, 해당 교육을 수료하지 못한 자

※ 상기 응시 부적격자는 응시할 수 없으며, 합격하더라도 추후 응시 부적격자로 판명되는 경우 합격 무효 처리함. 또한 5년의 범위 내에서 본회 주관 시험응시를 제한할 수 있음

※ 상기 시험은 시험 접수 시 해당 시험 관련 투자자 보호 교육 이수 여부를 확인하며, 이에 부적합할 시 시험 접수가 제한됨

과목별 학습전략

LEARNING STRATEGIES

제1과목
파생상품 I
(25문항)

학습목표
선물 및 옵션의 개요 및 구분과 각 개념의 정확한 이해 숙지

세부 학습전략

선 물	파생상품은 무엇보다도 개념에 대한 이해가 필요하다. 선물의 경우 기초자산의 종류에 따라 주식 관련 선물, 금리선물, 통화선물, 상품선물로 나누어지는데, 대부분의 문제가 출제되는 주식 관련 선물을 완벽히 숙지하는 것이 우선이다. 선물이론가격 계산과 헤지거래, 투기거래, 차익거래, 스프레드 거래가 기초자산 종류별로 어떻게 이루어지는지를 잘 알고 있어야 한다.
옵 션	옵션은 선물보다 처음에 개념을 잡기가 좀 더 어렵기 때문에 개념을 완벽히 이해하는 데 많은 시간을 쏟아부어야 한다. 옵션도 주식 관련 옵션에서 대부분 출제되는데, 특히 콜과 풋의 개념 및 만기손익구조, 내재가치와 시간가치의 계산, 시장상황에 따른 옵션거래 전략, 옵션의 민감도 등을 중심으로 학습해야 하며, 손익그래프를 그려보면서 손익을 계산하는 연습도 필요하다.

제2과목
파생상품 II
(25문항)

학습목표
스왑과 파생결합증권 및 기타 파생상품의 기본 개념과 전반적인 이해

세부 학습전략

스 왑	스왑은 대부분이 이자율스왑에서 출제되는데 이자율스왑에서 사용되는 용어, 이자율스왑의 종류, 이자율스왑의 헤지방법 등이 거의 대부분 출제된다고 해도 과언이 아니다. 학습분량이 다른 과목에 비해서는 많지 않기 때문에 고득점을 노리는 전략이 필요하다.
기타 파생상품 · 파생결합증권	기타 파생상품의 경우 장외옵션의 분류와 종류별 옵션의 수익구조를 이해하여야 하고, 신용파생상품의 경우 CDS, TRS, CLN 등에 대한 구조를 숙지하는 것이 제일 중요하다. 파생결합증권의 경우 ELS는 상품구조 및 투자전략, ELW는 가격결정요인, ETN은 상장제도가 특히 중요하다.

제3과목
리스크관리 및 직무윤리
(25문항)

학습목표
리스크 전반의 개념과 응용 및 투자권유 · 주문접수 · 거래업무 · 직무윤리 전반의 이해

세부 학습전략

리스크관리	VaR의 정의에 대한 이해와 VaR를 계산할 줄 아는 것은 필수적이다. 특히 포트폴리오의 VaR계산과 상관계수에 따른 분산효과를 숙지하고, VaR를 측정하는 방법들의 장단점을 파악해야 한다. 신용리스크에서는 기대손실 계산문제에 대비해 두어야 한다.
영업실무	영업실무에서는 투자권유의 절차별 유의사항, 전문금융소비자와 일반금융소비자의 구분, 거래체결 원칙, 호가의 종류 및 호가입력의 제한사항, 미결제약정수량의 산출 등을 중심으로 대비하는 것이 좋다.
직무윤리 · 투자자분쟁예방	직무윤리 및 투자자분쟁예방의 경우 전 부분에서 골고루 출제되는 경향이 있고 내용도 어렵지 않기 때문에 시간이 될 때마다 여러 번 정독하는 것이 좋다. 신의성실의 원칙과 이해상충 방지의무, 금융투자업 직무윤리에서는 본인에 대한 윤리를 중심으로 폭넓게 학습하는 것이 필요하다.

제4과목
파생상품 법규
(25문항)

학습목표
자본시장 관련 법규 · 금융투자업 관련 규칙 · 금융투자회사 관련 규정 전반의 이해

세부 학습전략

자본시장 관련 법규	「자본시장법」과 금융위원회규정은 4과목의 과락 여부와 전체 시험에서 당락을 좌우할 만큼 중요한 부분이다. 법규의 특성상 어느 한 부분에 치우치지 말고 여러 번 반복 학습하는 것이 중요한데, 금융투자업의 인가 및 유지, 투자매매업자 및 투자중개업자에 대한 영업행위 규제, 내부자거래 규제 등을 중심으로 폭넓게 학습해야 한다.
한국금융투자협회규정	출제 문항수가 적기 때문에 금융투자회사의 영업 및 업무에 관한 규정을 중심으로 학습해야 하는데 조사분석자료 작성 및 공표, 투자광고, 재산상 이익의 제공 및 수령, 신용공여 부분이 특히 중요하다.
한국거래소규정	영업실무와 겹치는 부분이 많은데, 상장상품 종류와 결제방법, 최종거래일 등 상품별 상세내역을 알아두어야 한다. 특히 스프레드 거래, 호가의 종류, CB 등 거래의 중단조치, 거래증거금 예탁수단과 계산방법을 숙지해 두는 것이 좋다.

이 책의 구성

COMPOSITION AND FEATURES

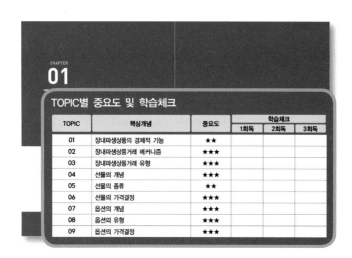

01 각 챕터의 요약

- 시험에 출제된 문제를 분석하여 챕터별 출제비중, 출제경향 및 학습전략, 토픽별 중요도를 정리하여 보여줌으로써 공부할 챕터를 한눈에 파악하고 학습방향을 설정할 수 있도록 하였습니다.

- 3회독 학습체크를 통해 토픽별 학습 정도를 스스로 점검해볼 수 있도록 하였습니다.

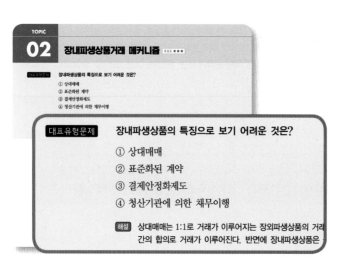

02 대표유형문제

- 각 챕터를 토픽으로 분류하고, 해당 토픽과 관련하여 꼭 알아야 할 대표유형문제를 엄선하였습니다.

- 대표유형문제를 통해 해당 토픽과 관련된 중요개념과 유형을 파악하고 이해할 수 있습니다.

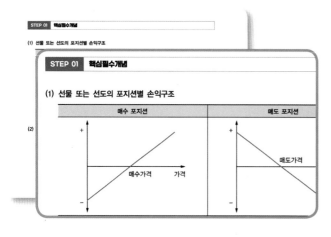

03 핵심필수개념

- 시험에 자주 나오는 개념을 압축하여 완벽 정리함으로써 기본이론을 탄탄하게 다지고 최소한의 시간으로 효율적인 학습이 가능하도록 하였습니다.

- 개념체크OX를 통해 중요이론은 한 번 더 확실하게 이해하고 넘어갈 수 있도록 하였습니다.

04 핵심보충문제

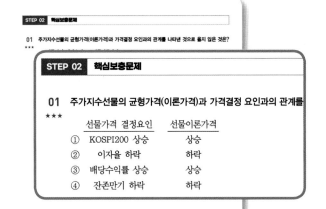

- 중요개념을 익힌 후 다양한 유형의 문제를 통해 정리하고 응용해볼 수 있도록 하였습니다.
- 문제별로 중요도를 파악하고 자신의 약점을 보완할 수 있습니다.

05 출제예상문제

CHAPTER 03 금리선물·옵션
출제예상문제

01 1년 후 만기에 100을 받게 되는 T-Bill의 현재가격이 95라고
★★☆ 각각 얼마인가?

① 할인수익률(5%), 단리이자율(5.3%)
② 할인수익률(5.3%), 단리이자율(5%)
③ 할인수익률(5%), 단리이자율(5%)
④ 할인수익률(5.3%), 단리이자율(5.3%)

- 실제 시험에 출제되는 유형을 면밀하게 분석한 수준 높은 문제로 실전감각을 키울 수 있습니다.
- 출제 가능성이 있는 문제와 난이도 높은 문제에 대비할 수 있습니다.

06 실전모의고사

파생상품투자권유자문인력	
실전모의고사	문 항 수 : 100문항 응시시간 : 120분

제1과목 : 파생상품 Ⅰ

01 주가지수 산출방법이 나머지 셋과 다른 것은?
① KOSPI200   ② NIKKEI225
③ KTOP30   ④ DJIA

- 실제 시험과 문제 구성이 동일하고 유형이 비슷한 문제들을 풀어보면서 시험 전 최종 실력을 점검할 수 있습니다.
- 상세하고 꼼꼼한 해설을 제공하여 문제와 관련된 중요개념을 확실히 이해하고 정리할 수 있습니다.

4주 완성 학습플랜

LEARNING PLAN

시험편과 시험시간 등 시험 관련 정보를 숙지한 후 목차를 보고 스스로의 학습량과 학습기간을 고려하여 자신만의 스터디플랜을 세워봅니다. 다음은 SD에듀에서 제안하는 4주 완성 및 6주 완성 스터디플래너로, 교재의 내용을 차근차근 학습하며 4주 또는 6주 안에 시험 준비를 완벽히 마칠 수 있도록 도와줍니다.

1주	1일차	2일차	3일차	4일차	5일차	6일차	7일차
	PART 01 파생상품 Ⅰ						
	1장	2장	2장	2장	3장	3장	4장
	달성 □	달성 □	달성 □	달성 □	달성 □	달성 □	달성 □

2주	1일차	2일차	3일차	4일차	5일차	6일차	7일차
	PART 01	PART 02 파생상품 Ⅱ				PART 03	
	5장	1장	1장	2장	3장	1장	1장
	달성 □	달성 □	달성 □	달성 □	달성 □	달성 □	달성 □

3주	1일차	2일차	3일차	4일차	5일차	6일차	7일차
	PART 03 리스크관리 및 직무윤리					PART 04 파생상품 법규	
	2장	2장	3장	3장	3장	1장	1장
	달성 □	달성 □	달성 □	달성 □	달성 □	달성 □	달성 □

4주	1일차	2일차	3일차	4일차	5일차	6일차	7일차
	PART 04 파생상품 법규			모의고사 풀이 및 총 복습			
	2장	3장	3장	실전모의고사		총 복습 (문제풀이 + 오답정리)	
	달성 □	달성 □	달성 □	달성 □	달성 □	달성 □	달성 □

1주

1일차	2일차	3일차	4일차	5일차	6일차	7일차
PART 01 파생상품 Ⅰ						
1장	2장	2장	2장	3장	3장	3장
달성 □	달성 □	달성 □	달성 □	달성 □	달성 □	달성 □

2주

1일차	2일차	3일차	4일차	5일차	6일차	7일차
PART 01 파생상품 Ⅰ					PART 02 파생상품 Ⅱ	
4장	4장	5장	PART 01 복습	PART 01 복습	1장	1장
달성 □	달성 □	달성 □	달성 □	달성 □	달성 □	달성 □

3주

1일차	2일차	3일차	4일차	5일차	6일차	7일차
PART 02 파생상품 Ⅱ				PART 03 리스크관리 및 직무윤리		
2장	3장	PART 02 복습	PART 02 복습	1장	1장	2장
달성 □	달성 □	달성 □	달성 □	달성 □	달성 □	달성 □

4주

1일차	2일차	3일차	4일차	5일차	6일차	7일차
PART 03 리스크관리 및 직무윤리					PART 04 파생상품 법규	
2장	3장	3장	PART 03 복습	PART 03 복습	1장	1장
달성 □	달성 □	달성 □	달성 □	달성 □	달성 □	달성 □

5주

1일차	2일차	3일차	4일차	5일차	6일차	7일차
PART 04 파생상품 법규						
1장	2장	2장	3장	3장	PART 04 복습	PART 04 복습
달성 □	달성 □	달성 □	달성 □	달성 □	달성 □	달성 □

6주

1일차	2일차	3일차	4일차	5일차	6일차	7일차
모의고사 풀이 및 총 복습						
실전모의고사		모의고사 복습		총 복습 (문제풀이 + 오답정리)		
달성 □	달성 □	달성 □	달성 □	달성 □	달성 □	달성 □

PART 01 파생상품 Ⅰ

| 제1장 | 선물·옵션 개요 ···································· 4
| 제2장 | 주식 관련 선물·옵션 ···················· 34
| 제3장 | 금리선물·옵션 ······························· 110
| 제4장 | 통화선물·옵션 ······························· 168
| 제5장 | 상품 관련 선물·옵션 ···················· 204

PART 02 파생상품 Ⅱ

| 제1장 | 스왑 ··· 236
| 제2장 | 기타 파생상품 ······························· 298
| 제3장 | 파생결합증권 ·································· 328

PART 03 리스크관리 및 직무윤리

| 제1장 | 리스크관리 ······································ 356
| 제2장 | 영업실무 ··· 396
| 제3장 | 직무윤리 및 투자자분쟁예방 ········ 442

PART 04 파생상품 법규

| 제1장 | 자본시장과 금융투자업에 관한 법률 / 금융위원회규정 /
    금융소비자보호법 ··························· 528
| 제2장 | 한국금융투자협회규정 ·················· 610
| 제3장 | 한국거래소규정 ····························· 644

부록 실전모의고사

실전모의고사 ··· 710
정답 및 해설 ·· 736

PART 01

파생상품 Ⅰ

제1장 선물 · 옵션 개요
제2장 주식 관련 선물 · 옵션
제3장 금리선물 · 옵션
제4장 통화선물 · 옵션
제5장 상품 관련 선물 · 옵션

선물 · 옵션 개요

챕터 출제비중

구 분	출제영역	출제문항
제1장	선물 · 옵션 개요	2~3문항
제2장	주식 관련 선물 · 옵션	11~13문항
제3장	금리선물 · 옵션	3~5문항
제4장	통화선물 · 옵션	3~4문항
제5장	상품 관련 선물 · 옵션	2~3문항

50 45 35 30 25 20 15 10 5

10%
48%
18%
14%
10%

선물·옵션 개요에서는 전체 25문항 중 약 2~3문제 정도 출제된다. 기초적인 개념에 대한 이해가 중요한데, 특히 장내파생상품의 경제적 기능과 장내파생상품의 특징은 자주 출제되는 영역이다.

세부적으로 보면 결제안정화제도, 거래량과 미결제약정의 개념에 대해서는 반드시 이해하고 있어야 한다. 또한 장내파생상품의 4가지 거래유형은 향후 전체 학습의 토대가 되기 때문에 기초개념을 잡는다는 자세로 임하면 좋을 것이다.

TOPIC별 중요도 및 학습체크

TOPIC	핵심개념	중요도	학습체크		
			1회독	2회독	3회독
01	장내파생상품의 경제적 기능	★★			
02	장내파생상품거래 메커니즘	★★★			
03	장내파생상품거래 유형	★★★			
04	선물의 개념	★★★			
05	선물의 종류	★★			
06	선물의 가격결정	★★★			
07	옵션의 개념	★★★			
08	옵션의 유형	★★★			
09	옵션의 가격결정	★★★			

01 장내파생상품의 경제적 기능 중요도 ★★☆

대표유형문제 장내파생상품의 경제적 기능으로 보기 어려운 것은?

① 리스크의 전가   ② 가격발견 기능

③ 레버리지 효과   ④ 자원배분의 효율성 증대

해설 레버리지 효과는 파생상품의 특징일 뿐이지 경제적 기능으로 보기 어렵다. 레버리지 효과는 손익확대 효과로서 파생상품은 적은 증거금만으로 큰 규모의 거래를 할 수 있기 때문에 현물거래를 할 때보다 손실과 이익이 모두 커진다.

답 ③

STEP 01   핵심필수개념

(1) 파생상품의 유형

① 파생상품은 기초자산의 가격에 의해 가치가 결정되는 계약이다.

② 파생상품은 손익구조의 형태에 의해 선도형(예 선도, 선물, 스왑), 옵션형(예 옵션, 캡, 플로어, 이 색옵션), 합성형(예 선물옵션, 스왑션)으로 분류된다.

(2) 장내파생상품의 경제적 기능

리스크의 전가	파생상품시장은 헤저(리스크를 회피하려는 자)로부터 투기자(리스크를 감수하면서 이익을 추구하려는 자)에게 리스크를 효율적으로 이전시키는 메커니즘을 제공한다.
가격발견	선물·옵션가격은 현재시점에서 시장참가자들의 미래 상품가격에 대한 합리적 기대치를 나타낸다.
자원배분의 효율성 증대	파생상품시장을 활용하여 보유자산 구성을 조절할 수 있고, 다수의 시장참가자가 경쟁함에 따라 독점력이 감소되어 시장의 자원배분기능이 효율적으로 이루어질 수 있다.
시장효율성 제고	파생상품시장에서는 현물시장에 비해 거래비용이 상대적으로 저렴하므로 시장의 효율성이 증대된다.

개념체크O×

▶ 스왑션은 파생상품 유형 중 옵션형이다. ○ ×

해설 스왑션은 파생상품 유형 중 합성형이다. 스왑션의 거래대상은 스왑이며, 옵션을 행사하면 스왑 포지션을 갖는다.

답 ×

01 파생상품의 개념과 관련된 설명으로 옳지 않은 것은?

★★☆

① 파생상품은 기초자산의 가격에 의해 그 가치가 결정되는 계약이다.

② 파생상품은 투자자가 원본 이외에도 추가적인 지급의무를 부담할 수 있는 금융투자상품이다.

③ 주식옵션과 주식연계워런트(ELW)는 「자본시장법」상 파생상품으로 분류된다.

④ 파생상품은 손익구조의 형태에 의해 선도형, 옵션형, 합성형으로 분류된다.

해설 주식옵션은 파생상품이고, 주식연계워런트(ELW)는 증권이다. 「자본시장법」은 금융투자상품을 증권과 파생
상품으로 구분한다. 증권은 투자자가 취득과 동시에 지급한 금전(원본) 이외에 추가로 지급의무를 부담하지
않는 금융투자상품이며, 파생상품은 투자자가 원본 이외에도 추가적인 지급의무를 부담할 수 있는 금융투자상
품이다. 거래소 시장에서 거래되어 계약조건이 정형화·표준화되어 있는 파생상품을 장내파생상품이라 하고,
거래소 시장 이외에서 거래되는 선도, 스왑, 장외옵션 등을 장외파생상품이라고 한다.

답 ③

02 장내파생상품의 경제적 기능 중 가장 중요한 기능으로 볼 수 있는 것은?

★★★

① 리스크의 전가

② 가격발견

③ 자원배분의 효율성 증대

④ 시장효율성 제고

해설 장내파생상품의 가장 중요한 경제적 기능은 리스크의 전가이다. 즉, 파생상품시장은 리스크를 다른 사람에게
떠넘기려고 하는 사람(Hedger)과 리스크를 떠안으려는 사람(Speculator) 간에 리스크가 거래되는 시장이다.

답 ①

03 장내파생상품의 경제적 기능에 관한 설명으로 적절하지 않은 것은?

★★★

① 헤저는 현물시장에서의 가격변동 리스크를 선물거래를 통한 헤지로 가격변동 위험을 투기자에게
전가시킬 수 있다.

② 가격변동 리스크는 헤저로부터 투기자로 전가되면 모두 소멸된다.

③ 선물·옵션가격은 미래 현물가격에 대한 예시기능을 수행한다.

④ 파생상품은 적은 증거금으로 많은 금액의 거래가 가능하므로 거래비용을 절약할 수 있다.

해설 가격변동 리스크는 헤저로부터 투기자로 전가(Shifting)될 뿐이지 소멸하는 것은 아니다.

답 ②

대표유형문제 **장내파생상품의 특징으로 보기 어려운 것은?**

① 상대매매
② 표준화된 계약
③ 결제안정화제도
④ 청산기관에 의한 채무이행

해설 상대매매는 1:1로 거래가 이루어지는 장외파생상품의 거래방식이다. 즉, 장외파생상품은 거래 당사자 간의 합의로 거래가 이루어진다. 반면에 장내파생상품은 불특정 다수가 참여하는 경쟁매매이다.

답 ①

STEP 01 **핵심필수개념**

(1) 장내파생상품의 특징

표준화된 계약	장내파생상품은 거래단위, 결제월, 결제방법 등의 계약명세가 거래소에 의해 표준화되어 있다. → 표준화는 시장유동성을 높임	
청산기관에 의한 채무이행	거래소는 장내파생상품 거래의 원활한 계약이행 보증을 위해 청산기관을 운영한다. → 청산기관은 매수자와 매도자의 중간에서 거래상대방의 역할을 맡아 계약이행을 책임지므로, 장내파생상품 거래 시 투자자는 상대방의 신용상태를 파악할 필요가 없음	
결제안정화 제도	반대 매매	최종거래일 이전에 거래당사자가 언제든지 계약에서 벗어날 수 있도록 반대매매를 제도적으로 허용한다.
	일일 정산	가격변동이 클 경우 최종결제일에 결제금액 부담이 커져 결제불이행이 발생할 수 있는데, 이를 막고자 선물·옵션시장에서 전일가격과 당일가격과의 차이에 해당하는 금액을 익일에 결제하도록 하는 제도이다.
	증거금 제도	거래당사자가 결제를 이행하지 않을 경우 결제당사자(회원 또는 거래소)가 결제대금 으로 사용할 수 있도록 장내파생상품 거래자가 증권회사나 선물회사에 예치한 담보금 을 말한다.

(2) 거래량과 미결제약정

① 거래량은 장내파생상품계약을 매도한 수량과 매수한 수량의 총합계로 표시하는 것이 아니라 한쪽
의 수량만으로 표시한다.
② 미결제약정(Open Interest)은 어느 특정일 현재 만기일 도래에 의한 실물인수도 또는 반대매매에
의해 청산되지 않고 남아있는 매도 포지션 또는 매수 포지션의 총합이다.

▶ 장내파생상품은 거래의 내용이나 조건이 당사자 간의 합의에 따라 정해지므로 개개인의 다양한 수요를 충족시킬 수 있다. ○ ×

해설 장내파생상품은 거래의 내용이나 조건이 표준화되어 있으므로, 당사자 간의 합의에 따라 개개인의 다양한 수요를 충족시킬 수 있는 장외파생상품과는 다르다.

답 ×

STEP 02 핵심보충문제

01 장내파생상품은 거래 당사자가 결제를 이행하지 않을 위험을 없애기 위해 결제안정화제도를 운영
★★★ 하고 있다. 다음 중 결제안정화제도와 가장 거리가 먼 것은?

① 반대매매
② 일일정산
③ 일일가격제한폭
④ 증거금제도

해설 일일가격제한폭은 장내파생상품의 결제안정화제도가 아니라 시장상황이 과열되거나 급랭하는 것을 방지하기 위한 시장안정화정책으로 볼 수 있다.

답 ③

---

02 증거금제도에 관한 설명이다. 빈칸에 맞는 말을 순서대로 바르게 나타낸 것은?
★★★

> 선물거래에서 최초 계약체결 시 1계약당 선물회사에 납부하는 증거금을 (   )이라 하고, 계약체결 후 계좌에서 유지해야 되는 잔액을 (   )이라고 한다.

① 유지증거금, 개시증거금
② 개시증거금, 유지증거금
③ 개시증거금, 변동증거금
④ 추가증거금, 유지증거금

해설 선물거래에서 최초 계약체결 시 1계약당 선물회사에 납부하는 증거금을 개시증거금이라 하고, 계약체결 후 계좌에서 유지해야 되는 잔액(일반적으로 개시증거금의 약 $\frac{2}{3}$ 수준)을 유지증거금이라 한다. 일일정산 결과 계좌의 잔액이 유지증거금 수준 이하로 떨어지면 선물회사는 마진콜(Margin Call)을 통보한다. 이때 고객은 다음 날 12시까지 선물회사에 추가증거금을 현금으로 납부하여야 한다. 만약 추가증거금을 납부하지 못하면 선물회사는 고객의 미결제약정에 대해서 즉시 반대매매를 한다.

답 ②

03 장내파생상품과 그 거래대상(기초자산)이 잘못된 것은?

★★☆

① 주식선물과 옵션 : S&P500, KOSPI200 등

② 금리선물과 옵션 : LIBOR, 연방기금금리 등

③ 채권선물과 옵션 : T-Bond, T-Note, KTB 등

④ 상품선물과 옵션 : 농산물, 축산물, 에너지, 귀금속 등

[해설] S&P500, KOSPI200 등을 거래대상(기초자산)으로 하는 선물과 옵션은 주가지수선물과 옵션이다. 주식선물은 주가지수가 아닌 개별기업의 주식가격을 거래대상으로 한다.

답 ①

04 각국 거래소에서 거래되는 파생상품별 계약단위가 잘못된 것은?

★★☆

① CME Group에서 거래되는 T-Bond 선물 : 10만달러

② CME Group에서 거래되는 유로달러선물 : 100만달러

③ 한국거래소(KRX)에서 거래되는 국채선물(3년 / 5년 / 10년) : 1억원

④ 한국거래소(KRX)에서 거래되는 KOSPI200선물 : 지수×10만원

[해설] 한국거래소(KRX)에서 거래되는 KOSPI200선물의 계약단위는 [지수 × 25만원]이다. 계약단위란 거래되는 파생상품의 기본거래단위로서 한 계약의 크기를 나타낸다. 대부분의 거래소에서는 파생상품별로 계약단위를 표준화하여 거래하고 있다.

답 ④

03 | 장내파생상품거래 유형 중요도 ★★★

선물을 이용한 헤지(Hedge)거래에 관한 설명으로 옳지 않은 것은?

① 헤지거래는 선물시장에서 현물 포지션과 동일한 포지션을 취함으로써 현물가격의 변동 리스크를 제거하고자 하는 거래이다.

② 헤지를 하면, 현물 포지션의 손실이 선물 포지션의 이익으로 상쇄되거나 현물 포지션의 이익이 선물 포지션의 손실로 상쇄된다.

③ 매수헤지(Long Hedge)는 향후 현물가격의 상승에 따른 기회손실을 회피하기 위해 선물을 미리 매수하는 것이다.

④ 매도헤지(Short Hedge)는 보유하고 있는 현물의 가격하락에 대비하여 현물과 대응되는 선물을 매도함으로써 향후 가격하락 리스크를 제거하는 거래이다.

해설 헤지거래는 선물시장에서 현물 포지션과는 반대의 포지션을 취함으로써 현물가격의 변동 리스크를 제거하고자 하는 거래이다.

답 ①

STEP 01 | 핵심필수개념

(1) 헤지거래

① 헤지거래는 미래 현물가격의 불확실한 변동으로부터 발생할 수 있는 가격변동 위험을 관리하기 위해 선물·옵션시장에서 현물 포지션과 반대되는 포지션을 취하는 거래이다.

② 매도헤지는 현재 현물을 보유하고 있거나 미래에 현물을 불확실한 가격으로 매도해야 하는 경우 실행되며, 매수헤지는 미래에 현물을 불확실한 가격으로 매수해야 하는 경우 실행된다.

③ 옵션을 이용한 매도헤지는 풋옵션을 매수함으로써 이루어질 수 있고, 옵션을 이용한 매수헤지는 콜옵션을 매수함으로써 가능하다.

(2) 투기거래

① 선물을 이용한 투기거래는 현물 포지션을 보유하고 있지 않은 상태에서 선물가격이 상승할 것으로 예상되면 선물계약을 매입하고, 선물가격이 하락할 것으로 예상되면 선물계약을 매도하여 매입가격과 매도가격 간의 시세차익을 얻으려는 거래전략이다.

② 옵션을 이용한 투기거래는 기초자산가격의 상승 또는 하락을 전망하여 거래하는 것 이외에도 기초자산의 가격 변동성이 증가할 것인지 감소할 것인지를 예상하여 거래할 수 있다.

(3) 스프레드 거래

① 선물 스프레드 거래는 상품 내 스프레드 거래와 상품 간 스프레드 거래로 구분할 수 있다.

상품 내 스프레드 거래	동일한 선물의 서로 다른 결제월 간의 스프레드(가격차이)의 변화를 예측하여 한 결제월물을 매수하는 동시에 다른 결제월물을 매도하는 거래이다.
상품 간 스프레드 거래	기초자산은 다르지만 가격 움직임이 유사한 두 선물계약의 동일 결제월물 간 가격차이 변화를 예측하여 한 선물의 결제월물은 매수하는 동시에 다른 선물의 동일 결제월물은 매도하는 거래이다.

② 옵션 스프레드 거래는 미래 기초자산가격의 움직임을 예측하여 만기는 같으나 행사가격이 다른, 또는 행사가격은 같으나 만기가 다른 동일 유형의 옵션(콜옵션 또는 풋옵션)을 동시에 매수 / 매도하는 거래전략이다.

수직적 스프레드 거래	미래 기초자산가격의 움직임을 예측하여 만기는 같으나 행사가격이 다른 동일 유형의 옵션(콜옵션 또는 풋옵션)을 동시에 매수 / 매도하는 거래이다.	
	강세 스프레드	시장의 강세가 예상되나 확신이 서지 않을 때 선택하는 보수적인 투자전략으로 행사가격이 낮은 옵션을 매수하는 동시에 행사가격이 높은 옵션을 매도한다.
	약세 스프레드	시장의 약세가 예상되나 확신이 서지 않을 때 선택하는 보수적인 투자전략으로 행사가격이 높은 옵션을 매수하는 동시에 행사가격이 낮은 옵션을 매도한다.
수평적 스프레드 거래	행사가격은 같으나 만기가 다른 동일 유형의 옵션(콜옵션 또는 풋옵션)을 동시에 매수 / 매도하는 거래로 일반적으로 근월물을 매도하는 동시에 원월물을 매수하는 포지션으로 구성되며 시간 스프레드 거래라고도 한다.	

(4) 차익거래

① 선물을 이용한 차익거래는 선물의 시장가격과 이론가격을 비교하여 고평가되어 있는 선물 또는 현물을 매도하는 동시에 상대적으로 저평가되어 있는 현물 또는 선물을 매수하여 무위험 차익을 추구하는 거래이다.

매수차익거래	선물의 시장가격이 이론가격보다 고평가되어 있는 경우, 고평가된 선물을 매도하고 저평가된 현물을 동시에 매수한 후 선물의 만기시점이나 선물의 고평가가 해소되는 시점에 현·선물 포지션을 청산하여 무위험차익을 얻으려는 거래이다.
매도차익거래	선물의 시장가격이 이론가격보다 저평가되어 있는 경우, 저평가된 선물을 매수하고 고평가된 현물을 동시에 (공)매도한 후 선물의 만기시점이나 선물의 저평가가 해소되는 시점에 현·선물 포지션을 청산하여 무위험차익을 얻으려는 거래이다.

② 옵션을 이용한 차익거래는 옵션가격이 풋-콜 패리티라 불리는 균형관계를 벗어났을 때, 이를 이용하여 무위험 차익을 얻을 수 있는 거래이다.

컨버전 (Conversion)	콜옵션이 풋옵션에 비해 상대적으로 고평가되었을 때, 고평가된 콜옵션을 매도하고 저평가된 풋옵션을 매수하는 동시에 무위험이자율로 차입하여 기초자산을 매수하는 전략이다.
리버설 (Reversal)	컨버전과 정반대의 차익거래전략으로 풋옵션이 상대적으로 고평가되었을 때, 고평가된 풋옵션을 매도하고 저평가된 콜옵션을 매수하는 동시에 기초자산을 매도하여 그 매도대금을 무위험이자율로 대출하는 전략이다.

▶ 옵션을 이용한 매수헤지는 콜옵션을 매수함으로써 가능하다. ☐O☐×

답 O

▶ 선물을 이용한 매도차익거래는 선물의 시장가격이 이론가격보다 저평가되어 있는 경우, 저평가된 선물을 매수하고 고평가된 현물을 동시에 (공)매도한 후 선물의 만기시점이나 선물의 저평가가 해소되는 시점에 현·선물 포지션을 청산하여 무위험차익을 얻으려는 거래이다. ☐O☐×

답 O

STEP 02 핵심보충문제

01 주식 포트폴리오를 운용하고 있는 펀드매니저가 향후 주식시장의 약세를 예측할 경우, 이에 대비한
★★★ 거래전략으로 다음 중 가장 적절한 것은?

① 매수헤지

② 매도헤지

③ 콜옵션 매수

④ 매도차익거래

> 해설 매도헤지는 현재 현물을 보유하고 있거나 미래에 현물을 불확실한 가격으로 매도해야 하는 경우 실행되며, 매수헤지는 미래에 현물을 불확실한 가격으로 매수해야 하는 경우 실행된다. 따라서 주식 포트폴리오의 가치하락에 대비한 매도헤지가 바람직하다.

답 ②

02 콜옵션이 풋옵션에 비해 상대적으로 고평가되었을 때, 무위험 차익을 얻을 수 있는 거래는?
★★★ ① 리버설

② 컨버전

③ 강세 스프레드

④ 수직적 스프레드

> 해설 컨버전은 콜옵션이 풋옵션에 비해 상대적으로 고평가되었을 때, 고평가된 콜옵션을 매도하고 저평가된 풋옵션을 매수하는 동시에 무위험이자율로 차입하여 기초자산을 매수하는 전략이다.

답 ②

03 KOSPI200 지수선물에서 원월물의 선물가격이 근월물의 선물가격보다 상대적으로 더 많이 오를
★★★ 것으로 예상되는 경우 바람직한 거래전략은?

① 근월물을 매수하고 동시에 원월물을 매도하는 상품 내 스프레드
② 근월물을 매도하고 동시에 원월물을 매수하는 상품 내 스프레드
③ 근월물을 매수하고 동시에 원월물을 매도하는 상품 간 스프레드
④ 근월물을 매도하고 동시에 원월물을 매수하는 상품 간 스프레드

해설 상품 내 스프레드는 동일한 선물의 서로 다른 결제월 간의 스프레드(가격차이)의 변화를 예측하여 한 결제월물
을 매수하는 동시에 다른 결제월물을 매도하는 거래이다. 이 문제에서 원월물의 가격이 근월물의 가격보다 상
대적으로 더 많이 오를 것으로 예상됨에 따라, 두 결제월 간 스프레드가 지금보다 더욱 확대될 것이라는 기대
하에 근월물을 매도하고 원월물을 매수하는 것이 바람직하다.

답 ②

04 선물의 개념 중요도 ★★★

대표유형문제 선도와 선물을 비교한 내용으로 옳지 않은 것은?

① 선도거래는 신용도가 확실한 상대방 사이에서만 성립 가능하나, 선물거래는 거래소가 신용을 보증하므로 신용위험이 없다.

② 선물계약은 대부분 만기일에 실물인수도가 이루어진다.

③ 선도계약은 계약불이행위험이 존재한다.

④ 선물계약은 거래소에서 거래되므로 계약이 표준화·규격화되어 상품이 경직적이지만 유동성이 높다.

해설 선도계약은 대부분 만기일에 실물인수도(예외 : NDF)가 이루어지지만, 선물계약은 실물인수도 비율이 매우 낮고 대부분 만기 이전에 반대매매(중간청산)가 이루어진다.

답 ②

STEP 01 핵심필수개념

(1) 선물 또는 선도의 포지션별 손익구조

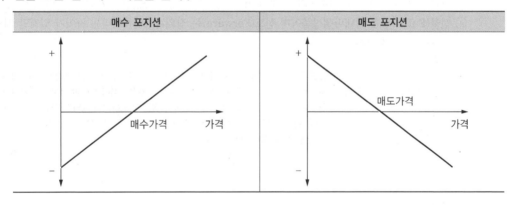

(2) 선물과 선도의 비교

구 분	선 도	선 물
거래장소	특정한 장소가 없음	거래소
거래방법	거래 당사자 간의 계약	공개호가방식 또는 전자거래시스템
거래단위	제한 없음	표준단위
가격형성	거래 당사자 간에 협의	시장에서 형성됨
신용위험	계약불이행위험 존재	청산기관이 계약이행을 보증

증거금과 일일정산	은행 간 거래는 증거금이 없고, 대고객의 경우 필요에 따라 증거금을 요구함(일일정산은 없고 만기일에 정산)	증거금을 납부하고 일일정산이 이루어짐
인수도	대부분 실물인수도(예외 : NDF)	실물인수도 비율이 매우 낮음
결제일	거래 당사자 간의 합의에 의해 결정	거래소에 의해 미리 결정
만기일	거래 당사자 간 협의	특정월의 특정일(거래소에 의해 미리 정해짐)

개념체크OX

▶ 선물거래는 청산기관이 계약이행을 보증해 주므로 계약불이행위험이 없다. O X

답 O

STEP 02 핵심보충문제

01 선물(Futures)에 관한 설명으로 옳지 않은 것은?
★★☆

① 선물은 계약체결 시점에 정한 가격으로 미래 일정시점에 기초자산을 인수도하기로 하는 계약을 말한다.

② 선물거래에서 매수 포지션을 Long, 매도 포지션을 Short이라고 한다.

③ 선물 매수자는 만기일에 현물을 인도하거나, 계약한 가격보다 결제가격이 하락한 경우 가격차이만큼 현금을 선물 매도자로부터 받게 된다.

④ 선물(Futures)은 장내파생상품이며 선도(Forward)는 장외파생상품이라는 차이가 있지만 개념적으로 둘은 유사하다.

[해설] 선물 매수자는 만기일에 현물을 계약한 가격으로 인수거나 계약한 가격보다 결제가격이 상승한 경우 가격차이만큼 현금을 선물 매도자로부터 받게 된다. 반대로, 계약한 가격보다 결제가격이 하락한 경우 가격차이만큼 현금을 선물 매도자에게 지불하게 된다. 선물 매도자는 만기일에 현물을 인도하거나 계약한 가격보다 결제가격이 하락한 경우 가격차이만큼 현금을 선물 매수자로부터 받게 된다. 반대로, 계약한 가격보다 결제가격이 상승한 경우 가격차이만큼 현금을 선물 매수자에게 지불하게 된다.

답 ③

---

02 선물거래에 대한 설명으로 옳지 않은 것은?
★★☆

① 선물거래는 청산기관이 계약이행을 보증해 주므로 신용위험이 없다.

② 선물거래는 거래소에서 거래되며, 거래단위나 거래명세 등이 표준화, 규격화되어 있다.

③ 선물거래는 증거금을 납부하고 일일정산이 이루어진다.

④ 선물거래에서 가격은 거래 당사자 간에 협의하여 결정한다.

[해설] 선물거래에서 가격은 시장에서 수많은 거래자들의 경쟁에 의해 형성되며, 선도거래에서 가격은 거래 당사자 간에 협의하여 결정한다.

답 ④

05 선물의 종류 중요도 ★★☆

대표유형문제 선물은 크게 상품선물과 금융선물로 구분된다. 다음 중 상품선물에 해당하는 것은?

① 주가지수선물   ② 금리·채권선물

③ 통화선물   ④ 금선물

해설 금선물은 상품선물이며, 나머지는 금융선물이다. 상품선물은 농축산물, 에너지, 비철금속, 귀금속 등의 실물상품을 거래대상으로 하여 만들어진 것이며, 금융선물은 주식 또는 주가지수, 채권(금리), 통화 등의 금융자산을 거래대상으로 한다.

답 ④

STEP 01 핵심필수개념

(1) 상품선물 VS 금융선물

구 분	거래대상
상품선물	농산물, 축산물, 에너지, 임산물, 비철금속, 귀금속
금융선물	주가지수(S&P500, Nikkei225, KOSPI200 등), 개별 주식, 금리 / 채권(유로달러, 연방기금금리, T-Bond / Note, KTB 등), 통화

개념체크O×

▶ 달러선물은 상품선물이다. O ×

해설 달러선물은 금융선물이며, 금융선물 중에서도 통화선물이다.

답 X

STEP 02 핵심보충문제

01 다음 중 한국거래소(KRX)에서 거래되지 않는 선물은?
★★★
① 은선물   ② 금선물

③ 돈육선물   ④ 10년 국채선물

해설 현재 은선물은 한국거래소에서 거래되지 않는다.

답 ①

06 선물의 가격결정 중요도 ★★★

대표유형문제 선물이론가격 결정에 관한 설명으로 옳지 않은 것은?

① 자본조달비용, 보관비용, 현금수입, 편의수익 등으로 선물가격과 현물가격 간에는 차이가 발생한다.

② 보유비용모형에 의하면, 선물가격(F)은 현물가격(S)에 순보유비용(CC)을 더한 것과 같다.

③ 순보유비용(CC)은 이자비용(r)과 보관비용(c)을 더한 값에서 현금수입(d)과 편의수익(y)을 차감하여 계산한다.

④ 채권선물의 경우 단기이자비용이 장기 이표수입보다 적게 되면 순보유비용이 양수(+)가 되어 선물이론가격이 현물가격보다 높게 결정된다.

해설 금융선물의 경우 [보관비용(c) = 편의수익(y) = 0]이다. 이와 같이 금융선물의 가격결정 시에는 현물가격(S)에 이자비용(r)을 더하고 현금수입(d, 배당금·이표 등)을 차감한다. 금융선물의 경우 이자비용보다 현금수입이 많으면 순보유비용은 음(−)의 값을 가질 수 있는데, 이 경우 선물이론가격이 현물가격보다 낮게 결정된다. 예를 들어, 금융선물인 채권선물의 경우 단기이자비용이 장기 이표수입보다 적게 되면 순보유비용이 음수(−)가 되어 선물이론가격(F)은 현물가격(S)보다 낮게 형성된다.

답 ④

STEP 01 핵심필수개념

(1) 선물가격과 현물가격 간에 차이가 발생하는 이유

① 자본조달비용 : 현물 매수에는 자본조달에 따른 이자비용이 발생하나, 선물 매수에는 현물 매수비용이 필요하지 않다.

② 보관비용 : 현물 매수는 보관비용이 발생하나 선물 매수는 보관비용이 발생하지 않는다.

③ 현금수입 : 현물 매수는 주식배당금이나 이자소득이 발생한다.

④ 편의수익 : 현물재고를 충분히 보유한 경우 천재지변 등으로 인한 예상치 못한 수급변동에 대해 보다 탄력적으로 대응할 수 있는데, 이때 얻는 이점을 편의수익이라 한다.

(2) 선물이론가격 결정 : 보유비용모형

① 선물가격(F) = 현물가격(S) + 순보유비용(CC)

② 순보유비용(CC) = 이자비용(r) + 보관비용(c) − 현금수입(d) − 편의수익(y)

③ 선물이론가격$(F_t) = S_t + S_t(r + c - d - y) \times \dfrac{T-t}{365}$

(t는 현재시점, T는 선물 만기시점이며 금융선물의 경우, $c = y = 0$)

▶ 현물재고를 충분히 보유한 경우 천재지변 등으로 인한 예상치 못한 수급변동에 대해 보다 탄력적으로 대응할 수 있는데, 이때 얻는 이점을 편의수익이라 한다. ○×

답 ○

STEP 02   핵심보충문제

01 현물가격(S) 100, 이자비용(r) 10, 보관비용(c) 0, 현금수입(d) 5, 편의수익(y)이 0일 때, 선물이
★★★ 론가격은?

① 100   ② 105

③ 110   ④ 115

해설 선물이론가격(F^*) = 현물가격(S) + 순보유비용(CC) = 현물가격(S) + 이자비용(r) + 보관비용(c) − 현금
수입(d) − 편의수익(y) = 100 + 10 + 0 − 5 − 0 = 105

답 ②

07 옵션의 개념 중요도 ★★★

대표유형문제 옵션에 관한 설명으로 옳지 않은 것은?

① 옵션거래는 유리한 리스크(이익 획득의 기회)와 불리한 리스크(손실 위험)를 분리시킬 수 없다.

② 옵션거래에서 모든 권리는 옵션 매수자에게 있다.

③ 옵션 매도자는 옵션 매수자의 요구에 반드시 응해야 한다.

④ 옵션은 권리이므로 매수자가 반드시 권리를 행사할 필요는 없다.

해설 옵션거래는 유리한 리스크(이익 획득의 기회)와 불리한 리스크(손실 위험)를 분리시킨다. 옵션은 권리이므로 매수자가 반드시 권리를 행사할 필요는 없다. 즉, 기초자산의 가격이 자신에게 유리하게 움직이면 권리를 행사하여 이익을 얻고, 불리하게 움직일 경우 권리행사를 포기하는 대신 이미 지불한 프리미엄은 손실을 보게 된다.

답 ①

STEP 01 핵심필수개념

(1) 옵션거래의 개념

① 옵션은 미래 일정 시점에 일정한 가격으로 기초자산을 매수하거나 매도할 수 있는 권리를 의미한다.

② 매수할 수 있는 권리를 콜옵션, 매도할 수 있는 권리를 풋옵션이라고 한다.

옵션 매수자	• 옵션 가격을 지불하고 옵션을 매수하는 자이다. • 기초자산의 가격이 자신에게 유리하게 움직이면 옵션 행사를 통해 이익을 얻을 수 있지만, 불리하게 움직이면 옵션 행사를 포기하는 대신 이미 지불한 옵션 가격만큼 손실을 본다.
옵션 매도자	• 매수자로부터 옵션 가격(프리미엄)을 받는 대신 기초자산을 행사가격에 매수하거나 매도해야 할 의무를 지게 된다. • 이익은 옵션 매수자로부터 받은 프리미엄으로 한정되지만 기초자산가격의 움직임에 따라 큰 손실을 볼 위험이 있다.

(2) 옵션 거래자의 권리와 의무

구 분	매수자	매도자
콜옵션	기초자산을 매수할 권리	기초자산을 매도할 의무
풋옵션	기초자산을 매도할 권리	기초자산을 매수할 의무

▶ 콜옵션 매수자는 행사가격으로 기초자산을 매수할 권리를 갖는다. ○×

답 O

▶ 옵션 매수자의 이익은 옵션 매수자로부터 받은 프리미엄으로 한정되지만 기초자산가격의 움직임에 따라 큰 손실을 볼 위험이 있다. ○×

해설 옵션 매수자가 아니라 옵션 매도자의 경우이다.

답 ×

STEP 02 | **핵심보충문제**

01 기초자산을 미래의 일정시점에 미리 정한 가격(행사가격)으로 매도할 수 있는 권리를 무엇이라
★★☆ 하는가?

① 콜옵션(Call Option)

② 풋옵션(Put Option)

③ 스왑(Swap)

④ 선물(Futures)

해설 콜옵션(Call Option)은 기초자산을 미래의 일정시점에 미리 정한 가격(행사가격)으로 매수할 수 있는 권리를 말하고, 풋옵션(Put Option)은 기초자산을 미래의 일정시점에 미리 정한 가격(행사가격)으로 매도할 수 있는 권리를 말한다.

답 ②

02 옵션에 대한 설명으로 옳지 않은 것은?
★★★ ① 옵션 매수자는 매도자에게 옵션 가격을 지불하고 옵션을 매수하는 자이다.

② 옵션 가격을 프리미엄이라고 한다.

③ 옵션 매도자는 기초자산의 가격이 자신에게 불리하게 움직이면 옵션 행사를 포기하는 대신 이미 지불한 옵션 가격만큼 손실을 본다.

④ 옵션 매도자는 프리미엄을 받는 대신 기초자산을 행사가격에 매수하거나 매도해야 할 의무를 지게 된다.

해설 옵션 매도자가 아니라 옵션 매수자이다.

답 ③

08 옵션의 유형 중요도 ★★★

대표유형문제 옵션에 대한 설명으로 옳지 않은 것은?

① 투자자는 기초자산의 가격이 옵션 만기일 또는 만기일 이내에 행사가격보다 상승할 것으로 예상할 때, 콜옵션을 매수한다.

② 투자자는 기초자산의 가격이 옵션 만기일 또는 만기일 이내에 행사가격보다 하락할 것으로 예상할 때, 풋옵션을 매수한다.

③ 콜옵션 매수자는 만기 시 기초자산가격(S_T)이 행사가격(K)보다 높을 경우 권리를 행사하며, 풋옵션 매수자는 만기 시 기초자산가격(S_T)이 행사가격(K)보다 낮을 경우 권리를 행사한다.

④ 만기시점의 기초자산가격을 S_T, 행사가격을 K, 콜옵션 프리미엄을 c, 풋옵션 프리미엄을 p라고 하면, 콜옵션의 매수자의 만기 시 순손익은 $\text{Max}(0,\ K-S_T)-c$, 풋옵션 매수자의 만기 시 순손익은 $\text{Max}(0,\ S_T-K)-p$가 된다.

해설 만기시점의 기초자산가격을 S_T, 행사가격을 K, 콜옵션 프리미엄을 c, 풋옵션 프리미엄을 p라고 하면, 콜옵션의 매수자의 만기 시 순손익은 $\text{Max}(0,\ S_T-K)-c$, 풋옵션 매수자의 만기 시 순손익은 $\text{Max}(0,\ K-S_T)-p$가 된다.

답 ④

STEP 01 핵심필수개념

(1) 콜옵션과 풋옵션

콜옵션	① 일정한 가격(행사가격)으로 미래의 일정시점 또는 일정기간 내에 기초자산을 매수할 수 있는 권리이다. ② 기초자산가격이 행사가격보다 상승할 것으로 예상할 때 콜옵션을 매수한다. ③ 만기 시 기초자산가격이 행사가격보다 높을 경우 콜옵션 매수자는 옵션을 행사하게 되며, 기초자산가격(S_T)과 행사가격(K)의 차이에서 옵션 프리미엄(c)을 차감한 만큼의 이익을 보게 된다.
풋옵션	① 일정한 가격(행사가격)으로 미래의 일정시점 또는 일정기간 내에 기초자산을 매도할 수 있는 권리이다. ② 기초자산가격이 행사가격보다 하락할 것으로 예상할 때 풋옵션을 매수한다. ③ 만기 시 기초자산가격이 행사가격보다 낮을 경우 풋옵션 매수자는 옵션을 행사하게 되며, 기초자산가격(S_T)과 행사가격(K)의 차이에서 옵션 프리미엄(p)을 차감한 만큼의 이익을 보게 된다.

(2) 옵션의 만기 시 손익구조

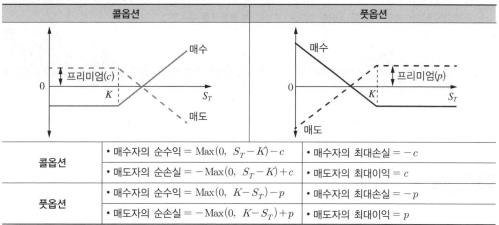

	콜옵션	풋옵션

콜옵션	• 매수자의 순수익 $= \text{Max}(0,\ S_T - K) - c$	• 매수자의 최대손실 $= -c$
	• 매도자의 순손실 $= -\text{Max}(0,\ S_T - K) + c$	• 매도자의 최대이익 $= c$
풋옵션	• 매수자의 순수익 $= \text{Max}(0,\ K - S_T) - p$	• 매수자의 최대손실 $= -p$
	• 매도자의 순손실 $= -\text{Max}(0,\ K - S_T) + p$	• 매도자의 최대이익 $= p$

(S_T : 만기시점의 기초자산가격, K : 행사가격, c : 콜옵션가격, p : 풋옵션가격)

(3) 선물거래와 옵션거래의 차이점

구 분	선물거래	옵션거래
권리와 의무	매수자와 매도자 모두 계약이행 의무를 가짐	• 매수자는 권리를 가짐 • 매도자는 의무를 가짐
권리의 대가	계약 대가를 지불할 필요가 없음	매수자가 매도자에게 권리에 대한 대가(옵션 프리미엄) 지급
위탁증거금	매수자와 매도자 모두에게 부과	매수자는 없으며, 매도자에게만 부과
일일정산	매수자와 매도자 모두 일일정산	매수자는 필요 없으며, 매도자만 일일정산

(4) 현물옵션과 선물옵션

① 옵션의 기초자산이 현물인 경우 현물옵션이라 하며, 선물인 경우 선물옵션이라 한다.

② 현물옵션은 권리행사 시 현금결제(또는 실물 인수도)가 이루어지나, 선물옵션의 경우 옵션행사 시 선물 포지션을 취득하게 된다.

③ 선물옵션 행사 후의 선물 포지션

구 분	콜옵션	풋옵션
선물옵션 매수자	선물 매수 포지션	선물 매도 포지션
선물옵션 매도자	선물 매도 포지션	선물 매수 포지션

(5) 미국형 옵션과 유럽형 옵션

① 미국형 옵션은 옵션만기일 이전에 언제든지 옵션을 행사할 수 있는 반면에, 유럽형 옵션은 옵션만기일에만 옵션을 행사할 수 있다.

② 버뮤다 옵션은 미국형과 유럽형의 중간 형태로 옵션 잔존만기 중에 사전에 정한 시점에 한해서 만기 이전이라도 권리를 행사할 수 있는 옵션이다.

▶ 기초자산가격이 행사가격보다 상승할 것으로 예상할 때 콜옵션을 매수한다. ○ ×

답 ○

▶ 미국형 옵션은 옵션만기일 이전에 언제든지 옵션을 행사할 수 있는 반면에, 유럽형 옵션은 옵션만기일에만 옵션을 행사할 수 있다. ○ ×

답 ○

STEP 02 핵심보충문제

01 다음 중 기초자산(주식)의 가격이 변동할 때, 이론적으로 가장 크게 손실이 발생할 수 있는 옵션 포지션은?
★★★

① 콜매수 ② 풋매수
③ 콜매도 ④ 풋매도

해설 옵션의 매도 포지션은 이익만 제한되고 손실은 제한되지 않는데, 주가는 0 아래로 하락할 수는 없지만 이론적으로는 무한히 상승할 수 있다. 이 경우 콜옵션 매도 포지션은 이론적으로 손실이 무한대로 커질 수 있다. 이와 반대로 이론적으로 가장 이익이 크게 발생할 수 있는 옵션 포지션은 콜옵션 매수 포지션이다.

답 ③

02 옵션의 유형에 관한 설명으로 옳지 않은 것은?
★★★

① 옵션의 기초자산이 현물인 경우를 현물옵션이라고 하며, 옵션의 기초자산이 선물인 경우에는 선물옵션이라고 한다.
② 선물옵션에서 선물콜옵션의 매수자가 권리를 행사하면 선물 매도 포지션을 취하게 되고, 선물풋옵션의 매수자가 권리를 행사하면 선물 매수 포지션을 취하게 된다.
③ 미국형 옵션은 옵션 만기일 이전에 언제든지 옵션을 행사할 수 있는 반면에 유럽형 옵션은 옵션 만기일에만 옵션을 행사할 수 있다.
④ 미국형 옵션은 유럽형 옵션보다 가치가 높다.

해설 선물옵션에서 선물콜옵션의 매수자가 권리를 행사하면 선물 매수 포지션을 취하게 되고, 선물풋옵션의 매수자가 권리를 행사하면 선물 매도 포지션을 취하게 된다. 미국형 옵션은 조기행사할 수 있는 권리의 가치만큼 유럽형 옵션보다 가치가 높다.

답 ②

03 선물거래와 옵션거래에 관한 설명으로 옳지 않은 것은?

★★★

① 옵션거래에서 매수자는 권리를, 매도자는 의무를 가진다.

② 선물거래에서는 매수자와 매도자 모두 계약이행 의무를 가진다.

③ 위탁증거금은 옵션거래에서는 매수자에게만 부과하고, 선물거래에서는 매도자에게만 부과한다.

④ 옵션거래에서는 매도자만 일일정산을 하지만, 선물거래에서는 매수자와 매도자 모두 일일정산을 한다.

> 해설 위탁증거금은 옵션거래에서는 매도자에게만 부과하고, 선물거래에서는 매수자와 매도자 모두에게 부과한다. 증거금 및 일일정산은 결제안정화를 위한 제도인데, 옵션의 매수자는 거래를 할 때 모든 대금(프리미엄)을 지불하고 거래를 하며, 추가적인 손실의 위험은 존재하지 않기 때문에 증거금 납부 및 일일정산을 하지 않는다. 반면에 옵션 매도자는 기초자산가격이 불리하게 움직일 경우 손실이 무한정 증가할 수 있으므로 증거금 납부 및 일일정산을 한다.
>
> 답 ③

04 행사가격이 8만원인 삼성전자 주식 풋옵션에 관한 설명 중 옳지 않은 것은?

★★☆

① 프리미엄을 무시한다면, 풋옵션의 보유자는 만기시점에 삼성전자 주가가 행사가격인 8만원보다 하락하면 이익이다.

② 만기시점에 삼성전자 주가가 10만원이 될 경우, 풋옵션의 보유자는 권리를 행사한다.

③ 풋옵션 매수자는 삼성전자의 주식가격이 행사가격보다 하락할 것을 예상한다.

④ 풋옵션 매도자는 만기시점에 삼성전자의 주식가격이 행사가격 위로 아무리 올라가더라도 이익은 매수자로부터 받은 프리미엄으로 한정된다.

> 해설 만기시점에 삼성전자 주가가 10만원이 될 경우에 풋옵션의 가치는 0이 되므로, 풋옵션의 보유자는 권리를 포기하면 된다. 풋옵션은 주식을 행사가격인 8만원에 팔 수 있는 권리이지 의무가 아니다.
>
> 답 ②

09 옵션의 가격결정 중요도 ★★★

대표유형문제 H기업의 현재 주식가격은 90,000원이다. H기업 주식을 기초자산으로 하고 행사가격이 95,000원인 3개월 만기 풋옵션 가격(프리미엄)이 7,000원일 경우, 시간가치는 얼마인가?

① 1,000원 　　　　　　　　　　② 2,000원

③ 3,000원 　　　　　　　　　　④ 4,000원

해설 옵션가격 = 내재가치 + 시간가치, 풋옵션의 내재가치 = Max[행사가격(K) − 기초자산가격(S), 0] = Max[95,000 − 90,000, 0] = 5,000, 따라서 시간가치는 2,000원(= 7,000 − 5,000)이다.

답 ②

STEP 01 　핵심필수개념

(1) 옵션가격의 구성

옵션가격은 내재가치와 시간가치로 구성된다.

내재가치	① 기초자산가격과 행사가격 간의 차이를 말한다. ② 콜옵션의 내재가치는 '기초자산가격 − 행사가격'이고, 풋옵션의 내재가치는 '행사가격 − 기초자산가격'이다. ③ 내재가치는 옵션이 내가격(ITM) 상태일 때에 존재한다.	
	Call 옵션의 내재가치	**Put 옵션의 내재가치**
	= Max$[S_t − K, 0]$	= Max$[X − S_t, 0]$
시간가치	시간가치 = 옵션가격(프리미엄) − 내재가치(본질가치)	
	① 기초자산가격이 옵션만기 시까지 옵션 매수자에게 유리한 방향으로 움직일 가능성에 대한 가치이다. ② 만기까지의 기간이 길거나 기초자산가격의 변동성이 클수록 시간가치는 커지게 되고 옵션가격도 비싸진다. ③ 일반적으로 시간가치는 만기일이 다가올수록 급속히 감소하게 되는데, 이를 시간가치 소멸현상이라고 한다.	

(2) 옵션의 내가격(ITM), 등가격(ATM), 외가격(OTM)

구 분	내가격 옵션	등가격 옵션	외가격 옵션
콜옵션	$S_t > K$	$S_t = K$	$S_t < K$
풋옵션	$S_t < K$	$S_t = K$	$S_t > K$

($S_t = t$시점에서의 기초자산가격, $K =$ 행사가격)

(3) 옵션가격의 결정요인

기초자산의 시장가격과 행사가격의 차이	기초자산의 현재 시장가격이 행사가격보다 크면 클수록 콜옵션의 가격은 높아지고, 행사가격이 기초자산의 현재 시장가격보다 높을수록 풋옵션의 가격은 높아진다.
기초자산가격의 변동성	기초자산가격의 변동성이 클수록 콜옵션과 풋옵션 모두 가치가 상승한다.
만기까지 남은 기간	옵션의 만기까지 남은 기간(잔존기간)이 줄어들수록 콜옵션과 풋옵션 모두 옵션의 가치는 작아진다.
이자율	이자율이 옵션가격에 미치는 영향은 다른 요인들에 비해 작은데, 일반적으로 이자율 이 상승하면 콜옵션의 가치는 상승하고 풋옵션의 가치는 하락한다.
기초자산으로부터 발생하는 현금수입	기초자산에서 현금수입(주식의 경우 배당금, 채권의 경우 이표)이 발생하면 기초자 산의 가격이 그만큼 하락하여 콜옵션의 가격은 하락하고 풋옵션의 가격은 상승하게 된다.

(4) 옵션가격의 관계(풋-콜 패리티)

① 만기와 행사가격이 동일한 유럽형 콜옵션과 풋옵션 사이에는 일정한 등가관계가 성립하는데 이를 풋-콜 패리티(Put-call Parity)라고 한다.

② 현재시점 t에서 기초자산의 가격을 S_t, 만기일이 T이고 행사가격이 K인 (유럽형) 콜옵션과 풋옵션 가격을 각각 c와 p라고 할 때(현금수입은 없다고 가정), $p + S_t = c + Ke^{-rT}$

개념체크 O X

▶ 콜옵션의 내재가치는 '행사가격-기초자산가격'이고, 풋옵션의 내재가치는 '기초자산가격-행사가격'이다. ☐O ☒X

해설 콜옵션의 내재가치는 '기초자산가격-행사가격'이고, 풋옵션의 내재가치는 '행사가격-기초자산가격'이다.

답 X

▶ 기초자산가격의 변동성이 클수록 콜옵션과 풋옵션 모두 가치가 상승한다. ☐O ☒X

답 O

STEP 02 | 핵심보충문제

01 옵션가격의 구성요소에 대한 설명으로 옳지 않은 것은?

★★★
① 옵션가격은 내재가치와 시간가치로 구성되어 있다.

② 내재가치란 기초자산가격과 행사가격과의 차이를 말하는데, 모든 옵션은 내재가치를 가진다.

③ 콜옵션의 내재가치는 [기초자산가격 − 행사가격]이고 풋옵션의 내재가치는 [행사가격 − 기초자산가격]으로 계산하며, 그 값이 음(−)인 경우엔 내재가치가 없는 것으로 내재가치를 0으로 계산한다.

④ 시간가치란 기초자산가격이 옵션 만기 시까지 옵션 매수자에게 유리한 방향으로 움직일 가능성에 대한 가치인데, 만기일 이전에 모든 옵션은 시간가치를 가지며 옵션이 등가격(ATM)이나 외가격(OTM)일 때도 시간가치는 존재한다.

[해설] 모든 옵션은 시간가치를 가지지만 내재가치는 옵션이 내가격(ITM) 상태에서 거래될 때만 존재한다. 따라서 등가격(ATM)이나 외가격(OTM) 상태일 때의 옵션가격은 모두 시간가치로만 구성된다.

답 ②

02 현재 KOSPI200 지수가 245p이다. 행사가격이 250p인 KOSPI200 지수 콜옵션의 현재 프리미엄
★★★ 이 1.5p일 경우, 내재가치와 시간가치는 각각 얼마인가?

① 내재가치(0), 시간가치(1.5p)

② 내재가치(-3.5p), 시간가치(1.5p)

③ 내재가치(0), 시간가치(5p)

④ 내재가치(3.5p), 시간가치(1.5p)

[해설] 콜옵션의 내재가치는 $\text{Max}(0, S_t - K) = \text{Max}(0, 245 - 250) = 0$, 따라서 옵션가격 1.5p가 모두 시간가치이다. 현재 이 콜옵션은 내재가치가 없는 외가격(OTM) 상태인 옵션이다.

답 ①

03 옵션가격을 결정하는 요인과 옵션가격과의 관계에 대한 설명으로 옳은 것은?
★★★ ① 기초자산의 현재 시장가격이 행사가격보다 크면 클수록 콜옵션의 가격은 낮아지고, 행사가격이 기초자산의 현재 시장가격보다 높을수록 풋옵션의 가격은 낮아진다.

② 기초자산가격의 변동성이 클수록 콜옵션의 가치는 상승하고 풋옵션의 가치는 하락한다.

③ 옵션의 만기까지 남은 기간(잔존기간)이 줄어들수록 콜옵션의 가치는 낮아지고, 풋옵션의 가치는 커진다.

④ 기초자산에서 현금수입이 발생하면 하락하여 콜옵션의 가격은 하락하고 풋옵션의 가격은 상승하게 된다.

[해설] ① 기초자산의 현재 시장가격이 행사가격보다 크면 클수록 콜옵션의 가격은 높아지고, 행사가격이 기초자산의 현재 시장가격보다 높을수록 풋옵션의 가격은 높아진다.
② 기초자산가격의 변동성이 클수록 콜옵션과 풋옵션 모두 가치가 상승한다. 왜냐하면 변동성이 클수록 기초자산가격이 크게 상승 또는 하락할 수 있기 때문에 만기이전에 콜옵션, 풋옵션 모두 이익을 볼 가능성이 높아지기 때문이다.
③ 옵션의 만기까지 남은 기간(잔존기간)이 줄어들수록 콜옵션, 풋옵션 모두 옵션의 가치는 작아진다.

답 ④

출제예상문제

01 장내파생상품의 가격표시방법으로 옳지 않은 것은?
★★★

① CME Group에서 거래되는 유로달러선물 : 100 − 금리(연율)

② CME Group에서 거래되는 T−Bond 선물 : 액면가에 대한 백분율(%)로 표시

③ 한국거래소에서 거래되는 KTB선물 : 액면가에 대한 백분율(%)로 표시

④ 한국거래소에서 거래되는 미국달러선물 : 한국 원화 1,000원을 사기 위해 지불하는 달러

02 다음은 가상의 선물거래 상황을 나타낸 것이다. ㉠ + ㉡ + ㉢의 값은?
★★☆

거래순서	거래내용	누적거래량	미결제약정수 (거래 체결 직후)
1	• 거래자 A가 40계약 매수 • 거래자 B가 40계약 매도	40	40
2	• 거래자 C가 30계약 신규매수 • 거래자 D가 30계약 신규매도	(㉠)	(㉡)
3	• 거래자 A가 10계약 매도(반대매매) • 거래자 D가 10계약 매수(반대매매)	80	60
4	• 거래자 C가 30계약 매도(반대매매) • 거래자 E가 30계약 신규매수	110	(㉢)

① 120

② 190

③ 200

④ 230

정답 및 해설

01 ④ 한국거래소에서 거래되는 미국달러선물은 미국달러 1달러를 사기 위해 지불하는 원화금액으로 가격을 표시한다. 장내파생상품의 가격표시방법은 대상 현물시장의 가격표시방식을 기준으로 거래소에서 규정하고 있다.

02 ③ 거래량은 장내파생상품계약을 매도한 수량과 매수한 수량의 총합계로 표시하는 것이 아니라 한쪽의 수량만으로 표시한다. 미결제약정(Open Interest)은 어느 특정일 현재 만기일 도래에 의한 실물인수도 또는 반대매매에 의해 청산되지 않고 남아있는 매도 포지션 또는 매수 포지션의 총합이다. 따라서 당일 거래가 끝난 상태에서의 미결제약정의 숫자가 바로 일일정산 대상이 되는 계약 수이다. 미결제약정은 신규매수와 신규매도가 발생하면 늘어나고, 환매수(매도한 것을 반대매매로 매수)와 전매도(매수한 것을 반대매매로 매도)가 발생하면 감소하며, 신규매수와 전매도 또는 신규매도와 환매수가 발생하면 변화가 없다. 따라서 ㉠(70), ㉡(70), ㉢(60)이 되므로 ㉠ + ㉡ + ㉢의 값은 200이다.

03 현재 한국거래소의 선물시장에서 거래되고 있는 파생상품이 아닌 것은?
★★☆
① 위안화선물   ② 원유선물
③ 금선물   ④ 돈육선물

04 옵션거래의 특징에 관한 설명으로 옳지 않은 것은?
★★★
① 옵션은 유리한 리스크와 불리한 리스크를 분리시킨다.
② 옵션은 매도자가 매수자로부터 프리미엄(옵션가격)을 받으나, 선물의 경우에는 프리미엄의 수수
　 가 없다.
③ 옵션거래에서는 매수자와 매도자 쌍방이 계약이행의 의무를 진다.
④ 옵션은 이익과 손실이 비대칭적인 구조를 갖는다.

05 선물거래와 옵션거래에 관한 설명으로 옳지 않은 것은?
★★★
① 옵션거래에서 매수자는 권리를, 매도자는 의무를 가진다.
② 선물거래에서는 매수자와 매도자 모두 계약이행 의무를 가진다.
③ 위탁증거금은 옵션거래에서는 매수자에게만 부과하고, 선물거래에서는 매도자에게만 부과한다.
④ 옵션거래에서는 매도자만 일일정산하지만, 선물거래에서는 매수자와 매도자 모두 일일정산한다.

06 현재 KOSPI200 지수가 407p이다. 행사가격이 405p인 KOSPI200 지수 풋옵션의 프리미엄이
★★★ 1.5p일 경우 시간가치는 얼마이며, 옵션은 현재 어떤 상태인지 순서대로 바르게 나타낸 것은?
① 1.5p, 외가격   ② 0.5p, 외가격
③ 0.5p, 내가격   ④ 1.5p, 내가격

07
★★☆
현재 KOSPI200 지수가 405p이며, KOSPI200 지수 옵션가격은 아래 표와 같다. 다음 설명 중 틀린 것은?

Call 가격	행사가격(K)	Put 가격
㉠	407.5	㉡
㉢	405.0	1.15
3.50	402.5	0.65

① 정상적인 시장이라면 옵션가격의 크기는, ㉢ > ㉡ > ㉠ 순서이다.
② 행사가격 405.0인 풋옵션의 내재가치는 0, 시간가치는 1.15이다.
③ 행사가격 402.5인 콜옵션의 내재가치는 2.5, 시간가치는 1.0이다.
④ 행사가격 405.0인 풋옵션은 현재 등가격(ATM), 행사가격 402.5인 풋옵션은 현재 외가격(OTM) 상태이다.

정답 및 해설

03 ② 원유선물은 현재 한국거래소에서 거래되는 파생상품이 아니다.

04 ③ 선물거래에서는 매수자와 매도자 쌍방이 계약이행의 의무를 지나, 옵션거래에서 매수자는 옵션행사의 권리만을 갖고 매도자는 매수자의 권리행사에 대하여 계약이행의무를 진다.

05 ③ 위탁증거금은 옵션거래에서는 매도자에게만 부과하고, 선물거래에서는 매수자와 매도자 모두에게 부과한다.

06 ① 풋옵션의 내재가치는 $\text{Max}(0, K - S_t) = \text{Max}(0, 405 - 407) = 0$, 따라서 내재가치는 0, 시간가치는 1.50이다. 현재 이 풋옵션은 내재가치는 없고 시간가치만 있는 외가격(OTM) 상태인 옵션이다.

07 ① 현재 KOSPI200 지수가 405p이므로 ㉠은 콜옵션으로서 $[S(405) < K(407.5)]$이므로 외가격(OTM), ㉡은 풋옵션으로서 $[S(405) < K(407.5)]$이므로 내가격(ITM), ㉢은 콜옵션으로서 $[S(405) = K(405)]$이므로 등가격(ATM) 상태이다. 따라서 정상적인 시장이라면 옵션가격의 크기는 ㉡(내가격) > ㉢(등가격) > ㉠(외가격) 순서가 된다.

08 옵션의 가격 중 내재가치가 차지하는 비중이 가장 큰 옵션은?
★★★
① 내가격(ITM) 옵션
② 외가격(OTM) 옵션
③ 등가격(ATM) 옵션
④ 심내가격(Deep ITM) 옵션

09 옵션가격(프리미엄)에 영향을 미치는 변수와 옵션가격과의 관계를 설명한 것으로 옳지 않은 것은?
★★★
① 기초자산가격이 상승하면 풋옵션의 가격은 하락한다.
② 변동성이 커지면 콜옵션 가격은 상승하고, 풋옵션 가격은 하락한다.
③ 배당금을 많이 지급할수록 콜옵션의 가격이 낮아진다.
④ 행사가격이 높은 옵션일수록 콜옵션의 가격은 낮고, 풋옵션의 가격은 높다.

10 선물과 옵션의 가격결정변수에 대한 설명 중 옳지 않은 것은?
★★★
① 기초자산가격이 상승하면 선물가격과 콜옵션 프리미엄은 증가한다.
② 변동성이 커지면 선물가격과 옵션의 프리미엄은 증가한다.
③ 만기가 길수록 선물가격과 옵션의 프리미엄은 높다.
④ 주식의 배당이 커지면 선물가격과 콜옵션의 프리미엄은 감소한다.

11 유럽형 옵션가격의 상·하한선에 관한 설명으로 옳지 않은 것은?(단, 현금수입은 없다고 가정한다)
★★☆
① 콜옵션의 가격은 음(−)의 값을 가질 수 없으며 기초자산가격보다 클 수는 없다.
② 콜옵션의 가격은 기초자산가격에서 행사가격의 현재가치를 뺀 값보다 클 수는 없다.
③ 콜옵션의 가격은 기초자산가격에서 행사가격의 현재가치를 뺀 값과 영(0), 둘 중의 큰 값보다 작을 수는 없다.
④ 풋옵션의 가격은 행사가격의 현재가치에서 기초자산가격을 뺀 값과 영(0), 둘 중의 큰 값보다 작을 수는 없다.

12 기초자산의 현재가격이 208, 행사가격이 208인 콜옵션의 현재가격이 10일 때, 만기와 행사가격이
★★★ 동일한 풋옵션의 가격은 얼마인가?(단, 잔존만기가 1년인 배당이 없는 유럽형 옵션이고 이자율은
4%이며 이산복리를 가정한다)

① 2 ② 4
③ 6 ④ 8

08 ④ 내재가치를 가지고 있는 옵션이 내가격(ITM) 옵션이다. 심내가격(Deep ITM) 옵션이란 내재가치가 매우 큰 상
태의 옵션을 말한다. 즉 콜옵션의 경우 행사가격이 기초자산가격보다 매우 낮은 상태인 옵션을, 풋옵션은 행사
가격이 기초자산가격보다 매우 높은 상태인 옵션을 말한다. 참고로 시간가치는 등가격(ATM) 옵션에서 가장
크다. 왜냐하면 등가격과 외가격 옵션은 옵션가격이 모두 시간가치로만 이루어졌는데 등가격 상태인 옵션의
가격이 외가격 옵션보다는 높기 때문이다.

09 ② 기초자산가격의 변동성 증가는 콜과 풋 모든 옵션가격을 상승시킨다. 왜냐하면 변동성이 커진다는 것은 기초자
산가격이 크게 상승할 수도, 크게 하락할 수도 있다는 것이므로 콜과 풋 모두에게 도움이 된다. 배당금을 많이
지급할수록 배당락으로 인해 주가가 떨어지므로 콜옵션의 가격이 낮아진다.

10 ② 변동성은 옵션가격의 결정변수이다. 즉 기초자산가격의 변동성 증가는 옵션가격을 상승시키지만, 변동성은 방
향성을 의미하는 것이 아니므로 선물가격은 상승할 수도 하락할 수도 있다. 선물가격의 결정요인으로는 기초자
산가격(S), 이자율(r), 배당수익률(d), 잔존기간(T)이다.

11 ② 콜옵션의 가격은 기초자산가격에서 행사가격의 현재가치를 뺀 값보다 작을 수는 없다.

12 ① 풋-콜 패리티 등가식을 이용하면, $p + S_t = c + Ke^{-rT}$

→ $p + 208 = 10 + \dfrac{208}{(1+0.04)^1}$, 따라서 p(풋옵션 가격) = 2

주식 관련 선물·옵션

챕터 출제비중

구 분	출제영역	출제문항
제1장	선물·옵션 개요	2~3문항
제2장	주식 관련 선물·옵션	11~13문항
제3장	금리선물·옵션	3~5문항
제4장	통화선물·옵션	3~4문항
제5장	상품 관련 선물·옵션	2~3문항

50 45 35 30 25 20 15 10 5

10%
48%
18%
14%
10%

주식 관련 선물·옵션에서는 전체 25문항 중 11~13문항이 출제된다.

선물은 총 13문제가 출제되는데, 주식 관련 선물이 출제비중이 가장 높기 때문에 주식 관련 선물을 제대로 이해하는 것이 합격에 무엇보다도 중요하다. 자주 출제되는 내용으로는 주가지수의 종류, 선물의 이론가격 계산, 매도헤지와 매수헤지의 구분 및 헤지계약수 계산, 매수차익거래와 매도차익거래 구분, 스프레드 확대 및 축소 예상 시 포지션 구성 방법, 베이시스의 개념 등이 자주 출제된다.

옵션은 총 12문제가 출제되는데, 주식 관련 옵션에서 대부분 출제가 이루어지기 때문에 주식 관련 옵션의 득점이 1과목의 과락 여부를 결정짓는다고 해도 과언이 아니다. 자주 출제되는 내용으로는 옵션의 만기손익구조, 이항모형에 의한 옵션가격 계산, 옵션의 민감도, 옵션의 투자전략 등이다. 특히 옵션의 투자전략은 그 중에서도 가장 핵심적인 부분이라고 할 수 있다.

TOPIC별 중요도 및 학습체크

TOPIC	핵심개념	중요도	학습체크		
			1회독	2회독	3회독
01	주가지수선물의 특징과 주가지수	★★★			
02	주식선물	★★			
03	주식 관련 선물의 가격결정	★★★			
04	주식 관련 선물의 거래유형	★★★			
05	주식 관련 옵션	★★			
06	주식 관련 옵션의 가격결정	★★★			
07	옵션의 민감도 분석	★★★			
08	주식 관련 옵션의 투자전략	★★★			

01 주가지수선물의 특징과 주가지수 중요도 ★★★

대표유형문제 다음 중 주가지수 산출방법이 나머지 셋과 다른 주가지수는?

① KOSPI200
② DJIA
③ S&P500
④ 코스닥150

해설 다우존스산업평균지수(DJIA), NIKKEI225 지수는 가격 가중지수이며, 나머지는 시가총액 가중지수이다.

답 ②

STEP 01 핵심필수개념

(1) 주가지수선물의 특징

① 주가지수선물은 분산투자가 잘 이루어진 주식 포트폴리오의 가격변동 리스크(시장 리스크)를 헤지하는 데 매우 유용하다.

② 비체계적인 리스크는 분산투자를 통해 상당 부분 희석될 수 있지만, 주가지수선물은 주식시장 전반의 체계적 리스크를 관리할 수 있는 최적의 파생상품이다.

(2) 주가지수

구 분	가격 가중지수(다우식)	시가총액 가중지수
산 식	가격 가중지수 $= \dfrac{\text{구성종목의 주가 합계}}{\text{제수}}$	주가지수 $= \dfrac{\text{비교시점의 시가총액}}{\text{기준시점의 시가총액}} \times$ 기준지수
방 법	주식가격만 중요	시가총액(= 주식가격 × 상장주식수)을 고려
장 점	계산이 간편	기업가치의 변동을 잘 나타냄
단 점	고주가종목이 지수에 더 큰 영향(왜곡이 쉬움)	대형주(시가총액이 큰 기업)가 주가지수에 미치는 영향이 큼
대표 지수	다우존스산업평균지수(DJIA), NIKKEI225	S&P500, KOSPI200[주1], 코스닥지수 등 대부분의 국가에서 채택

*주1 : KOSPI200은 '유통주식수'만 가중한 시가총액 가중지수

(3) 국내 주가지수선물

KOSPI200 지수선물	• 계약금액은 KOSPI200 선물가격에 거래승수 25만원을 곱하여 산출한다. • 최소 호가단위는 0.05포인트이다. • 결제월은 3, 6, 9, 12월이며, 최종거래일은 각 결제월의 두 번째 목요일이다(휴장일인 경우 순차적으로 앞당김). • 결제방법은 현금결제방식을 택하고 있다.
코스닥150 지수선물	거래승수는 1만원, 호가단위는 0.10포인트이다.
기타 지수선물	• KOSPI200섹터지수선물과 KOSPI배당지수선물도 상장되어 거래되고 있다. • 유로스톡스50선물도 상장했는데, 이 선물계약은 유로존 12개 국가의 증권시장에 상장된 50개 종목의 주가지수인 'EURO STOXX 50지수'를 거래대상으로 한다.

개념체크OX

▶ 다우존스산업평균지수(DJIA)는 시가총액 가중지수이다. O X

해설 다우존스산업평균지수(DJIA)는 가격 가중지수이다.

답 X

▶ KOSPI200 지수선물의 거래승수는 25만원이다. O X

답 O

STEP 02 | 핵심보충문제

01 주식 관련 선물에 관한 설명으로 옳지 않은 것은?

★★☆

① 주식 관련 선물은 거래대상이 주식 또는 주가지수로서 미래 시점에 형성될 주식가치 또는 주가지수를 거래하는 파생상품이다.

② 주식가격변동 위험을 관리하기 위해 주식 관련 선물과 옵션이 많이 활용된다.

③ 개별주식의 고유한 리스크(비체계적 리스크)는 분산투자나 주식선물을 통해 관리할 수 있다.

④ 주식선물은 시장 리스크를 관리할 수 있는 적절한 수단을 제공한다.

해설 주식선물은 개별주식의 고유한 리스크(비체계적 리스크)를 관리하는 데 적절한 수단이며, 주가지수선물은 시장 리스크(전체 시장의 체계적 리스크)를 관리할 수 있는 적절한 수단을 제공한다.

답 ④

02 주가지수선물의 특징에 관한 설명으로 옳지 않은 것은?

★★☆

① 주가지수선물은 주식시장 전반의 비체계적 리스크를 관리할 수 있는 최적의 파생상품이다.

② 주가지수선물은 현물시장에서 실제로 거래되지 않는 계산상의 숫자인 주가지수를 대상으로 거래하는 것이다.

③ 주가지수는 실물이 아닌 추상물이기 때문에 결제일에 기초자산(주가지수)을 인도 또는 인수할수가 없다.

④ 주가지수 선물거래에서는 결제일 이전에 반대매매를 통하여 포지션을 정리하거나, 결제일에 계약시점의 주가지수선물가격과 결제시점의 주가지수의 차이를 금액으로 환산하여 차액을 현금으로 결제한다.

> [해설] 천재지변이나 글로벌 금융위기, 국가시스템의 붕괴위기 등 주식시장 전체의 가격변동을 가져오는 리스크를 체계적 리스크라고 하며, 주가지수선물은 주식시장 전반의 체계적 리스크를 관리할 수 있는 최적의 파생상품이다. 비체계적 리스크는 개별 주식선물이나 분산투자만으로도 제거할 수 있는 리스크이다.
>
> **답** ①

03 시가총액 가중방식에 의한 주가지수에 대한 설명으로 옳지 않은 것은?

★★★

① 계산이 상대적으로 간편하며 고가주가 저가주보다 평균값인 지수에 더 큰 영향을 미치게 된다.

② 지수의 연속성이 유지되어 장기적인 추세변화의 파악이 비교적 쉽다.

③ 기업가치의 변동을 잘 나타내 주는 장점이 있다.

④ 시가총액이 큰 기업의 주가가 주가지수에 미치는 영향이 커서 시장전체의 주가수준이 왜곡될 가능성이 있다.

> [해설] ①은 가격 가중지수(= 다우식)의 특징이다. 참고로 KOSPI200은 최근에는 시가총액 주가지수에서 순수하게 '유동주식수'만 가중한 시가총액 방식으로 지수가 산출되고 있다.
>
> **답** ①

04 KOSPI200 지수선물에 대한 설명으로 옳은 것은?

★★☆

① KOSPI200 지수선물의 계약금액은 KOSPI200 선물가격에 거래승수 25만원을 곱하여 산출한다.

② KOSPI200 지수선물의 최소호가단위는 0.01포인트이다.

③ KOSPI200 지수선물의 결제월은 3, 6, 9, 12월이며, 최종거래일은 각 결제월의 둘째주 목요일이다(휴장일인 경우 순차적으로 앞당김).

④ KOSPI200 지수선물은 실물인수도 결제방식을 택하고 있다.

> [해설] ② KOSPI200 지수선물의 최소호가단위는 0.05포인트이다.
> ③ KOSPI200 지수선물의 결제월은 3, 6, 9, 12월이며, 최종거래일은 각 결제월의 두 번째 목요일이다(휴장일인 경우 순차적으로 앞당김).
> ④ KOSPI200 지수선물은 현금결제방식을 택하고 있다.
>
> **답** ①

02 주식선물 중요도 ★★☆

대표유형문제 **개별 주식선물의 특징에 관한 설명으로 옳지 않은 것은?**

① 주식선물은 현물주식 공매도 등의 거래수요를 상대적으로 저렴하고 편리한 방법으로 충족시킬 수 있다.

② 개별 주식선물의 가격은 미시변수에 비해 상대적으로 거시변수에 의해 더욱 영향을 받는다.

③ 주주총회 의결권이나 배당청구권이 주식선물에는 부여되지 않는다.

④ 주식은 상장폐지 이전까지는 만기의 개념이 없지만, 주식선물은 특정 시점의 만기가 존재한다.

> **해설** 개별 주식선물의 기초자산은 특정 개별주식이기 때문에 주식선물의 가격은 전체 시장에 영향을 미치는 거시(Macro)변수에 비해 상대적으로 해당 주식가격을 결정짓는 미시(Micro)변수에 더욱 영향을 받는다.
>
> **답** ②

STEP 01 | 핵심필수개념

(1) 개별 주식선물의 특징

① 개별 주식선물의 기초자산은 특정 개별주식이기 때문에, 주식선물의 가격은 전체 시장에 영향을 미치는 거시(Macro)변수에 비해 상대적으로 해당 주식가격을 결정짓는 미시(Micro)변수에 더욱 영향을 받는다.

② 주식선물은 개별주식에 대한 리스크 관리와 함께 현물주식 공매도 등의 거래수요를 상대적으로 저렴하고 편리한 방법으로 충족시킬 수 있다.

③ 주식은 유가증권이지만, 주식선물은 파생상품이다.

④ 주식은 상장폐지 이전까지는 만기의 개념이 없지만, 주식선물은 특정 시점의 만기가 존재한다.

⑤ 주식선물은 실물 인수도 또는 현금결제로 최종결제될 수 있다.

(2) 국내 주식선물

① 거래단위는 계약당 주식 10주 단위이다.

② 최종거래일은 각 결제월의 두 번째 목요일이다(휴장일인 경우 순차적으로 앞당김).

③ 최종 결제방법은 현금결제이다.

STEP 02 핵심보충문제

01 한국거래소(KRX) 주식선물의 상품명세에 대한 내용으로 옳지 않은 것은?

★★☆

① 주식시장에 상장되어 있고 유통주식수가 200만주 이상, 소액주주수가 2,000명 이상, 1년간 총거래대금이 5,000억원 이상인 보통주 중에서 시가총액과 재무상태 등을 감안하여 선정한 기업이 발행한 주식을 거래대상으로 한다.

② 주식선물 1계약은 해당 주식 100주의 가치와 동일하다.

③ 최종거래일은 각 결제월의 두 번째 목요일이다(휴장일인 경우 순차적으로 앞당김).

④ 가격제한폭은 기준가격 대비 각 단계별로 확대 적용한다(1단계 ±10%, 2단계 ±20%, 3단계 ±30%).

해설 거래단위는 계약당 주식 10주 단위이다. 따라서 주식선물 1계약은 해당 주식 10주의 가치와 동일하다.

답 ②

TOPIC

03 주식 관련 선물의 가격결정 중요도 ★★★

대표유형문제 A주식의 주가는 10만원, 배당수익률은 연 3%, 선물만기일까지 남은 기간은 3개월, 이자율이 연 5%라고 할 때, A주식 선물의 이론가격은?

① 99,500원　　　　　　　　　　② 100,000원

③ 100,200원　　　　　　　　　　④ 100,500원

해설 A주식 선물의 이론가격 $(F_t) = S_t + S_t(r-d) \times \dfrac{T-t}{365}$

$= 10만원 + 10만원(0.05 - 0.03) \times \dfrac{3}{12} = 100,500원$

답 ④

STEP 01 핵심필수개념

(1) 보유비용모형

① 보유비용모형에 의하면 선물가격은 현물가격에 순보유비용을 더하여 결정되는데, 주식 관련 선물의 경우 순보유비용은 '이자비용−배당금'이다.

② 주식 관련 선물의 이론가격

- $F_t = S_t \left[1 + r \times \dfrac{T-t}{365}\right] - D$

  (t = 현재시점, T = 선물 만기시점, S_t = 주식가격 또는 주가지수, r = 이자율, D = 배당금의 만기 시 가치)

③ KRX에서 발표하고 있는 주식 관련 선물의 이론가격

- $F_t = S_t \left[1 + (r-d) \times \dfrac{T-t}{365}\right]$ 또는 $S_t + S_t(r-d) \times \dfrac{T-t}{365}$

  ($d = D/S_t$ = 연간배당수익률)

(2) 콘탱고(Contango)와 정상 백워데이션(Normal Backwardation)

콘탱고	선물가격이 현물가격보다 높은 상황 → 선물가격(F) > 현물가격(S)
백워데이션	선물가격이 현물가격보다 낮은 상황 → 선물가격(F) < 현물가격(S)

(3) 베이시스(Basis)

① 베이시스는 선물가격과 현물가격의 차이를 의미한다.

→ $B_t(t$시점의 Basis$)$ = 선물가격(F_t) − 현물가격(S_t)

② 선물만기일에 가까워질수록 보유비용이 감소하기 때문에 베이시스는 0으로 수렴한다.

③ 선물 시장가격과 현물가격의 차이를 '시장 베이시스'라 하며, 선물 이론가격과 현물가격의 차이를 '이론 베이시스'라고 한다.

(4) 베이시스 리스크

① 만기일 전에 헤지포지션을 청산하는 경우 베이시스 리스크에 노출되게 되는데, 베이시스 리스크는 현물가격과 선물가격의 변동이 일정하지 않기 때문에 발생한다.

② 베이시스 리스크가 있는 경우 완벽한 헤지란 불가능하다.

③ 현물을 보유한 상태에서 선물로 매도헤지하는 경우

헤지 포트폴리오의 손익	= 현물손익 + 선물손익 $= (S_1 - S_0) + (F_1 - F_0) = (F_1 - S_0) - (F_1 - S_1) = B_0 - B_1$ → 결국 현물과 선물로 이루어진 헤지포지션의 손익은 헤지시점과 청산시점의 베이시스 차이가 된다. 따라서 베이시스가 감소$(B_0 > B_1)$하면 헤지 포트폴리오는 이익이 발생하고, 베이시스가 증가$(B_0 < B_1)$하면 손실이 발생하게 된다.

($B_0 = 0$시점(헤지시점)의 베이시스, $B_1 = 1$시점(청산시점)의 베이시스)

개념체크 ○×

▶ 배당수익률(d)이 높아질수록 선물가격은 낮아진다. ○ ×

답 ○

▶ 베이시스는 선물가격과 현물가격의 차이를 의미한다. ○ ×

답 ○

01 주가지수선물의 균형가격(이론가격)과 가격결정 요인과의 관계를 나타낸 것으로 옳지 않은 것은?
★★★

	선물가격 결정요인	선물이론가격
①	KOSPI200 상승	상승
②	이자율 하락	하락
③	배당수익률 상승	상승
④	잔존만기 하락	하락

[해설] 주식 관련 선물의 이론가격$(F_t) = S_t + S_t(r-d) \times \dfrac{T-t}{365}$ → 여기서 배당수익률(d)은 이론가격을 계산하는
식에서 차감되는 항목이므로 배당수익률(d)이 높아질수록 선물의 이론가격은 낮아진다.

답 ③

02 단기이자율이 배당수익률보다 크다고 가정할 때, 주가지수, 주가지수선물의 이론가격, 시장가격과
★★☆ 의 관계에 대한 설명으로 옳지 않은 것은?

① 주가지수선물 이론가격은 기초자산인 주가지수보다 높다.
② 주가지수선물이 콘탱고 상태이면 당연히 고평가된 것이다.
③ 주가지수선물이 백워데이션 상태이면 저평가된 것이다.
④ 주가지수선물이 저평가되어 있더라도 반드시 백워데이션 상태는 아니다.

[해설] 주가지수선물이 콘탱고 상태[선물가격 > 주가지수]라 하더라도 저평가[선물가격 < 이론가격]될 수도 있다.
  ① 주가지수선물의 이론가격 공식에서 알 수 있듯이 단기이자율(r)이 배당수익률(d)보다 크면, 주가지수선물
    이론가격은 기초자산인 주가지수보다 높다.
  ③ 주가지수선물이 백워데이션 상태[선물가격 < 주가지수]이면 저평가[선물가격 < 이론가격]된 것이다.
  ④ 주가지수선물이 저평가[선물가격 < 이론가격]되어 있더라도 콘탱고 상태[선물가격 > 주가지수]가 될 수
    있으므로 반드시 백워데이션 상태는 아니다.

답 ②

03 현재 KOSPI200 주가지수는 410.35포인트이다. KOSPI200 선물지수는 410.95포인트이고, 이론
★★☆ 선물지수가 411.35포인트라고 할 때, [시장 베이시스 + 순보유비용]의 값은?

① 0.60

② 1.20

③ 1.60

④ 2.00

[해설] 시장 베이시스 = 선물의 시장가격 − 현물가격 = 410.95 − 410.35 = 0.60
이론 베이시스(= 순보유비용) = 선물의 이론가격 − 현물가격 = 411.35 − 410.35 = 1.00
∴ [시장 베이시스 + 순보유비용] = 0.60 + 1.00 = 1.60
베이시스는 선물가격과 현물가격의 차이를 의미하는데, 주식 관련 선물에서는 선물가격에서 현물가격을 빼서
구한다(상품선물에서는 반대로 현물가격에서 선물가격을 빼서 구함). 선물 시장가격에서 현물가격을 빼면 '시
장 베이시스', 선물 이론가격에서 현물가격을 빼면 '이론 베이시스'라고 한다. 그리고 이론 베이시스는 순보유
비용과 같으며, 대부분의 경우 이론 베이시스와 시장 베이시스는 같지 않다.

답 ③

04 주식 관련 선물에서 베이시스에 대한 설명으로 옳지 않은 것은?
★★☆ ① 이론 베이시스가 0보다 크다는 것은 순보유비용이 양(+)이라는 것을 의미한다.

② 선물가격이 저평가되어 있으면 시장 베이시스가 이론 베이시스보다 크다.

③ 현물과 선물로 이루어진 헤지 포지션의 손익은 헤지시점과 청산시점의 베이시스 차이가 된다.

④ 만기일 전에 헤지포지션을 청산하는 경우 베이시스 리스크에 노출되게 되는데, 베이시스 리스크
는 현물가격과 선물가격의 변동이 일정하지 않기 때문에 발생한다.

[해설] 선물가격이 저평가되어 있으면 [선물가격 < 이론가격]이므로, 시장 베이시스(= 선물가격 − 현물가격)가 이
론 베이시스(= 이론가격 − 현물가격)보다 작다. 그리고 이론 베이시스는 순보유비용과 같으므로 이론 베이시
스가 0보다 크다는 것은 순보유비용이 양(+)이라는 것을 의미한다.

답 ②

04 주식 관련 선물의 거래유형 중요도 ★★★

대표유형문제 펀드운용자는 주식시장이 강세가 될 것으로 예상하여 KOSPI200 지수선물(현재가격은 400포인트)을 이용하여 주식 포트폴리오(현재가치 100억원)의 베타를 현재 0.9에서 1.5로 증가시키기를 원한다. 이 경우 주식 포트폴리오의 베타를 조정하기 위해 매도 또는 매수해야 할 지수선물의 계약수(N)는?(1포인트 = 25만원)

① KOSPI200 선물 50계약을 매도
② KOSPI200 선물 60계약을 매수
③ KOSPI200 선물 70계약을 매수
④ KOSPI200 선물 80계약을 매수

해설 $N = \dfrac{P}{F} \times (\beta_T - \beta_P)$, 따라서 $N = \dfrac{100억원}{400포인트 \times 250,000} \times (1.5 - 0.9) = 60(계약) \rightarrow$ N이 양
(+)이므로 매수 포지션을 취해야 할 지수선물 계약수를 나타낸다.

답 ②

STEP 01 핵심필수개념

(1) 투기거래

① 투기거래는 시세차익을 얻기 위한 것이 목적이며, 이를 위해 미래의 가격변동 리스크를 감수하게 된다.

② 투기거래자는 헤지거래의 상대방 역할을 수행함으로써 선물시장의 가격형성을 원활히 하고 유동성을 제공하는 데 일조한다.

③ 주식선물을 이용한 투기거래는 낮은 위탁증거금률을 이용한 레버리지 투자와 같다.

④ 시장의 강세를 예상하는 투자자는 지수선물을 매수하고, 시장의 약세를 예상하는 투자자는 지수선물을 매도한다.

(2) 헤지거래

① 헤지거래는 선물시장에서 현물 포지션과는 반대의 포지션을 취함으로써 현물가격의 변동 리스크를 제거하고자 하는 거래이다.

매도헤지	보유하고 있는 현물의 가격하락에 대비하여 현물과 대응되는 선물을 매도함으로써 향후 가격하락 리스크를 제거하는 거래이다.
매수헤지	향후 현물가격의 상승에 따른 기회손실을 회피하기 위해 선물을 미리 매수하는 것이다.

② 주가지수선물을 이용하여 주식 포트폴리오를 헤지하는 경우, 보유하고 있는 주식 포트폴리오의 수익률과 주가지수의 수익률의 차이, 즉 추적오차(Tracking Errors)가 발생한다.

직접헤지	헤지의 대상인 현물과 동일한 기초자산을 가진 선물로 헤지하는 방법
교차헤지	헤지의 대상인 현물과 가격 움직임이 유사하지만 다른 특성을 갖는 선물로 헤지하는 방법 → 추적오차 발생

③ 주식 포트폴리오의 시장 리스크를 헤지하기 위해 매도해야 할 지수선물의 계약수(N)

- $N = \dfrac{\text{주식 포트폴리오의 가치}}{\text{선물 1계약의 가치}(= \text{선물지수} \times \text{거래승수})}$

④ 주식 포트폴리오의 체계적 리스크, 즉 베타를 조정할 때 매도 또는 매수해야 할 지수선물의 계약수(N)

- $N = \dfrac{P}{F} \times (\beta_T - \beta_P)$ → 이때 N이 음($-$)이면 매도 포지션을 취해야 할 지수선물 계약수를 나타내고, N이 양($+$)이면 매수 포지션을 취해야 할 지수선물 계약수를 의미한다.

(β_T : 포트포리오의 목표베타, β_P : 주식 포트폴리오의 시장인덱스에 대한 베타, P : 주식포트폴리오의 현재가치, F : 주식선물 한 계약의 현재가치)

(3) 차익거래

① 차익거래는 선물의 시장가격과 이론가격 사이에 괴리가 발생할 경우 고평가되어 있는 것을 매도하고, 상대적으로 저평가되어 있는 것을 동시에 매수함으로써 무위험수익을 얻고자 하는 거래이다.

② 매수차익거래와 매도차익거래

구 분	매수차익거래	매도차익거래
발생 시기	선물의 시장가격 > 이론가격 → 선물가격 고평가	선물의 시장가격 < 이론가격 → 선물가격 저평가
거래 전략	= 현물매수 + 선물매도 → 현물보유(Cash & Carry) 전략	= 현물매도 + 선물매수 → 역현물보유(Reverse Cash & Carry) 전략
차익거래이익	= 시장가격 − 이론가격	= 이론가격 − 시장가격
	(선물 만기시점에 포지션을 청산하며, 거래비용은 없다고 가정)	

③ 차익거래 시 주가지수를 추적하는 현물바스켓을 구성하는 방법

완전 복제법	주가지수를 구성하는 전체 종목을 시가총액 비중대로 현물바스켓에 편입하는 방법으로 추적오차가 제거된 이론적으로 가장 완벽한 방법이다.	
부분 복제법	주가지수 구성종목의 일부로 대상 주가지수를 최대한 정확하게 추적할 수 있도록 구성하는 방법이다.	
	층화추출법	업종별로 대표종목을 선별하여 구성하는 방법이다.
	최적화법	업종 및 종목별 특성치 등의 기준에 의해 종목을 선정한 뒤에 일정한 제약조건을 만족하는 종목으로 구성하는 방법이다.
	복합법 (층화−최적화법)	층화추출법과 최적화법의 두 가지 방식을 통계적으로 결합하여 인덱스 펀드를 구성하는 방식이다.

④ 주가지수선물을 이용하는 차익거래에서 발생하는 리스크

추적오차	주가지수 차익거래를 실행과는 과정에서 대상 주가지수를 제대로 추적하지 못하여 추적오차가 확대될 경우에는 기대한 차익거래 이익을 얻지 못할 수 있다.
유동성리스크 (미청산위험)	주가지수 차익거래를 실행과는 과정에서 현물바스켓의 일부 종목이 유동성 부족으로 미체결되거나 매우 불리한 가격에 체결될 리스크에 노출될 수 있다.
시장충격비용	현물바스켓을 주문집행할 때 순간적으로 대규모 주문을 체결하기 때문에 개별종목이나 선물의 가격변동이 불리하게 될 수 있다.

⑤ 차익거래 시 고려해야 할 비용

명시적 비용		차익거래로 인해 직접 발생하는 거래수수료, 세금 등의 거래비용
암묵적 비용	호가 스프레드	매수와 매도 간 호가 차이에서 발생하는 기회비용
	시장충격 비용	자신의 매매주문으로 인해 시장에서 발생할 수 있는 가격변동, 즉 시장에 대한 충격비용을 의미함
	제도적 마찰요인	• 차입 및 공매에 대한 제도적인 제약 • 차입이자율과 자금운용이자율의 차이에서 발생하는 조달비용과 운용수익의 불일치 등

⑥ 차익거래 불가 영역

　㉠ 실제 차익거래 전략을 실행하기 위해서는 선물 이론가격에 실제 거래비용을 감안해야 한다.

　㉡ 거래비용을 감안한다면 이론가격 주변에는 거래비용을 고려할 때 차익이 발생하지 않는 가격구간이 발생할 수 있는데 이를 '차익거래 불가영역'이라고 한다.

　㉢ 즉, 선물 이론가격에 일정한 거래비용을 감안한 범위 이내에서는 차익거래에 따른 이익이 발생하지 않는 소위 '차익거래 불가영역'이 존재하게 된다.

• 선물의 시장가격이 차익거래 불가영역의 상한선을 초과 시(즉, $F > F^* + TC$)
　→ 매수차익거래(현물보유전략 = 주식매수 + 선물매도) 발생

상한선	= 선물이론가격(F^*) + 총거래비용(TC)
차익거래 불가영역	→ $F^* - TC \leq F \leq F^* + TC$ (즉, 선물의 시장가격이 상한선과 하한선 사이에서 움직일 때)
하한선	= 선물이론가격(F^*) − 총거래비용(TC)

• 선물의 시장가격(F)이 차익거래 불가영역의 하한선을 이탈 시(즉, $F < F^* - TC$)
　→ 매도차익거래(역현물보유전략 = 주식매도 + 선물매수) 발생

(4) 스프레드 거래

① 스프레드 거래는 상이한 두 개의 선물계약을 반대방향으로 거래하기 때문에 한 종목에서 생기는 이익이 다른 종목에서 생기는 손실에 의해 상쇄된다.

② 스프레드 거래는 개별선물종목 가격의 상승 또는 하락에 베팅하기보다는 두 개의 선물의 가격 차이를 이용한 거래이므로 스프레드 거래의 손익은 두 선물의 절대가격의 변화보다는 상대가격의 변화에 따라 결정된다.

결제월간 (만기간) 스프레드	향후 스프레드의 변화를 예측하여 거래대상(기초자산)이 동일한 선물 중에서 한 결제월물은 매수하고 다른 결제월물은 매도하는 거래이다.	
	스프레드 (Spread)	결제월(만기)이 다른 두 개의 상이한 선물계약 간의 가격차이(스프레드 = 원월물가격 − 근월물가격)를 말한다.
상품간 스프레드	결제월은 같으나 기초자산이 상이한 두 개의 선물계약을 동시에 매매하여 두 선물계약 간 스프레드의 변동으로부터 이익을 얻으려는 거래이다.	

③ 거래 전략(원월물 가격이 근월물 가격보다 높은 경우를 가정)

향후 스프레드 확대 예상 시	향후 스프레드 축소 예상 시
근월물 매도 + 원월물 매수 → 스프레드 매수전략	근월물 매수 + 원월물 매도 → 스프레드 매도전략
스프레드 거래의 이익 = 거래 진입시점과 청산시점의 스프레드의 차이	

개념체크ox

▶ 교차헤지는 헤지의 대상인 현물과 가격 움직임이 유사하지만 다른 특성을 갖는 선물로 헤지하는 방법이다. ○×

답 ○

▶ 원월물 선물가격이 근월물 선물가격보다 높은 경우, 향후 스프레드가 축소될 것으로 예상되면 근월물은 매수하고 동시에 원월물은 매도하는 스프레드 매도전략이 적절하다. ○×

답 ○

01 선물을 이용한 헤지거래에 관한 설명으로 옳은 것은?
★★☆
① 지수선물을 이용하여 헤지를 하는 경우, 보유하고 있는 주식 포트폴리오의 수익률과 주가지수의 수익률의 차이, 즉 베이시스 리스크가 발생한다.

② 헤지의 대상인 현물과 동일한 기초자산을 가진 선물로 헤지하는 방법을 교차헤지(Cross Hedge)라고 한다.

③ 헤지의 대상인 현물과 가격 움직임이 유사하지만 다른 특성을 갖는 선물로 헤지하는 방법을 직접헤지(Direct Hedge)라고 한다.

④ 지수선물을 이용하여 주식 포트폴리오를 헤지하는 경우, 헤지의 효율성은 추적오차 및 베이시스 리스크에 의해 결정된다.

> 해설   ① 지수선물을 이용하여 헤지를 하는 경우, 보유하고 있는 주식 포트폴리오의 수익률과 주가지수의 수익률의 차이, 즉 추적오차(Tracking Errors)가 발생한다.
> ② 헤지의 대상인 현물과 동일한 기초자산을 가진 선물로 헤지하는 방법을 직접헤지(Direct Hedge)라고 한다.
> ③ 헤지의 대상인 현물과 가격 움직임이 유사하지만 다른 특성을 갖는 선물로 헤지하는 방법을 교차헤지(Cross Hedge)라고 한다.
>
> **답** ④

02 베이시스와 헤지에 관한 설명이다. 옳지 않은 것은?
★★★
① 투자자는 보유하고 있거나 보유하게 될 현물포지션에 대하여 선물거래에서 반대포지션을 취하는 헤지거래를 하는 경우, 현물의 시장가격 변동위험(체계적 리스크)을 회피하는 대신 베이시스 리스크에는 노출된다.

② 베이시스 리스크로 인해 완전헤지는 현실적으로 불가능하며, 헤지의 목표는 리스크를 완전히 제거하는 데 있는 것이 아니라, 주식 포트폴리오의 체계적 리스크를 베이시스 리스크로 전환하는 것이다.

③ 콘탱고 상태에서 베이시스가 증가하면 매도헤지는 이익이 발생하고, 베이시스가 감소하면 매수헤지가 이익이 발생한다.

④ 베이시스 리스크로 인해 헤지의 결과가 완벽하게 나타나지 못하기 때문에 헤지비율이 중요시된다.

> 해설   베이시스란 [선물가격 – 현물가격]이므로 콘탱고 상태 [선물가격 > 현물가격]에서 베이시스가 증가하면 선물가격이 현물가격보다 더 많이 상승하거나 덜 하락하는 경우이므로 선물을 매수한 매수헤지는 이익이 발생하고, 베이시스가 감소하면 선물가격이 현물가격보다 더 많이 하락하거나 덜 상승하는 경우이므로 선물을 매도한 매도헤지는 이익이 발생한다.
>
> **답** ③

03 삼성전자 주식을 보유하고 있는 투자자가 주가하락 리스크를 헤지하기 위해 삼성전자 주식선물을
★★★ 매도하였다. 헤지거래 당시 선물가격이 주식가격보다 높게 형성되어 있었고, 베이시스는 8,000원
이었다. 선물만기일을 앞두고 현재도 여전히 선물가격이 주식가격보다 높은 상태이나, 베이시스가
5,000원으로 축소되었다. 헤지포지션에 관한 다음 설명 중 옳은 것은?

① 베이시스가 축소되더라도 헤지포지션에는 영향을 미치지 않는다.

② 매도헤지를 하였기 때문에 베이시스가 변하더라도 헤지포지션의 이익은 0이다.

③ 매도헤지의 경우이므로 베이시스의 축소로 3,000원의 손실을 본다.

④ 베이시스가 축소되었기 때문에 매도헤지 포지션은 3,000원의 이익을 보게 된다.

[해설] 베이시스가 축소되었기 때문에 매도헤지 포지션은 베이시스가 축소된 만큼(3,000원) 이익을 본다. 반대로, 매
도헤지 포지션은 베이시스가 확대되면 손실을 본다.

답 ④

04 현재 포트폴리오의 베타가 0.9인 500억원의 주식 포트폴리오를 보유하고 있는 펀드운용자가 향후
★★★ 주가상승을 예상하여 KOSPI200 지수선물 200계약을 400포인트에 매수하였다면, 이는 주식포트
폴리오의 베타를 얼마로 조정한 효과를 갖는가?(1포인트 = 25만원)

① 1.0

② 1.3

③ 1.6

④ 1.9

[해설] $N = \dfrac{\text{주식 포트폴리오의 가치}}{\text{선물 1계약의 가치}(= \text{선물지수} \times \text{거래승수})} \times (\text{목표}\beta - \text{기존}\beta)$

→ 200계약 $= \dfrac{500억원}{400 \times 250,000} \times (\text{조정후}\beta - 0.9)$, 따라서 조정후$\beta = 1.30$이다.

답 ②

05 주식 관련 차익거래(Arbitrage)에 관한 설명으로 옳은 것은?
★★★ ① 차익거래는 선물의 시장가격과 이론가격 사이에 괴리가 발생할 경우 고평가되어 있는 것을 매수하
고, 상대적으로 저평가되어 있는 것을 동시에 매도함으로써 무위험수익을 얻고자 하는 거래이다.

② 선물의 시장가격이 이론가격보다 클 때, 매도차익거래가 발생한다.

③ 선물의 시장가격이 이론가격보다 작을 때, 매수차익거래가 발생한다.

④ 개별주식을 대상으로 한 차익거래에서는 보유비용(이자율, 배당수익률)과 거래비용(공매도시 대
차비용 등)의 불확실성을 고려해야 한다.

[해설] ① 차익거래는 선물의 시장가격과 이론가격 사이에 괴리가 발생할 경우 고평가되어 있는 것을 매도하고, 상대
적으로 저평가되어 있는 동시에 매수함으로써 무위험수익을 얻고자 하는 거래이다.
② 선물의 시장가격이 이론가격보다 클 때, 매수차익거래가 발생한다.
③ 선물의 시장가격이 이론가격보다 작을 때, 매도차익거래가 발생한다.

답 ④

06
★★★
현재 단기이자율이 4%, 주가지수의 배당수익률은 2%, 주가지수는 250.00이며, 선물 잔존만기가 6개월인 주가지수선물의 시장가격이 254.00이다. 거래비용이 없다고 할 때 시장 상황에 대한 다음 설명 중 옳은 것은?

① 보유비용모형에 의하면 주가지수선물의 이론가격은 253.00이다.

② 콘탱고 상황이므로 선물을 매도한다.

③ 주가지수선물이 저평가되어 있으므로 역현물보유전략(Reverse Cash & Carry)이 적합하다.

④ 선물을 매도하고 주식 현물을 매수하는 차익거래가 적합한 시장 상황이다.

[해설] ① 보유비용모형에 의하면 주가지수선물의 이론가격은 252.50이다.
② 선물의 시장가격이 현물가격보다 높은 콘탱고 상황은 맞지만 차익거래를 할 때에는 선물 시장가격과 이론가격의 괴리로 판단한다. 만약 투기거래를 한다 하더라도 시장 하락이 예상될 때에만 선물을 매도해야 한다.
③ 현재 선물가격(254)이 이론가격(252.5)보다 높은 고평가 상태이므로 현물보유전략(Cash & Carry)이 적합하다. 즉, 선물을 매도하고 주식 현물을 매수하는 차익거래가 적합한 시장 상황이다.

답 ④

07
★★★
현재 만기가 3개월 남은 주가지수 선물가격은 203이고 현물지수는 200이다. 금리가 연 4%이고 주가지수의 배당수익률이 연 2%라고 할 때, 확실한 수익을 얻을 수 있는 거래전략은?(단, 거래비용은 없다고 가정)

① 매수차익거래

② 매도차익거래

③ 스프레드거래

④ 선물매수거래

[해설] 선물의 시장가격(203)이 이론가격$[201 = 200 + 200(0.04 - 0.02) \times \frac{3}{12}]$에 비해 고평가되어 있으므로 거래비용이 없다면, 고평가되어 있는 선물을 매도하고 동시에 저평가되어 있는 현물을 매수하는 현물보유전략(매수차익거래)으로 무위험 수익을 얻을 수 있다.

답 ①

08
★★☆
펀드운용자인 박대박씨는 역현물보유전략(Reverse Cash & Carry)의 차익거래를 하였다. 일체의 거래비용 등이 없다고 가정할 때, 만기시점에서 얻을 수 있는 무위험 수익의 크기는?

① 현물가격 - 선물시장가격

② 선물이론가격 - 선물시장가격

③ 선물시장가격 - 현물가격

④ 선물시장가격 - 선물이론가격

[해설] 역현물보유전략은 선물의 시장가격이 이론가격에 비해 저평가된 경우 발생하는 매도차익거래로서 선물매수와 현물매도로 구성한다. 이때 만기시점에서 얻을 수 있는 차익의 크기는 이론가격과 시장가격의 차이만큼이다. 즉 [매도차익거래의 수익 = 선물이론가격 - 선물시장가격]이다.

답 ②

09 다음 중 매도차익거래(역현물보유전략)가 발생할 수 있는 경우는?

★★★

	선물시장가격 (F)	차익거래 불가영역의 하한선	선물이론가격 (F*)	차익거래 불가영역의 상한선
①	219.90	218.90	220.10	221.30
②	221.90	219.30	220.50	221.70
③	219.10	217.60	218.75	219.90
④	217.50	217.70	218.90	220.10

[해설] 선물의 시장가격(F)이 차익거래 불가영역의 상한선보다 높을 때에는 매수차익거래(현물보유전략), 선물의 시장가격이 차익거래 불가영역의 하한선보다 낮을 때에는 매도차익거래(역현물보유전략)가 발생한다. 따라서 선물의 시장가격이 차익거래 불가영역의 상한선보다 높거나 하한선보다 낮은 경우를 찾으면 된다. ④번의 경우 선물의 시장가격이 차익거래 불가영역의 하한선보다 낮으므로, 주식매도와 선물매수의 매도차익거래(역현물보유전략)가 발생할 수 있다. ②번의 경우엔 선물의 시장가격이 차익거래 불가영역의 상한선보다 높으므로, 주식매수와 선물매도의 매수차익거래(현물보유전략)가 발생할 수 있다.

답 ④

10 선물을 이용한 스프레드(Spread) 거래에 관한 설명으로 옳지 않은 것은?

★★★

① 스프레드 거래는 개별선물종목 가격의 상승 또는 하락에 베팅하기보다는 두 개의 선물의 가격차이를 이용한 거래이다.

② 스프레드 거래의 손익은 두 선물의 절대가격의 변화보다는 상대가격의 변화에 따라 결정된다.

③ 스프레드 거래는 상이한 두 개의 선물계약을 반대방향으로 거래하기 때문에 한 종목에서 생기는 이익이 다른 종목에서 생기는 손실에 의해 상쇄된다.

④ 스프레드 거래는 한 종목으로만 거래하는 단순 투기거래보다 리스크가 적은 대신 수익은 크다.

[해설] 스프레드 거래는 상이한 두 개의 선물계약을 반대방향으로 거래하기 때문에 한 종목에서 생기는 이익이 다른 종목에서 생기는 손실에 의해 상쇄된다. 따라서 스프레드 거래는 한 종목으로만 거래하는 단순 투기거래보다 리스크가 적은 대신 수익도 낮은 것이 특징이다.

답 ④

11 현재 단기이자율이 5%, 배당수익률이 3%라고 할 경우, 주가지수선물 시장에서 결제월간 스프레드

★★★ 확대가 예상될 때 취할 수 있는 바람직한 거래 전략은?

① 근월물 매수 + 원월물 매도

② 근월물 매도 + 원월물 매도

③ 근월물 매도 + 원월물 매수

④ 근월물 매수 + 원월물 매수

[해설] 이자율이 배당수익률보다 높은 경우에는 보유비용이 양(+)이므로 콘탱고 상황이다. 즉, 선물가격이 현물가격보다 높고, 원월물 선물가격이 근월물 선물가격보다 높다. 이런 상황에서 스프레드가 확대되는 경우는 원월물 선물가격이 근월물 선물가격보다 더 많이 상승하거나 더 작게 하락하는 경우이다. 따라서 스프레드 확대를 예상할 경우, 근월물을 매도하고 원월물을 매수하는 스프레드 매수전략(약세 스프레드 전략이라고도 함)을 택한다.

답 ③

05 주식 관련 옵션 중요도 ★★☆

주식 관련 옵션에 관한 설명으로 옳지 않은 것은?

① 주식 관련 옵션은 기초자산에 따라 현물옵션과 선물옵션으로 분류된다.

② 주식 관련 옵션에서 현물옵션은 기초자산이 주식 또는 주가지수이며, 선물옵션은 기초자산이 주식선물 또는 주가지수선물이다.

③ 주식옵션이 주가지수옵션과 다른 점은 기초자산이 개별주식이라는 점이다.

④ 우리나라의 경우 주식선물은 주식을 만기에 실물 인수도하는 현물결제방식을 취하고, 주가지수선물은 현금결제방식을 택한다.

해설 우리나라의 경우 주식선물과 주가지수선물 모두 현금결제방식을 택한다.

답 ④

STEP 01 핵심필수개념

(1) 주식 관련 옵션의 개요

① 주식 관련 옵션은 기초자산에 따라 현물옵션과 선물옵션으로 분류되는데, 현물옵션은 기초자산이 주식 또는 주가지수이며 선물옵션은 기초자산이 주식선물 또는 주가지수선물이다.

② 주가지수선물옵션은 만기에 행사가격으로 기초자산인 선물 포지션을 취할 수 있는 권리인데, 주가지수선물 콜옵션은 행사가격으로 주가지수선물 매수 포지션을 취할 수 있는 권리이고, 주가지수선물 풋옵션은 행사가격으로 주가지수선물 매도 포지션을 취할 수 있는 권리이다.

③ 우리나라의 경우 주식선물과 주가지수선물 모두 현금결제방식을 택한다.

(2) KOSPI200 지수옵션과 주식옵션

① KOSPI200 지수옵션은 유럽형 옵션으로 만기일에만 권리행사가 가능하다.

② KRX(한국거래소)의 주식옵션 또한 최종거래일에만 권리행사가 가능한 유럽형 옵션이며 거래승수는 1계약당 10주이다.

개념체크 O×

▶ 주가지수선물 콜옵션은 행사가격으로 주가지수선물 매수 포지션을 취할 수 있는 권리이고, 주가지수선물 풋옵션은 행사가격으로 주가지수선물 매도 포지션을 취할 수 있는 권리이다. O×

답 O

01 KOSPI200 지수옵션과 KRX의 주식옵션에 대한 설명으로 옳지 않은 것은?

★★☆ ① 둘 다 유럽형 옵션으로 만기일에만 권리행사가 가능하다.

② 둘 다 만기결제는 현금결제방식이다.

③ 둘 다 최종거래일은 각 결제월의 두 번째 목요일(공휴일인 경우 순차적으로 앞당김)이다.

④ 둘 다 KOSPI200 지수옵션의 거래승수는 계약당 25만원이다.

[해설] KOSPI200 지수옵션의 거래승수는 계약당 25만원이며, 주식옵션의 거래승수는 1계약당 10주이다.

답 ④

TOPIC

06 주식 관련 옵션의 가격결정 _{중요도 ★★★}

대표유형문제 현재 주식가격은 5만원이고, 1년 후에 주가는 7만원으로 상승하거나 3만원으로 하락한다고 하자. 무위험이자율은 연 10%이다. 이 주식에 대한 유럽형 풋옵션(만기는 1년이며 행사가격은 5만원)의 현재가치는?(단, 이산복리 가정)

① 5,818원   ② 6,818원

③ 7,818원   ④ 8,818원

해설 현재 50,000원인 주가는 70,000원으로 상승(상승률 40%)하거나 30,000원으로 하락(하락률 −40%)할 수 있으므로,

주가상승배수(u) = 1 + 0.4 = 1.4, 주가하락배수(d) = 1 + (−0.4) = 0.6

리스크중립적확률(q) = $\dfrac{r-d}{u-d}$ = $\dfrac{1.1-0.6}{1.4-0.6}$ = 0.625

행사가격 50,000원인 풋옵션은 만기 시 0원[= Max(0, $K-S_T$) = Max(0, 5만 − 7만)] 또는 20,000원 [= Max(0, $K-S_T$) = Max(0, 5만 − 3만)]의 가치를 갖게 되므로 $p_u = 0$, $p_d = 20,000$

따라서, 풋옵션가치(p) = $\dfrac{q \times p_u + (1-q) \times p_d}{r}$ = $\dfrac{0.625 \times 0 + (1-0.625) \times 2만원}{1+0.10}$ = 6,818원

답 ②

STEP 01   핵심필수개념

(1) 이항분포 옵션 가격결정모형에 의한 콜옵션의 현재가격 계산

① 콜옵션의 현재가치(c) = $\dfrac{q \times c_u + (1-q) \times c_d}{r}$, 여기서 $q = \dfrac{r-d}{u-d}$, $1-q = \dfrac{u-r}{u-d}$

② 풋옵션의 현재가치(p) = $\dfrac{q \times p_u + (1-q) \times p_d}{r}$

(c : 콜옵션가격, p : 풋옵션가격, q : 리스크중립적확률, u : 주식가격 상승배수(1 + 주가상승률), d : 주식가격 하락배수(1 + 주가하락률), c_u : 주가상승시 콜옵션가격, c_d : 주가하락시 콜옵션가격, P_u : 주가상승시 풋옵션가격, P_d : 주가하락시 풋옵션가격, r = 1 + 무위험이자율)

③ 한국거래소는 주식옵션과 주가지수옵션의 이론가격 산출에 이항모형을 채택하고 있다.

(2) 블랙-숄즈(Black-scholes) 모형

① 이항모형은 옵션의 기초자산가격이 일정한 비율로 오르거나 내리는 이항분포를 따른다고 가정한다. 반면에 블랙-숄즈 모형에 따르면 유럽형 콜옵션의 가격은 기초자산인 주식의 가격, 옵션의 행사가격, 무위험수익률, 주식가격의 변동성, 만기까지의 잔존일수 등의 함수로 표현된다.

② 블랙-숄즈 모형에서는 개인의 리스크에 의해 결정되는 '주식의 예상수익률'이란 변수는 옵션의 가격에 영향을 미치지 않는다.

〈블랙-숄즈(Black-scholes) 모형에 의한 유럽형 콜옵션의 가치(c)〉
$$c(S,\ X,\ r,\ \sigma,\ \tau) = S_t \times N(d_1) - Ke^{-rT} \times N(d_2)$$ S_t : 주식(기초자산)의 현재가격, Ke^{-rT} : 옵션 만기시점에서 행사가격 K만큼을 지급하는 채권의 현재 할인가치, $N(d_1)$: 콜옵션의 델타값, $N(d_2)$: 콜옵션이 내가격(ITM)으로 끝날 확률

(3) 풋-콜 패리티(Put-call Parity)

① 동일한 기초자산에 대해서 만기와 행사가격이 같은 풋옵션과 콜옵션 사이에는 이론적인 관계가 성립한다.

② 현재시점 t에서 기초자산의 가격을 S_t, 만기일이 T이고 행사가격이 K인 (유럽형) 콜옵션과 풋옵션 가격을 각각 c와 p라고 할 때,

풋-콜 패리티	동일한 기초자산에 대해서 만기와 행사가격이 동일한 유럽형 콜옵션과 풋옵션 사이에는 다음과 같은 이론적인 관계가 성립한다는 것이다. $\rightarrow p + S_t = c + Ke^{-rT}$	
	풋-콜 패리티의 변형	• $p = c - S_t + Ke^{-rT}$ • $c = p + S_t - Ke^{-rT}$ • $c - p = S_t - Ke^{-rT}$ → 등가격옵션의 경우에는 $S = K$이므로, $c - p = S_t - Se^{-rT}$, 따라서 $c > p$이다.
풋-콜-선물 패리티	동일한 선물에 대해서 행사가격이 같은 유럽형 콜옵션가격, 풋옵션가격, 선물가격 간에는 다음과 같은 이론적인 관계가 성립한다는 것이다. $\rightarrow c - p = (F_t - K)e^{-rT}$(즉, 콜옵션가격과 풋옵션가격의 차이는 선물가격과 행사가격 차이의 현재가치와 같아야 한다는 의미)	

③ 주식배당금을 고려한 풋-콜 패리티는, $p + S_t - D = c + Ke^{-rT}$이다.

▶ 이항분포 옵션 가격결정모형에서 옵션가격은 주식가격의 상승 또는 하락 확률에 의해 결정된다. O X

[해설] 이항분포 옵션 가격결정모형에서 옵션가격은 주식가격의 상승 또는 하락 확률과는 독립적으로 결정된다.

답 X

▶ 주식배당금을 고려한 풋-콜 패리티는, $p + S_t - D = c + Ke^{-rT}$ 이다. O X

답 O

STEP 02 핵심보충문제

01 이항분포 옵션 가격결정모형에 전제되어 있는 가정과 거리가 먼 것은?

★★☆
① 주식가격(S)은 이항분포 생성과정을 따른다.
② 주식가격은 상승과 하락의 두 가지 경우만 계속해서 반복된다.
③ 주가상승배수(= 1 + 주가상승률)는 (1 + 무위험수익률)과 같고, 주가하락배수(= 1 + 주가하락률)는 (1 + 무위험수익률)보다 작다.
④ 주식보유에 따른 배당금 지급은 없으며, 거래비용과 세금 등이 존재하지 않는다.

[해설] 주가상승배수(= 1 + 주가상승률)는 (1 + 무위험수익률)보다 크고, 주가하락배수(= 1 + 주가하락률)는 (1 + 무위험수익률)보다 작다. 만일 이러한 관계가 성립되지 않으면 무위험 차익거래기회가 존재하게 된다.

답 ③

02 풋-콜 패리티(Put-call Parity)에 대해서 가장 바르게 설명한 것은?

★★★
① 동일한 기초자산에 대해서 만기와 행사가격이 같은 등가격 풋옵션과 콜옵션 가격은 항상 같다.
② 동일한 기초자산에 대해서 만기와 행사가격이 같은 풋옵션과 콜옵션 사이에는 이론적인 관계가 성립한다.
③ 동일한 기초자산에 대해서 만기와 행사가격이 다른 등가격 풋옵션과 콜옵션 사이에는 일정한 관계가 있다.
④ 만기가 다른 기초자산 간에도 풋-콜 패리티가 성립한다.

[해설] 풋-콜 패리티는 동일한 만기와 행사가격의 콜옵션과 풋옵션 사이에 성립하는 이론적인 관계식이다.

답 ②

03 현재시점 t에서 기초자산의 가격을 S_t, 만기일이 T이고 행사가격이 K인 (유럽형) 콜옵션과 풋옵
★★★ 션 가격을 각각 c와 p라고 하자. 풋-콜 패리티(Put-call Parity)에 관한 다음 식 중 옳지 않은
것은?

① $S_t = c - p + Ke^{-rT}$

② $p = c - S_t + Ke^{-rT}$

③ $c = p + S_t - Ke^{-rT}$

④ $p - c = S_t - Ke^{-rT}$

[해설] $p + S_t = c + Ke^{-rT}$, 따라서 $c - p = S_t - Ke^{-rT}$이다.

답 ④

04 기초자산의 가격과 행사가격이 모두 110일 때 유럽형 풋옵션의 가격이 2라면, 시장이 균형상태라
★★★ 고 할 때 만기와 행사가격이 동일한 유럽형 콜옵션의 가격은?(무위험이자율은 연 12%, 옵션의
잔존기간 1개월, 기초자산에 대한 배당금은 없으며 이산복리 가정)

① 약 5   ② 약 4
③ 약 3   ④ 약 2

[해설] 풋-콜 패리티에 의해 $p + S_t = c + Ke^{-rT}$, $2 + 110 = c + \dfrac{110}{(1 + 0.12/12)}$, 따라서 c(콜옵션의 가격) $\fallingdotseq$ 30다

(만기가 1개월 남았으므로 1%($= 12\% / 12$)로 할인하는 것에 유의).

답 ③

07 옵션의 민감도 분석 중요도 ★★★

대표유형문제 옵션의 민감도지표에 대한 정의를 잘못 표시한 것은?

① 델타 = [옵션가격의 변화분 / 기초자산가격의 변화분]

② 감마 = [기초자산가격의 변화분 / 델타의 변화분]

③ 세타 = [옵션가격의 변화분 / 시간의 변화분]

④ 베가 = [옵션가격의 변화분 / 변동성의 변화분]

해설 감마(Gamma) = [델타의 변화분$(\partial\Delta)$ / 기초자산가격의 변화분(∂S)]

답 ②

STEP 01 핵심필수개념

(1) 옵션의 민감도 지표

① 옵션가격을 결정하는 여러 요인들(기초자산가격, 변동성, 잔존기간, 이자율 등) 중에 다른 변수들은 일정하다는 가정하에 어느 한 변수가 한 단위 변할 때 옵션가격이 얼마만큼 변하는지를 측정한 것으로 델타(Delta), 감마(Gamma), 세타(Theta), 베가(Vega), 로(Rho) 등이 있다.

② 델타(Delta)

정 의	기초자산의 가격이 변하는 경우 옵션프리미엄이 얼마나 민감하게 변하는가를 보여 주는 지표이다.	
공 식	델타 = 옵션가격의 변화분 / 기초자산가격의 변화분 $(= \partial c / \partial S)$	
델타의 범위	$-1 <$ 풋옵션의 델타 $< 0 <$ 콜옵션의 델타 $< +1$ → 기초자산가격이 상승할수록 콜·풋옵션의 델타는 모두 상승한다.	
	콜옵션	기초자산가격이 상승할수록 1의 값에 근접하며, 기초자산가격이 하락할수록 0의 값에 가까워짐 → 외가격(OTM)일수록 0에 가깝고, 내가격(ITM)일수록 1에 가까워지며, ATM(등가격) 옵션은 0.5이다.
	풋옵션	기초자산가격이 상승할수록 0의 값에 근접하며, 기초자산가격이 하락할수록 −1의 값에 가까워짐 → 외가격(OTM)일수록 0에 가깝고, 내가격(ITM)일수록 −1에 가까워지며, ATM(등가격) 옵션은 −0.5이다.
잔존기간과 델타	• 잔존기간이 줄어들수록 등가격 옵션의 델타는 큰 변화가 없지만, 내가격 옵션의 델타절대값은 커지고 외가격 옵션의 델타절대값은 작아진다. • 잔존만기가 긴 옵션의 델타는 주식가격이 변함에 따라 완만하게 변하는 반면, 만기가 짧은 옵션의 델타는 매우 급하게 변한다.	
델타의 특성	• 델타는 옵션가격과 기초자산가격 간의 관계를 함수로 나타내는 곡선의 한 시점에서의 기울기로, 옵션가격의 변화속도를 의미(선형적인 민감도를 표시)한다. • 델타는 해당 행사가격의 콜옵션이 내가격(ITM)으로 만기를 맞을 확률로 해석이 가능하다. • 델타는 기초자산으로 옵션을 헤지할 때 헤지비율로도 사용된다.	
델타중립	기초자산가격의 움직임에 무관한 상태 → 포지션의 델타가 0의 값을 갖는 것	

③ 감마(Gamma)

정 의	기초자산가격이 변하는 경우 델타가 얼마나 민감하게 변하는가를 보여 주는 지표 → 감마의 값이 작으면 델타는 주가변화에 완만하게 변화하며, 감마의 값이 크면 델타는 주가변화에 대해 매우 민감하게 반응한다.
공 식	감마 = 델타의 변화분 / 기초자산가격의 변화분 $(= \partial^2 c / \partial S^2)$
감마의 의미	델타는 옵션가격과 기초자산가격 간 곡선의 한 시점에서의 기울기를 의미한다면, 감마는 이 기울기의 변화를 의미한다. → 델타는 선형적인 민감도를 표시하는 반면, 감마는 옵션 수익구조의 특징인 비선형적인 민감도를 측정하는 지표이다.
감마의 부호	• 옵션 매수 포지션의 감마값은 (+)이다. → Long Gamma • 옵션 매도 포지션의 감마값은 (−)이다. → Short Gamma
잔존기간과 감마	잔존기간이 짧을수록 등가격(ATM)의 감마는 빠르게 높아지고, 외가격과 내가격의 감마는 오히려 0으로 근접한다.
기초자산가격과 감마	감마의 값은 등가격(ATM)에서 가장 높고, 외가격(OTM)과 내가격(ITM)으로 갈수록 낮아진다.
감마의 특징	• 감마는 델타의 변화분이기 때문에 기초자산가격이 상승할 때, 델타의 변화는 기존 델타와 감마의 합계로 산출할 수 있다. → 델타의 변화분 = 기존 델타 + 감마(기초자산가격이 하락할 경우에는 기존 델타의 값에서 감마를 차감함) • 감마의 절댓값이 클수록 기초자산가격 변화에 대한 옵션가격 변화가 커지므로 델타중립 포지션을 유지하기가 매우 어렵다.

④ 세타(Theta)

정 의	시간의 경과에 따른 옵션가격의 변화를 나타내는 지표 → 시간이 지남에 따라(만기일이 가까워질수록) 옵션의 시간가치는 하락(시간가치감소, Time Decay)하므로 일반적으로 세타는 (−)이다.
공 식	세타 = 옵션가격의 변화분 / 잔존만기의 변화분$(= \partial c / \partial t)$
세타의 부호	옵션 매수 포지션의 세타값은 (−), 옵션 매도 포지션의 세타값은 (+)이다. → 매도자 입장에서 시간가치의 감소는 매도자의 의무이행 가능성이 줄어들기 때문에 세타는 (+)이다.
잔존기간과 세타	만기일까지의 기간이 많이 남아있는 경우, 등가격 옵션의 시간가치는 크며 내가격과 외가격 옵션의 시간가치는 작다. → 만기에 가까워질수록 등가격 옵션의 시간가치는 빠르게 잠식되는 반면, 내가격과 외가격 옵션의 시간가치는 느리게 잠식된다.
세타의 크기	세타는 등가격(ATM)일 때 가장 크고, 내가격이나 외가격으로 갈수록 작아진다.

⑤ 베가(Vega)

정 의	기초자산가격의 변동성이 변하는 경우 옵션가격이 얼마나 민감하게 변하는가를 보여 주는 지표 → 다른 변수들이 일정할 때 가격변동성이 높을수록 콜옵션과 풋옵션의 가격은 상승한다.
공 식	베가 = 옵션가격의 변화분 / 변동성의 변화분 $(= \partial c / \partial \sigma)$
베가의 부호	옵션 매수 포지션의 베가는 $(+)$, 매도 포지션의 베가는 $(-)$이다.
잔존기간과 베가	잔존만기가 길수록 베가는 높아지며, 잔존만기가 짧을수록 베가는 낮아진다.
베가의 크기	등가격(ATM) 옵션의 베가가 가장 크며, 외가격(OTM)과 내가격(ITM) 옵션의 베가는 낮다.
투자에 활용	가격변동성이 상승할 것으로 예상하면 등가격 옵션의 매수를 고려하고, 가격변동성이 하락할 것으로 예상하면 등가격 옵션의 매도를 고려한다.

⑥ 로(Rho)

정 의	이자율이 변하는 경우 옵션가격이 얼마나 민감하게 변하는가를 보여 주는 지표 → 다른 변수들과는 달리 이자율변동은 옵션가격에 미치는 영향이 매우 작다.
공 식	로 = 옵션가격의 변화분 / 이자율의 변화분 $(= \partial c / \partial r)$
로의 부호	이자율이 상승하면 행사가격의 현재가치를 감소시키기 때문에 콜옵션의 경우 만기 시 지불할 금액의 현재가치가 감소하고, 풋옵션의 경우 만기 시 받을 금액의 현재가치가 감소하게 된다. 따라서 이자율 상승은 콜옵션의 가치를 증가시키고 풋옵션의 가치를 감소시킨다(콜매수는 $+$, 풋매수는 $-$).
로의 크기	내가격 옵션의 로가 가장 높다(내가격 > 등가격 > 외가격).

(2) 옵션의 매수 · 매도 포지션에 대한 민감도 부호

포지션		델 타	감 마	세 타	베 가	로
콜옵션	매 수	+	+	−	+	+
	매 도	−	−	+	−	−
풋옵션	매 수	−	+	−	+	−
	매 도	+	−	+	−	+

개념체크○×

▶ 베가는 기초자산가격의 변동성이 변하는 경우 옵션가격이 얼마나 민감하게 변하는가를 보여 주는 지표이다. ○×

답 ○

▶ 옵션을 매도한 포지션의 세타는 $(+)$이다. ○×

답 ○

01 옵션의 민감도 지표인 델타에 관한 설명으로 옳지 않은 것은?
★★★
① 콜옵션의 델타는 기초자산가격이 상승할수록 1의 값에 근접하며, 기초자산가격이 하락할수록 0의 값에 근접한다.
② 풋옵션의 델타는 기초자산가격이 상승할수록 0의 값에 근접하며, 기초자산가격이 하락할수록 −1의 값에 근접한다.
③ 잔존만기가 긴 옵션의 델타는 주식가격이 변함에 따라 급하게 변하는 반면, 만기가 짧은 옵션의 델타는 완만하게 변한다.
④ 배당금이 없는 경우 주식 콜옵션의 델타는 블랙−숄즈 공식에서 $N(d_1)$이다.

[해설] 잔존만기가 긴 옵션의 델타는 주식가격이 변함에 따라 완만하게 변하는 반면, 만기가 짧은 옵션의 델타는 매우 급하게 변한다.

답 ③

02 옵션의 민감도 지표인 감마에 대한 설명으로 옳지 않은 것은?
★★★
① 델타가 옵션가격과 기초자산가격 간 곡선의 한 시점에서의 기울기를 의미한다면, 감마는 이 기울기의 변화를 의미한다.
② 델타는 선형적인 민감도를 표시한 반면, 감마는 옵션 수익구조의 특성인 비선형적인 민감도를 측정하는 지표이다.
③ 감마는 내가격(ITM)에서 가장 높고, 외가격(OTM) 및 등가격(ATM)일수록 작아진다.
④ 감마는 옵션 포지션이 매수일 경우에는 (+)의 값을 갖는 반면, 매도일 경우에는 (−)의 값을 갖는다.

[해설] 감마는 등가격(ATM)에서 가장 높고, 외가격(OTM) 및 내가격(ITM)일수록 작아지는 종모양의 곡선을 형성한다. 감마와 잔존기간의 관계는 잔존기간이 짧을수록 등가격의 감마는 빠르게 높아지고, 외가격과 내가격의 감마는 오히려 0으로 접근한다.

답 ③

03 옵션 민감도 지표인 세타에 관한 설명으로 옳지 않은 것은?
★★★
① 세타값은 옵션의 시간가치 감소를 나타낸다.
② 옵션을 매도한 경우 세타의 값은 음(−)의 부호를 갖는다.
③ 잔존만기가 짧아질수록 세타는 커진다.
④ 세타는 등가격(ATM)일 때 가장 크고, 내가격(ITM)이나 외가격(OTM)으로 갈수록 작아진다.

[해설] 옵션을 매도한 경우 세타의 값은 양(+)의 부호를 갖는다. 매도자 입장에서 시간가치의 감소는 매도자의 매도 의무 가능성이 줄어들기 때문에 세타가 (+)라는 것은 시간가치 감소로 이익을 본다는 뜻이다. 또한 잔존만기가 짧아질수록 세타가 커진다는 의미는 만기가 다가올수록 시간가치가 급속히 소멸하게 된다는 뜻이다.

답 ②

04 기초자산가격의 변동성 및 옵션의 민감도 지표인 베가에 관한 설명으로 옳지 않은 것은?
★★★
① 변동성이 상승하면 옵션의 가치가 상승하고, 변동성이 낮아지면 옵션의 가치는 떨어진다.
② 베가는 등가격(ATM) 옵션에서 가장 크다.
③ 잔존기간이 길수록 베가는 높아지며, 잔존기간이 짧을수록 베가는 낮아진다.
④ 가격변동성이 상승할 것으로 예상하면 내가격 옵션의 매수를 고려하고, 가격변동성이 하락할 것으로 예상하면 외가격 옵션의 매도를 고려하는 것이 좋다.

[해설] 등가격 옵션의 베가가 가장 크기 때문에 가격변동성이 상승할 것으로 예상하면 등가격 옵션의 매수를 고려하고, 가격변동성이 하락할 것으로 예상하면 등가격 옵션의 매도를 고려한다.

답 ④

05 다음 중 옵션 포지션에 대한 민감도 부호가 잘못된 것은?
★★★
① 콜옵션 매수 : 델타 +, 베가 +
② 콜옵션 매도 : 감마 +, 세타 +
③ 풋옵션 매수 : 델타 −, 베가 +
④ 풋옵션 매도 : 감마 −, 세타 +

[해설] 콜옵션 매도는 감마 −, 세타 +이다. 콜이든 풋이든 옵션을 매수한 포지션은 감마와 베가가 (+)이고 세타는 (−)이며, 옵션을 매도한 포지션은 감마와 베가가 (−)이고 세타는 (+)이다.

답 ②

08 주식 관련 옵션의 투자전략 중요도 ★★★

대표유형문제 다음 옵션전략 중에서 변동성 매수전략이 아닌 것은?

① 스트래들 매수　　　　　　② 스트랭글 매수
③ 스트랩　　　　　　　　　④ 버터플라이 매수

해설 버터플라이 매수는 변동성 매도전략이다. 변동성 매수전략을 이용하면 기초자산의 가격이 크게 변동하는 경우 이익을 얻을 수 있다.

답 ④

STEP 01　핵심필수개념

(1) 방향성 매매

구 분		콜옵션 매수		풋옵션 매도
강세전략	사용시기	주가가 강세일 것으로 예상되고 가격변동성도 증가할 것으로 예상하는 경우	사용시기	주가가 하락할 가능성이 낮고(보합 또는 상승) 가격변동성은 증가하지 않을 것으로 예상하는 경우

구 분		풋옵션 매수		콜옵션 매도
약세전략	사용시기	주가가 약세일 것으로 예상되고 가격변동성도 증가할 것으로 예상하는 경우	사용시기	주가가 상승할 가능성이 낮고(보합 또는 하락) 가격변동성은 감소할 것으로 예상하는 경우

(S : 만기 시 주가, K : 행사가격, C : 콜옵션가격, P : 풋옵션가격)

(2) 스프레드 거래

① 수직적 스프레드

	사용 시기 및 포지션 구성	시장의 강세가 예상되나 확신이 높지 않을 때 이용하는 보수적인 전략이다. → 행사가격이 낮은 옵션 매수 + 행사가격이 높은 옵션 매도	
강세 스프레드	**강세 콜옵션 스프레드**		**강세 풋옵션 스프레드**
	행사가격이 낮은(K_1) 콜옵션 매수 + 행사가격이 높은(K_2) 콜옵션 매도		행사가격이 낮은(K_1) 풋옵션 매수 + 행사가격이 높은(K_2) 풋옵션 매도
	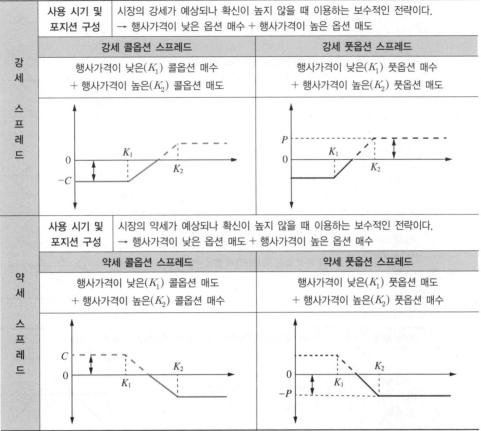		
	사용 시기 및 포지션 구성	시장의 약세가 예상되나 확신이 높지 않을 때 이용하는 보수적인 전략이다. → 행사가격이 낮은 옵션 매도 + 행사가격이 높은 옵션 매수	
약세 스프레드	**약세 콜옵션 스프레드**		**약세 풋옵션 스프레드**
	행사가격이 낮은(K_1) 콜옵션 매도 + 행사가격이 높은(K_2) 콜옵션 매수		행사가격이 낮은(K_1) 풋옵션 매도 + 행사가격이 높은(K_2) 풋옵션 매수

(S : 만기 시 주가, K_1 : 낮은 행사가격, K_2 : 높은 행사가격, C_1 : 행사가격이 낮은 콜옵션의 프리미엄, C_2 : 행사가격이 높은 콜옵션의 프리미엄, P_1 : 행사가격이 낮은 풋옵션의 프리미엄, P_2 : 행사가격이 높은 풋옵션의 프리미엄)

② 시간 스프레드

개 념	• 시간 스프레드는 행사가격은 동일하지만 만기가 다른 콜옵션이나 풋옵션을 이용하여 매수와 매도를 조합하는 거래이다. • 시간 스프레드를 수평 스프레드 또는 캘린더 스프레드라고도 한다. • 일반적으로 만기가 짧은 옵션을 매도하고 동일 행사가격의 만기가 긴 옵션을 매수하는 전략을 매수 시간 스프레드(Long Time Spread)라고 하는데, 이는 기초자산의 가격변동이 작은 상황에서 옵션의 시간가치 잠식효과를 이용하는 전략이다.
포지션 구성	일반적으로 잔존만기가 짧은 근월물 매도 + 잔존만기가 긴 원월물 매도
원 리	시간가치의 상대적 변화차이를 이용 → 다른 조건이 일정하다면, 근월물의 시간가치 감소폭이 원월물의 감소폭보다 크다는 것을 이용한다.

(3) 변동성 매매

① 변동성 매수전략

사용 시기	기초자산의 가격변동성이 커질 것으로 예상하는 경우에 이용한다.	
스트래들 (Straddle) 매수	동일 만기와 동일 행사가격의 콜옵션과 풋옵션을 동시에 (동일 수량) 매수	
스트랭글 (Strangle) 매수	만기는 동일하지만, 낮은 행사가격의 풋옵션과 높은 행사가격의 콜옵션을 동시에 (동일 수량) 매수	
버터플라이 (Butterfly) 매도	낮은 행사가격의 콜옵션을 1계약 매도하고, 중간 행사가격의 콜옵션을 2계약 매수하는 동시에 가장 높은 행사가격의 콜옵션을 1계약 매도	

② 변동성 매도전략

사용 시기	기초자산의 가격변동성이 작아질 것으로 예상하는 경우에 이용한다.	
스트래들 (Straddle) 매도	동일 만기와 동일 행사가격의 콜옵션과 풋옵션을 동시에 (동일 수량) 매도	
스트랭글 (Strangle) 매도	만기는 동일하지만, 낮은 행사가격의 풋옵션과 높은 행사가격의 콜옵션을 동시에 (동일 수량) 매도	
버터플라이 (Butterfly) 매수	낮은 행사가격의 콜옵션을 1계약 매수하고, 중간 행사가격의 콜옵션을 2계약 매도하는 동시에 가장 높은 행사가격의 콜옵션을 1계약 매수	

(4) 방향성 매매와 변동성 매매의 결합

① 비율 스프레드

사용 시기	가격의 변동성이 다소 높은 시기에 주가의 흐름을 어느 정도 확신할 수 있는 상황에서 활용한다. → 방향성이 가미된 변동성 전략	
콜 비율 스프레드	낮은 행사가격(K_1)의 콜옵션 매수 + 높은 행사가격(K_2)의 콜옵션 x배 매도	
풋 비율 스프레드	높은 행사가격(K_2)의 풋옵션 매수 + 낮은 행사가격(K_1)의 풋옵션 x배 매도	

② 스트립 또는 스트랩

개 념	스트립 매수와 스트랩 매수는 스트래들 포지션 구성과 유사하나 풋옵션을 더 매수하면 스트립 매수, 콜옵션을 더 매수하면 스트랩 매수이다.		
스트립 (Strip) 매수	사용 시기	주가의 변동성 확대를 예상하면서 주가의 하락가능성에 더 큰 비중을 두는 전략	
	포지션 구성	동일한 행사가격의 풋옵션 두 개와 콜옵션 하나를 매수	
스트랩 (Strap) 매수	사용 시기	주가의 변동성 확대를 예상하면서 주가의 상승가능성에 더 큰 비중을 두는 전략	
	포지션 구성	동일한 행사가격의 콜옵션 두 개와 풋옵션 하나를 매수	

〈총정리 : 옵션 전략별 만기 손익구조〉

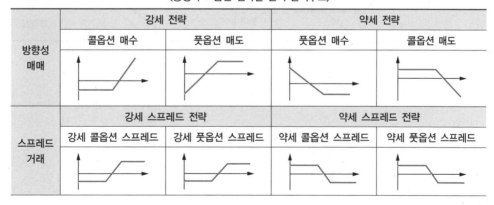

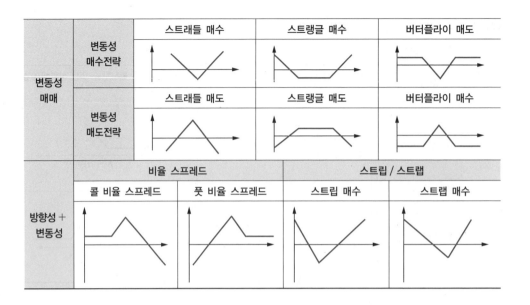

		스트래들 매수	스트랭글 매수	버터플라이 매도
변동성 매매	변동성 매수전략			
		스트래들 매도	스트랭글 매도	버터플라이 매수
	변동성 매도전략			
		비율 스프레드		스트립 / 스트랩
방향성 + 변동성		콜 비율 스프레드	풋 비율 스프레드	스트립 매수	스트랩 매수

(5) 헤지거래

구 분	보호적 풋매수(Protective Put) → 콜 매수와 유사한 수익구조	커버드 콜매도(Covered Call Writing) → 풋 매도와 유사한 수익구조
포지션 구성	주식 보유(S) + 풋옵션 매수(P) = 콜옵션 매수(C)	주식 보유(S) + 콜옵션 매도($-C$) = 풋옵션 매도($-P$)
사용시기	시장이 하락할 위험이 있는 경우 손실을 회피하기 위한 방법	주가가 횡보국면을 유지하거나 약간 하락할 가능성이 있는 경우, 자산운용수익률의 향상을 도모하는 전략
최대이익	무한대($= S - K - P$)	수취한 콜옵션 프리미엄(C)
최대손실	KOSPI200 손실분과 풋옵션 수익분의 차이	행사가격(K) − 수취한 콜옵션 프리미엄(C)
만기손익 그래프		

(6) 합성포지션 구성

동일한 기초자산에 대해 동일한 만기와 행사가격을 가진 콜옵션과 풋옵션 간에는 일정한 등가관계(즉, 풋–콜 패리티)가 성립한다.

$\rightarrow p + S_t = c + Ke^{-rT}$ (풋옵션 매수 + 기초자산 매수 = 콜옵션 매수 + 채권 매수)

여기서 채권은 만기에 행사가격 K를 지급하는 채권의 현재가치를 뜻한다.

	(콜옵션과 풋옵션은 만기와 행사가격이 동일해야 함)
기초자산의 합성	합성 기초자산 매수 포지션 = 콜옵션 매수 + 풋옵션 매도 → 합성 기초자산 매수가격 $= K + e^{rT}(C-P)$
	합성 기초자산 매도 포지션 = 콜옵션 매도 + 풋옵션 매수 → 합성 기초자산 매도가격 $= K + e^{rT}(C-P)$

합성포지션 구성방법 (합성옵션)	합성 콜 매수(c)	= 풋 매수(p) + 기초자산 매수(S)
	합성 콜 매도($-c$)	= 풋 매도($-p$) + 기초자산 매도($-S$)
	합성 풋 매수(p)	= 콜 매수(c) + 기초자산 매도($-S$)
	합성 풋 매도($-p$)	= 콜 매도($-c$) + 기초자산 매수(S)

(7) 차익거래

옵션가격이 균형상태(풋–콜 패리티)를 벗어났을 때 무위험이익을 얻을 수 있는 전략이다.

(풋–콜 패리티 → $p + S_t = c + Ke^{-rT}$)

① 옵션과 기초자산을 이용한 차익거래

구 분	컨버전(Conversion)	리버설(Reversal)
사용 시기	$[p+S_t < c+Ke^{-rT}]$일 때 → 콜 고평가, 풋 저평가일 때	$[p+S_t > c+Ke^{-rT}]$일 때 → 콜 저평가, 풋 고평가일 때
포지션 구성	합성 기초자산 매도(= 콜매도 + 풋매수) + 기초 자산 매수	합성 기초자산 매수(= 콜매수 + 풋매도) + 기초 자산 매도
만기 수익	= (콜옵션가격 − 풋옵션가격) − (기초자산가격 − 행사가격)	= (기초자산가격 − 행사가격) − (콜옵션가격 − 풋옵션가격)

② 옵션만을 이용한 차익거래 → 박스(Box) = 컨버전 + 리버설

구 분	크레딧 박스(Credit Box)	데빗 박스(Debit Box)
사용 시기	높은 행사가격의 합성선물가격 < 낮은 행사가격 의 합성선물가격	높은 행사가격의 합성선물가격 > 낮은 행사가격 의 합성선물가격
포지션 구성	높은 행사가격의 합성 기초자산 매수(콜매수 + 풋매도) + 낮은 행사가격의 합성 기초자산 매도 (콜매도 + 풋매수)	높은 행사가격의 합성 기초자산 매도(콜매도 + 풋매수) + 낮은 행사가격의 합성 기초자산 매수 (콜매수 + 풋매도)
특 징	포지션 설정시점에 현금유입 발생	포지션 설정시점에 현금유출 발생
순이익	= 포지션 설정 시 순이익 − 만기 시 순손실	= 만기 시 순이익 − 포지션 설정 시 순손실

▶ 강세 콜옵션 스프레드 전략은 만기가 같은 콜옵션 중에 일반적으로 행사가격이 낮은 내가격(ITM) 콜옵션를 매수하고 행사가격이 높은 등가격(ATM) 콜옵션을 매도하므로 초기에 포지션을 구성할 때 프리미엄의 순지출이 발생한다. ○ ×

답 ○

▶ 스트래들 매수, 스트랭글 매수, 버터플라이 매도 등은 변동성 매도전략(+)이다. ○ ×

[해설] 스트래들 매수, 스트랭글 매수, 버터플라이 매도 등은 변동성 매수전략(+)이다.

답 ×

▶ 보호적 풋매수(Protective Put)는 헤지전략으로서 [주식 포트폴리오 보유 + 풋옵션 매수] 포지션이며 콜옵션 매수와 유사하다. ○ ×

답 ○

STEP 02 핵심보충문제

01 주식 관련 옵션을 이용한 방향성 거래전략이 아닌 것은?
★★★
① 콜옵션 매수
② 풋옵션 매수
③ 스프래들 매수
④ 풋옵션 매도

[해설] 스트래들 매수는 변동성 거래전략이다. 방향성 거래전략은 기초자산의 가격(주가)전망에 근거하여 옵션을 매수하는 것이다. 가격(주가)상승을 예상하면 콜옵션을 매수하고, 가격하락을 예상하면 풋옵션을 매수한다. 방향성 거래전략으로는 강세전략인 콜옵션 매수, 풋옵션 매도와 약세전략인 풋옵션 매수, 콜옵션 매도가 있다.

답 ③

02 행사가격이 100인 KOSPI200 콜옵션을 1.5포인트에 1계약 매수한 경우, 다음 설명 중 옳지 않은
★★★ 것은?

① 만기 시 최대손실은 1.5이다.
② 손익분기점은 98.5이다.
③ 만기시점에 KOSPI200이 105이면 콜옵션을 행사하며, 이 경우 프리미엄을 감안한 순수익은 3.5 이다.
④ 만기시점에 KOSPI200이 98이면 권리행사를 포기한다.

옵션을 매수한 자의 최대손실은 지불한 프리미엄(= 1.5)이다. 콜옵션 매수의 손익분기점은 101.5[= 행사가격 + 콜옵션가격]이다. 따라서 만기시점에 KOSPI200(S)이 손익분기점 이상으로 상승해야 이익이 발생한다. 만기시점에 KOSPI200이 105인 경우 지불한 프리미엄을 감안한 순수익은 3.5[= (105 − 100) − 1.5]이다. 콜옵션 매수 포지션은 만기시점에 KOSPI200이 행사가격(100)보다 낮을 경우 권리행사를 포기한다.

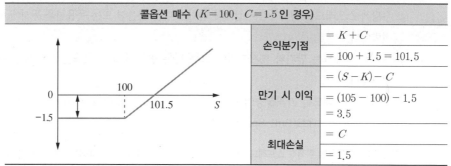

콜옵션 매수 (K = 100, C = 1.5인 경우)		
	손익분기점	$= K + C$
		$= 100 + 1.5 = 101.5$
	만기 시 이익	$= (S - K) - C$
		$= (105 - 100) - 1.5$
		$= 3.5$
	최대손실	$= C$
		$= 1.5$

답 ②

---

03 주가가 하락할 가능성이 낮고 가격변동성은 증가하지 않을 것으로 예상하는 경우에, 다음 중 가장
★★★ 바람직한 옵션 투자전략은?

① 근월물 외가격 콜옵션 매수　　　　　② 원월물 등가격 콜옵션 매수
③ 근월물 등가격 콜옵션 매도　　　　　④ 근월물 등가격 풋옵션 매도

주가가 하락할 가능성이 낮고(보합 또는 상승) 가격변동성은 증가하지 않을 것으로 예상하는 경우에는 풋옵션을 매도함으로써 옵션의 내재가치나 시간가치의 하락으로 프리미엄의 이익을 얻을 수 있다. 따라서 투자자는 내재변동성이 높으면서 고평가되어 있는 근월물 등가격 풋옵션을 매도하는 것이 바람직하다.

답 ④

---

04 KOSPI200 지수가 250포인트일 때 행사가격이 250포인트인 풋옵션을 1.5포인트에 1계약 매입하
★★★ 여 만기까지 보유하였다. 만기 시 KOSPI200 지수가 252포인트가 되었다면 이 투자자의 손익
은?(1포인트 = 25만원)

① 375,000원 손실　　　　　　　　　② 375,000원 이익
③ 1,000,000원 손실　　　　　　　　④ 1,000,000원 이익

풋옵션은 팔 수 있는 권리이므로 행사가격보다 기초자산가격(KOSPI200 지수)이 작을 때 가치를 가진다. 문제의 풋옵션은 행사가격(250)보다 만기 시 KOSPI200지수(252)가 더 높아서 풋옵션 매수자는 권리행사를 포기한다. 따라서 매수한 풋옵션 프리미엄 만큼의 손실을 보게 된다. KOSPI200지수옵션은 1포인트에 25만원이므로 37.5만원(= 1.5p × 25만원)의 손실을 본다. 또한 다음과 같은 방법으로 계산할 수도 있다. 풋옵션의 만기수익은 Max(0, $K - S$)이며, 지불한 프리미엄을 감안한 순손익은 Max(0, $K - S$) − P이다. 따라서 Max(0, 250 − 252) − 1.5 = −1.5포인트의 손실을 본다.

답 ①

05 옵션을 이용한 스프레드 거래에 관한 설명으로 옳지 않은 것은?

★★★ ① 수직적 스프레드는 만기는 같으나 행사가격이 다른 콜옵션 또는 풋옵션을 동시에 매수 / 매도하는 전략이다.

② 수평적 스프레드는 행사가격은 같으나 만기가 다른 콜옵션 또는 풋옵션을 동시에 매수 / 매도하는 전략이다.

③ 대각 스프레드는 만기와 행사가격이 모두 다른 콜옵션 또는 풋옵션을 동시에 매수 / 매도하는 전략이다.

④ 수직적 스프레드는 가격상승이 예상될 때는 약세 스프레드(Bear Spread), 가격하락이 예상될 때는 강세 스프레드(Bull Spread) 전략을 선택한다.

[해설] 옵션을 이용한 수직적 스프레드 전략은 가격전망에 따라 가격상승이 예상될 때는 강세 스프레드 전략, 가격하락이 예상될 때는 약세 스프레드 전략을 택한다. 수직적 스프레드 전략은 콜옵션을 이용할 수도 있고, 풋옵션을 이용할 수도 있다.

답 ④

06 주가지수의 상승이 예상될 경우, 이익과 손실을 제한하고 포지션 설정 초기에 현금의 순수입이
★★★ 발생되게 하는 옵션 투자전략은?

① 콜 비율 스프레드

② 스트래들 매수

③ 강세 콜옵션 스프레드

④ 강세 풋옵션 스프레드

[해설] 상승 시 이익이 발생하며 이익과 손실을 제한하는 전략이 수직적 강세 스프레드 전략이다. 강세 풋옵션 스프레드는 상승 시 이익이 발생하며 이익과 손실을 제한한다는 점에서는 강세 콜옵션 스프레드와 같다. 그러나 강세 콜옵션 스프레드는 초기에 프리미엄의 순지출이 발생하지만, 강세 풋옵션 스프레드는 초기에 프리미엄의 순수입이 발생한다는 점에서 차이가 있다.

답 ④

07 옵션을 이용한 변동성 거래에 관한 설명으로 옳지 않은 것은?

★★★ ① 선물거래와 달리 옵션은 기초자산의 가격이 상승 또는 하락하는 것 외에 기초자산의 가격변동성이 커지는지 작아지는지를 예상한 전략을 세우는 것도 가능하다.

② 기초자산의 가격변동성이 커질 것으로 예상하는 경우에 이용되는 전략을 변동성에 대한 강세전략(변동성 매수전략)이라 하고, 가격변동성이 작아질 것으로 예상하는 경우에 이용되는 전략을 변동성에 대한 약세전략(변동성 매도전략)이라 한다.

③ 대표적인 변동성 매수전략으로는 스트래들 매수, 스트랭글 매수, 버터플라이 매수 등이 있다.

④ 대부분의 변동성 거래는 구성포지션의 방향위험을 제거한 후, 즉 델타중립을 만든 후 변동성의 변화에 따른 수익을 올리고자 하는 거래전략이다.

대표적인 변동성 매수전략으로는 스트래들 매수, 스트랭글 매수, 버터플라이 매도 등이 있다. 변동성 매수전략을 이용하면 기초자산의 가격이 오르거나 반대로 내린 경우라 하더라도 그 방향에는 관계없이 변동이 크면 이익을 얻을 수 있다.

답 ③

08 주식 관련 옵션을 이용한 헤지거래에 관한 설명으로 옳지 않은 것은?

★★★

① 보호적 풋매수(Protective Put)는 주가하락 예상 시 사용한다.

② 보호적 풋매수(Protective Put)는 [주식 포트폴리오 보유 + 풋옵션 매수] 포지션이다.

③ 커버드 콜매도(Covered Call Writing)는 [주식 포트폴리오 보유 + 콜매도] 포지션이다.

④ 커버드 콜매도(Covered Call Writing)는 주가가 지속적으로 하락 시 이익이 증가한다.

[해설] 커버드 콜매도(Covered Call Writing)는 풋옵션을 매도한 것과 손익구조가 유사하기 때문에 주가가 지속적으로 하락하면 손실이 늘어난다.

답 ④

09 다음 중 옵션을 이용한 차익거래 전략이 아닌 것은?

★★★

① 보호적 풋 매수

② 컨버전

③ 리버설

④ 크레디트 박스

[해설] 보호적 풋 매수는 주식 포트폴리오를 보유한 상태에서 주식가격 하락 리스크에 대비하여 풋옵션을 매수하는 헤지거래 전략이다.

답 ①

출제예상문제

01 선도와 선물을 비교하였다. 옳지 않은 것은?
★★★
① 선도거래는 신용도가 확실한 상대방 사이에서만 성립 가능하나, 선물거래는 거래소가 신용을 보증하므로 신용위험이 없다.
② 선물계약은 대부분 만기일에 실물인수도가 이루어진다.
③ 선도계약은 계약불이행위험이 존재한다.
④ 선물계약은 거래소에서 거래되므로 계약이 표준화, 규격화가 되어 상품이 경직적이지만 유동성이 높다.

02 KOSPI200 지수는 400포인트, 이자율은 4%, 배당수익률은 2%일 때, 만기가 3개월 남아있는
★★★ KOSPI200 지수선물의 이론가격은?

① 400포인트   ② 401포인트
③ 402포인트   ④ 403포인트

03 현재 KOSPI200 주가지수는 402, 선물지수는 404, 이론선물지수는 403이며, 만기까지의 잔존일
★★★ 수가 30일이다. 현재 선물의 시장가격을 평가하면?

① Contango, 저평가 상태
② Backwardation, 저평가 상태
③ Contango, 고평가 상태
④ Backwardation, 고평가 상태

04 이론 베이시스(Basis)에 대한 설명으로 옳지 않은 것은?
★★☆
① 현물가격 상승 시 이론 베이시스는 증가한다.
② 배당수익률 상승 시 이론 베이시스는 감소한다.
③ 이자율 상승 시 이론 베이시스는 감소한다.
④ 만기가 다가올수록 이론 베이시스는 감소한다.

05 선물시장이 콘탱고 상태라면, 다음 설명 중 옳은 것은?

★★★
① 매도헤지 시 선물가격의 상승폭이 현물가격의 상승폭보다 크면 이익
② 매도헤지 시 선물가격의 하락폭이 현물가격의 하락폭보다 크면 손실
③ 매수헤지 시 선물가격의 하락폭이 현물가격의 하락폭보다 작으면 이익
④ 매수헤지 시 선물가격의 상승폭이 현물가격의 상승폭보다 크면 손실

06 선물을 이용한 투기거래에 관한 설명으로 옳지 않은 것은?

★★☆
① 투기거래는 미래의 가격변동을 예측하여 선물을 매수(Long) 또는 매도(Short)함으로써 선물가격 변동에 따른 시세차익을 얻을 목적으로 하는 거래이다.
② 선물을 이용한 투기거래는 적은 위탁증거금을 이용한 레버리지 투자와 같다.
③ 투기거래는 헤지거래자의 리스크를 감수하면서 시세차익을 노리므로, 선물시장의 가격형성을 원활히 하고 유동성을 제공하는 역할을 한다.
④ 시장의 강세를 예상하는 투자자는 지수선물을 매도하고, 시장의 약세를 예상하는 투자자는 지수선물을 매수한다.

정답 및 해설

01 ② 선도계약은 대부분 만기일에 실물인수도(예외 : NDF)가 이루어지지만, 선물계약은 실물인수도 비율이 매우 낮고 대부분 만기 이전에 반대매매(중간청산)가 이루어진다.

02 ③ 주식 관련 선물의 이론가격$(F_t) = S_t + S_t(r-d) \times \dfrac{T-t}{365} = 400 + 400(0.05 - 0.03) \times \dfrac{3}{12} = 402$

03 ③ 선물의 시장가격이 현물가격보다 높으므로 즉, 시장 베이시스(2 = 404 − 402)가 0보다 크므로 Contango 상태이며, 선물시장가격(= 404)이 선물이론가격(= 403)보다 높으므로 현재 선물가격은 고평가 상태이다.

04 ③ 이자율 상승 시 이론 베이시스는 증가한다.

이론 Basis = 이론 선물가격 − 현물가격 = $\left[S_t + S_t(r-d) \times \dfrac{T-t}{365} \right] - S_t = S_t(r-d) \times \dfrac{T-t}{365}$ = 순보유

비용 → 따라서 베이시스는 현물가격(S), 이자율(r), 잔존기간($T-t$)과 양(+)의 관계를 보이나 배당수익률(d)과는 음(−)의 관계를 보인다.

05 ③ 콘탱고 상태[선물가격(F) > 현물가격(S)]에서 선물가격의 상승폭이 현물가격의 상승폭보다 크거나 선물가격의 하락폭이 현물가격의 하락폭보다 작은 경우에 베이시스는 확대되고, 선물가격의 상승폭이 현물가격의 상승폭보다 작거나 선물가격의 하락폭이 현물가격의 하락폭보다 큰 경우에 베이시스는 축소된다. 따라서 매도헤지는 베이시스 축소 시에 이익이 발생하고, 매입헤지는 베이시스 확대 시에 이익이 발생한다.

06 ④ 시장의 강세를 예상하는 투자자는 지수선물을 매수하고, 시장의 약세를 예상하는 투자자는 지수선물을 매도한다.

07 KOSPI200 지수선물을 207.05포인트에 20계약을 매수한 후, 201.10포인트에 모두 반대매매로
★★☆ 청산하였다. 이 거래의 손익을 계산하면?(1포인트＝25만원)

① 2,975만원 손실　　　　　　　　　② 3,000만원 손실

③ 2,975만원 이익　　　　　　　　　④ 3,000만원 이익

08 선물을 이용한 헤지(Hedge)거래에 관한 설명으로 옳지 않은 것은?
★★★
① 헤지거래는 선물시장에서 현물 포지션과 동일한 포지션을 취함으로써 현물가격의 변동 리스크를
제거하고자 하는 거래이다.

② 헤지를 하면, 현물 포지션의 손실이 선물 포지션의 이익으로 상쇄되거나 현물 포지션의 이익이
선물 포지션의 손실로 상쇄된다.

③ 매수헤지(Long Hedge)는 향후 현물가격의 상승에 따른 기회손실을 회피하기 위해 선물을 미리
매수하는 것이다.

④ 매도헤지(Short Hedge)는 보유하고 있는 현물의 가격하락에 대비하여 현물과 대응되는 선물을
매도함으로써 향후 가격하락 리스크를 제거하는 거래이다.

09 선물(또는 선도)을 이용한 헤지거래에 관한 설명으로 옳지 않은 것은?
★★☆
① 수출기업이 60일 후에 유입될 달러에 대한 환위험을 헤지할 경우, 선물환 매도헤지를 하면 된다.

② 수입기업의 수입결제시점이 60일 후라고 할 때, 환위험을 헤지하기 위해서는 선물환 매수헤지를
한다.

③ 현재 주식포트폴리오 500억을 보유한 투자자가 헤지를 하기 위해서는 주가지수선물을 매도하면
된다.

④ 6개월 후에 금을 매수해야 하는 투자자가 헤지를 하기 위해서는 금선물을 매도해야 한다.

10 주식포트폴리오를 보유하고 있는 펀드매니저가 증시 침체를 예상하고 주가지수선물로 매도헤지를
★★★ 했다. 예상대로 주가가 하락하자 선물만기 이전에 헤지 포트폴리오를 모두 청산했다면, 헤지의
결과는?

① 베이시스와 관계없이 주가하락으로 순이익을 본다.

② 베이시스 증가 시 순손실을 본다.

③ 베이시스 감소 시 순손실을 본다.

④ 손익에 변화가 없다.

11 ○○년 3월 9일 현재 KOSPI200 지수는 247.50포인트이고, KOSPI200 지수선물 6월물은 250.00
★★★ 포인트에 거래되고 있다. 3월 9일 현재 KOSPI200 지수를 완전 복제하는 인덱스펀드에 625억원을
투자하고 있는 펀드운용자가 향후 주식시장의 불리한 변동에 대해 인덱스펀드를 3개월 동안 헤지하
기 위해 KOSPI200 지수선물(6월물)을 이용하고자 할 때 가장 적절한 전략은?(1포인트 = 25만원)

① KOSPI200 선물 1,000계약을 매도
② KOSPI200 선물 625계약을 매도
③ KOSPI200 선물 1,000계약을 매수
④ KOSPI200 선물 900계약을 매도

정답 및 해설

07 ① 매수가격보다 매도가격(청산가격)이 하락했으므로 손실이 발생한 거래이다. 선물매수는 상승 시 이익이 발생하
지만, 매수가격보다 하락할 때 청산하면 손실이 발생한다. 그리고 거래의 손익은 항상 매도가격에서 매수가격
을 빼서 계산한다. KOSPI200 지수선물에서 1p의 값은 25만원이므로 매매손익을 계산하면,
{청산가격(201.10) − 매수가격(207.05)} × 20계약 × 25만원 = −2,975만원

08 ① 헤지거래는 선물시장에서 현물 포지션과는 반대의 포지션을 취함으로써 현물가격의 변동 리스크를 제거하고자
하는 거래이다.

09 ④ 6개월 후에 금을 매수해야 하는 투자자는, 6개월 뒤에 금값이 상승할 위험이 존재하므로, 헤지를 하기 위해서는
금선물을 매수해야 한다.

10 ② 헤지의 결과는 시장가격의 움직임과는 관계없이 헤지 개시시점의 베이시스와 청산시점의 베이시스에 의해 좌
우된다. 즉, 현물과 선물로 이루어진 헤지 포지션의 손익은 헤지시점과 청산시점의 베이시스 차이가 된다. 현물
을 보유한 상태에서 선물로 매도헤지하는 경우, 주가 움직임과는 상관없이 베이시스가 감소하면 헤지 포트폴리
오는 이익이 발생하고, 베이시스가 증가하면 손실이 발생하게 된다. 결국 헤지는 시장리스크(체계적 리스크)를
피하기 위해 베이시스 리스크를 취하는 전략이라고 할 수 있다.

11 ① 주식 포트폴리오 보유자는 가치하락에 대비하여 주가지수선물을 매도하는 매도헤지가 필요하며, 이때 매도해
야 할 지수선물의 계약수(N)는 다음과 같이 구한다.

$$N = \frac{\text{주식 포트폴리오의 가치}}{\text{선물 1계약의 가치(= 선물지수 × 거래승수)}} = \frac{625억원}{250 \times 250,000} = 1,000$$

∴ KOSPI200 지수선물을 1,000계약 매도해야 함

12 ○○년 12월 14일 현재 펀드운용자가 보유하고 있는 주식 포트폴리오의 현재가치가 100억원이고
★★★ 베타가 0.9라고 하자. 만기가 3개월 후인 KOSPI200 지수선물 가격은 현재 200.00포인트이다.
펀드운용자가 주식 포트폴리오의 시장리스크를 완전히 제거하고 싶을 때, 즉 주식 포트폴리오의
목표베타가 0일 때 가장 적절한 전략은?

① KOSPI200 선물 90계약을 매도
② KOSPI200 선물 180계약을 매도
③ KOSPI200 선물 90계약을 매수
④ KOSPI200 선물 100계약을 매도

13 주식 포트폴리오의 현재가치는 200억원, 주식 포트폴리오의 베타는 1.4, KOSPI200 선물가격은
★★★ 400포인트이다. 주식시장의 하락을 걱정하는 주식형 펀드 매니저가 주가지수선물을 이용하여 헤
지하고자 할 때 가장 적절한 전략은?

① KOSPI200 선물 240계약을 매도
② KOSPI200 선물 260계약을 매수
③ KOSPI200 선물 260계약을 매도
④ KOSPI200 선물 280계약을 매도

14 KOSPI200 지수를 복제하는 인덱스펀드를 운용하는 펀드관리자가 시장리스크를 제거하기 위해
★★★ 가격괴리가 없는 KOSPI200 지수선물로 매도헤지하여 선물만기일까지 헤지 포지션을 유지할 경우
헤지한 시점 이후부터 선물 만기일까지의 수익률은?

① 수익률이 0이다.
② 무위험수익률을 얻는다.
③ 무위험수익률보다 높은 수익률을 얻는다.
④ 무위험수익률보다 낮은 수익률을 얻는다.

15 주가지수선물의 가격 및 차익거래에 관한 설명으로 옳지 않은 것은?
★★☆ ① 거래비용이 없고 차입금리와 대출금리가 동일한 완전시장의 가정 하에서 주가지수선물의 이론가
격은 현물지수에 순보유비용(= 이자비용 − 배당수익)을 더하여 계산한다.
② 이자율이 배당수익률보다 높으면, 선물의 이론가격이 현물가격보다 높다.
③ 보유비용 모형에 의하면 선물의 시장가격이 [현물가격 + 순보유비용]과 다르면 차익거래가 발생
한다.
④ 선물의 시장가격이 이론가격에 비해 높을 때, 역현물보유(Reverse Cash & Carry) 전략이 발생
한다.

16 현재 KOSPI200 지수는 200이고, KOSPI200 지수선물 최근월물(3개월 후 만기)이 202.30에 거래
★★★ 되고 있다. 현재 3개월물 CD이자율은 연 5%, KOSPI200 편입종목들의 예상 평균 배당수익률은
연 1%이다. KOSPI200 선물(최근월물) 시장에 관한 다음 설명 중 옳은 것은?

① KOSPI200 지수선물의 이론가격은 203.00이다.

② KOSPI200 선물은 저평가되어 있다.

③ KOSPI200 지수선물은 백워데이션 상태이다.

④ 선물 매도, 차입, 주식 매수를 통한 차익거래를 할 수 있다.

12 ② $$N = \frac{\text{주식 포트폴리오의 가치}}{\text{선물 1계약의 가치}(= \text{선물지수} \times \text{거래승수})} \times (\text{목표}\beta - \text{기존}\beta)$$

$N = \dfrac{100억원}{200 \times 250,000} \times (0 - 0.9) = -180(\text{계약}) \rightarrow$ 이 식에서 N이 음($-$)이면 매도 포지션을 취해야 할

지수선물 계약수를 나타내고, N이 양($+$)이면 매수 포지션을 취해야 할 지수선물 계약수를 나타낸다.

13 ④ 펀드운용자가 주식 포트폴리오의 시장리스크를 완전히 제거하고 싶을 때 목표베타가 0이 된다.

$\therefore N = \dfrac{200억원}{400 \times 250,000} \times (0 - 1.4) = -280(\text{계약}) \rightarrow$ 이 식에서 N이 음($-$)이므로 매도 포지션을 취해야

할 지수선물 계약수를 나타낸다.

14 ② 가격괴리가 없는(즉, 이론가격 = 선물가격) 주가지수선물로 매도헤지하는 경우이므로 헤지 포지션은 무위험수
익률을 얻게 된다. 반면에, 저평가된(고평가된) 주가지수선물로 매도헤지하는 경우에는 단기금리(CD수익률)보
다 낮은(높은) 수익률을 얻게 된다. 즉 지수선물의 시장가격이 보유비용모형에 의해 결정되는 이론가격과 같고
완전복제 인덱스펀드를 구성한 경우 또는 주식 포트폴리오의 지수추적오차가 없다면, 완전 헤지된 포트폴리오
의 시장리스크는 0이 되며 그 수익률은 무위험수익률이 된다.
[+주식 포트폴리오(인덱스펀드) - 주가지수선물 = +무위험자산]

15 ④ 선물의 시장가격이 이론가격에 비해 높을 때(선물고평가), 현물보유(Cash & Carry) 전략이 발생한다. 현물보
유전략은 주식(Cash)을 매수(Carry)하고 동시에 선물을 매도하는 차익거래를 의미하는데, 이를 매수차익거래
라고 한다. 반대로, 선물의 시장가격이 이론가격에 비해 낮을 때(선물저평가), 역현물보유(Reverse Cash &
Carry) 전략이 발생한다. 역현물보유전략은 주식(Cash)을 공매도(Short)하고 동시에 선물을 매수하는 차익거
래를 의미하는데, 이를 매도차익거래라고 한다.

16 ④ 선물가격이 고평가되어 있으므로 역현물보유전략, 즉 선물 매도, 차입, 주식 매수를 통한 차익거래를 할 수 있다.
① KOSPI200 지수선물의 이론가격은 202.00[= 200 + 200(0.05. - 0.01) × 3/12]이다. ② [선물의 시장가격
(202.30) > 이론가격(202)]이므로 KOSPI200 선물은 고평가되어 있다. ③ KOSPI200 지수선물은 콘탱고 상태
[선물가격(202.30) > 현물가격(200)]이다.

17
★★★
선물시장이 백워데이션(Backwardation) 상태라면, 이를 이용한 차익거래 전략으로 가장 적절한 것은?

① 현물매도 + 선물매수
② 현물매수 + 선물매도
③ 현물매수 + 선물매수
④ 현물매도 + 선물매도

18
★★☆
차익거래 시 주가지수를 추적하는 현물바스켓을 구성하는 방법에 관한 설명으로 옳지 않은 것은?

① 주가지수를 추적하는 현물바스켓을 구성하는 방법에는 완전복제법과 부분복제법이 있으며, 현실적으로 완전복제법은 불가능하다.
② 완전복제법은 대상 주가지수를 정확히 추적한다는 점에서 추적오차가 제거된 이론적으로 가장 완벽한 방법이며, 구성비용도 매우 적게 드는 방법이다.
③ 일반적으로 부분복제법을 사용하여 현물바스켓을 구성하지만 대상 주가지수와의 괴리가 발생할 위험이 있다.
④ 부분복제법 중에서 업종별로 대표 종목을 선별하여 바스켓을 구성하는 방법을 층화추출법이라고 한다.

19
★★☆
주가지수 차익거래를 실행하는 과정에서 KOSPI200 주가지수를 추적하기 위해 현물바스켓(인덱스펀드)을 구성하는데, 구성된 현물바스켓이 지수를 정확히 추적하지 못하는 것을 무엇이라 부르는가?

① 유동성 리스크　　　　　　　　② 베이시스 리스크
③ 추적오차　　　　　　　　　　　④ 시장충격비용

20
★★☆
주가지수선물을 이용하는 차익거래에서 발생하는 리스크와 가장 거리가 먼 것은?

① 추적오차(Tracking Errors)
② 유동성리스크(Liquidity Risk)
③ 시장충격비용(Market Impact Cost)
④ 시장위험(Market Risk)

21 주가지수선물을 이용하는 차익거래에서 발생하는 리스크에 관한 설명으로 옳지 않은 것은?

★★☆

① 유동성리스크는 미청산위험과 동일한 개념이다.

② 추적오차는 주가지수선물의 시장가격과 현물주가지수 등락폭이 다르기 때문에 주로 발생한다.

③ 차익거래는 선물가격과 현물가격이 일정한 균형상태를 유지하도록 해주는 순기능이 있다.

④ 시장충격비용은 현물바스켓을 주문집행할 때 순간적으로 대규모 주문을 체결하기 때문에 개별종목이나 선물의 가격변동이 불리하게 될 수 있는 것을 의미한다.

22 주가지수선물을 이용하여 차익거래를 할 경우 여러 비용이 발생하는데, 다음 중 암묵적 비용에

★★☆ 속하지 않는 것은?

① 호가 스프레드

② 시장충격비용

③ 제도적 마찰 요인

④ 수수료와 세금

정답 및 해설

17 ① 백워데이션(Backwardation) 상태란 선물의 시장가격이 현물가격보다 낮은 상황($F < S$)을 말한다. 따라서 이 경우 선물의 시장가격은 당연히 이론가격보다 낮으므로($F < F^*$) 저평가된 선물은 매수하고 고평가된 현물을 매도하는 역현물보유전략(매도차익거래)으로 수익을 얻을 수 있다.

18 ② 완전복제법은 대상 주가지수를 정확히 추적한다는 점에서 추적오차가 제거된 이론적으로 가장 완벽한 방법이다. 그러나 구성종목수가 많아질수록 구성비용이 증가한다.

19 ③ 차익거래의 대상이 되는 KOSPI200 주가지수의 흐름을 쫓아가기 위해 구성된 현물바스켓(인덱스펀드)을 추적 포트폴리오라고 부르며, 추적오차를 트래킹 에러(Tracking Errors)라고 한다. 따라서 차익거래를 할 때에는 추적오차가 적은 인덱스펀드를 구성하는 것이 중요하다.

20 ④ 시장위험(체계적 리스크)은 주식시장 전체의 가격변동에 따른 위험이지 차익거래의 위험 요소는 아니다. 주가 지수선물을 활용하는 차익거래는 주가지수가 아닌 주식의 현물바스켓을 매매의 대상으로 삼기 때문에 차익거래를 실행하는 과정에서 여러 가지 리스크가 발생할 수 있는데, 이러한 리스크는 추적오차, 유동성리스크(미청산위험), 시장충격비용으로 분류된다.

21 ② 추적오차는 현물바스켓 종목이 주가지수의 움직임을 제대로 반영시키지 못할 경우 발생하는 리스크이다. 주가 지수선물의 시장가격과 현물주가지수 등락폭이 다르기 때문에 발생하는 리스크는 '베이시스 리스크'이다.

22 ④ 수수료와 세금은 차익거래 시 사전에 그 크기를 파악할 수 있는 명시적 비용이다.

23 차익거래 불가능영역에 대한 설명으로 옳지 않은 것은?
★★★
① 차익거래 시 거래비용이 많으면 차익거래 불가영역은 좁아진다.
② 차익거래 불가영역의 상한선은 주가지수선물의 시장가격이 차익거래 불가영역 이상으로 높아졌을 때 주가지수선물을 매도하고 주식을 매수함으로써 차익거래 이익을 확보할 수 있는 가격대의 가장 낮은 수준이다.
③ 차익거래 불가영역의 하한선은 주가지수선물의 시장가격이 차익거래 불가영역 이하로 낮아졌을 때 주가지수선물을 매수하고 주식을 (공)매도함으로써 차익거래 이익을 확보할 수 있는 가격대의 가장 높은 수준이다.
④ 차익거래 불가영역의 상한선 위에서는 매수차익거래가 가능하며, 차익거래 불가영역의 하한선 아래에서는 매도차익거래가 가능하다.

24 다음 중 차익거래 불가능영역(No-arbitrage Band)을 형성하는 요인으로 가장 거리가 먼 것은?
★★☆
① 호가 스프레드
② 주가지수선물의 제한된 유동성
③ 차입과 공매의 제약
④ 차입이자율과 자금운용이자율의 불일치

25 현재 KOSPI200은 100포인트, 배당수익률은 연 2%, 무위험이자율이 연 6%, 선물거래수수료가
★★☆ 0.02포인트(매도 + 매수), 주식거래수수료가 0.06포인트(매도 + 매수)이다. 잔존만기가 3개월인 KOSPI200 지수선물을 이용하여 차익거래를 할 경우, 거래비용을 고려한다면 다음 중 차익거래가 불가능한 선물가격은?

① 102.00   ② 101.10
③ 100.95   ④ 100.85

26 선물을 이용한 스프레드 거래에 관한 설명으로 옳은 것은?
★★★
① 스프레드 거래에는 결제월간 스프레드 거래와 만기간 스프레드 거래가 있다.
② 상품간 스프레드 거래란 향후 스프레드의 변화를 예측하여 거래대상이 동일한 선물 중에서 한 결제월물은 매수하고 다른 결제월물은 매도하는 거래를 말한다.
③ 주식 관련 선물의 경우 일반적으로 순보유비용(= 이자비용 − 배당금수입)이 양(+)이므로 만기가 먼 원월물 가격이 만기가 가까운 근월물 가격보다 낮게 형성된다.
④ 콘탱고 상태에서 향후 스프레드 확대를 예상할 경우, 근월물을 매도하고 원월물을 매수하는 스프레드 매수전략을 택한다.

27 KOSPI200 선물지수가 다음과 같다고 가정하자. 2020년 12월 1일 현재 펀드운용자인 A씨는 향후
★★★ 증시의 방향에 대해서는 확신이 없지만, 결제월간 스프레드는 축소될 것으로 예상하고 있다. 이
경우 바람직한 선물거래 전략은?

2020년 12월물 선물가격	2021년 3월물 선물가격	결제월 간 스프레드
250포인트	260포인트	10포인트

① 3월물 매수 + 12월물 매도
② 3월물 매도 + 12월물 매도
③ 3월물 매도 + 12월물 매수
④ 3월물 매수 + 12월물 매수

정답 및 해설

23 ① 차익거래 시 거래비용이 많으면 차익거래 불가영역은 넓어진다. 즉, 거래비용을 고려하면 차익거래로 오히려
손실을 볼 수 있는 가격구간이 넓어진다.

24 ② 대체로 주가지수선물 최근월물의 유동성은 매우 높다. 따라서 차익거래 시 선물의 유동성은 크게 문제가 되지
않는다.

25 ③ 차익거래 불가능영역은 $[100.92 \leq F \leq 101.08]$이다. 먼저, KOSPI200 지수선물의 이론가격을 구하면 101
$[= 100 + 100(0.06 - 0.02) \times \frac{3}{12}]$가 되며, 거래비용($TC$)은 0.08(= 0.06 + 0.02)이므로 차익거래 불가능
영역은 $[101 - 0.08 \leq F \leq 101 + 0.08]$이다. 즉, 선물가격($F$)이 100.92(하한선) 이하이거나 101.08(상한
선) 이상일 경우에는 차익거래 기회가 있지만, 이론가격에 근접한 100.95 또는 101.06과 같이 거래비용을 고
려할 때 차익거래가 성립하지 않는 구간이 발생한다. 이 가격대를 차익거래 불가영역이라고 한다.

26 ④ 틀린 것을 바르게 고치면, ① 스프레드 거래에는 결제월간(또는 만기간) 스프레드 거래와 상품간 스프레드 거래
가 있다. ② 결제월간 스프레드 거래란 향후 스프레드의 변화를 예측하여 거래대상이 동일한 선물 중에서 한
결제월물은 매수하고 다른 결제월물은 매도하는 거래를 말한다. ③ 주식 관련 선물의 경우 일반적으로 순보유
비용(= 이자비용 − 배당금수입)이 양(+)이므로 만기가 먼 원월물 가격이 만기가 가까운 근월물 가격보다 높
게 형성된다.

27 ③ 2020년 12월물 선물가격보다 2021년 3월물 선물가격이 더 높기 때문에 콘탱고 상황이다. 따라서 향후 스프레
드 축소(근월물이 원월물보다 더 많이 상승하거나 더 적게 하락하는 경우)가 예상되면 근월물(2020년 12월물)
을 매수하고 원월물(2021년 3월물)을 매도하는 스프레드 매도전략(강세 스프레드 전략이라고도 함)을 택한다.
주의할 것은 현재시점이 2020년 12월 1일이므로 만기가 가까운 2020년 12월물이 근월물이고, 만기가 먼
2021년 3월물이 원월물이다.

28 단기이자율이 배당수익률보다 높은 경우, 베이시스를 활용한 주가지수 차익거래 전략으로 가장
★★☆ 바람직한 것은?

① 베이시스 축소 예상 시 매수차익거래를 한다.
② 베이시스 축소 예상 시 선물은 매입하고, 현물은 매도한다.
③ 베이시스 확대 예상 시 매수차익거래를 한다.
④ 베이시스 확대 예상 시 선물은 매도하고, 현물은 매입한다.

[29~30] KOSPI200 선물지수가 다음과 같다고 가정하자. 표를 보고 질문에 답하시오.

2021년 2월 9일 현재		2021년 3월 2일 현재	
3월물 선물가격	6월물 선물가격	3월물 선물가격	6월물 선물가격
230포인트	232포인트	231포인트	235포인트

29 2021년 2월 9일 현재 최근월물(3월물)과 차근월물(6월물)의 스프레드가 향후 5포인트가 될 것으
★★★ 로 예상할 때, 바람직한 스프레드 거래 전략은?

① 3월물 매수 + 6월물 매도
② 3월물 매도 + 6월물 매도
③ 3월물 매도 + 6월물 매수
④ 3월물 매수 + 6월물 매수

30 2021년 2월 9일 스프레드 매수전략(선물 1계약씩 거래)을 실행한 후, 3월 2일 포지션을 모두 청산
★★☆ 했다면, 이 스프레드 거래의 손익은?

① 50만원 이익
② 50만원 손실
③ 100만원 이익
④ 100만원 손실

[31 ~ 33] 현재시점부터 만기까지의 기간을 단일기간(1년)으로 가정하자. 현재 주식가격(S)은 100, 만기 시 주식가격은 160의 값을 갖거나 60의 값을 가지며, 행사가격(K)이 100인 유럽식 콜옵션이 있다고 할 때, 다음 질문에 답하시오.

31 만기시점에서 콜옵션의 가치는?
★★★
① 60 or 30
② 60 or 0
③ 100 or 0
④ 160 or 60

32 무위험 투자를 가정하고 리스크 중립적 확률(q)을 구하면?
★★★
① 0.3
② 0.4
③ 0.5
④ 0.6.

정답 및 해설

28 ① 단기이자율이 배당수익률보다 높으면 순보유비용이 양(+)이 되므로 선물가격이 현물가격보다 높은 콘탱고[선물가격(F) > 현물가격(S)] 상황이다. 이 경우, 베이시스 확대(즉, 선물가격이 현물가격 상승폭보다 더 많이 상승하거나 현물가격 하락폭보다 적게 하락하는 경우)를 예상할 때에는 매도차익거래(= 현물매도 + 선물매수)를, 베이시스 축소(즉, 선물가격이 현물가격 상승폭보다 적게 상승하거나 현물가격 하락폭보다 더 많이 하락하는 경우)를 예상할 때에는 매수차익거래(= 현물매수 + 선물매도)가 유리하다.

29 ③ 2021년 2월 9일 현재 최근월물(3월물)과 차근월물(6월물)의 스프레드는 2포인트(= 차근월물가격 - 최근월물가격)이다. 따라서 향후 스프레드를 5포인트로 예상하는 것은 스프레드의 확대(차근월물이 최근월물보다 더 많이 상승하거나 더 적게 하락하는 경우)를 예상하는 것이다. 따라서 최근월물(3월물)을 매도하고 차근월물(6월물)을 매수하는 스프레드 매수전략을 택한다.

30 ① 2021년 2월 9일 3월물 1계약을 230에 매도하고 6월물 1계약을 232에 매수하는 스프레드 매수전략을 한 후, 3월 2일에 예상대로 스프레드가 확대되자 반대매매(3월물은 231에 매수하고 6월물은 235에 매도)로 포지션을 청산한 거래이다. 손익을 따져보면 3월물에서는 1포인트의 손실(= 230 - 231)을 봤으나 6월물에서는 3포인트의 이익(= 235 - 232)을 보여 전체적으로 2포인트의 이익(50만원 = 2포인트 × 25만원)을 얻었다. 간단히 계산하면, 스프레드 매수전략의 손익은 청산시점의 스프레드(4포인트)에서 진입시점의 스프레드(2포인트)를 차감한 값이 된다.

31 ② 행사가격(K)이 100이므로, 콜옵션의 만기시점에서 가치는 60 또는 0이다.

만기 시 콜옵션의 가치	기초자산(주식)의 만기시점 가격이 160(60% 상승)일 때	기초자산(주식)의 만기시점 가격이 60(40% 하락)일 때
$\text{Max}(0,\ S_T - K)$	$= \text{Max}(0,\ 160 - 100) = 60$	$= \text{Max}(0,\ 60 - 100) = 0$

32 ③ 현재 주식가격이 100이므로 이 돈을 무위험수익률로 투자한다면 만기가치는 110[= 100(1 + 0.10)]이 되고, 리스크 중립적 확률을 q라고 하면 옵션의 만기 기대가치는 [160 × q + 60(1 - q)]이 된다. 무위험 투자를 가정하므로 두 투자안의 가치는 동일할 것이므로 등식으로 놓고 q를 구하면,
100(1 + 0.10) = 160 × q + 60(1 - q), ∴ q = 0.5

33 무위험수익률이 10%일 때, 이항모형에 의한 1년 만기 유럽식 콜옵션의 현재가치는?(이산복리
★★★ 가정)

① 약 21.27 　　　　　　　　　　② 약 24.27

③ 약 27.27 　　　　　　　　　　④ 약 30.27

34 현재시점 t에서 기초자산의 가격을 S_t, 만기일이 T이고 행사가격이 K인 (유럽형) 콜옵션과 풋옵
★★★ 션 가격을 각각 c와 p라 하고, 주식옵션의 만기일 내에 지급하는 주식배당금의 현재가치를 D라고
할 때, 옵션가격 간의 관계를 나타내는 풋-콜 패리티(Put-call Parity)를 바르게 나타낸 것은?

① $p + S_t + D = c + Ke^{-rT}$ 　　　　② $p + S_t - D = c + Ke^{-rT}$

③ $p + c = S_t + Ke^{-rT} + D$ 　　　　④ $p - S_t - D = c + Ke^{-rT}$

35 배당금을 지급하지 않는 주식의 가격이 10,000원, 30일 만기 유럽형 콜옵션(행사가격 = 10,000
★★★ 원)의 가격이 1,000원, 무위험이자율이 연 10%라고 할 때, 동일한 만기와 행사가격을 갖는 유럽형
풋옵션의 가격은 어떻게 형성되어야 차익거래 기회를 제공하지 않는가?(이산복리 가정)

① 약 618원 　　　　　　　　　　② 약 718원

③ 약 818원 　　　　　　　　　　④ 약 918원

36 델타에 관한 설명으로 옳지 않은 것은?
★★★ ① 잔존기간이 줄어들수록 등가격 옵션의 델타는 큰 변화가 없지만, 내가격 옵션의 델타의 절댓값은
작아지고 외가격 옵션의 델타의 절댓값은 커진다.
② 델타는 옵션가격과 기초자산가격 간의 관계를 나타내는 곡선의 기울기로, 옵션가격의 변화속도
를 의미한다.
③ 델타는 해당 행사가격의 콜옵션이 내가격(ITM)으로 만기를 맞을 확률로도 해석이 가능하다.
④ 델타는 기초자산으로 옵션을 헤지할 때 헤지비율로도 사용된다.

37 선물 2계약 매수, 델타가 0.4인 콜옵션 5계약 매도, 델타가 −0.5인 풋옵션 6계약 매수 포지션을
★★☆ 취하였다. 전체 포지션의 델타는 얼마인가?

① 1.5 　　　　　　　　　　　　　② −1.5

③ 3.0 　　　　　　　　　　　　　④ −3.0

38 기초자산 1단위를 보유하고 있을 때, 델타중립을 만들기 위해서는 델타가 −0.5인 풋옵션을 몇
★★☆ 계약 거래하여야 하는가?

① 풋옵션 1계약 매수 　　　　　　　② 풋옵션 1계약 매도

③ 풋옵션 2계약 매수 　　　　　　　④ 풋옵션 2계약 매도

33 ③ 현재 100인 주가는 160으로 상승(상승률 60%)하거나 60으로 하락(하락률 −40%)할 수 있으므로, 행사가격
100원인 콜옵션은 만기 시 60 또는 0의 가치를 갖게 되는데, 이항모형에 의한 옵션의 현재가치는 다음과 같은
순서로 계산하면 된다.

① 무위험 투자를 가정하고 리스크 중립적 확률 (q)을 구한다.	$100(1 + 0.10) = 160 \times q + 60(1 - q), \therefore q = 0.5$
② 리스크 중립적 확률을 이용하여 콜옵션의 만기기대가치를 구한다.	$60 \times q + 0 \times (1 - q) = (60 \times 0.5) + (0 \times 0.5) = 30$
③ 무위험수익률로 할인하여 콜옵션의 현재가치를 구한다.	$\dfrac{30}{(1+0.1)^1} \fallingdotseq 27.27$

〈공식을 이용하여 계산하는 방법〉

① 주가상승 배수(u) $= 1 + 0.6 = 1.6$, 주가하락 배수(d) $= 1 + (-0.4) = 0.6$

② 리스크 중립적 확률(q) $= \dfrac{r - d}{u - d} = \dfrac{1.1 - 0.6}{1.6 - 0.6} = 0.5$

③ $c_u =$ 주가상승 시 콜 만기가치 $= 60$, $c_d =$ 주가하락 시 콜 만기가치 $= 0$

④ 콜옵션 가치(c) $= \dfrac{q \times c_u + (1-q) \times c_d}{r} = \dfrac{0.5 \times 60 + (1 - 0.5) \times 0}{1 + 0.10} \fallingdotseq 27.27$

34 ② 배당금 지급으로 배당락이 발생하면 주가가 하락한다. 따라서 배당금이 콜옵션의 가치에 음(−)의 효과를 갖기
때문에, 콜옵션의 내재가치 $= \text{Max}\left[(S_t - D) - Ke^{-rT}, \ 0\right]$ 이다. 반면에, 풋옵션의 경우 배당금으로 인한 주
가하락이 풋옵션의 가치에 양(+)의 효과를 가지므로, 풋옵션의 내재가치 $= \text{Max}\left[(Ke^{-rT} - (S_t - D), \ 0\right]$ 이
다. 따라서 주식배당금을 고려한 풋−콜 패리티는, $p + S_t - D = c + Ke^{-rT}$ 이다.

35 ④ 풋−콜 패리티에 의해 $p + S_t = c + Ke^{-rT}$

$p + 10,000 = 1,000 + \dfrac{10,000}{(1 + 0.10 \times 30/365)}$, 따라서 c(콜옵션의 가격) $\fallingdotseq 918$

36 ① 잔존기간이 줄어들수록 옵션의 가격곡선이 원점에 가까워지기 때문에 등가격 옵션의 델타는 큰 변화가 없지만,
내가격 옵션의 델타의 절대값은 커지고 외가격 옵션의 델타의 절대값은 작아진다.

37 ④ 옵션 민감도는 가법성이 있어서 여러 포지션이 혼재하고 있는 경우에도 각 민감도의 크기를 구할 수 있다. 기초
자산(선물)의 델타는 1이며 매수는 (+)로, 매도는 (−)로 표시한다. 따라서 포지션 전체의 델타 $= 1 \times (+2)$
$+ 0.4 \times (-5) + (-0.5) \times (+6) = -3$. 전체 포지션의 델타가 −3이란 것은 기초자산의 가격이 1단위 하락
할 때마다 3배의 이익이 생기는 포지션, 또는 기초자산의 가격이 1단위 상승할 때마다 3배의 손실이 생기는
포지션이라는 뜻이다.

38 ③ 델타중립이란 포지션 전체의 델타를 0으로 만들어 기초자산의 변동과 무관한 포지션을 만드는 것이다. 기초자
산을 매수한 포지션의 델타는 +1이기 때문에 델타를 중립(0)으로 만들기 위해서는 −1의 델타를 가지는 포지
션을 추가해 주면 된다. 따라서 델타가 −0.5인 풋옵션을 2계약 매수하면, $-1[= -0.5 \times (+2)]$의 델타를 만
들 수 있으므로 전체 포지션은 델타중립이 된다.

39 델타가 0.5인 콜옵션 또는 델타가 −0.4인 풋옵션을 이용하여 기초자산 10단위를 매수한 포지션을
★★☆ 델타헤지하고자 한다. 다음 중 옳은 헤지 방법은?

    ① 콜옵션 20계약 매수   ② 풋옵션 20계약 매도
    ③ 콜옵션 25계약 매도   ④ 풋옵션 25계약 매수

40 주식 10주와 델타가 −0.5인 풋옵션 10계약을 매수했다. 이 경우 기초자산(주식)의 가치가 한 단위
★★☆ 상승 시, 보유 포지션 전체의 가치변화는 얼마인가?

    ① +3   ② −7
    ③ −13   ④ +5

41 감마에 대한 설명으로 옳지 않은 것은?
★★★
    ① 감마는 옵션 포지션이 매수일 경우에는 양(+)의 값을 갖는 반면, 매도일 경우에는 음(−)의 값을
       갖는다.
    ② 만기일에 근접할수록 등가격(ATM) 옵션의 감마는 느리게 상승하고, 내가격과 외가격 옵션의 감
       마는 빠르게 상승한다.
    ③ 감마는 델타의 변화분이기 때문에 기초자산가격이 상승할 때 델타는 기존의 델타와 감마의 합계
       로 산출할 수 있다.
    ④ 감마가 큰 경우 델타는 기초자산가격의 변화에 매우 민감하고, 델타중립적인 헤지 포지션을 유지
       하기 위해 포지션을 빈번하게 재조정하여야 한다.

42 델타가 0.4이고 감마가 0.03인 콜옵션 10계약 매수와 델타가 −0.5이고 감마가 0.02인 풋옵션
★★★ 5계약을 매수한 포지션에서 기초자산가격이 1단위 상승하는 경우, 포트폴리오의 델타는 어떻게
되는가?

    ① 변화가 없다.   ② 0.5로 변화한다.
    ③ 1.5로 변화한다.   ④ 1.9로 변화한다.

43 기초자산이 100, 델타가 0.5인 콜옵션의 감마가 0.01이라고 할 경우, 다음 중 옳은 설명은?

★★☆　① 기초자산이 101이 되면 콜옵션 가격이 0.01만큼 상승한다.

② 기초자산이 101이 되면 델타가 0.49가 된다.

③ 기초자산이 99가 되면 콜옵션 가격이 0.01만큼 하락한다.

④ 기초자산이 99가 되면 델타가 0.49가 된다.

44 다음 중 옵션의 가격에 영향을 미치는 정도가 가장 작은 변수는?

★★★　① 기초자산가격　　　　　　　② 잔존만기

③ 가격변동성　　　　　　　　④ 금　리

정답 및 해설

39 ④ 기초자산 10단위를 매수한 포지션의 델타는 +10(= 1 × 10)이므로, 헤지를 하기 위해서는 옵션을 이용하여 −10의 델타를 만들어내면 된다. 따라서 콜옵션의 경우 20계약을 매도(= 0.5 × x = −10)하면 되고, 풋옵션의 경우 25계약을 매수(= −0.4 × x = −10)하면 된다.

40 ④ 옵션 민감도는 가법성이 있어서 여러 포지션이 혼재하고 있는 경우에도 각 민감도의 크기를 구할 수 있다. 따라서 포지션의 델타 = (+1) × 10주 + (−0.5) × 10 = +5. 포지션의 델타가 +5이므로 기초자산(주식) 한 단위 상승 시 보유포지션의 가치는 5만큼 상승한다. 참고로 기초자산(주식, 선물)의 델타는 1이다.

41 ② 만기일에 근접할수록 등가격(ATM) 옵션의 감마는 빠르게 상승하고, 내가격과 외가격 옵션의 감마는 오히려 0으로 근접한다.

42 ④ 감마는 델타의 변화분이기 때문에 기초자산가격이 상승할 때 델타의 변화는 기존 델타와 감마의 합계(델타의 변화분 = 기존 델타 + 감마)로 산출할 수 있다. 따라서 전체 포트폴리오의 델타 변화는 (0.4 + 0.03) × 10 + (−0.5 + 0.02) × 5 = 1.9이다. 만약 기초자산가격이 하락했다면, 델타의 변화는 기존 델타의 값에서 감마를 차감(델타의 변화분 = 기존 델타 − 감마)하여 구하면 된다.

43 ④ ① 기초자산이 101이 되면 콜옵션 가격이 델타(= 0.5)만큼 상승한다.
② 기초자산이 101이 되면 델타는 감마(= 0.1)만큼 증가하므로 0.51이 된다.
③ 기초자산이 99가 되면 콜옵션 가격이 델타(= 0.5)만큼 하락한다.
④ 기초자산이 99가 되면 델타가 감마(= 0.1)만큼 감소하므로 0.49가 된다.

44 ④ 금리는 옵션가격에 미치는 영향이 가장 작다. 금리의 변화에 따른 옵션가격의 변화를 측정하는 민감도 지표는 로(ρ)라고 하며, 금리상승 시 콜옵션의 가격은 상승하고 풋옵션의 가격은 하락한다.

45 옵션민감도에 관한 설명으로 옳은 것은?

★★★
① 과내가격(Deep ITM)옵션의 경우 델타의 절대값은 1에 가깝고 과외가격(Deep OTM)옵션의 경우 델타의 절대값은 0에 가깝다.
② 콜옵션이든 풋옵션이든 감마는 등가격(ATM)에서 가장 크고, 만기에 근접할수록 감소한다.
③ 콜옵션이든 풋옵션이든 옵션매수는 숏 감마(Short Gamma), 숏 베가(Short Vega) 포지션이며, 옵션매도는 롱 감마(Long Gamma), 롱 베가(Long Vega) 포지션이다.
④ 콜옵션이든 풋옵션이든 세타와 감마는 동일한 부호를 갖는다.

46 옵션의 민감도 지표에 관한 설명으로 옳은 것은?

★★★
① 세타 포지션이 양(+)일 때 시간의 경과는 포지션의 가치를 증대시킨다.
② 델타 포지션이 양(+)일 때 대상자산의 가격이 하락하기를 바라는 상태이다.
③ 감마 포지션이 양(+)일 때 방향에 관계없이 천천히 움직이기를 바라는 상태이다.
④ 베가 포지션이 양(+)일 때 변동성이 하락하기를 원하는 상태이다.

47 행사가격이 100인 KOSPI200 풋옵션을 2포인트에 1계약 매도한 경우, 다음 설명 중 옳지 않은 것은?

★★★
① 손익분기점은 98이다.
② 만기시점에 KOSPI200이 손익분기점보다 높으면, 주가상승에 비례하여 이익이 증가한다.
③ 만기시점에 KOSPI200이 손익분기점보다 낮을 경우, 주가하락에 비례하여 손실이 증가하게 된다.
④ 만기시점에 KOSPI200이 95이면, 3만큼 손실이 발생한다.

48 행사가격이 100인 KOSPI200 콜옵션을 3포인트에 1계약 매도한 경우, 다음 설명 중 옳지 않은 것은?

★★★
① 손익분기점은 103이다.
② 만기시점에 KOSPI200이 손익분기점보다 높으면, 주가상승에 비례하여 손실이 증가한다.
③ 만기시점에 KOSPI200이 손익분기점보다 낮을 경우, 주가하락에 비례하여 이익이 증가하게 된다.
④ 만기시점에 KOSPI200이 105이면, 2만큼 손실이 발생한다.

45 ① 틀린 것을 바르게 고치면, ② 콜옵션이든 풋옵션이든 감마는 등가격(ATM)에서 가장 크고, 만기에 근접할수록 증가한다. ③ 콜옵션이든 풋옵션이든 옵션매도는 숏 감마(Short Gamma), 숏 베가(Short Vega) 포지션이며, 옵션매수는 롱 감마(Long Gamma), 롱 베가(Long Vega) 포지션이다. ④ 콜옵션이든 풋옵션이든 세타와 감마는 반대 방향의 부호를 갖는다.

46 ① 옵션을 매도한 포지션의 세타는 (+)이다. 즉 시간이 경과할수록 매도 포지션은 시간가치 감소로 이익을 본다는 뜻이다. 틀린 내용을 바르게 고치면, ② 델타 포지션이 양(+)일 때 대상자산의 가격이 상승하기를 바라는 상태, ③ 옵션을 매수하면 감마 포지션이 양(+)이 되는데, 이것은 방향에 관계없이 기초자산 가격이 급변하기를 바라는 상태, ④ 베가 포지션이 양(+)일 때 변동성이 상승하기를 원하는 상태이다.

47 ② 풋옵션 매도의 손익분기점은 98[= 행사가격 − 풋옵션가격]이다. 따라서 만기시점에 KOSPI200(S)이 손익분기점보다 높으면 최대이익은 프리미엄인 2가 되며, 손익분기점보다 낮을 경우 주가하락에 비례하여 손실이 증가하게 된다. 만기시점에 KOSPI200이 95인 경우 수취한 프리미엄을 감안한 순수익은 −3[= (95 − 100) + 2]이 된다.

풋옵션 매도 ($K=100$, $P=2$인 경우)		
	손익분기점	$= K - P$
		$= 100 - 2 = 98$
	최대이익	$= P$
		$= 2$
	만기 시 손익	$= (S - K) + P$
		$= (95 - 100) + 2 = -3$

48 ③ 콜옵션 매도의 손익분기점은 103[= 행사가격 + 콜옵션가격]이다. 따라서 만기시점에 KOSPI200(S)이 손익분기점보다 낮으면 최대이익은 프리미엄인 3이 되며, 손익분기점보다 높을 경우 주가상승에 비례하여 손실이 증가하게 된다. 만기시점에 KOSPI200이 105인 경우 수취한 프리미엄을 감안한 순수익은 −2[= (100 − 105) + 3]가 된다.

콜옵션 매도 ($K=100$, $C=3$인 경우)		
	손익분기점	$= K + C$
		$= 100 + 3 = 103$
	최대이익	$= C$
		$= 3$
	만기 시 손익	$= (K - S) + C$
		$= (100 - 105) + 3 = -2$

49 옵션을 이용한 (수직적) 스프레드 전략에 관한 설명으로 옳지 않은 것은?

★★★

① 이익과 손실이 한정되어 있어, 강세장 또는 약세장이 예상되나 확신이 없을 때 선택하는 보수적인 투자전략이다.

② 옵션 포지션의 시간가치 소멸효과가 매우 크다.

③ 옵션 포지션의 손익이 현물가격의 변동성과 독립적이다.

④ 강세 스프레드 전략은 시장의 강세가 예상되나 확신이 서지 않을 때 택하는 보수적인 투자전략이며, 약세 스프레드 전략은 시장의 약세가 예상되나 확신이 높지 않을 때 택하는 보수적인 투자전략이다.

50 행사가격 250인 KOSPI200 콜옵션을 5포인트에 1계약 매수함과 동시에 행사가격 255인 콜옵션을 2포인트에 1계약 매도한 경우, 다음 설명 중 옳지 않은 것은?

★★★

① 강세 콜옵션 스프레드 전략으로, 시장의 강세가 예상되나 확신이 높지 않을 때 이용하는 보수적인 전략이다.

② 초기에 포지션을 구성할 때 프리미엄의 순수입이 발생한다.

③ 손익분기점은 253포인트이다.

④ 최대이익은 2, 최대손실은 3으로 한정되어 있으며, 시간가치 감소로부터 상당부분 자유롭다.

51 행사가격 240인 KOSPI200 풋옵션을 2포인트에 1계약 매수함과 동시에 행사가격 245인 풋옵션을 5포인트에 1계약 매도한 경우, 다음 설명 중 옳지 않은 것은?

★★★

① 강세 풋옵션 스프레드 전략으로, 시장의 강세가 예상되나 확신이 높지 않을 때 이용하는 보수적인 전략이다.

② 초기에 포지션을 구성할 때 프리미엄의 순지출이 발생한다.

③ 손익분기점은 242포인트이다.

④ 최대이익은 3, 최대손실은 2로 한정되어 있으며, 시간가치 감소로부터 상당부분 자유롭다.

49 ② 수직적 스프레드 전략은 만기는 같으나 행사가격이 다른 콜옵션 또는 풋옵션을 동시에 매수 / 매도하는 전략이다. 만기가 같은 콜옵션 또는 콜옵션을 매수 / 매도하기 때문에 두 옵션의 세타는 반대부호를 갖게 되므로 시간가치 소멸효과가 거의 없을 정도로 아주 미미하다. 매수 / 매도하는 두 옵션의 베가는 크기가 같고 반대부호이다. 따라서 옵션 포지션의 손익이 기초자산가격의 변동성에 덜 민감(독립적)하다.

50 ② 만기가 같은 콜옵션 중에 일반적으로 행사가격이 낮은 내가격(ITM) 콜옵션을 매수하고 행사가격이 높은 등가격(ATM) 콜옵션을 매도하므로 초기에 포지션을 구성할 때 프리미엄의 순지출이 발생한다. 행사가격이 낮은 ($K_1 = 250$) 콜옵션의 가격(5)은 비싸고, 행사가격이 높은($K_2 = 255$) 콜옵션의 가격(2)은 싸다. 따라서 강세 콜옵션 스프레드는 싼 옵션은 팔고 비싼 옵션은 사게 되므로 현금의 순지출이 먼저 발생하게 된다. 옵션은 만기일이 다가올수록 시간가치 소멸효과가 커진다. 따라서 옵션을 매수하면 시간가치 감소로 손실을 본다. 반면에 옵션을 매도하면 시간가치 감소로 이득을 본다. 그런데 수직적 스프레드 거래는 옵션을 하나는 사고 하나는 팔기 때문에 시간가치 감소로부터 상당부분 자유롭다.

강세 콜옵션 스프레드 ($K_1 = 250$, $K_2 = 255$, $C_1 = 5$, $C_2 = 2$인 경우)		
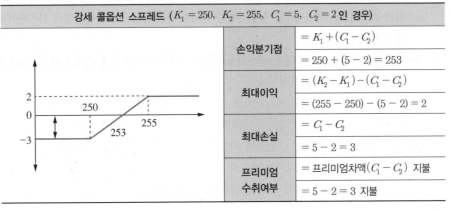	손익분기점	$= K_1 + (C_1 - C_2)$
		$= 250 + (5 - 2) = 253$
	최대이익	$= (K_2 - K_1) - (C_1 - C_2)$
		$= (255 - 250) - (5 - 2) = 2$
	최대손실	$= C_1 - C_2$
		$= 5 - 2 = 3$
	프리미엄 수취여부	$=$ 프리미엄차액$(C_1 - C_2)$ 지불
		$= 5 - 2 = 3$ 지불

51 ② 만기가 같은 풋옵션 중에 일반적으로 행사가격이 낮은 외가격(OTM) 풋옵션을 매수하고 행사가격이 높은 등가격(ATM) 풋옵션을 매도하므로 초기에 포지션을 구성할 때 프리미엄의 순수입이 발생한다. 행사가격이 낮은 ($K_1 = 240$) 풋옵션의 가격(2)은 싸고, 행사가격이 높은($K_2 = 245$) 풋옵션의 가격(5)은 비싸다. 따라서 강세 풋옵션 스프레드는 싼 옵션은 사고 비싼 옵션은 팔게 되므로 현금의 순수입이 먼저 발생하게 된다.

강세 풋옵션 스프레드 ($K_1 = 240$, $K_2 = 245$, $P_1 = 2$, $P_2 = 5$인 경우)		
	손익분기점	$= K_2 - (P_2 - P_1)$
		$= 245 - (5 - 2) = 242$
	최대이익	$= P_2 - P_1$
		$= 5 - 2 = 3$
	최대손실	$= (K_2 - K_1) - (P_2 - P_1)$
		$= (245 - 240) - (5 - 2) = 2$
	프리미엄 수취여부	$=$ 프리미엄차액$(P_2 - P_1)$ 수취
		$= 5 - 2 = 3$ 수취

52 다음 옵션거래 전략에 관한 설명으로 옳지 않은 것은?
★★★

> 행사가격이 210포인트인 KOSPI200 풋옵션을 2.5포인트에 10계약 매도하고, 만기일이 동일하면
> 서 행사가격이 205포인트인 KOSPI200 풋옵션을 0.5포인트에 10계약 매수했다.

① 강세 풋옵션 스프레드 전략이고, 손익이 한정되어 있다.
② 만기 시 손익분기점은 208포인트이다.
③ 최대이익은 750만원이다.
④ 최대손실은 750만원이다.

53 옵션의 시간 스프레드(Time Spread)에 관한 설명으로 옳지 않은 것은?
★★☆
① 시간 스프레드는 행사가격은 동일하지만 만기가 다른 콜옵션이나 풋옵션을 이용하여 매수와 매도
를 조합하는 거래이다.
② 일반적으로 잔존만기가 짧은 근월물을 매수하고 행사가격은 동일하지만 잔존만기가 긴 원월물을
매도하는 포지션으로 구성된다.
③ 시간 스프레드의 특징은 시간가치의 감소가 잔존만기별로 다르게 이루어진다는 점을 이용하는
것이다.
④ 다른 조건이 일정하다면 근월물의 시간가치 감소폭이 원월물의 시간가치 감소폭보다 크기 때문
에, 근월물 만기시점에 가서는 매도한 근월물의 가치감소에 따른 이익이 매수한 원월물의 가치감
소에 따른 손실보다 커서 이익을 얻게 되는 전략이다.

54 KOSPI200 옵션시장에서 행사가격이 270포인트인 5월물 콜옵션 10계약을 1.5포인트에 매도하
★★☆ 고, 동시에 같은 행사가격의 6월물 콜옵션 10계약을 4.5포인트에 매수하였다. 이것은 어떤 거래전
략인가?

① 시간 스프레드
② 강세 콜옵션 스프레드
③ 강세 풋옵션 스프레드
④ 약세 콜옵션 스프레드

52 ③ 최대이익은 500만원이다. 낮은 행사가격($K_1 = 205$)의 풋옵션을 매입하고 동일수량으로 높은 행사가격($K_2 = 210$)의 풋옵션을 매도했으므로 수직적 스프레드 전략 중에서 강세 풋옵션 스프레드 전략이다. 행사가격이 낮은 풋옵션의 가격(0.5)은 싸고, 행사가격이 높은 풋옵션의 가격(2.5)은 비싸다. 따라서 강세 풋옵션 스프레드는 싼 옵션은 사고 비싼 옵션은 팔게 되므로 현금의 순수입이 먼저 발생하게 된다.

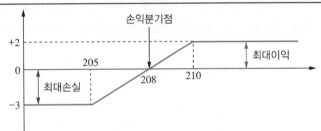

손익분기점	= 높은 행사가격 − 프리미엄 차이 = 210 − (2.5 − 0.5) = 208포인트
최대이익	= 프리미엄 차이(= 수취 프리미엄 − 지불 프리미엄) = 2.5 − 0.5 = 2, 따라서 500만원(= 2포인트 × 10계약 × 25만원) 이익
최대손실	= 프리미엄 차이 − 행사가격 차이 = 2 − (210 − 205) = −3, 따라서 750만원(= −3포인트 × 10계약 × 25만원) 손실

53 ② 시간 스프레드를 수평 스프레드 또는 캘린더 스프레드라고도 한다. 시간 스프레드의 특징은 시간가치의 감소가 잔존만기별로 다르게 이루어진다는 점을 이용하는 것이다. 즉 시간가치의 상대적 변화차이를 이용하는 것이 시간 스프레드이다. 일반적으로 만기가 짧은 옵션을 매도하고 동일 행사가격의 만기가 긴 옵션을 매수하는 전략을 매수 시간 스프레드(Long Time Spread)라고 하는데, 이는 기초자산의 가격변동이 작은 상황에서 옵션의 시간가치 잠식효과를 이용하는 전략이다. 즉, 다른 조건이 일정하다면 근월물의 시간가치 감소폭이 원월물의 시간가치 감소폭보다 크기 때문에, 근월물 만기시점에 가서는 매도한 근월물의 가치감소에 따른 이익이 매수한 원월물의 가치감소에 따른 손실보다 커서 이익을 얻게 되는 전략이다.

54 ① 만기가 짧은 옵션을 매도하고 동일 행사가격의 만기가 긴 옵션을 매수하였기 때문에 매수 시간 스프레드(Long Time Spread) 전략을 사용했다.

55 변동성 매수전략에 대한 설명으로 옳지 않은 것은?
★★★
① 스트래들 매수는 행사가격이 같은 콜옵션과 풋옵션을 매수한다.
② 변동성 매수전략은 기초자산가격이 크게 움직이면 이익이 발생한다.
③ 포지션을 장기 보유할수록 시간가치 소멸효과가 커서 손실이 발생한다.
④ 스트랭글 매수는 스트래들 매수의 경우보다 프리미엄 지출이 큰 반면, 기대이익이 크다.

56 KOSPI200 콜 250을 3포인트에 1계약 매수함과 동시에 만기가 동일한 KOSPI200 풋 250을 2포인
★★★ 트에 1계약 매수한 경우, 다음 설명 중 옳지 않은 것은?
① 이 전략은 최근에 보합세를 유지했던 주식가격이 단기간 내에 큰 폭으로 움직일 것으로 예상될 때 적합한 투자전략이다.
② 예상대로 가격변동성이 증가하면 만기시점까지 포지션을 장기보유하는 것이 바람직하다.
③ 최대손실은 콜옵션과 풋옵션을 매수할 때 지불한 프리미엄의 합인 5이다.
④ 만기시점에 KOSPI200이 255포인트 이상 상승하거나 245포인트 이하로 하락하면 이익을 본다.

57 KOSPI200 콜 255를 2포인트에 1계약 매수함과 동시에 만기가 동일한 KOSPI200 풋 245를 1포인
★★★ 트에 1계약 매수한 경우, 다음 설명 중 옳지 않은 것은?
① 스트랭글 매수 전략으로서, 주가 변동성이 확대될 가능성이 높을 때 사용할 수 있다.
② 내가격(ITM) 옵션들을 매수하기 때문에 스트래들 매수보다 초기에 지불하는 옵션 프리미엄은 많다.
③ 시간가치 소멸에 따른 최대손실액도 스트래들 매수보다 작아서 포지션을 장기간 보유할 수 있고, 스트래들 매수에 비해 손실구간이 넓은 반면 최대손실금액은 적다.
④ 만기시점에 KOSPI200이 258포인트 이상 상승하거나 242포인트 이하로 하락하면 이익을 본다.

55 ④ 스트랭글 매수는 외가격 콜옵션과 풋옵션을 매수하므로 스트래들 매수의 경우보다 프리미엄 지출이 작은 반면, 기대이익은 작다.

56 ② 동일 만기와 동일 행사가격의 콜옵션과 풋옵션을 동시에 동일 수량으로 매수했기 때문에 스트래들 매수이다. 스트래들 매수는 주식가격이 단기간 내에 큰 폭으로 움직일 것(변동성 증가)으로 예상될 때 적합한 투자전략이다. 예상대로 가격변동성이 증가하면 즉시 포지션을 청산하여 이익을 실현시키는 것이 바람직하다. 왜냐하면 콜옵션과 풋옵션을 모두 매수하므로 시간가치 소멸효과에 의해 포지션의 가치가 급속히 하락하기 때문이다.

스트래들 매수 ($K=250,\ C=3,\ P=2$인 경우)		
손익분기점	• 주가하락 시 = $K - (C+P) = 250 - (3+2) = 245$ • 주가상승 시 = $K + (C+P) = 250 + (3+2) = 255$	
	프리미엄 수취여부	= 프리미엄총액($C+P$) 지불 = $3+2=5$ 지불
	만기 이익	= 손익분기점 이상 또는 이하의 주가 변동폭
	만기 손실	= 두 손익분기점 사이에서 주가 형성시 손실 발생
	최대 손실	= $C+P = 3+2 = 5$

57 ② 낮은 행사가격의 풋옵션과 동일 만기의 높은 행사가격의 콜옵션을 동시에 동일 수량으로 매수했기 때문에 스트랭글 매수이다. 스트랭글 매수도 스트래들 매수와 유사하게 주가 변동성이 확대될 가능성이 높을 때 적합한 투자전략이다. 스트랭글 매수는 외가격(OTM) 옵션들을 매수하기 때문에 등가격(ATM) 옵션들을 매수하는 스트래들 매수보다 초기에 지불하는 옵션 프리미엄은 적다. 따라서 시간가치 소멸에 따른 최대손실액도 스트래들 매수보다 작아서 포지션을 장기간 보유할 수 있다. 그리고 스트랭글 매수는 스트래들 매수에 비해 손실구간이 넓은 반면, 최대손실금액은 적다.

스트랭글 매수 ($K_1 = 245,\ K_2 = 255,\ C_2 = 2,\ P_1 = 1$인 경우)		
손익분기점	• 주가하락 시 = $K_1 - (C_2 + P_1) = 245 - (2+1) = 242$ • 주가상승 시 = $K_2 + (C_2 + P_1) = 255 + (2+1) = 258$	
	프리미엄 수취여부	= 프리미 총액($C_2 + P_1$) 지불 = $2+1=3$ 지불
	만기이익	= 손익분기점 이상 또는 이하의 주가 변동폭
	만기손실	= 두 손익분기점 사이에서 주가 형성시 손실 발생
	최대 손실	= $C_2 + P_1 = 2+1 = 3$

58 KOSPI200 콜 245를 5포인트에 1계약을 매도함과 동시에 만기가 동일한 KOSPI200 콜 247.5를
★★★ 3포인트에 2계약 매수하고, KOSPI200 콜 250을 2포인트에 1계약 매도한 경우, 다음 설명 중
옳지 않은 것은?

① 버터플라이 매도 전략이다.

② 옵션의 만기는 동일하고 행사가격의 간격이 일정해야 한다.

③ 손실과 이익을 제한하면서 주가 변동성이 하락할 가능성이 높을 때 택하는 전략이다.

④ 포지션 설정에 사용한 세 종류의 콜옵션이 만기에 모두 행사된다면, 최대이익이 발생한다.

59 KOSPI200 콜 250을 3포인트에 1계약 매도함과 동시에 만기가 동일한 KOSPI200 풋 250을 2포인
★★★ 트에 1계약 매도한 경우, 다음 설명 중 옳지 않은 것은?

① 이 전략은 변동성이 감소하여 향후 주가가 현재 수준에서 횡보할 것으로 예상될 때 적합한 투자전
략이다.

② 원월물 옵션을 매도하는 것이 적합하다.

③ 최대이익은 콜옵션과 풋옵션을 매도하면서 수취한 프리미엄의 합인 5이다.

④ 만기시점에 KOSPI200이 255포인트 이상 상승하거나 245포인트 이하로 하락하면 손실을 본다.

58 ③ 낮은 행사가격의 콜옵션을 1계약 매도하고, 중간 행사가격의 콜옵션을 2계약 매수하는 동시에 가장 높은 행사가격의 콜옵션을 1계약 매도했기 때문에 버터플라이 매도이다. 버터플라이 매도는 주가 변동성이 증가할 가능성이 높을 때 택하는 전략이라는 점에서는 스트래들 매수나 스트랭글 매수와 유사하지만 손실과 이익을 제한시키는 보수적인 투자전략이다. 포지션 설정에 사용한 세 종류의 콜옵션이 만기에 모두 행사된다는 것은 만기시점에 KOSPI200이 250 이상으로 끝났다는 것이므로 이때, 버터플라이 매도 전략의 이익은 최대가 된다. 또는 포지션 설정에 사용한 세 종류의 콜옵션이 만기에 모두 외가격(OTM)으로 끝나도(권리행사 포기) 이익은 최대가 된다. 외가격으로 끝났다는 것은 만기시점에 KOSPI200이 245 이하가 됐다는 것이므로 이때에도, 버터플라이 매도 전략의 이익은 최대가 된다. 버터플라이 매도 전략은 만기시점에 KOSPI200이 매수한 옵션의 행사가격(247.5)에서 끝났을 때, 최대의 손실이 발생하게 된다.

버터플라이 매도 ($K_1 = 245$, $K_2 = 247.5$, $K_3 = 250$, $C_1 = 5$, $C_2 = 3$, $C_3 = 2$인 경우)	
옵션 프리미엄	• $C_1 > C_2 > C_3$ → 프리미엄차액 = $(C_1 + C_3) - 2 \times C_2$ • $5 > 3 > 2$ → 프리미엄차액 = $(5 + 2) - 2 \times 3 = 1$
손익분기점	• 주가 하락 시 = K_1 + 프리미엄차액 = $245 + 1 = 246$ • 주가 상승 시 = K_3 − 프리미엄차액 = $250 - 1 = 249$

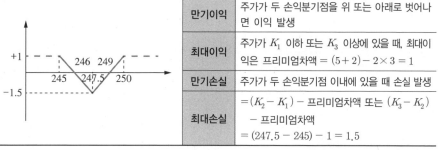

만기이익	주가가 두 손익분기점을 위 또는 아래로 벗어나면 이익 발생
최대이익	주가가 K_1 이하 또는 K_3 이상에 있을 때, 최대이익은 프리미엄차액 = $(5 + 2) - 2 \times 3 = 1$
만기손실	주가가 두 손익분기점 이내에 있을 때 손실 발생
최대손실	= $(K_2 - K_1)$ − 프리미엄차액 또는 $(K_3 - K_2)$ − 프리미엄차액 = $(247.5 - 245) - 1 = 1.5$

59 ② 동일 만기와 동일 행사가격의 콜옵션과 풋옵션을 동시에 동일 수량으로 매도했기 때문에 스트래들 매도이다. 스트래들 매도는 변동성이 감소하여 향후 주가가 현재 수준에서 횡보할 것으로 예상될 때 적합한 투자전략이다. 초기에 콜옵션과 풋옵션을 모두 매도하여 프리미엄 수입이 발생하므로 시간이 흐름에 따라 시간가치 소멸효과를 이용하는 전략이다. 시간가치 소멸효과를 극대화하기 위하여 근월물 옵션을 매도하는 것이 적합하다.

스트래들 매도 ($K = 250$, $C = 3$, $P = 2$인 경우)	
손익분기점	• 주가 하락 시 = $K - (C + P) = 250 - (3 + 2) = 245$ • 주가 상승 시 = $K + (C + P) = 250 + (3 + 2) = 255$

프리미엄 수취여부	= 프리미엄총액($C + P$) 수취 = $3 + 2 = 5$ 수취
만기손실	= 손익분기점 이상 또는 이하의 주가 변동폭 (손실 무제한)
만기이익	= 수취한 프리미엄총액 이내
최대이익	= 수취한 프리미엄총액($C + P$) = $3 + 2 = 5$

60 KOSPI200 콜 255를 2포인트에 1계약 매도함과 동시에 만기가 동일한 KOSPI200 풋 245를 1포인
★★★ 트에 1계약 매도한 경우, 다음 설명 중 옳지 않은 것은?

① 스트랭글 매도전략으로서, 주가 변동성이 감소될 가능성이 높을 때 사용할 수 있는 전략이다.

② 일반적으로 외가격(OTM) 옵션들을 매도하기 때문에 스트래들 매도보다 초기에 수취하는 옵션
프리미엄은 적다.

③ 스트래들 매도에 비해 최대이익이 상대적으로 증가하는 대신 이익이 발생하는 주가의 범위가
더 좁다.

④ 만기시점에 KOSPI200이 258포인트 이상 상승하거나 242포인트 이하로 하락하면 손실을 본다.

61 KOSPI200 콜 245를 5포인트에 1계약을 매수함과 동시에 만기가 동일한 KOSPI200 콜 247.5를
★★★ 3포인트에 2계약 매도하고, KOSPI200 콜 250을 2포인트에 1계약 매수한 경우, 다음 설명 중
옳지 않은 것은?

① 버터플라이 매수전략이다.

② 옵션의 만기는 동일하고 행사가격의 간격이 일정해야 한다.

③ 손실과 이익을 제한하면서 주가 변동성이 상승할 가능성이 높을 때 택하는 전략이다.

④ 포지션 설정에 사용한 세 종류의 콜옵션이 만기에 모두 행사된다면, 최대이익이 발생한다.

60 ③ 낮은 행사가격의 풋옵션과 동일 만기의 높은 행사가격의 콜옵션을 동시에 동일 수량으로 매도했기 때문에 스트랭글 매도이다. 스트랭글 매도도 스트래들 매도와 유사하게 주가 변동성이 감소될 가능성이 높을 때 사용할수 있는 전략이다. 스트랭글 매도는 일반적으로 외가격(OTM)옵션을 매도하기 때문에 등가격(ATM)옵션들을 매도하는 스트래들 매도보다 초기에 수취하는 옵션 프리미엄은 적다. 스트랭글 매도는 스트래들 매도에 비해 최대이익이 상대적으로 감소하는 대신 이익이 발생하는 주가의 범위가 더 넓다. 스트랭글 매도전략도 옵션의 시간가치 소멸효과를 극대화하기 위하여 근월물 옵션을 매도하는 것이 유리하다.

스트랭글 매도 ($K_1 = 245$, $K_2 = 255$, $C_2 = 2$, $P_1 = 1$인 경우)	
손익분기점	• 주가하락 시 = $K_1 - (C_2 + P_1) = 245 - (2 + 1) = 242$ • 주가상승 시 = $K_2 + (C_2 + P_1) = 255 + (2 + 1) = 258$

	프리미엄 수취여부	= 프리미엄총액($C_2 + P_1$) 수취 = $2 + 1 = 3$ 수취
	만기손실	= 손익분기점 이상 또는 이하의 주가 변동폭(손실 무제한)
	만기이익	= 수취한 프리미엄총액 이내
	최대이익	= 수취한 프리미엄총액($C + P$) = $2 + 1 = 3$

61 ③ 낮은 행사가격의 콜옵션을 1계약 매수하고, 중간 행사가격의 콜옵션을 2계약 매도하는 동시에 가장 높은 행사가격의 콜옵션을 1계약 매수했기 때문에 버터플라이 매수이다. 버터플라이 매수는 주가 변동성이 하락할 가능성이 높을 때 택하는 전략이란 점에서는 스트래들 매도나 스트랭글 매도와 유사하지만 손실과 이익을 제한시키는 보수적인 투자전략이다. 포지션 설정에 사용한 세 종류의 콜옵션이 만기에 모두 행사된다는 것은 만기시점에 KOSPI200이 250 이상으로 끝났다는 것이므로 이때, 버터플라이 매수전략은 최대손실을 보인다. 또는 포지션 설정에 사용한 세 종류의 콜옵션이 만기에 모두 외가격(OTM)으로 끝나도(권리행사 포기) 손실은 최대가된다. 외가격으로 끝났다는 것은 만기시점에 KOSPI200이 245 이하가 됐다는 것이므로 이때에도, 버터플라이매수 전략의 손실은 최대가 된다. 버터플라이 매수 전략은 만기시점에 KOSPI200이 매도한 옵션의 행사가격(247.5)에서 끝났을 때, 최대의 이익이 발생하게 된다.

버터플라이 매수 ($K_1 = 245$, $K_2 = 247.5$, $K_3 = 250$, $C_1 = 5$, $C_2 = 3$, $C_3 = 2$인 경우)	
옵션 프리미엄	• $C_1 > C_2 > C_3$ → 프리미엄차액 = $2 \times C_2 - (C_1 + C_3)$ • $5 > 3 > 2$ → 프리미엄차액 = $2 \times 3 - (5 + 2) = -1$
손익분기점	• 주가 하락 시 = K_1 − 프리미엄차액 = $245 - (-1) = 246$ • 주가 상승 시 = K_3 + 프리미엄차액 = $250 + (-1) = 249$

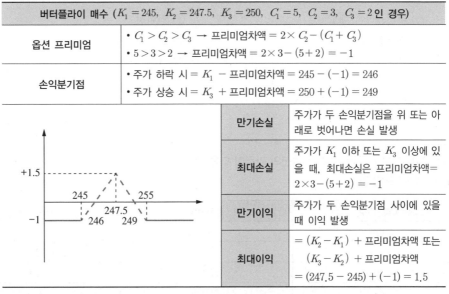

	만기손실	주가가 두 손익분기점을 위 또는 아래로 벗어나면 손실 발생
	최대손실	주가가 K_1 이하 또는 K_3 이상에 있을 때, 최대손실은 프리미엄차액 = $2 \times 3 - (5 + 2) = -1$
	만기이익	주가가 두 손익분기점 사이에 있을 때 이익 발생
	최대이익	= ($K_2 - K_1$) + 프리미엄차액 또는 ($K_3 - K_2$) + 프리미엄차액 = $(247.5 - 245) + (-1) = 1.5$

62 KOSPI200 콜 250을 3포인트에 1계약을 매수함과 동시에 만기가 동일한 KOSPI200 콜 255를
★★★ 2포인트에 2계약 매도한 경우, 다음 설명 중 옳지 않은 것은?

① 콜 비율 스프레드 전략이다.

② 가격의 변동성이 다소 높은 시기에 주가의 흐름을 확신할 수 없는 상황에서 활용한다.

③ 콜 비율 스프레드 매수의 델타는 단순 콜옵션 매도보다는 작지만 약세 콜 스프레드에 비해서는
  크다.

④ 델타를 기준으로 위험순위를 따지면, 콜옵션 매도 > 콜옵션 비율 스프레드 매수 > 콜옵션 강세
  스프레드 순이다.

63 KOSPI200 콜 200을 3포인트에 1계약 매수함과 동시에 콜 205를 2포인트에 2계약 매도한 거래전
★★☆ 략에 관한 설명으로 옳지 않은 것은?

① 콜 비율 스프레드 전략이라고 한다.

② 상승 가능성이 클 경우에 이용하는 거래전략이다.

③ 변동성이 감소할 경우에 이익이 발생한다.

④ KOSPI200 지수가 205포인트에 끝날 경우, 최대이익이 발생한다.

64 향후 변동성의 상승이 예상되는 한편, 주가 상승의 확률이 상대적으로 높을 것으로 판단될 때 사용
★★★ 할 수 있는 적절한 옵션 투자전략은?

① 버터플라이 매도   ② 컨버전
③ 스트립 매수   ④ 스트랩 매수

[65~75] 6월물 KOSPI200지수 옵션의 가격이 다음과 같다고 가정하고, 질문에 답하시오(현재 KOSPI200
지수는 253.7포인트).

Call 가격	행사가격	Put 가격
0.6	257.5	5.2
1.5	255.0	3.0
2.9	252.5	1.8
4.7	250.0	0.7

65 행사가격이 252.5인 콜옵션과 풋옵션을 각각 1계약씩 매수하는 옵션거래에 관한 설명으로 옳지
★★★ 않은 것은?

① 스트래들 매수라고 한다.

② KOSPI200 지수가 크게 상승하면 이익이 발생한다.

③ 만기일의 KOSPI200 지수가 행사가격과 일치하면 최대이익이 발생한다.

④ KOSPI200 지수가 크게 하락하면 이익이 발생한다.

66 다음 중 스트랭글 매수거래에 해당하는 조합을 고르면?(콜옵션과 풋옵션의 매수수량은 동일하다고
★★★ 가정)

① 행사가격 257.5 콜 매수 + 행사가격 250 풋 매수

② 행사가격 250 콜 매수 + 행사가격 257.5 풋 매수

③ 행사가격 257.5 콜 매수 + 행사가격 257.5 풋 매수

④ 행사가격 250 콜 매수 + 행사가격 250 풋 매수

정답 및 해설

62 ② 비율 스프레드는 가격의 변동성이 다소 높은 시기에 주가의 흐름을 어느 정도 확신할 수 있는 상황에서 활용이
가능하다. 콜 비율 스프레드는 낮은 행사가격의 콜옵션을 매수하고 높은 행사가격의 콜옵션을 x배 매도하는
포지션이다. 콜 비율 스프레드 매수의 델타는 단순 콜옵션 매도보다는 작지만 약세 콜 스프레드에 비해서는
크다. 델타를 기준으로 위험순위를 따지면, 콜옵션 매도 > 콜옵션 비율 스프레드 매수 > 콜옵션 강세 스프레드
순이다.

63 ② 콜 비율 스프레드 전략으로서 가격변동성이 감소하면서 주가가 매도한 옵션의 행사가격보다 크게 상승하지 않
을 경우에 이익이 발생한다. 이 경우 최대이익은 만기시점에 KOSPI200 지수가 매도한 행사가격에서 끝날 때
발생한다. 따라서 콜 비율 스프레드는 KOSPI200 지수가 [205(매도 옵션) 근처에서 횡보가능성 > 200(매수
옵션)보다 하락할 가능성] 순서대로 시장을 예상할 경우 가장 적절한 투자전략이다.

64 ④ 스트랩 매수 전략은 두 개의 콜옵션과 한 개의 풋옵션 매수로 구성되며, 변동성 상승과 주가 상승이 예상될
때 사용할 수 있는 전략이다.

65 ③ 동일한 만기와 행사가격을 가진 콜옵션과 풋옵션을 동일 수량으로 매입하는 전략을 스트래들 매수라 하는데,
만기일에 KOSPI200 지수가 행사가격과 일치하면 최대손실이 발생한다. 그러나 스트래들 매수는 KOSPI200
지수의 방향성과는 관계없이(오르든 내리든 상관없이) 크게 변동하면(변동성이 커지면) 이익이 발생한다.

66 ① 스트랭글 매수는 만기는 동일하고 행사가격만 다른 콜옵션과 풋옵션을 같은 수량으로 동시에 매수하는 옵션거
래인데, 일반적으로 외가격 옵션을 매수한다. 따라서 현재 KOSPI200 지수(253.7)보다 낮은 행사가격(250)의
풋옵션과 높은 행사가격(257.5)의 콜옵션을 매수한다.

67 다음 중 KOSPI200 지수의 가격 변동성이 크게 증가할 것으로 예상될 때 적절한 옵션거래 전략이
★★★ 아닌 것은?

① 행사가격 252.5 콜 1계약 매수 + 행사가격 252.5 풋 1계약 매수

② 행사가격 257.5 콜 1계약 매수 + 행사가격 250 풋 1계약 매수

③ 행사가격 250 콜 1계약 매수 + 행사가격 255 콜 1계약 매도

④ 행사가격 250 콜 1계약 매도 + 행사가격 252.5 콜 2계약 매수 + 행사가격 255 콜 1계약 매도

68 다음 중 KOSPI200 지수가 하락할 가능성이 클 경우에 가장 적절한 투자전략은?
★★★ ① 행사가격 250 콜 1계약 매수 + 행사가격 255 콜 1계약 매도

② 행사가격 250 풋 1계약 매수 + 행사가격 255 풋 1계약 매도

③ 행사가격 250 콜 1계약 매수 + 행사가격 252.5 콜 2계약 매도 + 행사가격 255 콜 1계약 매수

④ 행사가격 252.5 풋 1계약 매수

69 다음 중 KOSPI200 지수가 횡보할 가능성이 클 경우에 유용한 투자전략이 아닌 것은?
★★★ ① 행사가격 252.5 콜 1계약 매도 + 행사가격 252.5 풋 1계약 매도

② 행사가격 257.5 콜 1계약 매도 + 행사가격 250 풋 1계약 매도

③ 행사가격 250 콜 1계약 매도 + 행사가격 255 콜 1계약 매수

④ 행사가격 250 콜 1계약 매수 + 행사가격 252.5 콜 2계약 매도 + 행사가격 255 콜 1계약 매수

70 주가상승을 기대하는 투자자가 이익과 손실을 제한하고 초기 현금유입을 원할 때 적절한 투자전
★★★ 략은?

① 행사가격 250 콜 1계약 매수 + 행사가격 255 콜 1계약 매도

② 행사가격 250 풋 1계약 매수 + 행사가격 255 풋 1계약 매도

③ 행사가격 250 콜 1계약 매수 + 행사가격 252.5 콜 2계약 매도 + 행사가격 255 콜 1계약 매수

④ 행사가격 252.5 콜 1계약 매수

71 다음 옵션전략 중 세타의 부호가 양(+)인 투자전략은?

★★★

① 행사가격 252.5 콜 1계약 매도 + 행사가격 252.5 풋 1계약 매도

② 행사가격 252.5 콜 1계약 매수

③ 행사가격 255 풋 1계약 매수

④ 행사가격 257.5 콜 1계약 매수 + 행사가격 250 풋 1계약 매수

72 다음 옵션전략 중 감마의 부호가 음(−)인 투자전략은?

★★★

① 행사가격 252.5 콜 1계약 매수

② 행사가격 255 풋 1계약 매수

③ 행사가격 252.5 콜 1계약 매도 + 행사가격 252.5 풋 1계약 매도

④ 행사가격 257.5 콜 1계약 매수 + 행사가격 250 풋 1계약 매수

정답 및 해설

67 ③ 각 포지션의 전략을 알아보면, ① 스트래들 매수, ② 스트랭글 매수, ③ 강세 콜옵션 스프레드, ④ 버터플라이 매도이다. 강세 콜옵션 스프레드는 주가 상승을 예상하나 확신이 서지 않을 때 손익을 제한시키고자 하는 보수적인 방향성 전략이다. 즉 KOSPI200지수가 상승할 때만 제한된 이익이 발생한다. 나머지는 모두 주가방향과는 관계없이 변동성 상승을 예상할 때 사용하는 변동성 매수전략이다.

68 ④ 각 포지션의 전략을 알아보면, ① 강세 콜옵션 스프레드, ② 강세 풋옵션 스프레드, ③ 버터플라이 매수, ④ 풋옵션 매수이다. 풋옵션 매수는 주가가 약세를 보일 것으로 예상되고 가격변동성도 증가할 것으로 예상되는 경우에 가장 바람직한 투자전략이다.

69 ③ 각 포지션의 전략을 알아보면, ① 스트래들 매도, ② 스트랭글 매도, ③ 약세 콜옵션 스프레드, ④ 버터플라이 매수이다. 약세 콜옵션 스프레드는 주가하락을 예상하나 확신이 서지 않을 때 손익을 제한시키고자 하는 보수적인 방향성 전략이다. 즉 KOSPI200 지수가 하락할 때만 제한된 이익이 발생한다. 나머지는 모두 주가방향과는 관계없이 변동성 하락(주가 횡보)을 예상할 때 사용하는 변동성 매도전략이다.

70 ② 각 포지션의 전략을 알아보면, ① 강세 콜옵션 스프레드, ② 강세 풋옵션 스프레드, ③ 버터플라이 매수, ④ 콜옵션 매수이다. 강세 스프레드 전략은 이익과 손실을 제한하면서 주가상승을 기대하는 전략인데, 특히 초기 포지션 구성시에 자금이 유입되는 전략은 풋옵션을 이용하여 구성한 강세 풋옵션 스프레드 전략이이다.

71 ① 각 포지션의 전략을 알아보면, ① 스트래들 매도, ② 콜옵션 매수, ③ 풋옵션 매수, ④ 스트랭글 매수이다. 세타의 부호가 양(+)인 경우는 옵션의 매도포지션에서 가능하다. 스트래들 매도는 콜옵션과 풋옵션을 모두 매도하는 포지션이므로, 세타의 부호가 양(+)이다.

72 ③ 각 포지션의 전략을 알아보면, ① 콜옵션 매수, ② 풋옵션 매수, ③ 스트래들 매도, ④ 스트랭글 매수이다. 감마의 부호가 (−)인 경우는 옵션의 매도 포지션에서 가능하다. 스트래들 매도는 동일한 행사가격의 콜옵션과 풋옵션을 모두 매도하는 거래이므로 감마의 부호는 (−)이다. 감마의 부호가 음(−)이라는 것은 방향에 관계없이 KOSPI200지수가 급하게 움직이면 손해를 보지만, 큰 변동 없이 천천히 움직이면 이익을 볼 수 있다는 의미이다.

73 향후 변동성의 상승이 예상되는 한편, 주가 하락의 확률이 상대적으로 높을 것으로 판단될 때 사용
★★★ 할 수 있는 적절한 옵션 투자전략은?

① 행사가격 250 콜 1계약 매수 + 행사가격 252.5 콜 2계약 매도 + 행사가격 255 콜 1계약 매수
② 행사가격 252.5 콜 1계약 매수 + 행사가격 252.5 풋 1계약 매수
③ 행사가격 252.5 콜 1계약 매수 + 행사가격 252.5 풋 2계약 매수
④ 행사가격 252.5 콜 2계약 매수 + 행사가격 252.5 풋 1계약 매수

74 포지션 델타를 중립으로 유지하면서 향후 변동성의 하락을 예상할 때 사용할 수 있는 가장 적절한
★★★ 옵션 투자전략은?

① 행사가격 250 콜 1계약 매수 + 행사가격 255 콜 1계약 매도
② 행사가격 252.5 콜 1계약 매수 + 행사가격 252.5 풋 1계약 매수
③ 행사가격 257.5 콜 1계약 매도 + 행사가격 250 풋 1계약 매도
④ 행사가격 252.5 콜 1계약 매도

75 다음 중 스트래들 매도 포지션의 민감도와 가장 거리가 먼 것은?
★★★ ① 포지션의 델타 ≒ 0
② 포지션의 감마 : (−)
③ 포지션의 세타 : (+)
④ 포지션의 베가 : (+)

76 옵션을 이용한 헤지거래와 선물을 이용한 헤지거래의 차이점에 관한 설명으로 옳지 않은 것은?
★★★ ① 선물을 이용한 매도헤지 거래는 주가상승시 유리한 리스크를 제거한다.
② 주가지수 풋옵션을 이용한 포트폴리오 보험은 콜옵션 매수와 유사한 수익구조를 갖는다.
③ 보호적 풋매수(Protective Put) 전략은 주가하락 리스크를 제거할 수 있고, 주가상승에 따른
이익기회를 보존할 수 있다.
④ 선물을 이용한 매도헤지와 커버드 콜매도(Covered Call Writing)는 모두 주가하락 리스크를
제거할 수 있는 전략이다.

77 커버드 콜매도(Covered Call)에 관한 설명으로 옳지 않은 것은?

★★★ ① 주식포트폴리오를 보유하고 있는 투자자는 향후 시장이 횡보국면을 유지하거나 하락할 가능성이 있는 경우 콜옵션을 매도하여 포트폴리오의 수익률을 제고할 수 있다.

② 보합이나 약세장에서는 원래의 포트폴리오보다 더 높은 수익률을 얻고 강세장에서는 더 낮은 수익률을 얻게 되는 구조이다.

③ 주식가격이 매도한 콜옵션의 손익분기점 이상으로 상승하더라도 포트폴리오의 수익률이 시장수익률보다 높다.

④ 목표수준에서 주식을 무조건 매도하고자 하는 투자자는 콜옵션 매도를 통해 주식포트폴리오의 성과를 관리할 수 있다.

78 포트폴리오 보험에 관한 설명으로 옳지 않은 것은?

★★★ ① 주식과 채권포지션을 일정한 규칙에 따라 동적으로 조정함으로써 콜옵션의 손익구조를 창출해내는 전략이다.

② 주식가격이 상승하면 주식편입비중을 증가시키고 무이표채의 편입비중을 감소시킨다.

③ 주식포트폴리오를 보유한 상태에서 풋옵션을 매수하는 전략이다.

④ 주식포트폴리오를 보유한 상태에서 채권의 매수 / 매도를 결합시키는 전략이다.

정답 및 해설

73 ③ 각 포지션의 전략을 알아보면, ① 버터플라이 매수, ② 스트래들 매수, ③ 스트립 매수, ④ 스트랩 매수이다. 스트립 매수 전략은 한 개의 콜옵션과 두 개의 풋옵션 매수로 구성되며, 변동성 상승과 주가 하락이 예상될 때 사용할 수 있는 전략이다.

74 ③ 각 포지션의 전략을 알아보면, ① 강세 콜옵션 스프레드, ② 스트래들 매수, ③ 스트랭글 매도, ④ 콜옵션 매도이다. 스트랭글 매도는 외가격 콜옵션과 풋옵션의 매도를 통해 변동성의 하락을 기대하는 전략이다. 특히 콜과 풋의 매도를 통해 포지션의 델타를 중립으로 유지할 수 있다.

75 ④ 스트래들 매도는 등가격 콜옵션과 풋옵션의 동시 매도를 통해 변동성의 하락을 기대하는 전략이므로 감마는 (-), 세타는 (+), 베가는 (-)이며, 콜과 풋의 매도를 통해 포지션의 델타를 중립으로 유지할 수 있다.

76 ④ 선물을 이용한 매도헤지는 주가하락 리스크를 제거한다. 커버드 콜매도는 주가하락시 콜매도 프리미엄 수입으로 수익률을 제고하나 주가하락 리스크를 제거하는 전략은 아니다. 주식 포트폴리오를 주가지수선물로 헤지하는 경우 보유하고 있는 주식 포트폴리오의 가치상승 기회를 포기하는 단점이 있다. 반면, 옵션을 이용하면 보유 주식 포트폴리오의 가치하락 리스크를 제한시키는 반면, 가치상승에 따른 이익기회를 보존할 수 있다.

77 ③ 주식가격이 매도한 콜옵션의 손익분기점 이상으로 상승하면 주식에서는 이익이 증가하지만 콜옵션의 매도포지션에서 손실이 생기므로 포트폴리오의 수익률이 시장수익률보다 낮아질 수 있다.

78 ④ 포트폴리오 보험은 주식과 채권포지션을 일정한 규칙에 따라 동적으로 조정함으로써 콜옵션의 손익구조를 창출해내는 전략이다. 즉 주식포트폴리오를 보유한 상태에서 채권의 매수 / 매도를 결합시키는 전략이 아니라, 주식가격이 상승(하락)하면 주식편입비중을 증가(감소)시키고 채권의 편입비중을 감소(증가)시킨다.

79 합성포지션의 구성방법이 옳지 않은 것은?

★★★
① 합성 콜 매수 = 풋 매수 + 기초자산 매수

② 합성 풋 매수 = 콜 매수 + 기초자산 매수

③ 합성 풋 매도 = 콜 매도 + 기초자산 매수

④ 합성 기초자산 매도 포지션 = 콜 매도 + 풋 매수

80 현재시점 t에서 기초자산의 가격을 S_t, 만기일이 T이고 행사가격이 K인 (유럽형) 콜옵션과 풋옵

★★★ 션 가격을 각각 c와 p라고 하자. 풋-콜 패리티(Put-call Parity)에 관한 다음 식 중 옳지 않은

것은?

① $S_t = c - p + Ke^{-rT}$ ② $p = c - S_t + Ke^{-rT}$

③ $c = p + S_t - Ke^{-rT}$ ④ $p - c = S_t - Ke^{-rT}$

81 옵션을 이용한 차익거래에 대한 설명으로 옳지 않은 것은?

★★★
① 풋-콜 패리티가 성립하지 않을 때 실행하는 차익거래에는 컨버전과 리버설이 있다.

② 컨버전은 콜옵션이 풋옵션보다 상대적으로 저평가된 상황을 이용하는 전략이다.

③ 합성물과 합성물을 이용한 차익거래를 박스(Box)거래라고 한다.

④ 크레디트 박스는 포지션 구성시 순현금이 유입되기 때문에 '박스 매도'라고도 한다.

82 컨버전(Conversion)에 대한 설명으로 옳지 않은 것은?

★★★
① 컨버전은 풋-콜 패리티를 이용하는 차익거래이다.

② 콜옵션이 풋옵션에 비해 상대적으로 고평가되어 있는 상태에서 적용할 수 있는 차익거래이다.

③ 콜옵션을 매도하고 동시에 풋옵션을 매수함으로써 합성선물매도를 만든다.

④ 만기 시 순이익은 (행사가격 − 기초자산가격) − (콜옵션가격 − 풋옵션가격)이다.

83 옵션을 이용한 차익거래에 대한 설명으로 옳은 것은?

★★★
① 컨버전(Conversion)은 콜옵션 매수, 풋옵션 매도, 주식 매도를 결합하는 차익거래를 의미한다.

② 리버설(Reversal)은 콜옵션 매도, 풋옵션 매수, 주식 매수를 결합하는 차익거래를 의미한다.

③ 크레디트 박스(Credit Box)는 합성매수 포지션의 행사가격이 합성매도 포지션의 행사가격보다
작은 경우 실행하는 차익거래전략이다.

④ 박스(Box)는 행사가격이 다른 옵션을 이용하여 옵션가격의 괴리를 포착하고자 하는 차익거래
이다.

84 컨버전(Conversion)과 리버설(Reversal)에 관한 설명으로 옳은 것은?

★★★
① 합성 기초자산 매수는 콜옵션 매수와 풋옵션 매도로 포지션이 구성된다.
② 컨버전은 합성 기초자산 매수포지션과 실제 기초자산 매도포지션을 결합한 차익거래 전략이다.
③ 리버설은 합성 기초자산 매도포지션과 실제 기초자산 매수포지션을 결합한 차익거래 전략이다.
④ 리버설은 콜옵션에 비해 풋옵션이 상대적으로 저평가되어 있을 때 사용하는 차익거래 전략이다.

85 크레디트 박스(Credit Box)와 데빗 박스(Debit Box)에 대한 설명으로 옳지 않은 것은?

★★☆
① 크레디트 박스와 데빗 박스는 옵션만을 이용하여 옵션가격에서 발생하는 불균형을 이익으로 남기고자 하는 거래방법이다.
② 데빗 박스는 포지션을 설정하는 시점에서 옵션거래에 따른 순현금이 유입되지만, 크레디트 박스는 포지션 개설 시 현금이 필요하다.
③ 크레디트 박스는 합성기준물 매입포지션(= 콜옵션 매수 + 풋옵션 매도)에 이용된 행사가격이 합성기준물 매도포지션(= 콜옵션 매도 + 풋옵션 매수)에 이용된 행사가격보다 높은 경우를 말한다.
④ 데빗 박스는 합성선물 매입포지션(= 콜옵션 매수 + 풋옵션 매도)에 이용된 행사가격이 합성선물 매도포지션(= 콜옵션 매도 + 풋옵션 매수)에 이용된 행사가격보다 낮은 경우를 말한다.

정답 및 해설

79 ② 합성 풋 매수 = 콜 매수 + 기초자산 매도

80 ④ $c - p = S_t - Ke^{-rT}$

81 ② 컨버전은 콜옵션이 풋옵션보다 상대적으로 고평가된 상황을 이용하는 전략이다.

82 ④ 만기 시 순이익은 = (콜옵션가격 − 풋옵션가격) − (기초자산가격 − 행사가격)이다.

83 ④ 틀린 것을 바르게 고치면, ① 리버설(Reversal)은 콜옵션 매수, 풋옵션 매도, 주식 매도를 결합하는 차익거래를 의미한다. ② 컨버전(Conversion)은 콜옵션 매도, 풋옵션 매수, 주식 매수를 결합하는 차익거래를 의미한다. ③ 크레디트 박스(Credit Box)는 합성매수 포지션의 행사가격이 합성매도 포지션의 행사가격보다 큰 경우 실행하는 차익거래전략이다.

84 ① 틀린 것을 바르게 고치면, ② 컨버전은 합성 기초자산 매도포지션과 실제 기초자산 매수포지션을 결합한 차익거래 전략이다. ③ 리버설은 합성 기초자산 매수포지션과 실제 기초자산 매도포지션을 결합한 차익거래 전략이다. ④ 리버설은 콜옵션에 비해 풋옵션이 상대적으로 고평가되어 있을 때 사용하는 차익거래 전략이다.

85 ② 크레디트 박스는 포지션을 설정하는 시점에서 옵션거래에 따른 순현금이 유입되지만, 데빗 박스는 포지션 개설 시 현금이 필요하다. 따라서 크레디트 박스를 박스 매도(Selling a Box), 데빗 박스를 박스 매수(Buying a Box)라고도 한다.

03

금리선물 · 옵션

챕터 출제비중

구 분	출제영역	출제문항
제1장	선물 · 옵션 개요	2~3문항
제2장	주식 관련 선물 · 옵션	11~13문항
제3장	금리선물 · 옵션	3~5문항
제4장	통화선물 · 옵션	3~4문항
제5장	상품 관련 선물 · 옵션	2~3문항

50	45	35	30	25	20	15	10	5

- 10%
- 48%
- 18%
- 14%
- 10%

금리선물·옵션 파트에서는 대략 3 ~ 5문제가 출제되는 것으로 파악되는데, 출제 문항수는 학습 분량에 비해서는 적다고 볼 수 있다.

학습 분량도 많지만 기초자산인 금리나 채권에 대한 학습이 선행되지 않으면 내용을 이해하기가 쉽지 않은 과목이다. 기초가 부족한 분들은 시험 준비에 전략적으로 접근하는 것도 필요하다. 즉 선택과 집중이 필요한 과목이다. 모든 내용을 완벽히 학습하기보다는 중요한 부분에 대해 확실히 이해하는 것이 필요하다.

자주 출제되는 내용으로는 금리선물 부분에서는 선도금리의 계산, 채권수익률과 채권가격의 관계, 수익률곡선의 형태에 관한 이론, 듀레이션과 볼록성, 유로달러선물, 미국 국채선물 및 한국 국채선물을 이용한 차익거래 및 듀레이션 조정, 헤지거래, 수익률곡선 거래전략 등이 중요하고, 금리옵션 부분에서는 금리선물옵션에 대한 이해, 금리 리스크 관리방법, 금리캡과 플로어, 풋-콜-선물 패리티에 따른 차익거래(컨버전, 리버설) 등이 주로 출제된다. 무엇보다 중요한 것은 금리 상승 혹은 금리 하락 리스크를 관리하기 위해서는 선물이든 옵션이든 어떤 포지션을 설정해야 하는지를 숙지하고 있어야 한다.

TOPIC별 중요도 및 학습체크

TOPIC	핵심개념	중요도	학습체크		
			1회독	2회독	3회독
01	채권가격과 수익률	★★★			
02	금리 리스크의 측정	★★★			
03	금리선물	★★★			
04	채권선물	★★★			
05	금리선물의 거래유형	★★★			
06	금리옵션 및 채권옵션	★★			
07	금리옵션의 거래유형	★★★			

01 채권가격과 수익률 중요도 ★★★

대표유형문제 **채권가격과 수익률의 관계로서 옳은 것은?**

① 채권가격과 수익률은 직선형의 반비례 관계가 있다.

② 만기가 짧은 단기채가 만기가 긴 장기채보다 수익률 변동에 대한 가격변동폭이 크다.

③ 만기가 일정할 때 수익률 상승으로 인한 채권가격 하락폭이 수익률 하락으로 인한 채권가격 상승폭보다 크다.

④ 표면금리가 낮은 채권이 표면금리가 높은 채권보다 수익률 변동에 따른 가격변동폭이 크다.

해설 ① 채권가격과 수익률은 직선형의 반비례가 아니라 원점에 대해 볼록한 모양(Convexity, 볼록성)을 가지고 있다.

② 만기가 긴 장기채가 만기가 짧은 단기채보다 수익률 변동에 대한 가격변동폭이 크다.

③ 만기가 일정할 때 수익률 하락으로 인한 채권가격 상승폭이 수익률 상승으로 인한 채권가격 하락폭보다 크다(볼록성 때문임).

답 ④

STEP 01 핵심필수개념

(1) 할인(수익)율과 채권등가수익률

① 할인수익률은 액면가격 기준으로 얼마나 할인되어 있는가를 나타내는 개념이다.

• $d(\text{할인수익률}) = \dfrac{100 - \text{채권가격}}{100} \times \dfrac{360}{\text{만기까지 남은 일수}}$

• T-Bill은 무이표채권이므로 할인수익률(Discount Yield)로 호가된다.

② 할인수익률은 1년이 360일이라고 가정하고, 할인액을 액면금액(100)으로 나눈다. 이와 같은 결함을 극복하기 위한 개념이 채권 매수가격 기준 무이표채 할인율인 채권등가수익률(BEY ; Bond Equivalent Yield)이다.

• $\text{BEY(채권등가수익률)} = \dfrac{100 - \text{채권가격}}{\text{채권가격}} \times \dfrac{365}{\text{만기까지 남은 일수}} = \dfrac{365 - d}{360 - d \times n}$

③ 유로달러시장에서는 360일 기준의 단리를 기준으로 수익률이 표시되고 있고, T-Bond 시장에서는 365일 기준의 채권상당수익률(BEY)로 수익률이 표시되고 있다.

(2) 현물금리와 선도금리

① n년 만기 현물금리는 현재부터 n년간의 투자로 얻을 수 있는 금리를 의미하는데, n년 만기 현물금리는 이표를 지급하지 않는 무이표채권의 수익률을 의미한다.

② 선도금리는 현재의 현물금리에 내재되어 있는 미래의 일정기간에 대한 금리를 말한다.

> 현재(0)부터 t_1까지의 기간 동안에 대한 현물금리가 r_1이고, 현재(0)부터 t_2까지의 기간 동안에 대한 현물금리가 r_2인 경우, t_1과 t_2 사이의 기간 동안에 대한 선도금리 $R(1,\ 2)$의 계산방법은 다음과 같다.

이산복리를 가정하는 경우	$R(1,2) = \left[\dfrac{1 + r_2 \times \dfrac{t_2}{360}}{1 + r_1 \times \dfrac{t_1}{360}} - 1 \right] \times \dfrac{360}{t_2 - t_1}$
연속복리를 가정하는 경우	$R(1,2) = \dfrac{r_2 \times t_2 - r_1 \times t_1}{t_2 - t_1}$ → 연속복리의 경우 전체기간 동안의 금리는 각 부분기간에 대한 금리의 가중평균으로 결정된다는 것을 의미한다.

(3) 채권가격과 수익률의 관계

① 채권가격과 수익률은 반비례의 관계가 있다(직선형의 반비례가 아니라 원점에 대해 볼록한 모양(Convexity)을 보임).

② 만기가 긴 장기채가 만기가 짧은 단기채보다 수익률 변동에 대한 가격변동폭이 크다.

③ 만기가 일정할 때 수익률 하락으로 인한 채권가격 상승폭이 수익률 상승으로 인한 채권가격 하락폭보다 크다(볼록성 때문임).

④ 표면금리가 낮은 채권이 표면금리가 높은 채권보다 수익률 변동에 따른 가격변동폭이 크다.

(4) 수익률곡선

① 수익률과 만기 사이의 동적인 관계를 기간구조라 하며, 이를 그림(수평축은 만기, 수직축은 수익률)으로 나타낸 것이 수익률곡선이다.

② 수익률곡선이라 하면 일반적으로 무위험 무이표채권(순수할인채)의 만기수익률과 만기 간의 관계를 의미한다.

③ 수익률곡선이 우상향하는 상황에서 무이표채 수익률곡선이 이표채 수익률곡선보다 항상 위쪽에 위치한다.

④ 무이표채 수익률곡선이 우상향하면 선도금리는 무이표채 수익률보다 높다.

수익률곡선이 우상향하는 상황	→ 선도금리 > 무이표채수익률 > 이표채수익률
수익률곡선이 우하향하는 상황	→ 선도금리 < 무이표채수익률 < 이표채수익률

(5) 수익률곡선의 형태에 관한 이론

기대가설	• 수익률곡선은 미래 시장금리의 움직임에 대한 투자의 예상에 의해 결정된다는 것 → 현재시점에서 수익률곡선에 내재된 선도금리는 미래의 현물금리의 불편추정치라는 논리이다. • 위험중립적인 투자자를 가정한다.
유동성 선호가설	• 장기채 수익률은 장기투자에 따른 유동성 프리미엄을 감안해야 하기 때문에 단기채 수익률보다 높아야 한다는 것 → 미래의 금리가 현재 수준을 유지할 것으로 예상하더라도 유동성 프리미엄으로 인해 수익률곡선이 우상향하는 형태를 가질 수 있다. • 위험회피적인 투자자를 가정한다.
시장분할 가설	채권시장이 몇 개의 하부시장으로 분할되어 있기 때문에 수익률곡선의 모양은 각 시장의 수급에 따라 결정된다는 것 → 시장분할가설은 서로 다른 시장에서 결정되는 금리 간의 높은 상관관계를 설명하지 못한다.

개념체크○×

▶ 만기가 일정할 때 수익률 하락으로 인한 채권가격 상승폭이 수익률 상승으로 인한 채권가격 하락폭보다 크다. ○ ×

답 ○

▶ 연속복리의 경우 전체기간 동안의 금리는 각 부분기간에 대한 금리의 단순평균으로 결정된다는 것을 의미한다. ○ ×

[해설] 연속복리의 경우 전체기간 동안의 금리는 각 부분기간에 대한 금리의 가중평균으로 결정된다는 것을 의미한다.

답 ×

STEP 02 **핵심보충문제**

---

01 금리에 관한 설명으로 옳지 않은 것은?
★★☆

① 단기금융시장(Money Market)에서 금리는 만기에 일시불로 지급되므로 단리의 개념이 적용된다.

② 일반적으로 1년 단위로 금리를 표시하는데, 1년 금리를 360일 단위로 표시하는 방법과 365일 단위로 표시하는 방법이 있다.

③ 100만달러를 3%(act / 360) 유로정기예금에 180일 동안 예치하였을 경우 만기 시 받게 되는 이자는 30,000달러이다.

④ 복리는 일정기간을 여러 개의 부분기간으로 나누고 부분기간마다 원리합계를 계속 재투자해서 얻게 되는 금리이다.

[해설] 100만달러를 3%(act / 360) 유로정기예금에 180일 동안 예치하였을 경우 만기 시 받게 되는 이자 = 100만달러 × 0.03 × (180 / 360) = 15,000달러이다. 달러 LIBOR금리의 경우 360일 단위로 표시가 되며, act(actual)는 실제 이자기간을 말한다.

답 ③

02 T-Bill의 가격을 계산할 때 사용되는 수익률은?

★★★

① 할인율(d)

② 채권등가수익률(BEY)

③ 만기수익률(YTM)

④ 예금금리

[해설] 만기 1년 이하의 미국정부 채권을 Treasury Bill(T-Bill)이라고 하는데, T-Bill의 가격(P)을 계산할 때는 할인율(또는 할인수익률)을 사용한다.

답 ①

03 90일 후에 만기가 되어 100을 받게 되는 T-Bill의 현재가격이 98이라면 할인수익률(할인율)은?

★★★

① 2%

② 4%

③ 6%

④ 8%

[해설] 90일 후에 만기가 되어 100을 받게 되는 T-Bill의 현재가격이 98이라면 할인수익률(할인율)은 90일에 2%이므로 360일 기준으로는 $8\% \left(= \frac{100 - 98}{100} \times \frac{360}{90} \right)$가 된다.

답 ④

04 현재시점에서 3개월 LIBOR가 4%, 6개월 LIBOR가 4.25%라고 가정할 때 향후 3개월 후에 3개월

★★★ 선도 LIBOR는?

① 2.87%

② 3.76%

③ 4.46%

④ 5.58%

[해설] $\left(1 + 0.04 \times \frac{90}{360} \right) \left(1 + 선도\ LIBOR \times \frac{90}{360} \right) = \left(1 + 0.0425 \times \frac{180}{360} \right)$

∴ 선도 LIBOR ≒ 0.0446(4.46%)

4%로 3개월간 투자한 후 그 원리금으로 (미래의 알 수 없는) 선도 LIBOR로 3개월 투자하는 것은 처음부터 4.25%로 6개월 투자한 것과 같다는 의미를 식으로 만든 것이다.

답 ③

05 무이표채권의 수익률곡선이 우상향하는 경우 수익률(또는 금리) 간의 관계가 올바른 것은?

★★☆

| ㉠ 이표채수익률 | ㉡ 선도금리 | ㉢ 무이표채수익률 |

① ㉠ > ㉡ > ㉢

② ㉠ > ㉢ > ㉡

③ ㉡ > ㉠ > ㉢

④ ㉡ > ㉢ > ㉠

[해설] 수익률곡선이 우상향하는 상황에서 무이표채수익률곡선이 이표채수익률곡선보다 항상 위쪽에 위치한다. 이는 이표채에 투자한 투자자는 만기 이전에 이자를 지급받게 되며, 이러한 이자지급액에 해당되는 할인율이 만기일에 적용되는 할인율보다 낮기 때문이다. 또한 무이표채수익률곡선이 우상향하면 선도금리는 무이표채 수익률보다 높다.

답 ④

02 금리 리스크의 측정 중요도 ★★★

대표유형문제 다음 중 금리하락 예상 시 투자하기에 가장 바람직한 채권은?

① A채권 : 만기 5년, 연간 이자지급빈도 2회, 표면금리 4%

② B채권 : 만기 10년, 연간 이자지급빈도 4회, 표면금리 6%

③ C채권 : 만기 5년, 연간 이자지급빈도 4회, 표면금리 6%

④ D채권 : 만기 10년, 연간 이자지급빈도 2회, 표면금리 4%

해설 금리하락이 예상되면(즉 가격상승이 예상되면), 듀레이션이 긴 채권에 투자하는 것이 좋다. 다른 조건이 일정하다면, 만기는 길수록(10년), 표면금리가 낮을수록(4%), 이자지급 빈도수가 적을수록(2회) 듀레이션은 길어진다. 따라서 모든 것을 종합적으로 고려하면 D채권의 듀레이션이 가장 길다.

답 ④

STEP 01 **핵심필수개념**

(1) 금리 리스크

① 금리 리스크란 금리가 변함에 따라 금리에 민감한 자산이나 부채의 가치가 변하는 리스크를 의미한다.

② 금리 리스크 측정방법에는 듀레이션(Duration), 수정듀레이션, 유효듀레이션, 베이시스 포인트가치(BPV ; Basis Point Value), 볼록도(Convexity) 등이 있다.

(2) 금리 리스크의 측정방법

① 듀레이션(Duration)

의미	㉠ 채권의 현금흐름을 회수하는 데 소요되는 가중평균 기간(가중치는 각 시점의 현금흐름의 현재가치가 채권투자금액에서 차지하는 비율)을 말한다. → 듀레이션이 채권의 실제만기를 의미하는 것은 아니다. ㉡ 금리변화율에 따른 채권가격의 변화율, 즉 금리탄력성을 나타낸다. ㉢ 채권 현금흐름의 현재가치들의 무게중심을 나타낸다.

• 듀레이션은 만기, 수익률, 표면금리, 이표지급 빈도에 영향을 받는다. → 듀레이션은 채권의 만기(잔존기간)와 양(+)의 관계, 나머지 변수들과는 음(−)의 관계를 보인다.
  - 채권의 만기가 길수록 듀레이션이 크다.
  - 채권의 수익률이 높을수록 듀레이션은 작다.
  - 표면금리가 클수록 듀레이션은 작다.
  - 이표 지급빈도가 클수록 듀레이션은 작다.
  - 이표 지급이 없는 순수할인채의 경우 듀레이션은 만기와 일치한다.(반면에, 이표채의 듀레이션은 만기보다 항상 작다.)

② 수정듀레이션(D_m)

수정듀레이션 계산	• 수정듀레이션(D_m) = $D \times \left(\dfrac{1}{1 + y/m} \right)$ (D : 듀레이션, y : 만기수익률, m : 연간이자지급횟수)
듀레이션에 의한 채권가격의 변화율 계산	• $\dfrac{dP}{P} = -D_m \times dy \rightarrow dP = (-D_m \times dy) \times P$ ($\dfrac{dP}{P}$: 채권가격변화율, dP : 채권가격변동분, D_m : 수정듀레이션, dy : 금리변동폭)

③ 베이시스 포인트가치(BPV ; Basis Point Value)

    ㉠ BPV는 1베이시스 포인트(1bp)의 수익률 변화에 따른 채권가격의 변화(ΔP)로 정의된다.

    ㉡ BPV는 채권가격의 리스크를 채권가격의 변화율로 측정하지 않고 채권가격(액면가 100기준)의
       변화로 측정하는 것이다.

    ㉢ BPV = $-D_m \times$ 1basis point $\times P$

       (D_m : 수정듀레이션, P : 채권가격, 1베이시스 포인트(1bp) : 0.01%를 의미)

④ 볼록도(Convexity)

    ㉠ 수익률의 변화폭이 증가할수록 듀레이션을 통해 추정한 채권가격 변동과 실제의 채권가격 변동
       의 차이가 커진다. → 이처럼 채권가격과 수익률 간의 볼록성 때문에 금리상승 시 가격 하락폭
       이 금리하락 시 가격 상승폭보다 더 크게 되는데, 이러한 추정오차를 줄이기 위해 채권가격의
       볼록성을 반영하는 새로운 지표가 볼록도이다.

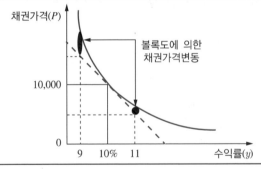

볼록도에 의한 채권가격의 변화율 계산

$\dfrac{dP}{P} = \dfrac{1}{2} \times C \times (dy)^2$
 	
($\dfrac{dP}{P}$: 채권가격변화율,
   C : 볼록도,
  dy : 금리변동폭)

    ㉡ 듀레이션과 볼록도를 함께 고려한 채권가격 변동 계산

      • 채권가격변화율$\left(\dfrac{dP}{P} \right) = -D_m \times dy + \dfrac{1}{2} \times C \times (dy)^2$

      • 채권가격변동분(dP) = $\left\{ (-D_m \times dy) + \dfrac{1}{2} \times C \times (dy)^2 \right\} \times P$

(3) 채권 포트폴리오의 듀레이션과 볼록도

    → 채권 포트폴리오의 듀레이션과 볼록도는 개별채권의 듀레이션과 볼록도의 가중평균으로 계산된다.

▶ 채권의 만기가 길수록 듀레이션이 크다. ○ ×

답 O

▶ 듀레이션은 금리변화율에 따른 채권가격의 변화율, 즉 금리탄력성을 나타낸다. ○ ×

답 O

STEP 02 | **핵심보충문제**

01 다음 중 금리 리스크를 측정하는 방법이 아닌 것은?

★★☆

① 듀레이션(Duration)

② 베이시스 포인트가치(BPV, Basis Point Value)

③ 베타(Beta)

④ 볼록도(Convexity)

해설 베타는 주식시장 전체의 움직임에 대한 개별 증권의 민감도를 나타내는 것으로 주식의 체계적 리스크를 나타내는 지표이다. 금리 리스크란 금리가 변함에 따라 금리에 민감한 자산이나 부채의 가치가 변하는 리스크를 의미한다. 채권발행자의 입장에서는 금리변화가 자금조달비용에 영향을 미치고, 투자자의 입장에서는 투자자산의 수익률에 영향을 미친다.

답 ③

02 다음에서 설명하고 있는 개념은?

★★★

> • 채권의 현금흐름을 회수하는 데 소요되는 가중평균 기간이다.
> • 금리변화율에 따른 채권가격의 변화율, 즉 금리탄력성을 나타낸다.
> • 채권 현금흐름의 현재가치들의 무게중심을 나타낸다고 할 수 있다.
> • 만기, 수익률, 표면금리, 이자지급빈도에 의해 영향을 받는다.

① 듀레이션

② 볼록성

③ 전환계수

④ 최저가 인도채권(CTD)

해설 듀레이션은 금리변동에 따른 채권의 가격민감도로서, 이표와 만기가 상이한 채권들의 금리 리스크를 비교할 때 사용되는 대표적인 측정치이다.

답 ①

03 듀레이션에 관한 설명으로 옳은 것은?

★★★

① 다른 조건이 일정하다면, 잔존만기 5년인 채권이 잔존만기 3년인 채권보다 듀레이션이 짧다.

② 다른 조건이 일정하다면, 잔존만기 3년인 순수할인채의 듀레이션은 잔존만기 3년인 이표채의 듀레이션보다 짧다.

③ 다른 조건이 일정하다면, 표면금리가 3%인 채권이 표면금리가 6%인 채권보다 듀레이션이 짧다.

④ 다른 조건이 일정하다면, 3개월마다 이자를 지급하는 채권이 6개월마다 이자를 지급하는 채권보다 듀레이션이 짧다.

해설 3개월마다 이자를 지급하는 채권(3개월 이표채)은 1년에 4번 이자를 지급하며, 6개월마다 이자를 지급하는 채권(6개월 이표채)은 2번 이자를 지급한다. 따라서 이표 지급빈도가 클수록 듀레이션은 작다. 틀린 지문을 바르게 고치면 다음과 같다. 다른 조건이 일정하다면, ① 잔존만기 5년인 채권이 잔존만기 3년인 채권보다 듀레이션이 길다. ② 잔존만기 3년인 순수할인채의 듀레이션은 잔존만기 3년인 이표채의 듀레이션보다 길다. ③ 표면금리가 3%인 채권이 표면금리가 6%인 채권보다 듀레이션이 길다.

답 ④

04 3년 만기 국채의 현재가치가 100이고 수정듀레이션이 2.5년이다. 이 채권의 수익률이 2% 상승할

★★★ 때 채권의 가치는 얼마나 변동하겠는가?

① -2.5 ② -4.5

③ -5.0 ④ $+3.5$

해설 수익률이 상승했으므로 채권가치는 하락했으며, 그 변동폭은 다음과 같이 계산한다.
채권가격변동분$(dP) = (-D_m \times dy) \times P = (-2.5 \times 2\%) \times 100 = -5$

답 ③

03 금리선물 중요도 ★★★

다음 금리선물 중 가격을 표시할 때 IMM 지수방식을 채택한 선물은?

① T-Note선물

② 유로달러선물

③ T-Bond선물

④ 한국 국채선물

해설 CME Group에서 거래되는 유로달러선물, T-Bill선물, 연방기금금리선물 등은 기초자산의 실물인수도가 없고 기초자산의 금리를 지수화하여 거래하는 방식(IMM 지수방식)으로서 [가격 = 100 − 금리]로 표시하는 방법이다. IMM이란 International Money Market이다.

답 ②

STEP 01 핵심필수개념

(1) 금리선물의 분류

거래방식에 따른 분류	① 기초자산의 실물인수도가 없고 기초자산의 금리를 지수화하여 거래하는 방식(IMM 지수방식) → CME Group에서 거래되는 유로달러선물, T-Bill선물, 연방기금금리선물 ② 기초자산을 만기에 인수도하는 동시에 채권가격으로 거래하는 방식 → CME Group에서 거래되는 T-Bond선물과 T-Note선물 ③ 기초자산의 실물인수도가 없고 채권가격으로 거래하는 방식 → 한국거래소에서 거래되는 국채(KTB)선물
기초자산의 만기에 따른 구분	① 단기금리선물(기초자산의 만기가 1년 이하) → 유로달러선물, 연방기금금리선물 ② 중기금리선물(기초자산의 만기가 1년 이상 10년 미만) → 한국 국채선물, T-Note선물 ③ 장기금리선물(기초자산의 만기가 10년 이상) → T-Bond선물

(2) 단기금리선물

① 유로달러선물(Eurodollar Futures)

　㉠ 유로달러(Eurodollar)는 미국이 아닌 지역의 금융기관에 예치된 달러를 말한다.

　㉡ 유로달러의 금리를 LIBOR(London Inter Bank Offered Rate)라고 하며, LIBOR는 채권이나 기타 증권들의 발행에 있어서 기준이 되는 중요한 변동금리의 역할을 하고 있다.

　㉢ 유로달러선물(CME)의 상품내역

거래대상	3개월 만기의 유로달러 정기예금
거래단위	$1,000,000
가격표시방법	IMM 지수방식 : 100 − 3개월 LIBOR
1bp	= $25(= 100만달러 × 0.01% × 90/360)
일일가격변동 제한폭	없음
결제월	최근 연속 4개월 + 3, 6, 9, 12월
결제방법	현금결제
결제일	최종거래일
최종거래일	각 결제월의 세 번째 수요일로부터 2영업일 전 런던은행 영업일
최종결제가격	100 − 3개월 LIBOR

　㉣ 이론가격 결정

> 유로달러선물의 이론가격은 내재선도금리에 의해 결정된다. 유로달러선물의 거래대상이 선물 만기일부터 3개월 LIBOR이므로 현물금리에 내재되어 있는 선도금리를 먼저 계산한 후 100에서 차감하여 이론가격을 계산한다.

> - 내재선도금리(R) 계산 : $\left(1 + r_1 \times \dfrac{t_1}{360}\right)\left(1 + R \times \dfrac{t_2 - t_1}{360}\right) = \left(1 + r_2 \times \dfrac{t_2}{360}\right)$
> - 이론가격 = 100 − R

　㉤ 유로달러선물의 매수 포지션은 LIBOR 금리가 하락하면 이익을 보게 된다. 따라서 유로달러선물 매수 포지션은 대출 금리를 확정시키는 효과가 있다. 그리고 유로달러선물의 매도 포지션은 LIBOR 금리가 상승하면 이익을 보게 된다. 따라서 유로달러선물 매도 포지션은 차입 금리를 확정시키는 효과가 있다.

② 연방기금금리선물(Fed Funds Futures)

    ⊙ 연방기금금리란 단기자금시장에서 은행 간에 자금을 차입하거나 대여하는 일일거래에 적용하는 금리이다.

    ⓒ 뉴욕 연방은행은 은행 간 거래에서 형성된 금리를 가중평균하여 매일 발표하는데 이를 '유효연방기금금리'라고 한다.

    ⓒ 연방기금금리선물의 계약명세

거래소	미국 CME Group
거래대상	연방기금금리
거래단위	$5,000,000
가격표시방법	100 − 결제월의 일평균 유효연방기금금리
계약월	36개 연속월
최종거래일	결제월의 최종영업일
결제방법	결제월의 일평균 유효연방기금금리에 의해 현금결제

개념체크 O×

▶ 유로달러선물의 이론가격은 내재선도금리에서 100을 차감하여 계산된다. O X

    [해설] 유로달러선물의 이론가격은 100에서 내재선도금리를 차감하여 계산된다.

                                                  답 X

▶ 유로달러선물의 매도 포지션은 LIBOR 금리가 상승하면 이익을 보게 된다. O X

                                                  답 O

STEP 02 **핵심보충문제**

---

01 금리선물과 채권투자에 관한 설명으로 옳지 않은 것은?

★★★

    ① 금리선물이란 금리 또는 금리에 의해 가격이 결정되는 채권을 거래대상으로 하는 선물계약이다.

    ② 향후 금리상승이 예상되면 채권 포트폴리오의 듀레이션을 감소시킨다.

    ③ 향후 금리상승이 예상되면 장기채 비중을 축소하고 단기채의 비중을 늘린다.

    ④ 향후 금리상승이 예상되면 금리선물을 매수함으로써 채권 포트폴리오의 듀레이션을 감소시킬 수 있다.

    [해설] 향후 금리상승이 예상되면 채권가격 하락에 대비하여 금리선물을 매도함으로써 채권 포트폴리오의 듀레이션을 감소시킬 수 있다. 반면에, 향후 금리하락이 예상되면 채권가격 상승에 대비하여 금리선물을 매수함으로써 채권 포트폴리오의 듀레이션을 증가시킬 수 있다. 금리선물이란 금리 또는 금리에 의해 가격이 결정되는 채권을 거래대상으로 하는 선물계약으로, 금리변동에 따른 금융자산의 가격변동위험을 헤지하기 위하여 장래 일정시점에서의 예상 금리를 매매하는 선물계약이다.

                                                  답 ④

02 금리선물의 거래방식 중 기초자산의 실물인수도가 없고 채권가격으로 거래하는 금리선물은?

★★★

① CME Group에서 거래되는 유로달러선물

② CME Group에서 거래되는 T-Bill선물

③ CME Group에서 거래되는 T-Bond선물

④ 한국거래소에서 거래되는 국채(KTB)선물

[해설] 한국거래소에서 거래되는 국채(KTB)선물은 기초자산의 실물인수도가 없고 채권가격으로 거래하는 방식이다. 금리선물을 거래방식에 의해 분류하면 각 상품의 특성과 가격결정논리를 이해하기가 쉽다.

답 ④

03 유로달러(Eurodollar)에 관한 설명으로 옳지 않은 것은?

★★☆

① 유로달러(Eurodollar)는 유럽 지역의 금융기관에 예치된 달러를 말한다.

② 유로달러시장은 각국의 금융규제를 벗어나 자유롭고 효율적으로 금융거래가 중개되며, 시간적으로 제약을 받지 않는 범세계적인 국제금융시장이다.

③ 유로달러시장은 오늘날 국제적인 달러 자금의 대출 및 차입이 이루어지는 중요한 국제금융시장으로 발전했다.

④ 유로달러의 금리를 LIBOR(London Inter-Bank Offered Rate)라고 하며, LIBOR는 채권이나 기타 증권들의 발행에 있어서 기준이 되는 중요한 변동금리의 역할을 하고 있다.

[해설] 유로(Euro)라는 명칭이 유럽이라는 특정지역을 의미하지는 않는다. 유로달러(Eurodollar)는 미국이 아닌 지역의 금융기관에 예치된 달러를 말한다.

답 ①

04 단기금리선물에 관한 설명으로 적절하지 않은 것은?

★★★

① 단기금리선물은 금리를 연율로 표시하여 지수로 만들어서 거래한다.

② 단기금리선물은 일반적으로 채권가격으로 거래하며, 현금결제방식을 택하고 있다.

③ 유로달러(Eurodollar)선물은 3개월 선도 LIBOR를 거래하며, IMM 지수방식으로 호가한다.

④ 연방기금 금리선물의 거래대상은 유효연방기금금리이며, 결제월의 최종거래일에 현금결제를 한다.

[해설] 단기금리선물은 금리를 연율로 표시하여 지수로 만들어서 거래하는데, 이 중 대표적인 경우가 IMM 지수방식이다. IMM 지수(Index)방식은 이자율을 연율로 표시한 후 100에서 차감한 값을 가격으로 거래하는 방식이다.

답 ②

05 현재시점에서 1개월 LIBOR가 2%, 4개월 LIBOR가 3%라고 할 때, 향후 1개월 후에 만기가 되는
★★★ 유로달러선물에 대한 설명으로 옳지 않은 것은?

① 내재선도금리는 3.32%이다.

② 이론가격은 96.68이다.

③ 매수 포지션은 LIBOR 금리가 하락하면 이익을 보게 된다.

④ 매도 포지션은 대출 금리를 확정시키는 효과가 있다.

[해설] 먼저 내재선도금리(R)를 구하면, $r_1 = 2\%$, $t_1 = 30$일, $r_2 = 3\%$, $t_2 = 120$일이므로

$$\left(1 + 2\% \times \frac{30}{360}\right)\left(1 + R \times \frac{120 - 30}{360}\right) = \left(1 + 3\% \times \frac{120}{360}\right), \therefore R = 0.0332(3.32\%)$$

따라서, 이론가격 = 100 − R = 100 − 3.32 = 96.68이다.

유로달러선물 매수 포지션은 LIBOR 금리가 하락하면 이익을 보게 되므로 유로달러선물 매수 포지션은 대출
금리를 확정시키는 효과가 있다. 그리고 유로달러선물의 매도 포지션은 LIBOR 금리가 상승하면 이익을 보게
된다. 따라서 유로달러선물 매도 포지션은 차입 금리를 확정시키는 효과가 있다.

답 ④

04 채권선물 중요도 ★★★

대표유형문제 T-Bond선물의 호가가 100-016일 경우, 이는 액면가의 몇 %를 의미하는가?

① 100.016%

② 99.16%

③ 100.16%

④ 100.05%

해설 할인율로 호가되는 T-Bill과는 달리 T-Bond는 가격(액면가의 %)으로 호가되는데, 소수점 이하의 가격은 1%의 1 / 32 단위로 표시한다. 따라서 100-016는 액면가($100,000)의 $\left(100 + \dfrac{1.6}{32} = 100.05\right)$%를 의미한다. 가격으로 환산하면 $100,050이 된다.

답 ④

STEP 01 핵심필수개념

(1) 미국 국채선물

① T-Bond(Treasury Bond)

㉠ T-Bond는 만기 10년 ~ 30년의 이자지급 재정증권이다(T-Note는 만기 1년 ~ 10년).

㉡ 가격으로 호가된다(T-Bill은 할인율로 호가).

㉢ 소수점 이하의 가격은 1%의 1 / 32 단위로 표시한다. 즉 99-05는 액면가(10만달러)의 (99+5 / 32)%를 의미한다.

㉣ 채권 매수자는 전 이자지급일로부터 매매일까지 발생한 이자(경과이자)를 호가에 더하여 매도자에게 지불하여야 한다.

㉤ 호가를 순수가격, 호가에 경과이자를 더한 가격을 현금가격이라고 한다.

② T-Bond선물의 계약명세

거래대상	T-Bond(만기 30년, 표면금리 6%)
계약단위	$100,000
가격표시방법	액면가의 백분율
호가단위	1 / 32%(계약당 $31.25)
일일가격변동 제한폭	없음
인도월	3개의 연속적 분기월
인도일	인도월의 최종영업일 이전의 모든 영업일
최종거래일	인도월의 최종영업일부터 7영업일 전 12시 1분
결제방법	실물인수도(연방준비은행 Book-entry상의 전산 계좌이체)
인도가능채권	(인도월의 첫 영업일을 기준으로) 잔존만기 15년 이상 25년 미만인 T-Bond

③ 전환계수

전환계수의 필요성	T-Bond선물의 거래대상은 30년 만기, 표면금리 6%인 국채인 반면, 실제 인도되는 채권은 만기와 표면금리가 다양하기 때문에 선물계약 만기일에 인도되는 채권을 표면금리 6%인 표준물 가격으로 전환시키기 위함이다.
전환계수의 정의	• 표준물의 가격에 대한 인도대상 채권의 가격비율을 의미한다. → 전환계수(CF) = $\dfrac{\text{인도대상 채권의 가격}}{\text{표준물의 가격}}$ • 표준물 미래가치 1달러에 대한 인도대상 채권의 가치를 나타낸다. 예 전환계수가 0.85인 T-Bond의 경우, 현재 T-Bond 선물가격이 100에 호가되고 있으면, 85에 호가되고 있는 것이다.
전환계수의 특징	• 전환계수는 각 현물채권 및 각 결제월별로 하나의 유일한 값을 지니며, 특정 결제월 주기 동안 일정하게 유지된다. • 표준물의 전환계수는 당연히 1이고, 채권의 이표율이 6%(표준물)보다 크면 전환계수는 1보다 크며, 이표율이 6%보다 작으면 전환계수는 1보다 작다.
조정선물가격(AFP)	• 표준물과 상이한 T-Bond에 해당하는 선물가격을 계산한 것이다. • 조정선물가격(AFP) = 정산가격(EDSP) × 전환계수

④ 청구금액

의 미	표준물이 아닌 T-Bond로 인수도가 이루어질 경우, T-Bond선물의 매도자가 선물 매수자로부터 받게 되는 금액이다(= 선물 매도자의 수령금액 = 선물 매수자의 지급금액).
계산식	청구금액 = 조정선물가격 + 경과이자 　　　　 = 정산가격 × 인도채권의 전환계수 + 경과이자

⑤ 최저가 인도채권(CTD ; Cheapest-to-Deliver Bond)

㉠ T-Bond선물의 인도채권은 해당 결제월의 첫째 날을 기준으로 할 때 잔여만기가 15년 이상 25년 미만인 국채이면 표면금리와 상관없이 어느 것이든 가능하다. 따라서 선물매도자는 자신에게 가장 유리한(저렴한) 채권을 인도하게 되는데, 이를 최저가 인도채권(CTD)이라고 부른다.

㉡ 채권수익률이 6%보다 높으면 이표가 낮고 만기가 긴 채권을 인도하는 것이 유리하며, 채권수익률이 6%보다 낮으면 이표가 높고 만기가 짧은 채권을 인도하는 것이 유리하다.

© 수익률곡선이 우상향하면 만기가 긴 채권을 인도하고, 수익률곡선이 우하향하면 만기가 짧은 채권을 인도하는 것이 유리하다(수익률곡선이 우상향하면 만기가 긴 채권일수록 가격이 싸지고, 수익률곡선이 우하향하면 만기가 긴 채권일수록 비싸지기 때문).

⑥ 매도자 인도 옵션

　⑤ 선물계약 만기 시 실물인수도에 관한 의사결정권한은 선물매도자가 갖게 되는데, 어느 채권을 언제 인도할 것인가에 관한 인도 옵션을 매도자 옵션이라고 한다.

　⑥ 매도자 인도 옵션에는 품질 옵션, 인도 시점 옵션, 월말 옵션, 와일드카드 옵션 등이 있다.

　© 선물시장 폐장시간(오후 2시)과 실물인도 의사통지 마감시간(오후 8시) 간의 차이로 인해 선물매도자는 선물시장 종료 후 현물가격 추이를 보며 시간적 여유를 갖는데, 이를 와일드카드 옵션(Wild Card Option)이라 한다.

(2) 한국 국채선물

① 국채선물 상품내역

거래대상	표면금리 연 5%, 6개월 단위 이표지급 방식의 3년(5년 / 10년)만기 국고채권
거래단위	액면가 1억원
결제월	3, 6, 9, 12월
상장결제월	2개 결제월
가격표시방법	액면가 100원을 기준으로 표시(소수점 둘째 자리까지 표시)
최소 가격 변동폭	0.01[1틱의 가치 = 10,000원(= 1억원 × 0.01 × 1 / 100)]
최종거래일	결제월의 세 번째 화요일(공휴일인 경우 순차적으로 앞당김)
최종결제일	최종거래일의 다음 거래일
최종 결제방법	현금결제
거래시간	09:00 ~ 15:45(최종거래일 09:00 ~ 11:30)

＊최종 결제가격은 바스켓에 포함된 국채의 최종거래일 유통수익률을 산술평균한 후 이를 표준물(5%)의 국채가격 계산 공식에 넣어 산출함
＊최종 결제가격 산출을 위한 최종 결제수익률은 최종거래일 10:00, 10:30, 11:00 수익률 중 중간수익률과 11:30 수익률의 산술평균임

개념체크 O X

▶ T-Bond선물의 호가단위는 1%의 1 / 32 단위로 표시한다. 따라서 98-16은 액면가(10만달러)의 (98 + 16 / 32)%를 의미한다. ⃞O⃞X

답 O

▶ 국채선물의 거래단위는 액면가 10억원이며, 가격은 액면가 10,000원을 기준으로 소수점 둘째 자리까지 표시한다. ⃞O⃞X

[해설] 국채선물의 거래단위는 액면가 1억원이며, 가격은 액면가 100원을 기준으로 소수점 둘째 자리까지 표시한다.

답 X

01 T-Bond선물에 관한 설명으로 옳지 않은 것은?

★★☆

① 미국 재무부가 발행한 T-Bond를 기초자산으로 하는 채권선물이다.

② 거래대상은 만기 20년, 표면금리 4%인 T-Bond이다.

③ 계약단위는 10만달러이다.

④ 만기월에 실물인수도가 이루어지며, 인도가능한 채권은 인도월의 첫 영업일을 기준으로 잔존만기 15년 이상 25년 미만인 T-Bond이다.

[해설] 거래대상은 만기 30년, 표면금리 6%인 T-Bond이다.

답 ②

02 T-Bond선물의 전환계수(CF, Conversion Factor)에 대한 설명으로 옳지 않은 것은?

★★★

① 특정 채권의 전환계수는 결제월주기 동안 일정하다.

② 채권의 이표율이 6%이면 전환계수는 1이다.

③ 채권의 이표율이 6%보다 크면 전환계수는 1보다 작다.

④ 채권의 전환계수가 클수록 헤지를 위한 선물계약 수는 증가한다.

[해설] 채권의 이표율이 6%보다 크면 전환계수는 1보다 크며, 이표율이 6%보다 작으면 전환계수는 1보다 작다. 전환계수는 표준물 가격에 대한 인도대상채권의 가격비율이다. 따라서 채권의 전환계수가 클수록 인도대상채권의 가치가 표준물 가치보다 크다는 것이므로 이를 헤지하기 위한 선물계약 수는 증가한다.

답 ③

03 최저가 인도채권(CTD, Cheapest-to-Deliver Bond)에 대한 설명으로 옳지 않은 것은?

★★★

① 선물매도자는 자신에게 가장 유리한(저렴한) 채권을 인도하게 되는데, 이때 인도하는 채권을 최저가인도채권(CTD)이라고 한다.

② 채권수익률이 6%보다 높으면 이표가 낮고 만기가 긴 채권을 인도하는 것이 유리하다.

③ 채권수익률이 6%보다 낮으면 이표가 높고 만기가 짧은 채권을 인도하는 것이 유리하다.

④ 수익률곡선이 우상향하면 만기가 짧은 채권을 인도하고, 수익률곡선이 우하향하면 만기가 긴 채권을 인도하는 것이 유리하다.

[해설] 수익률곡선이 우상향하면 만기가 긴 채권일수록 가격이 싸지고, 수익률곡선이 우하향하면 만기가 긴 채권일수록 비싸진다. 따라서 수익률곡선이 우상향하면 만기가 긴 채권을 인도하고, 수익률곡선이 우하향하면 만기가 짧은 채권을 인도하는 것이 유리하다. T-Bond선물의 인도채권은 해당 결제월의 첫째 날을 기준으로 할 때 잔여만기가 15년 이상 25년 미만인 국채이면 표면금리와 상관없이 어느 것이든 가능하다. 따라서 선물매도자는 인도채권을 선택할 권리가 있으므로 가장 유리한(저렴한) 것을 인도하게 될 것이다. 이를 최저가 인도채권(CTD ; Cheapest-to-Deliver Bond)이라고 부른다.

답 ④

05 금리선물의 거래유형 중요도 ★★★

채권형펀드 운용자의 거래전략으로 바람직하지 않은 것은?

① 채권시장의 강세가 예상되어 보유하고 있는 채권 포트폴리오의 듀레이션을 증가시켰다.

② 금리하락을 예상하고 수익률곡선의 단기영역에 해당하는 채권을 매도하고, 수익률곡선의 장기영역에 해당하는 채권을 매수하는 강세전략을 구사했다.

③ 금리상승이 예상되어 채권 포트폴리오의 듀레이션을 줄이기 위해 채권선물을 매도하였다.

④ 채권시장의 강세가 예상되어 채권선물을 매도하였다.

해설 채권시장의 강세(금리하락, 수익률곡선의 하향 이동)가 예상되면 채권 포트폴리오의 듀레이션을 늘려야 하는데, 이때는 현물거래에서는 장기채 비중을 늘려야 하고, 선물시장에서는 채권선물을 매수해야 한다.

답 ④

STEP 01 핵심필수개념

(1) 차익거래

① 유로달러선물 차익거래

㉠ 내재선도금리(R) 계산	유로달러선물의 이론가격은 내재선도금리(R)에 의해 결정된다. → $\left(1 + r_1 \times \dfrac{t_1}{360}\right)\left(1 + R \times \dfrac{t_2 - t_1}{360}\right) = \left(1 + r_2 \times \dfrac{t_2}{360}\right)$
㉡ 이론가격 계산	유로달러선물의 거래대상이 선물 만기일부터 3개월 LIBOR이므로 현물금리에 내재되어 있는 선도금리를 먼저 계산한 후, 100에서 차감하여 이론가격을 계산한다. → 이론가격(F^*) = $100 - R$

㉢ 이론가격(F^*)과 시장가격(F)을 비교한 후 차익거래를 실행한다.

〈유로달러선물 차익거래 포지션 구성〉

시장가격(F) > 이론가격(F^*) → 시장가격 고평가 상태인 경우	시장가격(F) < 이론가격(F^*) → 시장가격 저평가 상태인 경우
유로달러선물 1계약 매도 + 100만달러를 단기금리(r_1)로 차입(조달) + 100만달러를 장기금리(r_2)로 대출(운용)	유로달러선물 1계약 매수 + 100만달러를 단기금리(r_1)로 대출(운용) + 100만달러를 장기금리(r_2)로 차입(조달)
유로달러선물 1계약 매도는 ($r_2 - r_1$)기간 동안 [100 − 시장가격]% 금리로 차입하는 효과 (즉, 유로달러선물 매도는 차입금리 고정 효과)	유로달러선물 1계약 매수는 ($r_2 - r_1$)기간 동안 [100 − 시장가격]% 금리로 대출하는 효과 (즉, 유로달러선물 매수는 대출금리 고정 효과)

② 국채선물 차익거래

선물가격 < 이론가격 → 매도차익거래	= 현물매도 + 선물매수
선물가격 > 이론가격 → 매수차익거래	= 현물매수 + 선물매도

국채선물의 차익거래 시 현물과 선물가격 움직임 사이에서 괴리가 발생하므로 현물과 선물의 수정듀레이션 비율로 계약수를 조정한다.

- 차익거래 시 선물계약수 = $\dfrac{현물가치}{선물\ 1계약\ 가치} \times \dfrac{현물의\ 수정듀레이션}{선물의\ 수정듀레이션}$

  (한국 국채선물 1계약의 가치 = 선물가격 × 1,000,000원)

(2) 방향성 거래

① 강세 전략

수익률곡선 하향 이동 예상 시 : 강세전략(수익률곡선 또는 듀레이션 매수 전략)
→ 현금이나 단기금융상품에서 만기가 긴 채권으로 갈아타거나, 채권선물을 매수한다.

ㄱ 단기금리의 하락 예상 시 → 단기금리선물(유로달러선물, 연방기금금리선물 등) 매수
ㄴ 중기금리의 하락 예상 시 → T-Note선물 매수나 한국 국채선물 매수
ㄷ 장기금리의 하락 예상 시 → T-Bond선물 매수

② 약세 전략

수익률곡선 상향 이동 예상 시 : 약세전략(수익률곡선 또는 듀레이션 매도 전략)
→ 만기가 긴 채권을 매도하고 단기금융상품(또는 현금)으로 갈아타거나, 채권선물을 매도한다.

ㄱ 단기금리의 상승 예상 시 → 단기금리선물(유로달러선물, 연방기금금리선물 등) 매도
ㄴ 중기금리의 상승 예상 시 → T-Note선물 매도나 한국 국채선물 매도
ㄷ 장기금리의 상승 예상 시 → T-Bond선물 매도

(3) 듀레이션 조정(시장 시기 선택)

① 금리하락(채권가격 상승) 예상 시 → 듀레이션 상향조정 → 채권선물 매수
② 금리상승(채권가격 하락) 예상 시 → 듀레이션 하향조정 → 채권선물 매도

- 듀레이션 조정을 위한 채권선물 계약수$(N) = \dfrac{P}{F} \times \dfrac{(D_T - D_P)}{D_F}$

  → 부호가 양(+)이면 국채선물 매수 계약수, 음(−)이면 매도 계약수를 의미한다.

  (D_T : 목표듀레이션, D_P : 채권 포트폴리오의 평균듀레이션, P : 채권 포트폴리오의 현재가치, F : 채권선물 1계약의 가치)

(4) 헤지거래

① 매도헤지와 매수헤지

구 분	사용시기	헤지가 필요한 경우
매도헤지 → 금리(채권)선물 매도	금리상승 리스크에 노출되어 있는 경우	• 향후 자금 조달이 예정되어 있는 자 • 채권 포트폴리오를 보유하고 있는 자 • 채권 발행을 계획하고 있는 자 • 단기시장금리에 연동되어 있는 예금으로 자금을 조달하여 고정금리 조건으로 중장기 대출을 하거나 투자를 할 경우
매수헤지 (또는 예상헤지) → 금리(채권)선물 매수	금리하락 리스크에 노출되어 있는 경우	• 향후 신규 펀드자금의 유입이 예상되어 채권투자를 계획하고 있는 경우 • 향후 대규모 자금이 유입되는 시점에 장기 채권투자를 계획하고 있는 경우 • 고정금리 차입자 • 변동금리채권 투자자

② 직접헤지(Direct Hedge)와 교차헤지(Cross Hedge)

직접헤지	현물을 기초자산으로 하는 금리파생상품이 존재하는 경우, 그 파생상품을 이용하여 헤지하는 방법이다.
교차헤지	현물을 기초자산으로 하는 금리파생상품이 존재하지 않는 경우, 헤지하려고 하는 현물과 유사한 가격변동을 보이는 자산을 기초자산으로 하는 금리파생상품을 이용하여 헤지하는 방법이다.

③ 스트립헤지(Strip Hedge)와 스택헤지(Stack Hedge)

스트립 헤지	개 념	장기간에 걸쳐 금리 리스크에 노출되어 있을 때, 각 결제월의 단기금리선물을 동일 수량만큼 매수 또는 매도하여 전체적으로 균형화하는 헤지기법이다.
	특 징	• 헤지기간 동안의 수익률을 고정시킬 수 있다(향후 수익률곡선의 변동과 상관없이 확정금리가 됨). • 미래의 일정기간에 걸친 리스크를 거의 완벽하게 일치시킬 수 있다. • 선물거래 자체가 만기소멸기능을 가지고 있어 사후관리가 불필요하다. • 왕복거래수수료가 스택헤지보다 적다. • 원월물로 갈수록 유동성이 떨어진다.
스택 헤지	개 념	헤지대상물량 전체에 해당되는 최근월물 모두를 매수(매도)한 후 선물만기가 되었을 때, 해당 기간 경과분만큼을 제외한 나머지를 그 다음의 최근월물로 이월(Roll-over)하는 방법으로 스택 앤 롤링헤지라고도 한다.
	특 징	• 미래 수익률곡선의 기울기 변화에 따라 헤지 성과가 결정된다(투기적 요소가 포함됨). • 스트립헤지보다 실행이 용이하다. • 베이시스 리스크에 노출된다.
비 교		스트립헤지는 수수료가 적고, 금리변동위험을 거의 완벽하게 제거할 수 있으나 원월물의 유동성이 떨어진다는 단점이 있고, 스택헤지는 원월물 유동성문제는 해결할 수 있으나 향후 금리변동에 따라 헤지 효과가 달라지고 수수료가 많이 든다.

④ 금리 리스크 헤지모형(금리선물의 헤지비율 결정방법)

BPV 모형	• 헤지비율 $= \dfrac{BPV_c}{BPV_f}\left(\dfrac{\text{수익률 } 1bp \text{ 변화에 따른 현물가격변화}}{\text{수익률 } 1bp \text{ 변화에 따른 선물가격변화}}\right)$ → BPV는 항상 일정한 것이 아니라 수익률 변동에 따라 수시로 변하기 때문에 헤지성과를 높이기 위해서는 헤지비율을 계속 조정해야 한다.
전환계수모형	• 헤지계약수 $= \dfrac{P}{F} \times CF_{CTD}\left(= \dfrac{\text{채권 포트폴리오의 가치}}{\text{채권 선물의 계약단위}} \times CTD\text{의 전환계수}\right)$ → 전환계수를 이용하여 헤지비율을 조정하는 방법은 헤지대상 채권 포트폴리오와 채권선물의 금리민감도를 고려하지 않는다는 문제가 있다. • 보완하는 방법 : 헤지계약수 $= \dfrac{P}{F} \times CF_{CTD} \times \dfrac{BPV_P}{BPV_{CTD}}$ (BPV_P : 채권 포트폴리오의 BPV, BPV_{CTD} : CTD의 BPV)
듀레이션 헤지모형	• 선물계약수 $= \dfrac{P}{F} \times \dfrac{D_P}{D_F}\left(= \dfrac{\text{채권 포트폴리오의 가치} \times \text{현물 수정듀레이션}}{\text{선물 1 계약의 가치} \times \text{선물 수정듀레이션}}\right)$ → 채권 포트폴리오의 금리 리스크를 헤지하는 가장 일반적인 방법이다. • 목표 듀레이션을 얻기 위한(채권 포트폴리오의 듀레이션 조정) 채권선물의 계약수 $= \dfrac{P}{F} \times \dfrac{(D_T - D_P)}{D_F}\left(= \dfrac{\text{채권 포트폴리오의 가치} \times (\text{목표듀레이션} - \text{기존듀레이션})}{\text{선물 1 계약의 가치} \times \text{선물 수정듀레이션}}\right)$

(5) 스프레드 거래

① 결제월 간 스프레드 거래

의 미	• 결제월 간 스프레드는 근월물가격과 원월물가격의 차이를 말한다. • 결제월 간 스프레드 거래는 거래대상이 동일하며, 만기가 다른 두 개의 선물을 동시에 매수 / 매도하는 전략이다.	
전 략	강세 스프레드(매수 스프레드) 전략	약세 스프레드(매도 스프레드) 전략
포지션 구성	근월물 매수 + 원월물 매도	근월물 매도 + 원월물 매수
사용 시기	스프레드 확대 예상 시 (즉, 근월물 선물가격이 원월물에 비해 상대적으로 더 많이 상승하거나 더 적게 하락할 것으로 예상하는 경우)	스프레드 축소 예상 시 (즉, 원월물 선물가격이 근월물에 비해 상대적으로 더 많이 상승하거나 더 적게 하락할 것으로 예상하는 경우)
손 익	포지션 청산시점과 진입시점의 스프레드 차이	

*위 전략별 포지션 구성은 수익률 곡선이 우상향(단기이자율 < 채권이자율)하는 일반적인 상황을 가정한 경우, 즉 [채권선물가격 < 현물가격, 원월물가격 < 근월물가격]일 경우임

② 상품 간 스프레드 거래

의 미	상품 간 스프레드 거래는 만기가 같은 두 선물계약의 가격변화의 차이로부터 이익을 얻으려는 전략 → 가격 상승폭이 상대적으로 크거나 가격 하락폭이 상대적으로 작을 것으로 예상되는 선물을 매수하고, 가격 상승폭이 상대적으로 작거나 가격 하락폭이 상대적으로 클 것으로 예상되는 선물을 매도한다.

※ NOB(Notes over Bonds) 스프레드 거래		
• 중기 채권선물인 T-Note선물과 장기 채권선물인 T-Bond선물 간의 가격 차이를 이용하는 거래이다.		
• NOB 스프레드 거래는 장기 채권선물이 단기 채권선물보다 금리변화에 민감한 특성을 이용하는 전략이다.		
NOB 스프레드 매수전략	사용 시기	장단기 금리가 동일하게 상승할 것으로 예상할 때
	포지션 구성	= T-Note선물 매수 + T-Bond선물 매도
NOB 스프레드 매도전략	사용 시기	장단기 금리가 동일하게 하락할 것으로 예상할 때
	포지션 구성	= T-Note선물 매도 + T-Bond선물 매수

(6) 수익률 곡선 거래전략

수익률 곡선의 기울기 변화로부터 이익을 얻고자 하는 거래전략이다.

수익률 곡선 거래전략을 실행할 때, 단기물과 장기물의 듀레이션 비율로 포지션을 설정해야 한다.

예 국채선물 3년물과 10년물로 수익률 곡선 거래전략 실행 시

$$\to \text{국채선물 10년물의 계약수} = \text{국채선물 3년물의 계약수} \times \frac{\text{국채선물 3년물의 듀레이션}}{\text{국채선물 10년물의 듀레이션}}$$

① 수익률 곡선 스티프닝(Steepening) 전략

사용 시기	장기물의 수익률 상승폭이 단기물의 수익률 상승폭보다 커서(또는 단기물의 수익률 하락폭이 장기물의 수익률 하락폭보다 커서) 수익률 곡선이 스티프닝(Steepening, 가팔라짐)해질 것으로 예상하는 경우
포지션 구성	= 단기물 매수 + 장기물 매도
대표 전략	NOB 스프레드 매수전략 = T-Note선물 매수 + T-Bond선물 매도

② 수익률 곡선 플래트닝(Flattening) 전략

사용 시기	단기물의 수익률 상승폭이 장기물의 수익률 상승폭보다 커서(또는 장기물의 수익률 하락폭이 단기물의 수익률 하락폭보다 커서) 수익률 곡선이 플래트닝(Flattening, 평탄)해질 것으로 예상하는 경우
포지션 구성	= 단기물 매도 + 장기물 매수
대표 전략	NOB 스프레드 매도전략 = T-Note선물 매도 + T-Bond선물 매수

개념체크○×

▶ 현재 고정금리채권을 보유하고 있는 투자자는 금리하락(채권가격 상승) 위험에 노출되어 있으므로 금리(채권)선물을 매수하는 매수헤지를 하여야 한다. ○ ×

답 ○

▶ NOB 스프레드 매도전략은 T-Note선물을 매도하고 T-Bond선물을 매수하는 거래를 말한다. ○ ×

답 ○

01 단기금리의 하락이 예상될 경우 다음 중 가장 바람직한 방향성 거래는?
★★★
① 유로달러선물 매수
② T-Note선물 매수
③ T-Bond선물 매수
④ 한국 국채선물 매도

[해설] 단기금리의 하락이 예상되면 향후 금리하락에 대비하여 대출(운용)금리를 고정시키는 거래가 필요하다. 따라서 유로달러선물을 매수하여야 한다. 반면에, 단기금리의 상승이 예상되면 향후 금리상승에 대비하여 차입(조달)금리를 고정시키는 거래가 필요하다. 이 경우에는 유로달러선물을 매도하여야 한다.

답 ①

02 다음 중 금리(채권)선물을 이용하여 매수헤지를 해야 하는 경우는?
★★★
① 향후 채권을 발행할 계획이 있는 기업
② 현재 고정금리채권을 보유하고 있는 투자자
③ 변동금리채권을 보유하고 있는 투자자
④ 변동금리부로 자금을 차입한 경우

[해설] 금리하락(채권가격 상승) 위험에 노출되어 있는 경우에는 금리(채권)선물을 매수하는 매수헤지를 하여야 한다. 변동금리채권을 보유하고 있는 투자자는 향후 금리가 하락하면 이자가 감소하여 기회손실을 보게 되므로 금리하락 리스크를 헤지하기 위해 금리선물을 매수하는 매수헤지를 해야 한다. ③을 제외한 나머지는 모두 금리상승(채권가격 하락) 리스크에 노출되어 있으므로 금리(채권)선물을 매도하는 매도헤지가 필요하다.

답 ③

03 스프레드 거래에 대한 설명으로 옳지 않은 것은?
★★★
① 스프레드는 일반적으로 특정 선물의 시장가격과 다른 선물의 시장가격 간의 차이를 말한다.
② 기초자산이 동일한 선물 중에서 결제월이 다른 선물 간의 가격차이를 결제월 간 스프레드라고 한다.
③ 결제월이 동일하지만 기초자산이 다른 선물 간의 가격차이를 상품 간 스프레드라고 한다.
④ 스프레드 거래란 선물가격의 방향을 예상하여 한 선물계약을 매수하고 다른 선물계약을 매도하는 전략이다.

[해설] 스프레드 거래란 스프레드의 변화를 예상하여 한 선물계약을 매수하고 다른 선물계약을 매도하는 전략이다. 이와 같은 거래는 스프레드가 변화하면 한쪽에서 이익이 발생할 때 다른 쪽에서 손실이 발생하지만 이익이 손실보다 클 것으로 기대하는 전략이다. 물론 스프레드가 예상한 것과 다르게 변하면 손실이 발생하지만 가격 예측에 의한 방향성매매보다는 손실위험이 작다.

답 ④

04 채권선물의 결제월 간 스프레드 거래에 대한 설명으로 옳지 않은 것은?(수익률곡선이 우상향하는
★★★ 일반적인 상황(단기이자율 < 채권이자율)을 가정)

① 스프레드가 확대될 것으로 예상하는 경우, 근월물을 매수하고 원월물을 매도한다.

② 스프레드가 확대될 것으로 예상하는 경우, 강세 스프레드 전략을 사용한다.

③ 스프레드가 축소될 것으로 예상하는 경우, 근월물을 매도하고 원월물을 매수한다.

④ 스프레드가 축소될 것으로 예상하는 경우, 매수 스프레드 전략을 사용한다.

[해설] 스프레드가 축소될 것으로 예상하는 경우, 근월물을 매도하고 원월물을 매수하는 매도 스프레드(약세 스프레드) 전략을 사용한다.

답 ④

05 수익률곡선이 스티프닝(Steepening)해질 것으로 예상하고 있다. 이 경우에 가장 적절한 수익률곡
★★★ 선 거래전략은?

① T-Bill 매수, 유로달러선물 매도

② T-Bill 매도, 유로달러선물 매수

③ T-Bond선물 매도, T-Note선물 매수

④ T-Bond선물 매수, T-Note선물 매도

[해설] 장기물의 수익률 상승폭이 단기물의 수익률 상승폭보다 커서(또는 단기물의 수익률 하락폭이 장기물의 수익률 하락폭보다 커서) 수익률곡선이 스티프닝해질 것으로 예상하는 경우, 가격 하락률이 큰(또는 가격 상승률이 작은) 장기물을 매도하고 가격 하락률이 작은(또는 가격 상승률이 큰) 단기물을 매수한다. 이 경우 대표적인 거래전략이 T-Note선물 매수와 T-Bond선물을 매도하는 NOB 스프레드 매수전략이다.

답 ③

06 금리옵션 및 채권옵션 중요도 ★★☆

대표유형문제 장기이자율이 하락할 것으로 예상하는 투자자에게 가장 적합한 금리옵션의 투자전략은?

① 유로달러선물 콜옵션 매수

② 유로달러선물 풋옵션 매수

③ T-Note선물 풋옵션 매수

④ T-Bond선물 콜옵션 매수

해설 이자율이 상승(채권가격 하락)할 것으로 예상되면 금리풋옵션을 매수하고, 이자율이 하락(채권가격 상승)할 것으로 예상되면 금리콜옵션을 매수하면 된다. 그런데, 장기금리의 하락을 예상하고 있으므로 T-Bond선물 콜옵션을 매수하는 것이 적절하다.

답 ④

STEP 01 핵심필수개념

(1) 금리옵션

① 금리옵션은 옵션의 손익이 금리 수준에 의해서 결정되는 옵션을 말한다.

② 현물옵션은 현물시장에서 거래되는 자산을 기초자산으로 하는 옵션이며, 선물옵션은 선물을 기초자산으로 하는 옵션이다(대부분은 선물옵션).

구 분	선물콜옵션	선물풋옵션
의 미	선물을 매수할 수 있는 권리	선물을 매도할 수 있는 권리
옵션 매수자가 권리행사 시	선물 매수 포지션 취득 → 선물가격과 행사가격 차이만큼 수입	선물 매도 포지션 취득 → 행사가격과 선물가격 차이만큼 수입
옵션 매도자가 권리행사 당할 시	선물 매도 포지션 취득	선물 매수 포지션 취득

③ 금리옵션 거래전략

이자율 상승 예상 시	㉠ 금리풋옵션 매수	
	단기이자율 상승 예상 시	유로달러선물 풋옵션 매수
	장기이자율 상승 예상 시	T-Bond나 T-Note에 대한 선물풋옵션 매수
이자율 하락 예상 시	㉡ 금리콜옵션 매수	
	단기이자율 하락 예상 시	유로달러선물 콜옵션 매수
	장기이자율 하락 예상 시	T-Bond나 T-Note에 대한 선물콜옵션 매수

(2) 채권옵션

① 채권옵션은 채권을 기초자산으로 하는 옵션을 말한다. 즉, 일정한 행사가격으로 채권을 매수 또는 매도할 수 있는 권리를 의미한다.

② 옵션이 내재되어 있는 채권

수익상환채권 (Callable Bond)	발행자가 미래에 미리 약정된 가격에 채권을 다시 매수할 수 있는 권리가 있는 채권 → 채권 투자자는 발행자에게 콜옵션을 매도한 것과 같다.
상환요구채권 (Puttable Bond)	투자자가 미래에 미리 약정한 가격으로 상환을 요구할 수 있는 권리가 있는 채권 → 채권 투자자는 발행자로부터 풋옵션을 매수한 것과 같다.

③ 채권옵션이 내재되어 있는 금융상품

채권에 대한 풋옵션 성격을 갖는 것	• 고정금리 예금의 경우 예금자가 만기 이전에 예금을 인출할 수 있는 권리(조기인출 　권리) • 금융기관의 대출약정
채권에 대한 콜옵션 성격을 갖는 것	고정금리 대출의 경우 차입자가 만기 전에 원금을 상환할 수 있는 권리(조기상환 권리)

(3) 금리선물옵션

① 미국형 옵션의 가격 = 유럽형 옵션의 가격 + 조기행사 권리의 가치

② 미국형 국채 선물옵션에서 과내가격 옵션의 경우 호가 갭이나 유동성 문제 때문에 전매도하기보다는 내재가치를 확실하게 보장받기 위해 행사전략을 선택하는 것이 유리하다.

③ 유로달러옵션은 유로달러현물이 아닌 선물계약을 기초자산으로 하는 옵션이다. 따라서 유로달러 콜옵션 매수자는 권리행사 시 미리 정한 행사가격으로 유로달러선물을 매수할 수 있고, 유로달러 풋옵션 매수자는 권리행사 시 미리 정한 행사가격으로 유로달러선물을 매도할 수 있다.

개념체크○×

▶ 선물콜옵션을 매수한 투자자가 콜옵션을 행사하면 선물에 매수 포지션을 취하게 되며, 선물가격과 행사가격의 차이를 받는다. ○×

답 ○

▶ 이자율이 상승할 것으로 예상되면 금리콜옵션을 매수하고, 이자율이 하락할 것으로 예상되면 금리풋옵션을 매수하면 된다. ○×

해설 이자율이 상승할 것으로 예상되면 금리풋옵션을 매수하고, 이자율이 하락할 것으로 예상되면 금리콜옵션을 매수하면 된다.

답 ×

01 금리옵션에 관한 설명으로 옳지 않은 것은?
★★☆

① 금리옵션이란 금리 또는 금리에 의해 가격이 결정되는 채권 및 채권선물을 거래대상으로 하는 금리파생상품이다.

② 현물옵션은 채권을 기초자산으로 하는 금리옵션으로 일반적으로 현금결제방식을 택한다.

③ 선물옵션이 현물옵션보다 투자자로부터 많은 관심을 끄는 이유 중의 하나는 선물옵션과 선물이 동일한 거래소의 피트(Pit)에서 거래되는 편리함뿐만 아니라 현물옵션에 비해 거래비용이 작다는 점이다.

④ 선물풋옵션을 매수한 투자자가 풋옵션을 행사하면, 선물에 매수 포지션을 취하게 되며, 선물가격과 행사가격의 차이를 받는다.

[해설] 선물풋옵션을 매수한 투자자가 풋옵션을 행사하면, 선물에 매도 포지션을 취하게 되며, 행사가격과 선물가격의 차이를 받는다.

답 ④

02 30년 T-Bond 수익률의 상승을 예상하는 투자자 또는 채권 포트폴리오를 보유하고 있어 금리상승
★★☆ 리스크에 노출되어 있는 투자자에게 가장 적합한 금리옵션 투자전략은?

① 5년 T-Note옵션 call 매수

② 10년 T-Note옵션 call 매수

③ 30년 T-Bond옵션 call 매수

④ 30년 T-Bond옵션 put 매수

[해설] 채권수익률이 상승할 것으로 예상될 때, 채권옵션에서는 call 옵션을 매수해야 된다. 그런데, 30년 T-Bond 수익률의 상승을 예상하고 있으므로 30년 T-Bond옵션 call을 매수하는 것이 가장 적절하다.

답 ③

03 행사가격 100-00, 만기 6월의 T-Bond선물 콜옵션을 3-48의 프리미엄을 지불하고 매수하였다.
★★☆ 선물가격이 104-16일 때, 옵션 매수자가 옵션을 행사한 후 선물 포지션을 청산하였을 때 손익은?
(거래비용은 없다.)

① 0-16   ② 0-32

③ 0-48   ④ −(1-00)

[해설] [콜옵션 매수의 순손익 = 선물가격 − 행사가격 − 프리미엄]이고, T-Bond 선물옵션 계약은 1/64 단위로 호가되며, 최소가격변동금액은 계약당 $15,625이다.

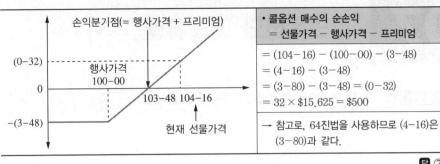

- **콜옵션 매수의 순손익**
  - = 선물가격 − 행사가격 − 프리미엄

$$= (104-16) - (100-00) - (3-48)$$
$$= (4-16) - (3-48)$$
$$= (3-80) - (3-48) = (0-32)$$
$$= 32 \times \$15.625 = \$500$$

→ 참고로, 64진법을 사용하므로 (4−16)은
  (3−80)과 같다.

답 ②

04
★★★
행사가격이 98인 유로달러선물 풋옵션을 0.50에 매수한 후 유로달러선물의 가격이 96이 되었을 경우 옵션을 행사하여 포지션을 즉시 청산하였다고 할 때, 옵션거래의 손익은?

① $1,750

② $2,750

③ $3,750

④ −$2,750

해설 [풋옵션 매수의 순손익 = 행사가격 − 선물가격 − 프리미엄]이다.

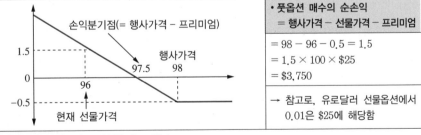

- **풋옵션 매수의 순손익**
  - = 행사가격 − 선물가격 − 프리미엄

$$= 98 - 96 - 0.5 = 1.5$$
$$= 1.5 \times 100 \times \$25$$
$$= \$3,750$$

→ 참고로, 유로달러 선물옵션에서
  0.01은 $25에 해당함

- 각각의 금액을 따로따로 계산할 수도 있다.

프리미엄	= $0.5 \times 100 \times \$25 = \$1,250$
행사가격 − 선물가격	= $98 - 96 = 2 = 2 \times 100 \times \$25 = \$5,000$
순손익	= (행사가격 − 선물가격) − 프리미엄 = $\$5,000 - \$1,250 = \$3,750$

답 ③

대표유형문제 다음 중 금리상승 리스크를 관리하는 전략은?

① 유로달러선물 매수

② 국채선물 매수

③ 유로달러선물 콜옵션 매수

④ 금리칼라(Collar) 매수

해설 금리칼라는 금리상승 리스크를 관리하는 전략이며, 나머지는 모두 금리하락 리스크를 관리하는 전략이다.

답 ④

STEP 01 **핵심필수개념**

(1) 금리 리스크 관리

구 분	리스크 노출	리스크 관리기법
금리상승 리스크	• 변동금리부채 • 장래의 자금조달(채권발행 계획) • 채권 포트폴리오 보유 등 고정금리 자산	• 캡(Cap) 매수 • 캡 매수 + 플로어 매도 → Collar • 채권(선물) 풋옵션 매수 • 채권(선물) 풋옵션 매수 + 채권(선물) 콜옵션 매도
금리하락 리스크	• 장래의 투자(대출) 계획 • 장기고정금리부채 • 변동금리자산	• 플로어(Floor) 매수 • 채권(선물) 콜옵션 매수 • 채권(선물) 풋옵션 매도 • 채권(선물) 콜옵션 매수 + 채권(선물) 풋옵션 매도

(2) 금리상승 리스크 관리

캡을 이용한 금리 상한 조건 대출	예 대출금리조건 ① [CD금리 ≤ 5%]인 경우 → CD금리 + 1% ② [CD금리 > 5%]인 경우 → 6% • 금리 부담이 특정 상한 이상으로 상승하는 것을 방지해 주기 때문에 금리캡을 매수하는 것과 같음 → 캡을 매수하여 금리의 상한을 설정하는 것은 변동금리부채가 있는 경우 금리상 승 리스크를 제거하고 금리가 하락하는 유리한 리스크를 보존할 때 활용하는 전략이다.
채권선물옵션을 이용한 채권 포트폴리오 헤지	• 채권 포트폴리오를 운용하는 자는 채권수익률 상승 시 손실이 발생하므로 채권(선물) 풋옵션 을 매수한다. → 보호적 풋헤지 • 풋옵션 매수 후 선물가격이 행사가격 이하로 하락하면 풋옵션 행사로 이익을 취해 현물가격 하락에 따른 손실을 상쇄시킬 수 있다.
금리 리스크의 상하한 설정 (Collaring)	• 풋 매수 프리미엄 지출을 상쇄하기 위하여 매수할 풋옵션보다 높은 행사가격을 가진 콜옵션 을 매도하는 경우, 즉 낮은 행사가격의 풋옵션 매수와 높은 행사가격의 콜옵션 매도를 동시 에 실시하는 것을 상하한설정이라고 한다. • 상하한설정은 금리가 미리 정한 하한(Floor) 이하로 하락할 경우의 이익을 포기하지만 풋옵 션 매수에 따른 비용을 줄이거나 0으로 만들 수 있다.

(3) 금리하락 리스크 관리

플로어를 이용한 금리 하한 조건 예금	예 예금금리조건 ① [CD금리 > 4%]인 경우 → CD금리 − 0.5% ② [CD금리 ≤ 4%]인 경우 → 3.5% • 금리 하한 조건의 예금은 금리플로어(Floor)를 매수하는 것과 같다.
채권선물 콜옵션 매수로 금리 하락 리스크 헤지	금리하락에 따른 손실로부터 보호받기 위해서 채권(선물) 콜옵션을 매수하여 금리가 하락(채 권가격이 상승)할 경우의 손실을 콜옵션 행사의 이익으로 상쇄시킬 수 있다.

(4) 풋-콜-선물 패리티와 채권선물 / 옵션 차익거래

풋-콜-선물 패리티	동일한 채권선물에 대해 행사가격(K)이 같은 (유럽형) 콜옵션 가격(C), 풋옵션 가격(P), 채권선물 가격(F) 간에 성립하는 이론적인 관계식이다. $C - P = (F_t - K)e^{-rT}$ → 즉, 콜옵션 가격과 풋옵션 가격의 차이가 선물가격과 행사가격 차이의 현재가치와 같아야 함을 의미한다.	
합성선물 포지션	합성선물 매수 포지션	= 콜옵션 매수 + 풋옵션 매도
	합성선물 매도 포지션	= 콜옵션 매도 + 풋옵션 매수

〈채권선물 / 옵션을 이용한 차익거래〉

구 분	컨버전(Conversion)	리버설(Reversal)
사용 시기	$C - P > (F_t - K)e^{-rT}$인 경우 → 선물 저평가 시	$C - P < (F_t - K)e^{-rT}$인 경우 → 선물 고평가 시
포지션 구성	= 선물 매수 + 합성선물 매도 = 선물 매수 + (콜매도 + 풋매수)	= 선물 매도 + 합성선물 매수 = 선물 매도 + (콜매수 + 풋매도)

▶ 변동금리부채를 가지고 있는 차입자는 플로어(Floor)를 매수하여 금리상승 리스크를 관리할 수 있다. ○ ×

해설 변동금리부채를 가지고 있는 차입자는 캡(Cap)을 매수하여 금리상승 리스크를 관리할 수 있다.

답 X

▶ 선물을 매수하도 합성선물을 매수하는 차익거래를 리버설(Reversal)이라고 한다. ○ ×

답 O

STEP 02   핵심보충문제

01 채권형 펀드매니저가 금리하락 시 채권가격 상승에 따른 이익이 줄더라도 금리상승에 따른 손실을
★★★ 제한하고자 할 때 택할 수 있는 적절한 전략은?

① 채권선물 매수

② 채권선물 매도

③ 채권선물 풋옵션 매수

④ 채권선물 콜옵션 매수

해설 이익이 줄더라도 손실을 제한하기 위해서는 선물이 아니라 옵션을 매수하는 전략이 필요하다. 금리하락 시 채
권가격 상승에 따른 이익이 (옵션 프리미엄만큼) 줄더라도 금리상승에 따른 손실을 제한시키는 전략은 채권선
물 풋옵션을 매수하는 것이다.

답 ③

02 Libor 연계 변동금리 자금을 조달한 기업이 향후 Libor의 상승 리스크를 관리하기 위해 선택할
★★★ 수 있는 전략이 아닌 것은?

① 유로달러선물 콜옵션 매수

② 유로달러선물 매도

③ Libor 캡 매수

④ Libor 칼라 매수

해설 이익이 줄더라도 손실을 제한하기 위해서는 선물이 아니라 옵션을 매수하는 전략이 필요하다. 금리하락 시 채
권가격 상승에 따른 이익이 (옵션 프리미엄만큼) 줄더라도 금리상승에 따른 손실을 제한시키는 전략은 채권선
물 풋옵션을 매수하는 것이다.

답 ①

03 다음 중 향후 금리변동 리스크를 관리하기 위해 채권선물 콜옵션을 매수해야 하는 경우가 아닌
★★★ 것은?

① 금융기관이 향후 투자 또는 대출계획이 있는 경우

② 채권 포트폴리오를 보유하고 있는 펀드매니저

③ 고정금리부 장기부채가 있는 경우

④ 변동금리채권(FRN)을 보유하고 있는 경우

해설 채권선물 콜옵션을 매수해야 하는 경우는 향후 금리하락(채권가격 상승)에 따른 손실로부터 보호받기 위해 취하는 리스크관리 전략이다. 그런데 채권 포트폴리오를 보유하고 있는 펀드매니저는 금리상승에 따른 채권가격하락리스크에 대비하여야 하므로 채권선물 풋옵션을 매수하는 보호적 풋헤지 전략이 필요하다.

답 ②

04 채권선물 / 옵션 차익거래에 관한 설명으로 옳지 않은 것은?
★★★

① 풋–콜–선물 패리티의 관계가 성립하지 않을 때 옵션을 이용하여 선물을 복제하여 비싼 것을 매도하고 상대적으로 싼 것을 매수하는 차익거래이다.

② 행사가격이 동일한 콜옵션을 매도하고 풋옵션을 매수하여 합성선물 매수 포지션을 만들 수 있다.

③ 선물을 매수하도 합성선물을 매수하는 차익거래를 리버설(Reversal)이라고 한다.

④ 선물을 매수하고 합성선물을 매도하는 차익거래를 컨버전(Conversion)이라고 한다.

해설 행사가격이 동일한 콜옵션을 매도하고 풋옵션을 매수하여 합성선물 매도 포지션을 만들 수 있다.

답 ②

출제예상문제

01
★★☆
1년 후 만기에 100을 받게 되는 T-Bill의 현재가격이 95라고 하면 할인수익률과 단리이자율은 각각 얼마인가?

① 할인수익률(5%), 단리이자율(5.3%)

② 할인수익률(5.3%), 단리이자율(5%)

③ 할인수익률(5%), 단리이자율(5%)

④ 할인수익률(5.3%), 단리이자율(5.3%)

02
★★★
3개월 만기 현물금리가 4%, 6개월 만기 현물금리가 4.25%일 때, 현재로부터 3개월 이후 시점부터 3개월 동안에 적용되는 내재선도금리는?(연속복리를 가정함)

① 2.5%   ② 3.5%

③ 4.5%   ④ 5.5%

03
★★☆
다음 설명의 빈칸에 공통적으로 들어갈 말은?

> • 일반적으로 채권수익률이라 하면 (   )을 의미한다.
> • (   )이란 채권의 미래 현금흐름의 현재가치와 채권의 시장가격을 일치시키는 수익률을 의미한다.

① 표면이자율   ② 선도이자율

③ 경상수익률   ④ 만기수익률

04
★★★
향후 금리(채권수익률)가 하락할 것으로 예상된다. 다음 중 투자하기에 가장 바람직한 채권은?

① 잔존만기 10년, 표면금리 10% 채권

② 잔존만기 10년, 표면금리 5% 채권

③ 잔존만기 5년, 표면금리 10% 채권

④ 잔존만기 3년, 표면금리 5% 채권

05 수익률곡선의 형태에 관한 이론을 설명한 것으로 옳지 않은 것은?

★★★

① 기대가설에 따르면 수익률곡선은 미래 시장금리의 움직임에 대한 투자의 예상에 의해 결정된다는 것이다.

② 유동성선호가설에 따르면, 장기채 수익률은 장기투자에 따른 유동성 프리미엄을 감안해야 하기 때문에 단기채 수익률보다 높아야 한다는 것이다.

③ 유동성선호가설에 따르면, 미래의 금리가 현재 수준을 유지할 것으로 예상하더라도 유동성 프리미엄으로 인해 수익률곡선이 우상향하는 형태를 가질 수 있다.

④ 시장분할가설은 채권시장이 몇 개의 하부시장으로 분할되어 있기 때문에 수익률곡선은 단기채권의 수익률은 낮고 장기채권의 수익률은 높다는 것이다.

정답 및 해설

01 ① T-Bill은 무이표채권이므로 할인수익률(Discount Yield)로 호가된다. 이때 할인수익률은 액면가격 기준으로 얼마나 할인되어 있는가를 나타내는 개념이다. 따라서 1년 후 만기에 100을 받는 T-Bill의 현재가격이 95라고 하면 할인수익률은 $5\%\left(=\dfrac{100-95}{100}\times\dfrac{360}{360}\right)$이다. 95를 투자해서 1년 만에 100을 받으므로 단리개념으로는 5.3%(=5 / 95)의 금리를 받게 되는 것이다.

> • 할인수익률$(d)=\dfrac{100-P}{100}\times\dfrac{basis}{n}$ → 즉, 할인수익률은 1년이 360일(=basis)이라고 가정하고, 할
> 인액$(=100-P)$을 액면금액(100)으로 나누어 연율(=basis / n)로 표시한 것이다.
> (P : 채권가격, n : 만기일까지 남은 일수, basis : 360일)

02 ③ 연속복리를 가정하면, 전체기간 동안의 금리는 각 부분기간에 대한 금리의 가중평균으로 결정된다.

즉, 선도금리 $R(1,2)=\dfrac{r_2 t_2 - r_1 t_1}{t_2 - t_1}$ 이다. 따라서, $\dfrac{4.25\%\times\dfrac{180}{360}-4\%\times\dfrac{90}{360}}{\dfrac{180}{360}-\dfrac{90}{360}}=4.5\%$

03 ④ 만기수익률(YTM, Yield-To-Maturity)이란 채권의 미래 현금흐름(= 지급이자 + 액면가)의 현재가치와 채권의 시장가격(투자금액)을 일치시키는 수익률을 의미한다. 따라서 만기수익률은 채권가격을 계산할 때 할인율로 사용된다.

04 ② 만기가 긴 장기채가 만기가 짧은 단기채보다 수익률 변동에 대한 가격변동폭이 크며, 표면금리가 낮은 채권이 표면금리가 높은 채권보다 수익률 변동에 따른 가격변동폭이 크다. 따라서 금리(채권수익률)가 하락할 것으로 예상될 때는 가격이 상승할 것으로 예상하는 것이므로, 금리하락 시 가격변동이 큰(가격이 많이 오르는) 장기채와, 표면금리가 낮은 채권에 투자하는 것이 좋다. 즉 금리하락 시에는 듀레이션이 긴 채권에 투자해야 한다.

05 ④ 시장분할가설은 채권시장이 몇 개의 하부시장으로 분할되어 있기 때문에 수익률곡선의 모양은 각 시장의 수급에 따라 결정된다는 것이다. 따라서 우상향 형태의 수익률곡선은 단기채권에 대한 수요가 장기채권보다 상대적으로 큰 것을 의미하며, 우하향 형태의 수익률곡선은 그 반대를 의미한다. 따라서 시장분할가설은 서로 다른 시장에서 결정되는 금리 간의 높은 상관관계를 설명하지 못한다.

06 수익률곡선이 대체로 우상향하는 형태라는 것을 가장 잘 설명하는 이론은?

★★★
① 유동성선호가설
② 시장분할가설
③ 시장선호가설
④ 기대가설

[07 ~ 08] 다음 내용을 읽고 질문에 답하시오.

수익률이 8%일 때, 연단위로 이자를 지급하는 (잔존)만기 3년인 이표채권의 듀레이션이 2.7년이라고 하자.

07 이 채권의 수정듀레이션은?

★★★
① 2.5년 　　　　　　　　　② 2.7년
③ 2.9년 　　　　　　　　　④ 3년

08 다른 조건은 모두 일정하고 수익률만이 8%에서 10%로 상승하였다면, 이 채권의 듀레이션은?

★★★
① 2.7년보다 길어진다.
② 2.7년보다 짧아진다.
③ 전과 동일하게 2.7년이다.
④ 알 수 없다.

09 다음 중 듀레이션이 가장 짧은 채권은?

★★★
① A채권 : 만기 5년, 연간 이자지급빈도 2회, 표면금리 4%
② B채권 : 만기 10년, 연간 이자지급빈도 4회, 표면금리 6%
③ C채권 : 만기 5년, 연간 이자지급빈도 4회, 표면금리 6%
④ D채권 : 만기 10년, 연간 이자지급빈도 2회, 표면금리 4%

10 만기수익률이 8%, 듀레이션이 1.56, 현금가격이 97.32(%)인 채권(연 2회 이표지급)에 1억원을
★★☆ 투자한 투자자는 수익률이 8%에서 9%로 상승할 때 얼마만큼의 손익이 발생하겠는가?

① 1,460,000원 손실　　　　　　　② 1,500,000원 손실

③ 1,560,000원 손실　　　　　　　④ 1,500,000원 이익

11 채권의 볼록도(Convexity)에 관한 설명으로 옳지 않은 것은?
★★★　① 듀레이션에 의한 채권가격의 평가는 채권가격-수익률 곡선에 접하는 직선을 의미한다.

② 채권가격-수익률 곡선은 원점에 대해 볼록한 모양을 나타낸다.

③ 수익률의 변화폭이 증가할수록 듀레이션을 통해 추정한 채권가격 변동과 실제의 채권가격 변동의
차이가 커진다.

④ 채권가격과 수익률 간의 볼록성 때문에 금리상승 시 가격하락폭이 금리하락 시 가격상승폭보다
더 크게 된다.

정답 및 해설

06 ① 장기채 수익률은 장기투자에 따른 유동성 프리미엄을 감안해야 하기 때문에 단기채 수익률보다 높아야 한다는
것이다. 따라서 미래의 금리가 현재 수준을 유지할 것으로 예상하더라도 유동성 프리미엄으로 인해 수익률곡선
이 우상향하는 형태를 가질 수 있다.

07 ① 수정듀레이션$(D_m) = 2.7 \times \left(\dfrac{1}{1 + 0.08/1} \right) = 2.5$

08 ② 다른 조건이 일정하다면, 채권의 수익률이 높을수록 듀레이션은 짧아진다. 따라서 다른 조건이 일정한 상태에
서 수익률이 8%에서 10%로 상승하면, 이 채권의 듀레이션은 2.7년보다 짧아진다.

09 ③ 다른 조건이 일정하다면, 만기는 짧을수록(5년), 표면금리가 높을수록(6%), 이자지급빈도수가 많을수록(4회)
듀레이션은 짧아진다. 따라서 모든 것을 종합적으로 고려하면 C채권의 듀레이션이 가장 짧고, D채권의 듀레이
션이 가장 길다.

10 ① 수익률이 8%에서 9%로 1%(= dy) 상승했으므로 채권가격이 하락하여 손실이 발생했을 것이다. 손실금액은 다
음과 같이 계산한다.

> ㉠ 수정듀레이션(D_m)을 계산하면, $D_m = D \times \left(\dfrac{1}{1 + y/m} \right) = 1.56 \left(\dfrac{1}{1 + 0.08/2} \right) = 1.5$
>
> ㉡ 채권가격변화율$\left(\dfrac{dP}{P} \right) = -D_m \times dy = -1.5 \times (+1\%) = -1.5\%$
>
> ㉢ 채권가격변동분$(dP) = (-D_m \times dy) \times P = -1.5 \times (+1\%) \times 97.32\% = -0.0146$
>
> ㉣ 손익 = $-0.0146 \times$ 1억원 = $-1,460,000$원

11 ④ 채권가격-수익률 곡선은 원점에 대해 볼록한 모양이다. 따라서 채권가격과 수익률 간의 볼록성 때문에 금리상
승시 가격하락폭보다 금리하락시 가격상승폭이 더 크게 된다.

12 3년 만기 국채의 현재가치가 100이고 수정듀레이션이 2.5년이며, 볼록도가 8이다. 이 채권의 수익
★★★ 률이 2% 하락할 때 채권의 가치는 얼마나 변동하겠는가?

① 2.56 ② 4.16
③ 5.16 ④ −4.16

13 A채권의 듀레이션은 2.6년이며 볼록도는 8이다. B채권의 듀레이션은 1.8년이며 볼록도는 6이다.
★★☆ A채권에 60억원을 투자하고 B채권에 40억원을 투자하였다. 이때 A와 B채권으로 구성된 채권 포
트폴리오의의 듀레이션과 볼록도는 각각 얼마인가?

① 듀레이션(1.28년), 볼록도(6.2)
② 듀레이션(2.28년), 볼록도(7.2)
③ 듀레이션(2.60년), 볼록도(8.0)
④ 듀레이션(2.20년), 볼록도(7.0)

14 향후 수익률을 예상한 채권투자전략 중 옳지 않은 것은?
★★★ ① 수익률 상승이 예상되면 장기채에 대한 투자를 줄인다.
② 수익률 상승이 예상되면 표면금리가 높은 채권에 대한 투자를 늘린다.
③ 수익률 하락이 예상되면 이자지급횟수가 많은 채권에 대한 투자를 늘린다.
④ 수익률 하락이 예상되면 듀레이션이 긴 채권에 투자한다.

15 금리선물 중 기초자산의 실물인수도가 없고 기초자산의 금리를 지수화하여 거래하는 방식이 아닌
★★★ 것은?

① T−Bill선물 ② 유로달러(Eurodollar)선물
③ T−Bond선물 ④ 연방기금금리선물

16 유로달러선물(Eurodollar Futures)에 관한 설명으로 옳은 것은?
★★★ ① 미국 CME Group에서 거래되는 유로달러선물의 거래대상은 6개월 LIBOR이다.
② 유로달러선물의 만기는 매년 3, 6, 9, 12월의 세 번째 수요일로부터 2영업일 전이 된다.
③ 만기에 실물인수도 결제방식을 택하고 있다.
④ 유로달러선물의 거래대상이 되는 정기예금의 액면은 100만달러이므로 선물가격이 0.01 움직일
경우 $100에 해당된다.

17 현재시점에서 1개월 LIBOR가 2%, 4개월 LIBOR가 3%라고 할 때, 향후 1개월 후에 만기가 되는
★★★ 유로달러선물의 이론가격은?

① 96.68

② 97.68

③ 98.68

④ 99.68

12 ③ 수익률이 하락했으므로 채권가치는 상승했으며, 문제에서 볼록도가 주어졌을 때에는 듀레이션에 의한 가치변동과 볼록도에 의한 가치변동을 모두 고려하여 채권가치 변동을 계산하여야 한다. 그 변동폭은 다음과 같이 계산한다.

채권가격변동분$(dP) = \left\{(-2.5) \times (-2\%) + \frac{1}{2} \times 8 \times (-2\%)^2\right\} \times 100 = 5.16$

13 ② 채권 포트폴리오의 듀레이션과 볼록도는 개별채권의 듀레이션과 볼록도의 가중평균으로 계산된다.

- 채권 포트폴리오의 듀레이션 $= 2.6년 \times \left(\frac{60억}{100억}\right) + 1.8년 \times \left(\frac{40억}{100억}\right) = 2.28$

- 채권 포트폴리오의 볼록도 $= 8 \times \left(\frac{60억}{100억}\right) + 6 \times \left(\frac{40억}{100억}\right) = 7.2$

14 ③ 수익률 하락이 예상되면 이자지급횟수가 적은 채권에 대한 투자를 늘린다.

금리상승 예상 시	듀레이션이 짧은 채권에 투자 → 단기채, 표면금리가 높은 채권, 이자지급횟수가 많은 채권에 투자
금리하락 예상 시	듀레이션 긴 채권에 투자 → 장기채, 표면금리가 낮은 채권, 이자지급횟수가 적은 채권에 투자

15 ③ T-Bond선물은 기초자산의 만기가 10년 이상인 장기금리선물로서 기초자산을 만기에 인수도하는 동시에 채권가격으로 거래하는 방식을 사용한다.

16 ② 틀린 것을 바르게 고치면, ① 유로달러선물의 거래대상은 3개월 LIBOR이다. ③ 만기에 현금결제방식을 택하고 있다. ④ 유로달러선물의 거래대상이 되는 정기예금의 액면은 100만달러이므로 선물가격이 0.01 움직일 경우 $25에 해당된다. 왜냐하면 0.01은 1bp(basis point)인데 이는 3개월 이자율을 연율로 표시한 것이므로 실제로는 1 / 4bp의 움직임을 의미하기 때문이다. 따라서 0.01의 가격변동은 25달러$\left(= 100만달러 \times 0.01\% \times \frac{90}{360}\right)$가 움직이는 것이다.

17 ① 이 문제에서, $r_1 = 2\%$, $t_1 = 30일$, $r_2 = 3\%$, $t_2 = 120일$이다.

$\left(1 + 2\% \times \frac{30}{360}\right)\left(1 + R \times \frac{120-30}{360}\right) = \left(1 + 3\% \times \frac{120}{360}\right),$

∴ R = 0.0332(3.32%)

따라서, 이론가격 $= 100 - R = 100 - 3.32 = 96.68$

18 연방기금금리선물(Fed Funds Futures)에 관한 설명으로 옳지 않은 것은?

★★☆ ① 거래대상은 유효연방기금금리이다.

② 가격표시방법은 [100 − 유효연방기금금리]이다.

③ 만기월 특정일의 연방기금금리선물의 시장가격은 유효연방기금금리의 (현재시점까지의) 실제 평균치와 (만기일까지의) 기대평균치의 가중평균을 반영한다.

④ 결제방법은 결제월의 일평균 유효연방기금금리(뉴욕연방은행 산출)에 의해 현금결제한다.

19 ○○년 6월 10일 연방기금금리선물 6월물의 선물가격이 99.625라고 하자. 6월 10일까지 10일

★★★ 동안의 유효연방기금금리의 평균이 0.379%라면, 6월 10일 현재시점의 선물가격에 내재된 20일 잔존기간 동안의 유효연방기금금리의 평균 예상치가 얼마임을 의미하는가?

① 0.233% ② 0.373%

③ 0.384% ④ 0.484%

[20 ~ 21] 다음 내용을 보고 질문에 답하시오.

2021년 3월 5일 현재 만기일이 2026년 7월 10일인 T-Bond(이표 : 연 7%)의 호가가 95-16이라고 하자. 이전 이자지급일이 2021년 1월 10일이고, 다음 이자지급일이 2021년 7월 10일이다. 2021년 1월 10일과 2021년 3월 5일간의 일수는 54일, 2021년 1월 10일과 2021년 7월 10일간의 일수는 181일이다. (이자계산 시 일수계산은 act / act 방식을 사용) 수익률이 8%일 때, 연단위로 이자를 지급하는 (잔존)만기 3년인 이표채권의 듀레이션이 2.7년이라고 하자.

20 T-Bond의 매수자가 매도자에게 지불하여야 할 경과이자(이전 이자지급일로부터 매매일까지 발생

★★☆ 한 이자)는 얼마인가?(액면가의 %)

① 1.0007 ② 1.0242

③ 1.0442 ④ 1.0642

21 이 문제에서 현금가격은 얼마인가?(액면가의 %, 소수 둘째자리까지)

★★☆ ① 96.00 ② 96.54

③ 96.84 ④ 97.00

22 **T-Bond선물에 관한 설명으로 옳지 않은 것은?**

★★☆

① 미국 재무부가 발행한 T-Bond를 기초자산으로 하는 채권선물이다.

② 거래대상은 만기 20년, 표면금리 4%인 T-Bond이다.

③ 계약단위는 10만달러이다.

④ 만기월에 실물인수도가 이루어지며, 인도가능한 채권은 인도월의 첫 영업일을 기준으로 잔존만기 15년 이상 25년 미만인 T-Bond이다.

23 **T-Bond선물의 호가가 100-025일 경우, 이를 가격으로 환산하면?**

★★★

① $100,025.13　　　　　　　② $100,055.13

③ $100,058.13　　　　　　　④ $100,078.13

정답 및 해설

18　② 연방기금금리선물의 가격표시방법은 [100 − 결제월의 일평균 유효연방기금금리]이다. 미국 은행들은 법에 의해 준비금을 보유해야 하는데, 은행들이 준비금을 초단기로 차입하거나 대여하는 단기자금시장이 연방기금시장(우리나라의 콜시장에 해당)이다. 이런 시장에서 은행들 간의 일일거래에 적용되는 금리를 연방기금금리라고 한다. 뉴욕 연방은행은 은행 간 거래에서 형성된 금리를 가중평균하여 매일 발표하는데 이를 '유효연방기금금리'라고 한다.

19　② 연방기금금리선물의 가격표시방법은 [100 − 결제월의 일평균 유효연방기금금리]이다. 6월물 선물가격이 99.625이므로 결제월의 일평균 유효연방기금금리는 0.375%이다. 6월 10일까지 10일 동안의 유효연방기금금리의 평균이 0.379%이므로 $\left(0.379\% \times \dfrac{10}{30} + x \times \dfrac{20}{30}\right) = 0.375\%$, $\therefore x = 0.373\%$. 이것은 6월 10일 현재시점의 선물가격에 내재된 20일 잔존기간 동안의 유효연방기금금리의 평균 예상치가 0.373%임을 의미한다.

20　③ 경과이자 $= \dfrac{1}{2} \times 7 \times \dfrac{54}{181} = 1.0442$, 채권매수자는 이전 이자지급일(2021년 1월 10일)로부터 매매일(2021년 3월 5일)까지 발생한 이자, 즉 경과이자를 호가에 더하여 지불하여야 한다. 여기서 $1/2$을 곱한 것은 T-Bond가 6개월마다 이자를 지급하기 때문이다.

21　② T-Bond의 호가를 순수가격, 호가에 경과이자를 더한 가격을 현금가격이라고 한다[현금가격 = 호가 + 경과이자]. 따라서, 현금가격은 96.54(= 95.50 + 1.0442)이다. T-Bond는 가격(액면가의 %)으로 호가되며, 소수점 이하의 가격은 1%의 $1/32$ 단위로 표시한다. 따라서 95-16은 액면가의 95.50%(= 95 − 16 = 95 + 16/32)를 말하며, 현금가격 96.54는 액면가 10만 달러의 %로 표시된 것이므로 현금가격은 $96,540이 된다.

22　② 거래대상은 만기 30년, 표면금리 6%인 T-Bond이다.

23　④ T-Bond선물의 가격은 액면가에 대한 백분율(%)로 표시되며 최소호가단위는 액면가의 $1/32$로 $31.25 $\left(= \$100,000 \times \dfrac{1}{32} \times \dfrac{1}{100}\right)$이다. T-Bond선물의 호가가 100 − 025일 경우 이는 액면가($100,000)의 $\left(100 + \dfrac{2.5}{32} = 100.078125\right)\%$를 의미한다. 따라서, $\left(100 + \dfrac{2.5}{32}\right)\%$를 가격으로 환산하면 $100,078.130이 된다.

24 T-Bond선물의 정산가격(EDSP)이 120-08일 때, 전환계수(CF)가 0.90인 T-Bond의 조정선물가
★★☆ 격(AFP ; Adjusted Futures Price)은?

① 108.225
② 118.285
③ 120.080
④ 120.250

25 T-Bond선물의 정산가격(EDSP)이 115-08, 인도하는 채권(CTD)의 경과이자가 0.3366, 전환계
★★☆ 수가 0.92일 때, 청구금액은 얼마인가?

① 100,365.50달러
② 106,365.50달러
③ 110,365.50달러
④ 115,365.50달러

26 T-Bond 선물에서 선물시장 폐장시간(오후 2시)과 실물인도 의사통지 최종시간(오후 8시) 간의 차
★★☆ 이로 인해서 선물매도자는 선물시장 종료 후 현물가격 추이를 보며 시간적 여유를 가질 수 있다.
이러한 선물 매도자의 인도 옵션을 무엇이라 하는가?

① 와일드카드옵션
② 품질옵션
③ 인도시점옵션
④ 월말옵션

27 한국 국채선물(Korea Treasury Bond Futures) 시장에 관한 설명으로 옳지 않은 것은?
★★★
① 현재 3년물, 5년물, 10년물 국채선물이 상장되어 거래되고 있다.
② 모든 국채선물의 거래대상이 표면금리 연 5%, 6개월 이표지급 방식의 가상 국채이다.
③ 최종결제방법은 3년물과 5년물 국채선물은 현금결제, 10년물 국채선물은 실물인수도 결제한다.
④ 거래단위는 모두 액면가 1억원이며, 가격표시방법은 액면가 100원을 기준으로 소수점 둘째 자리
까지 표시한다.

28 한국 국채선물 3월물의 호가가 100.02일 경우, 이를 가격으로 환산하면?

★★★

① 100,020,000
② 100,020
③ 10,020
④ 100.02

[29 ~ 30] 현재시점에서 1개월 LIBOR가 5%, 4개월 LIBOR가 5.5%이며, 향후 1개월 후에 만기가 되는 유로달러선물의 시장가격이 94.86이라고 가정하에 다음 질문에 답하시오.

29 현재시점에서 1개월 후에 만기가 되는 유로달러선물의 이론가격은?(이산복리를 가정)

★★★

① 94.36
② 94.50
③ 95.00
④ 95.36

정답 및 해설

24 ① [조정선물가격(AFP) = 선물의 정산가격(EDSP) × 전환계수]
= (120 − 08) × 0.9 = (120 + 8 / 32) × 0.9 = 120.25 × 0.9 = 108.225 → 표준물과 상이한 T-Bond에 해당하는 선물가격은 T-Bond선물의 정산가격(EDSP)에 전환계수를 곱하여 계산할 수 있는데, 이를 조정선물 가격이라고 한다. 정산가격(EDSP)이란 선물의 일일정산을 위한 정산가격을 말한다.

25 ② 청구금액 = (115 + 8 / 32) × 0.92 + 0.3355 = 106.3655 → 액면 $100,000의 106.3655%이므로 청구금액은 $106,365.50이다.

26 ① 선물계약 만기 시 실물인수도에 관한 의사결정권한은 선물매도자가 갖게 되는데, 어느 채권을 언제 인도할 것인가에 관한 인도옵션을 매도자 옵션이라고 한다. 이러한 매도자 인도옵션에는 품질옵션, 인도시점옵션, 월말옵션, 와일드카드옵션 등이 있다. 선물폐장시간(오후 2시)과 실물인도 의사표시 마감시간(오후 8시) 간의 차이로 인해서 선물매도자는 선물시장 종료 후 현물가격 추이를 보며 시간적 여유를 갖는데, 이를 와일드카드옵션(Wild Card Option)이라 한다.

27 ③ 최종결제방법은 3년물, 5년물, 10년물 국채선물 모두 현금결제 방식을 택하고 있다. 현금결제를 위한 최종결제가격은 바스켓에 포함된 국채의 최종거래일 유통수익률을 산술평균한 후 이를 표준물(5%)의 국채가격 계산공식에 넣어 산출한다.

28 ① 국채선물의 가격은 액면가(1억원) 100원을 기준으로 표시되며 최소호가단위는 0.01(= 1억원 × 0.01 × 1 / 100 = 10,000원)이다. 따라서 100.02는 액면가 1억원의 100.02%에 해당하는 가격이므로 1억원 × 100.02 × 1 / 100 = 100,020,000원이 된다.

29 ① 이 문제에서, r_1 = 5%, t_1 = 30일, r_2 = 5.5%, t_2 = 120일이다.

$$\left(1 + 5\% \times \frac{30}{360}\right)\left(1 + R \times \frac{120 - 30}{360}\right) = \left(1 + 5.5\% \times \frac{120}{360}\right),$$

∴ R = 0.0564(5.64%)

따라서, [이론가격 = 100 − R] = 100 − 5.64 = 94.36

30 유로달러선물 1계약을 가지고 차익거래를 할 때, 다음 설명 중 옳은 것은?

★★★　① 시장가격이 이론가격에 비해 저평가되어 있다.

② 유로달러선물 1계약을 매도한다. 이는 90일간 5.14%로 차입하는 효과를 본다.

③ 100만달러를 30일간 5%로 대출한다.

④ 100만달러를 120일간 5.5%로 차입한다.

31 현재시점에서 1개월 LIBOR가 3%, 4개월 LIBOR가 4%라고 가정할 때 향후 1개월 후에 만기가
★★★　되는 유로달러선물의 시장가격이 96.68이라고 할 때, 다음 설명 중 옳지 않은 것은?(이산복리를
가정)

① 유로달러선물은 고평가되어 있다.

② 향후 1개월 후 3개월 선도금리는 4.32%이다.

③ 유로달러선물 이론가격은 95.68이다.

④ 유로달러선물 1계약을 매수하고, 100만달러를 30일간 3%로 운용하고, 120일간 4%로 차입하는
차익거래를 할 수 있다.

32 ○○년 2월 15일 현재 고려기업은 ○○년 3월 중순경에 3개월 LIBOR연동 변동금리로 1억달러
★★★　를 3개월간 차입할 예정이나, 향후 LIBOR의 상승이 우려되어 유로달러선물로 헤지하고자 한다.
현재 1개월후 3개월 선도 LIBOR가 1.50%, 유로달러선물 3월물 시장가격은 98.50에 거래되고
있다. 고려기업이 유로달러선물을 이용하여 헤지하는 경우 헤지전략 및 성과에 대해 바르게 설명
한 것은?

① ○○년 3월물 유로달러선물 10계약을 매도한다.

② 유로달러선물(3월물)의 시장가격이 이론가격과의 가격괴리가 없으므로, 고려기업이 원하는 헤지
성과를 얻을 수 있다.

③ 유로달러선물을 매도함으로써 현재시점으로부터 3개월 동안 1.50%로 차입하는 효과를 볼 수
있다.

④ ○○년 3월 15일 3개월 LIBOR가 하락하는 경우 실질차입금리는 1.5%보다 낮게 된다.

33 한국거래소에서 거래되는 3년 만기 국채의 현물가격, 선물가격 및 이론가격이 다음과 같다고 가정
★★★ 하자. 이때 현물 100억원(액면기준)을 이용하여 차익거래를 실행할 경우 필요한 3년 국채선물의
계약수는?

구 분	현물가격	3년 국채선물 가격	선물의 이론가격
가 격	4.12%(102.38)	111.32	110.82
수정듀레이션	2.47	2.80	−

① 71계약 매수

② 71계약 매도

③ 81계약 매도

④ 91계약 매도

30 ② 유로달러선물의 시장가격(94.86)이 이론가격(94.36)에 비해 고평가되어 있으므로 유로달러선물을 94.86에 1
계약 매도(90일간 5.14%로 차입하는 효과)하고, 100만달러를 단기(30일간) 5%로 차입하여 장기(120일간)
5.5%로 대출하는 차익거래를 할 수 있다. 이러한 차익거래를 통해 $1,250의 이익을 얻을 수 있다.

차익거래 이익 $= \left[(5.5\% - 5\%) \times \dfrac{120-30}{360} \times \$1,000,000 \right] = \$1,250$

31 ④ 먼저 내재선도금리를 계산하면, ($r_1 = 3\%$, $t_1 = 30$일, $r_2 = 4\%$, $t_2 = 120$일)

$\left(1 + 3\% \times \dfrac{30}{360} \right) \left(1 + R \times \dfrac{120-30}{360} \right) = \left(1 + 4\% \times \dfrac{120}{360} \right)$,

∴ R = 0.0432(4.32%)

따라서, [이론가격 = 100 − R] = 100 − 4.32 = 95.68 → 시장가격(96.68)이 이론가격(95.68)보다 높으므
로 유로달러선물은 고평가되어 있다. 따라서, 고평가된 유로달러선물 1계약을 매도(100 − 96.68 = 3.32%로
차입한 효과)하고, 100만달러를 30일간 3%로 차입하고, 120일간 4%로 운용하는 차익거래를 할 수 있다.

32 ② 유로달러선물 1계약은 100만달러이므로 1억달러를 매도헤지하기 위해서는 유로달러선물 100계약을 매도해야
한다. 3개월 선도 LIBOR가 1.5%이므로 이론가격은 98.50(=100 − 1.5)이 되어 시장가격과 같다. 유로달러
선물을 매도함으로써 선물만기일(3월 세 번째 수요일)로부터 3개월 동안 선도 LIBOR(1.50%)로 차입비용을
확정할 수 있다. 유로달러선물(3월물)의 시장가격이 가격괴리가 없기 때문에 LIBOR가 상승하든 하락하든 실질
차입금리는 유로달러선물가격에 내재된 3개월 LIBOR인 1.5%가 된다.

33 ③ 선물가격(111.32)이 이론가격(110.82)에 비해 고평가된 상황이다. 따라서 현물을 매수하고 국채선물을 매도하
는 매수차익거래를 실행하면 무위험수익을 얻을 수 있다. 먼저, 차익거래를 위해 현물 100억원(액면기준)에
해당하는 선물계약수를 구하면 81계약이 된다. 즉, 액면 100억원의 채권을 매수하는 동시에 3년국채선물 81계
약을 매도하면 된다.

• 차익거래 시 선물계약수 $= \dfrac{\text{현물가치}}{\text{선물1계약 가치}} \times \dfrac{\text{현물의 수정듀레이션}}{\text{선물의 수정듀레이션}}$

$= \dfrac{100억 \times 102.38 / 100}{111.32 \times 1,000,000} \times \dfrac{2.47}{2.80} \fallingdotseq 81$

34 향후 금리상승을 예상한 채권형펀드 운용자가 한국거래소의 국채선물 3년물을 117.50에 100계약
★★☆ 을 매도한 후, 1개월 후에 115.25에 모두 청산(환매수)하였다. 이 거래의 손익은?

① 22,500,000원 이익
② 22,500,000원 손실
③ 225,000,000원 이익
④ 225,000,000원 손실

35 채권형 펀드매니저인 A씨는 현재 300억원의 원화 채권 포트폴리오를 관리하고 있다. 현재 포트폴
★★★ 리오의 평균 듀레이션은 2년이며, 국채선물 3년물의 가격은 100이고 국채선물 3년물의 듀레이션
은 3년이라고 하자. 향후 국채수익률의 하락이 예상되어 채권 포트폴리오의 듀레이션을 3년으로
증가시키고자 할 때, 필요한 국채선물의 계약수는?

① 100계약 매수
② 200계약 매수
③ 300계약 매수
④ 200계약 매도

36 다음 중 금리(채권)선물을 이용하여 매도헤지를 해야 하는 경우가 아닌 것은?
★★★
① 채권 포트폴리오를 보유하고 있는 투자자
② 단기시장금리에 연동되어 있는 예금으로 자금을 조달하여 고정금리 조건으로 중장기 대출을 하거
나 투자를 한 은행
③ 향후 카드제조회사가 연하장 판매대금이 회수되는 1월말 경에 대규모 자금이 유입되는 시점에
장기 채권투자를 계획하고 있는 경우
④ 향후 자금 조달이 예정되어 있는 기업

37 헤지에 관한 다음 설명에서 빈칸 ㉠, ㉡에 들어갈 말로 옳은 것은?
★★☆

> 회사채 발행을 계획하고 있는 기업이 채권발행 자금이 유입되는 시점까지의 기간 동안 노출된 금
> 리(㉠) 리스크를 헤지하기 위하여 국채선물을 매도헤지하는 경우, 회사채수익률과 국채수익률
> 간의 상관계수가 1이 아니기 때문에 (㉡)헤지에 해당된다.

① ㉠ (상승), ㉡ (교차)
② ㉠ (하락), ㉡ (교차)
③ ㉠ (상승), ㉡ (직접)
④ ㉠ (하락), ㉡ (직접)

38 다음 중 스택헤지(Stack Hedge)의 특징이 아닌 것은?

★★★
① 투기적 요소가 포함되어 있다.

② 미래 수익률곡선의 기울기에 따라 헤지 효과가 달라진다.

③ Roll Over가 필요 없으므로 수수료가 적게 든다.

④ 스트립헤지보다 실행이 용이하나 베이시스 리스크에 노출된다.

39 스트립헤지(Strip Hedge)와 스택헤지(Stack Hedge)에 관한 설명으로 옳지 않은 것은?

★★★
① 스택헤지는 최근월물로 헤지포지션을 설정하고 시간이 흐름에 따라 다음 월물로 치환하는 헤지기법이다.

② 스택헤지는 원월물의 유동성이 부족한 금리선물의 경우 유용한 헤지기법이나 스트립헤지에 비해 거래비용이 높은 단점을 갖고 있다.

③ 헤지기간 동안 수익률곡선의 경사가 가파르게 될 경우, 스트립헤지의 효과는 스택헤지에 비해 감소된다.

④ 스트립헤지는 금리 리스크 노출기간 동안 각 결제월의 금리선물을 동일 수량만큼 매도 또는 매수하는 헤지기법이다.

정답 및 해설

34 ③ 매도가격보다 청산(환매수)가격이 낮으므로 이 방향성 거래에서 이익을 보았다.
따라서, 거래손익 = (117.50 − 115.25) × 1,000,000(거래승수) × 100계약 = 225,000,000원

35 ① 금리하락(채권시장의 강세)이 예상될 때에는 듀레이션을 늘려야 한다. 이 경우 국채선물을 매수해야 하는데, 필요한 국채선물 계약수는 다음과 같이 구한다.

- 듀레이션 조정을 위한 채권선물 계약수(N) $= \dfrac{P}{F} \times \dfrac{(D_T - D_P)}{D_F}$

$= \dfrac{300억원}{100 \times 1,000,000} \times \dfrac{(3-2)}{3} = 100$, 따라서 100계약을 매수하면 된다.

36 ③ 금리상승(가격하락) 리스크를 헤지하기 위해서는 금리(채권)선물을 매도해야 하는데, ③은 금리하락(가격상승) 리스크에 노출되어 있기 때문에 금리선물을 매수하는 매수헤지를 해야 하는 경우이고, 나머지는 모두 금리상승 리스크에 노출되어 있기 때문에 금리선물을 매도하는 매도헤지가 필요한 경우이다.

37 ① 회사채 발행을 계획하고 있는 기업은 향후 금리가 상승하면 차입비용이 증가하게 되므로 금리상승 리스크에 노출되어 있다. 따라서 금리상승 리스크를 헤지하기 위해서는 채권선물을 매도하는 매도헤지가 필요하다. 이 경우 회사채선물로 헤지를 하면 직접헤지이나, 국채선물로 매도헤지를 하였기 때문에 교차헤지에 해당된다.

38 ③ 스택헤지는 헤지대상물량 전체에 해당되는 최근월물 모두를 매수(매도)한 후 선물만기가 되었을 때, 해당기간 경과분만큼을 제외한 나머지를 그 다음의 최근월물로 이월(Roll-over)하는 방법이다. 따라서 스택헤지는 최근월물 만기 시 차근월물로 Roll-over가 필요하며, 스트립헤지보다 수수료가 많이 든다.

39 ③ 헤지기간 동안 수익률곡선의 경사가 가파르게 될 경우, 즉 원월물의 내재선도금리가 근월물 내재선도금리보다 상대적으로 더 상승할 때에는 근월물 스택 매도헤지의 효과는 스트립헤지에 비해 감소된다. 또한 수익률곡선의 기울기가 평평하게 되면, 근월물 스택 매도헤지의 효과는 스트립헤지를 능가하게 된다.

40
★★☆

서울물산은 1년 동안 변동금리(90일 LIBOR)로 2,500만달러를 차입하였으며 이자는 매분기말에 지급된다. 이 기업의 자금담당자는 향후 달러금리의 상승이 우려되어 유로달러선물로 헤지하고자 한다. 헤지를 위해 3월물 25계약, 6월물 25계약, 9월물 25계약을 각각 (㉠)하여 (㉡)헤지를 하였다가 매분기마다 해당 결제월물을 반대매매로 청산하는 방법을 선택하였다. 빈칸 ㉠, ㉡에 적절한 말은?

① ㉠ (매수), ㉡ (스트립)   ② ㉠ (매도), ㉡ (스트립)
③ ㉠ (매수), ㉡ (스택)   ④ ㉠ (매도), ㉡ (스택)

41
★★★

다음 중 금리선물의 헤지비율을 결정하는 방법(금리 리스크 헤지모형)이 아닌 것은?

① 베이시스 포인트 가치(BPV) 모형   ② 전환계수 모형
③ 듀레이션 헤지모형   ④ 베타 헤지모형

42
★★★

현재 액면 $2,000,000의 채권 포트폴리오를 관리하고 있는 펀드매니저가 T-Bond선물(계약단위 $100,000)을 이용하여 헤지하려고 한다. CTD(최저가인도채권)의 전환계수가 0.997일 때 매도해야 할 T-Bond선물의 계약수는?

① 2계약 매수   ② 20계약 매도
③ 2계약 매도   ④ 20계약 매수

43
★★★

채권펀드 운용담당자가 향후 채권수익률의 상승이 예상되어 국채선물을 이용하여 보유 채권의 리스크를 헤지하고자 한다. 현재 채권펀드는 액면금액이 200억원, 시장가치가 195억원, 평균 수정듀레이션이 2.376년이다. 국채선물의 시장가격은 98.50이고, 선물의 수정듀레이션은 2.64이다. 이 경우 듀레이션 헤지모형에 의하면, 헤지를 하기 위해 필요한 국채선물 계약수는?

① 150계약 매도   ② 180계약 매도
③ 200계약 매도   ④ 200계약 매수

44
★★★

채권선물의 가격과 결제월간 스프레드 거래에 대한 설명으로 옳지 않은 것은?

① 채권선물가격은 채권현물가격에 순보유비용(= 단기이자 − 채권이자)을 더하여 결정된다.
② 수익률곡선이 우상향하는 일반적인 상황(단기이자율 < 채권이자율)에서 채권선물가격은 현물가격보다 높게 형성되며, 만기일이 멀수록 선물가격이 높게 형성된다.
③ 근월물가격과 원월물가격의 차이인 결제월간 스프레드는 순보유비용의 차이에 의해 결정된다.
④ 결제월간 스프레드 거래는 스프레드의 변화를 예상하는 거래로서 거래대상이 동일하며 만기가 다른 두 개의 선물을 동시에 매수 / 매도하는 전략이다.

45 현재 단기이자율이 3%, 채권수익률이 4%라고 할 경우, 채권선물 시장에서 결제월간 스프레드 확
★★★ 대가 예상될 때 취할 수 있는 바람직한 거래 전략은?

① 근월물 매수 + 원월물 매도
② 근월물 매도 + 원월물 매도
③ 근월물 매도 + 원월물 매수
④ 근월물 매수 + 원월물 매수

정답 및 해설

40 ② 변동금리 차입자는 금리상승 시 이자부담이 증가하므로 금리상승 리스크에 노출되어 있다. 따라서 금리상승
리스크를 헤지하기 위해서는 유로달러선물을 매도해야 한다. 2,500만달러를 헤지하기 위해서는 25계약이 필
요하며, 각 결제월의 단기금리선물을 동일 수량만큼 매도하여 전체적으로 균형화하는 헤지기법을 선택했으므
로 이것은 스트립헤지이다. 반면에, 스택헤지의 경우 75계약 전부를 최근월에 매도계약을 체결한 후 매분기마
다 기존 결제월물 전부를 매수하여 청산함과 동시에 잔여물량을 차기 근월물 매도(6월 50계약, 9월물 25계약)
로 치환하는 방법이다.

41 ④ 베타는 주가변동 리스크를 헤지하기 위한 헤지비율로 사용된다. 금리 리스크를 헤지하는 것은 주가 및 환리스크
를 헤지하는 경우보다 복잡하다. 따라서 금리 리스크 헤지의 효율성을 증대시키기 위해서는 헤지비율을 결정하
는 것이 중요하다. 금리선물의 헤지비율로는 베이시스 포인트 가치(BPV), 전환계수, 듀레이션 등이 사용된다.

42 ② 채권 포트폴리오 보유자는 금리상승(가격하락)에 대비해야 하므로 선물을 매도하는 매도헤지가 필요하다. 문제
에서 전환계수가 주어졌으므로 매도해야 할 선물계약수는 전환계수모형을 이용하여 계산한다.

- 헤지계약수 $= \dfrac{P}{F} \times CF_{CTD} = \dfrac{\$2,000,000}{\$100,000} \times 0.997 ≒ 20$계약

43 ② 채권 포트폴리오 보유자는 금리상승(가격하락)에 대비해야 하므로 선물을 매도하는 매도헤지가 필요하다. 듀레
이션 헤지모형을 이용하여 매도해야 할 선물계약수는 다음과 같이 계산한다.

- 선물계약수 $= \dfrac{P}{F} \times \dfrac{D_P}{D_F} = \dfrac{19,500,000,000}{97.50 \times 1,000,000} \times \dfrac{2.376}{2.64} = 180$계약

44 ② 수익률곡선이 우상향하는 일반적인 상황(단기이자율 < 채권이자율)에서 채권선물가격은 현물가격보다 낮게 형
성되며(채권선물가격 < 현물가격), 만기일이 멀수록 선물가격이 낮게 형성된다. 따라서 원월물가격이 근월물
가격보다 낮게 형성된다(원월물가격 < 근월물가격).

45 ① 수익률곡선이 우상향하는 일반적인 상황(단기이자율 < 채권이자율)에서는 순보유비용이 음(−)이므로 채권선
물가격이 현물가격보다 낮고, 원월물 선물가격이 근월물 선물가격보다 낮다. 이런 상황에서 스프레드가 확대되
는 경우는 근월물 선물가격이 원월물에 비해 상대적으로 더 많이 상승하거나 더 작게 하락하는 경우이다. 따라
서 스프레드 확대를 예상할 경우, 근월물을 매수하고 원월물을 매도하는 매수 스프레드(강세 스프레드) 전략을
택한다.

[46 ~ 49] T-Bond 선물가격이 다음과 같다고 가정하자. 2021년 6월 15일 현재 채권형 펀드매니저인 A씨는 통화당국이 정책금리를 인하할 것으로 예상하고 있다. 이에 따라 T-Bond선물의 스프레드가 확대될 것으로 예상하고 결제월 간 스프레드 거래를 실행하였다. 이후 7월 21일 모든 포지션을 청산했다.

구 분	T-Bond선물 9월물	T-Bond선물 12월물	결제월 간 스프레드
6월 15일	98-29	98-22	0-07
7월 21일	99-23	99-10	㉠
손 익	㉡	-(0-20)	㉢

46 2021년 6월 15일 현재, 채권형 펀드매니저인 A씨의 결제월 간 스프레드 거래의 포지션 구성은?
★★★
① 9월물 매수 + 12월물 매도
② 9월물 매도 + 12월물 매도
③ 9월물 매도 + 12월물 매수
④ 9월물 매수 + 12월물 매수

47 ㉠(2021년 7월 21일 현재 결제월 간 스프레드)에 들어갈 값은?
★★☆
① 0-07
② 0-13
③ -(0-13)
④ -(0-07)

48 2021년 7월 21일에 스프레드 거래 포지션을 모두 청산한 결과, ㉡(9월물 거래손익)과 ㉢(스프레드
★★☆ 거래 총손익)에 들어갈 값은?
① ㉡ : 0-07, ㉢ : 0-13
② ㉡ : -(0-26), ㉢ : -(0-46)
③ ㉡ : 0-26, ㉢ : 0-06
④ ㉡ : 0-26, ㉢ : 0-46

49 스프레드 거래 시 9월물과 12월물의 매수 / 매도를 각각 10계약씩 거래했다고 한다면, 포지션을
★★☆ 모두 청산한 결과 총손익은?
① $187.5 이익
② $1,875 이익
③ $18,750 이익
④ $26,750 이익

50 상품 간 스프레드 거래 및 채권거래 전략에 대한 설명으로 옳지 않은 것은?

★★★

① NOB(Notes over Bonds) 스프레드 거래는 장기 채권선물이 단기 채권선물보다 금리변화에 민감한 특성을 이용하는 전략이다.

② 금리상승 시 단기채권을 매수하고 장기채권을 매도한다. 반대로 금리하락 시 단기채권을 매도하고 장기채권을 매수한다.

③ 장단기 금리가 동일하게 상승할 것으로 예상할 때는 NOB 스프레드 매수전략을 택하고, 유로달러 (Euro-Dollar)선물을 매도했다.

④ NOB 스프레드 매도전략은 T-Note선물을 매수하고 T-Bond선물을 매도하는 거래를 말한다.

정답 및 해설

46 ① 향후 스프레드 확대(근월물가격이 원월물가격보다 더 많이 상승하거나 더 적게 하락하는 경우)가 예상되면 근월물(9월물)을 매수하고 원월물(12월물)을 매도하는 강세 스프레드(매수 스프레드) 전략을 선택한다.

47 ② 채권선물에서 결제월 간 스프레드는 근월물가격에서 원월물가격을 뺀 값이므로, 7월 21일 현재 결제월 간 스프레드는 0-13[= (99-23) - (99-10)]이다.

48 ③ 6월 15일 근월물(9월물)을 매수하고 원월물(12월물)을 매도하는 강세 스프레드(매수 스프레드) 전략을 구성하고, 7월 21일에 청산(9월물 매도 + 12월 매수)하였으므로 손익을 계산하면 다음과 같다.

구 분	T-Bond선물 9월물	T-Bond선물 12월물	결제월 간 스프레드
6월 15일	98-29 (매수)	98-22 (매도)	0-07
7월 21일	99-23 (매도)	99-10 (매수)	0-13
손 익	0-26	-(0-20)	0-06

49 ② 근월물에서 0-26의 이익이 났고, 12월물에서 0-20의 손실이 났으므로 총손익은 0-06의 이익이다. 스프레드 거래의 이익은 청산시점과 진입시점의 스프레드 차이[(0-13) - (0-07)]와 같다는 것을 알 수 있다. 이를 금액으로 환산하면 다음과 같다. T-Note / Bond선물의 경우 0-01은 1 / 32%를 의미한다.

구 분	T-Bond선물 9월물	T-Bond선물 12월물
6월 15일	98-29 (매수)	98-22 (매도)
7월 21일	99-23 (매도)	99-10 (매수)
손 익	0-26	-(0-20)
손익(금액)	$\frac{16}{32}(\%) \times \$100,000 \times 10$계약 $= \$8,125$(이익)	$-\frac{20}{32}(\%) \times \$100,000 \times 10$계약 $= -\$6,250$(손실)

→ 스프레드 거래의 총손익(0-06) = $\$8,125 + (-\$6,250) = \$1,875$(이익)

또는 $\frac{6}{32}(\%) \times \$100,000 \times 10$계약 $= \$1,875$(이익)

50 ④ NOB 스프레드 매도전략은 T-Note선물을 매도하고 T-Bond선물을 매수하는 거래를 말한다. 금리상승 시 장기채권의 가격이 단기채권의 가격보다 하락률이 크기 때문에 단기채권을 매수하고 장기채권을 매도한다. 반대로 금리하락 시 장기채권의 가격이 단기채권의 가격보다 상승률이 높기 때문에 단기채권을 매도하고 장기채권을 매수한다.

51 국채선물 3년물과 국채선물 10년물의 상품 간 스프레드를 이용하면 수익률곡선 거래전략이 가능
★★★ 하다. 만약 수익률곡선이 플래트닝(Flatening)해질 것으로 예측한다면, 다음 중 어떤 포지션이 바
람직한가?

① 국채선물 3년물 매도 + 국채선물 10년물 매수
② 국채선물 3년물 매수 + 국채선물 10년물 매도
③ 국채선물 3년물 매수 + 국채선물 10년물 매수
④ 국채선물 3년물 매도 + 국채선물 10년물 매도

[52 ～ 53] 다음 자료를 보고 질문에 답하시오.

구 분	듀레이션	현재 수익률	예상 수익률
국채선물 3년물	2.6년	2.1%	2.3%
국채선물 10년물	7.8년	2.3%	2.9%

52 채권펀드 운용자는 현재 수익률곡선 거래전략을 실행하고자 한다. 다음 중 바람직한 포지션 구성은?
★★★ ① 국채선물 3년물 매도 + 국채선물 10년물 매수
② 국채선물 3년물 매수 + 국채선물 10년물 매도
③ 국채선물 3년물 매수 + 국채선물 10년물 매수
④ 국채선물 3년물 매도 + 국채선물 10년물 매도

53 수익률곡선 거래전략을 실시하기 위해서 단기물인 국채선물 3년물을 100계약 매수하는 경우, 장기
★★★ 물인 국채선물 10년물은 몇 계약을 매도해야 하는가?

① 33계약   ② 43계약
③ 53계약   ④ 100계약

54 T-Bond선물옵션에 대한 설명으로 옳지 않은 것은?
★★☆ ① T-Bond선물옵션 1계약을 거래하는 것은 T-Bond선물 1계약(액면가 10만달러)을 인수도하기로
약속하는 것과 같다.
② 1 / 32 단위로 호가한다.
③ 만기일 전에 행사할 수 있는 미국형 옵션이다.
④ 콜옵션이 행사되었을 경우 청산소는 콜옵션 매수자의 계정에 T-Bond선물을 옵션의 행사가격에
매수한 것으로 기록하고, 콜옵션 매도자의 계정에는 T-Bond선물을 행사가격에 매도한 것으로
기록한다.

55 행사가격 103-00, 만기 6월의 T-Bond선물 풋옵션을 1-32의 프리미엄을 지불하고 매수하였다.
★★★ 선물가격이 101-00일 때, 옵션 매수자가 옵션을 행사한 후 선물 포지션을 청산하였을 때 손익은?
(거래비용은 없다.)

① $200   ② $300

③ $400   ④ $500

---

51 ① 단기물의 수익률 상승폭이 장기물의 수익률 상승폭보다 커서(또는 장기물의 수익률 하락폭이 단기물의 수익률 하락폭보다 커서) 수익률곡선이 플래트닝(Flattening, 평탄)해질 것으로 예상하는 경우, 단기물(국채선물 3년물)을 매도하고 장기물(국채선물 10년물)을 매수하는 전략이 필요하다.

52 ② 장기물의 수익률 상승폭이 단기물의 수익률 상승폭보다 커서 수익률곡선이 스티프닝(Steepening, 가팔라짐)해질 것으로 예상하는 경우, 단기물(국채선물 3년물)을 매수하고 장기물(국채선물 10년물)을 매도하는 전략이 필요하다.

53 ① 수익률곡선 거래전략을 실행할 때, 단기물과 장기물의 듀레이션 비율로 포지션을 설정해야 한다.

국채선물 10년물의 계약수 $= 100\,\text{계약} \times \dfrac{2.6}{7.8} \fallingdotseq 33\text{계약}$

따라서, 단기물인 국채선물 3년물을 100계약 매수하는 경우, 장기물인 국채선물 10년물은 33계약을 매도하면 된다.

• 국채선물 10년물의 계약수 = 국채선물 3년물의 계약수 $\times \dfrac{\text{국채선물 3년물의 듀레이션}}{\text{국채선물 10년물의 듀레이션}}$, 또는 [국채선물 10년물의 계약수 × 국채선물 10년물의 듀레이션 = 국채선물 3년물의 계약수 × 국채선물 3년물의 듀레이션]

54 ② T-Bond선물은 32진법을 사용하는 반면, T-Bond선물옵션은 64진법을 사용한다. 따라서 T-Bond선물옵션 계약은 1 / 64 단위로 호가되며, 최소가격변동금액은 계약당 $15.625이다.

55 ④ [풋옵션 매수의 순손익 = 행사가격 − 선물가격 − 프리미엄]이고, T-Bond선물옵션 계약은 1 / 64 단위로 호가되며, 최소가격변동금액은 계약당 $15.625이다.

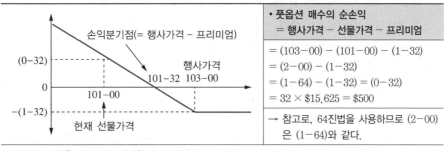

• 풋옵션 매수의 순손익
= 행사가격 − 선물가격 − 프리미엄

$= (103-00) - (101-00) - (1-32)$
$= (2-00) - (1-32)$
$= (1-64) - (1-32) = (0-32)$
$= 32 \times \$15.625 = \$500$

→ 참고로, 64진법을 사용하므로 (2−00)은 (1−64)와 같다.

• 각각의 금액을 따로따로 계산할 수도 있다.

프리미엄	$= 1-32 = (1 \times 64 + 32) \times \$15.625 = \$1,500$
행사가격 − 선물가격	$= (103-00) - (101-00) = 2-00 = (2 \times 64) \times \$15.625$ $= \$2,000$
순손익	$=$ (행사가격 − 선물가격) − 프리미엄 $= \$2,000 - \$1,500 = \$500$

56 T-Bond 선물가격이 98-00일 때, 다음 중 내가격(ITM) 상태인 T-Bond선물옵션은?

★★★
① 행사가격 99-00 풋옵션
② 행사가격 99-00 콜옵션
③ 행사가격 97-00 풋옵션
④ 행사가격 98-00 콜옵션

57 금리가 당분간 현 수준에서 안정될 것으로 예상하는 경우 가장 적절한 T-Bond선물옵션의 투자전

★★★ 략은?

① 버터플라이 매도   ② 스트랭글 매수
③ 스트래들 매도   ④ 풋옵션 매수

58 CME Group의 유로달러 선물옵션에 대한 설명으로 옳지 않은 것은?

★★★
① 유로달러선물계약을 기초자산으로 하는 옵션거래이다.
② 옵션의 행사는 최종거래일까지 영업일 중에는 항상 행사가 가능한 미국형 옵션이다.
③ 유로달러선물 풋옵션은 옵션 행사시 미리 정한 행사가격으로 유로달러선물을 매도할 권리이다.
④ 향후 Libor가 상승할 것으로 예상할 때, 유로달러선물 콜옵션을 매수해야 한다.

59 3개월 Libor에 연동되어 이자가 지급되는 변동금리채권(FRN)에 투자한 채권운용자가 향후 금리변

★★★ 동 리스크를 헤지하고자 할 때, 다음 중 가장 적절한 거래전략은?

① 유로달러선물 콜옵션 매수
② 유로달러선물 콜옵션 매도
③ 유로달러선물 풋옵션 매수
④ 유로달러선물 풋옵션 매수

60 행사가격이 95인 유로달러선물 콜옵션의 가격이 0.70이고 유로달러선물의 가격이 96일 경우, 옵

★★★ 션거래에 따른 손익은?

① 0.15   ② 0.30
③ 0.45   ④ -0.15

61 현재 유로달러선물의 가격은 95.50이다. 행사가격이 93인 유로달러선물 풋옵션의 프리미엄이 3.5
★★★ 일 때 시간가치는?

① 1.00 ② 1.50

③ 2.50 ④ 3.50

56 ① 콜옵션은 행사가격(K)이 시장가격(S, 선물가격)보다 낮을 때($S > K$) 내가격(ITM)옵션이 되고, 풋옵션은 행사
가격(K)이 시장가격(S, 선물가격)보다 높을 때($S < K$) 내가격(ITM)옵션이 된다. 따라서, ① 행사가격 99-
00 풋옵션은 내가격, ② 행사가격 99-00 콜옵션은 외가격(OTM), ③ 행사가격 97-00 풋옵션은 외가격, ④
행사가격 98-00 콜옵션은 등가격(ATM) 상태이다.

57 ③ 금리가 현 수준에서 안정된다면 변동성이 감소되는 것이므로 변동성 매도전략을 사용하는 것이 적절하다. 따라
서 동일한 행사가격의 콜옵션과 풋옵션을 동시에 매도하는 스트래들 매도전략이 가장 적절하다. 옵션 거래전략
은 주식 관련 옵션전략을 참조하길 바란다. 금리옵션 전략도 기초자산만 금리로 바뀌었을 뿐 기본적으로 옵션
거래 전략은 동일하게 적용된다.

58 ④ 향후 Libor가 상승하면 유로달러선물 가격(= 100 - 3개월 Libor)이 하락하기 때문에 유로달러선물 풋옵션을
매수해야 한다.

59 ① 변동금리채권(FRN)은 금리가 하락하면 이자가 줄어들기 때문에 FRN에 투자한 운용자는 금리하락 리스크에
대비하여야 한다. 따라서 금리하락 시 이익을 볼 수 있는 유로달러선물 콜옵션을 매수하는 것이 가장 적절하다.

60 ② [콜옵션 매수의 순손익 = 선물가격 - 행사가격 - 프리미엄]이다.

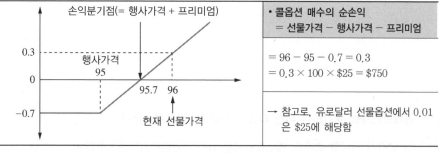

61 ④ 유로달러선물옵션의 기초자산은 유로달러선물이다. 따라서 풋옵션은 행사가격(K)이 선물가격(F)보다 높은
($K > F$) 경우 내재가치를 갖는다. 현재 [$K(93) < F(95)$]이므로 내재가치가 없는 외가격(OTM) 상태이다. 따
라서 프리미엄(3.5)이 모두 시간가치이다.

62 현재 유로달러선물의 가격은 98.50이다. 다음 유로달러 선물옵션 중 시간가치가 가장 큰 옵션은?
★★★
① 행사가격 98.50 콜옵션
② 행사가격 99.50 콜옵션
③ 행사가격 97.40 풋옵션
④ 행사가격 99.50 풋옵션

63 다음 중 금리변동의 상하한을 제한하는 상품은?
★★★
① 금리 캡
② 금리 플로어
③ 금리 칼라
④ 금리 스왑션

64 변동금리채권(FRN) 또는 변동금리 예금상품에 투자하고 있는 기업이 향후 금리하락 리스크를 관
★★★ 리하기 위해 선택할 수 있는 전략이 아닌 것은?
① 금리플로어 매수
② 유로달러선물 매수
③ 채권선물 콜옵션 매수
④ 금리 칼라 매수

65 금리리스크를 관리하기 위한 다음의 전략 중 잘못된 것은?
★★★
① 금리가 하락할 것으로 예상하여 선도금리계약(FRA)을 매도하였다.
② 금리가 하락할 것으로 예상하여 금리선물계약을 매수하였다.
③ 금리가 상승할 것으로 예상하여 금리선물 콜옵션을 매수하였다.
④ 금리가 상승할 것으로 예상하여 금리상한계약(금리 cap)을 매수하였다.

66 현재 채권선물 6월물의 시장가격이 108.25이고 행사가격이 107.25인 채권선물 콜옵션 6월물이
★★★ 2.15, 풋옵션이 1.65에 거래되고 있다. 이때 차익거래 포지션을 설정하는 경우, 다음 설명 중 옳지
않은 것은?(채권선물, 콜옵션, 풋옵션의 잔존만기는 30일, 무위험이자율은 5%, $(F_t - K)e^{-rT} = 0.9959$)

① 리버설(Reversal) 차익거래 기회가 있다.

② 차익거래자는 콜옵션 매수, 풋옵션 매도, 선물 매도 포지션을 가지게 된다.

③ 합성선물 매도 포지션을 만드는 동시에 채권선물을 매수하는 차익거래를 실행할 수 있다.

④ 미국형 채권선물의 경우 풋옵션 매수자가 만기일 이전에 옵션을 조기 행사하면 차익거래 포지션
중 풋옵션의 매도 포지션의 일부가 의도하지 않은 선물 매수 포지션으로 전환된다.

통화선물 · 옵션

챕터 출제비중

구 분	출제영역	출제문항
제1장	선물 · 옵션 개요	2~3문항
제2장	주식 관련 선물 · 옵션	11~13문항
제3장	금리선물 · 옵션	3~5문항
제4장	통화선물 · 옵션	3~4문항
제5장	상품 관련 선물 · 옵션	2~3문항

50 45 35 30 25 20 15 10 5

10%
48%
18%
14%
10%

통화선물·옵션에서는 대략 3 ~ 4문제가 출제되는 것으로 파악되는데, 기본적으로 선물과 옵션에 대한 이해를 바탕으로 기초자산인 외환과 환율에 대해 잘 숙지하고 있으면 큰 부담 없이 학습할 수 있다.

자주 출제되는 내용으로는 통화선물 부분에서는 환율의 표시방법, 외환포지션, 선물환율의 고시방법, 원-달러 차액결제선물환(NDF), 선물환율의 결정, 무위험 이자율 차익거래, 통화선물의 가격결정, 선물환 / 통화선물 / 단기자금시장을 이용한 환리스크 관리 방법 등이 중요하며, 옵션 부분에서는 풋-콜-선물 패리티를 이용한 합성 선물환포지션, 통화옵션을 이용한 환리스크 헤지 등이 주로 출제된다.

TOPIC별 중요도 및 학습체크

TOPIC	핵심개념	중요도	학습체크		
			1회독	2회독	3회독
01	외환과 외환시장	★★			
02	선물환과 통화선물	★★★			
03	통화옵션	★★★			

01 외환과 외환시장 중요도 ★★☆

대표유형문제 원-달러 환율이 $1 = ₩1,100에서 $1 = ₩1,200으로 상승했을 때, 다음 설명 중 옳은 것은?

① 원화 가치 상승

② 원화 가치 하락

③ 달러화 가치 하락

④ 원화 평가절상

해설 우리나라처럼 직접표시법(유럽식)으로 환율을 표시하는 경우, 환율이 상승($1=₩1,100 → $1=₩1,200)하면 원화(자국통화)에 비해 달러화(외국통화)의 가치는 상승(달러화 평가절상)하고, 달러화에 비해 원화의 가치는 하락(원화 평가절하)한 것이다.

답 ②

STEP 01 핵심필수개념

(1) 외환의 개념

① 외환이란 국가 간의 채권 및 채무를 결제하는 수단을 의미한다.

② 우리나라 「외국환거래법」에서는 외환을 대외지급수단, 외화증권 및 외화채권이라고 정의하고 있다.

(2) 환율의 표시방법

① 직접표시법과 간접표시법

구 분	직접표시법	간접표시법
개 념	외국통화 한단위의 가치를 자국통화로 표시하는 방법	자국통화 한단위의 가치를 외국통화로 표시하는 방법
예 시	우리나라에서 $1=₩1,200 또는 ¥100=₩1,000 등으로 환율을 표시	• 만약, 우리나라에서 ₩1=$1 / 1,200 또는 ₩1=¥100 / 1,000 등으로 표시할 때 • 영국에서 £1=$1.2719
의 미	외국통화 한 단위($1, ¥100)를 기준으로 같은 가치를 나타내는 자국통화의 양(₩1,200, ₩1,000)을 표시하는 방법 → 기준통화(외국통화), 비교통화(자국통화)	자국통화 한 단위(₩1)를 기준으로 같은 가치를 나타내는 외국통화의 양($1 / 1,200, ¥100 / 1,000)을 표시하는 방법 → 기준통화(자국통화), 비교통화(외국통화)

② 유럽식과 미국식

구 분	유럽식	미국식
개 념	미 달러화 한 단위를 기준으로 다른 통화의 가치를 표시하는 방법	다른 통화 한 단위를 기준으로 미 달러화의 가치를 표시하는 방법
사용 통화	원화, 엔화 등 대부분의 통화	영국의 파운드화, 유로화, 호주 달러화 등
예 시	• 원화 : ₩1,200 / $ • 엔화 : ¥100 / $	• 영국 파운드화 : $1.2719 / £ • 유로화 : $1.0735 / €

*우리나라에서 원(₩) / 달러($)로 환율을 표시하는 방법([예] ₩1,200 / $)은 직접표시법이며, 유럽식 표시방법임

③ 양방향 호가

ㄱ 양방향 호가란 딜러가 고객에게 매입율과 매도율의 형태로 가격을 제시하는 것이다.

ㄴ 매수율과 매도율의 차이를 스프레드라고 하며, 매수율은 매도율보다 항상 낮다.

ㄷ 스프레드는 딜러의 위험부담에 대한 프리미엄으로 딜러의 이익이 된다.

ㄹ 소매거래보다는 도매거래에서 스프레드가 낮아지고, 거래 규모가 크고 거래가 빈번한 통화일수록 스프레드가 낮아지는 것이 일반적이다.

매입율(매수율, Bid Rate)	딜러가 고객으로부터 외환을 매수할 때(즉, 고객이 딜러에게 외환을 매도할 때) 적용하는 환율
매도율(Offered Rate)	딜러가 고객에게 외환을 매도할 때(즉, 고객이 딜러로부터 외환을 매수할 때) 적용하는 환율

④ 환율의 변동에 따른 두 통화의 상대적 가치 변화

원 / 달러 환율이 $1=₩1,100에서 $1=₩1,200으로 변동하는 경우(→ 환율 상승)	달러 / 파운드 환율이 $1.27 / £에서 $1.37 / £로 변동하는 경우(→ 환율 상승)
• 원화에 비해 달러화의 가치 상승 → 달러화 평가절상 • 달러화에 비해 원화의 가치 하락 → 원화 평가절하	• 달러화에 비해 파운드화의 가치 상승 → 파운드화 평가절상 • 파운드화에 비해 달러화의 가치 하락 → 달러화 평가절하

(3) 외환시장의 구조와 기능

① 외환시장은 전 세계에서 가장 규모가 큰 금융시장으로, 24시간 거의 연속적으로 거래가 이루어지며, 세계 3대 외환시장은 런던, 뉴욕, 동경시장이다.

② 외환시장은 일종의 장외(OTC ; Over-The-Counter)시장이다.

③ 외환시장은 거래구성원과 거래규모에 따라 크게 도매시장과 소매시장으로 구분된다.

도매시장	주로 은행 간 외환거래가 이루어지는 은행 간 시장이며 거래규모가 큰 것이 특징이다.
소매시장	일반고객과 은행 간에 외환거래가 일어나는 대고객시장이며 대부분이 소액거래이다.

④ 외환중개회사를 통해 거래된 현물환결제일(Spot Value) 거래의 당일 중 거래량가중평균환율을 시장평균환율이라고 한다.

⑤ 시장평균환율은 그 다음 영업일의 기준환율이 되며, 차액결제 역외선물환(NDF) 거래에서는 지정환율 역할을 한다.

(4) 외환 포지션과 환리스크

① 외환 포지션은 환리스크에 노출된 금액을 나타낸다.

매수 포지션(Long Position) → 외환을 매수한 경우	외환(외국통화)의 가치가 상승(평가절상)하면 환차익, 외환의 가치가 하락 (평가절하)하면 환차손 발생
매도 포지션(Short Position) → 외환을 매도한 경우	외환(외국통화)의 가치가 하락(평가절하)하면 환차익, 외환의 가치가 상승 (평가절상)하면 환차손 발생

② 외환 포지션은 일정시점에서 외국환 은행 및 기업 등이 보유하고 있는 외화표시 자산과 부채의 차이로 측정된다.

외환 초과 매수 포지션 (Over Bought Position)	특정 통화표시 외환자산 > 외환부채 → 외환의 가치가 상승(평가절상)하면 환차익 발생
외환 초과 매도 포지션 (Over Sold Position)	특정 통화표시 외환자산 < 외환부채 → 외환의 가치가 하락(평가절하)하면 환차익 발생
스퀘어 포지션 (Square Position)	특정 통화표시 외환자산 = 외환부채 → 환율변동에 따른 리스크에 노출되지 않음

개념체크 ○×

▶ 직접표시법은 자국통화 한단위의 가치를 외국통화로 표시하는 방법이다. ○ ×

해설 자국통화 한단위의 가치를 외국통화로 표시하는 방법은 간접표시법이다.

답 X

▶ 환율변동에 따른 리스크에 노출되지 않는 외환 포지션은 스퀘어 포지션(Square Position)이다. ○ ×

답 O

STEP 02 핵심보충문제

01 우리나라에서 $1 = ₩1,200 또는 ¥100 = ₩1,000 등으로 환율을 표시하는 방법을 무엇이라
★★★ 하는가?

① 직접표시법

② 간접표시법

③ 유럽식 표시법

④ 미국식 표시법

해설 환율은 두 통화 간의 교환비율이다. 외국통화 한단위의 가치를 자국통화로 표시하는 방법을 직접표시법이라
한다. 이는 외국통화 한 단위($1, ¥100)를 기준으로 같은 가치를 나타내는 자국통화의 양(₩1,200, ₩1,000)
을 표시하는 방법이다. 또한 우리나라의 직접표시법은 미국 또는 일본의 입장에서는 간접표시법에 해당된다.

답 ①

02 달러-파운드 환율이 $1.2719 / £에서 $1.3719 / £로 상승했을 때, 다음 설명 중 옳은 것은?

★★★

① 파운드화 가치 상승

② 파운드화 가치 하락

③ 달러화 가치 하락

④ 파운드화 평가절하

[해설] 영국의 파운드화처럼 미국식으로 환율을 표시하는 경우, 환율이 상승($1.2719 / £ → $1.3719 / £)하면 달러화에 비해 파운드화의 가치는 상승(파운드화 평가절상)하고, 파운드화에 비해 달러화의 가치는 하락(달러화 평가절하)한 것이다.

답 ①

03 외환시장에 관한 설명으로 적절하지 않은 것은?

★★☆

① 외환시장은 전 세계에서 가장 규모가 큰 금융시장이며, 24시간 거의 연속적으로 거래가 이루어진다.

② 세계 3대 외환시장은 런던, 뉴욕, 동경시장이다.

③ 외환시장은 일종의 장외(OTC ; Over-The-Counter)시장이다.

④ 외환시장은 은행 간 시장보다 대고객시장의 거래규모가 더 크다.

[해설] 외환시장은 거래구성원과 거래규모에 따라 크게 도매시장과 소매시장으로 구분된다. 도매시장은 주로 은행 간 외환거래가 이루어지는 은행 간 시장이며 거래규모가 큰 것이 특징이다. 반면에, 소매시장은 일반고객과 은행 간에 외환거래가 일어나는 대고객시장이며 대부분이 소액거래이다.

답 ④

04 딜러인 은행이 외환거래에 있어서 제시하는 매수율(Bid Rate)과 매도율(Offer Rate)에 관한 설명
★★★ 으로 옳지 않은 것은?

① 고객이 딜러로부터 외환을 매수할 때 적용하는 환율은 매수율이다.

② 매수율과 매도율의 차이를 스프레드(Spread)라 하는데, 매수율은 매도율보다 항상 낮으므로 스프레드는 딜러의 이익이 되고, 딜러의 위험부담에 대한 프리미엄이다.

③ 소매거래(대고객시장)보다는 도매거래(은행 간 시장)에서, 거래규모가 크고 거래가 빈번한 통화일수록 스프레드가 낮아지는 것이 일반적이다.

④ 대규모 거래에서는 매수율이나 매도율이 협상을 통해 조정되기도 하며, 은행 간 거래에서도 스프레드는 존재한다.

[해설] 매수율과 매도율은 딜러 입장에서 보는 환율이다. 고객이 딜러로부터 외환을 매수할 때(즉, 딜러가 고객에게 매도할 때) 적용하는 환율은 매도율이다. 따라서, 딜러가 제시한 매도율(외환의 매도가격)로 고객이 매수를 하는 것이다.

답 ①

TOPIC

02 선물환과 통화선물 중요도 ★★★

대표유형문제 현재 원-달러 현물환율이 달러당 1,000원이고 6개월 선물환율이 달러당 900원이다. 그러면 6개월 선물환의 할증률(또는 할인율)은?

① 10% 할증
② 20% 할증
③ 10% 할인
④ 20% 할인

해설 선물환 할증률 또는 할인율은 현물환율과 비교하여 연율로 표현하는 것이 일반적이다. 아래 식에서 선물환 만기는 개월수이다. 만약 선물환 만기가 일수로 계산된다면, 식에서 '$\dfrac{12}{선물환 만기}$'를 '$\dfrac{360}{선물환 만기}$'로 수정하여 적용하면 된다.

- 할증(할인)율 $= \dfrac{선물환율 - 현물환율}{현물환율} \times \dfrac{12}{선물환 만기} = \dfrac{900 - 1,000}{1,000} \times \dfrac{12}{6} = -20\%$

답 ④

STEP 01 핵심필수개념

(1) 현물환거래와 선물환거래

현물환거래 (Spot)	① 외환의 즉각적 인도를 조건으로 하는 거래로서 일반적으로 거래일로부터 2영업일 후인 현물일(Spot Date)을 결제일로 하는 외환거래이다. ② 현물환거래에 적용되는 환율을 현물환율이라고 한다.	
	Value Today	→ 결제일이 거래일 당일(당일결제)
	Value Tomorrow	→ 결제일이 거래일 이후 1영업일째(익일결제)
	Value Spot	→ 결제일이 거래일 이후 2영업일째(현물일결제)
선물환거래 (Forward)	① 현물일(Spot Date) 이후(1주, 1개월, 2개월 등)를 결제일로 하는 외환거래이다. ② 선물환거래에 적용되는 환율을 선물환율이라고 한다.	
	선물환 할증(Premium)	→ 선물환율 > 현물환율
	선물환 할인(Discount)	→ 선물환율 < 현물환율

(2) 선물환율의 고시방법

① 딜러(은행)는 선물환율을 두 가지 방법으로 고시한다.

아웃라이트율(Outright Rate)	딜러가 선물환거래를 원하는 고객에게 선물환율의 호가를 현물환율처럼 매수율과 매도율로 표시하는 방법이다.
선물환 포인트(Forward Point) 표시법	선물환율을 현물환율의 차이로 표시하는 방법이다. → 선물환 포인트는 현물환율과 선물환율의 차이를 말한다.

*은행 간 시장에서는 선물환율을 표시할 때, 선물환 포인트(단위 : 0.01원)로 표시하는 것이 관례이다.

② 선물환 포인트와 선물환율

선물환율이 할증(Premium) 상태에 있는 경우	현물환율 < 선물환율
	선물환 포인트의 매수율 < 선물환 포인트의 매도율
	→ 선물환율 = 현물환율 + 선물환 포인트
	(선물환 포인트 = 선물환율 - 현물환율)
선물환율이 할인(Discount) 상태에 있는 경우	현물환율 > 선물환율
	선물환 포인트의 매수율 > 선물환 포인트의 매도율
	→ 선물환율 = 현물환율 - 선물환 포인트
	(선물환 포인트 = 현물환율 - 선물환율)

(3) 원-달러 차액결제선물환(NDF ; Non-Deliverable Forward)

개 념	일반적인 선물환이 만기일에 계약의 대상이 되는 기초자산, 즉 양국 통화를 정해진 선물환율로 상호 교환하는 데 반해, NDF(차액결제선물환)는 만기시점에 계약통화의 교환이 없이 계약 당시의 선물환율과 만기시점의 현물환율(지정환율)의 차이만큼을 특정 통화(주로 미 달러화)로 정산하는 계약을 말한다.
특 징	• NDF는 차액만을 결제하므로 결제위험이 일반 선물환에 비해 적다. • 결제통화로 주로 미 달러화가 사용되므로 해당국의 통화(예를 들면, 우리나라 원화)가 국제적으로 통용되지 않더라도 역외시장에서 거래가 형성될 수 있다. • 적은 금액만으로도 거래가 가능하므로 레버리지 효과가 높아 환리스크 헤지뿐 아니라 투기적 거래에도 활용된다.
원-달러 NDF	• 만기는 주로 정형화된 만기의 형태로 다양하게 존재하지만 1개월물이 가장 많이 거래된다. • 거래금액은 제한이 없으나 관행상 100만달러 단위로 거래되는 것이 일반적이다. • 결제환율(지정환율)은 직전 영업일의 시장평균환율에 의해 결정되며, 차액정산 시 교환되는 통화는 미 달러화로 정하고 있다.
결제금액	$= \dfrac{(\text{지정환율} - \text{계약 시 선물환율})}{\text{지정환율}} \times \text{계약금액}$

(4) 선물환율의 결정

① 균형선물환율은 이자율평형(IRP ; Interest Rate Parity) 이론을 이용하여 계산할 수 있는데, 선물환율은 현물환율과 양국의 이자율 수준에 따라 결정된다.

• 균형선물환율(F^*) = 현물환율$(S) \times \dfrac{1 + \text{자국통화의 이자율}(r_d)}{1 + \text{외국통화의 이자율}(r_f)}$

자국이자율(r_d) > 외국이자율(r_f)	자국이자율(r_d) < 외국이자율(r_f)
→ 선물환율(F^*) > 현물환율(S) → 선물환율은 할증(Premium) 상태	→ 선물환율(F^*) < 현물환율(S) → 선물환율은 할인(Discount) 상태

② 선물환 할증률(할인율)

• 할인율 또는 할증율 = $\dfrac{F(\text{선물환율}) - S(\text{현물환율})}{S(\text{현물환율})} = r_d(\text{국내이자율}) - r_f(\text{해외이자율})$

→ 따라서 두 나라 통화 간의 이자율 차이에 의해 선물환 할증률 또는 할인율이 결정된다.

(5) 무위험 이자율 차익거래

실제 시장선물환율(F)이 IRP에 의한 이론선물환율(F^*)과 괴리(고평가 또는 저평가)가 발생하면 무위험 이자율 차익거래가 가능하다.

시장선물환율(F) > 이론선물환율(F^*) → 시장선물환율이 고평가되어 있는 경우 즉, $F > F^* \left(= S \times \dfrac{1+r_d}{1+r_f} \right)$인 경우		시장선물환율(F) < 이론선물환율(F^*) → 시장선물환율이 저평가되어 있는 경우 즉, $F < F^* \left(= S \times \dfrac{1+r_d}{1+r_f} \right)$인 경우	
	외국통화 선물환 매수 복제		**외국통화 선물환 매도 복제**
현물환 거래	① 자국통화 차입 ② 외국통화 현물환 매수(자국통화를 외국통화로 교환) ③ 외국통화로 표시된 금융자산에 투자(예금)	현물환 거래	① 외국통화 차입 ② 외국통화 현물환 매도(외국통화를 자국통화로 교환) ③ 자국통화로 표시된 금융자산에 투자(예금)
선물환 거래	④ 외국통화 선물환 매도 (만기에 외국통화를 자국통화로 바꾸어 차입금을 상환하기 위한 거래)	선물환 거래	④ 외국통화 선물환 매수 (만기에 자국통화를 외국통화로 바꾸어 차입금을 상환하기 위한 거래)
→ 위와 같은 차익거래가 발생하는 원인은 두 나라의 이자율 차이보다 선물환율의 할증률이 높게 나타나 IRP가 성립하고 있지 않기 때문이다.		→ 위와 같은 차익거래가 발생하는 원인은 두 나라의 이자율 차이에 비해 선물환율의 할증률이 작게 나타나 IRP가 성립하고 있지 않기 때문이다.	

(6) 통화선물

① 선물환이나 통화선물 모두 미래의 외환거래에 대한 가격, 즉 환율을 고정시킨다는 면에서 동일한 목적과 기능을 가지고 있으나, 통화선물은 선물계약으로서 조직화된 거래소에서 표준화된 조건에 따라 거래된다.

② 외환시장에서는 통화선물 거래보다는 선물환 거래가 활성화되어 있다.

③ 선물환과 통화선물 비교

구 분	선물환 → 선도계약	통화선물 → 선물계약
거래장소	장외시장	거래소
거래조건	개별 거래 당사자의 필요에 맞춤	표준화
계약이행	계약이행을 전적으로 거래 상대방의 신용도에 의존 → 계약불이행위험 존재	거래소(청산기관)가 거래 상대방의 입장에서 계약이행을 보증 → 증거금과 일일정산 제도 운영
결 제	대부분의 계약이 만기에 가서 실물인수도를 통해 결제	대부분의 포지션이 만기 전에 반대매매를 통해 청산
거래비용	딜러의 매수 / 매도 스프레드	브로커 수수료 → 통화선물의 거래비용은 선물환에 비해 저렴

④ 우리나라 통화선물의 상품명세

구 분	미국달러선물	엔선물	유로선물	위안선물
기초자산	미국달러(USD)	일본 엔(JPY)	유로화(EUR)	중국위안화(CNH)
거래단위	10,000달러	1,000,000엔	10,000유로	100,000위안
가격표시방법	1달러당 원화	100엔당 원화	1유로당 원화	1위안당 원화

호가가격단위	0.1원 → 1틱의 가치 1,000원 (=10,000 × 0.1)	0.1원 → 1틱의 가치 1,000원 (=1,000,000 × 0.1 × 1 / 100)	0.1원 → 1틱의 가치 1,000원 (= 10,000 × 0.1)	0.01원 → 1틱의 가치 1,000원 (= 100,000 × 0.01)
거래시간	09:00 ~ 15:15(단, 최종거래일은 09:00 ~ 11:30)			
최종거래일	결제월의 세 번째 월요일(공휴일인 경우 순차적으로 앞당김)			
최종결제일	최종거래일로부터 기산하여 3일째 거래일(T + 2)			
결제방법	실물 인수도 결제			

⑤ 통화선물의 가격결정은 선물환의 가격결정과 동일하다.

- 균형선물환율(F^*) = 현물환율$(S) \times \dfrac{1 + 자국통화의 \ 이자율(r_d)}{1 + 외국통화의 \ 이자율(r_f)}$

(7) 환리스크 관리

① 선물환을 이용한 환리스크 관리

매수헤지	• 장래 매수해야 할 통화의 가치가 상승하여 손실이 생길 가능성에 대비하여 선물환 또는 통화선물을 매수하는 거래이다. • 해당 통화로 수입대금을 결제해야 하는 수입업자, 차입금을 갚아야 하는 차입자 등이 활용한다.
매도헤지	• 미래에 매도해야 할 통화의 가치가 하락할 것을 우려하여 선물환 또는 통화선물을 매도하는 거래이다. • 해당 통화로 수출대금을 결제받을 수출업자, 투자금 또는 대출금을 받게 되는 투자자 등이 활용한다.

② 통화선물을 이용한 환리스크 관리

통화선물은 계약이 표준화되어 있으므로 헤지규모나 헤지기간 등이 현물거래조건과 일치되지 못하는 경우가 많아서 헤지오차가 발생할 수 있다. → 즉, 통화선물을 이용하여 헤지를 할 경우에는 베이시스 리스크로 인하여 헤지효과가 떨어지는 단점이 있으며, 지속적으로 증거금을 관리해야 하는 불편이 있다.

〈베이시스 리스크와 헤지손익〉

구 분	매수헤지(선물매수 + 현물매도)	매도헤지(선물매도 + 현물매수)
양(+)의 베이시스 (원화금리 > 달러금리) → 선물가격 > 현물가격	헤지손실	헤지이익
	만기가 가까워짐에 따라 베이시스의 크기는 감소한다. → 즉, 선물가격은 현물가격에 비해 상대적인 증가폭이 적거나 상대적인 하락폭이 커지게 된다.	
음(−)의 베이시스 (원화금리 < 달러금리) → 선물가격 < 현물가격	헤지이익	헤지손실
	만기가 가까워짐에 따라 베이시스의 차이가 점차 감소한다. → 즉, 선물가격은 현물가격에 비해 상대적인 증가폭이 크거나 상대적인 하락폭이 작아지게 된다.	

③ 단기자금시장을 이용한 환리스크 헤지

균형상태의 이자율평형이론$(F^*) = S \times \dfrac{1 + r_d}{1 + r_f}$

→ 위 식을 거래의 관점에서 보면 좌변(F^*)은 선물거래를 의미하고, 우변$\left(S \times \dfrac{1 + r_d}{1 + r_f}\right)$은 현물거래$(S)$와 두 통화를 이용한 차입 또는 예금을 의미한다.

선물의 매수 포지션	선물의 매도 포지션
외국통화로 차입하여 현물환거래를 통해 자국통화로 교환하고, 이를 선물의 만기와 동일한 기간 동안 자국통화로 예금하는 방식으로 대체될 수 있다.	자국통화로 차입하여 현물환거래를 통해 외국통화로 교환하고, 이를 선물의 만기와 동일한 기간 동안 외국통화로 예금하는 방식으로 대체될 수 있다.

• 시장이 균형상태에 있어 이자율평형이론이 성립한다면, 선물(환)을 이용하나 단기자금시장을 이용하나 헤지의 결과는 항상 동일하다. → 그러나 실제 시장선물환율이 고평가 또는 저평가되어 있는 불균형상태에서는 두 방식의 헤지 효과가 다르다.

시장선물환율(F) > 이론선물환율(F^*) → 시장선물환율이 고평가되어 있는 경우 즉, $F > F^* \left(= S \times \dfrac{1 + r_d}{1 + r_f}\right)$인 경우	시장선물환율(F) < 이론선물환율(F^*) → 시장선물환율이 저평가되어 있는 경우 즉, $F < F^* \left(= S \times \dfrac{1 + r_d}{1 + r_f}\right)$인 경우
• 매수헤지는 단기자금시장을 이용한 헤지가 유리하다. • 매도헤지는 선물을 이용한 헤지가 유리하다.	• 매수헤지는 선물을 이용한 헤지가 유리하다. • 매도헤지는 단기자금시장을 이용한 헤지가 유리하다.

개념체크○×

▶ 통화선물은 대부분의 계약이 만기에 가서 실물인수도를 통해 결제되는 반면에, 선물환은 대부분의 포지션이 만기 전에 반대매매를 통해 청산된다. ○×

[해설] 선물환은 대부분의 계약이 만기에 가서 실물인수도를 통해 결제되는 반면에, 통화선물은 대부분의 포지션이 만기 전에 반대매매를 통해 청산된다.

답 ×

▶ 시장선물환율이 고평가되어 있는 경우[시장선물환율(F) > 이론선물환율(F^*)] 매수헤지는 단기자금시장을 이용한 헤지가 유리하고 매도헤지는 선물을 이용한 헤지가 유리하다. ○×

답 ○

01 외환거래의 거래계약일 후 2영업일째 결제가 이루어지는 현물일 결제거래를 뭐라고 부르는가?
★★★

① Value Today   ② Value Tomorrow

③ Value Spot   ④ 1week

[해설] 현물환 거래란 외환의 즉각적 인도를 조건으로 하는 환거래이다. 일반적으로 거래계약일로부터 2영업일 후의 날짜를 현물일 또는 현물환 결제일(Value Spot)이라고 하는데, 자금결제일이 현물일 이내이면 이를 현물환 거래라고 하고 현물일을 초과(즉, T + 3일 이후)하여 결제가 이루어지면 선물환 거래라고 한다.

답 ③

02 현재 원–달러 현물환율은 $1 = ₩1,200이며, 만기가 3개월인 선물환율은 $1 = ₩1,250이다. 다
★★☆ 음 설명 중 옳은 것은?

① 원–달러 선물환을 100만달러 매수한 투자자는 3개월 후 선물환 만기일에 현물환율이 $1 = 1,220이라면 30,000,000원의 이익을 본다.

② 원–달러 선물환을 100만달러 매수한 투자자는 3개월 후 선물환 만기일에 현물환율이 $1 = 1,280이라면 이 투자자는 30,000,000원의 손실을 본다.

③ 선물환 매수 포지션은 만기 시 현물환율이 선물환율보다 낮게 나타날수록 이익이 커지며, 높게 나타날수록 손실이 커진다.

④ 장차 환율이 하락할 것으로 예상한다면 선물환 매도 포지션을, 상승할 것으로 예상한다면 선물환 매수 포지션을 취한다.

[해설] 원–달러 선물환을 100만달러 매수한 투자자는 3개월 후 선물환 만기일에 현물환율이 $1=₩1,220이라면 30,000,000원의 손실[= 1,000,000 × (1,220 − 1,250)]을, $1=₩1,280이라면 30,000,000원의 이익[= 1,000,000 × (1,280 − 1,250)]을 본다. 선물환 매수 포지션은 만기 시 현물환율이 선물환율보다 높게 나타날수록 이익이 커지며, 낮게 나타날수록 손실이 커진다.

답 ④

03 현재 원–달러 현물환율이 ₩1,000 / $, 원화 3개월 금리는 3%(act / 365), 달러화 3개월 금리는
★★★ 2%(act / 360)이다. 만기가 3개월(92일)인 원–달러 선물환율은?

① 998.44   ② 1,000.44

③ 1,002.44   ④ 1,004.44

[해설] 이론선물환율 $= 1,000 \times \dfrac{1 + 0.03 \times 92/365}{1 + 0.02 \times 92/360} \fallingdotseq 1,002.44$

답 ③

04 현재 원-달러 현물환율은 ₩1,000 / $, 만기가 3개월(92일)인 선물환율은 ₩1,001 / $, 달러화 3개
★★★ 월 금리는 2%(act / 360), 원화 3개월 금리는 3%(act / 365)이다. 다음 설명 중 옳지 않은 것은?

① 시장선물환율은 할증상태이다.

② 이론선물환율은 ₩1,002.44 / $이다.

③ 시장선물환율은 이론선물환율보다 저평가되어 있다.

④ 원화를 차입하고 이를 달러로 바꾸어 달러로 예금하고, 달러선물환을 매수하는 차익거래를 할
    수 있다.

[해설] 시장선물환율(1,001)은 현물환율(1,000)보다 높으므로 할증상태(Premium)이다. 할증률을 계산하면 0.39%

$\left(=\dfrac{1,001-1,000}{1,000}\times\dfrac{360}{92}\right)$이다. 이론선물환율을 계산하면,

이론선물환율$(F^*)=1,000\times\dfrac{1+0.03\times 92/365}{1+0.02\times 92/360}\fallingdotseq 1,002.44$가 되므로, 시장선물환율(1,001)이 이론선물환

율(1,002.44)보다 저평가되어 있다. 따라서 달러화를 차입하고 이를 원화로 바꾸어 원화로 예금하고(달러 선
물환매도 복제), 동시에 차입한 달러화 상환을 위해 달러선물환을 매수하는 차익거래를 할 수 있다.

답 ④

03 통화옵션 중요도 ★★★

대표유형문제 6개월 후 100만달러의 수입대금을 지급해야 하는 수입업자가 원-달러 통화옵션을 이용하여 환리스크를 헤지하고자 할 때, 가장 적절한 전략은?

① 달러 콜옵션 매수
② 달러 콜옵션 매도
③ 달러 풋옵션 매수
④ 달러 풋옵션 매도

해설 수입업자는 원-달러 환율이 상승하면, 6개월 후에 지급해야 하는 원화금액이 증가하여 손실을 보게 된다. 따라서 환율상승에 대비하여 원-달러 콜옵션을 매수하여야 한다.

답 ①

STEP 01 핵심필수개념

(1) 통화옵션의 개념

① 계약기간 또는 만기일에 특정 외국통화를 미리 정한 환율(행사가격)에 매수하거나 또는 매도할 수 있는 권리를 갖는 계약이다.

Call 옵션	특정 통화를 매수할 수 있는 권리
Put 옵션	특정 통화를 매도할 수 있는 권리

② 통화옵션은 불리한 환율변동으로 인한 손실위험을 제거할 수 있을 뿐만 아니라, 선물환이나 통화선물과는 달리 유리한 환율변동으로 인한 이익기회를 유지할 수 있는 장점이 있다.

③ 통화옵션은 장내옵션보다 장외옵션의 거래규모가 훨씬 크다.

(2) 통화옵션 시장

① 현물옵션인 경우 통화옵션의 기초자산은 현물환이며, 선물옵션인 경우 통화선물옵션의 기초자산은 통화선물이다.

② 통화선물옵션의 경우 콜옵션을 행사하면 콜옵션 매수자는 선물매수 포지션을 갖게 되며, 콜옵션 매도자는 선물매도 포지션을 갖게 된다. 또한 풋옵션을 행사하면 풋옵션 매수자는 선물매도 포지션을 갖게 되며, 풋옵션 매도자는 선물매수 포지션을 갖게 된다.

③ 한국거래소에 상장된 미국 달러옵션의 기초자산은 미국 달러현물로 되어 있다. 즉 선물옵션이 아닌 현물옵션의 형태이다.

④ 한국거래소에 상장된 미국 달러옵션의 결제방식은 미국 달러선물과는 달리 현금결제이다.

⑤ 한국거래소에 상장된 미국 달러옵션의 계약명세

거래대상	미국달러화(USD)
계약단위	US $10,000
결제월	분기월 중 2개와 그 밖의 월 중 2개
가격의 표시	프리미엄(원화)
호가가격단위	0.10원
최소가격변동금액	1,000원(US $10,000 × 0.10원)
거래시간	09:00 ~ 15:45(최종거래일 09:00 ~ 15:30)
최종거래일	결제월의 세 번째 월요일(공휴일인 경우 순차적으로 앞당김)
최종결제일	최종거래일의 다음 거래일
권리행사	최종거래일에만 행사가능(European형)
결제방법	현금결제

(3) 통화옵션의 가격결정

① 통화옵션의 가치를 구하기 위해서 가장 많이 사용되는 모형은 가먼-콜하겐 모형이다.

② 통화옵션에서는 동일한 기초자산(환율)에 대한 콜옵션과 풋옵션은 서로 대칭적이어서 어느 한 통화의 콜옵션은 상대통화의 풋옵션이 된다.

③ 풋-콜-선물 패리티

풋-콜-선물 패리티	• $C - P = (F_t - K)e^{-rT}$ → 즉, 콜옵션가격과 풋옵션가격의 차이가 선물가격과 행사가격 차이의 현재가치와 같아야 함을 의미한다. • 만기와 행사가격(K)이 같은 (유럽형) 콜옵션가격(C), 풋옵션가격(P), 선물환율(F) 간에 성립하는 이론적인 관계식이다.

• 동일한 행사가격과 만기를 가진 콜옵션을 매수하고 풋옵션을 매도하면 동일한 만기의 선물환에 매수 포지션을 취한 것과 같고, 콜옵션을 매도하고 풋옵션을 매수하면 선물환 매도 포지션을 취한 것과 같은 손익결과를 가져온다.

합성선물환 포지션	합성선물환 매수 포지션	= 콜옵션 매수 + 풋옵션 매도
	합성선물환 매도 포지션	= 콜옵션 매도 + 풋옵션 매수

④ 풋-콜-선물 패리티가 성립하지 않는다면 선물시장과 통화옵션시장 간의 차익거래가 가능해진다.

합성된 선물환계약의 선물환율이 실제 선물환율보다 높은 경우 → $C - P > (F_t - K)^{-rT}$인 경우	[콜옵션 매도 + 풋옵션 매수]에 의해 선물환을 합성매도하고 실제 선물환을 매수하면 차익거래 이익을 얻을 수 있다. = 선물환 합성매도 + 선물환 매수 = (콜매도 + 풋매수) + 선물환 매수
합성된 선물환계약의 선물환율이 실제 선물환율보다 낮은 경우 → $C - P < (F_t - K)^{-rT}$인 경우	[콜옵션 매수 + 풋옵션 매도]에 의해 선물환을 합성매수하고 실제 선물환을 매도하면 차익거래 이익을 얻을 수 있다. = 선물환 합성매수 + 선물환 매도 = (콜매수 + 풋매도) + 선물환 매도

(4) 통화옵션을 이용한 환리스크 헤지

① 환리스크 헤지전략

환율상승 위험에 노출되었을 때	콜옵션 매수(또는 풋옵션 매도) → 외국통화를 보유하고 있거나 또는 장차 외화대금 수취 등으로 외국통화를 보유하게 될 경우(예 수출업자)
환율하락 위험에 노출되었을 때	풋옵션 매수(또는 콜옵션 매도) → 향후 외화대금 결제나 자금상환 등으로 외국통화를 필요로 하는 경우(예 수입업자)

*옵션을 매도하는 매도헤지는 리스크가 크기 때문에 사용하기 어려워, 통화옵션을 이용한 헤지는 콜옵션이나 풋옵션을 매수하는 헤지전략이 주로 이용됨

② 헤지 효과

콜옵션 매수헤지의 경우	• 선물환이나 통화선물을 매수하여 헤지하는 경우엔 미래 환율을 고정시키지만, 콜옵션 매수헤지는 환율이 불리하게 변동(환율하락)할 경우의 최대손실은 고정시키고 유리하게 변동(환율상승)할 경우 이익의 기회는 유지시킨다. • 환율의 상한선을 설정하는 효과가 있다. (상한선 = 콜옵션의 행사가격 + 프리미엄)
풋옵션 매수헤지의 경우	• 선물환이나 통화선물을 매도하여 헤지하는 경우엔 미래 환율을 고정시키지만, 풋옵션 매수헤지는 환율이 불리하게 변동(환율상승)할 경우의 최대손실은 고정시키고 유리하게 변동(환율하락)할 경우 이익의 기회는 유지시킨다. • 환율의 하한선을 설정하는 효과가 있다. (하한선 = 풋옵션의 행사가격 − 프리미엄)

개념체크 O×

▶ 통화옵션은 불리한 환율변동으로 인한 손실위험을 제거할 수 있을 뿐만 아니라, 선물환이나 통화선물과는 달리 유리한 환율변동으로 인한 이익기회를 유지할 수 있는 장점이 있다. ○×

답 O

▶ 풋옵션 매수헤지는 환율의 상한선을 설정하는 효과가 있다. ○×

해설 풋옵션 매수헤지는 환율의 하한선(하한선 = 풋옵션의 행사가격 − 프리미엄)을 설정하는 효과가 있다.

답 X

01 선물환, 통화선물 및 통화옵션에 관한 설명으로 옳지 않은 것은?

★★☆

① 선물환 또는 통화선물을 이용하여 미래시점에 결제될 외환거래의 환율을 현재시점에서 미리 확정시킴으로써 환율변동에 따른 불확실성을 제거할 수 있다.

② 선물환이나 통화선물을 이용하여 이용한 헤지전략은 불리한 환율변동으로 인한 손실위험을 제거해 주긴 하지만, 유리한 환율변동으로 인한 이익기회까지도 제거해 버린다는 단점이 있다.

③ 통화옵션은 불리한 환율변동으로 인한 손실위험을 제거할 수 있을 뿐만 아니라, 유리한 환율변동으로 인한 이익기회를 유지할 수 있는 장점이 있다.

④ 통화옵션은 장외옵션보다 장내옵션의 거래규모가 훨씬 크다.

[해설] 통화옵션도 거래소에 상장되어 거래되는 장내옵션과 은행 간 또는 기타 당사자 간에 거래되는 장외옵션으로 구분된다. 선물환과 마찬가지로 외환거래의 특성상 장내옵션보다 장외옵션의 거래규모가 훨씬 크다.

답 ④

02 통화옵션시장에 관한 설명으로 옳은 것은?

★★☆

① 현물옵션인 경우 통화옵션의 기초자산은 현물환이며, 선물옵션인 경우 통화선물옵션의 기초자산은 통화선물이다.

② 통화선물옵션의 경우 풋옵션을 행사하면 풋옵션 매수자는 선물매수 포지션을 갖게 되며, 풋옵션 매도자는 선물매도 포지션을 갖게 된다.

③ 한국거래소에 상장된 미국 달러옵션의 기초자산은 미국 달러선물로 되어 있다. 즉 현물옵션이 아닌 선물옵션의 형태이다.

④ 한국거래소에 상장된 미국 달러옵션의 결제방식은 미국 달러선물과 동일하게 실물인수도 결제이다.

[해설] 틀린 것을 바르게 고치면, ② 통화선물옵션의 경우 콜옵션을 행사하면 콜옵션 매수자는 선물매수 포지션을 갖게 되며, 콜옵션 매도자는 선물매도 포지션을 갖게 된다. 또한 풋옵션을 행사하면 풋옵션 매수자는 선물매도 포지션을 갖게 되며, 풋옵션 매도자는 선물매수 포지션을 갖게 된다. ③ 한국거래소에 상장된 미국 달러옵션의 기초자산은 미국 달러현물로 되어 있다. 즉 선물옵션이 아닌 현물옵션의 형태이다. ④ 한국거래소에 상장된 미국 달러옵션의 결제방식은 미국 달러선물과는 달리 현금결제이다.

답 ①

03 원−달러 현물환율이 ₩1,115 / $일 때, 한국거래소에서 거래되는 미국 달러옵션의 상태를 바르게
★★★ 나타낸 것은?

① 행사가격 1,050원인 풋옵션 : 내가격

② 행사가격 1,100원인 풋옵션 : 외가격

③ 행사가격 1,110원인 콜옵션 : 외가격

④ 행사가격 1,120원인 콜옵션 : 내가격

해설 옵션가격의 상태(내가격, 등가격, 외가격)는 기초자산가격(환율 1,115)과 행사가격을 비교하여 판단한다. 따라서 ① 외가격, ② 외가격, ③ 내가격, ④ 외가격이 올바른 연결이다.

구 분	콜옵션	풋옵션
내가격(ITM)	기초자산가격(S) > 행사가격(K)	기초자산가격(S) < 행사가격(K)
외가격(OTM)	기초자산가격(S) < 행사가격(K)	기초자산가격(S) > 행사가격(K)
등가격(ATM)	기초자산가격(S) = 행사가격(K)	

답 ②

04 3개월 후에 미화 100만달러의 차입금 상환이 예정된 경우, 환위험을 회피할 수 있는 방법으로
★★★ 옳지 않은 것은?

① 3개월 만기 달러 선물환 매도

② 3개월간 원화를 차입하여 달러로 바꾼 다음 원화자산에 3개월간 투자

③ 3개월 만기 달러화에 대한 풋옵션 매도

④ 3개월 만기 달러화에 대한 콜옵션 매수

해설 3개월 후에 달러 차입금을 상환할 예정이므로, 환율이 상승할 경우 손실이 발생한다. 따라서 환율상승에 대비하여 선물환이나 통화선물을 매수하거나 통화옵션을 이용하는 경우엔 콜옵션을 매수하여야 한다. 다만, 차이점은 선물환이나 통화선물을 매수하여 헤지하는 경우엔 미래 환율을 고정시키지만, 콜옵션 매수헤지는 환율이 불리하게 변동(환율하락)할 경우의 최대손실은 고정시키고 유리하게 변동(환율상승)할 경우 이익의 기회도 유지할 수 있다.

답 ①

출제예상문제

01
★★★
국제외환시장에서 거래되는 미국달러($) / 영국파운드(£)에 대한 설명으로 옳지 않은 것은?

① 기준통화는 영국 파운드화이다.

② $1.0735 / €와 같은 표시방식이다.

③ 미국 달러화는 비교통화이다.

④ 유럽식이다.

02
★★★
원-달러 환율은 $1 = ₩1,100에서 $1 = ₩1,000으로 변동하였고, ￥100 = ₩1,000에서 ￥100 = ₩1,100으로 변동하였다. 이에 대한 설명으로 틀린 것은?

① 달러화가 원화에 비하여 가치상승

② 엔화가 원화에 비하여 가치상승

③ 원화가 달러화에 비하여 가치상승

④ 원화가 엔화에 비하여 가치하락

03
★★★
다음은 주요 통화들에 대해 2020년 1월과 2021년 1월의 환율을 비교한 것이다. 이에 관한 설명으로 옳은 것은?

구 분	2020년 1월	2021년 1월
₩ / $	1,189.50	1,168.00
￥ / $	120.29	113.92
$ / €	1.4722	1.4125
$ / £	1.5227	1.2719

① 달러화는 원화에 비해 평가절상되었다.

② 달러화는 엔화에 비해 평가절상되었다.

③ 달러화는 유로화에 비해 평가절상되었다.

④ 달러화는 파운드화에 비해 평가절하되었다.

04 외환시장에 관한 설명으로 적절하지 않은 것은?

★★☆ ① 외환시장은 외환거래의 종류에 따라 현물환시장, 선물환시장, 통화선물시장, 통화옵션시장, 통화스왑시장 등으로 구분하기도 한다.

② 대부분의 선물환거래는 실물인수도가 이루어지지만, 차액결제선물환(NDF)은 만기에 환율변동에 따른 차액만 정산하는 형태의 선물환거래이다.

③ 통화선물거래도 본질적으로 선물환거래와 동일하지만, 통화선물이 장외시장에서 거래된다면 선물환은 장내시장, 즉 거래소에서 거래된다는 점에 차이가 있다.

④ 외환스왑은 거래형태에 있어서는 외환거래의 형태를 취하고 있으나 실제로는 두 통화 간의 대차거래의 성격을 가진다.

05 외환시장의 성격으로 옳지 않은 것은?

★★☆ ① 주문선행시장　　　　　　　　　② 장외거래시장

③ 양방향호가시장　　　　　　　　　④ 딜러시장

01 ④ 유럽식이 아니라 미국식 표시방법이다. 국제금융시장에서는 미국 달러화가 개입된 외환거래는 일반적으로 기축통화인 미국 달러화를 중심으로 환율을 표시한다. 미 달러화 한 단위를 기준으로 다른 통화의 가치를 표시하는 방법을 유럽식이라고 한다. 반대로 다른 통화 한 단위를 기준으로 미 달러화의 가치를 표시하는 방법을 미국식이라고 한다. 영국의 파운드화, 유로화, 호주 달러화 등은 미국식으로 표시되며, 그 밖의 통화는 유럽식으로 표시되는 것이 외환시장의 오랜 관행이다.

02 ① 원-달러 환율은 달러가 기준인데, 원-달러 환율이 하락하였으므로 원화에 비해 달러화의 가치는 하락(달러화 평가절하)했고, 달러화에 비해 원화의 가치는 상승(원화 평가절상)한 것이다. 엔-원 환율은 엔화가 기준이다. 엔-원 환율은 상승하였으므로 원화에 비해 엔화의 가치는 상승(엔화 평가절상)했고, 엔화에 비해 원화의 가치는 하락(원화 평가절하)한 것이다.

03 ③ 표에 표시된 환율은 분모에 사용된 기준통화 1단위에 대해 교환되는 다른 통화의 비율이다. 원-달러 환율과 엔-달러 환율은 달러가 기준이다. 원-달러 환율은 하락하였으므로 원화에 비해 달러화의 가치는 평가절하되었다. 엔-달러 환율도 하락하였으므로 엔화에 비해 달러화의 가치는 평가절하되었다. 달러-유로 환율과 달러-파운드 환율은 각각 유로와 파운드가 기준이다. 달러-유로 환율과 달러-파운드 환율은 하락하였으므로 달러에 비해 유로화와 파운드화의 가치는 평가절하되었다. 즉, 달러화는 유로화와 파운드화에 비해 평가절상되었다.

04 ③ 선물환거래는 계약이 성립되는 시점에서 합의된 환율에 따라 미래 특정일에 한 통화에 대해 다른 통화의 일정량을 인도 또는 인수하기로 약속하는 거래이다. 통화선물거래도 본질적으로 선물환거래와 동일하지만, 선물환이 장외시장에서 거래된다면 통화선물은 장내시장, 즉 거래소에서 거래된다는 점에 차이가 있다.

05 ① 외환시장은 호가선행시장이다. 은행은 외환거래에 있어 항상 매수율(Bid Rate)과 매도율(Offer Rate)에 차이를 두어 양방향으로 환율을 제시한다. 호가선행시장이라는 것은 딜러(은행)가 먼저 매수율과 매도율을 제시하면, 이렇게 제시된 환율에 맞추어서 고객이 거래를 한다는 의미이다.

06 한국물산은 딜러(은행)에게 달러화를 매도하려고 한다. 딜러가 제시하는 원−달러 환율이 다음과
★★★ 같을 때, 한국물산은 어느 딜러에게 달러를 매도해야 가장 유리한가?

① 딜러 A : 1,100.30 − 1,150.40
② 딜러 B : 1,110.40 − 1,160.50
③ 딜러 C : 1,120.50 − 1,170.60
④ 딜러 D : 1,130.60 − 1,180.70

07 외환 포지션에 관한 설명으로 옳은 것은?
★★★ ① 매수 포지션을 가지고 있을 경우, 자국통화가 평가절하되면 환손실이 발생한다.
② 매도 포지션을 가지고 있을 경우, 외국통화가 평가절상되면 환손실이 발생한다.
③ 외환 초과 매수 포지션을 가지고 있을 경우, 외환자산이 외환부채보다 적다.
④ 스퀘어 포지션 상태에 있을 경우, 환율변동에 따른 리스크에 노출된다.

08 다음 결제일 중 선물환거래(Forward)의 결제일에 해당되는 것은?
★★☆ ① Value Today   ② Value Tomorrow
③ Value Spot   ④ 1week

09 3개월 만기 선물환의 거래일이 3월 25일이라면 일반적으로 선물환 결제일은 언제인가?
★★☆ ① 6월 25일   ② 6월 26일
③ 6월 27일   ④ 6월 28일

[10 ~ 11] 원−달러 현물환율과 선물환율이 아래 표처럼 고시되어 있다고 하자. 이를 보고 질문에 답하시오.

선물환 포인트		선물환율	
• 현물환율 1,220.20 − 1,225.30			
1개월	120 − 610	1개월	(㉠)
3개월	(㉡)	3개월	1,231.20 − 1,248.60
1개월	(㉢)	1개월	1,203.20 − 1,218.20
3개월	1,840 − 260	3개월	(㉣)

10 ㉠과 ㉣에 적합한 선물환율은?

★★☆
① ㉠ $(1,221.40 - 1,231.40)$, ㉣ $(1,201.80 - 1,222.70)$

② ㉠ $(1,340.20 - 1,835.30)$, ㉣ $(1,440.80 - 1,485.30)$

③ ㉠ $(1,221.40 - 1,241.40)$, ㉣ $(1,201.80 - 1,485.30)$

④ ㉠ $(1,231.40 - 1,261.40)$, ㉣ $(1,251.80 - 1,262.70)$

11 ㉡과 ㉢에 적합한 선물환 포인트는?

★★☆
① ㉡ $(2,330 - 1,100)$, ㉢ $(1,700 - 710)$

② ㉡ $(1,100 - 2,330)$, ㉢ $(1,700 - 710)$

③ ㉡ $(1100 - 2,33)$, ㉢ $(260 - 1,700)$

④ ㉡ $(1,100 - 2,330)$, ㉢ $(710 - 1,700)$

정답 및 해설

06 ④ 한국물산(고객)이 딜러(은행)에게 달러화를 매도할 경우에는 매수율(Bid Rate)이 적용된다. 매수율은 매도율보다 낮으므로 앞에 제시된 환율이 매수율이다. 따라서 이 경우 가장 높은 매수율인 1,130.60원을 제시한 딜러에게 달러를 파는 것이 고객입장에서 가장 유리하다.

07 ② 틀린 것을 바르게 고치면, ① 매수 포지션을 가지고 있을 경우, 자국통화가 평가절하되면 환이익이 발생한다. ③ 외환 초과 매수 포지션을 가지고 있을 경우, 외환자산이 외환부채보다 많다. ④ 스퀘어 포지션은 외환자산과 부채가 같은 경우이므로 환율변동에 영향을 받지 않는다.

08 ④ 선물환거래는 현물일(Spot Date) 이후를 결제일로 하는 외환거래이다. ①, ②, ③은 현물환 결제일이다.

09 ③ 선물환결제일은 거래일로부터가 아니라 보통 2영업일 후인 현물일(Spot Date)로부터 계산한다. 따라서 결제일은 현물일인 3월 27일을 기준으로 3개월 후인 6월 27일로 정해진다.

10 ① ㉠ 1개월 선물환 포인트의 매도율(610)이 매수율(120)보다 크므로 이는 선물환율이 할증상태에 있음을 의미한다. 이 경우 선물환율은 현물환율에 선물환 포인트를 더해서 계산한다. 1개월 선물환율의 매수율은 1,221.40 ($= 1,220.20 + 1.20$), 1개월 선물환율의 매도율은 1,231.40($= 1,225.30 + 6.10$)이 된다. ㉣ 3개월 선물환 포인트의 매도율(260)이 매수율(1,840)보다 작으므로 이는 선물환율이 할인상태에 있음을 의미한다. 이 경우 선물환율은 현물환율에 선물환 포인트를 빼서 계산한다. 3개월 선물환율의 매수율은 1,201.80($= 1,220.20 - 18.40$), 3개월 선물환율의 매도율은 1,222.70($= 1,225.30 - 2.60$)이 된다.

11 ② ㉡ 3개월 선물환율이 현물환율보다 높으므로 3개월 선물환율이 할증상태에 있다. 따라서 선물환 포인트의 매도율이 매수율보다 크게 된다. 이 경우 선물환 포인트는 선물환율에서 현물환율을 빼서 계산한다. 3개월 선물환 포인트의 매수율은 1,100($= 11.00$원 $= 1,231.20 - 1,220.20$), 3개월 선물환 포인트의 매도율은 2,330($= 23.30$원 $= 1,248.60 - 1,225.30$)이 된다. ㉢ 1개월 선물환율이 현물환율보다 낮으므로 1개월 선물환율이 할인상태에 있다. 따라서 선물환 포인트의 매도율이 매수율보다 작게 된다. 이 경우 선물환 포인트는 현물환율에서 선물환율을 빼서 계산한다. 1개월 선물환 포인트의 매수율은 1,700($= 17.00$원 $= 1,220.20 - 1,203.20$), 1개월 선물환 포인트의 매도율은 710($= 7.10$원 $= 1,225.30 - 1,218.20$)이 된다.

12 현재 원-달러 현물환율은 1,200.00 - 1,210.00이며, 3개월 선물환율의 선물환 포인트가 500 -
★★☆ 300이다. 다음 설명 중 옳은 것은?

① 선물환율이 할증상태에 있다.
② 선물환 포인트의 매도율이 매수율보다 크다.
③ 3개월 선물환율의 매도율은 1,160.00원이다.
④ 3개월 선물환율의 매수율은 1,195.00원이다.

13 현재 동경 외환시장에서 엔-달러 현물환율이 달러당 113.40엔이고 만기가 30일 남은 3개월 선물
★★★ 환율이 달러당 119.07엔이다. 그러면 3개월 선물환의 할증률(또는 할인율)은?

① 10% 할증   ② 20% 할증
③ 10% 할인   ④ 20% 할인

14 원-달러 NDF(차액결제선물환) 시장에 대한 설명으로 옳지 않은 것은?
★★☆ ① 만기시점에 계약통화의 교환이 없이 계약 당시의 선물환율과 지정환율의 차이만큼을 미 달러화로
정산하는 선도거래의 일종이다.
② 레버리지 효과가 높아 환리스크 헤지뿐 아니라 투기적 거래에도 활용된다.
③ NDF는 차액만을 결제하므로 결제위험이 일반 선물환에 비해 적다.
④ 매수자의 경우 지정환율이 계약환율보다 높다면 결제금액을 지급하게 되고, 지정환율이 계약환
율보다 낮다면 결제금액을 수취하게 된다.

15 국내 A은행이 미국의 B은행에게 1개월 만기 원-달러 NDF를 100만달러 매도하였다고 가정하자.
★★☆ 계약시 선물환율은 달러당 1,100원이다. 1개월 후 지정환율(결제일 전일의 기준환율)이 1,200원
이라면 A은행의 결제금액은?

① 국내 A은행은 미국의 B은행에게 $100,000를 지급해야 한다.
② 국내 A은행은 미국의 B은행에게 $1,000,000를 지급해야 한다.
③ 미국의 B은행은 국내 A은행에게 $100,000를 지급해야 한다.
④ 미국의 B은행은 국내 A은행에게 $1,000,000를 지급해야 한다.

16 현재 한국의 이자율은 연 4%, 미국의 이자율은 연 2%, 일본의 이자율은 연 1%이다. 이자율 평형이
★★★ 론(IRP)이 성립한다면, 1년 만기 원-달러(₩ / $) 선물환율과 엔-달러(¥ / $) 선물환율의 할증
및 할인상태에 대해 바르게 설명한 것은?

① 원-달러 선물환 할증, 엔-달러 선물환 할인
② 원-달러 선물환 할증, 엔-달러 선물환 할증
③ 원-달러 선물환 할인, 엔-달러 선물환 할증
④ 원-달러 선물환 할인, 엔-달러 선물환 할인

17 현재 원-달러 현물환율은 1,200.00 – 1,210.00이며, 3개월 선물환율의 선물환 포인트가 500 –
★★★ 300이다. 다음 설명 중 옳지 않은 것은?

① 선물환 포인트의 매수율이 매도율보다 크다.
② 3개월 선물환율은 1,195.00-1,207.00원이다.
③ 선물환율이 현물환율보다 낮으므로 선물환율은 할인된 상태이다.
④ 달러화 금리가 원화 금리보다 낮다.

정답 및 해설

12 ④ 선물환 포인트의 매도율(300)이 매수율(500)보다 작으므로 선물환율은 현물환율보다 작은 할인상태에 있다.
이 경우 선물환율은 현물환율에 선물환 포인트를 빼서 계산한다. 3개월 선물환율의 매수율은 1,195.00(=
1,200.00 – 5.00), 3개월 선물환율의 매도율은 1,207.00(= 1,210.00 – 3.00)이 된다.

13 ② 할증(할인)율 $= \dfrac{\text{선물환율} - \text{현물환율}}{\text{현물환율}} \times \dfrac{12}{\text{선물환 만기}} = \dfrac{119.07 - 113.40}{113.40} \times \dfrac{360}{90} = 20\%$

14 ④ 매수자의 경우 지정환율이 계약환율보다 높다면 결제금액을 수취하게 되고, 지정환율이 계약환율보다 낮다면
결제금액을 지급하게 된다. 반면에 매도자는 지정환율이 계약환율보다 낮다면 결제금액을 수취하고, 지정환율
이 계약환율보다 높다면 결제금액을 지급하게 된다.

15 ① 매도자는 지정환율이 계약환율보다 낮다면 결제금액을 수취하고, 지정환율이 계약환율보다 높다면 결제금액을
지급하게 된다. 지정환율이 계약환율보다 상승하였으므로 매도자인 국내 A은행은 $100,000를 매수자인 미국
의 B은행에게 지급해야 한다. 이때 결제금액은 다음과 같이 계산한다.

• 결제금액 $= \dfrac{(\text{지정환율} - \text{계약시 선물환})}{\text{지정환율}} \times \text{계약금액}$

$= \dfrac{(1,000 - 900)}{1,000} \times \$1,000,000$

$= \$100,000$

16 ① 한국의 이자율(4%)이 미국의 이자율(2%)보다 높으므로 원-달러 선물환율은 할증상태에 있다. 반면에, 일본의
이자율(1%)은 미국의 이자율(2%)보다 낮으므로 엔-달러 선물환율은 할인상태에 있다.

17 ④ 선물환 포인트는 현물환율과 선물환율의 차이를 말하는데, 선물환 포인트의 매도율(300)이 매수율(500)보다
작으므로 선물환율은 현물환율보다 작은 할인상태에 있다. 이 경우 선물환율은 현물환율에 선물환 포인트를
빼서 계산한다. 3개월 선물환율의 매수율은 1,195.00(=1,200.00 – 5.00), 3개월 선물환율의 매도율은
1,207.00(=1,210.00 – 3.00)이 된다. 또한 선물환율이 현물환율보다 작은 할인상태이므로 원화 금리는 달러
화 금리보다 낮다.

18 현재 외환시장과 단기금융시장에서 원−달러 환율과 한국과 미국의 단기이자율이 다음과 같다. 다
★★★ 음 설명 중 옳은 것은?

> • 현물환율 : $1 = ₩1,120   • 6개월 선물환율 : $1 = ₩1,100
> • 한국 3개월 이자율 : 연 2%   • 미국 3개월 이자율 : 연 4%

① 6개월 선물환율은 할증상태에 있다.
② 실제 선물환율이 이론 선물환율보다 고평가되어 있다.
③ 이자율평형(IRP)이론에 따르면 6개월 선물환율은 할증되어야 한다.
④ 무위험 이자율 차익거래 시 달러차입, 원화대출이 발생한다.

19 현재 원−달러 현물환율은 ₩1,200 / $, 선물환율은 ₩1,250 / $, 균형(이론)선물환율은 ₩1,230
★★★ / $이라고 한다면, 무위험 이익을 얻기 위해서는 어떠한 차익거래를 하여야 하는가?

① (달러 선물 매도) + (원화차입 → 달러화로 환전 → 달러화표시 예금)
② (달러 선물 매수) + (달러화 차입 → 원화로 환전 → 원화표시 예금)
③ (달러 선물 매도) + (달러화 차입 → 원화로 환전 → 원화표시 예금)
④ (달러 선물 매수) + (원화차입 → 달러화로 환전 → 달러화표시 예금)

20 선물환과 통화선물에 관한 설명으로 옳지 않은 것은?
★★☆ ① 선물환은 선도계약으로 장외시장에서 거래되고, 통화선물은 거래소에서 거래된다.
② 선물환거래에서는 거래 상대방의 계약불이행 위험이 존재한다.
③ 통화선물은 대부분의 계약이 만기에 가서 실물인수도를 통해 결제되는 반면에, 선물환은 대부분
의 포지션이 만기 전에 반대매매를 통해 청산된다.
④ 통화선물의 거래비용은 브로커 수수료이며, 선물환시장에서는 딜러의 매수 / 매도 스프레드가 주
된 거래비용이 된다.

21 우리나라 통화선물에 관한 설명으로 옳지 않은 것은?

★★☆

① 현재 한국거래소에서 거래되는 통화선물로는 미국 달러선물, 엔선물, 유로선물, 위안선물이 상장되어 거래되고 있다.

② 거래단위는 미국 달러선물이 10,000달러, 엔선물이 1,000,000엔, 유로선물은 10,000유로, 위안선물은 100,000위안으로 되어 있다.

③ 가격표시방법은 미국 달러선물은 1달러당 원화, 엔선물은 100엔당 원화, 유로선물은 1유로당 원화, 위안선물은 1위안당 원화로 표시된 환율을 사용한다.

④ 호가가격단위는 모든 통화선물들이 0.1원이고 1틱(tick)의 가치는 1,000원이다.

22 한국거래소에서 거래되는 달러선물 10계약을 1달러당 1,040원에 매도한 후, 일주일 뒤에 1달러당

★★☆ 1,055원에 반대매매를 통해 포지션을 모두 청산하였다. 이 거래의 손익은?(단, 증거금의 거래비용은 없는 것으로 가정)

① 150만원 이익   ② 150만원 손실

③ 75만원 이익   ④ 75만원 손실

정답 및 해설

18 ④ 6개월 선물환율(1,100)은 현물환율(1,120)보다 낮으므로 할인상태에 있다. 이론 선물환율을 계산하면 1,109.02가 되므로, 실제 선물환율(1,100)이 이론 선물환율(1,109.02)보다 저평가되어 있다. 또한 한국 이자율이 달러 이자율보다 높으므로 이자율평형(IRP)이론에 따르면 6개월 선물환율은 할인되어야 한다. 실제 선물환율(1,100)이 이론 선물환율(1,109.02)보다 저평가되어 있으므로 무위험 이자율 차익거래가 가능하다. 무위험 이자율 차익거래는 달러화를 차입하고 이를 원화로 바꾸어(달러 현물환 매도) 원화로 예금함과 동시에, 차입한 달러화 상환을 위해 달러 선물환 매수계약을 체결하면 된다(현물환 매도 + 선물환 매수 = 매도차익거래).

- 이론선물환율(F^*) = $1,120 \times \dfrac{1 + 0.02 \times 1/2}{1 + 0.04 \times 1/2}$ = 1,109.02이다.

19 ① 실제 선물환율(1,250)이 이론 선물환율(1,230)보다 고평가되어 있으므로 무위험 이자율 차익거래가 가능하다. 무위험 이자율 차익거래는 원화를 차입하고 이를 달러로 바꾸어(달러 현물환 매수) 달러로 예금함과 동시에, 차입한 원화 상환을 위해 달러 선물환 매도계약을 체결하면 된다(현물환 매수 + 선물환 매도 = 매수차익거래).

20 ③ 선물환은 대부분의 계약이 만기에 가서 실물인수도를 통해 결제되는 반면에, 통화선물은 대부분의 포지션이 만기 전에 반대매매를 통해 청산된다.

21 ④ 호가가격단위는 위안선물(0.01원)을 제외한 나머지 통화선물들에 대해 모두 0.1원이고 1틱(Tick)의 가치는 모두 1,000원이다.

22 ② 달러선물을 매도한 경우에는 매도한 가격보다 환율이 하락하면 이익이지만 상승하면 손실이 발생한다. 따라서 이 거래에서는 매도한 선물가격(1,040)보다 높은 선물가격(1,055)으로 청산(즉, 매수)하였으므로 손실이 발생했다. 달러선물의 거래단위는 10,000달러이므로 손익을 계산하면, (1,040 − 1,055) × 10,000 × 10(계약) = −1,500,000원(손실)

23 한국거래소에서 거래되는 엔선물 1계약을 100엔당 1,020원에 매도하고, 유로선물을 1계약을 1유로당 1,250원에 매도한 투자자가 10일 후 엔선물은 100엔당 1,070원에, 유로선물은 1유로당 1,170원에 반대매매를 통해 포지션을 모두 청산했다. 이 투자자의 손익은?(단, 증거금의 거래비용은 없는 것으로 가정)

★★☆

① 30만원 이익 ② 30만원 손실

③ 100만원 이익 ④ 100만원 손실

24 현재 원-달러 현물환율이 ₩1,038.89 / $, 한국의 3개월 이자율은 연 4%, 미국의 3개월 이자율은 연 8%이다. 앞으로 만기가 3개월 남은 원-달러 통화선물의 이론가격은 달러당 얼마인가?

★★★

① 1,008.70 ② 1,028.70

③ 1,048.70 ④ 1,068.70

25 ○○년 4월 1일, 한국기업은 미국은행으로부터 단기달러자금을 차입하고 6개월 후에 원리금으로 $1,000,000를 갚을 예정이다. 현재 원-달러 현물환율은 $1 = ₩1,000이고, 6개월 선물환의 선물환율은 $1 = ₩1,100이다. 다음 설명 중 옳지 않은 것은?

★★☆

① 6개월 후 달러자금 상환 시 달러가치가 상승한다면, 즉 원-달러 환율이 달러당 1,000원 이상으로 상승할 경우 한국기업은 손실을 입게 된다.

② 한국기업의 환포지션은 매도 포지션에 해당되므로, 환율상승 위험을 헤지하기 위해 선물환 매수 포지션을 가질 필요가 있다.

③ 환율상승으로 인한 손실을 피하기 위해 6개월 원-달러 선물환을 달러당 1,100원에 $1,000,000 만큼 매수하는 헤지전략이 필요하다.

④ 매수헤지 결과 한국기업은 6개월 후에 환율이 얼마가 되든 상관없이 $1,000,000의 원리금을 상환하는데 원화 지출금액을 10억원으로 고정시킬 수 있다.

26 ○○년 6월 1일, 한국기업은 미국에 제품을 수출하고 그 대금으로 6개월 후에 \$1,000,000를 받을
★★☆ 예정이다. 현재 원-달러 현물환율은 \$1 = ₩1,000이고, 6개월 선물환의 선물환율은 \$1 =
₩1,100이다. 다음 설명 중 옳지 않은 것은?

① 6개월 후 달러화 수취시 달러가치가 하락한다면, 즉 원-달러 환율이 달러당 1,000원 이하로 하락
할 경우 한국기업은 손실을 입게 된다.

② 한국기업의 환포지션은 매수포지션에 해당되므로, 환율하락 위험을 헤지하기 위해 선물환 매도
포지션을 가질 필요가 있다.

③ 환율상승으로 인한 손실을 피하기 위해 6개월 원-달러 선물환을 달러당 1,100원에 \$1,000,000
만큼 매수하는 헤지전략이 필요하다.

④ 매도헤지 결과 한국기업은 6개월 후의 환율변동에 관계없이 11억원을 확보할 수 있게 된다.

정답 및 해설

23 ① 거래 손익을 계산하기 위해서는 거래단위와 가격표시방법을 알아야 하며, 손익을 계산할 때에는 매도가격에서
매수가격을 빼서 그 값이 양(+)이면 이익, 음(−)이면 손실이다.

- 엔선물 = (1,020 − 1,070) × 1,000,000 × 0.01 = −500,000원 (손실)
- 유로선물 = (1,250 − 1,170) × 10,000 = 800,000원 (이익)

총손익 = −500,000 + 800,000 = 300,000원 (이익)

24 ② 일반적으로 통화선물의 가격결정은 선물환의 가격결정과 동일하다. 따라서 아래의 이자율평형(IRP)이론을 이
용하여 통화선물의 가격을 계산할 수 있다.

- 균형선물환율(F^*) = 현물환율(S) × $\dfrac{1 + \text{자국통화의 이자율}(r_d)}{1 + \text{외국통화의 이자율}(r_f)}$

$$= 1,038.89 \times \frac{1 + 0.04 \times 1/4}{1 + 0.08 \times 1/4}$$

$$\fallingdotseq 1,028.70$$

25 ④ 환율상승으로 인한 손실을 피하기 위해 6개월 원-달러 선물환을 선물환율 \$1 = ₩1,100에 \$1,000,000만큼
매수하는 헤지전략이 필요하다. 매수헤지 결과 한국기업은 6개월 후에 환율이 얼마가 되든 상관없이
\$1,000,000의 원리금을 상환하는데 원화 지출금액을 11억원(= 1,000,000 × 1,100)으로 고정시킬 수 있다.

26 ③ 환율하락으로 인한 손실을 피하기 위해 6개월 원-달러 선물환을 달러당 1,100원(선물환율)에 \$1,000,000만큼
매도하는 헤지전략이 필요하다. 매도헤지 결과 한국기업은 6개월 후의 환율변동에 관계없이 11억원(=
1,000,000 × 1,100)을 확보할 수 있게 된다.

27 ○○년 2월 1일, 한국기업은 미국은행으로부터 단기달러자금을 차입하고 6개월 후인 ○○년 8월
★★☆ 1일에 원리금으로 $1,000,000를 갚을 예정이다. 현재 원-달러 현물환율은 $1 = ₩1,100이고,
8월물 미국 달러선물의 가격은 ₩1,110 / $이다. 다음 설명 중 옳지 않은 것은?

① 6개월 후 달러자금 상환 시 달러가치가 상승한다면, 즉 원-달러 환율이 달러당 1,100원 이상으로
상승할 경우 한국기업은 손실을 입게 된다.

② 원-달러 환율상승으로 인한 손실을 회피하기 위해 한국거래소에 상장된 8월물 미국 달러선물
100계약을 매수하는 헤지전략이 필요하다.

③ ○○년 8월 1일, 한국기업은 미국 달러선물을 반대매매, 즉 매도를 통해 청산하고 필요한
$1,000,000는 현물환 시장에서 매수함으로써 헤지 포지션을 정리하게 된다.

④ 헤지 포지션을 정리하는 시점의 현물환율이 ₩1,115 / $이고, 8월물 미국 달러선물가격이
₩1,118이라고 하면 매수헤지의 결과 7,000,000원의 헤지이익이 발생한다.

28 K기업은 3개월 후에 $5,000,000를 받을 예정이다. 달러자금 수취 시 달러가치 변동으로 인한
★★☆ 손실을 피하기 위하여 한국거래소에 상장된 미국 달러선물을 활용하기로 했다. 다음 중 적절한
선물포지션은?

① 달러선물 100계약 매수

② 달러선물 100계약 매도

③ 달러선물 500계약 매도

④ 달러선물 500계약 매수

29 ○○년 2월 1일, 한국기업은 미국에 제품을 수출하고 6개월 후인 8월 1일에 $1,000,000를 받을
★★☆ 예정이다. 현재 원-달러 현물환율은 $1 = ₩1,100이고, 8물 미국 달러선물의 가격은 $1 =
₩1,110이다. 다음 설명 중 옳지 않은 것은?

① 6개월 후 달러화 수취 시 달러가치가 하락한다면, 즉 원-달러 환율이 달러당 1,100원 이하로
하락할 경우 한국기업은 손실을 입게 된다.

② 원-달러 환율하락으로 인한 손실을 피하기 위해 8월물 미국 달러선물 100계약을 매도하는 헤지
전략이 필요하다.

③ ○○년 8월 1일, 한국기업은 미국 달러선물을 반대매매, 즉 매수를 통해 청산하고 수취한
$1,000,000는 현물환 시장에서 매도함으로써 헤지 포지션을 정리하게 된다.

④ 헤지 포지션을 정리하는 시점의 현물환율이 ₩1,115 / $이고, 8월물 미국 달러선물가격이
₩1,118이라고 하면 매도헤지의 결과 7,000,000원의 헤지손실이 발생한다.

27 ④ 한국거래소에 상장된 미국 달러선물의 거래단위는 $10,000이다. 따라서 원−달러 환율상승으로 인한 손실을 회피하기 위해서는 8월물 미국 달러선물 100계약(= $1,000,000 / $10,000)을 매수하는 헤지전략이 필요하다. 헤지 포지션을 정리하는 시점의 현물환율이 ₩1,115 / $이고 8월물 미국 달러선물가격이 ₩1,118이라고 하면, 매수헤지의 결과 7,000,000원의 헤지손실이 발생한다.

구 분	현 물	선 물
2월 1일	차입금 $1,000,000(8월 1일 지급예정) → 현물환율 = ₩1,100 / $	8월 달러선물 100계약을 ₩1,110 / $에 매수
8월 1일	$1,000,000을 현물환시장에서 ₩1,115 / $에 매수	8월 달러선물 100계약을 ₩1,118 / $에 매도
손 익	$1,000,000 \times (1,100 - 1,115)$ $= -15,000,000$원 (손실)	$1,000,000 \times (1,118 - 1,110)$ $= 8,000,000$원 (이익)
	$= -15,000,000 + 8,000,000 = -7,000,000$원 (손실)	

28 ③ K기업은 3개월 후 달러자금 수취 시 달러가치 하락, 즉 원−달러 환율하락 위험에 노출되어 있다. 한국거래소에 상장된 미국 달러선물의 거래단위는 $10,000이다. 따라서 원−달러 환율하락으로 인한 손실을 피하기 위해서는 미국 달러선물 500(= $5,000,000 / $10,000)계약을 매도하여야 한다.

29 ④ 한국거래소에 상장된 미국 달러선물의 거래단위는 $10,000이다. 따라서 원−달러 환율상승으로 인한 손실을 회피하기 위해서는 8월물 미국 달러선물 100계약(= $1,000,000 / $10,000)을 매도하는 헤지전략이 필요하다. 헤지 포지션을 정리하는 시점의 현물환율이 ₩1,115 / $이고 8월물 미국 달러선물가격이 ₩1,118이라고 하면, 매도헤지의 결과 7,000,000원의 헤지이익이 발생한다.

구 분	현 물	선 물
2월 1일	수출대금 $1,000,000(8월 1일 수취예정) → 현물환율 = ₩1,100 / $	8월 달러선물 100계약을 ₩1,110 / $에 매도
8월 1일	$1,000,000을 현물환시장에서 ₩1,115 / $에 매도	8월 달러선물 100계약을 ₩1,118 / $에 매수
손 익	$1,000,000 \times (1,115 - 1,100)$ $= 15,000,000$원 (이익)	$1,000,000 \times (1,110 - 1,118)$ $= 8,000,000$원 (손실)
	$= 15,000,000 + (-8,000,000) = 7,000,000$원 (이익)	

30 환율변동에 따른 리스크를 회피하기 위하여, 선물환이나 통화선물을 이용하여 매도헤지를 할 필요
★★★ 가 있는 경우를 모두 고르면?

> ㉠ 달러화표시 자산을 많이 보유하고 있는 기업
> ㉡ 3개월 후에 수출대금을 받을 예정인 기업
> ㉢ 유로화표시 부채를 많이 보유하고 있는 기업
> ㉣ 6개월 후에 수입대금을 달러로 지급해야 하는 기업

① ㉠, ㉡   ② ㉢, ㉣
③ ㉠, ㉣   ④ ㉡, ㉢

31 베이시스 리스크와 헤지손익에 관한 설명으로 옳은 것은?
★★☆ ① 원화금리가 달러금리보다 높으면 양(+)의 베이시스가 발생하는데, 만기가 가까워짐에 따라 베이
시스의 크기는 감소한다.
② 베이시스가 양(+)인 경우, 매수헤지에서는 헤지이익이 발생한다.
③ 베이시스가 양(+)인 경우, 매도헤지에서는 헤지손실이 발생한다.
④ 선물가격이 현물가격보다 작은 경우, 매도헤지에서는 헤지이익이 발생한다.

32 다음 중 원-달러 선물환(또는 통화선물)의 매도 포지션과 동일한 결과를 나타내기 위해서 필요한
★★☆ 단기자금시장 거래를 모두 고르면?

> ㉠ 원화로 차입
> ㉡ 달러로 차입
> ㉢ 현물환거래를 통해 달러로 교환
> ㉣ 현물환거래를 통해 원화로 교환
> ㉤ 선물의 만기와 동일한 기간 동안 달러로 예금
> ㉥ 선물의 만기와 동일한 기간 동안 원화로 예금

① ㉡, ㉣, ㉥   ② ㉠, ㉢, ㉤
③ ㉠, ㉥   ④ ㉡, ㉤

33 단기자금시장을 이용한 환리스크 관리에 대한 설명으로 옳은 것은?

★★★
① 선물의 매수 포지션은 외국통화로 차입하여 현물환거래를 통해 자국통화로 교환하고 이를 선물의 만기와 동일한 기간 동안 자국통화로 예금하는 방식으로 대체될 수 있다.

② 선물의 매도 포지션은 자국통화로 차입하여 현물환거래를 통해 외국통화로 교환하고 이를 선물의 만기와 동일한 기간 동안 외국통화로 예금하는 방식으로 대체될 수 있다.

③ 시장이 균형상태에 있어 이자율평형이론이 성립한다고 하더라도, 선물환을 이용한 헤지와 단기자금시장을 이용한 헤지의 결과는 다르다.

④ 실제 시장선물환율이 고평가된 경우, 매수헤지에서는 단기자금시장을 이용한 헤지가 유리하고, 매도헤지에서는 선물을 이용한 헤지가 유리하다.

정답 및 해설

30 ① 달러화표시 자산을 많이 보유하고 있는 기업이나 3개월 후에 수출대금을 받을 예정인 기업은, 외화가치 하락(환율하락)으로 인한 손실을 회피하기 위해서 선물환이나 통화선물을 매도하는 매도헤지가 필요하다. 반면에, 유로화표시 부채를 많이 보유하고 있는 기업이나 6개월 후에 수입대금을 달러로 지급해야 하는 기업은, 외화가치 상승(환율상승)으로 인한 손실을 회피하기 위해서는 상승에 대비하여 선물환이나 통화선물을 매수하는 매수헤지가 필요하다.

31 ① 원화금리가 달러금리보다 높으면 달러선물가격이 달러현물가격보다 큰 양(+)의 베이시스가 발생하는데, 만기가 가까워짐에 따라 베이시스의 크기는 감소한다. 베이시스가 양(+)인 경우, [선물매수 + 현물매도] 형태인 매수헤지에서는 선물 포지션의 이익이 현물 포지션의 손실보다 작거나 선물 포지션의 손실이 현물 포지션의 이익보다 커지므로 헤지손실이 발생한다. 베이시스가 양(+)인 경우, [선물매도 + 현물매수] 형태인 매도헤지에서는 선물 포지션의 이익이 현물 포지션의 손실보다 크거나 선물 포지션의 손실이 현물 포지션의 이익보다 작으므로 헤지이익이 발생한다. 만일, 원화금리가 달러금리보다 낮은 상태라면 달러선물가격이 달러현물가격보다 작은 음(−)의 베이시스가 발생하는데, 만기가 가까워짐에 따라 베이시스의 차이가 점차 감소하게 된다. 따라서 선물가격은 현물가격에 비해 상대적인 증가폭이 크거나 상대적인 하락폭이 작아지게 된다. 결과적으로 베이시스가 음(−)인 경우에는 매수헤지에서는 헤지이익이 생기고 매도헤지에서는 헤지손실이 발생한다.

32 ② 선물의 매수 포지션은 자국통화로 차입하여 현물환거래를 통해 외국통화로 교환하고 이를 선물의 만기와 동일한 기간 동안 외국통화로 예금하는 방식으로 대체될 수 있다. 반면에, 선물의 매도 포지션은 외국통화로 차입하여 현물환거래를 통해 자국통화로 교환하고 이를 선물의 만기와 동일한 기간 동안 자국통화로 예금하는 방식으로 대체될 수 있다. 즉, 선물 매수 포지션은 원화로 차입하여 현물환거래를 통해 달러로 교환하고, 이를 선물의 만기와 동일한 기간 동안 달러로 예금하는 것과 같으며, 선물 매도 포지션은 달러로 차입하여 현물환거래를 통해 원화로 교환하고, 이를 선물의 만기와 동일한 기간 동안 원화로 예금하는 것과 같다.

33 ④ 틀린 것을 바르게 고치면, ① 선물의 매수 포지션은 자국통화로 차입하여 현물환거래를 통해 외국통화로 교환하고 이를 선물의 만기와 동일한 기간 동안 외국통화로 예금하는 방식으로 대체될 수 있다. ② 선물의 매도 포지션은 외국통화로 차입하여 현물환거래를 통해 자국통화로 교환하고 이를 선물의 만기와 동일한 기간 동안 자국통화로 예금하는 방식으로 대체될 수 있다. ③ 시장이 균형상태에 있어 이자율평형이론이 성립한다면, 선물환을 이용하나 단기자금시장을 이용하나 헤지의 결과는 항상 동일하다.

34 실제 시장선물환율은 ₩1,200 / $이며, 이자율평형이론에 의한 균형(이론)선물환율은 ₩1,270 /
★★★ $이다. 이런 경우 (㉠)헤지에서는 단기자금시장을 이용한 헤지가 유리하고, (㉡)헤지에
서는 선물을 이용한 헤지가 유리하다. 빈칸에 들어갈 말을 바르게 나타낸 것은?

① 매수, 매도 ② 매도, 매수

③ 매수, 교차 ④ 교차, 매도

35 통화옵션의 가격결정에 관한 설명으로 옳지 않은 것은?
★★☆ ① 통화옵션의 가치를 구하기 위해서 가장 많이 사용되는 모형은 가먼-콜하겐 모형이다.
② 통화옵션에서는 동일한 기초자산(환율)에 대한 콜옵션과 풋옵션은 서로 대칭적이어서 어느 한
통화의 콜옵션은 상대통화의 풋옵션이 된다.
③ 동일한 행사가격과 만기를 가진 콜옵션을 매수하고 풋옵션을 매도하면 동일한 만기의 선물환에
매수포지션을 취한 것과 같은 손익결과를 가져온다.
④ 합성된 선물환계약의 선물환율이 실제 선물환율보다 높으면, 선물환을 합성매수하고 실제 선물
환을 매도하면 차익거래 이익을 얻을 수 있다.

36 현재 원-달러 현물환은 ₩1,105 / $, 1개월 만기의 원-달러 선물환율은 ₩1,115 / $이다. 원화
★★★ 금리는 연 2%, 미국 달러금리는 연 1%라고 하자. 행사가격이 ₩1,110 / $인 원-달러 콜옵션이
10원에 거래되고 있을 때, 시장에 차익거래 기회가 없으려면 동일한 행사가격과 만기를 가진 풋옵
션은 얼마에 거래되어야 하나?(이산복리 가정)

① 4.92 ② 4.99

③ 5.19 ④ 5.39

37 원-달러 통화옵션에서 환율이 상승하면 풋옵션의 프리미엄과 델타값의 변화는?
★★☆ ① 풋옵션의 프리미엄과 풋옵션의 델타값은 상승한다.
② 풋옵션의 프리미엄은 하락하고, 풋옵션의 델타값은 상승한다.
③ 풋옵션의 프리미엄은 상승하고, 풋옵션의 델타값은 하락한다.
④ 풋옵션의 프리미엄과 풋옵션의 델타값은 하락한다.

38 현재 행사가격이 ₩1,100 / $, 만기가 1개월인 원-달러 콜옵션이 65원에, 동일한 행사가격과 만기
★★★ 를 가진 원-달러 풋옵션은 15원에 거래되고 있다. 원-달러 현물환율이 ₩1,150 / $이라고 할 경
우, 콜옵션과 풋옵션의 내재가치의 합은?

① 15원

② 50원

③ 65원

④ 80원

34 ② 실제 시장선물환율(1,200)이 이론환율(1,270)보다 작으므로 시장선물환율이 저평가된 경우이다. 이런 경우 매
수헤지에서는 선물을 이용한 헤지가 유리하며, 매도헤지에서는 단기자금시장을 이용한 헤지(=원화로 차입하
여 현물환거래를 통해 달러로 교환하고, 이를 선물의 만기와 동일한 기간 동안 달러로 예금)가 유리하다. 만약
에, 시장선물환율이 고평가된 경우라면, 매수헤지에서는 단기자금시장을 이용한 헤지(달러로 차입하여 현물환
거래를 통해 원화로 교환하고, 이를 선물의 만기와 동일한 기간 동안 원화로 예금)가 유리하며, 매도헤지에서는
선물을 이용한 헤지가 유리하다.

35 ④ 합성된 선물환계약의 선물환율이 실제 선물환율보다 높으면, [콜옵션 매도 + 풋옵션 매수]에 의해 선물환을 합
성매도하고 실제 선물환을 매수하면 차익거래 이익을 얻을 수 있다. 반대로 합성된 선물환계약의 선물환율이
실제 선물환율보다 낮으면, [콜옵션 매수 + 풋옵션 매도]에 의해 선물환을 합성매수하고 실제 선물환을 매도하
면 차익거래 이익을 얻을 수 있다.

36 ② 이산복리를 가정하면, 풋-콜-선물 패리티는 $\left[C - P = \dfrac{F_t - K}{1 + rT} \right]$이다. 따라서, $10 - P = \dfrac{1,115 - 1,110}{1 + 0.02 \times 1/12}$,

∴ $P \fallingdotseq 4.99$이다.

- 만약 연속복리(e)를 가정한다면, 풋-콜-선물 패리티는 $[C - P = (F_t - K)e^{-rT}]$이다.

따라서 $10 - P = (1,115 - 1,110)e^{-0.02 \times \frac{1}{12}}$, ∴ $P \fallingdotseq 5.01$

참고로, 현물환율과 미국 달러금리는 필요 없는 정보이며, 만약에 $F = K$라면 $C = P$이다.

37 ② 원-달러 통화옵션에서 기초자산가격(환율)이 상승하면 풋옵션의 프리미엄은 하락한다. 즉, 원-달러 옵션에서
환율이 상승하면 콜옵션은 내재가치가 증가하지만 풋옵션은 내재가치가 줄어들고 외가격 옵션으로 변하게 된
다. 따라서, 옵션에서 기초자산가격이 상승할 때 콜옵션과 풋옵션의 델타는 모두 상승한다. 즉, 콜옵션의 델타
는 0(deep OTM 콜옵션)에서 1(deep ITM 콜옵션)로 상승하게 되고, 풋옵션의 델타는 -1(deep ITM 풋옵션)
에서 0(deep OTM 풋옵션)으로 상승하게 된다.

38 ② 현재 현물환율(1,150)이 행사가격(1,100)보다 높으므로($S > K$), 콜옵션의 내재가치는 50원[$= Max(S - K, 0)$
$= Max(1150 - 1100, 0)$]이고, 풋옵션의 내재가치는 0원[$= Max(K - S, 0) = Max(1100 - 1150, 0)$]이다.
따라서, 콜옵션과 풋옵션의 내재가치의 합은 50원이다.

39 현재 행사가격이 ₩1,250 / $인 3개월 만기 원-달러 콜옵션의 가격이 10원이고, 원-달러 현물환
★★★ 율은 ₩1,200 / $이다. 이때, 콜옵션의 시간가치는?

① 0원   ② 10원

③ 30원   ④ 50원

40 현재 행사가격이 ₩1,100 / $인 1개월 만기 원-달러 풋옵션의 가격이 70원이고, 원-달러 현물환
★★★ 율은 ₩1,050 / $이다. 이때, 풋옵션의 시간가치는?

① 20원   ② 40원

③ 60원   ④ 70원

41 현재 행사가격이 ₩1,150 / $, 만기가 1개월인 원-달러 콜옵션의 가격이 15원이고, 동일한 행사가
★★★ 격과 만기를 가진 풋옵션이 5원에 거래되고 있다. 원-달러 현물환율은 ₩1,155 / $이다. 이때,
콜옵션과 풋옵션의 시간가치의 합은 얼마인가?

① 5원   ② 10원

③ 15원   ④ 20원

42 우리나라의 K기업은 미국에 제품을 수출하고 3개월 후에 수출대금으로 100만달러를 받기로 하였
★★★ 다. K기업은 향후 원-달러 환율의 변동에 따른 리스크를 줄이기 위해, 한국거래소(KRX)의 3개월
만기 통화선물 및 통화옵션을 이용하여 헤지하기로 하였다. 다음 중 가장 적절한 헤지전략은?

① [달러선물 100계약 매수] 또는 [달러 콜옵션 100계약 매수 + 달러 풋옵션 100계약 매수]

② [달러선물 100계약 매수] 또는 [달러 콜옵션 100계약 매수 + 달러 풋옵션 100계약 매도]

③ [달러선물 100계약 매도] 또는 [달러 콜옵션 100계약 매도 + 달러 풋옵션 100계약 매수]

④ [달러선물 100계약 매도] 또는 [달러 콜옵션 100계약 매수 + 달러 풋옵션 100계약 매도]

43
★★☆
한국거래소(KRX)에서 거래되는 행사가격이 ₩1,000 / $인 달러화 풋옵션(1계약에 $10,000)을 달러당 20원의 프리미엄을 주고 10계약을 매수했는데, 만기에 원–달러 환율이 ₩1,015 / $이 되었다면, 순손익은 얼마인가?

① 20만원 이익

② 20만원 손실

③ 200만원 이익

④ 200만원 손실

정답 및 해설

39 ② 행사가격(1,250)이 현물환율(1,200)보다 높으므로($S < K$), 이 콜옵션은 내재가치가 없는 외가격(OTM) 상태이다. 따라서 콜옵션의 가격 10원은 전부 시간가치로 구성되어 있다.

40 ① 행사가격(1,100)이 현물환율(1,050)보다 높으므로($S < K$), 이 풋옵션은 내재가치가 있는 내가격(ITM) 상태이며, 풋옵션의 내재가치는 $[\text{Max}(K - S, \ 0)]$이므로 50원$[\text{Max}(1100 - 1050, \ 0)]$이다. 따라서 시간가치는 20원(= 옵션가격 − 내재가치 = 70 − 50)이다.

41 ③ 현재 행사가격(1,150)이 현물환율(1,155)보다 낮으므로($S > K$), 콜옵션은 내재가치가 있는 내가격(ITM) 상태이며, 풋옵션은 내재가치가 없는 외가격(OTM) 상태이다.

구 분	콜옵션	풋옵션
내재가치	$= \text{Max}(S - K, \ 0)$ $= \text{Max}(1155 - 1150, \ 0) = 5$	$= \text{Max}(K - S, \ 0)$ $= \text{Max}(1150 - 1155, \ 0) = 0$
시간가치	$=$ 콜옵션가격 − 내재가치 $= 15 - 5 = 10$	$=$ 풋옵션가격 − 내재가치 $= 5 - 0 = 5$

→ [콜옵션의 시간가치 + 풋옵션의 시간가치] = (10 + 5) = 15

42 ③ K기업은 수출대금으로 3개월 후에 달러를 수취할 예정이므로 환율하락(달러가치 하락) 리스크에 노출되어 있다. 따라서 환율하락에 대비하기 위해서는 통화선물을 매도하거나 통화옵션의 경우 풋옵션을 매수(또는 콜옵션 매도)하여야 한다. 한국거래소의 달러선물 및 달러옵션의 거래단위는 1만달러이다. 따라서 K기업은 100만달러에 대한 환율하락 위험을 헤지하기 위해 달러선물을 100계약(= 100만달러 / 1만달러) 매도해야 한다. 그리고 달러 콜옵션과 풋옵션을 결합하면 합성선물환 포지션을 만들 수 있는데, 환율하락에 대비한 합성선물환 매도 포지션은 콜옵션 매도와 풋옵션 매수로 구성된다.

43 ④ [풋옵션의 만기시점 순손익 $= \text{Max}(K - S, \ 0) - P$]이다. 따라서, 1계약당 순손익은 1달러당 −20원 / $[= \text{Max}(1000 - 1015, \ 0) - 20]$이다. 통화옵션의 거래단위는 10,000달러이고 10계약을 매수했으므로 총손익은 2,000,000원 손실[= (−20원 / $) × $10,000 × 10계약]을 본다.

CHAPTER

05

상품 관련 선물 · 옵션

챕터 출제비중

구 분	출제영역	출제문항
제1장	선물 · 옵션 개요	2~3문항
제2장	주식 관련 선물 · 옵션	11~13문항
제3장	금리선물 · 옵션	3~5문항
제4장	통화선물 · 옵션	3~4문항
제5장	상품 관련 선물 · 옵션	2~3문항

50 45 35 30 25 20 15 10 5

10%
48%
18%
14%
10%

상품 관련 선물·옵션에서는 대략 2~3문제가 출제되는 것으로 파악되는데, 제1과목의 파생상품 중에서는 다른 부분에 비해 출제 비중도 높지 않고 가장 학습 분량이 적기 때문에 가벼운 마음으로 학습할 수 있다.

자주 출제되는 내용으로는 상품선물 부분에서는 정상시장과 역조시장의 이해, 매도헤지와 순매도가격의 산출, 매수헤지와 순매수가격의 산출, 헤지비율, 헤지이월, 차익거래 시 손익계산, 강세 스프레드와 약세 스프레드 전략 사용시기 등이 중요하며, 옵션 부분에서는 선물과 옵션을 이용한 매도헤지의 비교, 예상 하한 가격 계산, 콜옵션 매수에 의한 매수헤지 시 예상 상한 가격 계산 등이 주로 출제된다.

TOPIC별 중요도 및 학습체크

TOPIC	핵심개념	중요도	학습체크		
			1회독	2회독	3회독
01	상품선물	★★★			
02	상품옵션	★★			

01 상품선물 중요도 ★★★

다음 중 정상시장(Normal Market)과 역조시장(Inverted Market)에 대한 설명으로 옳은 것은?

① 정상시장은 현물가격이 선물가격보다 높은 시장구조를 말한다.

② 정상시장은 순보유비용이 양(+)의 값을 가지는 반면, 역조시장은 순보유비용이 음(−)의 값을 가진다.

③ 역조시장은 투자자들의 지속적인 매도로 시장이 과매도(Oversold)상태일 때 발생한다.

④ 역조시장은 근월물의 가격이 원월물보다 높은 시장구조로 콘탱고시장(Contango Market)이라고도 한다.

해설 양(+)의 보유비용하에서는 정상시장이 형성되고, 음(−)의 보유비용하에서는 역조시장이 형성된다. 틀린 말을 바르게 고치면, ① 정상시장은 현물가격이 선물가격보다 낮은 시장구조를 말한다. ③ 역조시장은 재고수준이 극히 낮아 편의수익이 매우 커짐으로써 편의수익이 이자비용과 저장비용의 합계를 훨씬 압도할 때 발생한다. ④ 역조시장은 근월물의 가격이 원월물보다 높은 시장구조로 백워데이션시장(Backwardation Market)이라고도 한다.

답 ②

STEP 01 핵심필수개념

(1) 국내 상품선물

① 금선물

구 분	내 용
거래대상	순도 99.99% 이상 1kg 벽돌모양 직육면체 금지금
거래단위	100g
가격표시방법	원 / g
호가 가격단위	10원 / g
최소가격변동금액	1,000원 (= 100g × 10원)
최종거래일	각 결제월의 세 번째 수요일
최종결제가격	최종거래일의 KRX 금시장 종가
최종결제방법	현금결제

② 돈육선물

구 분	내 용
거래대상	돈육대표가격(산출기관 : 축산물품질평가원)
거래단위	1,000kg
가격표시방법	원(kg당)
호가 가격단위	5원 / kg
최소가격변동금액	5,000원 (= 1,000kg × 5원)
거래시간	10:15 ~ 15:45 (최종거래일도 동일)
결제월	총 6개 = 분기월 중 2개 + 그 밖의 월 중 4개
최종거래일	각 결제월의 세 번째 수요일
최종결제방법	현금결제
가격제한폭	기준가격 대비 상하 ± 21%

(2) 상품선물의 가격결정

① 보유비용모형에 의한 상품선물의 가격결정

저장성 상품	• $F_t = S + S(r + u - y) \times \dfrac{T-t}{365}$ → 즉, 선물가격은 현물가격에 현물을 선물계약의 만기시점까지 보유하는 데 필요한 보유비용을 합한 것과 같다.
비저장성 상품	• $F_t \leq S + S(r + u - y) \times \dfrac{T-t}{365}$ → 저장성이 없는 상품의 경우에는 소비목적으로 보유하기 때문에 현물의 공매가 불가능하게 되어, 균형상태에서의 상품선물의 가격은 현물가격에 보유비용을 합한 것보다 작거나 같다.

(r : 이자율, u : 현물가격의 일정비율로 표시된 저장비용, T : 선물계약만기일, y : 현물가격의 일정비율로 표시된 편의수익)

② 정상시장과 역조시장

$$\text{선물이론가격}(F_t) = S + S(r + u - y) \times \frac{T-t}{365}$$

정상시장 (Normal Market)	• 현물가격(S) < 선물가격(F), 근월물가격 < 원월물가격 → 콘탱고시장(Contango Market)
	• 순보유비용이 양(+)의 값을 가짐 → 즉, [이자비용(r) + 저장비용(u) > 편의수익(y)]
역조시장 (Inverted Market)	• 현물가격(S) > 선물가격(F), 근월물가격 > 원월물가격 → 백워데이션시장(Backwardation Market)
	• 순보유비용이 음(−)의 값을 가짐 → 즉, [이자비용(r) + 저장비용(u) < 편의수익(y)]

(3) 상품선물의 거래유형

① 헤지거래

㉠ 상품선물의 베이시스(Basis)

- 베이시스(B) = 현물가격(S) − 선물가격(F) → 금융선물과 반대로 정의한다.

베이시스 상승(강화) (금융선물에서는 축소)	베이시스 값이 커지는 경우 → 양(+)의 베이시스가 커지거나 베이시스의 음(−)의 값이 줄어드는 경우 (예 +20원 → +50원, −30원 → −20원)
베이시스 하락(약화) (금융선물에서는 확대)	베이시스 값이 작아지는 경우 → 양(+)의 베이시스가 작아지거나 베이시스의 음(−)의 값이 늘어나는 경우 (예 +30원 → +20원, −10원 → −20원)

㉡ 매도헤지와 순매도가격(NSP ; Net Selling Price)의 산출

- 매도헤지란 현재 상품을 보유하고 있는 자가 상품가격의 하락 리스크에 대비하고자 상품가격이 하락하기 전에 미리 선물을 매도하는 계약을 체결하는 것이다.

날 짜	현물가격(S)	선물가격(F)	베이시스(B)
매도헤지 개시시점(t_1)	S_1 (매수)	F_1 (매도)	B_1 $(= S_1 - F_1)$
매도헤지 종결(청산)시점(t_2)	S_2 (매도)	F_2 (매수)	B_2 $(= S_2 - F_2)$

$$*순매도가격(NSP) = S_2 + (F_1 - F_2) = F_1 + B_2 = S_1 + (B_2 - B_1) = S_1 + \Delta B$$
$$= S_1 + [(S_2 - S_1) + (F_1 - F_2)]$$

→ 따라서, 매도헤지는 베이시스 상승(강화) 시 처음(S_1)보다 베이시스 상승분만큼 순매도가격(NSP)을 높여준다($NSP = S_1 + \Delta B$).

㉢ 매수헤지와 순매수가격(NBP ; Net Buying Price)의 산출

- 매수헤지란 장차 상품을 구입할 예정인 자가 상품가격의 상승 리스크에 대비하고자 상품가격이 상승하기 전에 미리 선물을 매수함으로써 현물 구매가격을 현재 수준의 가격으로 확정시키는 방법이다.

날 짜	현물가격(S)	선물가격(F)	베이시스(B)
매수헤지 개시시점(t_1)	S_1 (매도)	F_1 (매수)	B_1 $(= S_1 - F_1)$
매수헤지 종결(청산)시점(t_2)	S_2 (매수)	F_2 (매도)	B_2 $(= S_2 - F_2)$

$$*순매수가격(NBP) = S_2 - (F_2 - F_1) = F_1 + B_2 = S_1 + (B_2 - B_1) = S_1 + \Delta B$$
$$= S_1 - [(S_1 - S_2) + (F_2 - F_1)]$$

→ 따라서, 매수헤지는 베이시스 하락(약화) 시 처음(S_1)보다 베이시스 하락분만큼 순매수가격(NBP)을 낮춰준다($NBP = S_1 + \Delta B$).

② 헤지비율과 헤지계약수

헤지비율	• 헤지비율$(b) = \dfrac{\text{현물포지션}}{\text{선물포지션}}$
헤지비율을 이용하여 최적의 선물계약수를 산출하는 방법	• 선물계약수$(N) = \dfrac{Q_S}{Q_F} \times h$ $\quad = \dfrac{\text{헤지하고자 하는 현물 포지션의 크기}}{\text{선물 1계약의 크기}} \times \text{헤지비율}$ → 회귀방정식에서 구한 회귀계수가 헤지비율을 나타낸다. 회귀계수가 0.95라고 하면 선물가격이 1만큼 변동할 때 현물가격이 0.95만큼 변동한다는 의미가 되므로 헤지 비율은 0.95가 된다.

③ 헤지의 이월(Roll-over)
- 헤지의 이월은 근월물로부터 원월물로 헤지를 전환하여 나가는 것을 말한다.
- 장기간에 걸친 헤지를 하여야 하는 상황에서 원월물의 유동성이 부족한 경우, 유동성이 풍부한 근월물을 이용하여 헤지한 다음 근월물이 만기가 될 때 원월물로 헤지를 이월하는 방법이 이용된다.

매도헤지	매수헤지
정상시장(근월물가격 < 원월물가격)에서 이월하여야 한다. → 매도헤지를 이월하는 과정에는 근월물 매도 포지션을 환매(매수)하고 원월물을 매도하는 거래가 수반되기 때문에 정상시장에서 헤지를 이월할 경우 근월물과 원월물 간의 스프레드만큼 이익이 발생한다.	역조시장(근월물가격 > 원월물가격)에서 이월하여야 한다. → 매수헤지를 이월하는 과정에는 근월물 매수 포지션을 전매도하고 원월물을 매수하는 거래가 수반되기 때문에 역조시장에서 헤지를 이월할 경우 근월물과 원월물 간의 스프레드만큼 이익이 발생한다.

② 투기거래
③ 투기거래는 현물거래를 수반하지 않고 단순히 선물가격의 변동에 따른 시세차익만을 목적으로 하는 거래를 말한다.
⑥ 투기자는 헤저들이 전가하는 위험을 감수하면서 이익을 실현하고자 선물시장에 참여한다.
⑥ 투기자들은 수요와 공급의 불균형을 해소시켜 줌으로써 시장에 유동성을 제고하여 효율적인 시장의 형성에 기여한다.
② 스캘퍼(Scalper)는 하루에도 여러번 매매하며, 데이트레이더(Day Trader)는 개장시간 동안 포지션을 보유하며, 포지션트레이더(Position Trader)는 하루 이상 포지션을 유지하는 투기거래자이다.

③ 차익거래
- 선물의 이론가격$(F^*) = $ 현물가격$(S) + $ 순보유비용$(= $ 비용 $- $ 수익$)$

구 분	매수차익거래	매도차익거래
발생 시기	선물의 시장가격$(F) > $ 이론가격(F^*)	선물의 시장가격$(F) < $ 이론가격(F^*)
가격 괴리	선물가격 고평가	선물가격 저평가
거래 전략	현물보유(Cash & Carry) 전략 = 현물매수 + 선물매도	역현물보유(Reverse Cash & Carry) 전략 = 현물매도 + 선물매수
차익거래 이익	= 시장가격$(F) - $ 이론가격(F^*)	= 이론가격$(F^*) - $ 시장가격(F)
	(선물 만기시점에 포지션을 청산하며, 거래비용은 없다고 가정)	

④ 스프레드 거래

　⊙ 스프레드 거래는 개별선물종목 가격의 상승 또는 하락에 베팅하기보다는 두 개의 선물의 가격차이를 이용한 거래인데, 상이한 두 개의 선물계약을 반대방향으로 거래함으로써 두 선물의 상대가격의 변화에 따라 수익이 결정된다.

결제월 간 (만기간) 스프레드	향후 스프레드의 변화를 예측하여 거래대상(기초자산)이 동일한 선물 중에서 한 결제월물은 매수하고 다른 결제월물은 매도하는 거래이다.	
	스프레드 (Spread)	결제월(만기)이 다른 두 개의 상이한 선물계약 간의 가격차이(스프레드 = 원월물가격 − 근월물가격)를 말한다.
상품 간 스프레드	결제월은 같으나 기초자산이 상이한 두 개의 선물계약을 동시에 매매하여 두 선물계약 간 스프레드의 변동으로부터 이익을 얻으려는 거래이다.	
시장 간 스프레드	어느 한 거래소에서 특정 결제월의 선물을 매수(매도)하고 동시에 다른 거래소에서 동일 품목, 동일 결제월의 선물을 매도(매수)하는 거래이다.	

　ⓒ 결제월 간 스프레드 거래 전략(콘탱고 상태, 즉 정상시장(근월물 가격 / 원월물 가격)일 경우를 가정)

스프레드 확대 예상 시 → 약세(Bear) 스프레드	스프레드 축소 예상 시 → 강세(Bull) 스프레드
• 근월물 매도 + 원월물 매수 → 시장이 강세인 경우 근월물의 가격상승폭보다 원월이 클 것으로 예상하고, 시장이 약세인 경우 근월물의 가격하락폭보다 원월이 작을 것으로 예상할 때	• 근월물 매수 + 원월물 매도 → 시장이 강세인 경우 근월물의 가격상승폭이 원월보다 클 것으로 예상하고, 시장이 약세인 경우 근월물의 가격하락폭이 원월보다 작을 것으로 예상할 때

*스프레드 거래의 이익 : 거래 진입시점과 청산시점의 스프레드의 차이

개념체크○✕

▶ 정상시장은 현물가격이 선물가격보다 높은 시장구조를 말한다. ○ ✕

　해설　정상시장은 현물가격이 선물가격보다 낮은 시장구조를 말한다.

답 ✕

▶ 상품선물에서 베이시스는 현물가격과 선물가격의 차이[베이시스(B) = 현물가격(S) − 선물가격(F)]를 의미한다. ○ ✕

답 ○

01 다음 중 한국거래소에서 거래되는 상품선물을 모두 고르면?
★★★

> ㉠ 돈육선물　　　　　　　　　　　㉡ 금선물
> ㉢ 은선물　　　　　　　　　　　　㉣ 원유선물

① ㉠, ㉡　　　　　　　　　　　　② ㉠, ㉡, ㉢

③ ㉠, ㉡, ㉢, ㉣　　　　　　　　④ ㉠, ㉡, ㉣

[해설]　현재 한국거래소에 상장되어 거래되고 있는 상품선물(Commodity Futures)로는 돈육선물과 금선물 두 가지 상품이 있다.

답 ①

02 한국거래소에서 거래되는 금선물에 대한 설명으로 옳지 않은 것은?
★★★
① 거래대상은 순도 99.99% 이상 1kg 벽돌모양 직육면체 금지금(순도 99.5% 이상의 금괴와 골드바 등 원재료 상태의 금을 말함)이다.
② 거래단위는 100g이다.
③ 가격표시방법은 (원 / g)이며, 호가가격단위는 (10원 / g)이다.
④ 최종결제가격은 최종거래일의 KRX금시장 종가이며, 최종결제방법은 실물 인수도결제한다.

[해설]　최종결제방법은 현금결제이다.

답 ④

03 다음 중 상품선물 시장에서 정상시장 또는 콘탱고(Contango)시장으로만 묶은 것은?
★★★

> ㉠ 근월물 가격이 원월물 가격보다 높은 시장
> ㉡ 현물가격이 선물가격보다 높은 시장
> ㉢ 이자비용과 저장비용의 합계가 편의수익보다 작은 시장
> ㉣ 순보유비용이 음(−)의 값을 가지는 시장

① ㉠, ㉡　　　　　　　　　　　　② ㉠, ㉢

③ ㉠　　　　　　　　　　　　　　④ 없다

[해설]　보기 모두 역조시장 또는 백워데이션(Backwardation)시장이다.

답 ④

04 헤지(Hedge)에 관한 설명으로 옳지 않은 것은?

★★☆

① 선물시장을 이용한 헤지는 현물시장의 가격변동리스크를 선물시장으로 전가하는 것으로 볼 수 있다.

② 헤지의 기본 메커니즘은 현물 포지션에 상응하여 선물시장에서 반대포지션을 취하는 것이다.

③ 헤지란 현물시장에서의 손실(이익)을 선물시장에서의 이익(손실)으로 상쇄시키는 것이라고 할 수 있다.

④ 선물시장을 이용한 헤지는 향후 현물을 매도할 예정인 경우 미리 선물계약을 매수하고, 반대로 향후 현물을 매수할 예정인 경우는 미리 선물계약을 매도하는 것이다.

[해설] 헤지란 현물거래에서 직면하는 가격리스크를 감소시키거나 자신이 원하는 수준으로 관리하는 것을 말한다. 선물시장을 이용한 헤지는 향후 현물을 매도할 예정인 경우 미리 선물계약을 매도하고(매도헤지), 반대로 향후 현물을 매수할 예정인 경우는 미리 선물계약을 매수하는 것(매수헤지)이다. 따라서 헤지는 미래의 현물거래를 선물계약으로 대체하는 것이라고 할 수 있다.

답 ④

대표유형문제 **상품선물과 상품옵션을 이용한 매도헤지를 비교한 설명으로 옳지 않은 것은?**

① 선물을 매도하면 가격수준을 고정할 수 있고, 매도 포지션 설정 후 가격이 상승할 경우에 이익실현도 가능하다.

② 옵션을 이용한 기초적인 매도헤지 방법은 풋옵션을 매수하는 것이다.

③ 풋옵션을 매수하면 최저매도가격, 즉 하한가격을 설정할 수 있다.

④ 풋옵션을 매수한 매도헤지의 경우, 가격상승 시 그에 따른 혜택도 가능하다.

해설 선물을 매도하는 매도헤지는 가격수준을 고정시킬 수는 있으나, 매도 포지션 설정 후 가격이 상승할 경우 가격상승에 따른 이익실현이 불가능하다.

답 ①

STEP 01 **핵심필수개념**

(1) 매도헤지

① 옵션을 이용한 매도헤지의 방법은 풋옵션을 매수하는 것이다.

② 풋옵션 매수자는 최저매도가격(하한 가격)을 설정할 수 있다. 따라서 가격이 하락할 경우 가격하락으로부터 보호받을 수 있을 뿐만 아니라, 가격이 상승할 경우에는 (풋옵션의 권리행사를 포기하는 대신) 현물을 높은 가격에 매도할 기회를 가지게 된다.

③ 선물과 옵션을 이용한 매도헤지의 비교

선물매도(Short Futures)	풋옵션 매수(Long Put)
가격수준 설정(고정) : 가격하락으로부터 보호	최저매도가격 설정
매수자와 매도자 각각 증거금 납입	옵션 매수자는 증거금을 납부하지 않는 반면, 옵션 매도자는 증거금 납부
매수자와 매도자 각각 마진콜 가능	옵션 매수자는 결코 마진콜을 당하지 않는 반면, 옵션 매도자는 마진콜 가능
포지션 설정에 따른 비용 : 중개수수료, 증거금에 대한 이자 기회비용	옵션매수에 따른 비용 : 중개수수료, 옵션프리미엄
매도 포지션 설정 후 가격이 상승할 경우 가격상승에 따른 이익실현 불가 → 헤저는 항상 가격에 베이시스를 더한 금액 수취	풋옵션 매수자는 선물가격이 행사가격과 지불한 프리미엄의 합계 이상으로 상승할 경우 가격상승에 따른 혜택을 볼 수 있음

④ 일반적으로 옵션의 경우 옵션을 행사하는 것보다는 옵션을 매도하는 것이 유리하다. 왜냐하면, 옵션을 행사하는 경우에는 옵션의 내재가치만을 얻게 될 뿐 남아있는 시간가치는 포기하기 때문이다. 또한 상품선물옵션의 경우 옵션을 행사함으로써 추가적인 중개수수료가 발생하기 때문이다.

풋옵션 매수에 따른 예상 하한가격 (예상 최저매도가격)	= 풋옵션 행사가격 + 예상 베이시스 − 풋옵션 프리미엄
풋옵션을 행사할 경우 매도헤지의 결과 (실현된 순매도가격)	= 금현물 매도가격 + 선물거래 이익 − 풋옵션 프리미엄
풋옵션을 매도할 경우 매도헤지의 결과 (실현된 순매도가격)	= 금현물 매도가격 + 옵션거래 이익

(2) 매수헤지

① 옵션을 이용한 매수헤지의 방법은 콜옵션을 매수하는 것이다.
② 콜옵션 매수자는 최고 매수가격(상한가격)을 설정할 수 있다. 따라서 가격이 상승할 경우 가격상승으로부터 보호받을 수 있을 뿐만 아니라, 가격이 하락할 경우에는 (콜옵션의 권리행사를 포기하는 대신) 현물을 낮은 가격에 매수할 기회를 가지게 된다.

콜옵션 매수에 따른 예상 상한가격 (예상 최고매수가격)	= 콜옵션 행사가격 + 예상 베이시스 + 콜옵션 프리미엄
콜옵션을 행사할 경우 매수헤지의 결과 (실현된 순매수가격)	= 금현물 매수가격 − 선물거래 이익 + 콜옵션 프리미엄
콜옵션을 매도할 경우 매수헤지의 결과 (실현된 순매수가격)	= 금현물 매수가격 − 옵션거래 이익

개념체크OX

▶ 옵션을 이용한 매도헤지의 방법은 풋옵션을 매도하는 것이다. O X

[해설] 옵션을 이용한 매도헤지의 방법은 풋옵션을 매수하는 것이다.

답 X

▶ 콜옵션 매수자는 최고매수가격(상한가격)을 설정할 수 있다. O X

답 O

01 상품선물 풋옵션을 이용한 매도헤지에 대한 설명으로 옳지 않은 것은?

★★★ ① 상품선물 풋옵션은 행사가격에 선물계약을 매도할 권리이므로 풋옵션을 매수함으로써 최저매도 (하한) 가격을 설정할 수 있다.

② 하한가격을 설정하여 가격이 하락하는 불리한 리스크를 제거하고, 가격이 상승하는 유리한 리스크는 보존할 수 있다.

③ 가격이 하락하여 풋옵션을 행사하는 경우 순매도가격은 [현물매도가격 + 선물거래이익 − 풋옵션 프리미엄]으로 결정된다.

④ 가격이 하락하는 경우 풋옵션을 매도하는 것보다 풋옵션을 행사하는 것이 유리하다.

[해설] 가격이 하락하는 경우 풋옵션을 행사하는 것보다 풋옵션을 매도하는 것이 유리하다. 왜냐하면, 옵션을 행사하는 경우는 옵션의 내재가치만을 얻게 될 뿐, 남아있는 시간가치는 포기하기 때문이다. 또한 상품선물옵션의 경우 옵션을 행사함으로써 추가적인 중개수수료가 발생하기 때문이다.

답 ④

02 상품선물과 상품옵션을 이용한 매수헤지를 비교한 설명으로 옳지 않은 것은?

★★★ ① 선물을 매수하면 가격수준을 고정할 수 있으나, 매수 포지션 설정 후 가격이 하락할 경우에는 이익실현이 불가능하다.

② 옵션을 이용한 기초적인 매수헤지의 방법은 콜옵션을 매수하는 것이다.

③ 콜옵션을 매수하면 최저매수가격을 설정할 수 있다.

④ 콜옵션을 매수한 매수헤지의 경우, 가격하락 시 그에 따른 혜택도 가능하다.

[해설] 콜옵션을 매수하면 최고매수가격, 즉 상한가격을 설정할 수 있다.

답 ③

출제예상문제

01 금선물의 특징에 대한 설명으로 옳지 않은 것은?
★★★

① 금현물을 사기 위해서는 금액 모두를 내야 하지만, 금선물은 적은 증거금만을 가지고 거래(레버리지)할 수 있다.

② 금선물은 부가가치세, 관세 등을 납부할 필요가 없다.

③ 금선물은 다른 금투자 상품(골드뱅킹, 금ETF, 금펀드)보다 매매 수수료가 낮아 거래비용이 적다.

④ 최근 해외 금선물에 대한 투자도 증가추세에 있으나, 거래비용을 비교하면 국내 금선물을 활용하는 것이 투자자에게 유리하다.

02 한국거래소에서 거래되는 돈육선물에 대한 설명으로 옳지 않은 것은?
★★☆

① 거래대상은 축산물품질평가원에서 산출하는 돈육대표가격이다.

② 거래단위는 1,000kg이다.

③ 호가가격단위는 10원이며, 최소가격변동금액(1틱의 가치)은 1,000원이다.

④ 거래시간은 10:15 ~ 15:45이며, 최종거래일도 동일하다.

03 돈육선물에 대한 설명으로 옳은 것은?
★★☆

① 돈육선물은 양돈농가에게 돼지고기 가격상승에 대비하고, 육가공업체에게는 가격하락에 대비할 수 있는 수단을 제공한다.

② 돼지고기는 현물가격 변동성이 크다. 이런 특성을 반영하여 돈육선물은 국내에 상장된 선물상품 중 위탁증거금률이 가장 높다.

③ 한국거래소에 상장된 돈육선물의 결제방법은 최종결제일에 실제로 돈육도체를 주고받는 실물인수도 결제방식이다.

④ 돈육대표가격이 1kg당 5,000원일 때 1계약의 가치는 50,000,000원이 된다.

04 보유비용(Cost-of-Carry)모형에 관한 설명으로 옳지 않은 것은?

★★☆

① 보유비용이란 선물계약의 기초자산이 되는 상품의 재고를 미래의 일정시점까지 유지해 나가는 데 드는 비용이다.

② 보유비용으로는 창고비용(보관비용), 이자기회비용(또는 이자비용), 보험료 등이 있다.

③ 일반상품의 경우에 재고를 보유함으로써 얻어지는 수익이 편의수익(Convenience Yield)으로 불린다.

④ 편의수익의 개념은 선물계약의 보유자에게 주어지는 일종의 비금전적 혜택을 말한다.

05 상품선물의 보유비용을 구성하는 요소와 거리가 먼 것은?

★★★

① 보험료 ② 배당금
③ 이자비용 ④ 창고료

정답 및 해설

01 ③ 금투자 상품으로는 금현물, 금선물 외에도 골드뱅킹, 금ETF, 금펀드 등이 있는데, 이중에서 골드뱅킹, 금ETF, 금펀드는 적은 금액으로 투자자들이 손쉽게 투자할 수 있다는 장점이 있지만 매매 수수료가 높아 금선물 투자에 비해 거래비용이 높다는 단점이 있다. 골드뱅킹이나 금펀드는 금가격 상승 시에만 수익이 나는 반면, 금선물은 포지션 구축에 따라 금가격 상승 및 하락 시에 모두 수익을 낼 수 있다. 또한, 금선물은 금가격 추이에 확신이 있을 경우 레버리지를 활용하여 높은 수익을 달성할 수 있다.

02 ③ 돈육선물의 호가가격단위는 5원이며, 최소가격변동금액(1틱의 가치)은 5,000원(= 1,000kg × 5원)이다. 돈육선물은 돼지가격의 변동 위험을 위하여 사전에 약속된 미래의 특정시점에 1계약당 1,000kg에 해당하는 돈육대표가격을 사거나 팔 것을 약정하는 선물거래이다. 실제 돼지를 사고파는 것이 아닌 돈육의 가격을 거래대상으로 하는 선물거래이다.

03 ② 돈육선물은 양돈농가에게 돼지고기 가격하락에 대비하고, 육가공업체에게는 가격상승에 대비할 수 있는 수단을 제공한다. 한국거래소에 상장된 돈육선물의 결제방법은 현금결제방식으로, 최종결제일에 실제로 돈육도체를 주고받는 대신 최종결제가격(최종거래일 다음날 오전 10시에 발표되는 돈육대표가격)을 이용하여 차금을 주고받음으로써 계약이 종료된다. 돼지고기는 저장성이 낮고 가격의 계절적 변동요인이 크게 작용하며, 질병 등으로 인한 공급량의 변동 등으로 인해 현물가격 변동성이 크다. 이런 특성을 반영하여 돈육선물은 국내에 상장된 선물상품 중 위탁증거금률이 21%로 가장 높다. 돈육선물의 거래단위는 1계약당 1,000kg이므로, 돈육대표가격이 1kg당 5,000원일 때 1계약의 가치는 5,000,000(= 5,000원 × 1,000kg)원이 된다.

04 ④ 편의수익의 개념은 선물계약의 보유자가 아닌 현물 재고의 보유자에게 주어지는 일종의 비금전적 혜택을 말한다. 일반적으로 보유비용에는 상품의 저장에 따른 실물저장비용(창고료, 보험료 등)과 그 상품을 구매하는 데 소요되는 자금에 대한 이자비용 또는 기회비용이 합산되고, 그 상품을 보유함으로써 발생하는 수익(주식배당금, 채권이자 등)이 차감된다. 재고보유에 따른 수익은 비용이 아닌 혜택을 반영한다는 점에서 음(-)의 비용으로 간주되며, 따라서 총비용으로부터 차감된다.

05 ② 배당금은 금융자산인 주식 현물을 보유함으로써 발생하는 수익이다. 재고보유에 따른 수익은 비용이 아닌 혜택을 반영한다는 점에서 음(-)의 비용으로 간주되며, 따라서 총비용으로부터 차감된다.

06
★★★
금 현물가격은 1g당 42,000원, 이자율은 연 4%, 금 저장비용은 1g당 월 30원, 편의수익은 1g당 월 20원이라면, 만기일까지 3개월 남은 금 선물가격은?

① 42,450원 / g

② 42,550원 / g

③ 42,550원 / g

④ 42,600원 / g

07
★★★
○○년 3월 13일 현재 금 현물가격과 선물가격이 다음과 같을 때, 시장구조에 관한 설명으로 옳은 것은?

현물가격	4월물	6월물	8월물	10월물
42,360원	42,330원	42,720원	42,540원	42,940원

① 현물가격과 4월물 선물가격은 정상시장 구조이다.

② 6월물 선물가격과 8월물 선물가격은 정상시장 구조이다.

③ 4월물 선물가격과 10월물 선물가격은 정상시장 구조이다.

④ 현물가격과 6월물 선물가격은 역조시장 구조이다.

08
★★★
금 현물가격이 42,250원 / g이고, 3월물 금 선물가격이 42,150원 / g, 4월물 금 선물가격이 42,450원 / g이라고 할 때, 다음 설명 중 옳지 않은 것은?

① 4월물 선물가격과의 베이시스는 −200원 / g이 된다.

② 트레이더들은 현물가격을 호가할 때 '200원 under(또는 off) April'라고 한다.

③ 트레이더들은 현물가격을 호가할 때 '100원 under(또는 off) Mar'라고 한다.

④ 베이시스는 선물가격에 대한 현물가격의 할증(Premium) 또는 할인(Discount) 정도를 나타낸다.

09
★★★
다음은 상품선물의 베이시스 변동을 나타낸 것이다. 베이시스가 하락(약화)한 것은?

① 100원 → 200원

② −100원 → −50원

③ −50원 → −80원

④ −50원 → 10원

10
★★★
베이시스에 관한 설명 중 옳지 않은 것은?

① 베이시스의 변화는 현물가격이나 선물가격 자체가 변화하는 것보다는 상대적으로 매우 작은 수준이다.

② 선물계약의 만기시점에서는 현물가격과 선물가격이 일치하게 되어 베이시스는 제로(0)가 된다.

③ 7월 15일에 금 현물가격이 42,550원 / g, 선물가격은 42,250원 / g이며, 7월 30일에 현물가격이 42,400원 / g, 선물가격이 42,150원 / g이라면 베이시스는 상승(강화)하였다.

④ 베이시스는 금가격이 상승하거나 하락하는 것에 상관없이 상승(강화) 또는 하락(약화)할 수 있다.

11 4월 1일에 금을 보유하고 투자자는 금가격의 하락위험에 대비하여 5월물 금선물 매도계약을 체결
★★☆ 하였다. 이후 선물만기일 이전인 5월 2일에 반대매매를 통하여 포지션을 청산하였다. 이에 대한
설명으로 옳지 않은 것은?

날 짜	현물가격	5월물 선물가격
4월 1일	42,250원 / g	42,700원 / g
5월 2일	42,550원 / g	42,950원 / g

① 4월 1일과 5월 2일 모두 콘탱고시장이다.
② 개시베이시스는 −450원 / g이다.
③ 청산베이시스는 −400원 / g이다.
④ 베이시스는 하락(약화)하였다.

정답 및 해설

06 ① $F^* = 42,000 + 42,000(0.04 \times 3 / 12) + (30원 \times 3개월) - (20원 \times 3개월) = 42,450원 / g$

07 ③ 틀린 것을 바르게 고치면, ① 현물가격과 4월물 선물가격은 역조시장 구조이다. ② 6월물 선물가격과 8월물
선물가격은 역조시장 구조이다. ④ 현물가격과 6월물 선물가격은 정상시장 구조이다.

정상시장	• 현물가격 < 선물가격	• 근월물 선물가격 < 원월물 선물가격
역조시장	• 현물가격 > 선물가격	• 근월물 선물가격 > 원월물 선물가격

08 ③ 상품선물에서 베이시스는 현물가격과 선물가격의 차이 [베이시스(B) = 현물가격(S) − 선물가격(F)]를 의미
한다. 즉, 상품선물에서는 베이시스를 현물가격에서 선물가격을 뺀 차이로 정의한다. 반면에 금융선물에서는
베이시스를 선물가격에서 현물가격을 뺀 차이로 정의한다는 점에 주의해야 한다. 트레이더들이 현물가격을 호
가할 때 '200원 under(또는 off) April'라고 하는 것은 현물가격이 4월물(April) 선물가격보다 200원 낮다는
것을 의미하며, 현물가격이 3월물(March) 선물가격보다 100원 높다는 것을 나타낼 때에는 '100원 over(또는
on) Mar'라고 한다.

09 ③ 상품선물에서 (베이시스 = 현물가격 − 선물가격)이다. 베이시스 값이 작아지는 경우, 즉, 양(+)의 베이시스가
작아지거나 베이시스의 음(−)의 값이 늘어나는 경우(음의 절대값이 커지는 것)는 베이시스 하락 또는 약화(금
융선물에서는 베이시스 확대)를 의미한다.

10 ③ 베이시스(= 현물가격 − 선물가격)가 7월 15일에 300원(= 42,550 − 42,250)에서 7월 30일에는 250원(=
42,400 − 42,150)으로 변동했으므로 베이시스가 하락(약화)하였다. 베이시스는 선물계약의 만기가 가까워짐
에 따라 그 절대값이 점점 감소하는 것이 일반적이다. 그리고 궁극적으로 선물계약의 만기시점에서는 현물가격
과 선물가격이 일치하게 되어 베이시스는 제로(0)가 된다.

11 ④ 헤지계약 체결시점의 베이시스인 개시베이시스는 −450원(= 42,250 − 42,700)이며, 만기일 이전에 반대매
매를 통하여 선물포지션을 청산하는 시점의 베이시스인 청산(또는 종결)베이시스는 −400원(42,550 −
42,950)이다. 따라서 베이시스는 상승(강화)하였다. 개시베이시스와 청산베이시스가 다른 경우 베이시스의 변
화에 따라 손실 또는 이익이 발생할 수 있는데, 이를 베이시스리스크라고 한다. 그러나 베이시스의 변화(40
= −450 → −400)는 현물가격이나 선물가격 자체가 변화(현물 300, 선물 250)하는 것보다는 상대적으로 매
우 작은 수준이다.

12
★★★ 매도헤지를 시작하는 시점 t_1의 현물가격이 S_1, 선물가격은 F_1, 베이시스는 B_1이다. 한편, 헤지를 종결(청산)하는 시점 t_2의 현물가격이 S_2, 선물가격은 F_2, 베이시스는 B_2라고 할 때, 매도헤지가 종결되는 시점 t_2에 실현된 순매도가격(NSP ; Net Selling Price)을 계산하는 방법 중 옳지 않은 것은?

① $NSP = S_2 + (F_2 - F_1)$

② $NSP = F_1 + B_2$

③ $NSP = S_1 + (B_2 - B_1)$

④ $NSP = S_1 + [(S_2 - S_1) + (F_1 - F_2)]$

13
★★★ 4월 1일 현재 금 현물가격이 42,880원 / g, 선물가격은 43,040원 / g인 상황에서 금 보유자가 금선물을 매도하여 헤지한 후 5월 15일에 환매하여 청산하였다. 5월 15일의 금 현물가격은 42,340원 / g, 선물가격은 42,460원 / g이다. 이 경우 순매도가격(NSP)은?

① 42,850원

② 42,920원

③ 43,400원

④ 43,530원

14
★★★ 2월 1일 현재 돈육 현물가격이 5,200원 / kg인 상황에서 양돈농가가 돈육선물을 매도하여 헤지한 후 7월 1일에 환매하여 청산하였다. 헤지기간 동안 베이시스가 120원 / kg 상승하였다면, 순매도가격(NSP)은?

① 5,080원

② 5,200원

③ 5,320원

④ 5,440원

15
★★★ 헤지를 시작하는 시점이 t_1, 헤지를 종결하는 시점이 t_2라고 할 때, 순매도가격(NSP)이 43,000원이고 개시베이시스(B_1)는 −150, 종결(청산)베이시스(B_2)가 −200이라면, t_1시점에서의 현물가격(S_1)과 선물가격(F_1)은 각각 얼마인가?

① S_1(43,200원), F_1(43,350원)

② S_1(43,100원), F_1(43,250원)

③ S_1(42,950원), F_1(43,100원)

④ S_1(43,050원), F_1(43,200원)

16 상품선물의 거래전략 중 매도헤지(Short Hedge)에 관한 설명으로 옳지 않은 것은?

★★☆

① 매도헤지에서 상품가격이 상승하더라도 베이시스가 하락할 경우, 순매도가격이 최초의 현물가격보다 베이시스 하락분만큼 낮아지게 된다.

② 매도헤지에서 상품가격이 하락하더라도 베이시스가 상승할 경우, 순매도가격이 최초의 현물가격보다 베이시스 상승분만큼 높아지게 된다.

③ 헤지거래에서 중요한 것은 베이시스가 어떻게 변동하느냐가 아니라, 상품가격 변동의 방향, 즉 상품가격이 상승하느냐 또는 하락하느냐이다.

④ 매도헤지는 선물을 매도하는 것이므로, 현물가격이 선물가격보다 상대적으로 더 강세를 나타내어 베이시스가 상승할수록 순매도가격이 높아진다.

정답 및 해설

12 ① 순매도가격$(NSP) = S_2 + (F_1 - F_2)$이다. 그리고 $(F_1 = S_1 - B_1)$이므로 ②, ③, ④는 모두 같은 공식이다.

13 ② 헤지를 개시하는 시점의 개시베이시스는 -160원$/g(= 42,880 - 43,040)$이며, 청산(종결)베이시스는 -120원$/g(= 42,340 - 42,460)$이다. 따라서 베이시스가 상승(강화)하였기 때문에, 매도헤지 시에는 베이시스 상승분(40)만큼 순매도가격을 처음(42,880)보다 높여 준다. 즉, 순매도가격(NSP) $= S_1 + \Delta B = 42,880 + 40 = 42,920$원이다.

날 짜	현물시장(S)	선물시장(F)	베이시스(B)
4월 1일	$S_1 = 42,880$원 (매수)	$F_1 = 43,040$원 (매도)	-160원 (B_1)
5월 15일	$S_2 = 42,340$원 (매도)	$F_2 = 42,460$원 (매수)	-120원 (B_2)
거래손익	-540원	$+580$원	$+40$원 (ΔB)

• 순매도가격$(NSP) = S_1 + \Delta B = 42,880 + 40 = 42,920$원$/g$

또는, 순매도가격$(NSP) = S_2 + (F_1 - F_2) = 42,340 + (43,040 - 42,460)$

14 ③ $NSP = S_1 + (B_2 - B_1) = S_1 + \Delta B = 5,200 + 120 = 5,320$원 → 헤지를 청산하는 시점에서 베이시스가 상승($+150$원$/kg$)하였기 때문에, 매도헤지 시에는 베이시스 상승분만큼 순매도가격(NSP)을 높여 준다. 만약, 베이시스가 감소했다면, 베이시스 하락분만큼 순매도가격(NSP)을 낮추게 된다.

15 ④ $B_1 = S_1 - F_1$ → $-150 = S_1 - 43,200$, 따라서 $S_1 = 43,050$원이다.

• 순매도가격$(NSP) = F_1 + B_2$ → 순매도가격$(43,000) = F_1 + (-200)$,

따라서 $F_1 = 43,200$원이다.

16 ③ 헤지거래에서 중요한 것은 상품가격 변동의 방향이 아니라, 현물가격과 선물가격 간의 상대적인 변화에 의해 베이시스가 어떻게 변동하느냐 하는 점이다.

17
★★★
상품선물을 이용하여 매수헤지(Long Hedge)를 하고자 한다. 매수헤지를 시작하는 시점 t_1의 현물가격이 S_1, 선물가격은 F_1, 베이시스는 B_1이다. 한편, 헤지를 종결(청산)하는 시점 t_2의 현물가격이 S_2, 선물가격은 F_2, 베이시스는 B_2라고 할 때, 매도헤지가 종결되는 시점 t_2에 실현된 순매수가격(NBP ; Net Buying Price)을 계산하는 방법 중 옳지 않은 것은?

① $NBP = S_2 - (F_2 - F_1)$

② $NBP = F_1 - B_2$

③ $NBP = S_1 + (B_2 - B_1)$

④ $NBP = S_1 - [(S_1 - S_2) + (F_2 - F_1)]$

18
★★★
9월 14일에 금을 구매하려는 자가 금가격의 상승에 대비하여 6월 13일에 금선물을 매수하여 헤지한 후 9월 14일에 헤지를 청산하였다. 다음 자료를 보고 9월 14일 금의 순매수가격(NBP ; Net Buying Price)을 구하면?

일 자	현물가격	선물가격
6월 13일	42,350 / g	42,480 / g
9월 14일	42,810 / g	42,970 / g

① 40,800원   ② 41,910원

③ 42,320원   ④ 42,750원

19
★★★
6월 15일 현재 돈육 현물가격이 5,500원 / kg, 8월물 돈육 선물가격은 5,670원 / kg인 상황에서 육가공업체가 매수헤지를 실시하였다. 7월 22일에 이르러 헤지를 청산할 때, 돈육 현물가격과 7월물 선물가격의 차이인 베이시스가 −100원 / kg이라면 순매수가격(NBP)은?

① 5,400원   ② 5,570원

③ 5,600원   ④ 5,770원

20
★★★
상품선물의 거래전략 중 매수헤지 시, 헤저에게 불리한 경우는?

① 가격이 상승하였으나, 베이시스의 변동이 없는 경우

② 가격이 상승하였으나, 베이시스가 하락한 경우

③ 가격이 하락하였으나, 베이시스가 하락한 경우

④ 가격이 하락하였으나, 베이시스가 상승한 경우

21 상품선물을 이용한 매도헤지나 매입헤지 시, 베이시스의 변화는 순헤지가격에 영향을 미쳐 헤저의
★★★ 손익을 변화시킨다. 베이시스의 변화와 헤저의 손익이 올바르게 연결된 것은?

① 베이시스 상승 – 매수헤지 시 유리

② 베이시스 상승 – 매도헤지 시 유리

③ 베이시스 하락 – 매수헤지 시 불리

④ 베이시스 하락 – 매도헤지 시 유리

17 ② 순매수가격(NBP) $= F_1 + B_2$ 이다. 결론적으로 말하면, 순매수가격을 구하는 공식은 계산과정만 다를 뿐 결국
에는 순매도가격(NSP)을 구하는 공식과 같다.

18 ③ 헤지를 개시하는 시점의 개시베이시스는 -130원$/g(= 42,350 - 42,480)$이며, 청산(종결)베이시스는 -160
원$/g(= 42,810 - 42,970)$이다. 따라서 베이시스가 하락(약화)하였기 때문에, 매수헤지 시에는 베이시스 하
락분(30) 만큼 순매수가격을 처음($42,350$)보다 낮춰 준다.
즉, 순매수가격(NBP) $= S_1 + \Delta B = 42,350 + (-30) = 42,320$원이다.

날 짜	현물시장(S)	선물시장(F)	베이시스(B)
6월 13일	$S_1 = 42,350$원 (매도)	$F_1 = 42,480$원 (매수)	-130원 (B_1)
9월 14일	$S_2 = 42,810$원 (매수)	$F_2 = 42,970$원 (매도)	-160원 (B_2)
거래손익	-460원	$+490$원	-30원 (ΔB)

• 순매수가격(NBP) $= S_1 + \Delta B = 42,350 + (-30) = 42,320$원$/g$
또는, 순매수가격(NBP) $= S_2 - (F_2 - F_1) = 42,810$원 $- (42,970 - 42,480)$

19 ② $NBP = S_1 + (B_2 - B_1) = S_1 + \Delta B = 5,500 + \{(-100) - (-170)\} = 5,570$원,
또는 순매수가격(NBP) $= F_1 + B_2 = 5,670 + (-100) = 5,570$원 → 헤지를 청산하는 시점($B_2 = -100$)에
서 처음($B_1 = -170$)보다 베이시스가 상승하는 경우, 매수헤지 시에는 베이시스 상승분(70)만큼 순매수가격
(NBP)이 처음($5,500$)보다 높아진다는 것을 알 수 있다. 만약, 베이시스가 하락했다면, 베이시스 하락분만큼
순매수가격(NBP)을 낮추게 된다.

20 ④ 매수헤지에서 가격의 상승과 하락과 상관없이 베이시스가 상승할 경우, 순매수가격(NBP)이 최초의 현물가격
보다 베이시스 상승분 만큼 높아지므로 헤저에게 불리하게 된다.

21 ② 베이시스가 상승(강화)하면, 순매도가격(NSP)이 상승하므로 매도헤지 시 유리하고 매입헤지 시 불리하다. 반대
로 베이시스가 하락(약화)하면, 순매입가격(NBP)은 하락하므로 매입헤지 시 유리하고 매도헤지 시 불리하다.

22 다음 표는 금시장에서 현물가격과 선물가격의 변화를 보여 주고 있다. 이에 대한 설명으로 옳은 것은?

★★★

날 짜	현물가격	6월물 선물가격
4월 15일	42,250원 / g	42,700원 / g
5월 10일	42,550원 / g	42,950원 / g

① 역조시장이다.

② 5월 10일의 베이시스는 400 / g이다.

③ 4월 15일에 비해 5월 10일의 베이시스는 하락했다.

④ 4월 15일에 매수헤지를 개시하고 5월 10일에 청산하면, 순매수가격은 최초가격(42,250원 / g)보다 높아진다.

23 선물을 이용한 헤지 시 고려해야 할 사항에 대한 설명으로 적절하지 않은 것은?

★★☆

① 과도헤지를 할지 과소헤지를 할지에 관한 의사결정을 하여야 한다.

② 가능한 한 실제 현물거래가 발생하는 시점과 가장 가까운 결제월을 택하되, 그 결제월이 현물거래 시점보다 선행하여야 한다.

③ 선물거래에서 헤지비율은 주어진 현물 포지션에 대응하여 보유해야 할 선물 포지션의 비율로 정의된다.

④ 현물과 선물의 반대포지션으로 이루어진 헤지 포트폴리오의 리스크를 최소화시키는 헤지비율을 구하기 위해서는 일반적으로 현물가격과 선물가격 간의 회귀방정식이 이용된다.

24 2월 5일 현재 상장되어 있는 금선물의 결제월은 2월, 3월, 4월, 6월, 8월, 10월, 12월 등 총 7개이다. 현재 금 10kg을 보유하고 있는 사람이 5월 중순경에 현물을 판매할 것에 대비하여 매도헤지를 실시하는 경우 몇월물을 이용하여 헤지하는 것이 가장 바람직한가?

★★☆

① 3월물

② 4월물

③ 6월물

④ 8월물

25 향후 금을 10kg 구매할 예정인 자가 금가격 상승에 대비하여 한국거래소에 상장된 금선물을 이용하여 헤지하고자 한다. 회귀방정식에서 구한 회귀계수가 0.95이고, 금선물 1계약은 100g이다. 이 경우 최적의 선물계약수는?

★★☆

① 95계약 매도

② 95계약 매수

③ 100계약 매도

④ 100계약 매도

26 헤지거래의 적정성을 검증하는 내용으로 옳지 않은 설명은?

★★☆

① 현물가격 변동리스크가 가격상승에 따른 것이면 매수헤지를, 가격하락에 따른 것이라면 매도헤지를 하여야 한다.

② 헤지거래를 시작하는 시점에서 최초의 현물 포지션과 선물 포지션에 서로 상반된 포지션을 취하여야 한다.

③ 헤지거래를 시작하는 시점(t_1)의 선물 포지션(F_1)과 헤지를 종결하는 시점(t_2)의 현물 포지션(S_2)은 서로 상반된 포지션을 취하여야 한다.

④ 매도헤지의 경우 F_1과 S_2가 서로 동일한 매도 포지션이어야 하고, 매수헤지의 경우는 F_1과 S_2가 서로 동일한 매수 포지션이어야 한다.

정답 및 해설

22 ④ 선물가격이 현물가격보다 높으므로 정상시장(콘탱고시장)이다. 4월 15일 베이시스는 $-450(= 42,250 - 42,700)$, 5월 10일 베이시스는 $-400(= 42,550 - 42,950)$이므로 베이시스는 상승했다. 베이시스가 상승하는 경우, 매수헤지 시에는 베이시스 상승분(50)만큼 순매수가격(NBP)이 처음(42,250)보다 높아진 42,300원이 된다.

23 ② 가능한 한 실제 현물거래가 발생하는 시점과 가장 가까운 결제월을 택하되, 그 결제월이 현물거래 시점보다 후행하여야 한다. 과도헤지(Over Hedging)란 헤지를 위한 선물 포지션을 현물 포지션보다 많게 가져가는 것이고, 과소헤지(Under Hedging)란 헤지를 위한 선물 포지션을 현물 포지션보다 적게 가져가는 것이다.

24 ③ 가능한 한 실제 현물거래가 발생하는 시점과 가장 가까운 결제월을 택하되, 그 결제월이 현물거래 시점보다 후행하여야 한다. 따라서 결제월은 6월물이 된다. 만약 4월물을 선택하여 헤지한다면 4월 중에는 헤지 포지션이 청산되어야 하므로 4월부터 5월 중순까지 현물 포지션을 헤지하지 않은 상태로 방치하게 된다.

25 ② 향후 금을 구매할 예정인 자는 가격상승 리스크에 노출되어 있으므로 선물을 매수하는 매수헤지가 필요하다. 이때 선물계약수(N) $= \dfrac{10\text{kg}(= 10,000\text{g})}{100\text{g}} \times 0.95 = 95$

26 ③ 헤지거래를 시작하는 시점(t_1)의 선물 포지션(F_1)과 헤지를 종결하는 시점(t_2)의 현물 포지션(S_2)은 서로 동일하여야 한다.

〈매도헤지 시 포지션의 설정〉

날 짜	현물가격(S)	선물가격(F)
매도헤지 개시시점(t_1)	S_1 (매수)	F_1 (매도)
매도헤지 종결(청산)시점(t_2)	S_2 (매도)	F_2 (매수)

〈매수헤지 시 포지션의 설정〉

날 짜	현물가격(S)	선물가격(F)
매수헤지 개시시점(t_1)	S_1 (매도)	F_1 (매수)
매수헤지 종결(청산)시점(t_2)	S_2 (매수)	F_2 (매도)

27 헤지를 이월(Roll-over)할 때, 매도헤지는 (㉠)시장에서 이월하여야 하고, 매수헤지는
★★★ (㉡)시장에서 이월하여야 결제월 간 스프레드만큼 이익이 발생한다. 빈칸 ㉠, ㉡에 들어
갈 적절한 말은?

① ㉠ (정상), ㉡ (역조)

② ㉠ (역조), ㉡ (정상)

③ ㉠ (강세), ㉡ (약세)

④ ㉠ (약세), ㉡ (강세)

28 투기거래에 관한 설명으로 옳지 않은 것은?
★★★ ① 투기자는 헤저들이 전가하는 위험을 기꺼이 감수하면서 이익을 실현하고자 선물시장에 참여한다.

② 투기거래는 현물거래에 비하여 손익확대효과(레버리지 효과)가 크다.

③ 선물시장에서 투기거래자들은 시장을 교란하는 세력으로 아무런 경제적 기능을 담당하지 않는다.

④ 투기거래자들 중에 스캘퍼(Scalper)의 포지션 보유시간이 가장 짧고, 포지션트레이더(Position Trader)의 포지션 보유시간이 가장 길다.

29 한국거래소에서 거래되는 금선물 10계약을 42,300원/g에 매도 포지션을 취한 후 42,260원/
★★☆ g에 반대매매로 포지션을 모두 청산했다. 이 거래의 손익은?

① 40,000원 이익

② 40,000원 손실

③ 400,000원 손실

④ 400,000원 이익

30 상품선물을 이용한 차익거래(Arbitrage)에 관한 설명으로 옳은 것은?
★★★ ① 차익거래는 선물의 시장가격과 이론가격 사이에 괴리가 발생할 경우 고평가되어 있는 것을 매수
하고, 상대적으로 저평가되어 있는 동시에 매도함으로써 무위험수익을 얻고자 하는 거래이다.

② 선물의 시장가격이 이론가격보다 높게 형성될 때, 매도차익거래가 발생한다.

③ 선물의 시장가격이 이론가격보다 작게 형성될 때, 매수차익거래가 발생한다.

④ 선물의 시장가격이 [현물가격+순보유비용]보다 클 때, 매수차익거래가 발생한다.

31 현재 금 현물가격은 42,500원 / g, 금 선물가격은 42,830원 / g에 거래되고 있다. 금선물의 이론가
★★☆ 격은 42,800원 / g일 때, 차익거래를 실행하면 선물1계약당 얼마의 이익이 가능한가?(단, 거래비
용은 없다고 가정)

① 300원   ② 3,000원

③ 30,000원   ④ 33,000원

32 선물을 이용한 스프레드(Spread) 거래에 관한 설명으로 옳지 않은 것은?
★★★
① 스프레드 거래는 개별선물종목 가격의 상승 또는 하락에 베팅하기보다는 두 개의 선물의 가격차
이를 이용한 거래이다.

② 스프레드 거래의 손익은 두 선물의 절대가격의 변화보다는 상대가격의 변화에 따라 결정된다.

③ 스프레드 거래는 상대적으로 가격이 낮다고 판단되는 결제월의 선물을 매도하고 동시에 가격이
높다고 판단되는 결제월의 선물을 매수하는 거래전략을 말한다.

④ 스프레드 거래는 한 종목으로만 거래하는 단순 투기거래보다 리스크가 낮아 거래이익도 소폭이
고, 일반적으로 증거금률도 낮다.

정답 및 해설

27 ① 매도헤지는 정상시장(근월물가격 < 원월물가격)에서 이월하여야 하며, 매수헤지는 역조시장(근월물가격 > 원
월물가격)에서 이월하여야 한다. 그래야만 헤지를 이월하는 과정에서 근월물과 원월물 간의 스프레드만큼 이익
이 발생하기 때문이다.

28 ③ 투기거래는 현물거래를 수반하지 않고 단순히 선물가격의 변동에 따른 시세차익만을 목적으로 하는 거래를 말
한다. 투기자는 헤저들이 전가하는 위험을 기꺼이 감수하면서 이익을 실현하고자 선물시장에 참여한다. 선물시
장에서 투기자들은 중요한 경제적 기능을 담당한다. 투기자들은 수요와 공급의 불균형을 해소시켜 줌으로써
시장에 유동성을 제고하여 효율적인 시장의 형성에 기여한다. 스캘퍼는 하루에도 여러 번 매매하며, 데이트레
이더(Day Trader)는 개장시간 동안 포지션을 보유하며, 포지션트레이더는 하루 이상 포지션을 유지하는 투기
거래자이다.

29 ① (42,300원 / g − 42,260원 / g) × 100g × 10계약 = 40,000원 이익 → 한국거래소에서 거래되는 금선물의
거래단위는 100g이며, 손익을 계산할 때는 매도가격에서 매수(청산)가격을 뺀다.

30 ④ 틀린 것을 바르게 고치면, ① 차익거래는 선물의 시장가격과 이론가격 사이에 괴리가 발생할 경우 고평가되어
있는 것을 매도하고, 상대적으로 저평가되어 있는 동시에 매수함으로써 무위험수익을 얻고자 하는 거래이다.
② 선물의 시장가격이 이론가격(= 현물가격 + 순보유비용)보다 높게 형성될 때, 매수차익거래가 발생한다. ③
선물의 시장가격이 이론가격보다 작게 형성될 때, 매도차익거래가 발생한다.

31 ② 시장선물가격(42,830)이 이론가격(42,800)에 비해 고평가 상태이므로, 금 현물을 매수하고 금선물을 매도하는
매수차익거래를 하면 이익이 발생된다. 매수차익거래시 이익은 (시장선물가격 − 이론가격)이므로 30원 / g(=
42,830 − 42,800)이다. 그리고 금선물의 거래단위는 100g이므로 실제 이익금은 3,000원(= 30원 / g ×
100g)이다.

32 ③ 스프레드 거래는 상대적으로 가격이 낮다고 판단되는 결제월의 선물을 매수하고 동시에 가격이 높다고 판단되
는 결제월의 선물을 매도하는 거래전략을 말한다.

33 5월 22일 현재 6월물 금선물가격은 45,000원 / g, 8월물 금선물가격은 45,500원 / g이다. 향후
★★★ 근월물의 가격하락폭이 원월의 가격하락폭보다 클 것으로 예상할 때, 바람직한 거래 전략은?

① 근월물 매수 + 원월물 매도

② 근월물 매도 + 원월물 매도

③ 근월물 매도 + 원월물 매수

④ 근월물 매수 + 원월물 매수

34 금 선물가격이 다음과 같다고 가정하자. 2020년 12월 1일 현재 펀드운용자인 A씨는 향후 증시의
★★★ 방향에 대해서는 확신이 없지만, 결제월 간 스프레드는 축소될 것으로 예상하고 있다. 이 경우
바람직한 선물거래 전략은?

2020년 12월물 선물가격	2021년 3월물 선물가격
42,000원 / g	43,000원 / g

① 3월물 매수 + 12월물 매도

② 3월물 매도 + 12월물 매도

③ 3월물 매도 + 12월물 매수

④ 3월물 매수 + 12월물 매수

35 금 선물가격이 표와 같이 움직인다고 가정하면, 7월 1일에 어떤 스프레드 포지션을 취해야 가장
★★★ 큰 이익이 발생하겠는가?

날 짜	8월물 선물	10월물 선물
7월 1일	42,450원	42,620원
7월 10일	42,270원	42,480원

① 8월물 매수 + 10월물 매수

② 8월물 매도 + 10월물 매도

③ 8월물 매수 + 10월물 매도

④ 8월물 매도 + 10월물 매수

36 CME Group의 7월물 대두선물을 매수하고 동시에 7월물 옥수수선물을 매도하는 거래는?

★★☆

① 결제월 간 스프레드 거래

② 상품 간 스프레드 거래

③ 시장 간 스프레드 거래

④ 차익거래

37 CME Group의 12월물 소맥선물을 매수하고 동시에 캔사스상품거래소(KCBT)의 12월물 소맥선물

★★☆ 을 매도하는 거래는?

① 결제월 간 스프레드 거래

② 상품 간 스프레드 거래

③ 시장 간 스프레드 거래

④ 헤지거래

정답 및 해설

33 ③ 원월물 선물가격이 근월물 선물가격보다 높으므로 현재 콘탱고시장이다. 이런 상황에서 향후 근월물의 가격하락폭이 원월의 가격하락폭보다 클 것으로 예상하는 것은 스프레드의 확대를 예상하는 것이다. 따라서 스프레드 확대를 예상할 경우, 근월물을 매도하고 원월물을 매수하는 약세 스프레드 전략이 바람직하다.

34 ③ 2020년 12월물 선물가격보다 2021년 3월물 선물가격이 더 높기 때문에 콘탱고시장이다. 따라서, 향후 스프레드 축소(근월물이 원월물보다 더 많이 상승하거나 더 적게 하락하는 경우)가 예상되면 근월물(2020년 12월물)을 매수하고 원월물(2021년 3월물)을 매도하는 강세 스프레드 전략을 택한다. 주의할 것은 현재시점이 2020년 12월 1일이므로 만기가 가까운 2020년 12월물이 근월물이고, 만기가 먼 2021년 3월물이 원월물이다.

35 ④ 결제월 간 스프레드가 170(= 42,620 − 42,450)에서 210(= 42,480 − 42,270)으로 확대되었다. 따라서 스프레드 확대가 예상될 경우, 근월물(8월물)을 매도하고 원월물(10월물)을 매수하는 약세 스프레드 전략에서 이익이 발생한다.

36 ② 상품 간 스프레드 거래는 결제월은 같으나 기초자산이 상이한 두 개의 선물계약을 동시에 매매하여 두 선물계약 간 스프레드의 변동으로부터 이익을 얻으려는 거래이다.

37 ③ 시장 간 스프레드 거래란 어느 한 거래소에서 특정 결제월의 선물을 매수(매도)하고 동시에 다른 거래소에서 동일 품목, 동일 결제월의 선물을 매도(매수)하는 거래를 말한다.

[38 ~ 40] 3월 1일, 금 도매업자는 1kg의 금괴를 42,280원 / g에 구매하였다. 한 달 후에 금괴를 판매할 계획이며, 그동안의 가격하락에 대비하기 위해 헤지를 하고자 한다. 3월 1일 현재, 4월물 금선물은 42,430원 / g에 거래되고 있으며, 과거의 경험에 의하면 4월 초에 예상되는 베이시스는 4월물 금선물 기준 -140원 수준이다.

38
★★★
만약 금 도매업자가 행사가격 42,400원의 4월물 풋옵션을 1계약당 130원 / g에 매수하여 헤지를 하였다면, 예상 최저매도가격(예상 하한가격)은?(수수료는 고려하지 않음)

① 42,130원

② 42,280원

③ 42,430원

④ 42,570원

39
★★★
예상한대로 4월 1일에 금가격이 큰 폭으로 하락하자, 금 도매업자는 금 세공업자에게 금괴 1kg을 41,980 / g에 매도하고, 보유한 풋옵션을 행사하여 42,400원 / g에 선물매도 포지션을 취한 다음 42,110원 / g에 환매수하여 거래를 종결하였다. 헤지 결과 실제 실현된 순매도가격은?(수수료는 고려하지 않음)

① 41,980원

② 42,110원

③ 42,140원

④ 42,400원

40
★★★
예상한대로 4월 1일에 금가격이 큰 폭으로 하락하자, 금 도매업자는 금 세공업자에게 금괴 1kg을 41,980 / g에 매도하고, 보유한 풋옵션을 행사하지 않고 310원에 반대매매(매도)하여 거래를 종결하였다. 이 경우 순매도가격은?(수수료는 고려하지 않음)

① 42,110원

② 42,130원

③ 42,140원

④ 42,160원

41
★★★
일반적으로 옵션거래의 경우 옵션을 행사하기보다는 옵션을 매도하는 것이 유리한데, 그 이유에 관한 설명으로 옳지 않은 것은?

① 옵션을 매도하지 않고 행사하는 경우는 옵션의 내재가치만을 얻게 될 뿐, 남아 있는 시간가치는 포기하기 때문에

② 해외 상품선물옵션의 경우 옵션을 행사함으로써 추가적인 중개수수료가 발생하기 때문에

③ 일반적으로 해외상품선물의 경우 중개수수료가 매매체결기준으로 발생하는 반면, 상품선물옵션의 경우는 매매종결기준으로 발생하기 때문에

④ 옵션을 행사할 경우 옵션을 처음 거래할 때 매매체결기준의 수수료를 지불하고, 옵션을 행사하고 나서 선물 포지션을 청산할 때 다시 매매종결기준의 수수료를 지불해야 되기 때문에

38 ① 풋옵션 매수에 따른 예상 하한가격(예상 최저매도가격)은 다음과 같다.

- 예상 하한가격 = 풋옵션 행사가격 + 예상 베이시스 − 풋옵션 프리미엄
  $= 42,400 + (-140) - 130 = 42,130$

풋옵션 행사가격	예상 베이시스	풋옵션 프리미엄
42,400원	−140원	130원

→ 풋옵션을 매수하고 나면, 예상 최저매도가격을 높이거나 낮추는 유일한 변수는 베이시스의 변동이 된다.

39 ③ 매수한 풋옵션을 행사할 경우 매도헤지의 결과(실현된 순매도가격)는 다음과 같다.

- 실현된 순매도가격 = 금현물 매도가격 + 선물거래 이익 − 풋옵션 프리미엄
  $= 41,980 + 290 - 130 = 42,140$

날 짜	현물거래	옵션거래
3월 1일	금 1kg 매수 @42,280원	행사가격 42,400원의 4월물 풋옵션 매수 @130원
4월 1일	금 1kg 매도 @41,980원	풋옵션 행사로 4월물 금선물 매도 포지션 수취(@42,400원) 후 금선물 환매(@42,110원) → 선물거래이익 290원(= 42,400 − 42,110)

→ 헤지결과 실현된 순매도가격(42,140)과 예상 최저매도가격(42,130) 간에 10원의 차이가 발생한 것은 실제 베이시스(−130 = 41,980 − 42,110)가 예상 베이시스(−140)보다 10원만큼 상승했기 때문이다.

40 ④ 매수한 풋옵션을 행사하지 않고 반대매매(매도)할 경우 매도헤지의 결과(실현된 순매도가격)는 다음과 같다.

- 순매도가격 = 금현물 매도가격 + 옵션거래 이익 = $41,980 + 180 = 42,160$

날 짜	현물거래	옵션거래
3월 1일	금 1kg 매수 @42,280원	행사가격 42,400원의 4월물 풋옵션 매수 @130원
4월 1일	금 1kg 매도 @41,980원	행사가격 42,400원의 4월물 풋옵션 매도 @310원 → 옵션거래이익 180원(= 310 − 130)

→ 옵션을 행사할 경우 순매도가격이 42,140원인 반면, 옵션을 매도할 경우는 순매도가격이 42,160원이 된다. 이러한 20원의 차이는 바로 옵션 프리미엄에 남아있는 시간가치 때문이다.

41 ③ 일반적으로 해외상품선물의 경우 중개수수료가 매매종결(Round−turn)기준으로 발생하는 반면, 상품선물옵션의 경우는 매매체결(Per−side)기준으로 발생한다. 옵션거래의 수수료가 매매체결기준으로 발생하는 것은 옵션을 반대매매하여 청산하는 경우도 있지만 옵션을 만기에 그대로 소멸시키는 경우도 많다는 점을 고려한 것이다.

42 상품선물 콜옵션을 이용한 매수헤지에 대한 설명으로 옳지 않은 것은?

★★★   ① 상품선물 콜옵션은 행사가격에 선물계약을 매수할 권리이므로 콜옵션을 매수함으로써 최고매수 (상한) 가격을 설정할 수 있다.

     ② 상한가격을 설정하여 가격이 상승하는 불리한 리스크를 제거하고, 가격이 하락하는 유리한 리스 크는 보존할 수 있다.

     ③ 가격이 상승하여 콜옵션을 행사하는 경우 순매수가격은 [현물매수가격 + 선물거래이익 − 콜옵 션 프리미엄]으로 결정된다.

     ④ 가격이 상승하는 경우 콜옵션을 행사하는 것보다 콜옵션을 매도하는 것이 유리하다.

[43 ~ 45] 2월 15일, 금 도매업자는 금 세공업자에게 금괴 1kg를 납품하는 계약을 체결하였다. 한 달 후에 금괴를 매수하여 납품할 계획이며, 그 동안의 가격상승에 대비하기 위해 헤지를 하고자 한다. 2월 15일 현재, 4월물 금선물은 42,380원 / g에 거래되고 있으며, 과거의 경험에 의하면 3월 중순경에 예상되는 베이시 스는 4월물 금선물 기준 −170원 수준이다.

43 만약, 금 도매업자가 행사가격 42,400원의 4월물 콜옵션을 1계약당 120원 / g에 매수하여 헤지를
★★★   하였다면, 예상 최고매수가격(예상 상한가격)은?(수수료는 고려하지 않음)

     ① 42,210원   ② 42,350원

     ③ 42,380원   ④ 42,570원

44 예상한대로 3월 15일에 금가격이 큰 폭으로 상승하자, 금 도매업자는 금괴 1kg을 42,450 / g에
★★★   매수하여 금 세공업자에게 납품하였고, 보유한 콜옵션을 행사하여 42,400원 / g에 선물매수 포지 션을 취한 다음 42,640원 / g에 전매도하여 거래를 종결하였다. 헤지결과 실제 실현된 순매수가격 은?(수수료는 고려하지 않음)

     ① 42,330원   ② 42,400원

     ③ 42,450원   ④ 42,640원

45 예상한대로 3월 15일에 금가격이 큰 폭으로 상승하자, 금 도매업자는 금괴 1kg을 42,450 / g에
★★★   매수하여 금 세공업자에게 납품하였고, 보유한 콜옵션을 행사하지 않고 270원에 반대매매(매도)하 여 거래를 종결하였다. 이 경우 순매수가격은?(수수료는 고려하지 않음)

     ① 42,300원   ② 42,330원

     ③ 42,360원   ④ 42,450원

42 ③ 가격이 상승하여 콜옵션을 행사하는 경우 순매수가격은 [현물매수가격 − 선물거래이익 + 콜옵션 프리미엄]으로 결정된다. 즉 가격이 상승하면 매수한 콜옵션을 행사하여 받은 선물매수 포지션에서 이익이 발생하게 되어 그만큼 싼 가격에 매수할 수 있게 된다.

43 ② 콜옵션 매수에 따른 예상 상한가격(예상 최고매수가격)은 다음과 같다.

- 예상 상한가격 = 콜옵션 행사가격 + 예상 베이시스 + 콜옵션 프리미엄
  = 42,400 + (−170) + 120 = 42,350

콜옵션 행사가격	예상 베이시스	콜옵션 프리미엄
42,400원	−170원	120원

→ 콜옵션을 매수하고 나면, 예상 최고매수가격을 높이거나 낮추는 유일한 변수는 베이시스의 변동이 된다.

44 ① 매수한 콜옵션을 행사할 경우 매수헤지의 결과(실현된 순매수가격)는 다음과 같다.

- 실현된 순매수가격 = 금현물 매수가격 − 선물거래 이익 + 콜옵션 프리미엄
  = 42,450 − 240 + 120 = 42,330

날 짜	현물거래	옵션거래
2월 15일	−	행사가격 42,400원의 4월물 콜옵션 매수 @120원
3월 15일	금 1kg 매수 @42,450원	콜옵션 행사로 4월물 금선물 매수 포지션 수취(@42,400원) 후 금선물 전매(@42,640원) → 선물거래이익 240원(= 42,640 − 42,400)

→ 헤지결과 실현된 순매수가격(42,330)과 예상 최고매수가격(42,350) 간에 20원의 차이가 발생한 것은 실제 베이시스(−190 = 42,450 − 42,640)가 예상 베이시스(−170)보다 20원만큼 하락했기 때문이다.

45 ① 매수한 콜옵션을 행사하지 않고 반매매매(매도)할 경우, 매수헤지의 결과(실현된 순매수가격)는 다음과 같다.

- 순매수가격 = 금현물 매수가격 − 옵션거래 이익 = 42,450 − 150 = 42,300

날 짜	현물거래	옵션거래
2월 15일	−	행사가격 42,400원의 4월물 콜옵션 매수 @120원
3월 15일	금 1kg 매수 @42,450원	행사가격 42,400원의 4월물 콜옵션 매도 @270원 → 옵션거래 이익 150원(= 270 − 120)

→ 옵션을 행사할 경우 순매수가격이 42,330원인 반면, 옵션을 매도할 경우는 순매수가격이 42,300원이 된다. 이러한 30원의 차이는 바로 옵션 프리미엄에 남아있는 시간가치 때문이다.

우리 인생의 가장 큰 영광은
결코 넘어지지 않는 데 있는 것이 아니라
넘어질 때마다 일어서는 데 있다.

- 넬슨 만델라 -

PART 02

파생상품 Ⅱ

제1장 스 왑

제2장 기타 파생상품

제3장 파생결합증권

챕터 출제비중

50 45 35 30 25 20 15 10 5	구 분	출제영역	출제문항
32%	제1장	스 왑	8문항
36%	제2장	기타 파생상품	8~10문항
32%	제3장	파생결합증권	7~9문항

파생상품Ⅱ는 총 25문제가 출제되는데, 스왑에서는 8문제가 출제된다. 스왑을 처음 공부하는 분들은 많이 어려워하는 과목이기도 하다. 용어가 낯설고 영어로 되어 있어서 어렵게 보일 수는 있지만 기초적인 개념을 이해하고용어들을 차분히 숙지한다면 생각보다 점수를 따기 쉬운 과목이다. 스왑은 현금흐름의 교환이므로 문제에서 제시되는 상황을 현금 유입과 유출의 관점에서 그림으로 잘 그려낼 수 있다면 절반은 성공하는 것이다.

스왑은 크게 이자율스왑과 통화스왑으로 나누어 볼 수 있는데, 대부분 이자율스왑 파트에서 출제가 이루어지며,이자율스왑만 잘 이해한다면 통화스왑은 어렵지 않다. 시험은 전체적으로 골고루 출제가 이루어지는데, 자주 출제되는 내용을 살펴보면 스왑시장의 주요 용어, 스왑금리 결정방법, 이자율스왑의 이용사례 및 헤지방법, 비표준형이자율스왑의 종류, 통화스왑의 이용사례 등은 자주 출제되는 내용이다.

TOPIC별 중요도 및 학습체크

TOPIC	핵심개념	중요도	학습체크		
			1회독	2회독	3회독
01	스왑의 기초	★★★			
02	이자율스왑 거래	★★★			
03	스왑의 가격산정과 헤징	★★★			
04	이자율스왑의 종류	★★★			
05	원화 이자율스왑 시장과 원화 구조화스왑	★★			
06	통화스왑	★★★			

스왑(Swap)의 기초 중요도 ★★★

대표유형문제 스왑거래에서 매수 포지션(Long Swap)을 취했다는 의미는?

① 변동금리 지급 + 고정금리 수취

② Receiver Swap

③ 변동금리 수취 + 고정금리 지급

④ Forward Start Swap

해설 Long Swap은 변동금리를 수취하고 반대급부로 고정금리를 지급하는 포지션을 말하며, Payer Swap이라고 한다. Short Swap은 고정금리를 수취하고 반대급부로 변동금리를 지급하는 포지션을 말하며, Receiver Swap이라고 한다.

답 ③

STEP 01 | 핵심필수개념

(1) 스왑의 개념

① 스왑이란 서로 다른 현금흐름을 일정기간 동안 교환하는 계약이다. 따라서 스왑은 현물거래와 선도 거래 혹은 일련의 선도거래가 여러 개 모여진 하나의 거래이다.

② 스왑거래에서 발생하는 현금흐름의 교환은 크게 초기교환, 쿠폰교환, 만기교환으로 나눈다.

③ 초기교환에서는 원금교환이 이루어지기도 하고 이루어지지 않기도 한다. 일반적으로 이자율스왑에 서는 원금교환이 없으나, 통화스왑의 경우 원금교환이 이루어지는 경우도 많다.

④ 스왑의 쿠폰교환에는 고정금리쿠폰(= 명목원금 × 고정금리 × Day Count Fraction)과 변동금리 쿠폰(= 명목원금 × 변동금리 × Day Count Fraction)이 있다.

⑤ Day Count Fraction은 이자계산 일수를 정하는 규칙으로 각 통화마다 각각의 계산 관행이 있는 데, 달러화의 변동금리 계산에는 'act / 360'이, 원화의 변동금리 계산에는 'act / 365'가 사용된다 (act는 이자계산 기간의 실제 경과일수를 의미함).

(2) 외환스왑거래(FX Swap ; Foreign Exchange Swap)

① 외환스왑거래는 특정 통화에 대한 거래금액은 동일하나 거래방향이 서로 반대인 현물환(Spot)과 선물환(Forward)을 동시에 체결하는 거래를 말한다.

② 외환스왑의 구조(예시)

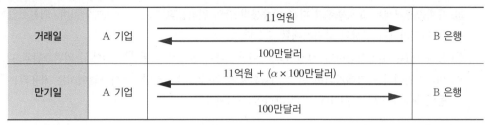

| 거래일 | A 기업 | 11억원 → / ← 100만달러 | B 은행 |
| 만기일 | A 기업 | ← 11억원 + (α × 100만달러) / 100만달러 → | B 은행 |

㉠ A기업은 거래일에 100만달러를 매입(현물환 매입)하고 만기일에 100만달러를 매도(선물환 매도)하는 계약을 동시에 체결하고 있다.

㉡ A기업은 만기일까지 100만달러의 금융을 얻는 대신에 11억원의 금융을 B은행에게 제공한 거래이다.

㉢ 이 거래에서 현물환율과 선물환율의 차이인 α를 Swap Rate(Swap Point) 또는 Forward Margin(Forward Point)이라고 한다.

㉣ 달러금리가 원화금리보다 높으면 A기업이 고금리금융을 쓴 대가를 지불해야 하므로, $\alpha < 0$이 된다.

㉤ 즉, $\alpha(= \text{Swap Rate})$는 만기에 대한 달러금리와 원화금리 차이에 의해 결정되는데, 두 통화의 금리차이가 커질수록, 스왑기간이 길어질수록 현물환율과 선물환율의 차이는 커진다.

(3) Parallel Loan과 Back-to-Back Loan

구 분	Parallel Loan	Back-to-Back Loan
구 조	미국 A사 → 영국 B 자회사 (달러대출) / 영국 B사 → 미국 A 자회사 (파운드대출)	미국 A사 → 영국 B사 (달러대출), 영국 B사 → 미국 A사 (파운드대출) / 파운드대출·달러대출 → 영국 B 자회사, 미국 A 자회사
특 징	별개의 2건의 대출계약 존재 → Set-off Risk(채무상계 문제)가 있고 둘 다 이자소득세 원천징수의무가 발생된다.	모기업끼리 1건의 상호 대출계약 → Set-off Risk(채무상계 문제)는 없지만 이자소득세 원천징수의무는 발생된다.
공통점	• 이자소득세 원천징수의무가 발생된다. • 실제 대출계약서가 작성되어 실행되는 대출거래이므로 통화스왑 등의 파생금융상품과는 달리 부외(Off Balance Sheet)거래가 아니다. → 즉, 두 거래 모두 파생상품 거래가 아니기 때문에 재무상태표에 기록된다.	

(4) 장기자본시장(Capital Market) 스왑거래

① 장기자본시장에서의 대표적인 스왑거래는 이자율스왑과 통화스왑거래이다. 따라서 일반적으로 스왑시장이라고 하면 장기자본시장 스왑거래를 말한다.

② 이자율스왑거래는 동일 통화표시의 고정금리와 변동금리 간의 교환계약을 말한다.

③ 통화스왑거래는 표시통화가 다른 이종통화 간의 원리금과 이자의 교환계약이며, 외환스왑과는 달리 만기가 1년 이상인 장기거래를 말한다.

④ 통화스왑은 일정기간마다 정기적으로 이자교환이 발생하게 된다는 점에서 외환스왑과 다르다.

⑤ 외환스왑에서는 거래가격이 만기 선물환율에 의해 조정되지만, 통화스왑에서는 적용되는 환율이 동일하나 교환되는 이자에 의해 가격이 조정된다.

(5) 스왑시장에서의 주요 용어

① 스왑시장의 참여자

Warehouse Bank	투자은행이나 대형 상업은행으로 스왑시장의 시장조성자 역할을 수행하며, 자체 포지션의 운용을 통해 스왑시장을 이끌어 가는 금융기관이다.
중개기관	Warehouse Bank와 User 또는 User들을 연결해 주는 기관으로서 자체 포지션 없이 고객 간 거래를 중개하는 금융기관이다.
최종이용자 (User)	자체 포지션의 관리를 목적으로 상호 직접적인 거래와 중개기관과의 중개거래를 통해 시장에 참여하는 기관으로서 자금공여자, 차입자, 자산 / 부채관리자 등을 말한다.

② Long Swap, Short Swap 포지션

Long Swap	고정금리 지급 + 변동금리 수취 → Payer 스왑
Short Swap	고정금리 수취 + 변동금리 지급 → Receiver 스왑

③ 명목원금 : 이자율스왑에서 원금은 상호 교환되지 않고 단지 이자 계산에만 사용되기 때문에 명목원금이라고 한다.

④ 변동금리(Floating Index)

㉠ 달러화 스왑계약에서 변동금리는 주로 6개월 또는 3개월 만기 Libor가 많이 사용되나 BA(은행인수어음)금리, CP(상업어음)금리, CD금리 등도 사용된다. → 6개월 Libor가 사용되면 변동금리 지급은 매 6개월마다 이루어지며, 3개월 Libor가 사용되면 이자지급은 매 3개월마다 이루어진다.

㉡ 원화 스왑계약에서는 3개월 CD금리가 사용된다.

㉢ 변동금리 이자계산은 MMB(Money Market Basis) 방식을 주로 사용하는데, 미달러화는 act / 360, 일본 엔화와 영국 파운드는 act / 365를 사용하며, 원화 CD도 act / 365를 사용한다.

⑤ 고정금리(Fixed Rate)

  ㉠ 스왑거래에서 고정금리를 스왑가격 또는 스왑금리라고 한다.

  ㉡ 이자계산 방식

act / 365	이자계산 시작일과 종료일 기간의 실제 날짜수를 이자계산에 감안하고 1년을 윤년에 관계없이 365일로 고정하여 계산한다. → 원화 이자율스왑금리와 CD금리 계산에 사용된다.
act / act	이자계산 시작일과 종료일 기간의 실제 날짜수를 이자계산에 감안하고 1년을 윤년인 경우에는 366일로, 윤년이 아닌 경우에는 365일로 계산한다.
act / 360	이자계산 시작일과 종료일 기간의 실제 날짜수를 이자계산에 감안하고 1년을 윤년에 관계없이 360일로 고정하여 계산한다. → 달러화 등 주요 외국통화의 Libor금리 계산에 사용되며, 주로 단기자금시장에서 사용되는 방법이므로 MMB(Money Market Basis)라고 부른다.
30 / 360	이자계산 시작일과 종료일 기간의 1달을 무조건 30일로 가정하고 1년을 무조건 360일로 고정하여 계산한다. → 달러화 채권이나 대부분의 고정금리 유로본드 채권의 쿠폰계산에 사용되어 이를 Bond Basis라고 부른다.

  ㉢ 이자지급 주기

s.a.(semi-annual)	이자를 1년에 2번, 즉 매 6개월마다 지급한다는 것을 의미한다.
p.a.(per annum)	이자를 1년에 1번 지급한다는 것을 의미한다.
q.a.(quarterly)	이자를 1년에 4번, 즉 매 3개월마다 지급한다는 것을 의미한다.

  ㉣ 이자 재계산을 정하는 규칙

  이자계산 종료일이 휴일인 경우에는 이자지급이 발생할 수 없고, 영업일관행(Business Day Convention)에 따라 이자지급일이 재결정된다.

Unadj.(Unadjusted)	• 비록 이자지급은 하루가 늦춰지더라도 이자를 재계산하지 않는다는 의미이다. • 일반적으로 30 / 360은 Unadj. 방법을 이용한다.
Adj.(Adjusted)	• 이자지급이 늦춰지면 이자를 재계산한다는 의미이다. • act / 365나 act / 360 방식에서 주로 이용한다.

⑥ 스왑거래에 사용되는 날짜 표현

Trade Date	스왑계약을 체결하는 날이다.
Effective Date	• 스왑거래의 이자계산이 시작되는 날이다. • 국제금융시장에서는 통상 Trade Date 이후 2영업일 후(Spot Date)가 되지만 따로 정할 수 있다. • 원화 이자율스왑의 경우 Trade Date 이후 1영업일 후부터 계산이 시작된다. • Spot Date를 초과하여 Effective Date가 있는 비표준형 스왑을 Forward Starting Swap(선도스왑)이라고 한다.
Payment Date	• 스왑거래에서 자금결제가 발생하는 날로 이자지급일 혹은 원금교환일이라 한다. • 결제일이 공휴일이면 전일(Preceding) 또는 다음날(Following)로 할 것인지를 정해야 한다. • 통상 Modified Following Day 방식을 사용하는데, 이는 Payment Date가 공휴일이면 다음 영업일로 하지만 다음 달로 넘어갈 경우 직전 영업일로 앞당긴다.
Reset Date (변동금리 재설정일)	• 변동금리 이자계산에 사용되는 변동금리를 선택하는 날, 즉 며칠 자의 변동금리를 적용할 것인지를 정하는 조건이다. • 달러화 Libor의 경우 런던 기준 제2영업일 전일이 되고(Libor set in advance), 원화 CD금리의 경우 서울 기준 제1영업일 전일이 된다. • 이자계산 종료일, 즉 이자지급일 제2영업일 전일의 Libor를 적용하여 이자계산을 하는 비표준형 스왑을 Libor In-arrear 스왑이라고 한다.

⊙ Payment Date 결정과 영업일 관행(Business Day Convention)

결제일이 해당통화 국가의 공휴일인 경우에 자금 결제일을 정하는 규칙은 크게 3가지가 있으나, 스왑시장에서는 Modified Following의 영업일 관행을 많이 사용한다.

Modified Following	자금 결제일을 다음 영업일로 미루는데, 년과 월을 넘길 수 없으며, 이 경우 앞으로 당긴다. → Payment Date가 공휴일이면 결제일을 다음 영업일로 하지만, 다음 영업일이 다음 달로 넘어갈 경우엔 직전 영업일로 앞당겨진다.
Following	자금 결제 예정일이 휴일이면 무조건 다음 영업일로 넘어간다(년과 월을 넘길 수 있음).
Preceding	자금 결제 예정일이 휴일이면 무조건 이전 영업일로 넘어간다(년과 월을 넘길 수 있음).

개념체크○×

▶ 스왑금리 또는 스왑가격이란 스왑거래에서의 변동금리를 말한다. ○×

해설 스왑거래에서 고정금리를 스왑가격 또는 스왑금리라고 한다.

답 ×

▶ Payer Swap이란 변동금리를 지급하고 고정금리를 수취하는 포지션을 말한다. ○×

해설 Payer Swap이란 고정금리를 지급하고 변동금리를 수취하는 포지션을 말하며, Long Swap이라고도 한다.

답 ×

STEP 02 핵심보충문제

01 스왑(Swap)거래에 관한 설명으로 옳지 않은 것은?
★★☆
① 스왑이란 두 개의 서로 다른 현금흐름을 일정기간 동안 서로 교환하기로 계약하는 거래이다.
② 스왑이 경제적으로 의미가 있기 위해서는 들어오는 현금흐름의 현재가치와 나가는 현금흐름의 현재가치가 원칙적으로 서로 같아야 한다.
③ 스왑거래에서 발생하는 현금흐름은 크게 초기교환, 쿠폰교환, 만기교환으로 나눈다.
④ 일반적으로 통화스왑에서는 원금교환이 없으나 이자율스왑의 경우 원금교환이 이루어진다.

해설 스왑거래는 현물거래와 선도거래 혹은 일련의 선도거래가 여러 개 모여진 하나의 거래이다. 이자율스왑(또는 금리스왑)은 동일 통화 간에 원금은 교환하지 않고 이자만 주기적으로 교환하기로 하는 거래이다. 통화스왑에서는 원금교환이 이루어지나(초기 원금교환은 생략이 가능하지만, 만기 원금교환은 필수), 금리스왑에서는 원금교환 없이 계약기간 동안 이자교환만 이루어진다.

답 ④

02 통화스왑의 원초적 형태로 볼 수 있는 Parallel Loan과 Back-to-Back Loan에 관한 설명으로
★★★ 옳지 않은 것은?

① Back-to-Back Loan 모기업끼리 직접 상호대출 계약을 체결한다.

② 두 거래 모두 파생상품 거래로서 재무상태표에 기록되지 않는다.

③ 두 거래 모두 원천징수 부담의 문제가 있다.

④ Parallel Loan에서는 Set-off(채무상쇄) Risk가 크다.

해설 파생상품은 재무상태표에 기록되지 않는 부외거래이다. 그러나 두 거래 모두 파생상품이 아니라 Loan(대출)계
약이기 때문에 대차대조표에 자산이나 부채로 기록된다. Parallel Loan은 2건의 대출계약이 실행되어 채무상
계 문제(Set-off Risk)가 발생한다. 채무상계 문제의 해결방안으로서 Back-to-Back Loan이 고안되었다.
따라서 Back-to-Back Loan에서는 모기업끼리 직접 상호대출 계약을 체결한다.

답 ②

03 스왑거래에서 스왑가격(Swap Price)이란?
★★★ ① 스왑거래에서 고정금리와 교환되는 변동금리 지표를 말한다.

② 스왑거래에서 변동금리와 교환되는 고정금리를 말한다.

③ 변동금리 지표에 부가되는 스프레드(예를 들어, Libor + 150bp에서 150bp)를 말한다.

④ 스왑시장에서 딜러에게 지불하는 Up-front Fee(선불수수료)를 말한다.

해설 스왑가격(Swap Price) 또는 스왑금리(Swap Rate)란 특정 변동금리와 교환되는 고정금리를 말한다.

답 ②

대표유형문제 3년 만기 미달러화 이자율스왑의 가격이 「2.57 / 2.54」라고 하자. 이에 대한 설명으로 옳지 않은 것은?

① Receive Rate는 2.57%이다.

② Offer Rate는 2.54%이다.

③ 스왑딜러가 고객에게 변동금리를 지급하는 대신에 2.57%의 고정금리를 수취하겠다는 의미이다.

④ 스왑거래는 최소 1년 이상의 장기거래이고, 스왑금리는 장기 고정금리이기 때문에 스왑 금리는 만기가 동일한 채권의 수익률 기준으로 결정된다.

해설 Offer Rate는 Receive Rate이므로 2.57%이다. 이는 스왑딜러가 고객에게 변동금리를 지급하는 대신에 2.57%의 고정금리를 수취하겠다는 의미이다. Pay Rate는 Bid Rate라고도 하는데, 이는 스왑딜러가 변동금리를 받는 대신에 지불하고자 하는 고정금리이다. 따라서 Bid Rate가 2.54%이다.

답 ②

STEP 01 **핵심필수개념**

(1) 이자율스왑(IRS ; Interest Rate Swap)의 개요

① 이자율스왑이란 두 거래상대방이 일정기간 동안(만기) 동일 통화에 대한 고정금리 이자와 변동금리 이자를 주기적으로 교환하는 계약을 말한다. → 이자율스왑에서는 원금교환이 발생하지 않는다.

② 고정금리는 스왑계약의 만기까지 일정하게 적용되는 금리로서 이자율 스왑금리 또는 스왑가격이라고 하며, 이는 스왑딜러의 해당 만기의 장기채권 금리와 이론적으로 동일하다.

③ 이자율스왑의 고정금리 이자와 변동금리 이자의 교환이 같은 날에 발생하면 차액결제 방법을 따르며, 이자의 지급주기가 서로 다를 경우에도 같은 날에 발생하는 현금흐름에 대해서는 차액결제가 적용된다.

(2) 이자율스왑의 예제

Trade Date	Feb. 10, 2021	Floating Rate Payer	B은행
Effective Date	Feb. 12, 2021	Fixed Rate	3.20%, s.a., 30 / 360, Unadj.
Termination Date	Feb. 12, 2024	Floating Rate	US$ 6M Libor + 1.0%, act / 360
Notional Amount	US$10,000,000	Business Days Convention	Modified Following
Fixed Rate Payer	A은행	Documentation	ISDA Standard

① 거래일인 2021년 2월 10일에 계약을 체결하였으며, 이자계산의 기산은 제2영업일 후인 2월 12일부터 시작하고, 스왑의 만기는 Effective Date로부터 3년 후인 2024년 2월 12일이다.

② A은행은 고정금리 이자(3.2%)를 3년 동안 매 6개월(s.a.)마다 총 6번 지급하게 되는데, 이자계산 방법이 30 / 360, Unadj.이므로, 이자계산 기간의 실제 날짜수와 상관없이 고정금리 3.2%의 절반인 명목원금의 1.6%를 지급하게 된다. → B은행은 해당 고정금리 이자 수취

③ 대신 A은행은 매 6개월마다 총 6번, 변동금리 지표인 달러화 6개월 Libor금리에 연 1%의 가산금리를 더한 변동금리 이자를 수취하게 되는데, 이자계산 방법이 act / 360이므로 이자계산 기간의 실제 날짜수를 감안하여 이자가 계산된다. → B은행은 해당 변동금리 이자 지급

④ Libor금리는 향후 Libor 결정일에 가서야 정확한 변동금리 이자를 계산할 수 있다. 하지만 첫 번째 Libor의 결정은 거래일인 2021년 2월 10일에 결정되므로, 거래일 이후 6개월 후(2021년 8월 12일)에 지급되는 첫 번째 변동금리 이자는 알 수 있다(set in advance, paid in arrears).

(3) 이자율스왑과 기타 금리거래와의 비교

① 이자율스왑과 채권거래의 비교

Payer 이자율스왑 (고정금리 지급 + 변동금리 수취)		= 고정금리채권 발행 + FRN(변동금리부채권) 투자 (= 고정금리 지급 + 변동금리 수취)
Receiver 이자율스왑 (변동금리 지급 + 고정금리 수취)		= FRN(변동금리부채권) 발행 + 고정금리채권 투자 (= 변동금리 지급 + 고정금리 수취)
공통점	현금흐름과 같이 시장(금리)리스크 측면에서는 동일하다.	
차이점	• 회계처리상의 차이 → 스왑거래는 부외거래(off B / S)이나 채권발행과 채권투자는 장부상의 거래(on B / S)이다. • 상대방에 대한 신용리스크의 차이 → 이자율스왑 거래는 원금은 교환하지 않고 차액만 결제하지만, 채권발행과 투자는 실제 원금을 지불하므로 상대방에 대한 신용리스크가 이자율스왑보다 훨씬 크다.	

〈시장금리 변화에 따른 채권과 이자율스왑의 손익 변화〉

구 분	채권투자	채권발행	Payer Swap	Receiver Swap
시장금리 상승	손실(−)	이익(+)	이익(+)	손실(−)
시장금리 하락	이익(+)	손실(−)	손실(−)	이익(+)

② 이자율스왑과 FRA(Forward Rate Agreement)와의 비교

Payer 이자율스왑	= 시리즈의 FRA 매입(고정금리 지급 + 변동금리 수취)
Receiver 이자율스왑	= 시리즈의 FRA 매도(변동금리 지급 + 고정금리 수취)

*1년 이자율스왑 금리 = 4개 FRA 평균금리(0×3 FRA + 3×6 FRA + 6×9 FRA + 9×12 FRA)

〈시장금리 변화에 따른 FRA와 이자율스왑의 손익 변화〉

구 분	FRA 매입	FRA 매도	Payer Swap	Receiver Swap
시장금리 상승	이익(+)	손실(−)	이익(+)	손실(−)
시장금리 하락	손실(−)	이익(+)	손실(−)	이익(+)

(4) 스왑금리(Swap Rate)와 스왑금리의 결정

① 스왑금리

ㄱ 스왑금리는 스왑거래에서 변동금리와 교환되는 고정금리를 말하는데, 스왑금리를 스왑가격(Swap Price)이라고도 한다.

ㄴ 스왑시장에서 스왑딜러들은 두 개의 스왑금리를 고시하는데, 이를 'Two-way Quotation'이라고 한다.

〈스왑딜러들의 스왑금리 고시〉

Offer Rate(매도율) = Receive Rate	스왑딜러가 고객에게 변동금리를 주는 대신에 받고자 하는 고정금리 → 스왑딜러가 고객에게 고정금리 수취와 변동금리 지급하는 스왑(Receiver Swap)을 할 때 적용하는 고정금리이다.
Bid Rate(매입률) = Pay Rate	스왑딜러가 고객에게 변동금리를 받는 대신에 지불하고자 하는 고정금리 → 스왑딜러가 고객에게 고정금리 지급과 변동금리 수취하는 스왑(Payer Swap)을 할 때 적용하는 고정금리이다.

- 여기서 변동금리는 자동적으로 각 통화의 기준 변동금리지표를 전제하고 있는데, 달러화, 엔화, 유로화는 Libor 금리가, 원화는 CD금리가 된다.
- 스왑시장에서는 시장관행상 「Receive(= Offer) / Pay(= Bid)」 순서로 고시한다.
  (예) 2.57 / 2.54 → 스왑딜러가 2.57%의 고정금리를 수취하고 대신 변동금리를 지급하는 조건의 가격(Offer)이고, 스왑딜러가 2.54%의 고정금리를 지급하고 대신 변동금리를 수취하는 조건의 가격(Bid)을 의미함)
- 「Receive more / Pay less」의 원칙(Receive Rate > Pay Rate) → 스왑딜러 입장에서 고정금리를 많이 받고 적게 지급함으로써 호가 스프레드 만큼 이익이 발생한다.

ㄷ 스왑금리는 통상 2가지 방식으로 고시되는데, 미달러화의 경우 스왑금리는 [재무부 채권 수익률 + 스왑 Spread]로 표시(T + Spread 방식)하기도 하고 절대금리로 직접 표시하기도 한다.

〈스왑금리의 고시 방식〉

T + Spread 방식	스왑금리 = 재무부 채권 수익률 + 스왑 Spread(예 T + 35 / 32) → 스왑 Spread = 스왑금리 − 재무부 채권 수익률	
	Offer Rate	= 재무부 채권 Bid 수익률 + 스왑 Offer Spread
	Bid Rate	= 재무부 채권 Offer 수익률 + 스왑 Bid Spread
	통상 채권가격의 Bid가격이 Offer가격보다 적으므로 수익률은 반대로 Bid수익률이 Offer수익률보다 크다. 따라서 스왑의 Offer Rate에는 채권의 Bid수익률을, 스왑의 Bid Rate에는 채권의 Offer수익률을 사용한다.	
All-in 방식	절대금리로 직접 표시(예 1.99 / 1.96)	

② 스왑금리의 결정과 스왑 스프레드의 변동

　　㉠ 스왑금리는 장기 고정금리이기 때문에 스왑금리는 만기가 동일한 채권의 수익률을 기준으로 결정된다.

　　㉡ 국채는 국가 신용위험이고, 스왑거래는 은행과 은행 간의 신용위험이거나 은행과 기업고객 간의 신용위험이기 때문에 이론적으로 국채수익률보다는 스왑금리가 높아야 하는데, 국채수익률과 스왑금리의 차이가 스왑 Spread이다(스왑 Spread = 스왑금리 − 재무부 채권 수익률).

〈스왑 Spread의 변동요인〉

- 고정금리 지급 스왑(Payer Swap) 증가 시 → 스왑 Spread 확대
- 고정금리 수취 스왑(Receiver Swap) 증가 시 → 스왑 Spread 축소

신용위험에 따른 TED 스프레드	유로시장의 신용위험이 증가 → TED 스프레드 확대 → 스왑 스프레드 확대 (TED 스프레드 = Eurodollar 금리 − Treasury 금리)
금리변동에 대한 예상	금리상승 예상 시 스왑 스프레드 확대, 금리하락 예상 시 스왑 스프레드 축소
미국 재무부 채권금리 수준	금리가 매우 높은 상태에 있을 때에는 스왑 스프레드 축소, 저금리 상태일 때는 스왑 스프레드 확대
Major 스왑은행의 포지션 상태	딜러의 고정금리 지급 스왑포지션(Payer 스왑)이 많은 경우에는 (딜러들이 헤지를 위해 고정금리 수취 스왑을 해야 하므로) 스왑 스프레드 축소, 딜러의 고정금리 수취 포지션(Receiver 스왑)이 많은 경우에는 (딜러들이 헤지를 위해 고정금리 지급 스왑을 해야 하므로) 스왑 스프레드 확대

(5) 스왑거래의 발생원인 및 이자율스왑의 이용사례

① 유리한 차입조건 달성

　사례　D사는 해외에서 미 달러화로 자금을 조달하고자 하는데, 다음과 같은 2개 방안이 있다. 고정금리로 차입(1안)을 원하는 D사가 유리한 차입조건을 달성하기 위해 2안을 선택한 후 스왑딜러와 스왑거래를 하는 경우

1안	이자율 4.25%의 고정금리채권 발행	Swap Rate
2안	[Libor + 0.50%]로 차입	3.50 / 3.45

일단 원하지 않은 시장(2안)에서 차입 → 스왑딜러와 이자율스왑 거래 → 결과적으로 원하는 차입조건(1안)보다 유리해짐

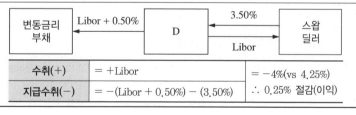

수취(+)	= +Libor	= −4%(vs 4.25%)
지급수취(−)	= −(Libor + 0.50%) − (3.50%)	∴ 0.25% 절감(이익)

② 차입상의 비교우위를 이용하여 차입한 후 이자율스왑을 이용하여 유리한 차입조건 달성

> **사례** A기업과 B기업의 미 달러화 차입시장 여건(차입금리)이 다음과 같다. A사는 변동금리 차입을 선호하고, B사는 고정금리로 차입할 것을 선호하고 있다. 두 기업이 자신의 비교우위를 이용하여 차입한 후 스왑딜러와 각각 이자율스왑 거래를 하는 경우

구 분	고정금리 차입시장	변동금리 차입시장	Swap Rate 3.75 / 3.70
A기업	3.50%	Libor	
B기업	4.50%	Libor + 0.50%	

일단 차입상의 비교우위에 있는 시장에서 차입 → 스왑딜러와 이자율스왑 거래 → 결과적으로 원래의 차입조건보다 유리해짐(거래참가자 모두가 이익)

구 분	고정금리 차입시장	변동금리 차입시장
A기업	3.50%	Libor
B기업	4.50%	Libor + 0.50%
차이(Credit Spread)	1.0%	0.50%
비교우위 시장 및 스왑포지션	A는 고정금리에 비교우위 → 3.50%로 차입 후 Receiver 스왑	B는 변동금리에 비교우위 → (Libor + 0.50%)로 차입 후 Payer 스왑

〈비교우위에 의한 스왑의 이익 분석〉		
구 분	A의 거래 종합	B의 거래 종합
비교우위 차입금리	−3.50%	−(Libor + 0.50%)
스왑에서 지급금리	−Libor	−3.75%
스왑에서 수취금리	+3.70%	+Libor
순차입금리	−3.50% − Libor + 3.70% = −(L − 0.20%)	−(L + 0.50%) − 3.75% + L = −4.25%
금리이익(비용절감)	0.20%(vs Libor)	0.25%(vs 4.50%)

③ 변동금리 이자지급 고정(금리상승 리스크 관리)

> **사례** K사의 현재 차입금리는 Libor + 30bp이며 스왑딜러가 제시하고 있는 스왑금리는 3.29 / 3.26이다. K사는 향후 금리상승이 예상되어 이자율스왑 거래를 하는 경우

변동금리 차입자는 금리상승 리스크에 노출됨 → 스왑딜러에게 고정금리를 지급하고 변동금리를 수취하는 Payer 이자율스왑 거래 필요

변동금리 차입과 고정금리 지급(Payer) 스왑	변동금리 부채 ←Libor + 0.30%― K사 ―3.29%→ 스왑 딜러 ←Libor―		
현재 차입금리	스왑에서 지급금리	스왑에서 수취금리	순차입금리
(Libor + 0.30%)	−3.29%	+Libor	3.59%

④ 고정금리 차입을 변동금리로 전환(금리하락 리스크 관리)

> 사례 표면금리 6%의 고정금리채권을 발행하여 자금을 조달한 A기업이 금리하락을 예상하고 있다. A기업이 Libor
> 와 5%를 교환하는 이자율스왑을 체결하여 금리구조를 바꾸는 경우

고정금리 차입자는 금리하락 리스크에 노출됨 → 스왑딜러에게 고정금리를 수취하고 변동금리를 지급하는 Receiver
이자율스왑 거래 필요

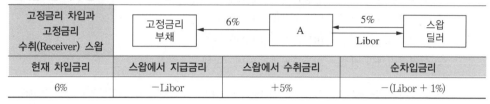

현재 차입금리	스왑에서 지급금리	스왑에서 수취금리	순차입금리
6%	−Libor	+5%	−(Libor + 1%)

⑤ 자산스왑

> 사례 투자자 A는 B은행으로부터 Libor + 100bp로 자금을 조달하여 유로채권(쿠폰 4%)을 매입하였다. 그런데
> 투자자 A는 금리변동 위험을 헤지하기 위해 스왑딜러와 고정금리 4% 지급, 변동금리 Libor + 2% 수취조건의
> 이자율스왑 거래를 체결한 경우

이자율스왑은 유리한 차입조건을 달성하거나 금리 리스크 관리에 이용될 뿐만 아니라, 자산스왑을 통해 투자자산의
수익률을 제고시키거나 기존 투자자산에서 얻을 수 없는 투자자가 원하는 현금흐름을 얻을 수 있음

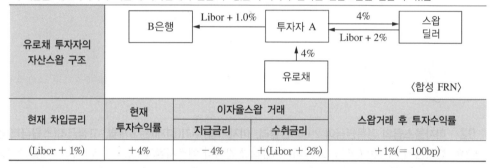

현재 차입금리	현재 투자수익률	이자율스왑 거래		스왑거래 후 투자수익률
		지급금리	수취금리	
(Libor + 1%)	+4%	−4%	+(Libor + 2%)	+1%(= 100bp)

01 다음 중 Payer 이자율스왑의 현금흐름과 동일한 현금흐름을 갖는 채권거래는?

★★★

① 고정금리채권 매수 + 변동금리채권(FRN) 발행
② 고정금리채권 발행 + 변동금리채권(FRN) 매수
③ 고정금리채권 매수 + 변동금리채권(FRN) 매수
④ 고정금리채권 발행 + 변동금리채권(FRN) 발행

[해설] Payer 이자율스왑은 고정금리를 지급하고 변동금리를 수취한다. 고정금리채권을 발행하면 고정금리 이자를 지급하고, 변동금리채권에 투자하면 변동금리 이자를 수취하게 된다. 따라서 Payer 이자율스왑의 현금흐름은 고정금리채권을 발행하여 변동금리채권에 투자하는 채권거래와 동일한 현금흐름을 보인다.

답 ②

02 이자율스왑의 명목원금이 2,000만달러, 이자지급 주기(결제)는 6개월, 고정금리(스왑금리)는 4%,

★★★ 변동금리 지표는 6개월 Libor이다. 만일 스왑계약 체결시점의 Libor가 5%이고 6개월 후 Libor가 6%라면, 최초 이자지급일에 고정금리 수취자가 지급 또는 수취해야 할 금액은?(이자계산 일수는 6 / 12으로 하며, 표준스왑을 가정한다)

① 10만달러 지급   ② 20만달러 지급
③ 10만달러 수취   ④ 20만달러 수취

[해설] 스왑계약 발효 후 최초 6개월 후의 이자교환 시 적용되는 변동금리는 6개월 후의 Libor가 아니라 스왑계약 체결일(Trade Date)의 Libor가 적용된다. 즉, 표준형 이자율스왑의 경우, 변동금리 결정이 미리 이루어지고 실제 이자교환은 나중(6개월 후)에 발생한다. 따라서 6개월 후의 이자교환에 적용되는 변동금리는 스왑계약 체결시점의 Libor인 5%이다. 6개월 후의 Libor인 6%가 적용되는 것이 아니라는 점에 주의해야 한다.

고정금리 수취	= 명목원금 × 고정금리 × (일수 / 365) = 2,000만달러 × 4% × (6 / 12) = 40만달러 수취
변동금리 지급	= 명목원금 × 변동금리 × (일수 / 360) = 2,000만달러 × 5% × (6 / 12) = 50만달러 지급
수취 혹은 지급	= 2,000만달러 × 4% × (4% − 5%) × (6 / 12) = −10만달러

→ 고정금리 이자 40만달러를 수취하고 동시에 변동금리 이자 50만달러를 지급해야 하는데 스왑은 선도금리 계약처럼 차액만 결제하므로, 이 거래에서 고정금리 수취자는 6개월 후의 첫 번째 이자교환일에 10만달러를 지급하면 된다.

답 ①

03 이자율스왑과 대표적인 이자율 선도거래인 FRA를 비교한 것으로 옳지 않은 것은?

★★★

① 이자지급 주기가 3개월인 1년 만기 이자율스왑은 3개월 단위의 FRA거래 4개를 연속적으로 체결한 것과 동일한 현금흐름을 유지한다.

② 시리즈의 FRA 매입은 Payer 이자율스왑 거래와 동일한 현금흐름이 발생한다.

③ 시장금리 하락 시, FRA 매입과 Payer Swap 거래는 이익이 발생한다.

④ 시리즈의 FRA 매도는 Receiver 이자율스왑 거래와 동일한 현금흐름이 발생한다.

해설 이자지급 주기가 3개월인 1년 만기 이자율스왑은 3개월 단위의 FRA거래 4개를 연속적으로 체결한 것과 동일한 현금흐름을 유지한다. 즉, 1년 이자율스왑 금리 = 4개 FRA 평균금리(0 × 3 FRA + 3 × 6 FRA + 6 × 9 FRA + 9 × 12 FRA). 시리즈의 FRA 매입은 고정금리(계약금리)를 지급하고 변동금리(결제금리)를 수취하는 거래이므로 Payer 이자율스왑 거래와 동일한 현금흐름이 발생한다. 따라서 시장금리 상승 시, FRA 매입과 Payer Swap 거래는 이익이 발생한다. 반면에, 시리즈의 FRA 매도는 고정금리(계약금리)를 수취하고 변동금리(결제금리)를 지급하는 거래이므로 Receiver 이자율스왑 거래와 동일한 현금흐름이 발생한다. 따라서 시장금리 하락 시, FRA 매도와 Receiver Swap 거래는 이익이 발생한다.

답 ③

04 잔존만기 3년짜리 미국 재무부 채권수익률이 3%이고, 스왑딜러가 고시한 3년 만기 미달러화 이자율스왑의 가격이 「T + 40 / 37」일 경우, 스왑딜러와 Payer Swap 거래를 하고자 하는 고객에게 적용되는 스왑금리는?

★★★

① 3%

② 3.37%

③ 3.40%

④ 3.77%

해설 고객이 스왑딜러에게 고정금리를 지급(변동금리를 수취)하는 Payer Swap을 하고자 한다. 따라서 스왑딜러 입장에서는 고정금리를 수취하는 포지션이므로 Offer Rate(Receive Rate)인 「T + 040」이 적용된다. 여기서 T는 스왑과 만기가 동일한 미국 재무부 채권수익률(3%)이며, 40(40bp = 0.40%)은 Offer Rate에 붙는 스왑의 Offer Spread이다. 따라서 Offer Rate(Receive Rate)는 3.40%(= 3% + 0.40%)이다.

답 ③

03 스왑의 가격산정과 헤징 중요도 ★★★

대표유형문제 Payer 이자율스왑 포지션을 헤지하는 방법으로 옳지 않은 것은?

① Receiver 이자율스왑 거래를 한다.

② 유로달러선물 Strip 매수 헤지를 한다.

③ Treasury(국채)선물 매수 헤지를 한다.

④ 시리즈의 FRA를 매수한다.

해설 Payer 이자율스왑을 한 경우에는 금리하락 위험에 노출되어 있다. 따라서 Payer 스왑의 헤지를 위해서는 금리하락 시 유리한 시리즈의 FRA를 매도해야 한다.

답 ④

STEP 01 핵심필수개념

(1) 스왑의 가격산정

① 스왑을 가격산정(Pricing)한다는 것은 미래의 일련의 현금흐름을 현재가치화하여 서로 평가하는 것이다. 즉, 지급하는 현금흐름의 가치와 수취하는 현금흐름의 가치를 비교하여 공정한 가격에 거래가 될 수 있게 하는 것이다.

② 가격산정 절차

  ㉠ 시장 수익률곡선을 이용하여 순할인채 수익률과 할인계수(DF ; Discount Factor)를 산출한다.

   • $FV = PV \times (1+r)^t \rightarrow PV = \dfrac{FV}{(1+r)^t} = FV \times DF_t$

   (r : 순할인채 수익률, $DF_t = \dfrac{1}{(1+r)^t}$: 미래현금흐름(FV)의 현재가치(PV)를 구하기 위한 할인계수(DF))

  ㉡ 고정금리 현금흐름과 내재선도금리를 이용하여 변동금리 현금흐름을 파악한다.

  ㉢ 고정금리 및 변동금리 현금흐름 발생일의 할인계수를 각각 구한다.

  ㉣ 고정금리 및 변동금리 현금흐름의 현재가치(PV)를 각각 구한다.

  ㉤ 현금흐름의 순현재가치(NPV ; Net Present Value)를 산정한다.

   • 스왑의 가치(NPV) = 수취 현금흐름의 PV − 지급 현금흐름의 PV

③ 단기 순할인채 수익률을 이용하여 장기 이표채 만기수익률로부터 장기 순할인채 수익률을 순차적으로 구하는 것을 Bootstrapping이라고 한다.

④ 수익률의 보간법

  ㉠ 시장에 고시된 수익률로부터 고시되지 않는 주어진 기간에 해당되는 수익률을 추정하는 것

  ㉡ 보간법의 종류 : 선형, 3차스플라인(Spline), 로그선형 등

(2) 선도금리(Foward Rate)의 개념과 계산

선도금리란 미래의 특정 시점에서 시작하여 일정기간 동안의 수익률 또는 금리를 나타내는 것이며, 내재선도금리란 주어진 순할인채 수익률(현물금리)에 내재되어 있는 선도금리를 계산한 것이다.

예 3개월 후 시점에서 3개월 간(3X6)의 선도금리(R)

$$= \left(\frac{FV_{6m}}{FV_{3m}} - 1 \right) \times \frac{1}{\alpha_{3m,6m}} = \left(\frac{DF_{3m}}{DF_{6m}} - 1 \right) \times \frac{1}{\alpha_{3m,6m}}$$

($\alpha_{3m,6m}$: 3개월 후 시점에서 6개월 시점까지의 기간(일수), R_{3m} : 3개월 순할인채 수익률, R_{6m} : 6개월의 순할인채 수익률, DF_{3m} : 3개월의 할인계수, DF_{6m} : 6개월의 할인계수)

(3) 이자율스왑의 헤지(Hedge) 방법

헤지 방법	현재 이자율스왑 포지션	
	〈Payer 스왑〉	〈Receiver 스왑〉
	금리하락 리스크에 노출 → 금리하락 시 이익이 되는 포지션 설정 필요	금리상승 리스크에 노출 → 금리상승 시 이익이 되는 포지션 설정 필요
반대방향의 이자율스왑 거래	Receiver 스왑계약 체결	Payer 스왑계약 체결
채권(국채) 이용	① 재무부 채권 매수 + ② Repo(T-bill 매도) + ③ TED Spread 매도	① 재무부 채권 매도 + ② Reverse-repo(T-bill 매수) + ③ TED Spread 매수
국채선물 이용	국채선물 매입	국채선물 매도
Eurodollar 선물 이용	유로달러선물 스트립(Strip) 매수	유로달러선물 스트립(Strip) 매도
FRA 이용	시리즈의 FRA 매도	시리즈의 FRA 매수

※ 선도금리계약(FRA ; Forward Rate Agreement)

- 미래의 일정시점에서 필요한 자금을 조달이나 운용을 함에 있어서 자금조달 금리 또는 자금운용 금리를 미리 고정시켜 놓는 계약이다.
- 장래 자금을 차입할 예정인 자는 FRA 매수를, 장래 자금을 대여할 예정인 자는 FRA 매도가 필요하다.
- 계약 만기시점의 결제금리가 미리 계약한 계약금리보다 상승했을 경우, FRA 매수자가 이익이다.
- 반면, 만기시점에서 결제금리가 미리 약정한 계약금리보다 하락했을 경우, FRA 매도자가 이익이다.
- 따라서 장래 자금을 차입할 예정인 자는 금리상승 리스크에 대비하기 위해 차입금리를 고정하는 효과가 있는 FRA 매수가 필요하고, 장래 자금을 대여할 예정인 자는 금리하락 리스크에 대비하여 대출금리를 고정하는 효과가 있는 FRA 매도가 필요하다.

개념체크OX

▶ 국채선물을 이용하여 Payer 스왑 포지션을 헤지하려면 국채선물을 매도하여야 한다. O X

해설 Payer 스왑 포지션은 고정금리를 지불하고 변동금리를 수취하는 포지션이므로 금리하락 리스크에 노출되어 있다. 따라서 헤지를 위해서는 금리하락 시 이익이 되는 포지션을 설정해야 한다. 따라서 금리가 하락(채권가격은 상승)할 경우 이익이 발생하려면 국채선물을 매입하여야 한다.

답 X

01 이자율스왑이나 통화스왑 등 스왑거래의 가격산정(Pricing) 시 할인율로 사용하는 각 기간별 시장
★★★ 금리는?

① 만기수익률(YTM ; Yield To Maturity)

② 내부수익률(IRR ; Internal Rate of Return))

③ 순할인채 수익률(Zero Coupon Rate)

④ 국채수익률

해설 스왑거래의 가격결정 시 할인율로 사용하는 각 기간별 시장금리로는 무이표채 수익률(Zero Coupon Bond
Yield), 즉 순할인채 수익률이다. 순할인채 수익률은 만기까지 이자지급이 전혀 없는 현금흐름에 대한 수익률
이다.

답 ③

02 선도금리계약(FRA ; Forward Rate Agreement)에 관한 설명으로 옳지 않은 것은?
★★★
① FRA는 미래의 자금조달 금리 또는 자금운용 금리를 미리 고정시켜 놓는 계약이다.

② FRA는 만기에 NDF(현금결제선물환, Non-Deliverable Forward)와 같은 차액결제 방식을 채
택하고 있다.

③ 장래 자금을 차입할 예정인 자는 FRA 매수를, 장래 자금을 대여할 예정인 자는 FRA 매도가
필요하다.

④ 만기시점에서 결제금리가 미리 계약한 계약금리보다 상승했을 경우에, FRA 매도자가 이익을
본다.

해설 FRA는 대표적인 이자율 선도거래인데, FRA 매수자는 금리상승 시 이익, FRA 매도자는 금리하락 시 이익을
본다. 즉, 계약 만기시점의 결제금리가 미리 계약한 계약금리보다 상승했을 경우에, FRA 매수자가 이익을 본
다. 이때는 결제금리와 계약금리의 차이에 해당하는 금액을 매도자가 매수자에게 지급해야 한다.

답 ④

03 고정금리를 수취하고 변동금리를 지급하는 이자율스왑으로부터 발생하는 금리변동위험을 제거하
★★★ 는 방법으로 옳지 않은 것은?

① 여러 만기의 유로달러 선물을 매수(Strip 매수)한다.

② T-bond를 매도하고, Reverse-repo를 실행하고, TED Spread를 매수한다.

③ 고정금리 채권을 발행하고, 변동금리 채권을 매수한다.

④ 고정금리를 지급하고 변동금리를 수취하는 이자율스왑 거래를 체결한다.

해설 고정금리를 수취하고 변동금리를 지급하는 스왑 포지션은 고정금리 채권을 보유하고 있는 포지션과 동일한
리스크, 즉 금리상승 시(채권가격 하락 시) 손실이 발생하는 포지션이다. 따라서 금리상승에 대비하기 위해서
는 고정금리 채권의 매도(고정금리 지급)헤지가 필요하다. 유로달러 선물 스트립 거래를 이용하여 고정금리를
지급하는 효과를 달성하려면 유로달러 선물을 매도하여야 한다.

답 ①

04 이자율스왑의 종류 중요도 ★★★

대표유형문제

2 × 5 Callable 스왑에 관한 설명으로 옳은 것은?

① 고정금리 수취자가 2년 후 취소 가능한 3년짜리 스왑이다.

② 스왑거래 체결 후 금리가 상승하면 고정금리 지급자는 2년 후 스왑거래의 조기 청산으로 손실폭을 줄일 수 있다.

③ 2 × 5 Callable 스왑에 적용되는 고정금리는 5년 만기 표준스왑 금리보다 낮다.

④ 상대 스왑은행은 발행자 조기상환권부 채권(Callable Bond)을 발행하고, 자금을 변동금리로 운용한다면 Callable 스왑 포지션의 금리리스크를 헤지할 수 있다.

해설 2 × 5 Callable 스왑은 2년 후 고정금리 지급자가 취소 가능한 5년짜리 스왑이다. 스왑거래를 체결한 후 금리가 하락하면 고정금리 지급자 입장에서 손실이 발생할 수 있지만, 2년 후 스왑거래의 조기 청산으로 손실폭을 줄일 수 있다. 발행자 조기상환권부 채권(Callable Bond)은 발행자가 조기상환권을 가지므로 채권투자자는 동일 만기의 일반채권보다 높은 수익률을 요구하게 되어 Callable 스왑에 적용되는 고정금리는 동일만기의 표준스왑 금리보다 높은 것이 정상적이다.

답 ④

STEP 01 **핵심필수개념**

(1) 표준형 스왑

다음과 같은 표준적인 계약조건을 따르는 스왑형태를 표준형 스왑이라고 부른다.

① 고정금리 조건은 만기까지 동일하게 적용되며, 해당 통화표시 장기 채권시장의 관행을 따른다(미달러화의 경우 미국채 시장 또는 유로달러 채권시장의 관행이 표준조건임).

② 변동금리는 런던시장의 3개월 혹은 6개월 미달러 Libor로 하고, 가산금리가 붙지 않는다(즉, Libor Flat 금리).

③ 변동금리의 결정은 이자계산 시작일에 결정되고, 이자지급은 이자계산 종료일에 지급되는 후취조건이다(set in advance, paid in arrear).

④ 스왑계약의 원금(명목원금)은 계약기간 내에 동일하게 적용된다.

⑤ 스왑계약의 효력은 Spot Date(거래 2영업일 후)부터 발생하며, 만기일에 종료된다.

⑥ 계약에서 정한 금리 외에 별도의 지급(Up-front Fee, Back-end Fee 등)은 없다.

⑦ 옵션 등 특수한 조기청산 조항이 없다.

(2) 비표준형 스왑

표준적인 계약조건을 따르지 않는 스왑의 형태를 비표준형 또는 비정형 스왑이라고 한다.

이자지급 조건의 변경	Basis Swap	두 가지의 변동금리를 상호 교환하는 스왑
	Zero-coupon Swap	만기에 이자가 일시에 지급되는 스왑
명목원금의 변경 (원금변동형 스왑)	Accreting Swap	스왑기간이 경과함에 따라 명목원금이 증가하는 것
	Amortizing Swap	스왑기간이 경과함에 따라 명목원금이 감소하는 것
	Rollercoaster Swap	스왑기간이 경과함에 따라 명목원금이 증가하기도 하고 감소하기도 하는 것
스왑금리 (고정금리)의 변경	Step-up Swap	스왑금리(고정금리)가 스왑계약 기간 동안 점차 커지는 형태
	Step-down Swap	스왑금리(고정금리)가 스왑계약 기간 동안 점차 작아지는 형태
스왑 개시시점의 변경	선도스왑(Forward Start Swap)	이자계산이 Spot Date 이후 미래의 특정일부터 시작
변동금리 결정일의 변경	Libor In-arrear Swap (In-arrear Reset Swap)	이자계산 기간 종료일의 2영업일 전 일자의 금리를 변동금리로 결정하고 이자계산 종료일에 이자를 지급(set and paid in arrear)
변동금리 지표의 변경	CMS 스왑	변동금리 지표로 CMS 금리를 사용하는 스왑(CMS : 매일의 특정 만기의 이자율스왑 금리)
	CMT 스왑	변동금리 지표로 CMT 금리를 사용하는 스왑(CMT : 매일의 특정 만기의 Benchmark 국채금리)
	OIS 스왑 (Over-night Index Swap)	변동금리 지표로 1일의 Over-night 금리를 사용하는 것으로, 주로 1년 미만의 단기스왑거래임
스왑거래에 옵션조항을 부가	Callable 스왑	이자율스왑 계약 후 일정기간 경과 시점에서 고정금리 지급자가 기존 스왑계약을 취소시킬 수 있는 권한을 가지고 있는 스왑
	Puttable 스왑	이자율스왑 계약 후 일정기간 경과 시점에서 고정금리 수취자가 기존 스왑계약을 취소시킬 수 있는 권한을 가지고 있는 스왑
	Extendible 스왑	이자율스왑 계약기간 만료 후 고정금리 지급자가 스왑계약 기간을 일정기간 연장가능한 스왑
스왑에 대한 옵션거래 (Swaption)	Payer's Swaption	일정기간 후에 일정기간 동안 고정금리를 지급하는 스왑을 할 수 있는 권리
	Receiver's Swaption	일정기간 후에 일정기간 동안 고정금리를 수취하는 스왑을 할 수 있는 권리

개념체크 O X

▶ 표준형 스왑의 경우 변동금리는 런던시장의 3개월 혹은 6개월 Libor로 하고, 가산금리는 붙지 않으며, 변동금리 결정과 지급은 모두 이자계산 종료일을 기준으로 한다. O X

해설 표준형 스왑의 경우 변동금리는 3개월 혹은 6개월 Libor로 하고, 가산금리는 붙지 않으며, 변동금리 결정은 이자계산 시작일에 결정되나 지급은 이자계산 종료일에 지급한다.

답 X

01 이자율스왑의 계약기간 만료 후 고정금리 지급자가 스왑기간을 일정기간 연장 가능한 형태의 스
★★★ 왑은?

① Callable 스왑   ② Puttable 스왑

③ Extendible 스왑   ④ 스왑션(Swaption)

해설 Extendible 스왑은 스왑의 계약기간 만료 후 고정금리 지급자가 스왑기간을 일정기간 연장 가능한 스왑이다.

답 ③

02 고정금리와 변동금리가 서로 교환된다는 점에서는 표준형 스왑과 동일하나, 변동금리의 지표에
★★★ 1일의 Over-night 금리가 적용되는 스왑거래는?

① CMS 스왑   ② Puttable 스왑

③ OIS 스왑   ④ Extendible 스왑

해설 OIS 스왑은 변동금리의 지표에 1일의 Over-night 금리가 적용되는 스왑으로 일반적으로 1년 미만의 단기
거래이다. 예를 들어, 고정금리를 지급하고 Over-night Index 금리를 수취하는 스왑거래를 체결한다면, 고
정금리를 지급하는 대신 이자계산 기간 동안 매일의 Over-night Libor를 복리로 계산하여 수취하게 된다.

답 ③

03 K기업은 6개월 후에 US$10,000,000를 차입하기로 거래은행과 계약이 되어 있다. K기업이 6개월
★★★ 후에 발생할 것으로 예상되는 부채의 금리리스크를 지금 헤지하고자 할 때 이용하기 가장 적절한
스왑은?

① Step-up Swap   ② Forward Start Swap

③ Accreting Swap   ④ Amortizing Swap

해설 선도스왑(Forward Start Swap 혹은 Deferred Start swap)은 미래에 발생할 것으로 예상되는 자산 혹은 부
채의 현금흐름의 금리리스크를 헤지하거나, 현재 존재하고 있는 자산 혹은 부채의 금리리스크를 일정기간 동
안에는 리스크에 노출시키고 향후 특정시점부터는 헤지하고자 할 때 이용할 수 있다.

답 ②

05 원화 이자율스왑 시장과 원화 구조화스왑

중요도 ★★☆

대표유형문제 **스왑 스프레드에 관한 설명으로 옳지 않은 것은?**

① 스왑 스프레드 = 스왑금리 − 국채수익률

② 음(−)의 스왑 스프레드라는 것은 스왑금리가 국채수익률보다 높다는 것을 의미한다.

③ 음(−)의 스왑 스프레드가 확대되면서, 채권투자와 Payer 이자율스왑의 재정거래 수요가 증가한다.

④ Payer 이자율스왑이 많아지면 음(−)의 스왑 스프레드는 축소된다.

해설 음(−)의 스왑 스프레드라는 것은 스왑금리가 국채수익률보다 낮다는 것을 의미한다. 즉, 음(−)의 스왑 스프레드는 은행 간 거래인 스왑금리 수준이 국가 신용위험인 국채수익률보다 낮은 비정상적인 상황을 의미한다. 이 경우 금리가 높은 국채를 매입한 후, (국채수익률보다 낮은) 고정금리를 지급하고 변동금리를 수취하는 Payer 이자율스왑의 재정거래 수요가 증가하여 결국엔 음(−)의 스왑 스프레드는 축소된다.

답 ②

STEP 01 **핵심필수개념**

(1) 국내 원화 이자율스왑 시장의 관행

① 고정금리와 변동금리가 모두 3개월마다 교환되며, 이자계산 방법은 고정금리와 변동금리 모두 act / 365 방식을 적용한다.

② 변동금리 지표는 91일 CD금리를 사용하며, 이자결정일의 오후 3시 30분에 고시되는 금리를 적용한다.

③ 원화 이자율스왑의 경우 스왑금리는 「3.75% / 3.70%」와 같이 절대금리로 고시되고 거래된다.

④ 변동금리의 적용과 관련하여 달러화 Libor는 이자계산 시작일의 2영업일 전에 결정되는 Libor를 적용하지만, 원화 이자율스왑은 이자계산 시작일 1영업일전의 CD금리를 적용한다.

(2) 스왑 스프레드

① 스왑금리 = 국채수익률 + 스왑 스프레드 → 스왑스프레드 = 스왑금리 − 국채수익률

② 양(+)의 스왑 스프레드 : 스왑금리 > 국채수익률

③ 음(−)의 스왑 스프레드 : 스왑금리 < 국채수익률

④ 음(−)의 스왑 스프레드가 확대되면 채권투자와 Payer 이자율스왑의 재정거래 수요가 증가한다.

(3) 이자율연계 구조화채권(Structured Note)

① 구조화상품이란 주식(또는 주가지수), 채권, 금리, 통화, 원자재, 신용 등의 기초자산에 기반을 두고 선도, 선물, 스왑, 옵션 등의 각종 파생상품이 결합되어 만들어진 새로운 형태의 금융상품을 말한다.

② 주요 이자율연계 구조화채권

Callable Note	발행자가 만기 이전에 조기상환할 수 있는 채권이다.
역(Inverse) FRN	변동금리 지표인 CD금리가 하락하면 높은 쿠폰을 지급하고, 상승하면 쿠폰이 낮아지는 구조이다.
Daily CD Range Accrual Note	변동금리 지표인 CD금리가 특정 구간 범위 내에 머무를 경우에만 쿠폰을 계산 → 투자자가 수취하는 쿠폰은 특정시점의 CD금리가 아니라 매일의 CD금리에 따라 결정된다.
CMS Spread Range Accrual Note	CD Range Accrual Note와 동일한 개념으로 쿠폰이 계산되는데, 변동금리 지표로 중장기 금리인 CMS의 Spread를 사용 → CMS Spread가 특정수준 이상(또는 이하)인 경우에 쿠폰이 누적된다.
US$ Libor Range Accrual Quanto Note	변동금리 지표가 특정 범위 내에 머무를 경우에만 쿠폰을 계산하는데, 변동금리 지표는 US$ Libor이지만 쿠폰은 원화로 지급되는 원화채권이다.
Power Spread Note	이자율스왑 시장에서 음(−)의 스왑스프레드의 왜곡현상을 이용한 구조 → 각각의 수익률 곡선에 내재되어 있는 이론적인 단기금리 스프레드의 역전현상(CD < 3m KTB)을 이용한 것이다.

개념체크 O X

▶ 원화 이자율스왑의 경우 스왑금리는 '국고채 수익률 + 스왑 스프레드'의 형식으로 고시되고 거래된다. O X

[해설] 원화의 경우 스왑금리는 「3.75% / 3.70%」와 같이 절대금리로 고시되고 거래된다.

답 X

STEP 02 | **핵심보충문제**

01 국내 원화 이자율스왑 시장의 관행에 대한 설명으로 옳지 않은 것은?
★★★

① 고정금리와 변동금리가 모두 3개월마다 교환되며, 이자계산 방법은 고정금리와 변동금리 모두 act / 365 방식이 적용된다.

② 변동금리 지표는 91일 CD금리를 사용하며, 이자결정일의 오후 3시 30분에 고시되는 금리를 적용한다.

③ 스왑금리는 '국고채 수익률 + 스왑 스프레드'의 형식으로 고시되고 거래된다.

④ 변동금리의 경우 원화 이자율스왑은 이자계산 시작일 1영업일전의 CD금리를 적용한다.

[해설] 원화 이자율스왑의 경우 스왑금리는 「3.75% / 3.70%」와 같이 절대금리로 고시되고 거래된다.

답 ③

02 이자율연계 구조화채권(Structured Note)에 대한 설명으로 옳지 않은 것은?

★★★

① Callable Note는 발행자가 만기 이전에 조기상환할 수 있는 채권이다.

② 역(Inverse) FRN은 변동금리 지표인 CD금리가 상승하면 높은 쿠폰을 지급하고 CD금리가 하락하면 지급하는 쿠폰이 낮아진다.

③ Daily CD Range Accrual Note는 변동금리 지표인 CD금리가 특정 구간 범위 내에 머무를 경우에만 쿠폰을 계산한다.

④ CMS Spread Range Accrual Note는 중장기 금리인 CMS의 Spread를 변동금리 지표로 사용하는 것으로, CMS Spread가 특정수준 이상 혹은 이하인 경우에 쿠폰이 누적된다.

해설 역(Inverse) FRN은 변동금리 지표인 CD금리가 상승하면 낮은 쿠폰을 지급하고 CD금리가 하락하면 지급하는 쿠폰이 높아진다. 반면에, FRN은 CD금리가 상승하면 높은 쿠폰을 지급하고 CD금리가 하락하면 지급하는 쿠폰이 낮아진다.

답 ②

06 통화스왑 중요도 ★★★

대표유형문제

원–달러 통화스왑에서 초기 거래시점의 환율이 ₩1,000 / $일 때, 두 당사자 사이에 초기 자금 교환액수가 1,000억원과 1억달러였다. 통화스왑 계약의 만기시점에 환율이 ₩1,200 / $가 되었다면, 두 거래당사자가 만기에 재교환하는 자금의 액수는?

① 0.8억달러와 1,200억원 ② 1억달러와 1,200억원
③ 1.2억달러와 1,000억원 ④ 1억달러와 1,000억원

해설 만기 원금교환의 적용환율은 만기환율과 관계없이 최초 거래 시점의 현물환율이 동일하게 적용된다. 즉 거래초기에 교환한 원금액수 그대로 반대방향으로 재교환하는 것이다. 물론 만기시점의 환율에 따라 각 당사자들의 실제 손익은 달라지게 된다.

답 ④

STEP 01 핵심필수개념

(1) 통화스왑의 개요

개 념	이종통화 간에 원금과 이자를 교환하는 계약이다(환율 변동위험 + 이자율 변동위험을 동시에 관리 가능).
원금교환	• 거래 시작 시의 원금교환은 생략 가능하다. • 만기 시에는 초기의 원금교환과 반대방향으로 원금교환이 이루어진다. • 거래초기와 만기의 원금교환 시 적용환율은 모두 거래초기의 현물환율을 적용한다.
이자교환	• 수취한 통화의 원금에 대한 이자를 지급하고, 지급한 통화의 원금에 대해서는 이자를 수취한다. • 한쪽은 고정금리이고 다른 한쪽은 변동금리이거나, 양쪽 다 고정금리 혹은 양쪽 다 변동금리일 수도 있다.
통화스왑의 현금흐름	**예시** A기업은 천만달러를 6개월 Libor 금리로 3년간 차입 • 위험요인(환율 상승(달러가치 상승) + Libor 금리 상승) → 통화스왑을 이용하여 달러 변동금리 차입을 원화 고정금리 차입으로 전환하는 경우(현물환율 : 1달러 = 1,200원)

㉠ 초기 원금교환	A	천만달러 → ← 120억원	거래 상대방
㉡ 이자교환	A	원화 고정금리 → ← 달러 변동금리(Libor)	거래 상대방
㉢ 만기 원금교환	A	120억원 → ← 천만달러	거래 상대방

• 만기 원금교환은 초기 원금교환과 반대방향으로 거래된다(거래초기의 현물환율이 동일하게 적용).

(2) 통화스왑, 외환스왑(FX Swap) 및 장기 선물환 비교

① 외환스왑 거래 시 환율은 현물환거래에는 현물환율을, 선물환거래에는 해당기간의 선물환율을 적용한다.

② 선물환거래 시 적용하는 선물환율과 외환스왑 시 적용하는 선물환율은 서로 같다.

③ 통화스왑과 외환스왑은 초기와 만기에 두 통화의 원금을 서로 반대방향으로 교환한다는 면에서는 같지만, 만기 시 교환되는 원금에 대한 적용환율이 다르다는 점이 가장 큰 차이점이다. 즉, 선물환거래는 해당 기간의 선물환율을 적용하나 통화스왑의 만기 원금교환은 선물환율이 아니라 현물환율(계약초기의 환율)로 이루어진다.

④ 외환스왑은 계약기간 중 이자교환이 없으나 통화스왑은 주기적으로 이자를 교환한다는 점에서 차이가 있다.

⑤ 계약기간이 단기(1년 이내)인 경우는 선물환이나 외환스왑으로 거래되고, 장기(1년 이상)인 경우에는 통화스왑의 형태로 거래된다.

(3) 통화스왑거래의 발생원인과 이용사례

① 비교우위에 의한 유리한 조건의 자금차입

> 사례 A기업과 B기업의 차입시장 여건(차입금리)이 다음과 같다. A사는 미달러화 변동금리 차입을 선호하고, B사는 유로화 고정금리로 차입할 것을 선호하고 있다. 두 기업이 자신의 비교우위를 이용하여 차입한 후 스왑딜러와 각각 통화스왑 거래를 하는 경우

구 분	유로화 고정금리 차입시장	미달러화 변동금리 차입시장	Swap Rate 3.75 / 3.70
A기업	Euro 3.50%	USD Libor	
B기업	Euro 4.00%	USD Libor	

일단 차입상의 비교우위에 있는 통화를 차입 → 스왑딜러와 통화스왑 거래 → 결과적으로 원래의 차입비용보다 저렴해짐(거래참가자 모두가 이익)

구 분	고정금리 차입시장	변동금리 차입시장
A기업	Euro 3.50%	USD Libor
B기업	Euro 4.00%	USD Libor
차이(Credit Spread)	0.50%	0.00%
비교우위 시장 및 자금조달	A는 고정금리에 비교우위 → 유로화 고정금리(3.50%)로 차입 후 통화스왑	B는 변동금리에 비교우위 → 달러 변동금리(USD Libor)로 차입 후 통화스왑

〈비교우위에 의한 통화스왑의 이익 분석〉		
구 분	A의 거래 종합	B의 거래 종합
비교우위 차입금리	−3.50%	−(Libor)
스왑에서 지급금리	−Libor	−3.75%
스왑에서 수취금리	+3.70%	+Libor
순차입금리	−3.50% − Libor + 3.70% = −(L − 0.20%)	−(Libor) − 3.75% + Libor = −3.75%
금리이익(비용절감)	0.20%(vs Libor)	0.25%(vs 4.00%)

② 통화스왑을 이용한 자산·부채관리

> **사례** 우리나라의 K보험회사는 A은행으로부터 유로화 고정금리 4.5%로 자금을 차입하고, 그 대가로 원화 고정금리 5.5%로 자금을 제공해 주는 유로 / 원 통화스왑 계약을 체결하였다. 동시에 K보험사는 차입한 유로화 자금으로 통화스왑의 계약기간과 동일한 만기를 가진 고정금리 4.5의 유로화 채권에 투자한 경우

• **통화스왑(자산스왑)의 초기 원금교환**

• **통화스왑(자산스왑)의 이자교환**

• **통화스왑(자산스왑)의 만기 원금교환**

→ 결국 K보험사는 유로화 채권에 투자했음에도 불구하고, 통화스왑을 통해 유로 / 원 환율변동 위험을 헤지하였으며, 원화채권에 투자한 것과 동일한 효과를 거두게 됨

③ 통화스왑의 가격고시 방법

통화스왑 시장에서는 이자율스왑과 같이 변동금리와 교환되는 고정금리의 절대금리를 고시하는 방법과, 두 통화의 변동금리의 베이시스 형식으로 고시하는 방법이 있다.

쿠폰 통화스왑	• 변동금리와 고정금리를 교환하는 방식 → 미달러화 변동금리(6-month Libor)와 교환되는 이종통화의 고정금리를 (절대금리로) Offer / Bid로 고시 예 1.99 / 1.96
베이시스 (Basis) 통화스왑	• 변동금리와 변동금리를 서로 교환하는 방식 → 미달러화 변동금리(6-month Libor)와 교환되는 이종통화의 변동금리(6M Libor 또는 원화의 경우 3M CD)에 가산되는 스프레드를 Offer / Bid로 고시 예 −0.63 / −0.73

〈통화스왑 금리고시 예〉			
기 간	이자율스왑	통화스왑	베이시스 통화스왑
	KRW / q.a act / 365	USD / KRW s.a., act / 365	USD / KRW Basis
3년	4.44 / 4.40	3.77 / 3.71	−0.63 / −0.73

㉠ 3년 만기 USD / KRW (쿠폰)통화스왑 가격 「3.77 / 3.71」의 의미

〈Offer Rate = 3.77%〉	〈Bid Rate = 3.71%〉
통화스왑 딜러가 미달러화 6개월 Libor를 지급하고, 3.77%의 원화 고정금리를 수취(Receive)하겠다는 의미	통화스왑 딜러가 미달러화 6개월 Libor를 수취하고, 3.71%의 원화 고정금리를 지급(Pay)하겠다는 의미

㉡ 3년 만기 USD / KRW 베이시스(Basis) 통화스왑 가격 「-0.63 / -0.73」의 의미

→ 6-month Libor와 교환되는 원화변동금리(CD)에 추가되는 스프레드

〈Offer Rate = -0.63%〉	〈Bid Rate = -0.73%〉
통화스왑 딜러가 미달러화 6개월 Libor를 지급하고, 원화 금리인(CD - 0.63%)를 수취(Receive)하겠다는 의미	통화스왑 딜러가 미달러화 6개월 Libor를 수취하고, 원화금리인(CD - 0.73%)를 지급(Pay)하겠다는 의미
• 베이시스 통화스왑 Offer(-0.63%) = 통화스왑 Offer(3.77%) - 이자율스왑 Bid(4.40%)	• 베이시스 통화스왑 Bid(-0.73%) = 통화스왑 Bid(3.71%) - 이자율스왑 Offer(4.44%)

(4) 미달러화 / 원화 간 통화스왑 시장

① 국내 통화스왑 시장의 특징

㉠ 가격고시는 미달러화 6-month Libor와 교환되는 원화 고정금리(s.a, act / 365)로 표시되거나, 통화스왑 베이시스 형태로 고시되기도 한다.

㉡ 원화 이자율스왑에 비해 상대적으로 유동성이 부족하다.

㉢ 국내에 달러가 부족할 경우, 스왑뱅크들은 원화 고정금리 Receive 통화스왑(거래초기 미달러 원금을 수취하고, 원화 원금을 지급하는 원금교환)을 통해 달러를 조달하고자 하므로 원화 고정금리 Receive 방향의 통화스왑에 대한 수요가 높아져 통화스왑 금리는 낮아지게 된다. 따라서 국내에 달러가 부족할 경우, 통화스왑 베이시스 스프레드의 마이너스는 확대된다.

〈미달러화 유동성과 통화스왑의 베이시스 스프레드〉

미달러화 유동성 부족 시	• 거래초기 미달러 원금을 수취하고, 원화 원금을 지급하는 원금교환을 통해 달러를 조달한다. → 원화 고정금리 Receive 미달러화 / 원화 통화스왑 수요확대 → 통화스왑 음(-)의 베이시스 확대(절댓값이 높아짐)
미달러화 유동성 과잉 시	• 거래초기 미달러 원금을 지급하고, 원화 원금을 수취하는 원금교환을 통해 원화를 조달한다(달러를 운용). → 원화 고정금리 Pay 미달러화 / 원화 통화스왑 수요확대 → 통화스왑 음(-)의 베이시스 축소(절댓값이 낮아짐)

② 원화 고정금리 Receive 통화스왑 수요와 Pay 통화스왑 수요

원화 고정금리 Receive 통화스왑 수요	원화 고정금리 Pay 통화스왑 수요
미달러화 원금 현물환 Buy & 선물환 Sell 방향 → 국내에서 달러 유동성의 유출을 가져오는 수요와 동일	미달러화 원금 현물환 Sell & 선물환 Buy 방향 → 국내로 달러 유동성 유입을 가져오는 수요와 동일
① 보험회사 등 기관투자자의 해외투자가 늘어나고, 통화스왑(자산스왑 : 원화 고정금리 Receive스왑)의 수요가 늘어날 때 ② 조선사 및 중공업체 등의 수주물량 증가로 장기 선물환 매도 수요가 많아질 때 ③ 외국인의 통화스왑을 이용한 재정거래 포지션을 청산할 때 ④ 국내 해외펀드 투자증가로 환율변동 리스크관리를 위한 선물환 매도 수요가 많아질 때	① 국내 기업의 해외채권 발행이 늘어나고, 통화스왑(부채스왑 : 원화 고정금리 Pay스왑)의 수요가 늘어날 때 ② 외국계 은행 혹은 외국인의 통화스왑을 이용한 재정거래 포지션이 증가할 때 ③ 해외 펀드투자의 손실증가로 인해, 선물환 매도거래의 포지션 청산이 발생할 때

▶ 통화스왑의 경우 만기 시 원금교환에 적용되는 환율은 만기시점의 환율과 관계없이 거래초기의 원금교환에 적용했던 환율, 즉 거래초기의 현물환율을 그대로 사용한다. ⊙⊠

답 O

▶ 베이시스(Basis) 통화스왑이란 변동금리와 고정금리를 교환하는 방식이다. ⊙⊠

[해설] 베이시스 통화스왑이란 변동금리와 변동금리를 서로 교환하는 방식이며, 변동금리와 고정금리를 교환하는 방식은 쿠폰 통화스왑이다.

답 X

STEP 02 핵심보충문제

01 A사와 B사의 차입금리가 다음과 같을 경우, 유로화 고정금리시장과 미달러화 변동금리시장에서
★★★ 각각 차입상의 비교우위가 있는 기업은?

구 분	유로화 고정금리 차입시장	미달러화 변동금리 차입시장
A사	Euro 2.50 %	USD Libor
B사	Euro 3.00 %	USD Libor

	유로화 고정금리 시장	미달러화 변동금리 시장
①	A	A
②	A	B
③	B	A
④	B	B

[해설] A는 달러화 변동금리 차입시장에서는 B와 동일한 금리(USD Libor)로 차입하는 반면, 유로화 고정금리 차입시장에서는 B보다 0.5%포인트 낮게 차입하므로 상대적으로 A기업은 유로화 고정금리 차입시장에서 비교우위에 있다. 반면에, B는 유로화 고정금리 차입시장에서는 A보다 0.5%포인트나 높게 차입하는 반면, 미달러화변동금리 차입시장에서는 A와 같은 금리로 차입하므로 상대적으로 B기업은 미달러화 변동금리 차입시장에서 비교우위에 있다. 쉽게 말하면, A기업은 유로화 고정금리 차입시장에서 상대적으로 더 우대를 받는다는 것이고, B기업은 미달러화 변동금리 차입시장에서 상대적으로 우대를 받는다는 의미이다.

답 ②

02 우리나라의 K기업은 5년 만기 달러표시 채권 1,000만달러(Coupon 3%)를 발행하였다. K기업이
★★★ 필요한 자금은 원화 고정금리 자금이며 향후 달러가치의 상승을 예상하고 있는 경우, K기업이 취해야 할 가장 적절한 형태의 스왑거래는?

① 원화 고정금리 지급 이자율스왑
② 원화 고정금리 지급, 달러화 고정금리 수취 통화스왑
③ 원화 고정금리 수취, 달러화 고정금리 지급 통화스왑
④ 원화 고정금리 지급, 달러화 변동금리 수취 통화스왑

해설 달러가치가 상승하면 K기업은 부채가치의 증가로 손실이 예상되므로, [원화 고정금리 지급 + 달러 고정금리 수취] 통화스왑 거래를 통해 달러 고정금리 부채를 원화 고정금리 부채로 전환한 효과를 얻을 수 있어, 원화 고정금리로 차입한 것과 동일한 결과를 만들 수 있다. 또한 달러 고정금리 수취를 통해 발행한 달러표시 채권의 Coupon 3% 지급 금리도 고정시킬 수 있다.

답 ②

출제예상문제

01 스왑(Swap)거래에서 발생하는 현금흐름에 관한 설명으로 옳지 않은 것은?

★★★

① 스왑의 쿠폰교환에는 고정금리쿠폰과 변동금리쿠폰이 있다.

② 고정금리쿠폰 = 명목원금 × 고정금리 × Day Count Fraction, 변동금리쿠폰 = 명목원금 × 변동금리 × Day Count Fraction

③ Day Count Fraction은 이자계산 일수를 정하는 규칙으로 각 통화마다 각각의 계산관행이 있다.

④ 달러화의 변동금리 계산에는 'act / 365', 원화의 변동금리는 'act / 360'이 사용된다.

02 다음의 외환스왑(FX Swap) 거래에 관한 설명으로 옳지 않은 것은?

★★☆

거래일	A 기업	11억원 → ← 100만달러	B 은행
만기일	A 기업	11억원 + (α × 100만달러) ← 100만달러 →	B 은행

① 현물환(Spot)과 선물환(Forward)을 동시에 체결하는 거래를 말한다.

② A기업은 현물환을 매입하고 선물환을 매도하였다.

③ 현물환율과 선물환율의 차이인 α를 'Swap Rate(Swap Point)' 또는 'Forward Margin(Forward Point)'이라고 한다.

④ A기업은 달러금리가 원화금리보다 높으면 고금리 금융을 쓴 대가를 지불해야 하므로 α(= Swap Rate)는 0보다 크게 된다.

정답 및 해설

01 ④ 달러화의 변동금리 계산에는 'act / 360'이, 원화의 변동금리는 'act / 365'가 사용된다. act는 actual number of days의 줄임말로 이자계산 기간의 실제 경과일수를 의미하며, 실제 경과일수를 곱하고 360일 또는 365일로 나누라는 의미이다.

02 ④ 외환스왑(FX Swap ; Foreign Exchange Swap) 거래는 특정통화에 대한 거래금액은 동일하나 거래방향이 서로 반대인 현물환(Spot)과 선물환(Forward)을 동시에 체결하는 거래를 말한다. A기업은 만기일까지 백만달러의 금융을 얻는 대신에 11억원의 금융을 B은행에게 제공한 거래이다. 따라서 달러금리가 원화금리보다 높으면 A기업이 고금리금융을 쓴 대가를 지불해야 하므로 α < 0 이 된다. 즉, A기업이 만기일에 수취하는 원화금액이 11억원보다 적게 되어 고금리 금융을 쓴 비용을 지불하는 효과가 있다. 따라서 α(= Swap Rate)는 만기에 대한 달러금리와 원화금리 차이에 의해 결정된다. 또한 두 통화의 금리차이가 커질수록, 스왑기간이 길어질수록 현물환율과 선물환율의 차이는 커진다.

03 통화스왑의 원초적 형태로 볼 수 있는 Parallel Loan과 Back-to-Back Loan에 관한 설명으로
★★☆ 옳지 않은 것은?

① Parallel Loan은 별개의 두 건의 대출계약이므로 채무상계 문제(Set-off Risk)가 존재하지만,
Back-to-Back Loan은 1건의 상호 대출계약이므로 채무상계 문제는 없다.

② 두 거래 모두 이자소득세 원천징수의무가 발생한다.

③ 두 거래 모두 파생상품 거래이다.

④ 두 거래 모두 부외(Off Balance Sheet)거래가 아니다.

04 스왑계약에서의 변동금리에 관한 설명으로 옳지 않은 것은?
★★★ ① 달러화 스왑계약에서 사용되는 변동금리는 6개월(또는 3개월)만기 Libor가 많이 사용되나 BA
(은행인수어음)금리, CD금리, CP(상업어음)금리 등도 사용된다.

② 원화 스왑계약에서는 3개월 CD금리가 사용된다.

③ 변동금리 이자지급은 6개월 Libor가 사용될 경우 매 6개월마다 이루어지며, 3개월 CD금리가
사용되면 매 분기마다 이루어진다.

④ 변동금리 이자계산은 Bond Basis(채권시장기준) 방식이 주로 사용된다.

05 스왑금리를 [10%, s.a., 30 / 360, Unadj.]로 표시한 경우, 이에 대한 설명으로 옳지 않은 것은?
★★★ ① 10%는 스왑가격인 고정금리를 표시하는 것이다.

② s.a.는 이자의 지급주기를 나타내는 것으로 1년에 2번, 즉 매 6개월마다 이자를 지급한다는 것을
의미한다.

③ 30 / 360은 이자계산 방법으로서 이자계산 시작일과 종료일 기간의 1달을 무조건 30일로 가정하
고, 1년을 무조건 360일로 고정하여 계산한다.

④ Unadj.(Unadjusted)란 이자계산 종료일이 휴일인 경우에는 이자지급이 하루 늦춰지기 때문에
이자를 재계산한다는 의미이다.

[06 ~ 09] 다음 내용을 읽고 질문에 답하시오.

표준형 이자율스왑 거래에서 최초의 이자교환 시, 변동금리의 이자계산 기간이 ⊙ 2021년 6월 7일부터 2021
년 12월 7일이면 달러화 Libor의 경우 6월 7일부터 2영업일 전인 2021년 6월 5일에 결정되는 Libor를 적용
한다. 이 경우 실제 이자지급은 ⓒ 2021년 12월 7일 발생한다. 그러나 비표준형 스왑의 경우 ⓒ 2021년 12
월 5일 Libor가 결정되고 12월 7일에 이자가 지급되는 스왑도 있을 수 있다.

06 스왑거래에서 스왑계약을 체결하는 날을 무엇이라 하는가?
★★★
① Payment Date
② Effective Date
③ Trade Date
④ Reset Date

07 스왑거래의 이자계산이 시작되는 날인 ⊙ 2021년 6월 7일을 무엇이라 부르는가?
★★★
① Effective Date
② Payment Date
③ Trade Date
④ Reset Date

정답 및 해설

03 ③ 두 거래 모두 파생상품 거래가 아니다. 실제 대출계약서가 작성되어 실행되는 대출거래이므로 통화스왑 등의
파생금융상품과는 달리 부외거래가 아니다. 즉, 두 거래 모두 파생상품 거래가 아니기 때문에 재무상태표에
기록된다.

04 ④ 변동금리 이자계산은 자금시장기준(MMB ; Money Market Basis) 방식이 가장 많이 사용된다. 즉 미 달러화
는 act / 360, 일본 엔화와 영국 파운드는 act / 365, 원화 CD는 act / 365를 사용한다.

05 ④ 이자계산 종료일이 휴일인 경우에는 이자지급이 발생할 수 없고, 영업일관행(Business Day Convention)에
따라 이자지급일이 재결정되게 된다. Unadj.란 Unadjusted의 약자로 비록 이자지급은 하루가 늦춰지더라도
이자를 재계산하지 않는다는 것이다. 이자를 재계산한다고 정할 경우에는 Adj.(Adjusted)를 사용한다.

06 ③ 스왑계약을 체결하는 날을 Trade Date라고 하며, 이 사례에서는 2021년 6월 5일이다.

07 ① 스왑거래의 이자계산이 시작되는 날을 Effective Date라고 한다. 통상 Trade Date 이후 2영업일 후(Spot Date)
가 되지만 따로 정할 수 있다. 원화 이자율스왑의 경우 Trade Date 이후 1영업일 후부터 계산이 시작된다.

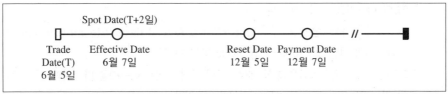

08 ⓛ 2021년 12월 7일을 무엇이라 부르는가?
★★★
① Effective Date   ② Payment Date

③ Trade Date   ④ Reset Date

09 ⓒ과 같은 형태의 스왑을 무엇이라 부르는가?
★★★
① Forward Start Swap   ② Step-up Swap

③ Libor in-arrear Swap   ④ Extendible Swap

10 스왑거래에서 6월 29일이 자금결제 예정일이지만 토요일이다. Modified Following의 영업일관행
★★★ (Business Day Convention)을 사용하는 경우 자금 결제일은?(토요일과 일요일 외에 별도의 휴무
일은 없다고 가정)

① 6월 28일   ② 6월 29일

③ 6월 30일   ④ 7월 1일

11 스왑거래에서 특정 변동금리와 교환되는 고정금리를 무엇이라 하는가?
★★★
① 스왑가격

② 스왑스프레드

③ 스왑마진

④ Offer Rate

12 스왑계약에서 이자지급에 관한 설명으로 옳지 않은 것은?
★★★
① 고정금리를 반년마다 지급하는 방법을 Semi-annual Basis라 한다.

② 스왑금리가 4%일 때 이자지급이 6개월 단위라면, act / 360기준인 경우 매 6개월마다 정확히
2%의 이자지급이 이루어진다.

③ 고정금리 이자를 1년에 한 번 지급하는 방법을 Annual Basis 또는 p.a.(per annum), 분기마다
지급하는 방법을 q.a.(quarterly basis)라고 한다.

④ 고정금리 이자지급조건은 통상 해당통화의 국내 채권시장 관행을 따르지만, 수요자의 요구에 의
해 결정되므로 다양한 방법들이 사용될 수 있다.

Trade Date	Sep. 8, 2021	Floating Rate Payer	B은행
Effective Date	㉠	Fixed Rate	3.20%, s.a., 30 / 360, Unadj.
Termination Date	㉡	Floating Rate	US$ 6M Libor +1.0%, act / 360
Notional Amount	US$10,000,000	Business Days Convention	Modified Following
Fixed Rate Payer	A은행	Documentation	ISDA Standard

13 ㉠ Effective Date는 언제인가?
★★★
① Sep. 8, 2021
② Sep. 9, 2021
③ Sep. 10, 2021
④ Sep. 11, 2021

14 ㉡ 스왑의 만기일(Termination Date)은 언제인가?
★★★
① Sep. 8, 2024
② Sep. 9, 2024
③ Sep. 10, 2024
④ Sep. 11, 2024

정답 및 해설

08 ② 스왑거래에서 자금결제가 발생하는 날로 이자지급일 혹은 원금교환일을 Payment Date라고 한다. 만약 결제일이 공휴일이면 통상 Modified Following Day 방식을 사용한다.

09 ③ 이자계산 종료일, 즉 이자지급일 제2영업일 전일의 Libor를 적용하여 이자계산을 하는 비표준형 스왑을 Libor in-arrear Swap이라고 한다. 참고로, Step-up Swap은 스왑금리(Swap Rate)가 점차 상승하는 스왑, Extendible Swap은 스왑 계약기간 만료 후 고정금리 지급자가 스왑기간을 일정기간 연장 가능한 스왑을 말한다.

10 ① Modified Following은 자금 결제일이 공휴일인 경우 자금 결제일을 다음 영업일로 미루는데, 년과 월을 넘길 수 없으며, 이 경우 앞으로 넘긴다. 따라서 6월 29일이 자금 결제 예정일이지만 토요일이고 6월 30일은 일요일이라 7월 1일로 미뤄야 하지만 월을 넘길 수는 없으니까 6월 29일의 하루 전인 6월 28일에 자금을 결제하게 된다. 반면, Following 기준으로는 자금 결제일이 공휴일이면 무조건 다음 영업일로 넘어가므로(년과 월을 넘길 수 있음) 7월 1일이 되며, Preceding은 자금 결제일이 공휴일인 경우 무조건 이전 영업일로 넘어가므로(년과 월을 넘길 수 있음) 6월 28일이 자금 결제일이 된다.

11 ① 스왑가격(Swap Price) 또는 스왑금리(Swap Rate)란 특정 변동금리와 교환되는 고정금리를 말한다.

12 ② 30 / 360기준은 이자계산 시작일과 종료일 기간의 1달을 무조건 30일로 가정하고, 1년을 무조건 360일로 고정하여 계산하기 때문에 스왑금리가 4%일 때 이자지급이 6개월 단위라면, 30 / 360기준인 경우에 매 6개월마다 정확히 2%의 이자지급이 이루어진다. 반면에 act / 360기준은 실제 이자계산 일수에 따라 이자지급이 달라진다.

13 ③ Effective Date는 스왑거래의 이자계산이 시작되는 날로 통상 Trade Date(9월 8일) 이후 2영업일 후(Spot Date)가 된다. 따라서 Sep. 10(9월 10일)이다.

14 ③ 3년 만기 이자율스왑 거래이다. 따라서 Termination Date(스왑 만기일)는 이자계산이 시작되는 Effective Date(2021년 9월 10일)로부터 3년 후인 2024년 9월 10일이다.

15 A은행의 스왑 포지션에 대한 설명으로 옳지 않은 것은?

★★★
① 고정금리를 지급하고, 변동금리를 수취하는 포지션이다.

② Payer Swap이다.

③ Long Swap이다.

④ 변동금리가 3.20% 이상으로 상승할수록 이자 수취액보다 지급액이 많아져 불리해진다.

16 Receiver 이자율스왑과 채권투자에 관한 설명으로 옳지 않은 것은?

★★★
① Receiver Swap은 변동금리 채권을 발행하여 고정금리 채권에 투자하는 것과 동일한 현금흐름을 갖는다.

② Receiver Swap은 시장금리가 하락하면 이익이 발생한다.

③ 이자율스왑 거래와 [채권발행 + 채권투자] 거래는 서로 회계처리 방법이 동일하다.

④ 고정금리 채권투자(Long Position)의 가치는 시장금리와 역(−)의 관계에 있다.

17 3×9 FRA 거래는 무엇을 의미하는가?

★★☆
① 3개월 후에 발표되는 6개월 금리에 대한 FRA 계약

② 3개월 후에 발표되는 9개월 금리에 대한 FRA 계약

③ 6개월 후에 발표되는 3개월 금리에 대한 FRA 계약

④ 3개월 후에 발표되는 3개월 금리에 대한 FRA 계약

18 미 달러화의 3개월 만기 시장금리는 3.0%이고 6개월 만기 시장금리가 3.3%인 경우, 3개월 후에

★★★ 3달간 적용되는 내재선도금리?(3개월은 90일, 6개월은 180일로 함)

① 3.014% ② 3.115%

③ 3.201% ④ 3.573%

19 스왑금리(Swap Rate)에 대한 설명으로 옳지 않은 것은?

★★★
① 스왑금리는 스왑거래에서 변동금리와 교환되는 고정금리를 말한다.

② 스왑금리를 스왑가격(Swap Price)이라고 한다.

③ 스왑시장에서 스왑딜러들은 두 개의 스왑금리를 고시하는데, 이를 'Two-way Quotation'이라고 한다.

④ Pay Rate는 스왑딜러가 변동금리를 주는 대신에 받고자 하는 고정금리이다.

20 다음 표는 각 통화별 이자율스왑의 스왑금리를 고시한 사례이다. 다음 설명 중 옳지 않은 것은?

★★★

기 간	Swap Spread (act / 365, s.a.)	USD / AMM act / 360	EUR / p.a. 30 / 360
2년	T + 35 / 32	1.99 / 1.96	2.53 / 2.51
3년	T + 40 / 37	2.57 / 2.54	2.88 / 2.86

① AMM은 Annual Money Market의 약자로 1년을 360일로 하고 실제경과일수를 감안하여 이자금 액을 계산한다.

② 1.99%는 스왑 Bid Rate로 재무부 채권수익률 방식의 T + 35와 같다.

③ AMM방식 1.99%를 act / 365방식으로 환산하면 2.02%가 된다.

④ 유로화 이자율스왑은 30 / 360방식으로 고정금리를 정하고 있다.

15 ④ A은행은 B은행에게 고정금리를 지급하고 변동금리를 수취하는 포지션이므로 Payer Swap 또는 Long Swap이 다. 따라서 A은행 입장에서는 수취하는 변동금리가 지불하는 고정금리인 3.20% 이상으로 상승할수록 이자 지 급액보다 수취액이 많아져 이익을 본다. 즉 Payer Swap은 금리가 상승할수록 유리해지고, Receiver Swap(B 은행)은 금리가 하락할수록 유리해진다.

16 ③ [채권발행 + 채권투자] 거래는 재무상태표상의 거래(on B / S)로서 자산과 부채로 기록되지만, 이자율스왑 거 래는 파생상품 거래로서 재무상태표에 기록되지 않고 각주로 표시되는 부외거래(off B / S)이다.

17 ① 금리발표 시점은 현재부터 3개월 후, 그리고 발표되는 금리의 만기는 6개월(현재부터 9개월 후)이라는 의미이 다. 즉 [3 × 9 FRA]는 3개월 후부터 6개월간 적용되는 미래금리를 현재시점에서 계약하는 거래를 말한다. 따 라서 만약, 3개월 후에 6개월 금리가 계약한 금리보다 상승하면 매수자가 차액을 수취하고, 하락하면 매도자가 차액을 수취한다.

18 ④ 3개월 후부터 3개월간 적용되는 내재선도금리(R)를 구하면 다음과 같다.

$(r_1 = 3\%,\ t_1 = 90,\ r_2 = 3.3\%,\ t_2 = 180),\ \left(1 + 3\% \times \dfrac{90}{360}\right)\left(1 + R \times \dfrac{180 - 90}{360}\right) = \left(1 + 3.3\% \times \dfrac{180}{360}\right),$

$R = \left(\dfrac{1 + 0.033 \times \dfrac{180}{360}}{1 + 0.03 \times \dfrac{90}{360}} - 1\right) \times \dfrac{360}{180 - 90} = 3.573\%$

19 ④ Pay Rate를 Bid Rate라고도 하는데, 이는 스왑딜러가 변동금리를 받는 대신에 지불하고자 하는 고정금리이 다. 여기서 변동금리는 자동적으로 각 통화의 기준 변동금리지표를 전제하고 있다. 즉 달러화, 엔화, 유로화는 Libor금리가, 원화는 CD금리가 된다.

20 ② 1.99%는 스왑 Offer Rate로 재무부 채권수익률 방식의 T + 35와 같고, 1.96%는 스왑 Bid Rate로 재무부 채권수익률 방식의 T + 32와 같다. 참고로 AMM방식 1.99%를 act / 365방식으로 환산하면 2.02%(= 1.99% × 365 / 360)가 된다.

21 A기업은 미 달러화 고정금리 수취 스왑거래를 하려고 한다. 스왑딜러가 제시한 스왑금리가 다음과
★★★ 같다면, 누구와 스왑거래를 하는 것이 가장 유리한가?

① 스왑딜러 A : 5.20 − 5.15(s.a. 30 / 360)

② 스왑딜러 B : 5.20 − 5.15(annual, 30 / 360)

③ 스왑딜러 C : 5.20 − 5.15(s.a. act / 360)

④ 스왑딜러 D : 5.20 − 5.15(annual act / 360)

22 현재 시장에서 3년 만기 원화 스왑금리가 「3.92% / 3.88%」로 고시되고 있다. A은행의 고객인
★★★ K기업은 3개월 CD금리를 지급하고 고정금리를 수취하는 스왑거래를 요청하면서 K기업이 1억원
의 Up-front Fee를 수취하는 조건이었다. A은행이 제시하는 스왑금리는?

① 3.88%보다 낮음

② 3.92%보다 높음

③ 3.90%로 결정

④ 3.88% ∼ 3.92% 사이에서 결정

23 스왑딜러가 고시한 3년 만기 이자율스왑의 스왑금리가 「T + 55 / 52」이다. 변동금리 부채를 갖고
★★★ 있는 A기업은 향후 금리상승이 우려되어 스왑딜러와 3년 만기 이자율스왑 거래를 하고자 한다.
A기업에게 필요한 스왑 포지션은 무엇이며, 이때 A기업에게 적용되는 스왑금리는?

① Receiver Swap, T + 55

② Payer Swap, T + 55

③ Receiver Swap, T + 52

④ Payer Swap, T + 52

24 미 달러화 이자율스왑에서 스왑금리의 일반적인 관계가 바르게 된 것은?
★★★ ① Swap Offer Rate = 미 재무부 채권 Bid 수익률 + Swap Offer Spread

② Swap Offer Rate = 미 재무부 채권 Offer 수익률 + Swap Offer Spread

③ Swap Bid Rate = 미 재무부 채권 Bid 수익률 + Swap Bid Spread

④ Swap Bid Rate = 미 재무부 채권 Offer 수익률 + Swap Offer Spread

25 스왑 스프레드(Swap Spread)란?
★★★
① 스왑금리에서 국채 수익률을 뺀 것
② 스왑금리의 Offer Rate와 Bid Rate의 차이
③ 국채 수익률에서 스왑금리를 뺀 것
④ 고정금리와 변동금리와의 차이

26 스왑 스프레드(Swap Spread)의 변동요인에 관한 설명으로 옳은 것은?
★★★
① 유로시장에서 신용위험이 증가하면 Swap Spread가 축소된다.
② 장래 금리상승이 예상될 때는 Swap Spread가 축소되는 경향이 있다.
③ 미국 재무부 채권금리가 높은 상태에 있을 때에는 Swap Spread가 확대된다.
④ 스왑딜러의 고정금리 지급 스왑포지션이 많은 경우 딜러들이 헤지를 해야 하므로 Swap Spread가 축소될 수밖에 없다.

정답 및 해설

21 ③ 고정금리 수취스왑을 할 때는 딜러의 Bid Rate가 적용된다. 따라서 Bid Rate(5.15%)가 가장 높은 스왑딜러와 거래하는 것이 A기업에 유리하다. 동일한 Bid Rate라도 이자계산 기준에 따라 다르게 계산된다. 즉, 1년에 2번 이자를 지급하는(연2회 복리) 금리(s.a.)가 1번 지급(연복리)하는 금리(Annual)보다 유리하고, 연간 경과일수를 365일로 계산하는 「act / 360(MMB ; Money Market Basis)」 방식이 연간 경과일수를 360일로 계산하는 「30 / 360」보다 유리하다.

22 ① K기업은 딜러로부터 고정금리를 수취하는 스왑을 하므로 딜러입장에서는 지불하는 고정금리인 Bid Rate가 적용된다. 정상적인 거래이면 고시된 현재의 Bid Rate인 3.88%에 스왑거래가 가능하겠지만, K기업이 Up-front Fee(선불수수료)를 받는 것을 감안한다면 정상적인 Bid Rate(3.88%)보다는 낮아져야 합리적이다.

23 ② 고객인 A기업 입장에서 금리상승 리스크를 헤지하기 위해서는 스왑딜러에게 고정금리를 지급하고 변동금리를 수취하는 스왑, 즉 Payer Swap이 필요하다. 이 경우에는 딜러가 고정금리를 수취하는 입장이므로, 받고자 하는 고정금리인 Offer Rate(T + 55)가 적용된다.

24 ① 통상 채권가격의 Bid 가격이 Offer 가격보다 적으므로 수익률은 반대로 Bid 수익률이 Offer 수익률보다 크다. 따라서 스왑의 Offer Rate에는 채권의 Bid 수익률을, 스왑의 Bid Rate에는 채권의 Offer 수익률을 사용한다. 즉 Swap Offer Rate는 Swap Bid Rate보다 커야 하므로 수익률이 큰 것끼리 더해지고, Swap Bid Rate는 Swap Offer Rate보다 작아야 하므로 수익률이 작은 것끼리 더해진다.

25 ① [스왑금리 = 재무부 채권 수익률 + 스왑 Spread] → [스왑 Spread = 스왑금리 − 재무부 채권 수익률], 즉 스왑 스프레드는 미 재무부 채권 수익률과 스왑금리의 차이로서 「본드 − 스왑 스프레드」라고도 한다.

26 ④ 스왑딜러의 고정금리 지급 스왑포지션이 많은 경우에는 딜러들이 헤지를 위해 고정금리 수취 스왑(Receiver Swap)을 해야 하므로 Swap Spread가 축소될 수밖에 없다.
① 유로시장에서 신용위험이 증가하면 TED Spread가 확대되므로 Swap Spread가 확대된다.
② 장래 금리상승이 예상될 때는 고정금리 지급 스왑(Payer Swap)이 증가하므로 Swap Spread가 확대되는 경향이 있다.
③ 미국 재무부 채권금리가 높은 상태에 있을 때에는 향후 금리하락 가능성이 커지므로 고정금리 수취 스왑(Receiver Swap)이 증가하게 되어 Swap Spread가 축소된다.

[27~28] G사는 해외에서 미 달러화로 자금을 조달하고자 하는데 다음과 같은 2개 방안이 있다. 고정금리로 차입(1안)을 원하는 G사가 유리한 차입조건을 달성하기 위해 2안을 선택한 후 스왑딜러와 스왑거래를 한다고 가정하자.

1안	이자율 4.25%의 고정금리채권 발행	Swap Rate
2안	[Libor + 0.50%]로 차입	3.50 / 3.45

27 G사의 스왑포지션은 무엇이며, 이때 G사에게 적용되는 스왑금리는?
★★★
① Payer Swap, Bid Rate

② Receiver Swap, Offer Rate

③ Payer Swap, Offer Rate

④ Receiver Swap, Bid Rate

28 이자율스왑 거래 후 G사의 차입금리 및 금리이익(비용절감)은?
★★★
① 차입금리(3.50%), 금리절감(0.75%)

② 차입금리(4.00%), 금리절감(0.25%)

③ 차입금리(4.00%), 금리절감(0.35%)

④ 차입금리(4.50%), 금리절감(0.25%)

[29~31] A기업과 B기업의 미 달러화 차입시장 여건(차입금리)이 다음과 같다. A사는 변동금리 차입을 선호하고, B사는 고정금리로 차입할 것을 선호하고 있다. 두 기업이 자신의 비교우위를 이용하여 차입한 후 스왑딜러와 각각 이자율스왑 거래를 한다고 가정하자.

구 분	고정금리 차입시장	변동금리 차입시장	Swap Rate
A기업	3.50%	Libor	3.75 / 3.70
B기업	4.50%	Libor + 0.50%	

29 고정금리시장과 변동금리시장에서 각각 차입상의 비교우위가 있는 기업은?
★★★

	고정금리시장	변동금리시장
①	A	A
②	A	B
③	B	A
④	B	B

30 차입상의 비교우위를 이용하여 차입한 후, 딜러와 이자율스왑 거래를 하는 경우 A기업과 B기업의
★★★ 이자율스왑 포지션은 각각 어떻게 되는가?

① A기업(Receiver Swap), B기업(Payer Swap)

② A기업(Payer Swap), B기업(Receiver Swap)

③ A기업(Payer Swap), B기업(Payer Swap)

④ A기업(Receiver Swap), B기업(Receiver Swap)

---

27 ③ G사는 변동금리로 차입(2안을 선택)한 후, 스왑딜러와 고정금리를 지불하고 변동금리를 수취하는 Payer Swap
거래를 하여야 G사가 원하는 고정금리로 차입한 효과를 보인다. 이때 스왑금리는 스왑딜러 입장에서 고정금리
를 수취하는 것이므로 Offer Rate(Receive Rate)인 3.50%가 적용된다.

28 ② 이자율스왑 거래 후 차입금리가 4%이므로, 그냥 고정금리로 차입했을 때(1안)의 차입금리(4.25%)보다 0.25%
절감(이익)했다.

29 ② A기업은 B기업보다 신용도가 높아 양 시장에서의 차입금리가 모두 B기업보다 낮은 절대우위에 있다. A는 변동
금리 차입시장에서는 B보다 0.5%포인트 낮게 차입하는 반면, 고정금리 차입시장에서는 B보다 1%포인트 낮게
차입하므로 상대적으로 A기업은 고정금리 차입시장에서 비교우위에 있다. 반면에, B는 고정금리 차입시장에서
는 A보다 1%포인트나 높게 차입하는 반면, 변동금리 차입시장에서는 A보다 0.5%포인트만 높게 차입하므로
상대적으로 B기업은 변동금리 차입시장에서 비교우위에 있다. 쉽게 말하면, A기업은 변동금리보다 고정금리
차입시장에서 더 우대를 받는다는 것이고, B기업은 모든 시장에서 절대적으로는 A에 밀리지만 고정금리보다
변동금리 차입시장에서 좀 더 대우를 받는다는 것이다.

30 ① A기업은 고정금리에 비교우위가 있으므로 고정금리(3.50%)로 차입한 후에 스왑딜러와 고정금리를 받고 변동
금리를 지급하는 Receiver 이자율스왑을 해야 처음에 원하는 것보다 더 유리한 조건으로 변동금리 차입을 하게
된다. B기업은 변동금리에 비교우위가 있으므로 변동금리(L + 0.50%)로 차입한 후에 스왑딜러와 변동금리를
받고 고정금리를 지급하는 Payer 이자율스왑을 해야 처음에 원하는 것보다 더 유리한 조건으로 고정금리 차입
을 하게 된다.

31 A기업과 B기업의 이자율스왑 거래 후 순차입금리 및 금리이익(비용절감)은?

★★★

	A기업		B기업	
	순차입금리	금리이익	순차입금리	금리이익
①	Libor − 0.20%	0.20%	4.25%	0.25%
②	4.25%	0.25%	Libor − 0.20%	0.20%
③	Libor − 0.25%	0.25%	4.20%	0.20%
④	4.20%	0.20%	Libor − 0.25%	0.25%

[32~33] 현재 G사와 K사는 자금을 차입하려고 하는데 자금시장에서 요구되는 금리가 다음과 같다.

구 분	고정금리 조달	변동금리 조달
G사	4 %	Libor
K사	6 %	Libor + 1%

32 고정금리시장과 변동금리시장에서 각각 비교우위에 있는 기업은?

★★★

	고정금리시장	변동금리시장
①	G	G
②	G	K
③	K	G
④	K	K

33 두 기업이 비교우위에 있는 시장에서 각자 자금을 조달한 후, 서로 4.5%와 Libor를 교환하는 이자
★★★ 율스왑을 한다면 G사와 K사의 금리이익(비용절감)은?

	G사	K사
①	1% Point 절약	불 변
②	불 변	1% Point 절약
③	불 변	불 변
④	0.5% point 절약	0.5% Point 절약

34 현재 X사와 Y사는 자금을 차입하려고 하는데 자금시장에서 요구되는 금리가 다음과 같다. X사는
★★★ 변동금리 차입을 원하고 Y사는 고정금리 차입을 원하고 있으나, 각각 비교우위가 있는 방식으로
자금을 조달하고 이자율스왑을 할 경우에 두 회사가 절약하게 될 금리는 총 얼마가 되는가?

구 분	고정금리 조달	변동금리 조달
X사	6.5%	Libor + 1.0%
Y사	8.0%	Libor + 1.5%

① 0.25% ② 0.5%

③ 0.75% ④ 1.0%

정답 및 해설

31 ①

〈비교우위에 의한 스왑의 이익 분석〉

구 분	A의 거래 종합	B의 거래 종합
비교우위 차입금리	−3.50%	−(Libor + 0.50%)
스왑에서 지급금리	−Libor	−3.75%
스왑에서 수취금리	+3.70%	+Libor
순차입금리	−3.50% − Libor + 3.70% = −(L − 0.20%)	−(L + 0.50%) − 3.75% + L = −4.25%
금리이익 (비용절감)	0.20%(vs Libor)	0.25%(vs 4.50%)

32 ② 두 차입시장 모두에서 G는 절대우위에 있다. 즉 G의 신용도가 절대적으로 우수하다. 하지만 G는 고정금리시장
에서 B보다 2%포인트 낮게 차입하고, K는 변동금리시장에서 G보다 1%포인트만 높게 차입한다. 따라서 G는
고정금리시장, K는 변동금리시장에서 각각 비교우위가 있다.

33 ④

〈비교우위에 의한 스왑의 이익 분석〉

구 분	G의 거래 종합	K의 거래 종합
비교우위 차입금리	−4%	−(Libor + 1%)
스왑에서 지급금리	−Libor	−4.5%
스왑에서 수취금리	+4.5%	+Libor
순차입금리	−4% − Libor + 4.5% = −(L − 0.5%)	−(L + 1%) − 4.5% + L = −5.5%
금리이익(비용절감)	0.5%(vs Libor)	0.5%(vs 6%)

34 ④ 두 회사가 절약하게 되는 총 금리이익 = [고정금리 차이(= 8.0% − 6.5%) − 변동금리 차이(= L + 1.5% −
(L + 1.0%)] = [1.5% − 0.5%] = 1%가 된다. 따라서 1%의 이익을 스왑거래 당사자들이 나누어 갖게 되는데,
이 경우 각자의 이익은 스왑금리가 어떻게 결정되느냐에 따라 달라진다.

35 K사의 현재 차입금리는 Libor + 30bp이며 스왑딜러가 제시하고 있는 스왑금리는 3.29 / 3.26이
★★★ 다. K사는 향후 금리상승이 예상되어 이자율스왑 거래를 하고자 한다. 이때 K사에 필요한 이자율
스왑 포지션과 이자율스왑 거래 후의 차입금리는?

① Payer 이자율스왑, 3.59%
② Receiver 이자율스왑, 3.56%
③ Payer 이자율스왑, 3.56%
④ Receiver 이자율스왑, 3.59%

36 A사의 현재 차입금리는 고정금리 4%이다. A사의 금리리스크는 무엇이며, 이자율스왑을 통해 헤지
★★★ 하고자 할 때 필요한 스왑포지션은?

① 금리상승 리스크, 고정금리 수취(Receiver) 이자율스왑
② 금리하락 리스크, 고정금리 수취(Receiver) 이자율스왑
③ 금리상승 리스크, 고정금리 지급(Payer) 이자율스왑
④ 금리하락 리스크, 고정금리 지급(Payer) 이자율스왑

37 G기업은 US$ Libor + 1.5%의 변동금리채를 발행하고 이자율스왑을 통해 지급이자를 고정하려고
★★★ 한다. 현재 스왑딜러가 US$ Libor 금리에 대해 제시하고 있는 스왑금리가 5.50% / 5.45%라고
할 때 G기업이 최종적으로 부담해야 하는 고정금리는?

① 5.45%   ② 5.50%
③ 6.95%   ④ 7.00%

38 다음 중 Payer 이자율스왑의 이용 목적과 거리가 먼 것은?
★★★ ① 현재 포지션의 금리상승 위험을 회피하기 위해
② 고정금리 수입을 변동금리 수입으로 바꾸기 위해
③ 변동금리부채를 고정금리부채로 바꾸기 위해
④ 금리하락 시 이익을 얻기 위해

39 표면금리 6%의 고정금리채권을 발행하여 자금을 조달한 A기업이 금리하락을 예상하고 있다. A기
★★★ 업이 Libor와 5%를 교환하는 이자율스왑을 체결하여 금리구조를 바꾼다면, A기업의 스왑포지션은
무엇이며 스왑거래 후의 조달금리는 어떻게 되는가?

① 고정금리 수취(Receiver) 이자율스왑, Libor − 1%
② 고정금리 수취(Receiver) 이자율스왑, Libor + 1%
③ 고정금리 지급(Payer) 이자율스왑, 5%
④ 고정금리 수취(Receiver) 이자율스왑, 6%

정답 및 해설

35 ① K사의 현재 차입금리는 변동금리(Libor + 0.30%)이다. 따라서 금리상승 리스크에 노출되어 있다. 금리상승
리스크를 관리하기 위해서는 차입금리를 변동금리에서 고정금리로 전환해야 한다. 따라서 스왑딜러에게 고정
금리를 지급하고 변동금리를 수취하는 Payer 이자율스왑 거래가 필요하다. 이때 스왑금리는 스왑딜러 입장에
서 고정금리를 받는 것이므로 Offer Rate인 3.29%가 적용된다. 이상의 거래를 그림으로 나타내면 다음과 같
다. 참고로, 1bp(Basis Point) = 0.01%

변동금리 차입과 고정금리 지급(Payer) 스왑	변동금리 부채	← Libor + 0.30%	K사	← 3.29% / Libor →	스왑 딜러
현재 차입금리	**스왑에서 지급금리**		**스왑에서 수취금리**	**순차입금리**	
−(Libor + 0.30%)	−3.29%		+Libor	−3.59%	

36 ② A사는 고정금리 차입상태이므로 이자율이 하락하면 기회손실이 발생한다(금리하락 리스크). 따라서 고정금리
를 받고 변동금리를 지급하는 고정금리 수취(Receiver) 이자율스왑 포지션이 필요하다.

37 ④ G기업은 변동금리(Libor)를 수취하고 고정금리(5.50%)를 지급하는 Payer 이자율스왑 거래가 필요하다. 시장
조성자가 아닌 시장 Follower의 입장에서 스왑딜러에게 지급해야 할 고정금리는 5.50%가 적용되고, 여기에
스프레드 1.5%를 더하면, 7.00%를 최종적으로 지급해야 한다.

변동금리 차입과 고정금리 지급(Payer) 스왑	변동금리 부채	← Libor + 1.5%	K사	← 5.50% / Libor →	스왑 딜러
현재 차입금리	**스왑에서 지급금리**		**스왑에서 수취금리**	**순차입금리**	
−(Libor + 1.5%)	−5.50%		+Libor	−7.00%	

38 ④ 금리하락에 따른 이익 추구 수단이 되기 위해서는 금리하락 시 유리한 스왑, 즉 Receiver 이자율스왑(Short
Swap)이 필요하다.

39 ② 금리하락 위험을 회피하기 위해서는 고정금리를 수취하고 변동금리를 지불하는 스왑이 필요하다. 즉, 고정금리
부채를 변동금리부채로 바꾸기 위해서는 고정금리 수취(Receiver) 이자율스왑을 해야 한다.

고정금리 차입과 고정금리 수취(Receiver)스왑	고정금리 부채	← 6%	A	← 5% / Libor →	스왑 딜러
현재 차입금리	**스왑에서 지급금리**		**스왑에서 수취금리**	**순차입금리**	
−6%	−Libor		+5%	−(Libor + 1%)	

40 투자자 A는 B은행으로부터 Libor + 100bp로 자금을 조달하여 유로채권(쿠폰 4%)을 매입하였다.
★★★ 그런데 투자자 A는 금리변동 위험을 헤지하기 위해 스왑딜러와 고정금리 4% 지급, 변동금리 Libor
+ 2% 수취조건의 이자율스왑 거래를 체결하였다. 이 경우 투자자가 예상하는 향후 금리전망은
무엇이며, 스왑거래 후 투자자의 확정 Spread는 얼마가 되는가?

① 금리하락, 100bp
② 금리하락, 200bp
③ 금리상승, 100bp
④ 금리상승, 200bp

41 A은행은 유로시장에서 Libor + 30bp로 자금을 조달하여 우대금리 – 30bp로 대출하고 있다. 만약
★★★ 금리변동 리스크를 헤지하기 위하여 스왑은행과 Libor 수취, 우대금리 – 80bp를 지급하는 이자율
스왑 거래를 한다면 A은행의 Net Margin은 얼마인가?

① 5bp
② 10bp
③ 15bp
④ 20bp

42 유로달러 선물 3년 Strip 거래의 평균금리가 3.5%이고, 현재 스왑시장에서 3년 스왑금리가 3.0%
★★★ / 2.95%로 고시되고 있다면 어떤 차익거래가 가능한가?

① 차익거래 기회가 존재하지 않는다.
② 유로달러 선물 매수 + Receiver 스왑
③ 유로달러 선물 매수 + Payer 스왑
④ 유로달러 선물 매도 + Receiver 스왑

43 다음과 같이 순할인채 수익률이 주어졌을 경우, 3개월 후에 시작하여 만기가 3개월인 내재선도금
★★★ 리를 계산하면?

기 간	순할인채 수익률
3개월	4.00%
6개월	4.40%

① 4.00%
② 4.40%
③ 4.75%
④ 4.95%

44 달러 고정금리 지급 스왑을 거래한 금융기관이 스왑포지션의 리스크를 관리하기 위한 헤지 수단으
★★★ 로 적절한 방안은?

① 유로달러 선물을 매도한다.
② 유로달러 선물을 매입한다.
③ 고정금리 채권을 발행한다.
④ 미 국채 선물을 매도한다.

40 ③ 투자자 A는 변동금리(Libor + 1%)로 자금을 조달하여 고정금리채권(4%)에 투자하고 있으므로 만약 유로달러 금리(Libor)가 상승할 경우 조달비용 증가로 손실을 감수해야 한다. 따라서 투자자 A는 이러한 금리상승 위험을 헤지하기 위해서 스왑딜러와 Payer 이자율스왑, 즉 딜러에게 고정금리를 지급(4%)하고 변동금리(Libor + 2%)를 수취하는 스왑을 한다. 이 거래를 통해 투자자 A는 금리변동과 관계없이 100bp(= 1%)의 스프레드가 확정된다. 즉 투자자 A는 고정금리 채권을 매입하고 자산스왑을 함으로써 Libor + 2%의 FRN(Floating Rate Note, 변동금리채권)을 매입한 것과 동일한 경제적 효과를 얻는데, 이러한 상품을 합성 FRN이라 부른다.

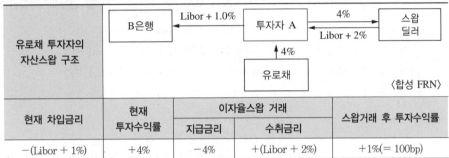

유로채 투자자의 자산스왑 구조				
현재 차입금리	**현재 투자수익률**	**이자율스왑 거래**		**스왑거래 후 투자수익률**
		지급금리	수취금리	
-(Libor + 1%)	+4%	-4%	+(Libor + 2%)	+1%(= 100bp)

41 ④ A은행의 거래를 종합해 보면 다음과 같다. 스왑 관련한 문제를 풀 때에는 자금이 들어오고 나가는 방향을 그림으로 표시해 보는 것이 좋다.

현재 차입금리	현재 대출수익률	**이자율스왑 거래**		스왑거래 후 투자수익률
		지급금리	수취금리	
-(Libor + 0.3%)	우대금리 - 0.3%	-(우대금리 - 0.8%)	+Libor	+0.2%(= 20bp)

42 ③ 이론적으로 유로달러 선물의 3년 Strip 금리와 3년 스왑금리는 같아야 한다. 그런데 괴리가 생기므로 상대적으로 고평가된 높은 금리는 수취하고 저평가된 낮은 금리로 지급하는 거래를 하면 차익을 볼 수 있다. 유로달러 선물을 이용한 금리(3.5%)가 스왑금리(3.0% / 2.95%)보다 높으므로, 금리가 싼 스왑시장에서 3.0%를 지급(고정금리를 지급하는 입장에서는 매도율인 3.0% 적용)하고 유로달러 선물거래로 3.5%의 고정금리를 수취하면 된다. 고정금리를 확정시켜 수취하는 효과는 유로달러 선물을 매수하는 것이다.

43 ③ 선도금리는 현물금리와 대비되는 금리로서, 미래의 특정시점에서 시작하여 일정기간 동안에 적용되는 수익률을 의미한다. 내재선도금리란 현재 시장에서 거래되는 순할인채 수익률을 이용해 이론적으로 계산한 선도금리이다.

$$\left(1 + 0.04 \times \frac{90}{360}\right)\left(1 + r \times \frac{90}{360}\right) = \left(1 + 0.044 \times \frac{180}{360}\right), \quad \therefore \ r(\text{내재선도금리}) \fallingdotseq 4.75\%$$

44 ② 고정금리 지급 스왑포지션은 고정금리 채권의 매도포지션과 동일한 리스크, 즉 금리하락시(채권가격 상승시) 손실이 발생하는 포지션이다. 따라서 금리하락에 대비하기 위해서는 동일만기의 채권 현물이나 선물을 매수하거나, 유로달러 선물(스트립) 매수를 해야 한다.

45 미 국채시장을 이용하여 Receiver 이자율스왑 포지션을 헤지하고자 할 경우에 적절한 거래는?
★★★
① 재무부 채권 매수 + Repo(T-bill 매도) + TED Spread 매도
② 재무부 채권 매수 + Reverse-repo(T-bill 매수) + TED Spread 매도
③ 재무부 채권 매도 + Reverser-repo(T-bill 매수) + TED Spread 매수
④ 재무부 채권 매도 + Repo(T-bill 매도) + TED Spread 매수

46 미 국채시장을 이용하여 Payer 이자율스왑 포지션을 헤지하고자 할 경우에 적절한 거래는?
★★★
① 재무부 채권 매수 + Repo(T-bill 매도) + TED Spread 매도
② 재무부 채권 매수 + Reverse-repo(T-bill 매수) + TED Spread 매도
③ 재무부 채권 매도 + Reverse-repo(T-bill 매수) + TED Spread 매수
④ 재무부 채권 매도 + Repo(T-bill 매도) + TED Spread 매수

47 현재 시장에서 3년 만기 미 달러 스왑금리가 T + 45 / 40으로 고시되고 있다. A은행은 고객에게
★★★ 고정금리를 지급하는 스왑을 T + 40bp에 체결하였다. 동시에 이 스왑포지션을 헤지하기 위하여
Repo 시장에서 자금을 조달하고 Treasury를 매입하였다. A은행 스왑포지션의 리스크는?

① 금리하락 리스크는 모두 헤지되었다.
② 금리상승 리스크는 모두 헤지되었다.
③ 스왑스프레드 축소 리스크가 남아있으므로 TED Spread 매도 거래를 추가해야 한다.
④ 스왑스프레드 확대 리스크가 남아있으므로 TED Spread 매수 거래를 추가해야 한다.

48 다음 중 표준형 스왑(Generic Swap)의 표준적인 계약조건으로 보기 어려운 것은?
★★★
① 스왑금리(고정금리) 조건은 스왑 만기까지 동일하게 적용된다.
② 변동금리는 런던시장의 3개월 혹은 6개월 Libor로 하고, 가산금리는 붙지 않으며, 변동금리 결정
과 지급은 모두 이자계산 종료일을 기준으로 한다.
③ 스왑계약의 원금명목원금은 계약기간 내에 증감 없이 일정하다.
④ 스왑계약의 효력은 Spot Date(거래 2영업일 후)부터 발생하며, 만기일에 종료된다.

49 베이시스 스왑(Basis Swap)이란?

★★★ ① 변동금리와 고정금리 채무 간의 교환이다.

② Plain Vanilla Swap을 말한다.

③ 선물시장에서의 Basis를 이용한 스왑거래이다.

④ 변동금리 채무 간의 교환이다.

45 ③ Receiver 이자율스왑 포지션을 헤지하기 위해서는 고정금리를 지급하고 변동금리를 수취하는 Payer 이자율스왑의 현금흐름을 만들어 내야 한다. 따라서 [재무부 채권 매도 + Reverse-repo(T-bill 운용)]을 하면 된다. 그렇지만 현재 포지션에서 지급하는 변동금리는 Libor이고 헤지 포지션에서 수취하는 변동금리는 T-bill이므로, TED 스프레드(= Eurodollar-treasury)가 확대될 것에 대비한 TED Spread 선물 매수가 추가로 필요하다. TED Spread 매수는 지급하는 Libor금리와 수취하는 T-bill금리 간 스프레드를 확정하는 거래이다.

Reverse-repo	채권 매수 후 약정기간 경과 시 재매도하는 거래 → Receiver 이자율스왑을 헤지하기 위해 재무부 채권을 매도하게 되는데, 매도할 재무부 채권은 Reverse-repo를 통해 채권을 빌려오고, 채권 매도자금은 T-bill금리에 운용하는 효과 발생(재무부 채권 Reverse-repo 운용이익)
Repo	채권 매도 후 나중에 재매입하기로 약정하는 거래

46 ① Payer 이자율스왑 포지션을 헤지하기 위해서는 고정금리를 수취하고 변동금리를 지급하는 Receiver 이자율스왑의 현금흐름을 만들어 내야 한다. 따라서 [재무부 채권 매수 + Repo(T-bill 차입)]을 하면 된다. 그렇지만 현재 포지션에서 수취하는 변동금리는 Libor이고 헤지 포지션에서 지급하는 변동금리는 T-bill이므로, TED 스프레드(= Eurodollar-treasury)가 축소될 것에 대비한 TED Spread 선물 매도가 추가로 필요하다. TED Spread 매도는 수취하는 Libor금리와 지급하는 T-bill금리 간 스프레드를 확정하는 거래이다.

47 ③ A은행은 고객에게 고정금리를 지급하고 변동금리(3-month Libor)를 수취하는 Payer 이자율스왑 포지션을 취하고 있으므로, 헤지를 위해서는 고정금리를 수취하고 변동금리를 지급하는 Receiver 이자율스왑의 현금흐름을 만들어 내야 한다. 따라서 [재무부 채권 매수 + Repo(T-bill 차입)]을 하면 된다. 그렇지만 현재 포지션에서 수취하는 변동금리는 3개월 Libor금리이고 헤지 포지션에서 지급하는 변동금리는 3개월 T-bill금리이므로, [3개월 Libor − 3개월 T-bill금리] 간 스프레드(TED 스프레드) 축소 위험이 있다. 따라서 이를 보완하려면 TED Spread 매도 거래를 추가해야 한다.

48 ② 변동금리는 3개월 혹은 6개월 Libor로 하고, 가산금리는 붙지 않으며, 변동금리 결정은 이자계산 시작일에 결정되나 지급은 이자계산 종료일에 지급한다.

49 ④ 고정금리와 변동금리 채무 간의 교환을 쿠폰스왑(Coupon Swap)이라 하는데, 이 쿠폰스왑이 표준형 스왑(Generic Swap 또는 Plain Vanilla Swap)이다. 베이시스 스왑이란 변동금리와 변동금리를 서로 교환하는 거래이다. 선물시장에서의 Basis를 이용한 거래는 현물과 선물의 가격 차이를 활용하는 거래이다.

50 이자율 스왑과 유사하나 고정금리 지급이 매번 이루어지는 것이 아니라 만기에 일시에 지급되는
★★★ 스왑은?

① 베이시스 스왑　　　　　　　　　　② 쿠폰 스왑

③ Zero-coupon 스왑　　　　　　　　④ 스왑션(Swaption)

51 분할상환 조건의 자금을 차입한 기업이 자금차입과 연계하여 사용하기에 적절한 스왑은?
★★☆ ① Accreting Swap　　　　　　　　② Amortizing Swap

③ Rollercoaster Swap　　　　　　　④ Callable Swap

52 프로젝트 파이낸싱(Project Financing)에서 미상환차입금과 스왑의 명목원금을 대응시키기에 적
★★★ 절한 스왑은?

① Accreting Swap　　　　　　　　② Amortizing Swap

③ Rollercoaster Swap　　　　　　　④ Callable Swap

53 A기업은 US$10,000,000을 3개월 Libor + 1.5%의 변동금리 조건으로 3년간 차입하였다. 금리상
★★★ 승 리스크를 헤지하기 위해 고정금리를 지급(변동금리 수취)하는 Payer 이자율스왑 거래를 하고자
한다. 그러나 초기의 고정금리 지급 부담을 줄이기 위해 변형된 스왑구조를 이용하려고 한다. 다음
중 A기업에게 가장 적절한 스왑은?

① Step-up Swap　　　　　　　　② Step-down Swap

③ Accreting Swap　　　　　　　　④ Amortizing Swap

54 변동금리를 지급(고정금리 수취)하는 스왑거래가 필요한 기업이 향후 변동금리가 지속적으로 하락
★★★ 할 것으로 예상하고 있다. 이 경우 지급하는 변동금리 이자금액을 줄이고자 할 때 이용하기 가장
적절한 스왑은?

① Step-down Swap
② Forward Start Swap
③ Amortizing Swap
④ Libor In-arrear Swap

55 ⊙, ⓒ에 알맞은 말은?
★★★

- (⊙)스왑은 고정금리와 교환되는 변동금리 지표가 향후 시장에 따라 변하는 특정 만기의 이자
율스왑 금리이다.
- (ⓒ)스왑은 스왑금리 대신에 일정만기의 국채 금리를 변동금리 지표로 사용하는 스왑이다.

① ⊙ (CMS), ⓒ (CMT)
② ⊙ (CMT), ⓒ (CMS)
③ ⊙ (CMS), ⓒ (OIS)
④ ⊙ (CMT), ⓒ (OIS)

정답 및 해설

50 ③ 표준형 스왑은 일정한 주기마다 이자교환이 이루어지나, Zero-coupon 스왑은 고정금리 지급이 만기에 일시에
이뤄지는 비표준형 스왑이다.

51 ② 스왑계약 시 원금을 항상 일정하게 정하지 않고 점차증가(Accreting Swap), 점차감소(Amortizing Swap) 또
는 증가와 감소가 복합되어 있는 형태(Roller-coaster Swap)로 계약할 수 있다. 따라서 원금분할상환대출의
경우 금리위험에 노출되는 금액이 점차로 줄어들게 되므로 스왑계약의 원금이 줄어들도록 하는 Amortizing
Swap이 적절하다.

52 ③ Rollercoaster Swap은 스왑기간이 경과함에 따라 명목원금이 증가하기도 하고 감소하기도 하는 것으로, 특정
프로젝트를 위한 자본조달을 위해 처음에는 차입액을 늘려 나가다가 단계적으로 차입금을 상환해 나가는 프로
젝트 파이낸싱에 활용하기 적합하다.

53 ① 초기의 고정금리 이자지급 부담을 줄이기 위해서는, 초기에는 표준스왑의 고정금리보다 낮은 스왑금리를 적용
하다가 나중에 높이는 구조인 Step-up Swap이 적절하다.

54 ④ 변동금리를 지급(고정금리 수취)하는 스왑거래가 필요한 기업이 향후 변동금리가 지속적으로 하락할 것으로 예
상한다면, 표준형 스왑(변동금리가 미리 결정)보다 Libor In-arrear 스왑에서 결정되는 변동금리가 더 낮고,
지급하는 이자금액을 줄일 수 있다. Libor In-arrear 스왑을 In-arrear Reset 스왑이라고도 한다.

55 ① ⊙ (CMS), ⓒ (CMT)

56 2 × 5 Puttable 스왑에 관한 설명으로 옳은 것은?
★★★

① 고정금리 지급자가 2년 후 취소 가능한 3년짜리 스왑이다.

② 스왑거래 체결 후 금리가 상승하면 고정금리 수취자는 2년 후 스왑거래의 조기 청산으로 손실폭을 줄일 수 있다.

③ 2 × 5 Puttable 스왑에 적용되는 고정금리는 5년 만기 표준스왑 금리보다 높다.

④ 상대 스왑딜러는 Puttable 스왑 포지션을 헤지하기 위하여 투자자 조기상환권부 채권(Puttable Bond)을 매도해야 한다.

57 A은행은 6% 2 × 3 Payer's Swaption을 매입하였는데, 옵션 만기 2년 시점에서 3년 만기 스왑금
★★★ 리가 7%라고 한다면 다음 설명 중 옳지 않은 것은?

① A은행은 프리미엄을 수취한다.

② A은행은 2년 뒤에 3년짜리 고정금리 지급 스왑을 할 수 있는 권리를 가지게 된다.

③ A은행은 6%의 고정금리를 지급하는 스왑거래를 개시할 것이다.

④ Swaption 권리 행사 후에는 변동금리(Libor)가 행사금리보다 낮아서 순지급액이 발생하는 기간도 있을 수 있다.

58 1 × 5 4.6% Payer's Swaption 가격이 20bp / 30bp로 주어졌다. A은행이 스왑선을 매도하였는
★★★ 데, 1년 뒤에 5년 만기 스왑금리가 4.5%가 되었다면 다음 설명 중 옳은 것은?

① A은행은 4.6%의 고정금리를 지급하는 스왑거래를 개시할 것이다.

② 거래상대방은 4.6%의 고정금리를 지급하는 스왑거래를 개시할 것이다.

③ OTM(외가격) 옵션이므로 A은행은 20bp의 프리미엄 이익만 발생한다.

④ A은행은 4.6%와 4.5%의 차이인 10bp의 이익이 발생한다.

59 2 × 3 4.7% Receiver's Swaption 가격이 10bp / 20bp로 주어졌다. A은행이 스왑선을 매도하였
★★★ 는데, 2년 만기 시점에서 3년짜리 스왑금리가 4.5%가 되었다면 다음 설명 중 옳은 것은?

① A은행은 4.7%의 고정금리를 수취하는 스왑거래를 개시할 것이다.

② 거래상대방은 4.7%의 고정금리를 수취하는 스왑거래를 개시할 것이다.

③ OTM(외가격) 옵션이므로 A은행은 10bp의 프리미엄 이익만 발생한다.

④ A은행은 4.7%와 4.5%의 차이인 20bp의 이익이 발생한다.

60 다음 중 Payer's Swaption과 비슷한 계약은?

★★★
① Inverse Floater　　　　　　② Interest Rate Cap

③ CDS　　　　　　　　　　　④ Interest Rate Floor

56 ② 2 × 5 Puttable 스왑은 2년 후 고정금리 수취자가 취소 가능한 5년짜리 스왑이다. 스왑거래를 체결한 후 금리가 상승하면 고정금리 수취자 입장에서 손실이 발생할 수 있지만, 2년 후 스왑거래의 조기 청산으로 손실폭을 줄일 수 있다. 2 × 5 Puttable 스왑에 적용되는 고정금리는 5년 만기 표준스왑 금리보다 낮다. 왜냐하면 상대 스왑딜러는 Puttable 스왑 포지션을 헤지하기 위하여 투자자 조기상환권부 채권(Puttable bond, 시장금리가 상승할 경우 투자자가 기존 채권의 조기상환을 요구할 수 있는 채권)을 매입해야 하는데, 그 수익률은 동일 만기의 일반채권보다 낮기 때문이다.

57 ① 스왑션은 스왑에 대한 옵션거래이다. 따라서 A은행은 Swaption을 매입하였기 때문에 스왑션을 매도한 거래상대방에게 프리미엄을 지불한다. A은행은 2년 뒤에 3년짜리 고정금리(6%) 지급 스왑을 할 수 있는 권리를 가지게 되는데, 옵션 만기 2년 시점에서 3년 만기 스왑금리가 7%이므로 A은행은 6%의 고정금리를 지급하는 스왑거래를 개시할 것이다. 하지만 Swaption 권리 행사 후에는 변동금리(Libor)가 행사금리(6%)보다 낮아서 순지급액이 발생하는 기간도 있을 수 있다.

58 ③ 스왑션(Swaption)의 만기행사 권한은 스왑션을 매수한 거래상대방이 가지고 있으며, 거래상대방은 OTM옵션이므로 권리를 행사하지 않을 것이다. 즉, 4.6% Payer's Swaption은 스왑션을 매수한 자가 4.6%의 고정금리를 지급하는 스왑계약을 요구할 수 있는데, 스왑금리가 4.5%가 되었다면 권리를 포기할 것이다. 따라서 스왑션 매도자인 A은행은 스왑션 매도시 수취한 프리미엄 20bp의 이익이 발생하고 스왑션은 종료된다.

59 ② 스왑션(Swaption)의 만기행사 권한은 스왑션을 매수한 거래상대방이 가지고 있으며, 거래상대방은 ITM(내가격) 옵션이므로 권리를 행사할 것이다. 즉, 4.7% Receiver's Swaption은 스왑션을 매수한 자가 4.7%의 고정금리를 수취하는 스왑계약을 요구할 수 있는데, 스왑금리가 4.5%가 되었다면 권리를 행사할 것이다. 따라서 스왑션 매도자인 A은행은 스왑션 매도시 수취한 프리미엄 10bp를 받은 대신에, 비록 현재 스왑금리는 4.5%이지만 거래상대방에게 4.7%의 고정금리를 지급하는 스왑을 행할 의무가 발생한다.

60 ② Payer's Swaption은 지급 금리를 고정시키는 옵션이기 때문에 금리상한계약(Interest Rate Cap)과 비슷하다. 금리상한계약은 장외시장에서 거래되는 금리에 대한 옵션거래이다. Cap 매수자는 매도자에게 프리미엄을 지불하고, 향후 시장금리가 행사금리(Cap Rate) 이상으로 상승하는 경우 Cap의 매입자가 매도자로부터 그 차액만큼을 지불받기로 하는 옵션계약이다.

61 다음 중 변동금리로 자금을 빌린 차입자가 금리상승 위험을 회피할 수 있는 방법이 아닌 것은?

★★★
① FRA 매도

② 금리선물 매도 포지션

③ 이자율스왑에서 Payer 스왑(고정금리지급, 변동금리수취 포지션)

④ Payer's Swaption 매수

62 CD Range Accrual Note 구조와 마찬가지로 변동금리 지표가 특정구간(Range) 범위 내에 머무를
★★☆ 경우에만 쿠폰을 계산하는데, 변동금리 지표는 외화(US$ Libor)이지만, 쿠폰은 원화로 지급되는
원화채권은?

① Callable Note

② CMS Spread Range Accrual Note

③ US$ Libor Range Accrual Quanto Note

④ Power Spread Note

63 스왑시장에서 장기간 지속된 음(−)의 스왑스프레드의 왜곡현상을 이용한 구조화 채권은?

★★★
① Callable Note

② CMS Spread Range Accrual Note

③ US$ Libor Range Accrual Quanto Note

④ Power Spread Note

64 통화스왑에 관한 설명으로 옳지 않은 것은?

★★★
① 통화스왑은 서로 다른 통화에 대해 각 통화의 원금과 이자를 동시에 교환하는 거래이다.

② 거래 시작 시의 원금교환은 생략할 수도 있지만, 만기 시에는 반드시 거래시점의 원금교환 방향과
반대의 방향으로 원금교환을 하게 된다.

③ 원−달러 통화스왑에서 달러에 대한 이자를 지급하는 포지션은 만기에 원화로 원금을 지불해야
한다.

④ 만기 시 원금교환에 적용되는 환율은 만기시점의 환율과 관계없이 거래초기의 원금교환에 적용했
던 환율, 즉 거래초기의 현물환율을 그대로 사용한다.

65 통화스왑, 외환스왑 및 선물환에 관한 설명으로 옳지 않은 것은?

★★★
① 외환스왑 거래시 환율은 현물환거래에는 현물환율을, 선물환거래에는 해당기간의 선물환율을 적용한다.
② 선물환거래 시 적용하는 선물환율과 외환스왑 시 적용하는 선물환율은 서로 같다.
③ 통화스왑과 외환스왑은 초기와 만기에 두 통화의 원금을 서로 반대방향으로 교환한다는 점과, 만기 시 교환되는 원금에 대해 선물환율이 적용된다는 점에서 같다.
④ 통상 계약기간이 단기(1년 이내)인 경우는 선물환이나 외환스왑으로 거래되고, 장기(1년 이상)인 경우에는 통화스왑의 형태로 거래된다.

66 다음 중 통화스왑의 신용위험 노출금액이 가장 커지는 시점은?

★★★
① 거래시작 시점 직후
② 계약기간의 3분의 1이 지난 시점
③ 계약기간의 3분의 2가 지난 시점
④ 만기시점 직전

정답 및 해설

61 ① FRA 매수를 해야 금리상승 시 이익이 발생하므로, 차입(조달)금리 고정효과가 있다.

62 ③ US$ Libor Range Accrual Quanto Note는 Quanto(Quantity Adjusted) Note가 의미하듯이, Range Accrual을 관찰하는 변동금리 지표는 외화(US달러 Libor)이지만 쿠폰은 원화로 지급되는 원화채권이다.

63 ④ Power Spread Note는 스왑시장에서 장기간 지속된 음(−)의 스왑스프레드의 왜곡현상을 이용한 구조이다. 즉, 각각의 수익률곡선에 내재되어 있는 이론적인 단기금리 스프레드의 역전현상[CD금리 < 3개월 국고채금리]을 이용한 것이다.

64 ③ 원−달러 통화스왑에서 달러에 대한 이자를 지급하는 포지션은 만기에도 달러로 원금을 지불해야 한다. 즉 거래초기에 달러를 빌려오고 원화를 빌려준 거래이므로, 빌려온 달러에 대한 이자를 지급하고 빌려준 원화에 대한 이자는 수취한다. 그리고 만기에는 초기의 원금교환과 반대로 빌려온 달러원금을 돌려주고 빌려준 원화원금을 상환받고 통화스왑거래는 마무리된다. 그러므로 통화스왑의 만기원금 교환과 이자교환은 서로 동일한 방향이다. 그러나 초기원금 교환과 이자교환은 반대 방향이다.

65 ③ 통화스왑도 초기와 만기에 두 통화의 원금을 서로 반대방향으로 교환한다는 면에서는 외환스왑과 같으나, 만기 시 교환되는 원금에 대한 적용환율이 다르다는 점이 가장 큰 차이점이다. 즉 외환스왑 거래와 달리 통화스왑 거래의 만기 원금교환은 선물환율이 아니라 현물환율(계약초기의 환율)로 이루어진다. 또한 외환스왑은 계약기간 중 이자교환이 없으나 통화스왑은 주기적으로 이자를 교환한다는 점에서 차이가 있다.

66 ④ 통화스왑은 만기시점에 원금교환이 일어나므로, 만기시점 직전에 환율변동에 따라 가격위험 및 거래상대방에 대한 신용위험이 가장 크게 나타난다.

[67~69] A사와 B사의 차입시장 여건(차입금리)이 다음과 같다. A사는 미달러화 변동금리 차입을 선호하고, B사는 유로화 고정금리로 차입할 것을 선호하고 있다. 두 기업이 자신의 비교우위를 이용하여 차입한 후 스왑뱅크(딜러)와 각각 통화스왑을 했다고 가정하자.(만기는 5년이며 이자교환 주기는 1년 단위)

구 분	유로화 고정금리 차입시장	미달러화 변동금리 차입시장	스왑뱅크의 유로화 고정금리와 미달러화 변동금리(1년 Libor) 간의 통화스왑 금리(호가)
A사	Euro 3.50%	USD Libor	3.75 / 3.70
B사	Euro 4.00%	USD Libor	

67
★★★
유로화 고정금리시장과 미달러화 변동금리시장에서 각각 차입상의 비교우위가 있는 기업은?

	유로화 고정금리 시장	미달러화 변동금리 시장
①	A	A
②	A	B
③	B	A
④	B	B

68
★★★
차입상의 비교우위를 이용하여 차입한 후 스왑뱅크를 통해 통화스왑 거래를 하는 경우, A사와 B사의 현금흐름에 대한 설명으로 옳지 않은 것은?

① 초기원금 교환은 A는 유로화 고정금리(3.50%)로 자금을 조달하고, B는 미달러화 변동금리 (Libor)로 자금을 조달하여 원금을 상호 교환한다.

② 이자 교환은 A는 매년 1년 만기 US$ Libor 변동금리를 스왑뱅크에게 지불하고, 연 3.70%의 유로화 고정금리를 받아서 유로화 고정금리 자금대여자에게 고정금리 3.50%를 지불한다.

③ 이자 교환은 B는 연 3.75%의 유로화 고정금리를 스왑뱅크에게 지불하고, 매년 1년 만기 US$ Libor 변동금리를 받아서 미달러화 변동금리 자금대여자에게 1년 만기 US$ Libor를 지불한다.

④ 만기원금 교환은 A는 유로화 원금을 스왑뱅크를 통해 B에게 지급하고, B는 미달러화 원금을 스왑뱅크를 통해 A에게 지급하며, 양 기업은 돌려받은 원금을 각각의 자금대여자에게 지급함으로써 통화스왑의 모든 현금흐름이 끝난다.

69 A사와 B사의 통화스왑 거래 후 순차입금리 및 금리이익(비용절감)은?

★★★

	A기업		B기업	
	순차입금리	금리이익	순차입금리	금리이익
①	Libor − 0.20%	0.20%	3.75%	0.25%
②	3.75%	0.25%	Libor − 0.20%	0.20%
③	Libor − 0.25%	0.25%	3.75%	0.20%
④	3.75%	0.20%	Libor − 0.25%	0.25%

---

67 ② A는 달러화 변동금리 차입시장에서는 B와 동일한 금리(USD Libor)로 차입하는 반면, 유로화 고정금리 차입시장에서는 B보다 0.5%포인트 낮게 차입하므로 상대적으로 A기업은 유로화 고정금리 차입시장에서 비교우위에 있다. 반면에, B는 유로화 고정금리 차입시장에서는 A보다 0.5%포인트나 높게 차입하는 반면, 미달러화변동금리 차입시장에서는 A와 같은 금리로 차입하므로 상대적으로 B기업은 미달러화 변동금리 차입시장에서 비교우위에 있다. 쉽게 말하면, A기업은 미달러화 변동금리보다 유로화 고정금리 차입시장에서 더 우대를 받는다는 것이고, B기업은 유로화 고정금리보다 미달러화 변동금리 차입시장에서 상대적으로 우대를 받는다는 것이다.

68 ④ 만기원금 교환은 초기원금 교환과 반대방향이다. 따라서 A는 미달러화 원금을 스왑뱅크를 통해 B에게 지급하고, B는 유로화 원금을 스왑뱅크를 통해 A에게 지급하며, 양 기업은 돌려받은 원금을 각각의 자금대여자에게 지급함으로써 통화스왑의 모든 현금흐름이 끝난다.

초기원금 교환	A사	유로화 원금 → ← 미달러 원금	스왑 뱅크	유로화 원금 → ← 미달러 원금	B사
주기적인 이자 교환	A사	← Euro 3.70% - - - → USD Libor	스왑 뱅크	← Euro 3.75% - - - → USD Libor	B사
만기원금 교환	A사	유로화 원금 ← → 미달러 원금	스왑 뱅크	유로화 원금 ← → 미달러 원금	B사

69 ① 통화스왑 거래 이후를 정리하면 다음과 같다.

〈비교우위에 의한 통화스왑의 이익 분석〉

구 분	A의 거래 종합	B의 거래 종합
비교우위 차입금리	−3.50%	−(Libor)
스왑에서 지급금리	−Libor	−3.75%
스왑에서 수취금리	+3.70%	+Libor
순차입금리	−3.50% − Libor + 3.70% = −(L − 0.20%)	−(Libor) − 3.75% + Libor = −3.75%
금리이익(비용절감)	0.20%(vs Libor)	0.25%(vs 4.00%)

70
★★★
H자동차와 S전자의 자금조달 여건은 다음과 같다. 스왑딜러가 유로화 고정금리와 미달러화 변동금리(1년 Libor) 간의 통화스왑 Offer / Bid 호가를 각기 9.20%와 9.00%로 고시하였을 때, 차입상의 비교우위를 이용한 통화스왑으로 발생하는 두 기업의 금리이익(비용절감)의 합은?

구 분	고정금리시장	변동금리시장	통화스왑 호가
H자동차	Euro 8.50%	USD Libor	9.20 / 9.00
S전자	Euro 9.80%	USD Libor + 0.20%	

① H자동차 0.70%, S전자 0.40%

② H자동차 0.50%, S전자 0.40%

③ H자동차 1.10%, S전자 0.20%

④ H자동차 1.30%, S전자 0.20%

71
★★★
우리나라의 H기업은 향후 3년간 120억원에 대한 투자수입을 기대하고 있는 반면, 1,000만달러의 차관 원리금을 3년간 상환해야 한다. 현재 환율은 ₩1,200 / $이나 향후 3년간 환율이 안정될지는 불투명하다. 다음 중 H기업에게 향후 3년간의 위험관리를 위해 가장 적절한 대안은?

① 달러 고정금리를 수취하고, Libor를 지급하는 달러 이자율스왑 거래를 한다.

② 달러 고정금리를 지급하고, Libor를 수취하는 달러 이자율스왑 거래를 한다.

③ 만기에 원화 원금을 지급하고, 달러 원금을 수취하는 통화스왑 거래를 한다.

④ 만기에 달러 원금을 지급하고, 원화 원금을 수취하는 통화스왑 거래를 한다.

72
★★★
우리나라 D은행의 통화스왑 거래에 있어 원화 고정금리 수취의 현재가치가 15억원이고, 미달러화 변동금리 지급의 현재가치가 US$100만불이다. 현재 대미환율이 ₩1,200 / $이고 스왑원금에 대한 평가를 제외할 경우, A은행의 평가손익은?

① 평가익 200,000,000원

② 평가익 300,000,000원

③ 평가손 200,000,000원

④ 평가손 300,000,000원

73 스왑시장에서의 결제관행에 대한 설명으로 옳지 않은 것은?

★★★

① 이자율스왑 거래에서는 차액결제가 일반적이다.

② 미국 Treasury가 고정금리로 사용되며, 6개월마다 결제한다.

③ 국내시장에서는 3개월마다 결제한다.

④ 통화스왑 거래에서는 비용을 절감하기 위해서 차액결제를 한다.

74 스왑딜러가 달러 / 엔 3년 통화스왑 금리를 「0.12 / 0.08」로 고시하였을 때, 이에 대한 설명으로

★★★ 옳지 않은 것은?

① 통화 스왑딜러가 엔화 고정금리와 교환되는 미달러화 6-month Libor 금리를 나타낸 것이다.

② Offer가격이 0.12%이며, Bid가격이 0.08%이다.

③ 0.12%는 가격을 고시한 스왑딜러가 3년간 미달러화 6-month Libor Flat을 지급하고, 수취(Receive)하고자 하는 엔화 고정금리를 나타낸다.

④ 0.08%는 가격을 고시한 스왑딜러가 3년간 미달러화 6-month Libor Flat을 수취하고, 지급(Pay)하고자 하는 엔화 고정금리를 나타낸다.

정답 및 해설

70 ② 비교우위에 의한 통화스왑 거래 시 스왑딜러를 포함한 모든 거래참가자가 이익을 본다. 이때 총이익은 고정금리차이에서 변동금리차이를 뺀 절대치[총이익 = |고정금리차이 − 변동금리차이|]가 된다. 따라서 총이익은 1.1%[1.3%(= 9.8% − 8.5%) − 0.2%(= L + 0.2% − L)]가 된다. 여기서 스왑딜러의 이익은 Offer / Bid 호가의 차이만큼 이므로 0.20%(= 9.20% − 9.00%)이다. 따라서 통화스왑을 통한 두 기업의 이익의 합은 총이익 1.1%에서 딜러의 이익인 0.20%를 뺀 0.90%가 되어야 한다. 지문 중에 두 기업의 이익의 합이 0.90%인 것은 ②번밖에 없으므로 쉽게 답을 고를 수 있다. 만약 H자동차와 S전자의 이익이 왜 0.50%와 0.40%가 되었는지는 이전 문제를 참고하여 그림을 그려보면서 확인해 보면 알 수 있다.

71 ③ H기업은 현재 120억원을 원화자산에 투자하고 있는 반면에 1,000만달러의 달러부채를 동시에 보유하고 있다. 따라서 환율변동 위험을 관리하기 위해서는 지급하는 달러 현금흐름과 수취하는 원화 현금흐름을 상쇄시키는 통화스왑 거래가 필요하다. 즉 통화스왑 거래 만기 시 달러 원금을 수취하여 달러 차관을 상환할 수 있어야 한다. 그러므로 H기업은 만기에 원화 원금을 지급하고, 달러 원금을 수취하는 통화스왑 거래를 하여야 한다. 즉, 만기에 원화로 투자한 자산에서 나오는 원금을 받아서 통화스왑 상대방에게 지급하고, 상대방으로부터 달러 원금을 수취하여 달러부채를 상환하면 환율변동 리스크를 관리할 수 있다.

72 ② 스왑의 순현재가치(NPV) = 수취하는 현금흐름의 현재가치 − 지급하는 현금흐름의 현재가치 = 15억원 − US$100만 × (1,200원/$) = 3억원

73 ④ 통화스왑 거래에서는 서로 다른 통화 간에 원금 및 이자의 교환이 이루어지므로 원칙적으로 차액결제를 하지 않는다.

74 ① 통화 스왑딜러가 미달러화 6-month Libor와 교환되는 엔화 고정금리를 나타낸 것이다.

75 스왑딜러가 달러 / 엔 3년 베이시스 통화스왑 금리를 「−0.01 / −0.08」로 고시하였을 때, 이에
★★★ 대한 설명으로 옳지 않은 것은?

① 엔화 6−month Libor와 교환되는 미달러화 6−month Libor Flat에 추가되는 스프레드를 나타
낸 것이다.

② Offer가격이 −0.01%이며, Bid가격이 −0.08%이다.

③ −0.01%는 스왑딜러가 3년간 미달러화 6−month Libor Flat을 지급하고, 엔화 '6−month
Libor−0.01%'를 수취(Receive)하겠다는 의미이다.

④ −0.08%는 스왑딜러가 3년간 미달러화 6−month Libor Flat을 수취하고, 엔화 '6−month
Libor−0.08%'를 지급(Pay)하겠다는 의미이다.

76 스왑딜러가 고시한 이자율스왑의 가격이 3.25 / 3.20이고, 통화스왑의 가격이 3.15 / 3.10일 때,
★★★ 베이시스 통화스왑의 가격은?(스왑의 만기는 동일)

① 0.05 / 0.15

② −0.15 / −0.05

③ −0.05 / −0.15

④ 0.15 / 0.05

77 국내 달러 / 원 통화스왑 시장에 대한 설명으로 옳지 않은 것은?
★★☆ ① 가격고시는 미달러화 6−month Libor와 교환되는 원화 고정금리(s.a, act / 365)로 표시되거나,
통화스왑 베이시스 형태로 고시되기도 한다.

② 원화 이자율스왑에 비해 상대적으로 유동성이 부족하다.

③ 국내에 달러가 부족할 경우, 원화 고정금리 Receive 방향의 통화스왑에 대한 수요가 높아져 통화
스왑 금리는 낮아지게 된다.

④ 국내에 달러가 부족할 경우, 통화스왑 베이시스 스프레드의 마이너스는 축소된다.

78 국내 통화스왑 시장에서 원화 고정금리 Receive 통화스왑 수요를 가져오는 요인이 아닌 것은?

★★☆

① 보험회사 등 기관투자자의 해외투자가 늘어날 때

② 조선사 및 중공업체 등의 수주물량 증가로 장기 선물환 매도 수요가 많아질 때

③ 외국인의 통화스왑을 이용한 재정거래 포지션이 증가할 때

④ 국내 해외펀드 투자증가로 환율변동 리스크관리를 위한 선물환 매도 수요가 많아질 때

정답 및 해설

75 ① 미달러화 6-month Libor Flat과 교환되는 엔화 6-month Libor에 추가되는 스프레드를 나타낸 것이다.

76 ③ 베이시스 통화스왑의 가격은 통화스왑과 이자율스왑의 가격으로부터 구할 수 있다.
• 통화스왑 베이시스 스프레드 = 통화스왑 금리 − 이자율스왑 금리

베이시스 통화스왑의 Offer Rate	= 통화스왑 Offer − 이자율스왑 Bid = 3.15% − 3.20% = −0.05%	→ 따라서 베이시스 통화스왑의 가격은 −0.05 / −0.15
베이시스 통화스왑의 Bid Rate	= 통화스왑 Bid − 이자율스왑 Offer = 3.10% − 3.25% = −0.15%	

77 ④ 국내에 달러가 부족할 경우, 스왑뱅크들은 원화 고정금리 Receive 통화스왑(거래초기 미달러 원금을 수취하고, 원화 원금을 지급하는 원금교환)을 통해 달러를 조달하고자 한다. 따라서 원화 고정금리 Receive 방향의 통화스왑에 대한 수요가 높아져 통화스왑 금리는 낮아지게 된다. 결국 통화스왑 베이시스 스프레드(= 통화스왑 금리 − 이자율스왑 금리)의 마이너스는 확대된다. 반대로 국내에 달러 유동성이 풍부할 경우, 통화스왑을 이용한 재정거래(원화 고정금리 Pay 방향의 미달러화 / 원화 통화스왑)가 일어나고, 통화스왑의 마이너스 베이시스 스프레드는 축소된다.

78 ③ 외국인의 통화스왑을 이용한 재정거래 포지션을 청산할 때, 원화 고정금리 Receive 통화스왑 수요가 발생한다.

기타 파생상품

챕터 출제비중

구 분	출제영역	출제문항
제1장	스 왑	8문항
제2장	기타 파생상품	8~10문항
제3장	파생결합증권	7~9문항

50 45 35 30 25 20 15 10 5

32% 제1장

36% 제2장

32% 제3장

기타 파생상품과 파생결합증권을 합해서 총 17문제가 출제되는데, 기타 파생상품에서는 대략 10문제 내외로 출제된다고 보면 된다.

중요한 부분을 살펴보면, 장외옵션의 분류와 각 옵션별 수익구조 및 사용시기, 신용파생상품(CDS, TRS, CLN)의 개념 및 구조, 통화 관련 장외파생상품의 종류별 특징 등은 자주 출제되는 내용이다. 특히 장외옵션(이색옵션)은 꼼꼼하게 학습을 하여야 하는 가장 중요한 부분이라고 할 수 있다.

기타 파생상품은 수험생을 헷갈리게 하는 유형의 문제는 대체로 많지 않기 때문에 핵심내용을 암기한 후 본서에서 제시한 문제를 충분히 풀고 자신의 것으로 소화할 수 있다면 시험에서 좋은 결과를 기대할 수 있을 것이다.

TOPIC별 중요도 및 학습체크

TOPIC	핵심개념	중요도	학습체크		
			1회독	2회독	3회독
01	장외파생상품	★★			
02	장외옵션	★★★			
03	통화 관련 장외파생상품	★★			
04	신용파생상품	★★★			

01 장외파생상품 중요도 ★★☆

대표유형문제 장외파생상품(OTC Derivatives)의 특징에 해당되는 것을 모두 고르면?

> ㉠ 거래내용이 표준화되어 있다.
> ㉡ 거래 상대방을 반드시 알아야 한다.
> ㉢ 유동성이 낮다.
> ㉣ 상품 종류가 제한적이다.
> ㉤ 계약불이행위험이 크다.
> ㉥ 거래의 보증을 당사자 간의 신용도에 의존한다.

① ㉡, ㉢, ㉤, ㉥   ② ㉡, ㉣, ㉥
③ ㉠, ㉣   ④ ㉢, ㉤, ㉥

해설 ㉠, ㉣은 장내파생상품의 특징이다.

답 ①

STEP 01 핵심필수개념

(1) 장외파생상품의 특징

① 장소의 제약이 없고 거래에 관한 강제적 규정이 없다.
② 당사자의 필요에 따라 언제든지 계약내용 변경이 가능하다.
③ 거래자들의 다양한 욕구를 충족시킬 수 있다.
④ 거래의 보증을 당사자 간의 신용도에 의존하므로 계약불이행위험이 크다.

(2) 장외파생상품과 장내파생상품의 비교

구 분	장외파생상품	장내파생상품
종 류	선도, (장외)옵션, 스왑	선물, (장내)옵션
표준화	공통적 요소는 있으나 표준화된 내용은 없음	거래내용이 표준화됨
거래방식	사적이고 개별적인 협상	거래소에서 공개경매 또는 전자경매
거래상대방	거래 상대방을 반드시 알아야 함	서로 모름
거래의 보증	보증기관이 없어 당사자 간의 신용도에 의존	모든 거래를 거래소가 보증
가격 형성	비교적 불투명	투명하고 실시간 공개
정산 및 가치평가	• 거래 초기 및 만기에 대금지급 • 기간 내 정기적인 가치평가	가격변동에 따른 손익정산을 매일 수행(증거금 및 일일정산)

| 거래시간과 규정 | 유동성은 떨어지나 24시간 거래 가능 | 거래소가 거래시간과 방식에 대해 규정 |
| 포지션청산 | 청산할 수 있으나 비용이 많이 듦 | 반대거래로 포지션 쉽게 청산 |

개념체크○×

▶ 장외파생상품은 당사자의 필요에 따라 언제든지 계약내용 변경이 가능하므로 가격형성이 투명하고 포지션을 쉽게 청산할 수 있다. ○ ×

해설 장외파생상품은 당사자의 필요에 따라 언제든지 계약내용 변경이 가능하지만, 가격형성이 비교적 불투명하고 포지션을 청산할 수 있으나 비용이 많이 들게 된다.

답 ×

STEP 02 핵심보충문제

01 장내파생상품과 장외파생상품의 특징에 관한 설명으로 옳지 않은 것은?

★★★
① 장내파생상품은 모든 거래의 이행을 거래소가 보증하나, 장외파생상품은 보증해 주는 기관이 없어 당사자 간의 신용도에 의존한다.

② 장내파생상품은 거래소가 규정한 시간에만 거래를 할 수 있으나, 장외파생상품은 24시간 언제든지 거래할 수 있다.

③ 장내파생상품은 표준화되어 있으나, 장외파생상품은 거래조건이 당사자 간의 협의에 따라 정해진다.

④ 장내파생상품은 가격변동에 따라 손익을 매일 정산하나, 장외파생상품은 만기 이전에 손익의 정산이나 가치평가가 필요 없다.

해설 장외파생상품은 만기 이전에 손익이 정산되지는 않으나 정기적으로 가치평가는 필요하며, 금융기관은 평가액을 재무제표에 반영하여야 한다.

답 ④

02 장외파생상품의 주요 기능에 대한 설명으로 옳지 않은 것은?

★★☆
① 장외파생상품을 이용하여 고객의 욕구에 맞는 맞춤형 상품을 제공할 수 있다.

② 장외파생상품은 채권발행 형태로 이루어져 자금조달 수단으로 활용될 수 있다.

③ 장외파생상품을 통해 보유하고 있는 포트폴리오의 리스크를 효율적으로 관리할 뿐만 아니라 안정적인 수익을 확보할 수 있다.

④ 장외파생상품은 리스크관리 수단으로 이용될 수 있으나, 투자수단으로서는 적절하지 못하다.

해설 장외파생상품 그 자체로 투자수단이 될 수 있다. 예를 들어, 금리하락이 예상될 경우 고정금리를 수취하고 변동금리를 지급하는 이자율스왑 계약을 체결하면 이익을 볼 수 있다.

답 ④

02 장외옵션 중요도 ★★★

대표유형문제 **다음 중 경로의존형 옵션이 아닌 것은?**

① 선택옵션(Chooser Option) ② 평균옵션(Average Option)

③ 장애옵션(Barrier Option) ④ 룩백옵션(Lookback Option)

해설 선택옵션(Chooser Option)은 시간의존형 옵션이다.

답 ①

STEP 01 핵심필수개념

(1) 이색옵션(장외옵션)의 분류

경로의존형 옵션	평균옵션(평균가격 옵션 혹은 아시안 옵션, 평균행사가격 옵션), 장애옵션, 룩백옵션, 클리켓옵션(또는 래칫옵션)
첨점수익구조형 옵션	디지털옵션, 디지털배리어옵션
시간의존형 옵션	버뮤다옵션, 선택옵션
다중변수의존형 옵션	레인보우옵션, 퀀토옵션

(2) 경로의존형(경로종속형) 옵션

경로의존형 옵션은 기초자산가격이 옵션계약기간 동안 어떠한 가격경로를 통해 움직여 왔는가에 의해 만기 시 결제금액이 결정되는 옵션을 말한다.

① 평균옵션(Average Option)

평균 가격옵션 (아시안옵션)	일정기간 동안의 기초자산가격의 평균($S_{평균}$)이 옵션의 수익구조를 결정한다. (X : 행사가격)	
	Call 옵션	Put 옵션
	$\text{Max}(S_{평균} - X, 0)$	$\text{Max}(X - S_{평균}, 0)$
평균 행사가격 옵션	일정기간 동안의 기초자산의 평균가격($S_{평균}$)을 옵션의 행사가격으로 이용한다. (S_T : 만기일의 기초자산가격)	
	Call 옵션	Put 옵션
	$\text{Max}(S_T - S_{평균}, 0)$	$\text{Max}(S_{평균} - S_T, 0)$

*가격평균의 변동성은 기초자산 자체의 가격변동성보다 작기 때문에, 평균옵션의 프리미엄은 표준옵션의 프리미엄보다 작다.

*평균옵션은 일정기간 동안의 환율변동 위험을 관리할 목적으로 외환시장에서 많이 사용한다.

② 장애옵션(Barrier Option)

> ㉠ 옵션계약기간 동안 기초자산가격이 일정한 가격(촉발가격, Trigger Price)에 도달한 적이 있을 경우 옵션이 소멸(Knock-out)되거나 혹은 비로소 옵션이 발효(Knock-in)되도록 하는 조항을 추가한 옵션이다.
> ㉡ 표준옵션 = 녹아웃옵션(Knock-out Option) + 녹인옵션(Knock-in Option)
> 　 예 표준 Call 옵션 = Knock-out Call 옵션 + Knock-in Call 옵션

녹아웃옵션	• 기초자산가격이 촉발가격을 건드리면 옵션이 소멸(무효)되는 옵션(촉발가격에 도달하지 않는 한 유효) → 녹아웃옵션은 옵션이 무효가 될 가능성 때문에 표준옵션보다 가격이 저렴하다. 〈녹아웃 콜옵션의 손익구조〉 • 옵션계약기간 중 $[S_t > 촉발가격]$이면, $\mathrm{Max}[0, \ S_T - X]$ • 옵션계약기간 중 한 번이라도 $[S_t \le 촉발가격]$이면, 0 혹은 일부 현금보상

	Up-and-Out	Down-and-Out
녹아웃옵션	촉발가격이 기초자산가격보다 높게 설정된 경우, 기초자산가격이 촉발가격 이상으로 오를 때 옵션이 무효가 됨을 의미한다.	촉발가격이 기초자산가격보다 낮게 설정된 경우, 기초자산가격이 촉발가격 이하로 하락하면 옵션이 무효가 됨을 의미한다.
	〈 Up-and-Out 풋옵션 〉	〈 Down-and-Out 콜옵션 〉
	기초자산가격이 촉발가격 이상으로 오르면 무효되는 풋옵션 → 장래에 어떤 자산을 매도해야 할 경우(예 원유생산업자)에 유용하다.	기초자산가격이 촉발가격 이하로 내리면 무효되는 콜옵션 → 장래에 어떤 자산을 매입해야 할 경우(예 정유회사)에 유용하다.
녹인옵션	기초자산가격이 촉발가격을 건드리면 옵션이 발효(유효)되는 옵션 → 촉발가격에 도달하지 않는 한 효력이 없다가 촉발가격에 도달하면 효력이 생긴다.	

③ 룩백옵션(Lookback Option)

> 옵션 보유자에게 옵션계약기간 동안 가장 유리한 기초자산가격을 행사가격으로 사용할 수 있도록 하는 경로의존형 옵션이다.
> → 룩백옵션의 가치는 미국식 옵션의 가치와 같거나 그보다 훨씬 크다.

룩백 콜옵션의 가치	$= \mathrm{Max}\,[(S_T - S_{low}), \ 0]$ (S_{low} : 계약기간 중 가장 낮은 기초자산가격)
룩백 풋옵션의 가치	$= \mathrm{Max}\,[(S_{high} - S_T), \ 0]$ (S_{high} : 계약기간 중 가장 높은 기초자산가격)

④ 클리켓옵션(Cliquet Option) 혹은 래칫옵션(Rachet Option)

> 표준옵션처럼 초기에 행사가격을 정해두지만 일정한 시점이 되면, 그 시점의 시장가격(기초자산가격)이 새로운 행사가격이 되도록 하는 옵션이다.
> → 행사가격이 재확정될 때마다 그 시점에서의 내재가치가 실현된 것으로 하여 차액지급이 보장된다.

(3) 첨점수익구조형 옵션(Singular Payoff Option)

첨점수익구조란 옵션의 수익구조가 불연속한 형태로 나타나는 경우를 의미한다.

① 디지털옵션(Digital Option)

> 옵션이 만기일에 내가격(ITM) 상태이면 사전에 약정된 금액(수익)이 지불되고, 그렇지 않으면(등가격, 외가격인 경우) 수익이 없는 옵션이다.
> → 따라서 디지털옵션은 만기일에 내가격의 크기는 의미가 없고, 내가격 상태인지 아닌지만이 의미가 있다.

Cash-or-Nothing	Asset-or-Nothing
만기일에 내가격이 되면, 수익을 일정한 금액으로 지급하는 방식이다.	만기일에 내가격이 되면, 수익을 기초자산으로 지급하는 방식이다.

② 디지털배리어옵션(Digital Barrier Option)

> ㉠ 경로종속형 디지털옵션으로, 디지털옵션에 장애옵션이 내재되어 있는 원터치 옵션(One-touch Option)이다.
> ㉡ 디지털옵션과 같이 만기시점에서 기초자산가격의 내가격 여부를 판별하는 것이 아니라, 만기까지 한 번이라도 내가격 상태였으면 일정한 금액을 지급하는 방식이다.

(4) 시간의존형 옵션(Time Dependent Option)

시간의존형 옵션이란 모든 옵션거래가 시간가치를 가지고 있지만, 다른 것에 비해 시간에 더욱 민감하거나 시간에 종속적인 옵션을 말한다.

① 버뮤다옵션(Bermuda Option)

> 유럽식과 미국식의 중간 형태로 볼 수 있는 옵션으로서 만기 이전에 미리 정한 특정 일자들 중에서 한 번 권리행사가 가능한 옵션이다.
> **예시** 신주인수권부 전환사채(Convertible Bond)는 주식전환권이 매입일 이후부터 곧바로 주식으로 전환할 수 있는 것이 아니라 일정한 기일 후부터 일정 기일까지만 행사할 수 있도록 제한을 두는 것이므로 버뮤다옵션이 내장되어 있다고 볼 수 있다.

미국식 옵션	만기일 이전에 아무 때나 권리행사가 가능하다.
유럽식 옵션	만기일 당일에만 권리행사가 가능하다.

② 선택옵션(Chooser Option)

> ㉠ 선택옵션은 옵션보유자가 만기일 이전에 미래의 특정시점에서 이 옵션이 콜옵션인지 풋옵션인지 여부를 선택할 수 있는 권리를 가진다.
> ㉡ 선택옵션은 스트래들 매수(동일한 행사가격의 콜옵션과 풋옵션을 모두 매수한 포지션)와 유사한 측면이 많은데 비용 면에서 유리하다(선택옵션의 프리미엄이 저렴).

(5) 다중변수의존형 옵션(Multi-factor Dependent Option)

다중변수의존형 옵션이란 옵션의 가치가 두 개 이상의 기초자산의 가격변동과 가격의 상관관계에 의해 결정되는 옵션을 말한다.

① 레인보우옵션(Rainbow Option)

> ㉠ 둘 또는 그 이상의 자산 중 실적이 가장 좋은 것의 손익구조에 따라 가치가 결정되는 것을 말한다.
> ㉡ n개의 기초자산을 포함한 레이보우옵션의 가치 : 레인보우 콜옵션은 여러 기초자산 중에서 가격이 가장 높은 기초자산의 가격에 의해서, 레인보우 풋옵션은 가장 낮은 기초자산의 가격에 의해서 수익이 결정된다.

레인보우 Call 옵션의 가치	레인보우 Put 옵션의 가치
$= \text{Max}[0, \ \max(S_T^1, S_T^2, S_T^3, ...S_T^n) - X]$	$= \text{Max}[0, \ X - \min(S_T^1, S_T^2, S_T^3, ...S_T^n)]$

예시 최선 레인보우옵션(2개의 기초자산)의 가치 $= \text{Max}[DAX, \ FTSE]$ 또는
$\text{Max}[주가지수수익률, \ 채권수익률]$

② 퀀토옵션(Quanto Option) : 수량조절옵션(Quantity Adjusted Option)의 약어

> ㉠ 수익은 하나의 기초자산가격에 의해서 결정되지만, 위험에 노출된 정도나 크기는 다른 기초자산의 가격에 의해서 결정되는 형태이다.
>   → 주로 한 통화로 표시된 기초자산에 대한 옵션의 수익이 다른 통화로 표시되는 경우가 대부분이다(예 NIKKEI225 지수에 대한 옵션의 수익이 미 달러로 이루어지는 형태).
> ㉡ 국내 투자자가 해외자산에 투자를 하는 경우, 해외자산의 수익률이 원화로 환산되는 퀀토옵션을 이용하면 수익률과 함께 환위험도 동시에 헤지되는 효과가 있다.

개념체크○×

▶ 아시안옵션은 시간의존형 옵션이다. ○ ×

해설 아시안옵션은 일정기간 동안의 기초자산가격의 평균이 옵션의 수익구조를 결정하는 평균가격옵션으로서 경로의존형 옵션이다.

답 X

▶ 선택옵션은 스트래들 매수와 유사한 측면이 많다. ○ ×

답 O

01 장애옵션(Barrier Option)에 관한 설명으로 옳지 않은 것은?
★★★
① 경로의존형 옵션이다.

② 녹아웃옵션과 녹인옵션으로 분류할 수 있다.

③ 녹아웃 콜옵션과 녹인 콜옵션을 합성하면 표준 콜옵션과 동일하다.

④ 녹아웃옵션의 가격은 일반적으로 표준옵션보다 비싸다.

[해설] 녹아웃옵션은 무효가 될 가능성이 있기 때문에 녹아웃옵션의 가격은 일반적으로 표준옵션보다 저렴하다.

답 ④

02 기초자산가격이 촉발가격(Trigger Price) 이하로 하락할 때 비로소 효력이 발생하는 옵션은?
★★★
① Down-and-In

② Down-and-Out

③ Up-and-In

④ Up-and-Out

[해설] 하락 시 발효(Down-and-In)가 되는 녹인옵션을 의미한다.

답 ①

03 디지털옵션에 관한 설명으로 옳지 않은 것은?
★★★
① 디지털옵션의 수익구조는 옵션이 만기일에 내가격 상태이면 사전에 약정한 금액이 지급되고, 그렇지 않으면 아무것도 지급하지 않는다.

② 디지털옵션은 첨점수익구조형 옵션이다.

③ 디지털옵션은 옵션매입자의 입장에서 만기일에 옵션이 내가격으로 끝나는 것이 중요한 게 아니라 내가격의 크기가 중요하다.

④ 디지털옵션의 형태로는 일정한 금액을 지급하는 방식(Cash or Nothing)과 내가격으로 끝났을 때 기초자산을 지급하는 방식(Asset or Nothing)이 있다.

[해설] 디지털옵션의 수익은 사전에 정해져 있기 때문에 만기일에 얼마만큼 내가격 상태에 있는가는 의미가 없고, 내가격 상태인지 아닌지만이 의미가 있다.

답 ③

03 통화 관련 장외파생상품 중요도 ★★☆

대표유형문제 현재 시장상황이 다음과 같다고 가정할 때, 금리평가이론에 의한 3개월 만기 원-달러 선물환율은?(소수점 둘째자리에서 반올림)

현물환율	US$ 3개월 Libor	원화 3개월 금리
₩1,120 / $	연리 1.5%	연리 3.5%

① ₩1,120 / $ ② ₩1,122.60 / $

③ ₩1,125.60 / $ ④ ₩1,128.60 / $

해설 $F(t) = S \times \dfrac{1 + i_{krw} \times t/365}{1 + i_{US\$} \times t/360} = 1,120 \times \dfrac{1 + 0.035 \times 3/12}{1 + 0.015 \times 3/12} ≒ 1,125.60$

답 ③

STEP 01 핵심필수개념

(1) 통화 관련 장외파생상품

① 선도거래 형태 : 선물환(Fx Forward)

② 옵션거래 형태 : 통화옵션(Fx Option)

③ 스왑거래 형태 : 외환스왑(Fx Swap), 통화스왑

(2) 선물환

① 선물환을 이용한 환위험 관리

선물환거래는 현물환 결제일(Spot Date) 이후의 특정일에 미리 정한 환율(Forward Rate)로 외환거래를 하기로 약정하는 계약이다.

수출기업	장래에 외화 수취 예정 → 외화가치 하락(환율하락) 위험에 노출 → 외화 선물환 매도헤지
수입기업	장래에 외화 지급 예정 → 외화가치 상승(환율상승) 위험에 노출 → 외화 선물환 매수헤지

② 금리평가이론에 의한 이론적인 선물환율 결정공식

• $F(t) = S \times \dfrac{1 + i_{krw} \times t/365}{1 + i_{US\$} \times t/360}$

(S : 현물환율, i_{krw} : 원화금리, $i_{US\$}$: 미국달러금리, t : 선물환 만기기간)

③ 선물환율 고시 방식

    ⊙ 두 통화의 금리차이를 환율단위로 환산한 Forward Point를 Bid와 Offer 양방향으로 표시한다.

    ⓒ 예를 들어 미달러화 / 원화의 Forward Point의 Bid가격이 Offer가격보다 절댓값이 작으면 (Bid가격 절댓값 < Offer가격 절댓값), Forward Point는 현물환율(Spot)에 가산되는 것 → 즉 원화에 대한 미달러화의 선물환 가격이 현물환 가격보다 비싸진다(Premium)는 의미이다.

    ⓒ 반면에, Forward Point의 Bid가격이 Offer가격보다 절댓값이 크면(Bid가격 절댓값 > offer 가격 절댓값), Forward Point는 현물환율에서 차감되는 것 → 즉 원화에 대한 미달러화의 선물환 가격이 현물환 가격보다 저렴(Discount)해진다는 의미이다.

(3) 외환스왑

① 외환스왑은 동일한 거래상대방과 동일 금액의 두 외환거래(현물환거래 & 선물환거래)를 거래방향을 반대로 하여 체결하는 한 쌍의 외환거래를 말한다.

② 외환스왑을 이용한 환위험 관리

외환스왑을 이용하여 외환의 수취, 지급시점의 불일치를 해소할 수 있다.

예시 2영업일 뒤에 수출대금 수취 예정 + 3개월 후 수입대금 결제 예정

개별적으로 거래 시	현물환 매도거래 + 선물환 매수헤지 거래
외환스왑 이용 시	[현물환 매도 + 선물환 매수]를 한 쌍으로 동시에 거래 → 개별적으로 따로 거래하는 것보다 거래비용이 절약된다.

(4) 통화옵션

① 선물환과 외환스왑을 이용한 환위험 관리는 미래의 환율 움직임에 관계없이 외환포지션을 선물환 환율에 고정시키므로 기회이익마저도 제거해 버리지만, 통화옵션을 이용한 환위험 관리는 외환포지션에 대한 선택적인 헤지를 가능하게 한다(손실방어 & 기회이익 향유).

② 통화옵션을 이용한 환위험 관리

	통화옵션을 이용하여 일반선물환을 복제하는 방법	
합성선물환	합성 선물환 매수	= 콜옵션 매수 + 풋옵션 매도
	합성 선물환 매도	= 풋옵션 매수 + 콜옵션 매도
	→ 무비용(Zero-cost) 옵션 : 옵션매수 시 지급하는 프리미엄과 옵션매도 시 수취하는 프리미엄이 동일하다.	
범위 선물환 (Range Forward)	• 일반 합성선물환에 사용되는 콜옵션과 풋옵션의 행사가격을 다르게 하는 구조 • 수출기업의 경우 환율상승 시 이익이 가능하지만, 환율하락 시 손실도 감수해야 한다(다만, 이익과 손실은 제한됨).	
인핸스드 포워드 (Enhanced Forward)	• 일반 합성선물환 거래에 행사가격이 낮은 외가격 풋옵션을 추가도 매도하여 가격(환율) 조건을 개선한 구조 • 수출기업의 경우 환율이 크게 하락하지 않으면 일반 선물환거래보다 유리하지만 환율 급락 시 손실이 커진다.	
목표선물환 (Target Forward)	• 일반 합성선물환 거래에 콜옵션을 추가로 매도하여 가격(환율)조건을 개선한 구조 • 수출기업의 경우 일반 선물환거래보다 가격개선 효과가 크지만, 환율 급등 시 시장환율 보다 낮은 환율로 두 배에 해당하는 거래를 이행해야 하는 위험을 부담한다.	

▶ 수출기업처럼 원-달러 환율의 상승 위험에 노출되어 있을 때, 환위험을 헤지하기 위한 선물환 거래는 달러 Long 포지션에 해당하는 선물환 매수 거래가 필요하다. ○ ×

[해설] 수출기업은 장래에 수취할 달러의 가치하락(환율하락) 위험에 노출되어 있다. 따라서 환율 하락에 대비하여 선물환을 매도하여야 한다.

답 X

▶ 미달러화 / 원화의 Forward Point의 Bid가격이 Offer가격보다 절댓값이 작으면, 원화에 대한 미달러화의 선물환 가격이 현물환 가격보다 Premium 상태라는 의미이다. ○ ×

답 O

STEP 02 | 핵심보충문제

01 다음은 환거래은행이 고시한 미달러화 / 원화와 미달러화 / 일본엔화의 Forward Point 가격이다.
★★★ 이에 대한 설명으로 옳지 않은 것은?

구 분	US$ / 원화	US$ / 엔화
SPOT	1,120 / 1,121	83.15 / 83.20
3개월	+300 / +400	−13 / −10

① 원화에 대한 달러화의 선물환 가격이 현물환 가격보다 비싸다.
② 미 달러화의 금리가 원화금리보다 낮다는 것을 의미한다.
③ 엔화에 대한 달러화의 선물환 가격이 현물환 가격보다 비싸다.
④ 3개월물 미달러화 / 원화 간 선물환율은 Bid가격이 1,123이고, Offer가격이 1,125이다.

[해설] 3개월물 미달러화 / 원화 간 선물환율의 Bid가격은 현물환율 Bid가격인 1,120에 Forward Point인 +300(3.00원)이 가산되어 1,123이고, Offer가격은 현물환율 offer가격인 1,121에 Forward Point인 +400(4.00원)이 가산되어 1,125이 된다. 그리고 금리평가이론에 의해서 원화에 대한 달러화의 선물환율이 현물환율보다 높으면 원화금리가 달러금리보다 높다는 것을 의미한다.

답 ③

02 통화옵션을 이용한 환위험 관리에 대한 설명으로 옳지 않은 것은?

★★☆

① 옵션 매입과 매도를 동시에 거래하여 프리미엄을 없게 만든 옵션거래를 제로코스트 옵션이라 한다.

② 범위선도(Range Forward)의 손익구조는 이익이 제한될 뿐만 아니라 손실 또한 제한된다.

③ 통화옵션에서 만기와 행사가격이 동일한 콜옵션을 매수하고 풋옵션을 매도하면 선물환을 매도한 것과 같은 효과가 있다.

④ 인핸스드 포워드(Enhanced Forward)란 일반 합성선물환 거래에 행사가격이 낮은 외가격 풋옵션을 추가도 매도하여 가격(환율)조건을 개선한 구조이다.

[해설] 통화옵션에서 만기와 행사가격이 동일한 콜옵션을 매도하고 풋옵션을 매수하면 선물환을 매도한 것과 같은 효과가 있다.

답 ③

04 신용파생상품 중요도 ★★★

대표유형문제 신용디폴트스왑(CDS ; Credit Default Swap)에 관한 설명으로 옳지 않은 것은?

① 준거기업에 대한 신용위험을 보장매입자가 보장매도자에게 일정한 프리미엄을 지불하고 이전하는 계약이다.

② 만기 이전에 신용사건이 발생할 경우, 보장매도자는 보장매입자에게 손실금을 지급해야 한다.

③ 손실금의 지급은 현금으로 정산할 수도 있고, 준거자산을 직접 이전할 수도 있다.

④ 보장매입자는 준거기업에 대한 신용위험을 이전하였기 때문에 새롭게 발생되는 신용위험은 없다.

해설 보장매입자는 준거기업에 대한 신용위험을 보장매도자에게 이전하는 대신 보장매도자의 신용위험을 인수하게 된다. 즉 보장매도자가 파산하면 준거자산이 부도가 나도 손실을 보상받을 수 없게 된다. 따라서 신용위험의 인수대가인 CDS 프리미엄은 준거자산의 신용사건 발생가능성, 신용사건 발생 시 준거자산의 회수율, 보장매도자의 신용도 등에 따라 결정된다.

답 ④

STEP 01 핵심필수개념

(1) 신용파생상품과 신용위험

신용파생상품	신용파생상품은 채권이나 대출 등 신용위험이 내재된 부채에서 신용위험만을 분리하여 거래 당사자 간에 이전하는 금융계약을 말한다.
신용위험	• 신용위험이란 자금의 차입자 혹은 채권발행자가 원금이나 이자를 약속한 시간에 상환하지 못할 위험을 말한다. • 신용위험은 시장위험과는 달리 시장가격 변화와 함께 채무자의 신용등급 변화, 부도확률, 부도 시 회수율 등에 따라 달라진다.

(2) 신용디폴트스왑(CDS ; Credit Default Swap)

CDS란 보장매입자(Protection Buyer, 신용위험 매도자)가 보장매도자(Protection Seller, 신용위험 매수자)에게 일정한 수수료(CDS 프리미엄)를 지불하고 준거기업(or 준거자산)에 대한 신용위험을 이전하는 계약이다.

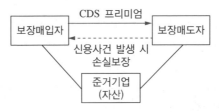

CDS 구조	• 만기 이전에 신용사건 발생 시, 보장매도자는 보장매입자에게 손실금(= 채무원금 − 회수금액)을 지급 → 손실금 지급은 현금으로 정산할 수도 있고, 미리 정한 준거자산을 직접 이전할 수도 있다. • 보장매입자는 준거기업의 신용위험을 이전하는 대신에 보장매도자의 신용위험은 새롭게 인수한다. • 보장매입자가 손해 볼 확률은 CDS거래 이전에는 준거기업이 파산할 확률이었지만, CDS거래 이후에는 준거기업과 보장매도자가 동시에 부도날 확률로 줄어든다.
CDS 프리미엄 결정요인	신용위험 인수의 대가인 CDS 프리미엄은 준거자산의 신용사건 발생 가능성이 높을수록, 신용사건 발생 시 준거자산의 회수율이 낮을수록, 보장매도자의 신용도가 높을수록, 준거자산과 보장매도자의 신용위험의 상관관계가 낮을수록 높아진다.

(3) 신용파생상품의 특징(채권이나 대출과 다른 특징)

① 채권투자는 투자시점에 원금을 지급(funded)하지만, CDS의 보장매도자는 신용사건이 발생하는 경우에만 손실금을 지급하면 되므로 원금투자 없이(unfunded) 레버리지 효과를 거둘 수 있다.

② CDS거래는 실물채권 없이도 신용위험만 분리해서 거래할 수 있으므로 채권시장 유동성에 직접적으로 영향을 미치지 않는다.

③ 준거기업의 신용위험 증가 시 회사채 공매도 전략은 어렵지만, 신용파생상품은 보장매입을 통해 신용위험 매도포지션(Short)을 쉽게 취할 수 있다.

(4) 주요 신용파생상품

① 총수익률스왑(TRS ; Total Return Swap)

ⓗ TRS란 보장매입자(총수익지급자, Total Return Payer)가 준거자산에서 발생하는 이자, 자본수익(손실) 등 모든 현금흐름을 보장매도자(총수익수취자, Total Return Receiver)에게 지급하고, 보장매도자로부터 약정한 수익을 지급받는 계약으로 현금흐름 측면에서 준거자산을 매각하는 것과 동일하다.

ⓛ CDS는 신용사건이 발생하는 경우에만 손실의 결제가 일어나지만, TRS는 신용사건이 발생하지 않더라도 현금흐름이 발생함 → 즉 TRS는 신용위험과 시장위험이 동시에 이전된다.

② 신용연계채권(CLN ; Credit Linked Note)

ⓗ CLN이란 일반적으로 고정금리채권에 신용파생상품이 내재된 형태의 신용구조화상품이다.
→ CDS가 추가된 CLN이 가장 일반적이다.

ⓛ 신용연계채권(CLN)의 발행 형태

보장매입자가 보유자산을 기초로 CLN을 직접 발행하는 형태	보장매도자(투자자)는 준거기업에 대한 신용위험을 감수할 뿐만 아니라 발행자의 신용위험도 감수한다.
특수목적회사(SPV)를 통해 CLN을 발행하는 형태	투자자가 준거기업의 신용위험은 감수할 수 있으나, 발행자의 신용위험 인수에 제한적일 경우 이러한 문제를 해결할 수 있다.

③ 원금이 수반된(funded) 구조와 원금이 비수반된(unfunded) 구조

ⓗ CDS거래는 초기원금이 수반되지 않고 신용위험 인수에 대한 대가로 프리미엄만이 수수되는 unfunded 형태의 스왑거래이지만, CLN은 투자자금이 수반되므로 funded 형태의 거래이다.

ⓛ CDS거래에서 보장매입자는 신용사건 발생 시 보장매도자에게 준거기업의 손실금을 보전받아야 하므로 거래상대방(보장매도자)에 대한 위험에 노출되는 반면, CLN의 경우 보장매입자인 CLN 발행자는 준거기업의 부도 시 CLN 발행대금에서 손실금을 회수할 수 있으므로 거래상대방에 대한 위험이 없다.

참고 ESG(Environmental, Social, Governance) 투자에 대한 이해

(1) ESG의 기본 개념

① ESG는 기존의 재무정보에 포함되어 있지 않으나 기업의 중장기 지속가능성에 영향을 미칠 수 있는 요인들을 환경, 사회, 지배구조로 나누어 체계화하여 평가하는 툴(Tool)이며, 자본시장에서 기업을 평가하는 새로운 프레임워크이다.

② 기업이나 조직에서 ESG를 반영한 경영을 ESG 경영이라 하고, 이를 반영한 투자는 ESG 투자 또는 책임투자라고 한다.

(2) ESG 투자방식과 시장규모

① ESG 요소를 반영한 투자를 책임투자 또는 지속가능투자로 부른다.

② 2014년 주요 기관투자자 연합이 결성한 GSIA(글로벌지속가능투자연합)는 매 2년 ESG 투자 방식을 적용한 펀드의 규모를 통해 책임투자 시장규모를 발표하고 있다.

③ GSIA는 ESG의 투자방식을 7가지로 정의하고, 이 중 하나 이상의 투자기준을 적용하고 있는 펀드를 책임투자로 정의하고 있다.

④ 우리나라의 경우 책임투자의 시작은 2006년 9월 국민연금 책임투자형 위탁펀드 운용이라고 볼 수 있다.

(3) ESG 정보 공시

① ESG를 반영한 투자가 확산되는 만큼, 모호한 활동을 ESG로 포장하는 그린워싱(Green Washing) 논란도 확대되고 있어서 각국은 기업의 지속가능정보 공시에 대한 규정을 강화하고, 금융당국에 의한 ESG 상품에 대한 기준 수립 및 공시제도를 정비하고 있다(제도 정비에 가장 앞서 있는 지역은 유럽임).

② EU는 환경, 사회에 대한 분류체계를 수립해 ESG의 기준을 제시하고, 일정 규모 이상 기업에 지속가능정보 공시를 규정하는 기업지속가능성보고지침(CSRD)을 확대 시행하며, 지속가능금융공시규제(SFDR)를 통해 금융기관의 ESG 전략 및 반영방식, ESG 투자규모 등의 공시를 의무화하였다.

③ 미국은 2022년 3월 증권거래위원회(SEC)가 등록신고서와 정기공시에 기후 관련 항목을 포함시키는 공시 규칙 개정안(Regulation S-K, Regulation S-X)을 제안하였다.

④ 국내에서도 환경정보 공시대상 기업을 녹색기업, 공공기관 및 환경영향이 큰 기업 외에도 연결기준 자산 2조원 이상 기업으로 확대하고, 2025년 이후 자산 2조원 이상의 기업을 시작으로 코스피 상장기업에 대해 단계적으로 기업지속가능보고서 작성이 의무화되었다(하지만 금융기관의 ESG 관련 정보공시에 대한 제도화 논의는 미진).

⑤ SFDR(Sustainable Finance Disclosure Regulation)
  ⊙ 유럽에서는 2021년 3월부터 SFDR 1단계가 시행되면서 일정규모 이상의 금융기관은 주체
    단위, 상품단위의 ESG 정보를 공시해야 한다.
  ⓛ 2단계는 2023년 1월에 적용되며, 2단계가 적용되면 자율적인 방식으로 설명하던 주요한
    부정적 영향을 정해진 기준에 따라 18개 항목으로 나누어 공시해야 한다.
⑥ TCFD(Task Force on Climate-Related Financial Disclosure)
  ⊙ TCFD는 파리협약 목표 이행 요구와 금융시장 참여자들로부터 기후 관련 정보수요가 증가
    하면서 G20 정상이 금융안정위원회(FSB)에 기후 관련 위험과 기회에 대한 정보공개 프레
    임을 요청함에 따라 2015년 설립된 이니셔티브이다.
  ⓛ TCFD에 따른 기후변화 공시 프레임워크 : 지배구조, 경영전략, 리스크관리, 지표 및 목표
    의 4가지로 구분함

개념체크OX

▶ CDS란 보장매도자가 보장매입자에게 일정한 수수료를 지불하고 준거기업에 대한 신용위험을 이전하는 계약이다. O X

[해설] CDS란 보장매입자가 보장매도자에게 일정한 수수료를 지불하고 준거기업에 대한 신용위험을 이전하는 계약이다.

답 X

▶ TRS는 신용사건이 발생하지 않더라도 현금흐름이 발생하므로 신용위험과 시장위험이 동시에 이전된다. O X

답 O

01 신용파생상품 시장의 주요 용어에 대한 설명으로 옳지 않은 것은?

★★★
① 준거기업은 신용파생상품의 거래대상이 되는 채무(채권, 대출 등)를 부담하는 주체로서, 개별기업뿐만 아니라 국가나 신용포트폴리오도 준거기업이 될 수 있다.

② CDS 프리미엄은 보장매도자가 보장매입자에게 지급하는 비용으로 매년 일정 스프레드를 지급하거나 특정시점에 지급한다.

③ 신용사건은 준거기업의 파산, 지급불이행, 채무재조정, 채무불이행, 기한의 이익상실, 지급이행거절과 모라토리움 선언으로 구성된다.

④ 회수율은 준거기업의 신용사건 발생 시 자산의 회수비율을 말한다.

해설 CDS 프리미엄은 보장매입자가 보장매도자에게 지급하는 비용으로 매년 일정 스프레드를 지급하거나 특정시점에 지급한다.

답 ②

02 신용연계채권(CLN ; Credit Linked Note)에 관한 설명으로 옳지 않은 것은?

★★★
① CLN은 보장매입자가 준거기업의 신용도와 가치가 연동된 채권(CLN)을 발행하고, 보장매도자는 이 CLN을 매수하고 채권매수대금을 보장매입자에게 지불하는 거래이다.

② CLN을 발행하는 자는 보장매입자, CLN을 매수(투자)하는 자는 보장매도자이다.

③ CDS거래와 CLN거래 모두 보장매도자가 우수한 신용도를 가진 기관이라야 한다.

④ CDS계약은 프리미엄만 오가지만(unfunded), CLN에서는 원금이 최초에 지불된다는(funded)점에서 큰 차이가 있다.

해설 CDS거래에서는 보장매도자가 우수한 신용도를 가진 기관이라야 하지만, CLN에서는 보장매도자(CLN 매수자)에 대한 요건이 필요 없다. 왜냐하면 보장매도자는 원금 전액을 지불하고 채권을 매수하기 때문이다.

답 ③

출제예상문제

01 기초자산의 만기시점 가격이 옵션수익 구조의 기본이 되는 것이 아니라, 일정기간 동안의 기초자산
★★★ 의 평균가격이 옵션의 손익구조를 결정하는 옵션은?

① 미국식 옵션(American Option)　　② 유럽식 옵션(European Option)

③ 아시안 옵션(Asian Option)　　　　④ 선택옵션(Chooser Option)

02 옵션의 손익구조가 다음과 같이 표현되는 옵션은?
★★☆

> • 옵션계약기간 중 $S_t > H$이면, $Max(S_T - X, 0)$
> • 옵션계약기간 중 한번이라도 $S_t \le H$이면, 0 혹은 일부의 현금보상
> 　(S_t : 기초자산의 현재가격, S_T : 기초자산의 만기가격, H : 촉발가격, X : 행사가격)

① Down-and-Out 콜옵션　　　　② Down-and-Out 풋옵션

③ Up-and-Out 콜옵션　　　　　④ Down-and-In 콜옵션

03 환율이 일정한 가격(촉발가격, Trigger Price) 이상으로 오를 때 옵션이 무효가 된다는 것을 의미하
★★★ 는 것은?

① Down-and-Out　　　　　　② Down-and-In

③ Up-and-Out　　　　　　　④ Up-and-In

04 장애옵션에서 Up-and-Out 풋옵션이란?
★★★
① 기초자산가격이 촉발가격 이하로 하락 시 무효가 되는 풋옵션

② 기초자산가격이 촉발가격 이하로 하락 시 발효가 되는 풋옵션

③ 기초자산가격이 촉발가격 이상으로 상승 시 무효가 되는 풋옵션

④ 기초자산가격이 촉발가격 이상으로 상승 시 발효가 되는 풋옵션

05 다음 중 표준형 콜옵션과 프리미엄 수준이 동일한 것은?

★★☆
① 가격하락 시 무효 콜옵션 + 가격하락 시 유효 콜옵션
② 가격하락 시 무효 콜옵션 + 가격상승 시 유효 콜옵션
③ 가격하락 시 무효 콜옵션 + 가격하락 시 유효 풋옵션
④ 가격하락 시 무효 콜옵션 + 가격하락 시 무효 풋옵션

06 K기업은 연중 내내 외국과 수출입 거래가 빈번한 기업이다. 장내선물 및 옵션을 이용하여 환율변동

★★★
위험을 헤지하기 위해서는 결제월을 너무 많이 이용해야 하는 문제점이 있다. 다음 중 K기업이 빈번한 수출입 거래에 따른 환율 변동위험을 커버하기 위해 사용하기 적절한 장외옵션은?

① 룩백옵션(Lookback Option) ② 선택옵션(Chooser Option)
③ 평균옵션(Average Option) ④ 장애옵션(Barrier Option)

01 ③ 평균가격 옵션 혹은 아시안 옵션(Asian Option)에 관한 설명이다.

02 ① 옵션계약기간 중 기초자산의 가격이 촉발가격보다 높으면($S_t > H$) 표준콜옵션의 수익[$Max(S_T - X, \ 0)$]을 지급하고, 옵션계약기간 중 한 번이라도 기초자산의 가격이 촉발가격 아래로 떨어지면($S_t \leq H$) 0 혹은 일부의 현금보상이 이루어지는 옵션이다. 따라서 이 옵션은 장애옵션 중에서 녹아웃 콜옵션이면서 촉발가격이 아래에 설정되어 있는 Down-and-Out 콜옵션이다.

03 ③ up은 상승, down은 하락을 의미하고 in은 발효, out은 무효를 의미한다. 따라서 촉발가격 이상으로 환율(기초 자산가격)이 상승 시 무효가 된다는 것은 Up-and-Out이다.

04 ③ up은 상승, out은 무효를 의미한다. 따라서 촉발가격 이상으로 기초자산가격이 상승 시 무효가 되는 풋옵션이다.

05 ① 가격하락 시 무효 콜옵션(Down-and-Out Call)과 가격하락 시 유효 콜옵션(Down-and-In Call) 두 개를 동시에 들고 있으면 이는 촉발가격을 터치했는지의 여부에 상관없이 만기에 가서 기초자산이 행사가격보다 높 아졌는가의 여부에만 의존하는 표준옵션과 동일한 수익구조가 나온다. 따라서 이 둘을 결합하면 표준형 콜옵션 과 동일해지는 것이다.

06 ③ 연중 내내 수출입 거래를 하므로 특정시점의 환율리스크의 관리보다는 연평균 환율에 대한 헤지가 필요하다. 평균옵션은 일정기간 동안의 환율변동 위험을 관리할 목적으로 외환시장에서 많이 사용된다.

07 원유를 매입해야 하는 정유회사에서 유가변동위험을 헤지하려고 한다. 다음 중 가장 적절한 선택
★★☆ 은?

① Up-and-In 풋옵션 매입　　　　　　　② Up-and-Out 콜옵션 매입

③ Down-and-In 콜옵션 매입　　　　　　④ Down-and-Out 콜옵션 매입

08 행사가격이 80, 촉발가격이 90인 Up-and-Out 풋옵션이 있다. 기초자산가격은 계약기간 동안
★★★ 최소 70에서 최대 95까지 움직였으며, 만기일에는 79가 되었다. 이 옵션을 보유한 자의 만기손익
은?(단, Rebate는 없음)

① 0　　　　　　　　　　　　　　　　② 1

③ 10　　　　　　　　　　　　　　　　④ −2

09 룩백옵션(Lookback Option)은 옵션 만기까지의 기초자산가격 중 옵션매입자에게 가장 유리한
★★★ 가격으로 행사가격이 결정된다. 따라서 룩백 콜옵션의 경우에는 만기까지의 기초자산가격 중
(㉠) 가격이, 룩백 풋옵션의 경우에는 (㉡) 가격이 행사가격이 된다. ㉠, ㉡에 알맞은
말은?

① ㉠ (최저), ㉡ (최고)　　　　　　　② ㉠ (최고), ㉡ (최저)

③ ㉠ (최저), ㉡ (평균)　　　　　　　④ ㉠ (평균), ㉡ (최고)

10 만기이전에 손익정산(내재가치 지급보장) 및 행사가격의 재조정이 이루어지는 옵션은?
★★★
① 클리켓옵션(Cliquet Option)　　　　② 평균옵션(Average Option)

③ 장애옵션(Barrier Option)　　　　　④ 룩백옵션(Lookback Option)

11 초기의 행사가격이 50이고, 1개월 후와 2개월 후에 당일의 시장가격을 행사가격으로 재확정하도록
★★★ 하는 클리켓옵션이 있다. 기초자산의 시장가격이 다음과 같을 때, 클리켓 콜옵션을 보유한 자의
만기 시 정산손익은?

일 자	1개월 후	2개월 후	만기일
기초자산가격	53	51	55

① 0　　　　　　　　　　　　　　　　② 3

③ 5　　　　　　　　　　　　　　　　④ 7

12 기초자산의 가격 움직임이 다음과 같을 때, 각 옵션의 만기 시 정산손익을 계산한 식이 옳지 않은
★★★ 것은?

초기가격 : 3,000원	최고가격 : 3,600원	평균가격 : 3,250원
만기가격 : 3,200원	최저가격 : 2,500원	행사가격 : 3,100원

① 표준 콜옵션 : $\text{Max}(3200 - 3100, 0) = 100$

② 평균가격 콜옵션 : $\text{Max}(3250 - 3100, 0) = 150$

③ 평균행사가격 콜옵션 : $\text{Max}(3200 - 3250, 0) = 0$

④ 룩백 콜옵션 : $\text{Max}(3600 - 3200, 0) = 400$

07 ④ 정유회사는 원유를 매입해야 하는 위치에 있으므로 유가상승에 대비한 콜옵션을 매수해야 한다. 헤지 비용을
줄이려면 프리미엄이 싼 녹아웃(Knock-out) 옵션을 이용하는 것이 바람직한데, 이 경우 유가하락 시 무효가
되는 Down-and-Out 콜옵션을 이용하는 것이 좋다. 왜냐하면 유가가 하락하면 옵션이 무효가 되더라도 현재
의 싼 가격으로 원유를 살 수 있고, 유가상승 시에는 옵션이 소멸(Knock-out)되지 않으므로 콜옵션을 행사하
면 되기 때문이다.

08 ① 기초자산가격이 계약기간 동안 70 ~ 95 사이에서 움직였으므로 만기일 전에 촉발가격인 90을 건드렸다. 따라
서 이 풋옵션은 만기일 전에 무효(Knock-out)가 되어 소멸되었기 때문에 만기손익은 0이다. 옵션이 녹아웃되
면 옵션이 무효가 되어 아무런 대가가 없거나 때로는 약간의 현금보상(Rebate)이 이루어진다. 만약 녹아웃 풋
옵션이 아니라 표준옵션인 풋옵션이었다면 만기손익은 $1[= \text{Max}(X - S_T, 0) = \text{Max}(80 - 79, 0)]$이 되었을
것이다.

09 ① 룩백 콜옵션의 가치는 $\text{Max}(S_T - S_{low}, 0)$이므로 가장 낮은 기초자산가격을 행사가격으로 하는 것이 유리하
며, 룩백 풋옵션의 가치는 $\text{Max}(S_{high} - S_T, 0)$이므로 가장 높은 기초자산가격을 행사가격으로 해야 옵션매입
자에게 유리하다.

10 ① 클리켓옵션(Cliquet Option) 혹은 래칫옵션(Rachet Option)은 표준옵션처럼 초기에 행사가격을 정하여 두지
만 일정한 시점이 되면, 그 시점의 시장가격(기초자산가격)이 새로운 행사가격이 되도록 하는 옵션으로서, 행사
가격이 재확정될 때마다 그 시점에서의 내재가치가 실현된 것으로 하여 차액지급이 보장된다.

11 ④ 1개월 후에 시장가격이 53이므로 $3[= \text{Max}(53 - 50, 0)]$의 이익이 보장되면서 행사가격은 초기의 50에서 53
으로 재확정된다. 2개월 후에 시장가격이 51이므로 이 경우에는 이익이 없으며$[0 = \text{Max}(51 - 53, 0)]$ 행사가
격은 53에서 51이 된다. 만기일에 시장가격이 55이므로 $4[= \text{Max}(55 - 51, 0)]$의 차액이 지급된다. 따라서
전체적으로 $7(= 3 + 0 + 4)$의 이익이 발생한다. 만약 표준콜옵션이었다면 $5[= \text{Max}(55 - 50, 0)]$의 이익만
발생하였을 것이다.

12 ④ 룩백 콜옵션 : $\text{Max}(3200 - 2500, 0) = 700$,
룩백 풋옵션 : $\text{Max}(3600 - 3200, 0) = 400$

구 분	콜옵션	풋옵션
표준형 옵션	$\text{Max}(만기가격 - 행사가격, 0)$	$\text{Max}(행사가격 - 만기가격, 0)$
평균가격옵션	$\text{Max}(평균가격 - 행사가격, 0)$	$\text{Max}(행사가격 - 평균가격, 0)$
평균행사가격옵션	$\text{Max}(만기가격 - 평균가격, 0)$	$\text{Max}(평균가격 - 만기가격, 0)$
룩백옵션	$\text{Max}(만기가격 - 최저가격, 0)$	$\text{Max}(최고가격 - 만기가격, 0)$

13 다음 이색옵션 중 첨점수익구조형 옵션에 속하는 것은?
★★★
① 선택옵션(Chooser Option)
② 디지털옵션(Digital Option)
③ 버뮤다옵션(Bermuda Option)
④ 퀀토옵션(Quanto Option)

14 디지털옵션에 장애옵션이 내재되어 있는 원터치옵션으로서, 만기까지 한 번이라도 내가격 상태였
★★★ 으면 약정한 금액을 지급하는 방식의 옵션은?
① Digital Option
② Barrier Option
③ Digital Barrier Option
④ Lookback Option

15 다음 이색옵션 중 시간의존형 옵션에 속하는 것은?
★★★
① 선택옵션(Chooser Option)
② 디지털옵션(Digital Option)
③ 평균옵션(Average Option)
④ 퀀토옵션(Quanto Option)

16 만기가 한 달이라면 유럽식옵션의 행사가능 시점은 만기일에만 가능하고, 미국식옵션의 행사가능
★★★ 시점은 만기이전 아무 때나 한 번인데, 예를 들어 10, 20, 30일 중 1회로 행사가능일이 설정되어
있는 옵션은?
① 디지털옵션(Digital Option)
② 선택옵션(Chooser Option)
③ 버뮤다옵션(Bermuda Option)
④ 퀀토옵션(Quanto Option)

17 다음 중에서 스트래들(Straddle) 매수전략과 가장 유사한 옵션은?
★★★
① 디지털옵션(Digital Option)
② 선택옵션(Chooser Option)
③ 버뮤다옵션(Bermuda Option)
④ 퀀토옵션(Quanto Option)

18 다음 이색옵션 중 다중변수의존형 옵션에 속하는 것은?
★★★
① 선택옵션(Chooser Option)   ② 디지털옵션(Digital Option)

③ 평균옵션(Average Option)   ④ 퀀토옵션(Quanto Option)

19 옵션의 수익이 하나의 기초자산가격에 의해 결정되지만, 위험에 노출된 정도나 크기는 다른 기초자
★★★ 산가격에 의해서 결정되는 옵션은?

① 디지털옵션(Digital Option)   ② 선택옵션(Chooser Option)

③ 버뮤다옵션(Bermuda Option)   ④ 퀀토옵션(Quanto Option)

정답 및 해설

13 ② 첨점수익구조란 옵션의 수익구조가 불연속한 형태로 나타나는 경우를 의미하는데, 디지털옵션은 첨점수익구조형 옵션으로 만기일에 내가격 상태이면 사전에 약정한 금액이 지급되고, 그렇지 않으면 아무것도 지급하지 않는다. 버뮤다옵션과 선택옵션은 시간의존형 옵션이며, 퀀토옵션(Quanto Option)은 다중변수의존형 옵션이다.

14 ③ 디지털배리어옵션(Digital Barrier Option)에 관한 설명이다.

15 ① 선택옵션(Chooser Option)은 시간의존형 옵션이며, 디지털옵션은 첨점수익구조형, 평균옵션은 경로의존형, 퀀토옵션은 다중변수의존형 옵션이다.

16 ③ 버뮤다옵션은 유럽식과 미국식의 중간 형태로 볼 수 있는 시간의존형 옵션으로서 만기 이전에 미리 정한 특정일자들 중에서 한 번 행사가 가능한 옵션이다.

17 ② 선택옵션은 옵션보유자가 만기일 이전에 미래의 특정시점에서 이 옵션이 콜옵션인지 풋옵션인지 여부를 선택할 수 있는 권리를 가지는 시간의존형 옵션으로서 동일한 행사가격의 Call과 Put을 동시에 보유하는 Straddle 매수전략과 유사하다.

18 ④ 다중변수의존형 옵션이란 옵션의 가치가 두 개 이상의 기초자산의 가격변동과 가격의 상관관계에 의해 결정되는 옵션을 말하는데, 퀀토옵션은 다중변수의존형 옵션이며, 선택옵션은 시간의존형, 디지털옵션은 첨점수익구조형, 평균옵션은 경로의존형 옵션이다.

19 ④ 퀀토옵션은 수량조절옵션의 약어로, 한 통화로 표시된 기초자산에 대한 옵션의 수익이 다른 통화로 표시되는 경우가 주종을 이룬다.

20 다음 옵션 중 다른 조건이 동일하다면, 풋옵션의 가격(프리미엄)이 가장 높은 것은?

★★★
① 미국식옵션(American Option)　　② 유럽식옵션(European Option)

③ 버뮤다옵션(Bermuda Option)　　④ 장애옵션(Barrier Option)

[21~26] 다음은 옵션 계약기간 동안의 기초자산가격이다. 표를 보고 질문에 답하시오.

1일	2일	3일	4일	5일	6일	7일	8일(만기일)
100	106	112	107	102	105	100	108

21 촉발가격이 111에 설정되어 있는 Up-and-Out 풋옵션(행사가격 = 105, Rebate = 2)의 만기손익
★★★ 은?

① 0　　　　　　　　　　　② 2

③ 5　　　　　　　　　　　④ 7

22 촉발가격이 99로 설정되어 있는 Down-and-Out 콜옵션(행사가격 = 100, Rebate = 2)의 만기
★★★ 손익은?

① 0　　　　　　　　　　　② 3

③ 6　　　　　　　　　　　④ 8

23 룩백 콜옵션의 만기손익은?
★★★
① 6　　　　　　　　　　　② 7

③ 8　　　　　　　　　　　④ 9

24 초기 행사가격이 100인 래칫(Ratchet) 콜옵션의 행사시점이 3일째와 6일째로 설정되었다면 만기
★★★ 정산 손익은 얼마인가?

① 13　　　　　　　　　　② 14

③ 15　　　　　　　　　　④ 16

25 행사가격이 107이고 수익금이 15인 디지털 콜옵션의 만기수익은?
★★★
① 0 　　　　　　　　　　　　　　② 5

③ 10 　　　　　　　　　　　　　④ 15

26 평균행사가격 콜옵션과 평균가격 콜옵션(행사가격 = 99)의 만기수익은 각각 얼마인가?
★★★
① 6, 3 　　　　　　　　　　　　② 5, 8

③ 3, 6 　　　　　　　　　　　　④ 8, 5

정답 및 해설

20 ① 일반적으로 장애옵션은 표준옵션보다 프리미엄이 저렴하며, 미국식옵션은 옵션보유자가 만기 전에 아무 때나 행사가 가능하므로 유럽식옵션보다 가격이 비싸고, 버뮤다옵션은 미국식과 유럽식의 중간 형태이다.

21 ② 3일에 기초자산가격이 촉발가격인 111을 통과했으므로 Up-and-Out 풋옵션은 무효(Out)가 되기 때문에 보상수익(Rebate) 2만 받는다.

22 ④ 기초자산가격이 만기일까지 촉발가격인 99에 도달하지 않았기 때문에 옵션이 소멸되지 않고 표준 콜옵션과 동일하게 만기가격과 행사가격의 차이인 8[= Max(108 − 100, 0)]의 수익이 확정된다.

23 ③ 룩백 콜옵션의 만기손익 = Max(만기가격 − 최저가격, 0)
따라서, Max(108 − 100, 0) = 8

24 ③ 3일째 수익 12(= 112 − 100)를 확보하고 행사가격은 112로 변경, 6일째 수익은 0(112 < 105)이며 행사가격은 105로 변경, 만기 시 수익은 3(= 108 − 105)이다.
따라서 총수익은 15(= 12 + 0 + 3)이다.

25 ④ 내가격 옵션(기초자산가격 108 > 행사가격 107)으로 끝났으므로, 미리 정한 수익금 15를 받는다. 즉 디지털옵션은 내가격의 크기인 1(= 108 − 107)이 수익이 아니라, 내가격으로 끝나기만 하면 사전에 정해진 수익(15)을 받는다.

26 ③ 8거래일의 평균가격을 계산하면 105가 된다. 따라서 평균행사가격 콜옵션의 만기수익은 3(= 만기일 가격 − 평균가격 = 108 − 105), 평균가격 콜옵션의 만기수익은 6(= 평균가격 − 행사가격 = 105 − 99 = 6)이다.

27 ⑦, ⓒ에 알맞은 말은?
★★★

> 수출기업처럼 원-달러 환율의 (⑦)위험에 노출되어 있을 때, 환위험을 헤지하기 위한 선물환
> 거래는 달러 Short 포지션에 해당하는 선물환 (ⓒ)거래가 필요하다.

① ⑦ (상승), ⓒ (매도)　　　　　② ⑦ (하락), ⓒ (매수)

③ ⑦ (하락), ⓒ (매도)　　　　　④ ⑦ (상승), ⓒ (매수)

28 원-달러 현물환율이 ₩1,120 / $, US$ 3개월 Libor는 연 1.5%, 원화 3개월 금리는 연 3.5%일
★★★ 때, 금리평가이론에 의한 3개월 만기 원-달러 선물환율은?(소수점 둘째자리에서 반올림)

① ₩1,120 / $　　　　　　　② ₩1,122.60 / $

③ ₩1,125.60 / $　　　　　　④ ₩1,128.60 / $

29 다음 중 신용파생상품 시장에 대한 설명으로 옳지 않은 것은?
★★☆

① 준거기업이란 신용파생상품의 거래대상이 되는 채무를 부담하는 주체를 말한다.

② CDS 프리미엄은 보장매입자가 보장매도자에게 지급하는 비용이다.

③ 국가는 준거기업이 될 수 없다.

④ 채무재조정도 신용사건이다.

30 다음 중 통화옵션을 이용한 환위험 관리수단과 거리가 먼 것은?
★★★

① Range Forward　　　　　　② Enhanced Forward

③ Target Forward　　　　　　④ Forward Rate Agreement

31 다음에서 설명하고 있는 환위험 관리기법은?
★★☆

> • 일반 합성선물환 거래에 콜옵션을 추가로 매도하여 가격(환율)조건을 개선한 구조이다.
> • 수출기업의 경우 일반 선물환거래보다 가격 개선효과가 크지만, 환율 급등 시 시장환율보다 낮은
>   환율로 두 배에 해당하는 거래를 이행해야 하는 위험을 부담하게 된다.

① Range Forward　　　　　　② Enhanced Forward

③ Target Forward　　　　　　④ 합성성물환 매도

32 보장매입자 입장에서, CDS 계약 이후의 상황에 관한 내용으로 옳지 않은 것은?

★★☆   ① 준거기업 생존 : 전액회수

    ② 준거기업 생존 & 보장매도자 파산 : 회수가치(RV)만 회수 (손해 발생)

    ③ 준거기업 파산 & 보장매도자 생존 : 전액회수

    ④ 준거기업 파산 & 보장매도자 파산 : 회수가치(RV)만 회수 (손해 발생)

33 CDS 프리미엄의 수준을 결정하는 요인과 프리미엄과의 관계에 관한 설명으로 옳지 않은 것은?

★★★   ① CDS 계약의 만기가 길어질수록 프리미엄은 높아진다.

    ② 준거자산의 채무불이행 가능성이 높아질수록 프리미엄은 높아진다.

    ③ 준거자산의 회수율이 높아 회수가치가 높을수록 프리미엄은 낮아진다.

    ④ 보장매도자의 신용등급이 높을수록 프리미엄은 낮아진다.

정답 및 해설

27 ③ 수출기업은 장래에 수취할 달러의 가치하락(환율하락) 위험에 노출되어 있다. 따라서 환율하락에 대비하여 선물환을 매도하여야 한다. 선물환(Fx Forward)거래는 현물환 결제일(Spot Date) 이후의 특정일에 미리 정한 환율로 외환거래를 하기로 약정하는 계약이다.

28 ③ 금리평가이론에 의한 이론적인 선물환 결정공식은 다음과 같다.

$$F(t) = S \times \frac{1 + i_{krw} \times t/365}{1 + i_{US\$} \times t/360} = 1,120 \times \frac{1 + 0.035 \times 3/12}{1 + 0.015 \times 3/12} \fallingdotseq 1,125.60$$

29 ③ 준거기업은 개별 기업뿐 만아니라 국가도 준거기업이 될 수 있다.

30 ④ FRA(Forward Rate Agreement)는 금리선도계약이다. 반면에 범위 선물환, 인핸스드 포워드, 목표 선물환 등은 통화옵션을 이용한 환위험 관리방법이다.

31 ③ 통화옵션을 이용한 환위험 관리방법 중에서 목표 선물환(Target Forward)에 관한 설명이다.

32 ② 준거기업 생존 & 보장매도자 파산 : 전액회수(프리미엄 비용은 손실)한다. 즉 준거기업에게 아무 문제가 없기 때문에 보장매도자가 파산하더라도 전액회수가 가능하다.

33 ④ 보장매도자의 신용등급이 높을수록 프리미엄은 높아진다. 즉, 보장매도자의 신용등급이 높을수록 신용위험을 확실히 지켜줄 수 있으니 수수료를 더 많이 받는다고 생각하면 된다. 우량한 보험회사의 보험료가 더 비싼 것을 떠올리면 이해하기 쉽다. 그밖에도, 준거자산의 신용과 보장매도자 신용 간의 상관관계가 낮을수록 프리미엄은 높아진다. 양자 간에 상관관계가 높으면 준거자산이 채무불이행에 처했을 때 거래상대방도 채무불이행에 처할 가능성이 높기 때문에 보장매입자 입장에서는 CDS 거래를 통해 신용위험을 회피하려는 목적을 달성할 수가 없게 되기 때문에 높은 프리미엄을 지불할 필요가 없는 것이다.

34 신용파생상품인 CDS와 채권(회사채)을 비교한 설명으로 옳지 않은 것은?

★★★

① CDS 프리미엄은 준거기업이 발행한 회사채 신용스프레드와 유사하다.

② 채권투자자는 투자시점에 반드시 원금을 지불해야 하는 반면, CDS의 보장매도자는 원금의 투자 없이 레버리지 효과를 거둘 수 있다.

③ CDS거래는 실물채권을 직접 갖고 있지 않아도 신용위험만을 분리하여 거래할 수 있으므로 채권 시장의 유동성에 직접적으로 영향을 미치지 않는다.

④ 준거기업에 대한 신용위험 증가가 예상될 경우, 회사채 공매도는 어려움이 있는 반면에, CDS의 경우 보장매도를 통해 신용위험에 대한 매도 포지션을 쉽게 취할 수 있다.

35 총수익률스왑(TRS ; Total Return Swap)에 관한 설명 중 옳지 않은 것은?

★★★

① TRS는 보장매입자가 준거자산에서 발생하는 이자, 자본수익(손실) 등 모든 현금흐름을 보장매도 자에게 지급하고, 보장매도자로부터 약정한 수익을 지급받는 계약이다.

② 계약 만기 시에 준거자산의 시장가격이 계약 당시의 가격보다 상승한 경우, 보장매입자가 보장매 도자에게 차액을 지불한다.

③ CDS(신용디폴트스왑)와는 달리 TRS는 신용위험은 이전하지 않고 시장위험만을 이전하는 거래 이다.

④ 자금조달 비용이 낮은 우량한 금융기관의 입장에서는 준거자산을 매각하는 효과를 거두면서 동시 에 높은 수익을 얻을 수 있다.

36 신용연계채권(CLN ; Credit Linked Note)에 관한 설명으로 옳지 않은 것은?

★★☆

① CLN은 일반적으로 고정금리채권에 신용파생상품이 내재된 형태의 신용구조화상품이다.

② 현재 시장에서는 CDS가 추가된 CLN이 가장 일반적으로 거래되고 있다.

③ CDS는 초기 채권 매입에 원금을 투자하는 구조이지만, CLN은 투자자금 없이 프리미엄만 받는 구조이다.

④ CLN 투자자는 CLN 발행자 외의 다른 준거기업(CDS)에 대한 신용위험을 추가로 인수한다.

37 CDS거래와 CLN거래에 관한 설명으로 옳지 않은 것은?

★★★

① CDS거래는 초기원금이 수반되지 않고 신용위험 인수에 대한 대가로 프리미엄만이 수수되는 unfunded 형태의 스왑거래이다.

② CLN은 투자자금이 수반되므로 funded 형태의 거래이다.

③ CDS거래에서 보장매입자는 신용사건 발생 시 보장매도자에게 준거기업의 손실금을 보전 받아야 하므로 거래상대방(보장매도자)에 대한 위험에 노출된다.

④ CLN의 경우 보장매입자인 CLN 발행자는 준거기업의 부도 시 거래상대방에 대한 위험에 노출된다.

38 CLN에 관한 설명으로 옳지 않은 것은?

★★★
① CLN 발행자(보장매입자)가 보유자산 등을 기초로 하여 준거기업에 대한 CDS가 내장된 CLN을 직접 발행할 수도 있고, 특수목적회사(SPV)를 통해 발행할 수도 있다.

② 보장매입자가 CDS가 내장된 CLN을 직접 발행하는 경우, CLN 투자자는 발행자의 신용위험뿐만 아니라 내재된 준거기업의 신용위험 또한 감수하게 된다.

③ 보장매입자가 특수목적회사(SPV)를 설립해 CLN을 발행하는 경우, CLN 투자자는 준거기업의 손실을 부담하지만, CLN의 원리금 상환은 보존된다.

④ 보장매입자가 CDS가 내장된 CLN을 직접 발행하는 경우, CLN의 수익률은 담보채권의 수익률과 보장매입자로부터 수취하는 CDS 프리미엄의 합이 된다.

39 ESG 투자에 대한 설명으로 옳지 않은 것은?

★★★
① ESG는 금융기관을 중심으로 발전된 개념으로 1900년대 초반 이후 유럽시장을 중심으로 발전해 왔다.

② ESG 요소를 반영한 투자는 책임투자 또는 지속가능투자로 불리는데 책임투자가 조금 더 보편적으로 사용되고 있다.

③ 주요국의 기관투자자 연합이 결성한 GSIA는 매 2년 ESG 투자방식을 적용한 펀드의 규모를 통해 책임투자 시장규모를 발표하고 있다.

④ 그린워싱 논란이 확대되면서 미국을 선두로 하여 환경영역을 중심으로 금융기관 상품에 대한 ESG 공시규정이 강화되고 있다.

정답 및 해설

34 ④ 준거기업에 대한 부정적 전망으로 신용위험의 증가가 예상될 경우, 회사채 공매도 전략을 생각할 수 있으나 현실적인 어려움이 있는 반면, CDS의 경우 보장매입(Protection Buy)을 통해 신용위험에 대한 매도 포지션 (Short Position)을 쉽게 취할 수 있다.

35 ③ CDS(신용디폴트스왑)와는 달리 TRS는 준거자산의 신용위험뿐만 아니라, 시장위험까지도 동시에 이전하는 형태의 상품이다. CDS는 신용사건이 발생하는 경우에만 준거자산에서 발생하는 손실의 결제가 일어나는 반면, TRS는 신용사건이 발생하지 않는 평상시에도 준거자산의 시장가치를 반영한 현금흐름이 발생하기 때문이다.

36 ③ CDS의 경우 투자자금 없이(unfunded) 프리미엄만 받는 구조이지만, CLN은 초기 채권 매입에 원금을 투자 (funded)한다.

37 ④ CLN의 경우 보장매입자인 CLN 발행자는 준거기업의 부도 시 CLN 발행대금에서 손실금을 회수할 수 있으므로 거래상대방에 대한 위험이 없다.

38 ④ 보장매입자가 특수목적회사(SPV)를 통해 CLN을 발행하면, SPV는 투자자의 투자원금으로 국채 등의 우량 담보채권을 매입하게 되므로, CLN 투자자가 발행자의 신용위험을 감수해야 하는 문제를 해결할 수 있다. 이 경우, CLN의 수익률은 담보채권의 수익률과 보장매입자로부터 수취하는 CDS 프리미엄의 합이 된다. 반면에, 보장매입자가 CDS가 내장된 CLN을 직접 발행하는 경우, 투자자는 발행자의 일반채권 수익률에 준거기업에 대한 CDS 프리미엄이 추가된 수익을 얻을 수 있다.

39 ④ 미국이 아니라 유럽이다.

파생결합증권

챕터 출제비중

50 45 35 30 25 20 15 10 5	구 분	출제영역	출제문항
32%	제1장	스 왑	8문항
36%	제2장	기타 파생상품	8~10문항
32%	제3장	파생결합증권	7~9문항

기타 파생상품과 파생결합증권을 합해서 총 17문제가 출제되는데, 파생결합증권에서는 대략 7문제 내외로 출제된다고 보면 된다.

무엇보다도 파생결합증권인 ELS, ELW, ETN 등의 상품에 대해 이해하는 것이 중요하다. 좀 더 세부적으로 살펴보면 파생결합증권의 개념 및 종류, ELS의 상품종류별 수익구조 및 용어에 대한 이해, 투자전략 등이 중요하고, ELW의 경우 가격결정 요인과 투자지표, 투자전략이 중요하며, ETN의 경우 기초지수 및 상장제도, 투자지표와 투자위험 등이 자주 출제되고 있다.

파생결합증권의 상품별로 골고루 출제가 이루어지고 있기 때문에 균형 잡힌 학습이 필요하다.

TOPIC별 중요도 및 학습체크

TOPIC	핵심개념	중요도	학습체크		
			1회독	2회독	3회독
01	파생결합증권의 개요	★★			
02	ELS	★★★			
03	ELW	★★★			
04	ETN	★★			

01 파생결합증권의 개요 중요도 ★★☆

대표유형문제 **다음 상품 중 파생결합증권이 아닌 것은?**

① ELW ② ELS

③ ETN ④ ELB

해설 ELB(주가연계파생결합사채)와 DLB(기타파생결합사채)는 파생결합사채로서 2013년 「자본시장법」 개정으로 파생결합증권이 아닌 채무증권으로 분류되었다. 대표적인 파생결합증권에는 ELS, DLS, ELW, ETN 등이 있다.

답 ④

STEP 01 핵심필수개념

(1) 파생결합증권의 정의

① (자본시장법) 파생결합증권은 기초자산의 가격, 이자율, 지표, 단위 또는 이를 기초로 하는 지수 등의 변동과 연계하여 미리 정하여진 방법에 따라 지급금액 또는 회수금액이 결정되는 권리가 표시된 것이다.

② **파생결합증권의 기초자산** : 금융투자상품, 통화, 일반상품, 신용위험, 그밖에 자연적·환경적·경제적 현상 등에 속하는 위험으로서 평가가 가능한 것 → 기초자산의 범위를 포괄적으로 정의한다.

③ **파생결합증권의 종류(ELS / DLS, ELW, ETN)**

ELS	Equity Linked Securities(주가연계파생결합증권 또는 주가연계증권) → 주식의 가격이나 주가지수의 변동과 연계하여 사전에 정해진 수익조건에 따라 상환금액을 지급하는 유가증권이다.	
	DLS	Derivatives Linked Securities(기타파생결합증권) → 이자율, 환율, 원자재, 신용위험 등의 변동과 연계하여 사전에 정해진 수익조건에 따라 상환금액을 지급하는 유가증권이다.
ELW	Equity Linked Warrant(주식워런트증권) → 특정 주가 또는 주가지수를 미리 일정시점에 사전에 정해진 조건에 따라 매매할 수 있는 권리가 주어진 유가증권이다.	
ETN	Exchange Traded Note(상장지수증권) → 기초지수 변동과 수익률이 연동되도록 증권회사가 발행한 파생결합증권으로 주식처럼 거래소에 상장되어 거래되는 증권이다.	

※ 파생결합사채인 ELB(주가연계파생결합사채)와 DLB(기타파생결합사채)는 파생결합증권이 아닌 채무증권으로 분류함

• 파생결합사채 : 발행과 동시에 투자자가 지급한 금전 등에 대한 이자, 그 밖의 과실에 대하여만 해당 기초자산의 가격·이자율·지표·단위 또는 이를 기초로 하는 지수 등의 변동과 연계된 증권임(즉, 투자자에게 원금이 보장되면서 기초자산의 변동과 연계하여 이자만 변동하는 채무증권)

(2) 파생결합증권의 투자권유

① 투자권유의 적합성 확보
- ㉠ 고객의 투자성향보다 투자위험도가 높은 금융투자상품에 대한 투자권유를 하여서는 안 된다.
- ㉡ 고객이 자신의 투자성향보다 투자위험도가 높은 파생결합증권에 투자하고자 하는 경우 투자위험성을 다시 고지하고 해당 고객으로부터 투자자 확인서에 서명 등을 받는 방법으로 고지받았다는 사실을 확인받아야 가능하다.

② 설명 및 위험고지
- ㉠ 고객에게 투자권유를 하는 경우에는 금융투자상품의 내용, 투자에 따르는 위험, 금융투자상품의 투자성에 관한 구조 및 성격, 고객이 직접 또는 간접으로 부담하는 수수료 등 비용에 관한 사항, 조기상환조건이 있는 경우 그에 관한 사항, 계약의 해제·해지에 관한 사항 등과 같은 투자유의사항을 고객이 이해할 수 있도록 설명하고 고객이 이해하였음을 서명 등의 방법으로 확인받아야 한다.
- ㉡ 금융투자회사는 일반투자자가 공모로 발행된 파생결합증권(ELW 제외)을 매매하고자 하는 경우 파생결합증권의 상품구조 및 투자유의사항 등이 모두 명시되어 있는 투자설명서 및 간이투자설명서를 투자자에게 교부하고 충분히 설명하여야 한다.
- ㉢ 공모발행 파생결합증권(ELW 제외)의 만기일 또는 최종 환매청구일 이전에 최초로 원금손실조건이 발생한 경우, 일반투자자에게 통지해야 하는 내용은 다음과 같다.
  - 원금손실조건이 발생하였다는 사실
  - 조기상환조건 및 조기상환 시 예상수익률
  - 중도상환청구방법, 중도상환청구기한 및 중도상환수수료 등

③ 고난도 금융투자상품 및 투자자보호 강화
- ㉠ 고난도 금융투자상품이란 "최대 원금손실 가능금액"이 원금의 20%를 초과하는 파생결합증권(은행 등이 발행한 금적립계좌 및 은적립계좌는 제외), 파생상품, 투자자가 이해하기 어려운 펀드·투자일임·금전신탁계약 등을 말한다. 다만, 거래소에 상장되어 해당 시장에서 투자자가 직접 매매하거나 전문투자자만을 대상으로 하는 상품은 고난도 금융투자상품에서 제외된다.
- ㉡ 고난도 금융투자상품 판매와 관련하여 「자본시장법」 시행령에서는 개인 일반투자자에 대한 i) 녹취, ii) 숙려제도와 개인투자자에 대한 iii) 요약설명서 교부 의무를 부과하고 있으며, 금융투자업규정에서는 iv) 이사회 의결에 따른 판매승인 의무를 부과하고 있다.

개념체크 ○×

▶ ELS(주가연계증권)는 「자본시장법」상 파생상품으로 분류한다. ○×

[해설] ELS(주가연계증권)는 「자본시장법」상 파생상품이 아닌 파생결합증권(유가증권)으로 분류한다.

답 X

▶ ETN(상장지수증권)은 증권회사가 발행한 파생결합증권이다. ○×

답 ○

01 이자율, 환율, 신용위험, 원자재 등의 변동과 연계하여 사전에 정해진 수익조건에 따라 상환금액을
★★★ 지급하는 유가증권은?

① ETN　　　　　　　　　　　　② ELW

③ DLS　　　　　　　　　　　　④ ELS

[해설]　DLS(Derivatives Linked Securities, 기타파생결합증권)는 주가나 주가지수 이외의 이자율, 환율, 원자재, 신용위험 등의 변동과 연계하여 상환금액을 지급하는 유가증권(파생결합증권)이다.

답 ③

02 파생결합증권의 발행과 관련된 설명으로 옳은 것은?
★★☆ ① 파생결합증권의 발행을 위해서는 증권신고서를 작성하여 제출하여야 한다.

② 파생결합증권의 증권신고서는 수리된 날로부터 7일이 경과한 후에 효력이 발생한다.

③ 파생결합증권은 일괄신고서를 이용할 수 없다.

④ 파생결합증권의 모집과 매출(공모) 시에는 공시규제를 따르지 않아도 된다.

[해설]　파생결합증권의 증권신고서는 수리된 날로부터 15일이 경과한 후에 효력이 발생하며, 발행기간을 단축하고 발행편의를 도모하기 위해 파생결합증권도 일괄신고서를 이용할 수 있다. 또한, 파생결합증권의 모집과 매출 (공모) 시에는 공시규제를 따라야 한다.

답 ①

03 고난도 금융투자상품에 대한 설명으로 옳지 않은 것은?
★★★ ① "최대 원금손실 가능금액"이 원금의 10%를 초과하는 파생결합증권은 고난도 금융투자상품이다.

② 고난도 금융투자상품의 판매 시에는 개인 일반투자자에 대한 녹취, 숙려제도와 개인투자자에 대한 요약설명서 교부의무를 부과하고 있으며, 이사회 의결에 따른 판매승인 의무를 부과하고 있다.

③ 개인인 일반투자자 중에서 65세 이상 고령투자자 또는 부적합 투자자에게 '적정성 원칙 적용대상 상품'을 판매하는 경우 녹취, 숙려제도를 부과하되, 요약설명서 교부는 부과하지 아니한다.

④ 파생결합증권이 고난도에 해당하는 경우에는 개인 일반투자자 전체에 대한 녹취, 숙려 및 요약설명서 교부(개인 전문투자자 포함)가 적용된다.

[해설]　"최대 원금손실 가능금액"이 원금의 20%를 초과하는 파생결합증권은 고난도 금융투자상품이다.

답 ①

02 ELS 중요도 ★★★

조기상환형 스텝다운 ELS[녹인(Knock-in)형]에 대한 설명으로 옳지 않은 것은?

① 녹인(Knock-in)형 ELS가 원금손실조건이 발생하지 않으면, 해당 ELS는 조기 또는 만기에 수익상환된다.

② 녹인(Knock-in)형 ELS는 일반적으로 같은 수익구조의 노녹인(No Knock-in)형 ELS보다 제시수익률이 더 높다.

③ 녹인(Knock-in)형 ELS가 원금손실조건이 발생하면 손실이 확정된다.

④ 녹인(Knock-in)형 ELS가 만기일 이전에 최초로 원금손실조건이 발생하는 경우에는 해당 사실을 투자자에게 통지하여야 한다.

> **해설** 녹인(Knock-in)형 ELS가 원금손실조건이 발생한다고 해서, 즉 KI(Knock-in)를 터치한다고 해서 손실이 확정되는 것은 아니며, 다시 기초자산이 재상승하여 조기 또는 만기에 수익을 내고 상환되는 경우도 있다.
>
> **답** ③

STEP 01 핵심필수개념

(1) 개념, 유사상품, 시장구조

① ELS는 주식의 가격이나 주가지수의 변동과 연계하여 사전에 정해진 수익조건에 따라 상환금액을 지급하는 파생결합증권이다.

② ELS와 DLS는 기초자산이 다르지만 상품구조는 대체로 유사하다.

③ ELS 이외에 주가지수 및 개별주식에 연동되어 수익이 지급되는 금융상품으로는 ELD(Equity Linked Deposit, 주가연동예금), ELF(Equity Linked Fund, 주가연계펀드) 등이 있다.

구 분	ELD	ELS	ELF
발행기관	은 행	증권회사	집합투자기구
투자형태	정기예금	파생결합증권	수익증권
예금보호	보 장	–	–
원금보장	100% 보장	사전약정	보장 없음
만기수익률	사전약정수익률	사전약정수익률	실적배당

④ ELS를 발행하기 위해 발행회사가 상환금을 준비하는 방법

Back-to-Back	국내외 다른 금융기관으로부터 동일한 상품을 매입하는 방법이다.
자체 헤지	현물주식, 장내파생상품, 장외파생상품의 매매를 통하여 ELS의 지급구조를 복제하는 헤지방법이다.

(2) 대표적인 상품구조

① 만기상환형 ELB

구 분	수익구조	옵션형 ELB의 만기수익 그래프
녹아웃 옵션형	일정 구간까지는 상승수익을 지급하고, 상승 배리어를 초과한 적이 있으면 미리 정한 리베이트 수익(고정수익)을 지급하는 형태 → 원금비보장형 파생결합증권(ELS)보다는 파생결합사채(ELB)에 주로 사용되는 대표적인 상품구조이다.	리베이트 / 배리어

구 분	콜 스프레드형	디지털형	양방향 녹아웃형
기타 옵션형		행사가격	배리어 / 배리어

② 조기상환형 ELS

㉠ 조기상환형 ELS는 통상 만기가 2년이나 3년으로 설계되었으며, 발행 후 6개월 단위로 기초자산의 주가가 사전에 정해진 조기상환가격 이상으로 상승하면 사전에 약정한 수익을 액면금액과 함께 투자자에게 지급하고 계약이 종료되는 형태이다.

㉡ ELS는 보통 Worst Performer의 조건을 주로 사용 → Worst Performer란 기초자산이 2개(또는 3개)인 조기상환형 ELS에서 두 기초자산 중 주가가 더 낮은 기초자산의 가격을 기준으로 수익상환조건이 결정되는 것이다.

㉢ 조기상환형 스텝다운 ELS는 매 조기상환 시점마다 일정비율씩 조기상환가격 수준을 낮춰줌으로써 조기상환의 가능성을 높인 구조이다(예를 들어 만기가 3년인 경우 조기상환조건을 매 6개월마다 최초기준가격의 90% → 85% → 80%…로 설정하는 구조).

가. 조기상환형 스텝다운 ELS : 녹인(KI, Knock-in)형

> • 만기 전 투자기간 중에 원금손실발생조건인 녹인(KI)이 있는 조기상환형 스텝다운 ELS
> • 녹인은 손실이 발생할 가능성이 생겼다는 의미일 뿐, 녹인이 발생한 ELS가 그 시점에 해당 주가하락분만큼 손실이 확정된 것은 아님
> • 녹인이 발생한 ELS라 하더라도 그 다음 조기 또는 만기상환 시점에 다시 기초자산인 주가가 재상승하여 상환조건을 달성하면 원금과 수익금액을 모두 지급받을 수 있음

나. 조기상환형 스텝다운 ELS : 노녹인(No Knock-in)형

> • 만기 전 투자기간 중에 원금손실발생조건인 녹인(KI)이 없는 조기상환형 스텝다운 ELS
> • 녹인이 없으므로 투자기간 중에 발생하는 기초자산의 일시적인 급락에도 원금손실조건이 적용되지 않도록 변형하여 녹인형보다 안전성을 더욱 보강한 구조
> • 따라서 다른 상환조건이 비슷하더라도 노녹인형 ELS는 녹인형 ELS보다 제시수익률이 약간 낮은 편

다. 조기상환형 월지급식 스텝다운 ELS

> • 매월 지정된 날짜에 최초기준가격의 일정 수준(보통 50 ~ 65% 수준) 이상이면 월쿠폰을 지급하는 조건을 첨가한 구조로서 월지급식 또는 월수익지급식이라고 함
> • 기존의 조기상환조건에다 매월 수익이 지급되도록 구조를 첨가하여 안정성을 보강한 구조 이므로 다른 수익상환조건이 유사한 조기상환형 스텝다운 ELS보다 제시수익률이 조금 낮은 편

(3) ELB / ELS의 투자전략

① ELB(파생결합사채) 투자

대부분의 만기상환형 ELB는 발행사의 신용위험 등을 제외한다면 만기상환 시 원금 이상의 수익금 액을 지급하는 경우가 대부분이므로 저위험 성향의 투자자들에게 적합하다.

② ELS(파생결합증권) 투자

〈조기상환형 ELS의 투자전략〉

기초자산	• 변동성이 큰 종목형보다 상대적으로 변동성이 작은 지수형 기초자산이 보다 안정적이다. • 기초자산의 개수가 적을수록 더 안정적이다.
최초기준가격	기초자산이 일정기간 동안 고점일 때보다는 저점일 때가 더 상대적으로 유리하다. → 즉, 최초기준가격이 상대적으로 낮아졌을 때가 수익상환 가능성이 더 커져 안정성 측면에서 유리하다.
조기 및 만기상환조건	• 조기상환조건의 경우, 최초기준가격 대비 더 낮은 수준에서 시작하는 것이 수익상환 가능성 측면에서 투자자에게 유리하다. • 만기상환조건도 최초기준가격 대비 낮을수록 안전성 측면에서 투자자에게 유리하다.
원금손실 발생조건(KI)	녹인(KI)조건이 있는 조기상환형 스텝다운 ELS는 녹인조건이 최초기준가격대비 낮을수록 안전성 측면에서 유리하다.
손실가능성 보완 조건을 가미한 구조	녹인(KI)조건을 제거한 노녹인(No KI) 조기상환형 ELS이거나, 월지급식 조기상환형 ELS 등은 기존의 조기상환형 스텝다운 ELS보다 안전성 측면에서 투자자에게 유리하다.

개념체크OX

▶ 녹아웃 옵션형은 미리 정한 행사가격 미만에서는 원금을 지급하고, 그 행사가격 이상에서는 미리 정한 고정수익을 지급하는 형태이다. O X

해설 디지털형에 대한 설명이다. 녹아웃 옵션형은 일정 구간까지는 상승수익을 지급하고, 상승 배리어를 초과한 적이 있으면 미리 정한 리베이트 수익을 지급하는 형태이다.

답 X

▶ 조기상환형 스텝다운 ELS는 매 조기상환 시점마다 일정비율씩 조기상환가격 수준을 낮춰줌으로써 조기상환의 가능성을 높인 구조이다. O X

답 O

01 만기 기초자산가격에 따라 일정구간까지는 상승수익을 지급하고, 그 이상은 고정된 최대수익을
★★★ 지급하는 ELB의 수익구조는?

① 녹아웃 옵션(Knock-out Option)형　　② 콜 스프레드(Call Spread)형

③ 디지털(Digital)형　　　　　　　　　 ④ 양방향 녹아웃(Knock-out)형

[해설] 콜 스프레드형에 대한 설명이다.

답 ②

02 안전성을 최우선으로 고려하는 투자자가 조기상환형 스텝다운 ELS 투자를 고민할 경우, 다음 중
★★★ 적합하지 않은 투자전략은?

① 조기상환조건이 최초기준가격의 85%로 시작하는 ELS보다 최초기준가격의 95%로 시작하는
　 ELS를 선택한다.
② 기초자산이 최근 일정기간 동안 많이 하락하여 최초기준가격이 낮아져 있는 ELS를 선택한다.
③ 기초자산이 3개인 경우보다 기초자산이 1개인 조기상환형 ELS를 선택한다.
④ 원금손실발생조건인 녹인(KI)조건이 낮아서 상대적으로 제시수익률이 낮은 ELS를 선택한다.

[해설] 조기상환조건이 최초기준가격의 95%로 시작하는 ELS보다 최초기준가격의 85%로 시작하는 ELS를 선택한다.
조기상환조건의 경우, 최초기준가격 대비 더 낮은 수준에서 시작하는 것이 수익상환 가능성 측면에서 투자자
에게 유리하다. 예를 들어, 6개월 후 시점에 기초자산의 가격이 최초기준가격의 93%에 머물러 있다면, 조기상
환조건이 최초기준가격의 95%인 ELS는 수익상환되지 않고 다음 12개월째로 순연되어 불확실성에 한 번 더
노출되지만 최초기준가격의 85%가 조기상환조건인 ELS는 바로 수익상환되기 때문이다.

답 ①

03 다음 중 조기상환형 ELS를 판매할 때, 금융투자회사가 고객에게 반드시 설명해야 하는 내용이
★★☆ 아닌 것은?

① ELS 명칭, 종류, 위험등급 및 기초자산에 대한 내용
② ELS 판매사의 투자실적 및 과세실적
③ ELS의 최대손실액 및 일반적 투자위험
④ ELS의 조기상환조건 및 만기상환조건

[해설] ELS의 투자위험과 과세위험 등은 설명하여야 하지만, ELS 판매사의 투자실적 및 과세실적 등은 불필요한 사
항이다.

답 ②

다음 중 ELW(Equity Linked Warrant)의 특징이 아닌 것은?

① 보유주식에 대한 위험 헤지가 가능하다.

② 시장의 상승 시나 하락 시에도 다양하게 투자할 수 있는 양방향 투자가 가능하다.

③ 투자원금 이상으로 손실이 발생할 수 없다.

④ 일반투자도 ELW 매도를 통해 안정된 수익을 확보할 수 있다.

해설 일반투자자는 ELW를 매도할 수 없고 매입만 가능하기 때문에, ELW의 투자위험은 ELW의 매입에 지불한 프리미엄(투자원금)으로 한정되어 있다.

답 ④

STEP 01　핵심필수개념

(1) ELW(주식워런트증권)의 개념 및 특징

① 개 요

　㉠ ELW(주식워런트증권)는 개별주식 및 주가지수 등의 기초자산을 만기 시점에 미래 정해진 가격으로 사거나 팔 수 있는 권리를 나타내는 옵션으로서 「자본시장법」상으로는 증권(파생결합증권)으로 분류한다.

　㉡ ELW 시장에서는 거래활성화를 위해 호가를 의무적으로 제시하는 유동성공급자(LP) 제도를 운영한다.

　㉢ 일반투자자도 주식계좌를 이용하여 주식과 동일하게 매매가 가능하다(단, 투자성향 등록 및 투자성향에 따른 적정성 확인을 통해야 거래가 가능).

② 특 징

레버리지 효과	적은 투자금액으로도 큰 수익(또는 손실)이 가능하다.
한정된 손실위험	투자위험은 투자원금(프리미엄)으로 한정된다. → 일반투자자는 ELW의 매입만 가능하기 때문이다.
위험의 헤지	ELW를 매수하여 주가의 불리한 변동으로부터 보호한다.
양방향성 투자수단	기초자산인 주식이 상승할 때는 콜 ELW, 하락할 때는 풋 ELW에 투자하면 되므로 시장의 상승 시나 하락 시에도 다양하게 투자가 가능하다.
유동성의 보장	유동성공급자(LP)가 매수 또는 매도호가를 제공함으로써 원활한 거래에 도움이 된다.

③ ELW와 개별주식옵션 비교

구 분	개별주식옵션	ELW
법적 특성	(장내)파생상품	파생결합증권
발행주체	거래소	투자매매업, 증권, 장외파생상품, 일반투자자 및 전문투자자 인가를 획득한 금융투자회사
의무이행자	매도포지션 보유자	발행자
계약이행보증	거래소의 결제이행보증	발행자의 자기신용
유동성 공급	시장의 수요와 공급	1개 이상의 유동성 공급자
대상종목	주가지수를 포함한 30개 종목	주요 국내외 주가지수, 주요 개별주식
계약기간	결제월제도에 따름	3개월~3년
표준화	표준화된 조건	원칙적으로 비표준상품
결제수단	현금	현금 또는 실물

④ ELW의 종류(권리의 종류에 따른 분류)

콜 ELW	만기에 기초자산을 발행자로부터 권리행사가격으로 인수하거나, 그 차액(만기평가가격 - 권리행사가격)을 수령할 수 있는 권리가 부여된 ELW → 기초자산가격 상승에 따라 이익이 발생한다.
풋 ELW	만기에 기초자산을 발행자에게 권리행사가격으로 인도하거나, 그 차액(권리행사가격 - 만기평가가격)을 수령할 수 있는 권리가 부여된 ELW → 기초자산가격 하락에 따라 이익이 발생한다.

⑤ ELW의 내재가치

콜 ELW의 내재가치	= (기초자산가격 - 권리행사가격) × 전환비율
풋 ELW의 내재가치	= (권리행사가격 - 기초자산가격) × 전환비율

*내재가치는 ELW의 권리행사를 함으로써 얻을 수 있는 이익을 말한다.

(2) ELW의 가격결정요인

기초자산가격		주가가 상승하면 콜 ELW의 가격이 상승하고, 주가가 하락하면 풋 ELW의 가격이 상승한다.
권리행사가격		행사가격이 높을수록 콜 ELW의 가격은 낮아지고, 풋 ELW의 가격은 상승한다.
변동성		변동성이 증가하면 콜 ELW와 풋 ELW 모두 가격이 상승한다.
	역사적 변동성	과거 일정기간 동안의 기초자산 수익률의 표준편차이다.
	내재 변동성	ELW의 시장가격에서 역으로 가격모형에 내재된 변동성을 추출한 것이다.
만기까지의 잔존기간		• 잔존만기가 증가할수록 ELW의 가격이 상승한다. • ELW의 가격 = 내재가치 + 시간가치
	내재가치	현재시점에 옵션을 행사한다고 가정했을 때 ELW가 갖는 가치이다.
	시간가치	만기까지의 잔존만기 동안 기초자산가격 변동 등에 따라 얻게 될 기대가치이다. → 시간가치는 만기일에 근접할수록 감소하여 0에 근접한다(시간가치의 소멸).
금 리		금리가 상승하면 콜 ELW의 가치는 상승하고, 풋 ELW의 가치는 하락한다. → 금리가 ELW의 가격결정에 미치는 영향은 아주 작다.
배 당		현금배당률이 증가하면 콜 ELW의 가격은 하락하고, 풋 ELW의 가격은 상승한다.

(3) 투자지표

① 민감도지표

델타	기초자산가격이 1단위 변화할 때 ELW의 가격이 변화하는 비율 → 델타 = ELW가격변화분 / 기초자산가격변화분
감마	기초자산가격이 1단위 변화함에 따라 델타가 변화하는 비율 → 감마 = 델타의 변화분 / 기초자산가격변화분
베가	기초자산가격의 변동성이 1%p 변화할 때 ELW의 가격이 변화하는 비율 → 베가 = ELW가격변화분 / 기초자산격변화분
세타	잔존만기가 1일 감소할 때 ELW의 가격이 변화하는 비율(시간가치가 감소하므로 대부분 세타가 음수로 나타남) → 세타 = ELW가격변화분 / 잔존만기변화분
로	무위험이자율이 1%p 변화할 때 ELW의 가격이 변화하는 비율 → 로 = ELW가격변화분 / 무위험이자율변화분

② 기타 투자지표

전환비율	만기에 ELW 1증권을 행사하여 얻을 수 있는 기초자산의 수 (예 전환비율이 0.2인 경우, ELW 5개가 있어야 권리행사 시 기초자산 하나를 가질 수 있음)
손익 분기점	콜 ELW 손익분기점 $= 행사가격 + \dfrac{ELW\ 가격}{전환비율}$ 풋 ELW 손익분기점 $= 행사가격 - \dfrac{ELW\ 가격}{전환비율}$
패리티 (Parity)	행사가격과 기초자산가격의 상대적 크기를 나타낸 것 → 1이면 등가격(ATM), 1보다 크면 내가격(ITM), 1보다 작으면 외가격(OTM) 콜 ELW 패리티 $= \dfrac{기초자산가격}{행사가격}$ 풋 ELW 패리티 $= \dfrac{행사가격}{기초자산가격}$

(4) 투자전략

레버리지 전략	기초자산(주가)의 방향성을 예상하여 현물주식에 직접 투자하기보다는 레버리지가 높은 ELW를 이용하는 전략이다. → 주가상승이 예상되면 콜 ELW를 매수하고, 주가하락이 예상되면 풋 ELW를 매수한다.
프로텍티브 풋 (Protective Put) 전략	보유주식에 대한 풋 ELW를 매수하여 위험을 회피하는 전략이다(일종의 보험전략으로 풋 ELW 매수는 주식 공매도의 효과를 발휘함). → 주가하락 시 하락을 방어하면서, 주가상승 시에는 수익을 취할 수 있는 장점이 있다.
변동성 매수전략	기초자산(주가)의 방향성보다는 변동성 증가를 기대하는 투자전략이다. → 기초자산가격이 큰 폭의 변동을 보일 경우 수익이 발생한다.
	Straddle 전략 — 기초자산, 행사가격, 전환비율이 같은 콜 ELW와 풋 ELW를 동시에 매수한다.
	Strangle 전략 — 행사가격만 서로 다른(풋 행사가격 < 콜 행사가격) 콜 ELW와 풋 ELW를 동시에 매수한다.

▶ 콜 ELW는 기초자산가격이 하락함에 따라 이익이 발생한다. ⃞O ⃞X

[해설] 콜 ELW는 기초자산가격이 상승함에 따라 이익이 발생하고, 풋 ELW는 기초자산가격이 하락함에 따라 이익이 발생한다.

답 X

▶ 베가는 기초자산가격의 변동성이 1%p 변화할 때 ELW의 가격이 변화하는 비율을 의미한다. ⃞O ⃞X

답 O

STEP 02 | **핵심보충문제**

01 ELW와 개별주식옵션을 비교한 설명으로 옳은 것은?
★★★
① ELW와 개별주식옵션은 모두 파생상품이다.
② ELW와 개별주식옵션 모두 계약기간은 3개월 ~ 3년이다.
③ ELW는 발행자에 대한 신용위험이 존재한다.
④ 개별주식옵션은 유동성공급자가 시장유동성을 공급한다.

[해설] ELW는 증권(파생결합증권)이고 개별주식옵션은 파생상품이다. ELW의 계약기간은 결제월제도를 따르나 개별주식옵션의 계약기간은 3개월 ~ 3년이다. ELW는 발행자의 자기신용으로 계약이행을 보증하므로 발행자에 대한 신용위험이 존재한다.

답 ③

02 ELW에 대한 설명으로 옳지 않은 것은?
★★★
① 콜 ELW는 기초자산가격이 상승하면 이익이 발생하고, 풋 ELW는 기초자산가격이 하락하면 이익이 발생한다.
② 풋 ELW는 만기에 발행자로부터 기초자산의 [만기평가가격 – 권리행사가격]만큼을 수령할 수 있는 권리가 부여된다.
③ 디지털옵션이란 기초자산의 가격상승이나 하락에 비례하여 수익이 증가하지 않고, 일정 수준에 도달 시 미리 정해진 고정수익으로 확정 지급하는 옵션이다.
④ 배리어옵션이란 기초자산가격이 미리 정해진 수준(배리어)에 도달하게 되면 옵션의 효력이 없어지거나 새로 생성되는 형태를 갖는다.

[해설] 풋 ELW는 만기에 기초자산의 [권리행사가격 – 만기평가가격]만큼을 수령할 수 있는 권리가 부여된다.

답 ②

03 ELW의 민감도지표가 잘못 표시된 것은?

★★★

① 델타(Δ) = $\dfrac{\text{ELW가격변화분}}{\text{기초자산가격변화분}}$

② 감마(Γ) = $\dfrac{\text{기초자산가격변화분}}{\text{델타의 변화분}}$

③ 세타(θ) = $\dfrac{\text{ELW가격변화분}}{\text{잔존만기변화분}}$

④ 베가(ν) = $\dfrac{\text{ELW가격변화분}}{\text{기초자산가격변동성의 변화분}}$

[해설]

감마(Γ) = $\dfrac{\text{델타의 변화분}}{\text{기초자산가격변화분}}$

답 ②

04 ETN 중요도 ★★★

대표유형문제 기초지수 변동과 수익률이 연동되도록 증권회사가 발행하는 파생결합증권으로 주식처럼
거래소에 상장되어 거래되는 증권은?

① ETN   ② ELS
③ DLS   ④ ELW

해설 ETN(상장지수증권)에 대한 설명이다.

답 ①

STEP 01 핵심필수개념

(1) ETN의 개념 및 특징

① ETN은 기초지수 변동과 수익률이 연동되도록 증권회사가 발행하는 파생결합증권으로 주식처럼 거래소에 상장되어 거래되는 증권이다.

② ETN의 특징

신상품에 대한 접근성	ETN은 일반투자자가 에너지, 곡물 등의 원자재 상품 등의 다양한 자산에 투자가 가능하도록 해준다.
유연성과 신속성	ETN은 채권형식으로 발행되기에 일반적인 공모펀드의 신규 발행에 비하여 신속하고 유연한 구조로 발행이 가능하다.
추적오차 최소화	ETN 상품이 추적오차가 없는 것은 아니지만, 공모펀드와 비교해서 ETN이 추적오차에 대해 자유롭다.
유통시장이 존재	ETN이 거래소 상장을 통해 유통시장이 존재하므로 유동성뿐만 아니라 투자자의 접근성을 높여준다.
가격투명성	ETN은 벤치마크지수가 명확히 설정되어 있어서 내재가치 산정의 어려움이 다른 금융상품에 비해 매우 작다.

(2) 기초지수

① ETN은 기초지수가 주식을 기초로 하는 경우 최소 5종목 이상으로 만들어야 한다(반면, ETF는 최소 10종목 이상).

구 분	ETN	ETF
투자대상	기초자산가격, 지수	
기초지수 구성종목 수 (주식으로 구성된 경우)	5종목 이상 (해외증권시장 거래 종목만으로 구성되는 경우 3종목)	10종목 이상
핵심 시장영역	전략형 / 구조화 / 변동성 상품 (맞춤형 지수 등 신규개발지수 활용 중심)	주식 / 채권 상품 (지수산출기관의 기존지수 활용 중심)

② 지수선물과 주식으로 기초지수를 구성하는 경우에 주식은 1종목 이상으로 조합하면 가능하다.

③ 지수구성종목에 있어 ETN이 ETF에 비해 요건이 완화되어 있다. 시장대표지수(KOSPI200과 KRX100 등)나 섹터지수(반도체, 자동차 등)를 시가총액가중 방식으로 단순히 추종하는 ETN 상품의 출시는 제한하였으나, "ETF·ETN 시장 건전화 방안"(금융위, '20.5.)에서 코스닥150, KRX300 등 국내 시장대표지수 ETN 출시의 허용을 발표하였으며, 실제로 2021년 10월 코스피200, 코스닥150을 기초로 하는 ETN이 출시되었다.

④ 레버리지 ETN, 인버스 ETN 상품 가능 : 기초지수의 추적배율은 ±2배까지의 정수배뿐만 아니라 소수점 배율(±0.5배율 단위)도 가능하며, 채권형 ETN의 경우 3배율까지 가능하다.

(3) 상장제도

① 상장요건

발행회사의 자격	㉠ 증권 및 장외파생상품 매매업 인가를 받은 금융투자업자 ㉡ 자기자본 5,000억원 이상 ㉢ 신용등급 AA- 이상 ㉣ 순자본비율 150% 이상 ㉤ 최근 3년간 감사의견 적정
기초지수 요건	㉠ KRX 시장에서 거래되는 기초자산가격의 변동을 종합적으로 나타내는 지수(단, KOSPI200, KRX100 등 시장대표지수 및 섹터지수 제외) ㉡ 외국거래소 시장 등 거래소가 인정하는 시장에서 거래되는 기초자산가격의 변동을 나타내는 기초지수 ㉢ 기초지수에 국내외 주식, 또는 채권이 포함되는 경우 주식, 채권 각각 최소 5종목 이상, 동일종목 비중 30% 이내로 분산될 것(단, 국채, 통안채, 지방채 등으로만 구성된 지수의 경우 3종목 이상)
발행규모와 발행한도	㉠ 신규상장하는 ETN의 발행총액은 최소 70억원 이상이고, 발행증권수가 10만 증권 이상이어야 한다. ㉡ ETN 발행자는 자기자본의 50%까지만 ETN을 발행할 수 있다.
만 기	ETN은 1년 이상 20년 이내의 만기로 발행할 수 있다.
발행방법	ETN은 공모로 발행되어야 한다(청약절차를 거치지 않고 발행사 또는 유동성공급자가 전량 보유한 상태에서 상장 이후 매출이 시작되는 간주모집을 이용).
지수이용계약 및 유동성공급계약	㉠ ETN 발행자는 지수에 관한 법적 권한을 가진 기관과 지수사용계약을 체결해야 한다. ㉡ ETN 발행자는 유동성공급계약을 체결하거나 자신이 직접 유동성을 공급해야 한다.

*ETN도 추가상장과 변경상장이 가능하며, 추가상장 시 발행한도 요건은 적용되지 않음

② ETN 발행회사의 진입 및 퇴출요건

구 분	진입요건	퇴출요건
인 가	인 가	인가 취소
자기자본	5,000억원 이상	2,500억원 미만
신용등급	AA- 이상	투자적격등급(BBB-) 미만
순자본비율	150% 이상	100% 미만 3개월 지속 또는 50% 미만
감사의견	최근 3년 모두 적정	최근연도 부적정 또는 의견거절

③ 상장폐지

거래소는 다음과 같은 상장폐지 기준에 해당할 경우 만기 이전이라도 해당종목을 상장폐지해야 한다.

발행회사 자격요건 미달	발행회사의 증권 또는 장외파생상품 투자매매업 인가가 취소되거나 영업정지로 정상적 업무수행이 불가능한 경우
기초지수 요건 미달	• ETN 기초자산의 가격 또는 지수를 이용할 수 없거나 이용할 수 없게 되는 경우 • 기초지수의 산출기준이 변경되는 경우
유동성공급 능력 부족	발행회사가 유동성공급을 할 수 없게 되거나 유동성공급계약을 체결한 LP가 없게 되는 경우, 그 날로부터 1개월 이내에 다른 LP와 유동성공급계약을 체결하지 않거나 발행회사가 직접 유동성공급계획서를 제출하지 않는 경우
상장규모 및 거래규모 부족	ETN 종목의 발행원본액과 지표가치금액이 모두 50억원에 미달하는 경우에는 관리종목으로 지정한 후 다음 반기 말에도 동일 기준에 미달하면 상장폐지
신고의무 위반	ETN 발행회사가 ETN 상장 이후 고의·중과실 또는 상습적으로 신고의무를 위반하는 경우

④ 유동성공급자(LP) 제도

㉠ LP는 매도와 매수 양쪽 방향으로 최소 100증권 이상씩 호가를 제출해야 한다.

㉡ LP는 ETN 시장가격이 지표가치에서 벗어나는 현상인 가격괴리가 발생하지 않도록 하는 역할을 한다.

㉢ 거래소는 LP들로 하여금 호가스프레드비율(매수호가와 매도호가 간 간격)을 일정 수준 이하에서 유지되도록 규제한다.

㉣ 오전 단일가 매매 호가접수시간(08:00 ~ 09:00), 증권시장 개시 후 5분간(09:00 ~ 09:05), 오후 단일가 매매 호가접수시간(15:20 ~ 15:30)에는 LP가 호가를 제출하지 않아도 된다.

㉤ 09:05 ~ 15:20 사이라도 호가스프레드비율이 해당 ETN의 상장 시 거래소에 신고한 비율 이하이면 호가를 제출하지 않아도 된다.

⑤ 매매제도

매매시간	정규시장(09:00 ~ 15:30), 시간외시장(08:00 ~ 09:00, 15:40 ~ 18:00)
호가가격단위	5원
매매수량단위	1증권
가격제한폭	기준가격의 상하 30%(레버리지 ETN의 경우 그 배율을 곱한 금액)
주문의종류	지정가호가, 시장가호가, 조건부지정가호가, 최유리지정가호가, 최우선지정가호가 및 경쟁대량매매호가

*ETN도 위탁증거금으로 사용할 수 있도록 대용증권으로 지정되어 있음
*ETN 결제는 주식과 같이 거래성립일로부터 2일째되는 날(T + 2)에 이루어짐

⑥ ETN 투자지표

일일 지표가치 (IV ; Indicative Value)	• 일일 지표가치는 ETN 1증권당 실질가치로, ETF의 순자산가치(NAV)와 유사하다. • 지표가치는 투자자가 발행자에게 중도상환을 요청할 경우 중도상환기준가 (= 당일 지표가치 − 중도상환수수료)로 활용된다. • 지표가치는 당일 시장가격과의 괴리율의 판단기준이 된다.
실시간 지표가치 (IIV ; Intraday Indicative Value)	• 일일 지표가치를 보완하기 위해 실시간으로 변하는 ETN의 가치변화를 나타낸다. • 산출주기는 기초지수 산출주기와 동일하게 하되 최대 15초 이내로 설정한다.
괴리율	• 괴리율(%) $= \dfrac{\text{ETN의 시장가격} - \text{지표가치}}{\text{지표가치}} \times 100$

⑦ ETN 투자위험

발행회사 신용 위험	ETN은 ETF와 달리 무보증·무담보 일반사채와 동일한 발행자 신용 위험을 가진다.
기초자산 가격변동 위험	ETN은 기초자산인 추적대상지수가 하락하면 손실이 나타날 수 있는, 원금이 보장되지 않는 상품이다.
유동성 부족 위험	LP는 호가를 제출해야 하는 의무가 있을 뿐이지, 투자자들이 원하는 가격 수준에 반드시 호가를 제출해야 한다거나 거래를 체결시켜야 하는 의무가 있는 것은 아니다.
단기거래 비용증가 위험	국내 주식형 ETN은 매도할 때 증권거래세가 면제되는 장점이 있어 단기 투자에 이용될 가능성이 높지만, 매매가 빈번할 경우 증권회사에 지불하는 위탁수수료 부담이 커진다.
상장폐지 위험	일반 기업의 주식처럼 ETN의 경우도 일정 요건에 미달하면 상장이 폐지될 수 있다(다만, 상장폐지되더라도 주식처럼 큰 손실을 보는 것은 아니고, 발행회사의 부도가 아니라면 ETN 발행회사가 최종거래일의 지표가치에 해당하는 금액은 투자자에게 지급).
일별 복리화 효과 위험	추적배율이 1배가 아닌 ETN을 2일 이상 보유하는 경우 보유기간 동안 ETN의 누적수익률은 투자대상의 누적수익률에 추적배율을 곱한 값과 차이가 날 수 있다 (ETN은 투자대상의 누적수익률이 아니라 일별수익률에 연동하기 때문).

개념체크 O X

▶ ETN은 기초지수가 주식을 기초로 하는 경우 최소 10종목 이상으로 만들어야 한다. O X

[해설] ETN은 기초지수가 주식을 기초로 하는 경우 최소 5종목 이상으로 만들어야 한다.

답 X

▶ ETN 발행회사는 증권 및 장외파생상품 매매업 인가를 받은 금융투자업자로서 자기자본이 5,000억원 이상이어야 한다.

O X

답 O

01 ETN의 특징에 대한 설명으로 옳지 않은 것은?
★★★
① ETN은 기초지수와의 추적오차를 최소화할 수 있다.

② ETN은 일반적인 주식거래에 비해 세제상 유리하다.

③ ETN은 신용 위험에서 자유롭다.

④ ETN은 신상품에 대한 접근성이 뛰어나다.

[해설] ETN이 거래소에 상장되어 거래되기는 하지만, 발행회사인 증권회사에 대한 신용 위험이 없어지는 것은 아니다.

답 ③

02 ETN의 기초지수에 관한 설명으로 옳지 않은 것은?
★★★
① KOSPI200과 KRX100은 기초지수가 될 수 없다.

② 섹터지수를 시가총액가중 방식으로 그대로 추종하는 기초지수를 설정할 수 있다.

③ 국채로만 구성되는 기초지수의 경우엔 3종목 이상이면 기초지수가 될 수 있다.

④ 주식을 기초로 하는 기초지수의 경우엔 동일 종목 비중이 30% 이내이어야 한다.

[해설] KOSPI200과 KRX100과 같은 시장대표지수나 섹터지수를 시가총액가중 방식으로 단순히 추종하는 ETN 상품의 출시는 제한하였으나, "ETF · ETN 시장 건전화 방안"(금융위, '20.5.)에서 코스닥150, KRX300 등 국내 시장대표지수 ETN 출시의 허용을 발표하였다.

답 ①

03 ETN의 상장제도에 대한 설명으로 옳지 않은 것은?
★★★
① ETN은 1년 이상 20년 이내의 만기로 발행할 수 있다.

② ETN 발행회사는 순자본비율이 150% 이상이어야 한다.

③ 신규상장하는 ETN의 발행총액은 최소 70억원 이상이고, 발행증권수가 10만 증권 이상이어야 한다.

④ ETN 발행자는 자기자본의 100%까지 ETN을 발행할 수 있다.

[해설] ETN 발행자는 자기자본의 50%까지만 ETN을 발행할 수 있다.

답 ④

출제예상문제

01 다음 금융상품 중 파생결합증권인 것은?
★★★

① ELD

② ELB

③ DLS

④ CP

02 ELS에 대한 설명으로 옳지 않은 것은?
★★☆

① 증권회사가 발행한다.

② 실적배당한다.

③ 파생결합증권이다.

④ ELS와 DLS는 기초자산이 다르지만 상품구조는 유사한 경우가 많다.

03 공모발행 파생결합증권(ELW 제외)의 만기일 또는 최종 환매청구일 이전에 최초로 원금손실조건
★★★ 이 발생한 경우, 금융투자회사가 일반투자자에게 통지해야 하는 내용이 아닌 것은?

① 원금손실조건이 발생하였다는 사실

② 원금손실률 및 원금손실 확정금액

③ 조기상환조건 및 조기상환시 예상수익률

④ 중도상환청구방법, 중도상환 청구기간 및 중도상환수수료

정답 및 해설

01 ③ ELD(주가연동예금)는 은행에서 취급하는 정기예금, ELB는 파생결합사채, DLS(기타파생결합증권)는 파생결
합증권, CP는 기업어음이다.

02 ② ELS는 사전약정수익률을 지급한다. 실적배당하는 것은 ELF이다.

03 ② 원금손실조건이 발생했다는 것이지 손실률이나 금액이 확정된 것은 아니기 때문에 원금손실률 및 원금손실 확
정금액을 알 수 없다.

04 ELD, ELS, ELF에 대한 설명으로 옳은 것은?
★★★
① ELD는 은행에서 발행되는 금융상품이지만 예금자보호법의 대상에는 속하지 않는다.

② ELS는 은행에서 발행하는 파생결합증권이다.

③ ELF는 자산운용사에서 운용하는 수익증권으로서 원금은 보장되지 않는다.

④ ELS는 100% 원금을 보장한다.

05 다음 그림과 같은 만기수익 구조를 가진 ELB의 상품형태는?
★★★

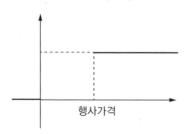

① 녹아웃 옵션(Knock-out Option)형

② 콜 스프레드(Call Spread)형

③ 디지털(Digital)형

④ 양방향 녹아웃(Knock-out)형

06 조기상환형 스텝다운 ELS에 대한 설명으로 옳지 않은 것은?
★★★
① 조기상환형 스텝다운 ELS는 원금손실발생조건인 녹인(KI, Knock-in)조건이 없는 경우도 있다.

② 조기상환형 스텝다운 ELS는 ELS 구조에 매월 월수익지급조건을 추가한 상품 구조도 있다.

③ 변동성이 낮은 지수 2개로 구성된 ELS는 상환조건이 동일하고 변동성이 높은 종목 2개로 구성된 ELS보다 제시수익률이 낮다.

④ 원금손실발생조건인 녹인(KI)을 터치할 경우, 해당 하락분만큼 손실이 확정된다.

07 조기상환형 스텝다운 ELS에 대한 설명으로 옳지 않은 것은?

★★★

① 기초자산이 2개인 ELS는 기초자산이 3개인 ELS보다 제시수익률이 더 낮다.

② 기초자산의 변동성이 큰 종목형 ELS는 상대적으로 변동성이 작은 지수형 ELS보다 제시수익률이 더 높다.

③ 노녹인(No Knock-in)형 ELS는 다른 조건이 비슷할 경우 녹인형 ELS보다 제시수익률이 더 높다.

④ 조기상환형 스텝다운 ELS에 다른 조건이 동일하고 월지급식 조건을 추가한 ELS는 제시수익률이 더 낮다.

정답 및 해설

04 ③ 주가지수 및 개별주식에 연동되어 수익이 지급되는 금융상품으로는 ELD(주가연동예금), ELS(주가연계증권), ELF(주가연계펀드) 등이 있다. ELD는 은행에서 발행되는 예금상품으로 예금자보호법의 보호를 받기 때문에 원금(1인당 5천만원까지)이 보장된다. ELS는 증권사에서 발행하는 파생결합증권으로 증권사의 자기신용으로 사전에 약정한 수익률을 지급한다. ELF는 자산운용사에서 운용하는 수익증권으로서 원금은 보장되지 않고 실적배당한다.

05 ③ 미리 정한 행사가격 미만에서는 원금을 지급하고, 그 행사가격 이상에서는 미리 정한 고정수익을 지급하는 형태로 디지털형이다.

06 ④ 원금손실발생조건인 녹인(KI, Knock-in)은 손실이 발생할 가능성이 생겼다는 의미일 뿐, 녹인이 발생한 ELS가 그 시점에 해당 주가하락분만큼 손실이 확정된 것은 아니다. 녹인(KI)을 터치한 경우라도 그 이후에 기초자산이 재상승하여 조기 및 만기상환 조건을 달성하는 경우 수익을 내고 상환이 가능하므로 녹인 터치가 바로 손실확정을 의미하는 것은 아니다.

07 ③ 기본적으로 투자자에게 불리할수록(안전성이 떨어질수록) 제시수익률은 높다. 즉 기초자산의 변동성이 높을수록, 기초자산의 개수가 많을수록, 녹인조건이 있을수록 투자자가 손실을 볼 가능성이 커지므로 제시수익률은 높아진다. 따라서 녹인(KI, Knock-in)조건이 없어서 안정성이 더 보강된 노녹인(No Knock-in)형 ELS는 다른 조건이 비슷할 경우 녹인(Knock-in)형 ELS보다 제시수익률이 더 낮다.

08 ELW의 권리행사와 만기결제에 관한 설명으로 옳지 않은 것은?

★★☆

① ELW 보유자는 권리행사일에 내재가치가 있는 경우 이익을 볼 수 있으며, 만기에 기초자산가격이 불리하게 움직일 경우 권리행사를 포기할 수 있다.

② 콜 ELW의 내재가치 = (기초자산가격 − 권리행사가격) × 전환비율

③ 현재 상장된 ELW는 발행사가 현금결제방식을 채택하고 있다.

④ 현금결제방식의 ELW는 자동권리행사가 인정되지 않는다.

09 ELW에 대한 설명으로 옳은 것은?

★★★

① ELW를 상장하기 위해서는 LP(유동성공급자)가 있어야 한다.

② ELW의 만기시점에 거래소가 결제이행을 보증한다.

③ ELW는 장내파생상품으로 분류된다.

④ 일반투자자도 ELW를 발행할 수 있다.

10 ELW의 가격결정요인과 가격과의 관계를 잘못 설명한 것은?

★★★

① 기초자산가격(주가)이 상승하면 콜 ELW의 가격이 상승하고, 기초자산가격이 하락하면 풋 ELW의 가격이 상승한다.

② 행사가격이 낮을수록 콜 ELW의 가격은 높아지고, 풋 ELW의 가격은 낮아진다.

③ 변동성이 증가하면 콜 ELW의 가격은 상승하고, 풋 ELW의 가격은 하락한다.

④ 현금배당이 증가하면 콜 ELW의 가격은 하락하고, 풋 ELW의 가격은 상승한다.

11 ELW의 투자지표가 잘못 표시된 것은?

★★★

① 콜 ELW 손익분기점 = 행사가격 + $\dfrac{\text{ELW가격}}{\text{전환비율}}$

② 풋 ELW 패리티 = $\dfrac{\text{기초자산가격}}{\text{행사가격}}$

③ 풋 ELW 손익분기점 = 행사가격 − $\dfrac{\text{ELW가격}}{\text{전환비율}}$

④ 콜 ELW 패리티 = $\dfrac{\text{기초자산가격}}{\text{행사가격}}$

12
★★★
주가가 10,000원이고 행사가격이 5,000원일 때, 전환비율이 50%인 콜 ELW의 내재가치는 얼마인가?

① 2,500원

② 5,000원

③ 10,000원

④ 15,000원

13
★★★
ELW의 투자지표 중 행사가격과 기초자산가격의 상대적 크기를 나타낸 것은 무엇인가?

① 전환비율

② 손익분기점

③ 패리티

④ 기어링

정답 및 해설

08 ④ 현금결제방식의 ELW는 자동적으로 권리가 행사된다. 자동권리행사는 권리행사 만기일에 ELW 보유자가 권리행사를 신청하지 않아도 자동적으로 권리행사가 되도록 하는 제도이다(현금결제방식의 ELW에만 적용).

09 ① 결제이행 보증은 발행자의 신용으로 하며, ELW는 파생상품이 아니라 파생결합증권으로 분류된다. 일반투자자는 ELW를 발행할 수 없다. 거래소에 ELW를 상장하기 위해서 발행증권사는 반드시 1개 이상의 LP(유동성공급자)와 유동성 공급계약을 맺어 계약서를 거래소에 제출하여야 한다.

10 ③ 변동성이 증가하면 콜 ELW와 풋 ELW 모두 가격이 상승한다. 즉 변동성이 증가하면 기초자산가격이 행사가격 이상(콜 ELW의 경우)이나 이하(풋 ELW의 경우)로 움직일 가능성이 커지므로 모든 ELW의 가격이 상승하게 된다. 현금배당이 증가하면 주식을 매입할 경우 배당수익 증가로 인해 주식의 보유비용이 감소한다. 하지만 주식매입효과를 갖는 콜 ELW는 배당수익을 받을 수 없기 때문에 그만큼 낮은 가격에 거래가 되어야 한다.

11 ② 풋 ELW 패리티 $= \dfrac{\text{행사가격}}{\text{기초자산가격}}$

12 ① 콜 ELW의 내재가치 = (기초자산가격 − 권리행사가격) × 전환비율
$= (10{,}000 - 5{,}000) \times 0.50 = 2{,}500$

13 ③ 패리티(Parity)는 행사가격과 기초자산가격의 상대적 크기를 나타낸 것으로, 패리티가 1이면 등가격(ATM), 1보다 크면 내가격(ITM), 1보다 작으면 외가격(OTM)이 된다.

14 기초자산가격(주가)이 40,000원인 콜 ELW의 가격이 2,000원이다. 전환비율이 1일 경우, 기어링
★★☆ 은 얼마인가?

① 10
② 20
③ 100
④ 200

15 주가가 큰 폭의 변동을 보일 것으로 예상할 때, 다음 중 가장 적절한 ELW 투자전략은?
★★★
① 콜 ELW 매수
② 풋 ELW 매수
③ 프로텍티브 풋(Protective Put) 전략
④ 스트래들(Straddle) 매수전략

16 주식으로 기초지수를 구성하는 경우, ETN의 기초지수에 편입되는 종목의 수는 최소 몇 종목 이상
★★★ 이어야 하는가?

① 2종목
② 5종목
③ 10종목
④ 15종목

17 ETN의 상장제도에 대한 설명으로 옳지 않은 것은?
★★★
① ETN 발행회사의 자기자본은 5,000억원 이상이어야 한다.
② ETN의 기초지수는 KOSPI200, KRX100 등 시장대표지수 및 섹터지수는 제외된다.
③ ETN은 1년 이상 20년 이내의 만기로 발행할 수 있다.
④ ETN 종목의 발행원본액과 지표가치금액이 모두 50억원에 미달하는 경우에는 관리종목으로 지정
   한다.

18 다음 중 ETN 발행회사의 퇴출요건이 잘못된 것은?

★★★ ① 자기자본이 2,500억원 미만인 경우

② 신용등급이 투자적격등급인 BBB- 미만인 경우

③ 영업용순자본비율이 100% 미만으로 3개월 지속되거나 또는 50% 미만인 경우

④ 감사의견이 부적정이나 의견거절인 경우

19 다음 중 ETN의 LP(유동성공급자)가 호가를 제출할 의무가 없는 시간에 해당하지 않는 것은?

★★★ ① 오전 8시 4분 ② 오전 9시 4분

③ 오후 3시 4분 ④ 오후 3시 24분

20 ETN의 매매제도에 대한 설명으로 옳지 않은 것은?

★★★ ① ETN도 위탁증거금으로 사용할 수 있도록 대용증권으로 지정되어 있다.

② LP는 매도와 매수 주문의 가격 차이가 클 경우, 이 가격 차이를 좁히기 위해 매도와 매수 양쪽 방향으로 최소 1,000증권 이상씩 호가를 제출할 의무가 있다.

③ ETN 결제는 주식과 같이 거래성립일로부터 2일째 되는 날(T + 2)에 이루어지며, ETF와 같이 예탁기관에 전부 예탁되어 계좌대체를 통해 인수도가 이루어진다.

④ ETN의 호가가격단위는 5원이며, 매매수량단위는 1증권이다.

정답 및 해설

14 ② 기어링 = $\dfrac{\text{기초자산가격}}{\text{ELW가격}} \times \text{전환비율} = \dfrac{40{,}000}{2{,}000} \times 1 = 20$

15 ④ 기초자산(주가)의 방향성보다는 변동성 증가를 기대하므로, 변동성 매수전략인 스트래들(Straddle)이나 스트랭글(Strangle) 매수전략이 필요하다.

16 ② ETN은 5종목 이상이면 된다. 참고로 ETF(상장지수펀드)는 10종목 이상이다.

17 ② ETN의 기초지수는 KRX 시장에서 거래되는 기초자산가격의 변동을 종합적으로 나타내는 지수이어야 한다. KOSPI200, KRX100 등 시장대표지수 및 섹터지수는 제외되었으나, "ETF·ETN 시장 건전화 방안"(금융위, '20.5)에서 코스닥150, KRX300 등 국내 시장대표지수 ETN 출시의 허용을 발표하였다.

18 ③ 퇴출요건에 영업용순자본비율은 적용하지 않으며, 순자본비율이 100% 미만으로 3개월 지속되거나 또는 50% 미만인 경우에 퇴출된다.

19 ③ 오전 단일가매매 호가접수시간(08:00~09:00), 증권시장 개시 후 5분간(09:00~09:05), 오후 단일가매매 호가접수시간(15:20~15:30)에는 LP가 호가를 제출하지 않아도 된다. 한편, 09:05~15:20 사이라도 호가스프레드 비율이 해당 ETN의 상장시 거래소에 신고한 비율 이하이면 호가를 제출하지 않아도 된다.

20 ② LP는 매도와 매수 주문의 가격 차이가 클 경우, 이 가격 차이를 좁히기 위해 매도와 매수 양쪽 방향으로 최소 100증권 이상씩 호가를 제출할 의무가 있다.

21 ETN의 투자지표에 대한 설명으로 옳지 않은 것은?

★★☆ ① 일일 지표가치는 당일 시장가격과의 괴리율의 판단기준으로 사용할 수 있다.

② 중도상환기준가는 당일 지표가치에서 중도상환수수료를 공제하여 산출한다.

③ 실시간 지표가치는 최대 30초 이내로 산출해야 한다.

④ 일일 지표가치의 산출은 한국예탁결제원 등 일반사무관리회사가 담당한다.

22 ETN의 투자위험에 대한 설명으로 옳지 않은 것은?

★★★ ① 기초자산 가격변동위험이 있다.

② 발행회사 신용위험이 있다.

③ 유동성 부족 위험이 있다.

④ ETN은 ETF에 비해 추적오차의 위험이 크다.

23 ETN 투자위험으로 적절치 않은 것은?

★★★ ① 발행회사의 채무불이행 위험이 있다.

② 시장 전체의 변동에 따른 지수하락 위험은 피할 수 없다.

③ 장기투자 시 비용증가 위험이 있다.

④ 투자자가 원하는 가격으로 반드시 호가를 제출하지 못할 위험이 있다.

정답 및 해설

21 ③ 실시간 지표가치의 산출주기는 최대 15초 이내로 설정해야 한다.

22 ④ ETN은 ETF에 비해 추적오차의 위험이 적다.

23 ③ 국내 주식형 ETN은 매도할 때 증권거래세가 면제되는 장점이 있지만, 장기투자를 하지 않고 단기투자로 매매가 빈번할 경우 증권회사에 지불하는 위탁수수료 부담이 증가할 위험이 있다.

PART 03

리스크관리 및 직무윤리

제1장 리스크관리

제2장 영업실무

제3장 직무윤리 및 투자자분쟁예방

리스크관리

챕터 출제비중

구 분	출제영역	출제문항
제1장	리스크관리	8문항
제2장	영업실무	5문항
제3장	직무윤리 및 투자자분쟁예방	12문항

50 45 35 30 25 20 15 10 5

32%

20%

48%

리스크관리는 총 8문제가 출제된다. 처음 공부하는 수험생 입장에서는 개념을 이해하기가 좀 어렵게 느껴지지만, 공식을 암기하고 핵심내용을 숙지하면서 본서에서 제시된 문제를 풀어낼 수만 있다면 학습 난이도에 비해 학습할 분량은 많지 않기 때문에 의외로 높은 점수도 얻을 수 있는 과목이다.

시험에 자주 출제되는 중요한 내용을 살펴보면 다음과 같다. VaR를 이용한 시장위험의 측정 및 측정 방법들의 장단점, 신용위험의 기대손실과 기대외손실의 계산, 장외시장의 신용증대 제도, 파생결합증권의 리스크, 백투백헤지와 동적헤지 전략 등은 확실하게 이해하고 있어야 한다.

TOPIC별 중요도 및 학습체크

TOPIC	핵심개념	중요도	학습체크		
			1회독	2회독	3회독
01	리스크의 개념 및 유형	★★			
02	시장리스크	★★★			
03	신용리스크	★★★			
04	기타 리스크	★★			
05	파생상품 리스크	★★★			

01 리스크의 개념 및 유형 중요도 ★★☆

대표유형문제 부적절하거나 또는 실패한 내부통제, 인력과 시스템, 또는 외부사건으로 인해 발생하는 손실위험은?

① 유동성리스크   ② 운영리스크

③ 법률리스크   ④ 평판리스크

해설 운영리스크에 관한 설명이다.

답 ②

STEP 01 핵심필수개념

(1) 리스크(Risk)의 개념 및 유형

① 개 념

  ㉠ 불확실성에의 노출(불확실성 + 노출) 또는 기대하지 않은 결과의 변동성

  ㉡ 수학적으로는 사건의 결과가 목표 또는 기댓값으로부터 벗어난 정도를 의미함

  ㉢ 측정가능한 불확실성

② 유 형

계량리스크 (객관적 자료로 측정이 가능한 리스크)		비계량리스크 (객관적 자료로 측정이 불가능한 리스크)
시장리스크, 신용리스크, 금리리스크, 운영리스크, 유동성리스크		전략리스크, 법률리스크, 평판리스크, 시스템리스크
시장리스크	시장상황(주가, 금리, 환율, 상품가격)의 불리한 변동으로 인해 손실을 보게 되는 위험 → 주식가격변동리스크, 이자율변동리스크, 환율변동리스크, 상품가격변동리스크	
신용리스크	거래상대방이 계약조건에 의한 채무를 이행하지 못하여 입는 경제적 손실위험 → 채무불이행리스크, 신용등급하락리스크	
운영리스크	부적절하거나 또는 실패한 내부통제, 인력과 시스템, 또는 외부사건으로 인해 발생하는 손실위험 → 인적리스크, 내부시스템리스크, 프로세스리스크, 외부사건리스크	
유동성리스크	포지션을 마감하는 데서 발생하는 비용에 대한 위험 → 시장유동성리스크(미청산위험), 자금조달유동성리스크(결제자금부족)	
법률리스크	계약 당사자에 대하여 계약을 강제할 수 없을 때 발생할 수 있는 손실위험 → 계약이 잘못 문서화된 경우와 거래상대방이 법적으로 계약할 권한이 없는 경우에 발생	
평판리스크	금융투자회사 외부의 여론 또는 이미지가 악화되어 금융투자회사가 경제적 손실(주가하락, 수익악화 등)을 입을 수 있는 위험	
시스템리스크	개별 금융투자회사, 금융시장, 결제시스템의 붕괴 등으로 인해 금융산업 전체가 입게 되는 손실위험	

▶ 리스크는 측정이 불가능한 불확실성이라고 할 수 있다. ○ ×

[해설] 리스크는 측정가능한 불확실성으로 정의할 수 있다.

답 ×

STEP 02 핵심보충문제

01 다음 리스크 중 재무리스크(Financial Risk)에 속하는 것은?
★★★
① 시장리스크 ② 운영리스크
③ 법률리스크 ④ 평판리스크

[해설] 시장리스크는 재무리스크이다. 재무리스크는 가격변동, 채무불이행, 신용경색 등과 같이 시장에서 발생 가능한 리스크를 말한다.

답 ①

02 포지션을 마감하는 데서 발생하는 비용에 대한 위험은?
★★★
① 전략리스크 ② 운영리스크
③ 법률리스크 ④ 유동성리스크

[해설] 유동성리스크란 포지션을 마감하는 데서 발생하는 비용에 대한 위험으로 시장유동성리스크(미청산위험), 자금조달유동성리스크(결제자금부족) 등이 있다.

답 ④

TOPIC

02 시장리스크 중요도 ★★★

대표유형문제 목표기간 5일, 신뢰수준 95%에서 계산된 어떤 포지션의 VaR가 10억원이라는 것의 통계학적 의미는?

① 포지션의 가치에 영향을 미치는 리스크요인의 변화로 인해 5일 동안에 발생할 수 있는 손실이 10억원보다 작을 확률이 95%이다.

② 포지션의 가치에 영향을 미치는 리스크요인의 변화로 인해 5일 동안 발생할 수 있는 손실이 10억원보다 클 확률이 95%이다.

③ 포지션의 가치에 영향을 미치는 리스크요인의 변화로 인해 5일 동안 발생할 수 있는 손실이 10억원보다 작을 확률이 5%이다.

④ 포지션의 가치에 영향을 미치는 리스크요인의 변화로 인해 5일 동안 발생할 수 있는 손실이 9.5억원(= 10억원 × 95%)이다.

포지션의 가치에 영향을 미치는 리스크요인의 변화로 인해 5일 동안에 발생할 수 있는 손실이 10억원보다 작을 확률이 95%(신뢰수준)이다. 또는 포지션의 가치에 영향을 미치는 리스크요인의 변화로 인해 5일 동안에 발생할 수 있는 손실이 10억원보다 클 확률이 5%(허용수준)이다.

답 ①

STEP 01　핵심필수개념

(1) VaR(Value at Risk)의 정의와 측정

　① VaR의 정의

　　VaR는 정상적인 시장에서, 주어진 신뢰수준(= 1 − 허용수준)으로 목표기간 동안에 발생할 수 있는 최대손실금액임

목표기간	포지션을 정상적인 상황에서 헤지하거나 또는 청산하는 데 소요되는 기간을 고려하여 결정
신뢰수준	리스크의 회피정도와 VaR보다 더 큰 손실이 발생하는 경우 기업이 부담해야 하는 비용을 고려하여 결정

　　*대체로 목표기간이 길어지거나 신뢰수준이 높아지면 VaR는 커짐 → 바젤위원회는 10일 기준, 99% 신뢰수준에서 VaR를 측정하도록 권장

　② 전통적 위험측정치의 문제점과 VaR의 필요성

　　㉠ 통계학적인 리스크 측정치 : 표준편차, VaR

　　㉡ 리스크요인에 대한 민감도 측정치 : 베타, 듀레이션, 델타 등

〈리스크 측정치로 표준편차보다 VaR를 선호하는 이유〉

• 표준편차가 리스크의 척도가 되려면 정규분포를 가정해야 하지만, VaR는 정규분포에 대한 가정을 반드시 필요로 하지 않음
• 표준편차는 하향손실과 상향이익을 모두 고려하지만, VaR는 하향손실에 초점을 맞추어 계산되므로 변동성(표준편차)보다 직관적인 리스크 측정치가 됨
• VaR를 이용하면 위험자산에 대한 소요자기자본 계산이 용이함

③ VaR의 계산

(정규분포를 가정할 경우) VaR $= \alpha \times \sigma \times V_0$	
α	신뢰수준 $c\%$를 반영하는 상수로 95% 신뢰수준이면 5퍼센타일을(= 1.65), 99% 신뢰수준이면 1퍼센타일(= 2.33)을 의미
σ	수익률의 표준편차로서 변동성을 의미
V_0	포트폴리오의 가치

(2) 개별자산의 VaR, 포트폴리오의 VaR와 분산효과

개별자산의 VaR	정규분포를 가정할 때, 개별자산 j의 VaR는 다음과 같음 → $VaR_j = \alpha \times V_j \times \sigma_j$ [α는 신뢰수준에 따른 상수, V_j는 자산 j의 현재가치, σ_j는 자산 j의 수익률의 표준편차(변동성)]	
포트폴리오의 VaR	A와 B의 두 자산으로 구성된 포트폴리오의 VaR(VaR_P)는 다음과 같음(σ_{AB}는 두 자산 간의 상관계수) → $VaR_p = \sqrt{VaR_A^2 + VaR_B^2 + 2 \times \rho_{AB} \times VaR_A \times VaR_B}$	
상관계수에 따른 분산효과	상관계수가 +1일 때	$VaR_P = VaR_A + VaR_B$ → 분산효과 없음
	상관계수가 −1일 때	$VaR_P = \lvert VaR_A - VaR_B \rvert$ → 분산효과 극대화
	상관계수가 0일 때	$VaR_P = \sqrt{VaR_A^2 + VaR_B^2}$ → 분산효과 있음
	[$\lvert VaR_A - VaR_B \rvert \leq VaR_P \leq (VaR_A + VaR_B)$] → 즉, 포트폴리오의 VaR는 개별자산 VaR의 절대차이보다는 크거나 같고, 개별자산 VaR의 합보다는 작거나 같음	
	분산효과 (VaR의 감소금액)	$= VaR_A + VaR_B - VaR_P$ → 상관계수가 −1에 접근할수록 분산효과는 커짐

(3) 변동성의 추정

① 변동성의 시간가변성

　㉠ 시간가변성이란 변동성(σ)이 시간에 따라 변한다는 것을 의미함

　㉡ 변동성의 군집(또는 집중)이란 변동성이 한 번 커지게 되면 큰 상태로 어느 정도 지속되고, 그런 다음 상대적으로 변동성이 작은 기간이 이를 뒤따르는 패턴을 말함

② 변동성을 추정하는 방법

　㉠ 단순이동평균

　　• 일정기간의 이동기간을 설정하고 그 기간 동안의 단순이동평균치를 구하여 변동성을 추정하는 방법임(이 모형에서 이동기간에 포함된 모든 과거수익률은 동일한 가중치를 가짐)

　　• $\sigma_t = \sqrt{\dfrac{1}{m} \sum_{i=0}^{m} r_{t-i}^2}$ (이동기간을 m일로 하였을 때 단순이동평균모형에 의한 변동성)

　　• 계산하기가 편리하다는 장점이 있지만, 과거수익률은 모두 동일한 비중을 가지므로 최근의 자료가 오래된 자료보다 더 많은 정보를 내포하고 있다는 점을 무시함

ⓛ JP Moprgan의 리스크메트릭스 방법 : EWMA

- EWMA(Exponentially Weighted Moving Average)모형은 변동성을 구할 때, 오래된 수익률일수록 가중치를 지수적으로 감소시키는 지수가중이동평균법임
- $\sigma_t^2 = \lambda\sigma_{t-1}^2 + (1-\lambda)r_t^2$ → 즉, t시점에서의 변동성 추정치(σ_t^2)는 전기에 계산한 추정치(σ_{t-1}^2)와 최근수익률의 제곱(r_t^2)을 가중평균하여 계산함(여기서 λ는 소멸계수이며, 0과 1 사이의 값을 가짐)
- r_t^2에 주어지는 비중이 과거로 갈수록 $(1-\lambda)$, $(1-\lambda)\lambda$, $(1-\lambda)\lambda^2...$, $(1-\lambda)\lambda^{t-1}$ 등으로 감소함(예를 들어, λ가 94%이면, r_t^2의 비중은 과거로 갈수록 각각 6%, 5.64%, 5.30%, 4.98% 등으로 지수적으로 감소)
- EWMA모형은 과거자료를 보관할 필요가 없고, 단 2개의 자료로 변동성을 간단히 계산한다는 장점이 있음

ⓒ 옵션의 내재변동성

- 내재변동성이란 옵션의 가격으로부터 블랙숄즈 공식을 역산하여 추정하는 변동성
- 옵션의 내재변동성은 행사가격에 따라 달라지는 특성이 있는데, 외가격 또는 내가격옵션의 내재변동성이 등가격옵션의 내재변동성보다 높은 경향을 가지는 것을 '변동성 스마일'이라고 함

(4) 파생상품 VaR의 추정

① 델타-노말 방법에 의한 옵션의 VaR

옵션의 VaR = 기초자산의 VaR × 옵션 포지션의 델타(Δ) = $(\alpha \times V \times \sigma) \times \Delta$

델타-노말 VaR를 계산할 때 주의사항	• 옵션의 VaR를 계산하는데, 옵션의 가격을 사용하지 않고 기초자산의 가격을 사용 • 옵션 매입 포지션의 VaR와 매도 포지션의 VaR는 동일하다는 것
옵션의 VaR를 델타-노말 방법으로 계산할 때의 문제점	• 포트폴리오가 무위험 상태가 아니어도 옵션 포트폴리오의 델타가 0일 수 있음 • 콜옵션과 풋옵션의 매입 포지션처럼 양(+)의 컨백시티(볼록성) 또는 감마를 갖는 포지션의 경우, 선형으로 추정한 VaR는 실제의 VaR보다 과대평가됨 • 콜옵션과 풋옵션의 매도 포지션처럼 음(−)의 컨백시티(볼록성) 또는 감마를 갖는 포지션의 경우, 선형으로 추정한 VaR는 실제의 VaR보다 과소평가됨

② 금리스왑의 VaR

금리스왑의 VaR는 각 포지션을 동일한 현금흐름을 갖는 현물 포지션으로 분해하여 계산함

금리스왑 매입 포지션	고정금리를 지급하고 변동금리를 수취하는 포지션(Long Swap) = 차기 금리변동일을 만기로 하는 채권 매입 포지션 + 스왑종료일을 만기로 하는 채권 매도 포지션
금리스왑 매도 포지션	고정금리를 수취하고 변동금리를 지급하는 포지션(Short Swap) = 차기 금리변동일을 만기로 하는 채권 매도 포지션 + 스왑종료일을 만기로 하는 채권 매입 포지션

③ 선물환의 VaR

선물환의 VaR는 각 포지션을 동일한 현금흐름을 갖는 현물 포지션으로 분해한 다음에 각 포지션 간의 상관계수를 이용하여 합산하여 계산함

선물환 매입 포지션	= 원화채권 매도 포지션 + 현물환 매입 포지션 + 달러채권 매입 포지션
선물환 매도 포지션	= 달러채권 매도 포지션 + 현물환 매도 포지션 + 원화채권 매입 포지션

④ 선도금리계약의 VaR

    ⑦ FRA(선도금리계약)는 미래 일정기간 동안에 적용되는 미래의 수취 또는 지급 이자율을 현재 시점에서 약정하는 계약임

    ⓒ FRA의 VaR는 각 포지션을 동일한 현금흐름을 갖는 채권 포지션으로 분해한 다음에 각 포지션 간의 상관계수를 이용하여 합산하여 계산함

FRA($t_1 \times t_2$) 매입 포지션	= t_1만기 채권 매입 포지션 + t_2만기 채권 매도 포지션
FRA($t_1 \times t_2$) 매도 포지션	= t_1만기 채권 매도 포지션 + t_2만기 채권 매입 포지션

(5) VaR의 3가지 측정방법

다음의 세 가지 방법은 정상적인 시장여건을 가정하고 발생할 수 있는 최대손실 금액을 계산한 것으로 세밀한 리스크관리를 위해서는 극단적인 사건이 발생하는 경우의 손실금액을 추정하는 위기상황분석이 필요함

① 분석적 분산–공분산 방법

측정 방법	⑦ 과거 자료를 이용하여 분산과 공분산을 추정하고 이 값들을 이용하여 VaR를 계산 ⓒ 모든 자산 및 포트폴리오의 수익률이 정규분포를 따른다고 가정 ⓒ 부분 가치평가방법을 이용함
단 점	실제 분포의 두터운 꼬리를 반영하지 못하여 리스크를 과소평가할 수 있으며, 비선형 자산인 옵션의 리스크를 정확히 평가하지 못함

〈부분 가치평가방법〉

- 잠재적 손실을 선형으로 측정하는 방법 : $\Delta V = \beta \times \Delta F$
- F는 리스크 요인, β는 리스크 요인의 변화에 따른 포트폴리오의 민감도
- 리스크 요인의 움직임에 선형 노출된 정도를 측정하는 지표(β)로는 주식의 경우 베타, 파생상품의 경우 델타, 채권의 경우 수정 듀레이션이 있음

② 역사적 시뮬레이션

측정 방법	⑦ 특정 확률분포를 가정하지 않고 시장변수들의 과거 변화에 기초하여 완전 가치평가방법으로 시뮬레이션을 함으로써 VaR를 계산 ⓒ 실제 가격을 이용하므로 비선형성과 비정규분포를 모두 수용할 수 있는 방법 ⓒ 특정 분포를 가정하지 않고 실제의 변동성과 상관관계를 이용
단 점	⑦ 오직 1개의 가격변화만이 고려된다는 점과 완전 가치평가를 위하여 가치평가모형이 필요하다는 것 ⓒ 일시적으로 증가한 변동성을 고려하지 못하고, 과거자료에 극단치가 포함되어 있으면 이 관찰치의 영향을 크게 받음

③ 몬테카를로 시뮬레이션

측정 방법	⑦ 가장 효과적으로 VaR를 계산할 수 있는 방법 ⓒ 비선형성, 변동성의 변화, 두터운 꼬리, 극단적인 상황 등을 모두 고려할 수 있음
단 점	계산비용이 많이 들고(완전 가치평가법), 생성된 가격이 실제 가격이 아니므로 모형(확률모형으로 가장 많이 사용되는 모형은 기하적 브라운 운동) 리스크가 크다는 점

(6) 위기상황분석 또는 스트레스검증(Stress Testing)

① 위기상황분석은 주요 변수의 극단적인 변화가 포트폴리오에 미치는 영향을 시뮬레이션하는 기법임

② 관심 있는 변수가 변할 수 있는 상황을 주관적인 시나리오로 결정한 후 이 변화가 포트폴리오의 가치에 미치는 영향을 분석하는 것임

시나리오 설정 시 고려할 사항	• 현재 포지션에 적절해야 함 • 관련된 모든 변수의 변화를 고려해야 함 • 구조적 변화의 가능성을 고려해야 함 • 유동성 위기 상황을 포함시켜야 함 • 시장리스크와 신용리스크 간의 상호작용을 반영해야 함

개념체크OX

▶ VaR는 정상적인 시장에서, 주어진 신뢰수준으로 목표기간 동안에 발생할 수 있는 평균손실금액을 의미한다. |O|X|

해설 VaR는 정상적인 시장에서, 주어진 신뢰수준으로 목표기간 동안에 발생할 수 있는 최대손실금액을 의미한다.

답 X

▶ 역사적 시뮬레이션은 일시적으로 증가한 변동성을 고려하지 못하고, 과거자료에 극단치가 포함되어 있으면 이 관찰치의 영향을 크게 받는다. |O|X|

답 O

STEP 02 │ 핵심보충문제

01 리스크를 관리하는 방법을 개별관리법과 통합관리법으로 구분할 때, 통합관리법에서 주로 사용하
★★★ 는 위험측정치는 무엇인가?

① VaR ② 델타

③ 감마 ④ 베가

해설 델타, 감마, 베가 등의 그릭문자는 주로 개별관리법에서 사용하는 위험측정치이다.

리스크 개별관리법	주로 거래부서(Trading Office)가 사용하는 방법 → 델타, 감마, 베가 등과 같은 그릭문자를 이용하여 특정 포지션의 위험을 개별적으로 헤지하는 방법
리스크 통합관리법	• 주로 리스크관리부서인 중간부서(Middle Office)가 사용하는 방법 → 매일 모든 시장위험요인에 대해 금융회사가 통합적으로 노출된 정도를 측정(통합관리법에서 주로 사용하는 위험측정치가 VaR) • 신용리스크는 전통적으로 개별관리법보다 통합관리법으로 관리

답 ①

02 주식을 1,000억원 보유하고 있다. 일별 변동성이 4%일 경우 1일 기준으로 95% 신뢰수준에서 구한
★★★ 주식의 VaR는?

① 33억원   ② 44억원

③ 55억원   ④ 66억원

[해설] $VaR = \alpha \times V_j \times \sigma_j = 1.65 \times 1,000억 \times 0.04 = 66억원$

답 ④

03 다음 중 대표적인 비선형자산은?
★★★
① 선 물   ② 주 식

③ 스 왑   ④ 옵 션

[해설] 비선형이라는 것은 위험요인과 포지션의 가치변동이 직선 형태를 보이지 않는 것을 말한다. 예를 들어 옵션의
경우, 위험요인(기초자산가격)과 옵션프리미엄의 관계는 선형이 아닌 비선형이다. 즉, 옵션은 수익구조가 비대
칭적인 비선형자산이다.

답 ④

04 정상적인 시장여건 하에서 VaR를 측정하는 방법과 거리가 먼 것은?
★★★
① 분석적 분산–공분산 방법

② 위기상황분석(Stress Test)

③ 몬테카를로 시뮬레이션

④ 역사적 시뮬레이션

[해설] ②를 제외한 VaR를 측정하는 나머지 방법들은 정상적인 시장여건을 가정하고 발생할 수 있는 최대손실 금액
을 계산하지만, 좀 더 세밀한 리스크관리를 위해서는 극단적인 사건이 발생하는 경우의 손실금액을 추정하는
위기상황분석이 필요하다.

답 ②

03 신용리스크 중요도 ★★★

대표유형문제 채무불이행과 관련해서 대출과 이자율스왑의 차이점을 설명한 내용으로 옳지 않은 것은?

① 대출의 경우 신용리스크는 원금의 상환여부와 관련해서 발생하나, 이자율스왑의 경우 원금이 신용리스크에 노출되는 것은 아니다.

② 대출에서는 금리의 수준에 의해 현금흐름이 결정되지만, 이자율스왑에서 교환되는 현금흐름은 고정금리와 변동금리의 차이에 의해 결정된다.

③ 대출의 경우 채무불이행은 차입자가 재무적 곤경에 처하여 계약을 이행할 수 없을 때에 발생한다.

④ 스왑에서 상대방 채무불이행리스크에 실제로 노출되려면 상대방 입장에서 계약의 가치가 양(+)이면서, 동시에 상대방이 채무불이행하여야 한다.

해설 스왑에서 상대방 채무불이행리스크에 실제로 노출되려면(즉, 상대방이 채무불이행하여 실제로 손실이 발생하려면), 다음의 두 가지 조건이 동시에 충족되어야 한다. 첫째, 상대방 입장에서 계약의 가치가 음(−)이어야 한다(즉, 계약자에게 계약의 순현가는 양(+)이어야 함). 둘째, 상대방이 채무불이행하여야 한다. 다시 말하면, 스왑에서 상대방 채무불이행리스크에 실제로 노출되려면 내가 이익을 보고 있는 상황에서 상대방이 채무불이행할 때라는 것이다.

답 ④

STEP 01 핵심필수개념

(1) 신용리스크

정 의	① 국제결제은행(BIS)은 신용리스크를 '거래상대방이 계약조건에 의한 채무를 이행하지 못하여 입는 경제적 손실의 가능성'으로 정의함 ② 좁은 의미로 채무불이행리스크를 뜻하지만, 넓게는 신용등급하락리스크까지도 포함
원 천	채무불이행리스크, 회수율리스크, 신용등급하락리스크, 시장리스크
특 징	① 시장리스크는 측정기간을 짧게 설정하는 데 반하여, 신용리스크는 보통 1년을 기준으로 측정함 ② 신용리스크의 분포는 정규분포를 따르지 않으며, 신용포지션의 가치변화는 비대칭적이고 두터운 꼬리를 가짐 → 실제분포를 이용하여 분포의 퍼센타일로부터 직접 신용VaR를 구하는 비모수적 방법이 바람직함

〈신용리스크와 시장리스크 비교〉

구 분	신용리스크	시장리스크
목표기간	길다(보통 1년)	짧다(1일 또는 며칠)
리스크한도 적용대상	거래상대방	거래조직 계층(Level)
수익률 분포	정규분포가 아님	정규분포(옵션 제외)
법률리스크	법률리스크가 크다	없음

(2) 기대손실과 기대외손실

① 신용리스크의 분포를 결정하는 3가지 변수

채무불이행 확률	PD(Probability of Default) → 기대손실과 기대외손실을 1년 기준으로 측정하므로 1년 기준의 채무불이행확률을 이용
신용리스크 노출금액 (익스포저)	• EAD(Exposure At Default) → EAD는 회수율이 0%라는 가정 하에서 계산된 최대손실금액 • 채무불이행 시점에서의 리스크노출금액은 Max(자산의 시장가치, 0)로 계산 • 채권(or 대출)의 경우 리스크노출금액은 원금 또는 시장가치로 계산 • 파생상품의 경우 경제적 가치가 양(+)이면(즉, 이익보고 있으면) 리스크노출금액은 해당금액, 경제적 가치가 음(−)이면(즉, 손해보고 있으면) 리스크노출금액은 '0'
채무불이행 시 손실률	LGD(Loss Given Default) → 채무불이행으로 인해 회수하지 못하는 손실(따라서 LGD = 1 − 회수율)

② 기대손실(EL)과 기대외손실(UL)의 계산

신용손실 (CL)	채무불이행으로 인한 손실을 신용손실(Credit Loss)이라 함 → CL(신용손실) = EAD(익스포저) × LGD(손실률)
기대손실 (EL)	기대손실(Expected Loss)은 신용손실(CL)을 확률로 가중한 값 → EL(기대손실) = PD(채무불이행확률) × EAD × LGD
기대외손실 (UL)	기대외손실(Unexpected Loss) 또는 비예상손실은 주어진 신뢰수준에서의 최대손실금액(UL $= \alpha \times \sigma$)을 말함(기대외손실을 신용 VaR라고 부름) → UL(기대외손실) $= \alpha \times \sigma_{CL} = \alpha \times \sqrt{PD(1-PD)} \times EAD \times LGD$ 신용손실의변동성$(\sigma_{CL}) = \sqrt{PD(1-PD)} \times EAD \times LGD$

(3) 장외파생상품의 신용리스크

① 채무불이행 측면에서 대출과 금리스왑의 차이점

구 분	대 출	금리스왑
위 험	원금 전체가 노출	원금 노출 안 됨(원금교환 안 함)
현금흐름	현재 금리수준	고정금리와 변동금리의 차이
채무불이행 리스크 노출	차입자가 계약불이행 시	계약자에게 계약의 순현가가 양(+)일 때, 상 대방이 채무불이행하는 경우

② 장외시장의 신용증대제도

네팅 (Netting) 협약	• 네팅은 두 당사자 간 복수의 채권·채무를 하나로 단일화하는 과정(단순차감계산을 의미하는 상계보다는 넓은 의미) • 기본스왑계약서(Master Swap Agreement)는 모든 계약에 대해 지급금액의 상계가 가능하 도록 하므로, 네팅협약의 적용을 받는 모든 계약의 리스크노출금액은 순지급금액으로 제한됨
포지션 한도 설정	• 장외시장 파생상품에 포지션을 취하는 투자자들은 리스크에 노출되는 금액의 한도를 상대방 별로 설정 • 포지션 한도는 포트폴리오 측면에서 최종적으로 검토되어야 함
증거금과 담보 요구	만기가 긴 스왑은 자주 시장가치를 반영하여 증거금을 조정하도록 요구하고, 또한 적절한 규모 의 담보를 요구하기도 함
계약종료 조항	계약자 중 한쪽이 투자부적격으로 하락하면 다른 한쪽이 스왑계약의 현금결제를 요구할 수 있는 권리를 갖도록 규정한 조항
이자율 조정	상대방의 신용리스크를 반영하여 스왑계약의 고정금리를 조정

③ 장외파생상품의 신용리스크 측정

BIS(국제결제은행)의 자기자본비율 규정은 거래소 파생상품은 거래소가 계약의 이행을 보장하므로 신용리스크는 없는 것으로 간주하고, 장외파생상품은 신용리스크에 대한 자본금을 요구함

〈BIS 규정에 의한 장외파생상품의 신용리스크 및 요구자본금 계산〉

신용리스크 노출금액 (CEA)	CEA(Credit Equivalent Amount) = 현재노출(CE) + 잠재노출(PE)	
	현재노출 (CE)	CE = Max(계약의 대체비용 또는 현재가치, 0) 현재노출은 만일 상대방이 지금 채무불이행하는 경우 계약을 대체하는 데 필요한 대체비용으로 계약의 현재가치(순현가)를 의미 [순현가 > 0] → 현재노출은 대체비용으로 결정됨 [순현가 < 0] → 현재노출은 '0'
	잠재노출(PE)	= 액면금액 × 신용환산율
요구자본금	위험가중자산가치 = 신용리스크노출금액(CEA) × 상대방별 위험가중치 요구자본금 = 위험가중자산가치 × 8%	

④ 장외파생상품 유형별 신용리스크 노출금액

선형 장외파생상품 (스왑과 선도계약)	계약의 양 당사자가 기초자산을 매입 또는 매도할 의무를 가지므로, 가치에 영향을 미치는 리스크 요인의 움직임에 따라 현재노출과 잠재노출은 0부터 대단히 큰 값을 가질 수 있음
장외옵션 매입 포지션	현재노출과 잠재노출은 리스크 요인의 움직임에 의해 결정 → 옵션은 음(-)의 가치를 결코 갖지 않으므로 현재가치가 0보다 작을 수 없음
장외옵션 매도 포지션	현재노출과 잠재노출이 전부 '0'(왜냐하면 프리미엄을 이미 수령했고 미래에 발생할 수 있는 것은 손실뿐이기 때문)

⑤ 장외파생상품 신용리스크 노출금액의 시간적 변화

고정금리와 변동금리를 교환하는 이자율스왑에서 리스크 노출금액에 영향을 미치는 요인은 두 가지임

금리확산효과 (변동성효과)	시간이 지남에 따라 변동금리가 고정금리로부터 멀어지는 현상 → 이 효과로 만기일에 접근할수록 리스크노출금액은 증가
만기효과(상각효과)	시간이 지남에 따라(만기일에 접근함에 따라) 남은 지급횟수의 감소로 리스크노출금액이 감소하는 효과 → 금리확산효과를 상쇄시키는 효과

▶ 신용리스크에서 기대손실(EL)은 [PD(채무불이행확률) × EAD(익스포저) × LGD(손실률)]로 계산할 수 있다. O×

답 O

▶ Payer 이자율스왑의 보유자는 금리가 상승할수록 신용리스크가 감소한다. O×

해설 Payer 이자율스왑(매입 포지션)은 고정금리를 지급하고 변동금리를 수취하는 포지션이므로 금리상승 시 포지션의 가치가 증가하게 되어 신용리스크가 증가한다. 왜냐하면 손실을 보고 있는 상대방이 채무를 불이행할 가능성이 커지기 때문이다.

답 X

01 다음 중 장외시장의 신용증대제도와 거리가 먼 것은?
★★★

① 네팅(Netting)협약

② 증거금과 담보 요구

③ 자산부채 종합관리전략(ALM)

④ 계약종료조항(Termination Provision)

해설 자산부채 종합관리전략(ALM ; Asset Liability Management)은 자산과 부채관리를 말하는 것으로, 금융기관이나 기업이 보유하는 자산과 부채를 리스크의 관점에서 합리적으로 관리하고자 하는 것을 말한다.

답 ③

02 신용리스크 익스포져가 200억원이고 부도시 회수율이 20%로 추정된다. 1년 기준 채무불이행확률
★★★ (부도율)이 2%로 추정된다면 기대손실은?

① 0.4억원

② 1.2억원

③ 3.2억원

④ 4억원

해설 [기대손실(EL) = 익스포져(EAD) × 채무불이행확률(PD) × 손실률(LGD)]이며, [손실률 = 1 − 회수율]이므로, 기대손실 = 200억원 × 0.02 × (1 − 0.2) = 3.2억원

답 ③

03 이자율스왑에서 시간이 지남(만기일에 접근함)에 따라 변동금리가 고정금리로부터 멀어지는 현상
★★★ 을 무엇이라 부르는가?

① 금리확산효과

② 만기효과

③ 상각효과

④ 헤지효과

해설 금리확산효과(변동성효과)에 대한 설명이다. 이 효과로 인해 만기일에 접근할수록 리스크노출금액은 증가한다.

답 ①

04 기타 리스크 중요도 ★★☆

대표유형문제 다음 중 비계량리스크가 아닌 것은?

① 신용리스크 ② 법률리스크

③ 평판리스크 ④ 전략리스크

해설 신용리스크는 객관적인 자료로 측정이 가능한 계량리스크이다.

답 ①

STEP 01 **핵심필수개념**

(1) 운영리스크

운영리스크는 부적절하거나 또는 실패한 내부통제, 인력과 시스템 또는 외부사건 등으로 인해 발생하는 손실의 위험임(운영리스크에 법률리스크를 포함하지만 평판리스크와 전략리스크는 포함하지 않음)

인적 리스크	인간의 실수, 사기, 내부규정의 고의적 위반 등으로 인해 발생하는 손실과 관련된 위험
시스템 리스크	정보시스템과 IT 분야에서 하드웨어 / 소프트웨어 실패, 해킹, 바이러스, 커뮤니케이션 실패 등으로 인한 손실과 관련된 위험
프로세스 리스크	내부 절차와 통제에서의 부적절함으로 인한 손실과 연관된 위험 → 결제 실수, 모형리스크, 장부기장 실수, 가격평가의 오류, 부적절한 통제로 인한 보안실패 등
외부사건 리스크	은행이 통제할 수 없는 외부사건(정치적 또는 법적 환경의 변화, 화재, 지진 등)으로부터 발생한 손실과 관련된 위험

(2) 유동성리스크

유동성리스크는 포지션을 마감하는 데서 발생하는 비용에 대한 위험 → 유동성리스크는 재무리스크이며 계량리스크임

시장유동성리스크	특정 자산과 시장과 연관된 리스크 예 기업이 소유하고 있는 자산을 매각하고자 하는 경우, 매입자가 없어 매우 불리한 조건으로 자산을 매각해야만 할 때 노출되는 유동성리스크
자금조달유동성 리스크	금융기관의 자금조달과 관련된 리스크 예 금융기관이 정산일에 또는 증거금납입 요청을 받고 지급금액을 확보하지 못할 때 발생하는 유동성리스크

(3) 비계량리스크

법률리스크	계약 당사자에 대하여 계약을 강제할 수 없을 때 발생할 수 있는 손실위험 → 법률리스크는 계약이 잘못 문서화된 경우와 거래 상대방이 법적으로 계약할 권한이 없는 경우에 발생
법규준수리스크	금융회사가 규정, 법령, 내규, 관행, 도덕적 기준을 위반 또는 준수하지 않음에 따라 입을 수 있는 경제적 손실 → 준법감시제도(준법감시인) 운영
평판리스크	금융회사 외부의 여론 또는 이미지가 악화되어 금융회사가 경제적 손실을 입을 수 있는 위험 → 평판은 시장에서 금융기관이 지속적으로 영업을 할 수 있는 기반을 제공하는 무형자산
전략리스크	• 정치와 경제환경의 근본적인 변화로 인해 발생 가능한 손실위험(경영진의 정책결정 오류에서 발생하는 손실위험을 포함) • 평판리스크처럼 객관적 측정이 어렵기 때문에 '판단의존법'과 같은 정성적 방법으로 판단해야 함
시스템리스크	• 개별 금융투자회사, 금융시장, 결제시스템의 붕괴 등으로 인해 금융산업 전체가 입게 되는 손실위험 • 한 금융투자회사의 파산 또는 재무적 곤경이 다른 회사에 연쇄적으로 영향을 미치는 도미노효과 → 리스크관리부서는 위기상황계획을 수립해야 함

개념체크○×

▶ 법률리스크는 측정이 가능한 계량리스크이다. ○ ×

[해설] 법률리스크는 계약 당사자에 대하여 계약을 강제할 수 없을 때 발생할 수 있는 손실위험으로 측정이 불가능한 비계량리스크이다.

답 X

STEP 02 핵심보충문제

01 개별 금융투자회사, 금융시장, 결제시스템의 붕괴 등으로 인해 금융산업 전체가 입게 되는 손실위
★★★ 험은?

① 법률리스크 　　　　　　　　　② 시스템리스크

③ 평판리스크 　　　　　　　　　④ 전략리스크

[해설] 시스템리스크는 한 금융투자회사의 파산 또는 재무적 곤경이 다른 회사에 연쇄적으로 영향을 미치는 도미노효과를 의미한다.

답 ②

02 금융기관이 정산일에 또는 증거금납입 요청을 받고 지급금액을 확보하지 못할 때 발생하는 리스크는?
★★★ ① 전략리스크 　　　　　　　　　② 운영리스크

③ 자금조달유동성리스크 　　　　④ 시장유동성리스크

[해설] 자금조달유동성리스크는 금융기관의 자금조달과 관련된 리스크이다. 유동성리스크란 포지션을 마감하는 데서 발생하는 비용에 대한 위험으로 시장유동성리스크(미청산위험), 자금조달유동성리스크(결제자금부족) 등이 있다.

답 ③

05 파생상품 리스크 중요도 ★★★

장외파생상품의 리스크에 대한 설명으로 옳지 않은 것은?

① 장외파생상품은 장내파생상품과 달리 거래상대방 신용위험이 있다.

② 장외파생상품 거래에서 평가손실이 발생하여 거래상대방으로부터 증거금과 담보를 요청하는 마진콜을 받는 경우, 적정 유동성을 확보하지 못할 위험이 있다.

③ 장외파생상품은 계약의 만기 이전에 계약을 종료하기 위해서는 시장에서 반대매매를 통해 청산하여야 한다.

④ 장외파생상품은 계약청산에 따른 비용이 크다.

해설 장외파생상품은 계약의 만기 이전에 계약을 종료하기 위해서는 시장에서 반대매매를 통해 청산할 수 없고, 거래상대방에게 계약의 해지를 요청하여야 한다. 이 경우 계약의 적정 가치에 대한 평가의 문제와 계약의 해지에 따른 패널티가 발생한다. 따라서 유동성이 높은 시장에서 거래되는 장내파생상품과 비교하여 청산에 따른 비용이 크다.

답 ③

STEP 01 핵심필수개념

(1) 선물 헤지거래와 리스크

선물을 이용한 헤지가 항상 완벽한 것은 아니며, 다음의 리스크는 존재함

베이시스 위험 (Basis Risk)	선물을 이용한 헤지에서 투자자의 자산 매도 또는 매입시점이 선물의 만기일과 정확히 일치하지 않는 경우, 베이시스(선물가격과 현물가격의 차이) 위험에 노출됨 → 즉, 헤지개시시점과 헤지종결시점의 베이시스의 변동에 따라서 헤지거래에 따른 손익의 변동이 발생함
교차헤지 위험	교차헤지(헤지 대상자산과 선물의 기초자산이 정확히 일치하지 않는 헤지)의 경우, 자산의 가격이 서로 다른 방향으로 움직일 때 헤지 효과가 감소하고 손실이 발생할 가능성이 높아짐
롤오버 유동성 리스크	• 롤오버(Roll-over)란 목표 헤지 기간이 선물계약의 만기보다 긴 경우, 기존의 선물계약을 청산하고 다음 만기의 선물계약을 체결하여 헤지를 연장하는 거래 • 롤오버를 통한 헤지 전략은 때로는 심각한 유동성 위험을 초래(선물계약은 일일정산을 하므로, 특정 금액 이상의 손실이 발생하면 증거금 납입 요청을 받기 때문) → 대표적 사례는 1990년대 초 독일의 메탈게젤샤프트의 헤지거래

(2) 장외파생상품의 유동성 리스크

증거금과 담보 요구에 따른 유동성 위험	계약의 가치 변동에 따라 평가이익이 발생한 거래상대방은 평가손실이 발생한 거래상대방에게 추가 증거금 또는 담보를 요청하는 마진콜을 할 수 있음 → 급격하게 시장 상황이 변동하는 경우 유동성을 확보하지 못하는 경우 발생 예 2008년 글로벌 금융위기
계약 청산에 따른 유동성 위험	장외파생상품은 1:1의 쌍방계약이므로 만기 이전에 계약을 종료하기 위해서는 시장에서 반대매매를 통해 청산할 수 없고 거래상대방에게 계약의 해지를 요청해야 함 → 청산비용이 크게 발생

(3) 파생결합증권의 리스크

시장위험	기초자산의 가격변동	기초자산의 가격이 하락하면, Stepdown ELS의 가치 하락
	변동성	변동성이 상승하면, Stepdown ELS의 가치 하락
	상관관계	기초자산 수익률 간의 상관관계가 낮아지면, Stepdown ELS의 가치 하락
	금리	금리가 상승하면, 두 가지 효과(Stepdown ELS의 현재가치 하락 & 자산의 기대수익률 상승으로 ELS의 가치 상승)가 나타나지만, 일반적으로 할인율의 상승으로 현재가치가 하락하는 효과가 더 큼
	배당	배당이 커지면 Stepdown ELS의 가치 하락(배당은 배당락 효과에 의해 미래 주가(지수)를 하락시키기 때문)
	퀀토위험	• 기초자산이 해외자산인 경우 발생하는 위험 • 일반적으로 환율의 변동성이 커질수록, ELS의 가치 상승
발행사 신용위험		파생결합증권의 투자자는 발행사의 신용위험에 노출됨(파생결합증권은 발행사의 신용으로 발행되는 증권이므로 발행사가 부도나거나 채무불이행을 하면 투자금을 회수하지 못할 가능성이 있기 때문)
유동성 위험		투자자가 만기 이전에 발행사에 환매를 요청하는 경우, 중도 환매에 대한 패널티 부과
모델 위험		파생결합증권은 시장가격이 없기 때문에 평가모델에 의한 평가가격에 의하여 환매기준가격이 결정되므로, 평가모델의 불확실성에 따른 리스크에 노출됨

(4) 파생결합증권 발행사의 헤지거래

백투백 헤지		파생결합증권의 발행사가 발행되는 파생결합증권과 동일한 수익구조의 스왑계약을 다른 거래상대방과 체결하여 헤지하는 거래
	fully-funded 스왑	파생결합증권을 발행하여 조달한 투자원금을 헤지거래 상대방에게 지급하고 만기에 상환받는 헤지거래 → 스왑계약의 거래상대방의 신용위험에 노출
	unfunded 스왑	투자원금은 발행사에서 운용하며 스왑거래 상대방에게는 3개월 또는 6개월마다 변동금리를 지급하고 만기에 수익금액을 정산하는 방식 → 금리변동에 따른 투자원금 운용수익 변동위험과 스왑계약의 가치 변동에 따른 추가 담보 납입 요청(마진콜) 시 유동성위험 발생
동적 헤지		• 파생결합증권의 발행에 따라 투자자에게 지급해야 하는 수익구조를 복제하기 위해 기초자산을 직접 거래하여 헤지하는 전략 • 부채(발행한 ELS)의 변동액과 자산의 변동액이 일치하도록 델타 중립 포트폴리오를 유지해 나가는 전략

개념체크○X

▶ 선물을 이용하여 헤지를 한다고 하더라도 베이시스 위험, 교차헤지 위험, 롤오버 유동성 리스크, 발행사 신용위험 등이 존재한다. ○ X

해설 발행사 신용위험은 파생결합증권의 리스크이다.

답 X

▶ 파생결합증권의 발행사가 발행되는 파생결합증권과 동일한 수익구조의 스왑계약을 다른 거래상대방과 체결하여 헤지하는 거래를 백투백헤지라고 한다. ○ X

답 ○

01 선물계약을 이용하여 헤지를 할 때, 선물의 만기가 헤지 목표기간과 불일치하여 선물의 만기일
★★★ 이전에 선물거래를 청산해야 할 때 노출되는 위험의 유형은?

① 롤오버 리스크 ② 베이시스 리스크
③ 거래상대방 리스크 ④ 유동성 리스크

해설 선물을 이용한 헤지에서 투자자의 자산 매도 또는 매입 시점이 선물의 만기일과 정확히 일치하지 않을 수 있다. 이 경우 선물로 헤지를 하였다 하더라도 베이시스 위험(Basis Risk)에 노출된다.

답 ②

02 1990년대 초 독일의 메탈게젤샤프트가 휘발유의 장기공급계약에 따른 유가상승 위험을 단기 선물
★★★ 을 이용하여 헤지를 할 때, 선물 포지션에서 일일정산에 따른 증거금 납입에 어려움을 겪은 위험의
유형은?

① 교차헤지 리스크 ② 베이시스 리스크
③ 거래상대방 리스크 ④ 롤오버 유동성 리스크

해설 메탈게젤샤프트는 휘발유를 장기 공급하는 계약을 체결하고, 유가상승 위험을 헤지하기 위해 원유선물을 매수하여 단기 롤오버하는 전략을 취하였다. 그런데, 유가가 지속적으로 하락하면서 선물 포지션에서 증거금 납입을 요청받아 단기유동성 부족을 겪게 되었다. 결국 모든 헤지 포지션을 마감하고 13억 3천만달러의 손실을 입었다.

답 ④

03 파생결합증권의 동적헤지 전략에 대한 설명으로 옳지 않은 것은?
★★☆ ① 델타 중립 포트폴리오를 유지하는 전략이다.
② 감마, 베가 위험을 헤지하기 위해 선물거래를 이용한다.
③ 시장 상황의 변화에 따라 헤지 포트폴리오의 지속적인 리밸런싱이 필요하다.
④ 헤지 불가능한 위험요인이 있을 수 있다.

해설 감마, 베가 위험을 헤지하기 위해서는 옵션거래를 이용하여야 한다.

〈동적헤지 전략의 리스크〉

모델 리스크	파생결합증권의 평가에 사용되는 모델이 부정확해서 잘못된 민감도가 계산되는 위험
헤지 불가능한 위험요인	파생결합증권의 모든 위험이 헤지가 가능하지 않는 경우가 있음 (예) 자산 수익률 간의 상관계수)
유동성 리스크	헤지를 위해 선물이나 옵션을 이용할 때, 마진콜 발생으로 증거금을 추가 납입해야 하는 경우 발생

답 ②

04 **파생결합증권 발행사의 헤지거래에 대한 설명으로 옳지 않은 것은?**

★★★

① 백투백헤지의 경우 fully-funded 스왑을 하면, 스왑계약의 거래상대방의 신용위험에 노출되지 않는다.

② 백투백헤지의 경우 unfunded 스왑을 하면, 추가 담보 납입 요청(마진콜) 시 유동성위험이 발생할 수 있다.

③ 동적헤지 전략은 부채의 변동액과 자산의 변동액이 일치하도록 델타 중립 포트폴리오를 유지해 나가는 전략이다.

④ 동적헤지 전략의 경우, 파생결합증권의 모든 위험이 헤지가 가능하지 않는 경우가 있다.

해설 fully-funded 스왑은 파생결합증권을 발행하여 조달한 투자원금을 헤지거래 상대방에게 지급하고 만기에 상환받는 헤지거래이다. 따라서 원금을 교환하는 거래이므로 스왑계약의 거래상대방의 신용위험에 노출된다.

답 ①

출제예상문제

01 다음 리스크 중 비계량리스크가 아닌 것은?
★★★
① 전략리스크 　　　　　　　　② 운영리스크
③ 법률리스크 　　　　　　　　④ 평판리스크

02 다음 중 운영리스크가 아닌 것은?
★★☆
① 인적리스크 　　　　　　　　② 내부시스템리스크
③ 프로세스리스크 　　　　　　④ 신용등급하락리스크

03 장외파생상품이 거래소파생상품보다 리스크관리가 어려운 이유를 설명한 것으로 옳지 않은 것은?
★★☆
① 장외파생상품은 거래되지 않으므로 가격정보가 없어서, 가치는 가치평가모형으로 이론적으로 평가되어야 하기 때문에
② 장외파생상품은 사적인 계약이므로 유동성이 낮으며, 상대방 부도리스크에 직접 노출되기 때문에
③ 장외파생상품은 계약의 만기가 상대적으로 길기 때문에
④ 장외파생상품시장에 대한 규제가 상대적으로 강하며, 각 거래자들 간 계약관계가 단순하기 때문에

04 95% 신뢰수준에서 추정한 VaR이 100억원이면 100억원보다 더 큰 손실이 발생할 확률은?
★★★
① 2.5% 　　　　　　　　　　② 5%
③ 7.5% 　　　　　　　　　　④ 알 수 없다.

05 리스크 측정치로 표준편차보다 VaR를 선호하는 이유로 가장 거리가 먼 것은?

★★★

① VaR는 손실에 초점을 맞추어 계산되므로 직관적인 리스크 측정치이다.

② VaR는 정규분포에 대한 가정을 반드시 필요로 하지 않는다.

③ VaR는 대칭적인 수익률 분포에서 계산한다.

④ VaR를 이용하면 자본관리가 용이하다.

[06 ~ 09] 다음 자료를 이용하여 질문에 답하시오.

구 분	자산가치	일별 변동성	A와 B의 상관계수
자산 A	1,000억원	4%	−1
자산 B	400억원	5%	

*신뢰수준에 따른 상수값 : 95%는 1.65, 97.5%는 1.96, 99%는 2.33을 사용한다.

06 1일 기준으로 95% 신뢰수준에서 개별 VaR는 각각 얼마인가?

★★★

① A(66억원), B(33억원)

② A(33억원), B(66억원)

③ A(55억원), B(44억원)

④ A(44억원), B(55억원)

정답 및 해설

01 ② 운영리스크는 계량리스크이다.

02 ④ 신용등급하락리스크는 신용리스크이다. 운영리스크에는 인적리스크, 내부시스템리스크, 프로세스리스크 및 외부사건리스크가 있다.

03 ④ 장외파생상품시장에 대한 규제가 상대적으로 약하며, 각 거래자들 간 계약관계가 상호 복잡하게 얽혀있기 때문이다.

04 ② VaR보다 더 큰 손실이 발생할 확률은 5%[= 1 − 신뢰수준 = 1 − 0.95]이다.

05 ③ 변동성(표준편차)은 하향손실과 상향이익이 발생할 확률이 동일하게 측정하는데, 옵션과 같은 비선형자산의 경우 대칭관계가 성립하지 않으므로 표준편차는 적절한 위험측정치가 되지 못한다. 반면에, VaR는 비대칭적인 수익률 분포에서 하향손실에 초점을 맞추어 계산되므로 변동성보다 직관적인 리스크 측정치가 된다.

06 ① 자산 A의 VaR(VaR_A) = $\alpha \times V_j \times \sigma_j$ = 1.65 × 1,000억 × 0.04 = 66억원

　　자산 B의 VaR(VaR_B) = $\alpha \times V_j \times \sigma_j$ = 1.65 × 400억 × 0.05 = 33억원

07 1일 기준으로 95% 신뢰수준에서 A와 B의 두 자산으로 구성된 포트폴리오의 VaR는 얼마인가?
★★★

① 33억원　　　　　　　　　　　② 44억원

③ 55억원　　　　　　　　　　　④ 66억원

08 분산효과로 인한 VaR의 감소금액은 얼마인가?
★★★

① 33억원　　　　　　　　　　　② 44억원

③ 55억원　　　　　　　　　　　④ 66억원

09 만약 B자산이 매도 포지션이라면 포트폴리오의 VaR는?
★★★

① 33억원　　　　　　　　　　　② 66억원

③ 99억원　　　　　　　　　　　④ 0원

10 A포지션의 VaR가 100억원이고 B포지션의 VaR가 200억원이다. 두 포지션 간의 상관계수가
★★★ −0.51이면 포트폴리오를 구성할 때 기대되는 분산효과는 얼마인가?

① 100억원　　　　　　　　　　② 128억원

③ 158억원　　　　　　　　　　④ 200억원

11 A주식을 매입하고 B주식을 공매도하여 구성한 포트폴리오에서 분산효과가 극대화되려면 두 주식
★★★ 간의 상관계수가 얼마이어야 하는가?

① −1　　　　　　　　　　　　② 0

③ +1　　　　　　　　　　　　④ −1 또는 +1일 때

12 변동성을 추정하는 단순이동평균모형에 관한 설명으로 옳지 않은 것은?

★★☆
① 단순이동평균모형은 계산하기가 편리하다.
② 단순이동평균모형은 이동평균 기간 설정이 자의적이다.
③ 단순이동평균모형에서는 이동기간에 포함된 모든 과거수익률은 동일한 가중치를 갖는다.
④ 단순이동평균모형은 최근의 자료가 과거의 자료에 비해 더 많은 정보를 가지고 있다는 점을 강조한다.

13 변동성을 구할 때, 오래된 수익률일수록 가중치를 지수적으로(Exponentially) 감소시키는 방법은?

★★★
① 단순이동평균
② EWMA
③ stress testing
④ 변동성의 군집현상(volatility clustering)

정답 및 해설

07 ① 포트폴리오의 VaR(VaR_P) $= \sqrt{VaR_A^2 + VaR_B^2 + 2 \times \rho_{AB} \times VaR_A \times VaR_B}$

$= \sqrt{66억^2 + 33억^2 + 2 \times (-1) \times 66억 \times 33억} = 33억원$, 즉 상관계수가 -1이므로 포트폴리오의 VaR는 개별자산 VaR의 절대차($|VaR_A - VaR_B| = 66억 - 33억$)와 같다.

08 ④ 분산효과(VaR의 감소금액) $= VaR_A + VaR_B - VaR_P$

$= 66억원 + 33억원 - 33억원 = 66억원$

09 ③ 포트폴리오의 $VaR_P = \sqrt{66억^2 + (-33억)^2 + 2 \times (-1) \times 66억 \times (-33억)} = 99억원$. 따라서 상관계수가 -1일 경우 두 자산 중 하나를 매도한 포지션은 상관계수가 $+1$인 두 자산을 매수한 포트폴리오의 VaR와 같게 되는데, 이 경우 포트폴리오의 VaR는 개별자산 VaR의 합($= 66억 + 33억$)과 같다.

10 ② 포트폴리오의 VaR(VaR_P) $= \sqrt{VaR_A^2 + VaR_B^2 + 2 \times \rho_{AB} \times VaR_A \times VaR_B}$

$= \sqrt{100억^2 + 200억^2 + 2 \times (-0.51) \times 100억 \times 200억} ≒ 172억원$,

따라서 분산효과(VaR의 감소금액) $= VaR_A + VaR_B - VaR_P$

$= 100억원 + 200억원 - 172억원 = 128억원$

11 ③ 둘 다 매입 포지션인 경우엔 상관계수가 -1일 때 분산효과가 극대화되지만, 하나가 매도 포지션인 경우엔 상관계수가 $+1$일 때 분산효과가 극대화된다.

12 ④ 단순이동평균모형은 일정기간을 설정하고 그 기간 동안의 단순이동평균치를 구하여 변동성을 측정하는 방법이다. 이 모형에서는 변동성을 계산할 때, 과거수익률이 모두 동일한 비중을 가지고 있으므로 최근의 자료가 더 많은 정보를 반영하고 있다는 점이 무시된다.

13 ② 변동성을 구할 때, 오래된 수익률일수록 가중치를 지수적으로 감소시키는 방법을 지수가중이동평균법(EWMA ; Exponentially Weighted Moving Average) 또는 EWMA모형이라고 한다.

14 변동성을 추정하는 리스크메트릭스의 EWMA모형에 관한 설명으로 옳지 않은 것은?

★★☆

① 지수가중이동평균법이라고 한다.

② 최근수익률(r_t)이 급등락할 때, EWMA모형에 의한 변동성 추정치는 단순이동평균모형에 의한 추정치보다 위험요인(r_t^2)의 변화를 빠르게 반영한다.

③ 오래된 자료일수록 최근수익률의 제곱(r_t^2)에 주어지는 비중을 증가시켜 변동성을 구하는 방법이다.

④ EWMA모형은 최근 수익률의 변화에 보다 많은 가중치를 부여하므로 변동성의 집중현상(Volatility Clustering)을 적절히 반영한다.

15 소멸계수(λ)는 0.94, 어제의 변동성(σ_{t-1})은 4%이며 오늘의 수익률(r_t)이 1%일 때, EWMA모형을 이용하여 변동성(σ_t)을 추정(update)하면?

★★☆

① 2.7277%

② 3.1135%

③ 3.8859%

④ 4.0023%

16 옵션의 내재변동성에서 '변동성 스마일(Volatility Smile)' 현상이란?

★★★

① 외가격 또는 내가격옵션의 내재변동성이 등가격옵션의 내재변동성보다 높은 경향

② 외가격옵션의 내재변동성이 내가격옵션의 내재변동성보다 높은 경향

③ 내가격옵션의 내재변동성이 외가격옵션의 내재변동성보다 높은 경향

④ 등가격옵션의 내재변동성이 외가격 또는 내가격옵션의 내재변동성보다 높은 경향

17 연간 변동성이 32%이면 일별 변동성은 얼마인가?(연간 거래일수는 256일 가정)

★★☆

① 2%

② 3%

③ 4%

④ 0.125%

18 보유기간 1일의 VaR가 100억원일 때, 보유기간 10일의 VaR는?

★★★

① 316.2억원

② 500억원

③ 716.2억원

④ 1,000억원

19 S전자 1주의 가격은 80,000원이고 연간 변동성은 20%이다. 행사가격이 75,000원인 삼성전자
★★★ 주식 콜옵션의 가격은 7,000원이고 콜옵션의 델타는 현재 0.8이다. 삼성전자 주식 1주에 대한
콜옵션의 VaR(보유기간 1일, 신뢰수준 95%)를 델타-노말 방법으로 구하면?(연간 거래일수는
256일 가정)

① 320

② 1,320

③ 2,320

④ 3,320

---

14 ③ 최근수익률의 제곱(r_t^2)에 주어지는 비중이 과거로 갈수록 각각 $(1 - \lambda)$, $(1 - \lambda)\lambda$, $(1 - \lambda)\lambda^2$..., $(1 - \lambda)$
λ^{t-1}처럼 지수적으로 감소한다. 즉 EWMA모형은 변동성을 구할 때, 오래된 수익률일수록 가중치를 지수적으
로 감소시키는 방법이다.

15 ③ $\sigma_t^2 = \lambda\sigma_{t-1}^2 + (1-\lambda)r_t^2$, ∴ $\sigma_t = \sqrt{0.94(0.04)^2 + (1-0.94)(0.01)^2} = 3.8859\%$

16 ① 내재변동성이란 현재의 옵션가격으로부터 블랙-숄즈 공식을 역산하여 추정해낸 변동성을 말하는데, 이렇게 계
산된 내재변동성은 옵션의 만기까지 기초자산의 변동성에 대한 기대치라고 볼 수 있다. 옵션의 내재변동성은
행사가격에 따라 달라지는 특성이 있다. 외가격 또는 내가격옵션의 내재변동성이 등가격옵션의 내재변동성보
다 높은 경향을 가지는데, 이를 '변동성 스마일' 현상이라고 한다. 옵션의 내재변동성을 가중평균하여 변동성
지수를 산출하는데, S & P500지수에 대한 변동성 지수를 VIX, KOSPI200 지수에 대한 변동성 지수를
V-KOSPI라고 한다.

17 ① $\sigma_{연} = \sigma_{일} \times \sqrt{연간거래일수}$, ∴ 일별 변동성($\sigma_{일}$) $= \dfrac{\sigma_{연}}{\sqrt{연간거래일수}} = \dfrac{32\%}{\sqrt{256}} = 2\%$

18 ① [N일의 VaR = 1일의 VaR × $\sqrt{N}$]이다. 따라서 보유기간 10일의 VaR
$= 100억원 \times \sqrt{10} = 316.2억원$.

19 ② 델타-노말 방법에 의한 옵션포지션의 VaR = $\alpha \times V \times \sigma \times \Delta$(옵션의 델타)
$= 1.65 \times 80,000 \times \dfrac{0.02}{\sqrt{256}} \times 0.8 = 1,320$. 이 문제에서 주의할 점은 1일 VaR를 계산할 때는 연간 변동성(2%)
을 일별 변동성($= 2\% / \sqrt{256}$)으로 환산해서 VaR를 계산해야 한다는 것이다. 또한, 델타-노말 방법에 의
해 옵션포지션의 VaR를 계산할 때, 옵션가격이나 행사가격은 이용되지 않고 오로지 델타만 사용된다.

20 KOSPI200 지수는 현재 400포인트이고 지수의 연간 변동성은 40%이다(연간 거래일수는 256일 가정). 만기가 1년이고 행사가격이 390포인트인 KOSPI200 지수 콜옵션의 가격이 현재 15포인트 이며 델타는 0.6이다. 무위험이자율은 현재 2%이고, 1포인트는 25만원을 나타낸다. 99% 신뢰수 준에서 일별 기준으로 KOSPI200 지수 콜옵션의 델타-노말 VaR를 구하면?
★★★

① 2,495,000   ② 3,495,000

③ 4,495,000   ④ 5,495,000

21 옵션의 VaR를 델타-노말 방법으로 계산할 때의 문제점을 설명한 것으로 옳지 않은 것은?
★★★
① 포트폴리오가 무위험 상태가 아니어도 옵션 포트폴리오의 델타가 0일 수 있다.

② 델타가 0.5인 콜옵션을 매도하고 델타가 −0.5인 풋옵션을 매도하여 구성한 스트래들 매도 포지 션의 VaR를 델타-노말법으로 구하면 매우 큰 값이 나온다.

③ 콜옵션과 풋옵션의 매입 포지션처럼 양(+)의 감마를 갖는 포지션의 경우, 선형으로 추정한 VaR 는 실제의 VaR보다 과대평가된다.

④ 콜옵션과 풋옵션의 매도 포지션처럼 음(−)의 감마를 갖는 포지션의 경우, 선형으로 추정한 VaR 는 실제의 VaR보다 과소평가된다.

22 선형(델타-노말 방법)으로 추정한 풋옵션 매입 포지션의 VaR는 실제의 위험을 어떻게 평가하게 되는가?
★★★
① 과소평가   ② 과대평가

③ 적절히 평가   ④ 과대 또는 과소평가

23 금리스왑 매입포지션의 VaR를 구하는 방법으로 적절한 것은?
★★★
① 차기 금리변동일을 만기로 하는 채권의 매입 포지션과 스왑종료일을 만기로 하는 채권의 매도 포지션으로 분해하여 구한다.

② 차기 금리변동일을 만기로 하는 채권의 매도 포지션과 스왑종료일을 만기로 하는 채권의 매입 포지션으로 분해하여 구한다.

③ 차기 금리변동일을 만기로 하는 채권의 매입 포지션과 스왑종료일을 만기로 하는 채권의 매입 포지션으로 분해하여 구한다.

④ 차기 금리변동일을 만기로 하는 채권의 매도 포지션과 스왑종료일을 만기로 하는 채권의 매도 포지션으로 분해하여 구한다.

24 원/달러 선물환 매입 포지션의 VaR를 구하기 위해 포지션을 복제하는 방법으로 적절한 것은?

★★★
① 원화채권 매도 포지션 + 현물환 매입 포지션 + 달러채권 매입 포지션
② 원화채권 매입 포지션 + 현물환 매도 포지션 + 달러채권 매도 포지션
③ 원화채권 매도 포지션 + 현물환 매도 포지션 + 달러채권 매입 포지션
④ 원화채권 매입 포지션 + 현물환 매입 포지션 + 달러채권 매도 포지션

정답 및 해설

20 ② 델타-노말 방법에 의한 옵션포지션의 VaR $= \alpha \times V \times \sigma \times \Delta$(옵션의 델타)

$= 2.33 \times (400$포인트$\times 250,000) \times \dfrac{0.40}{\sqrt{256}} \times 0.6 = 3,495,000$. 기초자산이 개별주식이 아니고 지수인 경우에 도 옵션의 VaR를 구하는 방법은 동일하다.

21 ② 옵션 포트폴리오의 델타는 개별옵션의 델타를 합산한 금액이다. 만일 델타가 0.5인 콜옵션을 매도하고 델타가 -0.5인 풋옵션을 매도하여 구성한 스트래들 매도 포지션의 델타는 0이지만 이 포지션의 위험은 대단히 크다. 즉, 이 경우 포지션의 델타가 0이므로 델타-노말 방법으로 구한 VaR는 0이 되어 마치 위험이 하나도 없는 것처럼 계산된다는 것이다. 옵션의 가격과 기초자산의 가격은 선형관계에 있지 않으므로(비선형) 델타-노말 방법은 옵션의 시장리스크를 정확하게 평가하지 못한다. 따라서 기초자산가치 변화와 옵션가치 변화 간의 비선 형성을 측정하는 감마를 추가적으로 고려하면 VaR의 정확성이 향상된다.

포지션	감마	편의
콜옵션 매수, 풋옵션 매수	양(+)	→ 델타-노말 VaR는 위험을 과대평가함
콜옵션 매도, 풋옵션 매도	음(−)	→ 델타-노말 VaR는 위험을 과소평가함

22 ② 풋옵션(또는 콜옵션)의 매입 포지션처럼 양(+)의 컨벡시티(Convexity, 볼록성) 또는 양(+)의 감마를 갖는 포 지션의 경우, 선형(델타-노말 방법)으로 추정한 VaR는 실제의 VaR보다 과대평가된다.

23 ① 금리스왑의 매입 포지션(Long Swap, Payer 이자율스왑)은 고정금리를 지급하고 변동금리를 수취하는 포지션 이다. 이는 고정금리채권을 발행(매도)하고 변동금리채권을 매입한 거래와 동일하다. 변동금리채권은 차기 금 리변동일까지의 만기를 갖는 채권과 동일한 현금흐름을 제공하는 것으로 간주된다. 따라서 금리스왑의 매입 포지션은 차기 금리변동일을 만기로 하는 채권(변동금리채권)의 매입 포지션과 스왑종료일을 만기로 하는 채권 의 매도 포지션으로 분해된다.

24 ① 통화선도계약 또는 선물환 매입 포지션은 원화채권 매도, 현물환 매입, 외화채권 매입으로 복제되므로, 선물환 계약의 VaR는 외화채권의 VaR, 원화채권의 VaR, 현물환의 VaR를 위험요인 간 상관계수를 이용하여 합산하 여 구한다.

25 3 × 6 FRA 매입 포지션의 VaR를 구하기 위해 포지션을 복제하는 방법으로 적절한 것은?
★★★

① 3개월 만기 채권 매입 포지션 + 6개월 만기 채권 매입 포지션

② 3개월 만기 채권 매입 포지션 + 6개월 만기 채권 매도 포지션

③ 3개월 만기 채권 매도 포지션 + 6개월 만기 채권 매입 포지션

④ 3개월 만기 채권 매입 포지션 + 9개월 만기 채권 매도 포지션

26 VaR를 측정하기 위해서 자산의 수익률이 정규분포를 따른다고 가정하고, 부분 가치평가방법을
★★★ 이용하여 계산하는 방법은?

① 분석적 분산–공분산 방법　　② 역사적 시뮬레이션

③ 몬테카를로 시뮬레이션　　④ 사후검증

27 역사적 시뮬레이션에 의해 VaR를 측정하는 방법과 관계가 있는 것은?
★★★

① 선형성 가정　　② 정규분포 가정

③ 부분 가치평가법　　④ 실제의 변동성과 상관관계를 이용

28 역사적 시뮬레이션에 의해 VaR를 측정하는 방법에 관한 설명으로 옳지 않은 것은?
★★★

① 역사적 시뮬레이션은 특정 분포를 가정하지 않고 실제의 변동성과 상관관계를 이용한다는 점에서
우수하다.

② 오직 1개의 가격변화만이 고려된다는 점과 완전 가치평가를 위하여 가치평가모형이 요구된다는
점이 단점이다.

③ 일시적으로 증가한 변동성을 잘 고려하는 방법이다.

④ 과거자료에 극단치가 포함되어 있으면, 역사적 시뮬레이션으로 구한 VaR는 이 관찰치의 영향을
크게 받는다.

29 확률모형을 선택하고 이 모형으로 위험요인의 변화를 생성시키는 방법으로 VaR를 계산하는 방
★★★ 법은?

① 몬테카를로 시뮬레이션　　② 역사적 시뮬레이션

③ Stress Test　　④ 델타–노말 방법

30 몬테카를로 시뮬레이션에 의해 VaR를 측정하는 방법에 관한 설명으로 옳지 않은 것은?

★★★ ① 비선형성, 변동성의 변화, 두터운 꼬리, 극단적인 상황 등을 모두 고려할 수 있다.

② 계산비용이 많이 든다.

③ 가격변화과정을 생성하기 위해 선택된 확률과정이 비현실적이면 VaR 추정치도 비현실적이 된다.

④ 모든 자산에 대하여 가치평가 모형이 필요 없다.

31 VaR를 계산할 때, 완전 가치평가가 필요 없는 방법은?

★★★ ① 분석적 분산–공분산 방법   ② 역사적 시뮬레이션

③ 몬테카를로 시뮬레이션   ④ 시나리오 분석

32 옵션의 VaR를 측정하는 경우 정확성이 상대적으로 떨어지는 방법은?

★★★ ① 델타–노말 방법   ② 역사적 시뮬레이션

③ 몬테카를로 시뮬레이션   ④ 델타–감마 방법

정답 및 해설

25 ② 3 × 6 FRA는 3개월 후에 3개월간 적용되는 미래의 수취 또는 지급 이자율을 현재 시점에서 약정하는 계약이다. 3 × 6 FRA 매입 포지션은 [3개월 만기 채권 매입 포지션 + 6개월 만기 채권 매도 포지션]으로 복제된다.

26 ① 분석적 분산–공분산 방법은 분산과 공분산을 추정하고 자산의 수익률이 정규분포를 따른다고 가정한다. 또한 VaR를 측정할 때, 잠재적 손실을 선형으로 측정하는 부분 가치평가방법을 이용한다.

27 ④ 역사적 시뮬레이션에 의해 VaR를 측정하는 방법의 특징은 완전 가치평가법, 선형성과 비선형 상품 모두에 적용, 특정 확률분포를 가정하지 않고 실제의 변동성과 상관관계를 이용한다.

28 ③ 역사적 시뮬레이션은 일시적으로 증가한 변동성을 고려하지 못한다는 단점을 갖고 있다.

29 ① 확률모형을 선택하고 이 모형으로 위험요인의 변화를 생성시키는 방법으로 VaR를 계산하는 것은 몬테카를로 시뮬레이션이다. 확률모형으로 가장 많이 사용되는 모형은 옵션가격결정모형의 기초가 되는 기하적 브라운 운동이다.

30 ④ 몬테카를로 시뮬레이션은 확률모형을 이용하여 가상적인 가격변화를 모든 변수에 대하여 시뮬레이션하는데, 주어진 목표기간 동안에 포트폴리오의 시장가치는 완전가치평가모형에 의해서 계산된다.

31 ① 분석적 분산–공분산 방법(델타–노말 방법)은 리스크요인의 변화에 대한 잠재적 손실을 선형으로 측정하는 부분가치평가방법을 이용한다. 리스크요인의 움직임에 선형 노출된 정도를 측정하는 지표로는 주식의 경우 베타, 파생상품의 경우 델타, 채권의 경우 수정듀레이션이 있다.

32 ① 델타–노말 방법(분석적 분산–공분산 방법)은 선형 자산의 VaR 계산에는 비교적 정확하나, 옵션과 같은 비선형 자산의 경우 감마 리스크(델타의 변화)를 감안하지 못하는 단점이 있기 때문에 정확성이 떨어진다.

33 주요 변수의 극단적인 변화가 포트폴리오에 미치는 영향을 시뮬레이션하는 기법을 무엇이라 하는 가?
★★☆

① 몬테카를로 시뮬레이션　　　② 사후검증

③ Stress Testing　　　④ 역사적 시뮬레이션

34 신용리스크에 관한 설명으로 옳지 않은 것은?
★★★

① 신용리스크는 거래상대방이 계약의무를 이행하지 않을 때 발생한다.

② 신용리스크의 분포는 대체로 정규분포의 특성을 갖는다.

③ 신용리스크를 측정할 때는, 비모수적 방법이 바람직하다.

④ 넓은 의미로 신용리스크는 채무불이행리스크뿐만 아니라 신용등급하락리스크까지도 포함한다.

35 시장리스크와 신용리스크를 비교한 내용이 잘못된 것은?
★★★

	시장리스크	신용리스크
① 목표기간	길다(보통 1년)	짧다(1일 또는 며칠)
② 리스크한도 적용대상	거래조직 계층(Level)	거래상대방
③ 수익률 분포	정규분포(옵션 제외)	정규분포가 아님
④ 법률리스크	없 음	법률리스크가 크다

36 신용리스크의 분포를 결정짓는 주요 변수와 거리가 먼 것은?
★★☆

① 채무불이행확률　　　② 신용리스크노출금액(익스포져)

③ 채무불이행시 손실률　　　④ 외부사건리스크

37 어느 은행이 100억원의 대출을 하고 있다. 대출의 부도율(채무불이행확률)은 4%이고, 손실률은 80%이다. 예상손실(기대손실)은 얼마인가?
★★★

① 1.7억원　　　② 2.1억원

③ 2.8억원　　　④ 3.2억원

38 신용리스크 익스포져가 100억원이고 부도시 회수율이 30%로 추정된다. 1년 기준 채무불이행확률
★★★ (부도율)이 2%로 추정된다면 기대손실은?

① 0.6억원   ② 1억원
③ 1.4억원   ④ 3억원

39 어느 은행이 500억원의 대출을 하고 있다. 예상손실(기대손실)이 4억원이고 회수율이 60%이다.
★★★ 대출의 부도율(채무불이행확률)은 얼마인가?

① 1%   ② 2%
③ 3%   ④ 4%

33 ③ 위기상황분석 또는 스트레스검증(Stress Testing)에 관한 설명이다.

34 ② 신용리스크의 분포는 시장리스크의 분포와는 달리 정규분포를 따르지 않는다. 신용리스크에 의해 야기된 포지
션의 가치변화는 비대칭(한쪽으로 치우친)적이고, 두터운 꼬리를 가지므로 정규분포를 가정하는 모수적 방법으
로 리스크를 측정하는 경우 정확성이 떨어진다. 따라서, 실제분포를 이용하여 분포의 퍼센타일로부터 직접 신
용 VaR를 구하는 비모수적 방법이 바람직하다.

35 ① 시장리스크는 측정기간(목표기간)을 짧게(1일 또는 며칠) 설정하는 데 반하여, 신용리스크는 보통 1년을 기준
으로 측정한다.

36 ④ 외부사건리스크는 금융기관이 통제할 수 없는 외부사건(정치 및 법적 환경의 변화, 화재, 지진 등)으로부터 발
생한 손실과 연관된 위험으로 운영리스크에 속한다.

37 ④ 기대손실(EL) = EAD × 부도율 × LGD = 100억원 × 4% × 80% = 3.2억원

38 ③ [기대손실(EL) = 익스포져(EAD) × 채무불이행확률(PD) × 손실률(LGD)]이며,
[손실률 = 1 − 회수율]이므로, 기대손실 = 100억원 × 0.02 × (1 − 0.3) = 1.4억원

39 ② 기대손실(EL) = 익스포져(EAD) × 채무불이행확률(PD) × 손실률(LGD)
= 500억원 × PD × (1 − 60%) = 4억원. 따라서 부도율(PD)은 2%

구 분	현재가치	채무불이행확률	회수율	두 채권의 채무불이행 간 상관계수
A채권	10,000원	5%	0%	0.1
B채권	9,500원	10%	0%	

40 A채권과 B채권의 기대손실은 각각 얼마인가?
★★★
① A채권(500원), B채권(950원) ② A채권(500원), B채권(950원)
③ A채권(500원), B채권(950원) ④ A채권(500원), B채권(950원)

41 A와 B의 두 채권으로 구성된 포트폴리오의 기대손실은 얼마인가?
★★★
① 450원 ② 1,450원
③ 2,450원 ④ 3,450원

42 95% 신뢰수준에서 A채권과 B채권의 기대외손실은 각각 얼마인가?
★★★
① A채권(3,596원), B채권(4,703원) ② A채권(4,596원), B채권(5,703원)
③ A채권(5,596원), B채권(6,703원) ④ A채권(6,596원), B채권(7,703원)

43 95% 신뢰수준에서 A와 B의 두 채권으로 구성된 포트폴리오의 기대외손실(신용 VaR)은 얼마
★★★ 인가?
① 3,199원 ② 4,199원
③ 5,199원 ④ 6,199원

44 현재 A은행이 보유하고 있는 금리스왑 포지션의 대체비용이 −30억원이라고 한다면, 현재노출(CE
★★★ ; Current Exposure)은 얼마인가?
① 0원 ② 30억원
③ −30억원 ④ 알 수 없다.

〈A은행의 포지션〉

(단위 : 천만달러)

포지션 구분	액면금액	시장가치	신용환산율
이자율스왑	100	5	0.5%
선물환 계약	60	-2	5%

45 상계(네팅)가 인정되지 않을 경우, A은행의 현재노출(CE)과 잠재노출(PE)은 각각 얼마인가?(단위
★★★ : 천만달러)

① 현재노출(5), 잠재노출(-2)   ② 현재노출(5), 잠재노출(3.5)

③ 현재노출(0), 잠재노출(-2)   ④ 현재노출(3), 잠재노출(3.5)

정답 및 해설

40 ① 두 채권의 기대손실(EL)을 구하면 다음과 같다.

A채권	$EL_A = EAD \times PD \times LGD = 10,000 \times 0.05 \times (1 - 0\%) = 500$
B채권	$EL_B = EAD \times PD \times LGD = 9,500 \times 0.10 \times (1 - 0\%) = 950$

41 ② 기대손실(EL)의 경우, 개별채권의 기대손실을 단순히 합산하면 채권 포트폴리오의 기대손실이 계산된다. 따라서 [채권 포트폴리오의 기대손실 = A채권의 기대손실 + B채권의 기대손실] = 500 + 950 = 1,450

42 ① 두 채권의 기대외손실(UL)을 구하면 다음과 같다.

A채권	$UL_A = \alpha \times \sqrt{PD(1-PD)} \times EAD \times LGD$ $= 1.65 \times \sqrt{0.05(1-0.05)} \times 10,000 \times 1 \fallingdotseq 3,596$
B채권	$UL_B = \alpha \times \sqrt{PD(1-PD)} \times EAD \times LGD$ $= 1.65 \times \sqrt{0.10(1-0.10)} \times 9,500 \times 1 \fallingdotseq 4,703$

43 ④ 포트폴리오의 기대외손실$(UL_P) = \sqrt{UL_A^2 + UL_B^2 + 2 \times \rho_{AB} \times UL_A \times UL_B}$
$= \sqrt{3,596^2 + 4,703^2 + 2 \times 0.1 \times 3,596 \times 4,703} = 6,199$

44 ① 현재노출은 [Max(계약의 대체비용 또는 현재가치, 0)]이므로, 현재노출금액은 없다. 즉, A은행은 금리스왑에서 현재 30억원의 손실을 보고 있는 상태이므로 A은행 입장에서 신용리스크노출금액은 없다. 반면에 A은행과 금리스왑을 체결한 상대방은 30억원의 이익을 보고 있으므로 A은행에 대한 신용리스크에 노출되어 있다.

45 ② 상계가 허용되지 않을 경우, 현재노출과 잠재노출은 다음과 같이 계산한다.

현재노출	= Max(계약의 대체비용 또는 현재가치, 0)		
	이자율스왑	= Max(5, 0) = 5	현재노출 합계
	선물환 계약	= Max(-2, 0) = 0	= 5 + 0 = 5
잠재노출	= 액면금액 × 신용환산율		
	이자율스왑	= 100 × 0.005 = 0.5	잠재노출 합계
	선물환 계약	= 60 × 0.05 = 3	= 0.5 + 3 = 3.5

46
★★★
상계(네팅)가 인정되지 않을 경우, A은행 전체의 신용리스크 노출금액(CEA)은 얼마인가?(단위
: 천만달러)

① 8.0   ② 8.5
③ 9.0   ④ 9.5

47
★★★
A은행의 두 포지션이 동일한 상대방과의 거래이어서 상계(네팅)가 인정될 경우, A은행의 현재노출
은 얼마인가?(단위 : 천만달러)

① −2   ② 0
③ 3   ④ 5

48
★★★
국제결제은행(BIS)의 요구 자본비율은?

① 6%   ② 8%
③ 10%   ④ 20%

49
★★★
다음 중 신용리스크 노출금액이 0인 포지션은?

① 이자율스왑 매도 포지션   ② FRA 매도 포지션
③ 장외옵션 매입 포지션   ④ 장외옵션 매도 포지션

50
★★★
다음 중 신용리스크 노출금액이 '0'이 아닌 옵션 포지션은?

① 콜 강세 스프레드   ② 콜 약세 스프레드
③ 풋 강세 스프레드   ④ 스트래들 매도

51 장외파생상품의 신용리스크에 관한 설명으로 옳지 않은 것을 모두 고르면?
★★★

> ㉠ 장외파생상품의 신용리스크는 일반 대출이나 채권과 동일한 방법으로 측정하면 아니 된다.
> ㉡ 보유하고 있는 파생상품의 시장가치가 음(−)이 될수록, 계약보유자 입장에서 신용리스크는 증가하게 된다.
> ㉢ Payer 이자율스왑의 보유자는 금리가 상승할수록 신용리스크가 감소한다.
> ㉣ 거래상대방이 헤지 목적으로 파생상품을 거래하는 경우, 투기적인 경우에 비해 상대적으로 채무불이행 확률이 낮다.
> ㉤ 옵션매도포지션의 현재노출과 잠재노출은 모두 '0'이다.
> ㉥ 이자율스왑의 시장가치가 +5억원이고, 통화스왑의 시장가치가 −4억원이다. 상계가 허용되지 않는다면, 현재노출은 5억원이다.

① ㉡, ㉢, ㉥   ② ㉡, ㉢

③ ㉡   ④ ㉢

52 이자율스왑에서 시간이 지남(만기일에 접근함)에 따라 남은 지급횟수가 줄어들어 리스크노출금액
★★★ 을 감소시키는 효과를 무엇이라 부르는가?

① 금리확산효과   ② 금리감소효과

③ 상각효과   ④ 헤지효과

정답 및 해설

46 ② 신용리스크 노출금액 = 현재노출 + 잠재노출 = 5 + 3.5 = 8.5

47 ③ 네팅이 허용되므로 이자율스왑의 시장가치(5)와 선물환계약의 시장가치(−2)를 더하면 3이 된다. 따라서 현재노출은 3[= Max(3, 0)]이다.

48 ② 국제결제은행(BIS)의 요구 자본비율은 8%이다.

49 ④ 장외옵션 매도 포지션(발행포지션)의 경우 프리미엄을 이미 수취하였고 미래에 발생할 수 있는 것은 잠재적 손실뿐이므로 현재노출과 잠재노출이 전부 0이다. 따라서 신용리스크에 전혀 노출되지 않는다.

50 ① 콜 강세 스프레드는 낮은 행사가격의 콜옵션을 매수하고 만기가 동일한 높은 행사가격의 콜옵션을 매도하는 포지션으로 초기에 순투자(현금지출)가 발생한다. 즉, 프리미엄을 이미 지출했고 미래에 발생할 수 있는 것은 이익뿐이기 때문에 신용리스크에 노출된다. 반면에, 나머지 포지션들은 프리미엄을 이미 수령했고 미래에 발생할 수 있는 것은 손실뿐이기 때문에 현재노출과 잠재노출이 전부 '0'이다.

51 ② 보유하고 있는 파생상품의 시장가치가 양(+)이 될수록 상대방으로부터 받을 금액이 늘어나게 되므로 신용리스크가 증가한다. Payer 이자율스왑(매입 포지션)은 고정금리를 지급하고 변동금리를 수취하는 포지션이므로, 금리상승 시 포지션의 가치가 증가하게 되어 신용리스크가 증가한다.

52 ③ 만기효과(Maturity Effect) 또는 상각효과(Amortization Effect)라고 한다.

53 이자율스왑의 만기가 6년, 통화스왑의 만기가 9년일 경우, 리스크노출금액이 가장 극대화되는 시
★★★ 점은 대략 언제인가?

① 이자율스왑 : 6년째, 통화스왑의 만기가 3년째

② 이자율스왑 : 2년째, 통화스왑의 만기가 9년째

③ 이자율스왑 : 3년째, 통화스왑의 만기가 6년째

④ 이자율스왑 : 9년째, 통화스왑의 만기가 2년째

54 운영리스크에 대한 설명으로 옳지 않은 것은?
★★☆ ① BIS는 운영리스크를 부적절하거나 또는 실패한 내부통제, 인력과 시스템 또는 외부사건 등으로
인해 발생하는 손실의 위험으로 정의한다.

② 운영리스크에 평판리스크와 전략리스크를 포함하지만 법률리스크는 포함하지 않는다.

③ BIS는 운영리스크의 원천으로 인간의 실수, 시스템 실패, 부적절한 절차 및 통제, 외부사건을
들고 있다.

④ 운영리스크는 비재무리스크이며, 계량리스크이다.

55 다음은 운영리스크 중 어떤 리스크에 관한 설명인가?
★★☆
- 내부 절차와 통제에서의 부적절함으로 인한 손실과 연관된 위험이다.
- 결제시의 실수, 모형리스크, 장부기장 실수, 가격평가의 오류, 부적절한 통제로 인한 보안실패 등
이 이 유형에 속한다.

① 인적리스크 ② 시스템리스크
③ 프로세스리스크 ④ 외부사건리스크

56 유동성리스크에 관한 설명으로 옳지 않은 것은?
★★★ ① 유동성리스크는 시장유동성리스크와 자금조달유동성리스크로 구별된다.

② 유동성을 높이면 수익성은 좋아지나 안정성은 낮아진다.

③ 장외시장에서 거래할 때와 헤징을 동적으로 실행할 때에 특히 유동성리스크는 크게 된다.

④ 금융기관은 VaR를 계산한 후에 유동성리스크를 반영하기 위하여 계산된 VaR를 상향조정하기도
한다.

57
★★☆
비경제적 사업의 결정, 사업환경 변화에 따른 적절한 대응책 결여 등으로 발생하는 손실위험은 어떤 리스크에 속하는가?

① 전략리스크　　　　　　　　　　② 법률리스크
③ 평판리스크　　　　　　　　　　④ 시스템리스크

58
★★★
파생결합증권(ELS, DLS)의 리스크에 대한 설명으로 옳지 않은 것은?

① 파생결합증권 투자자는 시장위험에 노출된다.
② 파생결합증권 투자자는 판매사의 신용위험에 노출된다.
③ 파생결합증권 투자자는 유동성 위험에 노출된다.
④ 파생결합증권 투자자는 모델위험에 노출된다.

59
★★★
일반적인 상황에서 스탭다운(Stepdown) ELS의 가치가 상승하는 경우는?

① 기초자산 가격 하락　　　　　　② 변동성 상승
③ 기초자산 수익률 간의 상관관계 상승　　④ 금리 상승

정답 및 해설

53 ② 이자율스왑에서 리스크노출금액은 대략적으로 (만기 / 3)시점, 즉 2년째 (= 6 / 3)시점에서 극대화된다. 그러나 통화스왑은 만기일에 원금을 교환해야 하므로 확산효과가 만기효과를 항상 지배하게 되어 리스크노출금액은 계속 증가한다.

54 ② 운영리스크에 법률리스크를 포함하지만 평판리스크와 전략리스크는 포함하지 않는다.

55 ③ 운영리스크 중 프로세스리스크(Process Risk)에 관한 설명이다.

56 ② 은행이 대출(위험자산)을 하지 않고 유동성만 높인다면, 안전성은 높아지지만 수익성은 떨어진다.

57 ① 전략리스크는 정치와 경제환경의 근본적인 변화로 인해 발생 가능한 손실위험으로 경영진의 정책결정 오류에서 발생하는 손실위험을 포함한다. 전략리스크는 측정하기 어렵기(비계량리스크) 때문에 이에 대한 소요자기자본을 산출하고자 하는 경우 리스크관리 정책, 절차, 내부통제의 적정성을 감안하여 판단의존법과 같은 정성적 방법으로 판단한다.

58 ② 파생결합증권 투자자는 발행사의 신용위험에 노출된다. 파생결합증권은 발행사의 신용으로 발행이 되는 증권이다. 따라서 발행사의 부도가 발생하거나 채무불이행을 하여 투자금을 회수하지 못할 가능성이 있다.

59 ③ 기초자산 수익률 간의 상관관계가 높을수록 스탭다운(Stepdown) ELS의 가치는 상승한다.

60 파생결합증권의 리스크에 대한 설명으로 옳은 것은?

★★★ ① 배당이 커지면 Stepdown ELS의 가치는 하락한다.

② 기초자산이 해외자산인 경우, 환율과 기초자산과의 상관관계가 변하지 않는다면 일반적으로 환율의 변동성이 커질수록 ELS의 가치는 하락한다.

③ 투자자는 아무런 제약 없이 만기 이전에 발행사에 환매를 요청할 수 있다.

④ 파생결합증권은 시장가격에 의존하여 환매기준가격이 결정되므로, 평가모델의 불확실성에 따른 리스크에 노출되지 않는다.

61 파생결합증권의 발행사가 발행되는 파생결합증권과 동일한 수익구조의 스왑계약을 다른 거래상대
★★★ 방과 체결하여 헤지하는 거래를 무엇이라 하는가?

① 동적헤지 ② 백투백헤지

③ 델타헤지 ④ fully-funded 스왑

정답 및 해설

60 ① 배당은 배당락 효과에 의해 미래 주가(지수)를 하락시키기 때문에, 배당이 커지면 Stepdown ELS의 가치는 하락한다. 퀀토위험은 기초자산이 해외자산인 경우 발생하는 위험으로, 환율과 기초자산과의 상관관계가 변하지 않는다면 일반적으로 환율의 변동성이 커질수록 ELS의 가치는 상승한다. 파생결합증권은 유통시장이 존재하지 않으므로 만기까지 보유하는 것을 기본으로 한다. 따라서 투자자가 만기 이전에 유동화하기 위해서 발행사에 환매를 요청하는 경우 중도환매에 대한 패널티가 부과된다. 파생결합증권은 시장가격이 존재하지 않아 평가모델에 의한 평가가격에 의존하여 환매기준가격이 결정되므로, 평가모델의 불확실성에 따른 리스크에 노출된다.

61 ② 파생결합증권의 발행사는 헤지거래를 통해 정해진 수익을 수익자에게 제공하는데, 파생결합증권의 발행사가 발행되는 파생결합증권과 동일한 수익구조의 스왑계약을 다른 거래상대방과 체결하여 헤지하는 거래를 백투백(Back-to-Back)헤지라고 한다.

아이들이 답이 있는 질문을 하기 시작하면
그들이 성장하고 있음을 알 수 있다.

-존 J. 플롬프-

영업실무

챕터 출제비중

구 분	출제영역	출제문항
제1장	리스크관리	8문항
제2장	영업실무	5문항
제3장	직무윤리 및 투자자분쟁예방	12문항

- 제1장: 32%
- 제2장: 20%
- 제3장: 48%

영업실무는 총 5문제가 출제된다. 영업실무는 한국거래소규정과 중복되는 내용을 많이 포함하고 있지만 출제되는 문항수에 비해서는 학습 분량은 많은 편이다.

중요한 내용들을 살펴보면 다음과 같다. 투자권유절차(적합성, 적정성 원칙), 대리인에 의한 계좌개설, 해외파생상품 거래 계좌의 종류, 현금 과부족 시 처리방법, 주문의 유형 및 조건, 일중 가격제한제도와 실시간 가격제한제도 비교, 개별경쟁거래의 원칙, 기본예탁금, 사전위탁증거금과 사후위탁증거금, 일일정산 방법(정산차금과 당일차금 계산), 대용증권(종류 및 대용가격) 등은 자주 출제되는 핵심적인 내용들이다.

TOPIC별 중요도 및 학습체크

TOPIC	핵심개념	중요도	학습체크		
			1회독	2회독	3회독
01	투자권유, 계좌개설, 입출금 업무	★★			
02	주문의 접수 및 거래체결 업무	★★★			
03	정산, 결제, 인수도	★★★			
04	대용증권, 회계	★★			

01 투자권유, 계좌개설, 입출금 업무 중요도 ★★☆

대표유형문제 **투자권유에 대한 설명으로 옳지 않은 것은?**

① 투자자에게 파생상품등을 판매하려는 경우에는 투자권유를 하지 않더라도 투자자정보를 파악하여야 한다.

② 고령투자자에게 금융투자상품을 판매하는 경우 적합성판단 기준과 강화된 고령투자자 보호기준을 준수하여야 한다.

③ 회사는 일반투자자가 제공한 투자자정보의 내용에 따라 분류된 투자자성향을 투자자에게 지체 없이 제공해야 한다.

④ 임직원은 투자자의 대리인으로부터 투자자 본인의 정보를 파악할 수 없다.

해설 임직원은 원칙적으로 투자자 본인으로부터 투자자정보를 파악하여야 하며, 투자자의 대리인이 그 자신과 투자자의 실명확인증표 및 위임장 등 대리권을 증빙할 수 있는 서류 등을 지참하는 경우 대리인으로부터 투자자 본인의 정보를 파악할 수 있다. 이 경우, 회사는 위임의 범위에 투자자정보 작성권한이 포함되어 있는지 확인한다.

답 ④

STEP 01 핵심필수개념

(1) 투자권유의 정의 및 투자권유 전 확인사항

정 의	① 투자권유란 특정 투자자를 상대로 금융투자상품의 매매 또는 투자자문계약·투자일임계약·신탁계약의 체결을 권유하는 것 ② 금융투자상품의 매매 또는 계약체결의 권유가 수반되지 않는 정보제공 등은 투자권유가 아니므로 '일반투자자정보확인서'를 작성할 필요가 없음
〈투자권유 전 확인사항〉	
방문목적 확인	투자권유를 희망하지 않는 투자자에 대하여는 투자권유에 해당하는 행위를 하면 안 됨
일반·전문투자자의 구분	투자권유 전 일반투자자인지 전문투자자인지 확인해야 함 → 일반투자자인 경우에 일반투자자정보를 확인하고 투자성향을 분류하여 투자성향에 적합한 투자권유를 하여야 함

(2) 투자자의 구분

전문 투자자	• 국가, 한국은행 • 금융기관 : 은행, 보험회사, 금융투자업자, 증권금융, 종합금융회사, 상호저축은행, 새마을금고연합회, 신용협동조합·산림조합중앙회, 외국 금융기관 등 • 주권상장법인(단, 장외파생상품 거래를 하는 경우에는 전문투자자 대우를 받겠다는 의사를 금융투자업자에게 서면으로 통지한 경우에 한함) • 대통령령으로 정하는 자 : 예금보험공사 등 각종 공사, 협회, 예탁결제원, 거래소, 집합투자기구, 신용보증기금, 지방자치단체, 금융위에 신고한 잔고 100억 이상의 법인(외감법인 50억) • 금융투자상품 잔고가 최근 5년 중 1년 이상 월말평균잔고 5천만원 이상(계좌개설 1년 이상) 개인 중 ① 연소득 1억원 이상 ② 순자산 5억원 ③ 전문자격증 보유 요건 중 하나라도 충족하는 개인
일반 투자자	• 전문투자자가 아닌 자 • 주권상장법인, 일반법인, 개인 등으로서 전문투자자의 요건에 해당하기는 하나 일반투자자로 대우를 받겠다는 서면의 의사표시를 한 자 • 주권상장법인이 회사와 장외파생상품 거래를 하는 경우에는 일반투자자로 봄(전문투자자로 대우를 받겠다는 의사를 회사에게 서면으로 통지하는 경우에는 전문투자자로 봄)

(3) 투자권유 절차

① 투자권유 불원 투자자에 대한 보호

  ㉠ 회사의 임직원은 투자권유를 희망하지 않는 투자자에게 투자권유를 할 수 없음을 알려야 함

  ㉡ 회사는 투자권유를 희망하지 않는 투자자로부터 '투자권유 불원 확인' 내용이 포함된 확인서를 투자자로부터 징구하고 후속 판매절차를 진행

② 투자권유 희망 투자자에 대한 금융투자상품 투자권유

〈일반투자자에 대한 투자권유 3대 준수사항〉

적합성 원칙	• 일반투자자에게 투자권유를 하기 전에 면담, 질문 등을 통해 투자목적, 재산상황 및 투자경험 등의 정보를 파악하고 서명, 기명날인, 녹취 등의 방법으로 확인받아야 함 • 확인 내용을 투자자에게 제공하고, 관련 자료를 유지·관리해야 함 • 투자자의 특성에 적합하지 않은 투자권유 금지
적정성 원칙	일반투자자에게 투자권유를 하기 전에 투자목적, 재산상황 및 투자경험 등에 비추어 해당 파생상품등이 일반투자자에게 적정하지 않다고 판단되는 경우 그 사실을 알리고 서명, 기명날인, 녹취 등의 방법으로 확인을 받아야 함
설명의무	• 일반투자자를 상대로 투자권유를 하는 경우에는 상품의 내용, 투자위험 등을 일반투자자가 이해하였음을 서명, 기명날인, 녹취 등의 방법으로 확인을 받아야 함 • 설명의무 위반 시 투자자에 대한 손해배상책임이 있으며, 이 경우 원본결손액 전부를 손해배상액으로 추정

  ㉠ 일반투자자 투자자 정보 파악

    • 투자권유를 희망하는 일반투자자에 대하여 투자권유 전에 면담·질문 등을 통하여 투자자의 투자정보를 '일반투자자정보확인서'에 따라 파악하고, 투자자로부터 서명 등의 방법으로 확인을 받아 보관하여야 함

    • 고령 투자자에게 금융투자상품을 판매하는 경우 적합성판단 기준과 강화된 고령 투자자 보호 기준을 준수하여야 함

  ㉡ 일반투자자 투자자 성향 분석

    • 회사는 일반투자자가 제공한 투자자정보의 내용에 따라 문항별로 배점하여 Scoring한 결과에 따라 분류된 투자자성향을 투자자에게 지체 없이 제공해야 함

- 원칙적으로 투자자 본인으로부터 투자자정보를 파악하여야 하며, 투자자의 대리인이 그 자신과 투자자의 실명확인증표 및 위임장 등 대리권을 증빙할 수 있는 서류 등을 지참하는 경우 대리인으로부터 투자자 본인의 정보를 파악할 수 있음(이 경우, 회사는 위임의 범위에 투자자정보 작성권한이 포함되어 있는지 확인)

ⓒ 적합성 원칙, 적정성 원칙, 설명의무
  - 회사가 정한 적합성판단 기준에 비추어 보아 투자자에게 적합하지 아니하다고 인정되는 투자권유를 해서는 아니 됨
  - 이미 투자자정보를 알고 있는 투자자에 대하여는 기존 투자자 성향을 알리고 투자권유를 하여야 함
  - 임직원은 '공격투자형'인 투자자에게게만 초고위험 상품인 '파생상품'을 추천할 수 있으며, 투자자에게 적합하지 않은 것으로 판단되는 금융투자상품에 투자자가 투자하고자 하는 경우 투자자로부터 투자자 확인내용(부적합 / 부적정 금융투자상품 거래 확인)이 포함된 확인서를 받고 판매하거나, 해당 거래를 중단할 수 있음
  - 임직원 등은 투자자에게 투자권유를 하는 경우 금융투자상품의 내용, 투자에 따르는 위험 등 주요 내용을 투자자가 이해할 수 있도록 설명하여야 하고, 설명한 내용을 투자자가 이해하였음을 서명 등의 방법으로 확인을 받아야 함
  - 투자자의 투자경험과 금융투자상품에 대한 지식수준 등 투자자의 이해수준을 고려하여 설명의 정도를 다르게 할 수 있음

(4) 투자권유 시 유의사항

① 계약서류의 교부 및 계약의 해제
  ㉠ 임직원은 투자자와 계약을 체결한 경우, 그 계약서류를 지체 없이 투자자에게 교부
  ㉡ 투자자문계약을 체결한 투자자에게는 계약서류를 교부받은 날부터 7일 이내에 투자자문계약을 해제할 수 있음을 고지하여야 함
  ㉢ 계약서류를 교부하지 않아도 되는 경우

  > - 매매거래계좌를 설정하는 등 거래를 위한 기본계약을 체결하고 그 계약내용에 따라 계속적·반복적으로 거래를 하는 경우
  > - 투자자가 계약서류를 받기를 거부한다는 의사를 서면으로 표시한 경우
  > - 투자자 의사에 따라 (전자)우편으로 계약서류를 제공하는 경우

② 손실보전 등의 금지행위
  ㉠ 투자자가 입을 손실의 전부 또는 일부를 보전하여 줄 것을 사전에 약속하는 행위
  ㉡ 투자자가 입은 손실의 전부 또는 일부를 사후에 보전하여 주는 행위
  ㉢ 투자자에게 일정한 이익을 보장할 것을 사전에 약속하는 행위
  ㉣ 투자자에게 일정한 이익을 사후에 제공하는 행위

③ 투자매매업자 및 투자중개업자의 금지행위

  ⊙ 과당매매의 권유금지

〈과당매매 판단기준〉
• 투자자가 부담하는 수수료의 총액
• 투자자의 재산상태 및 투자목적에 적합한지 여부
• 투자자의 투자지식이나 경험에 비추어 해당 거래에 수반되는 위험을 잘 이해하고 있는지 여부
• 개별 매매거래 시 권유내용의 타당성 여부

  ⓛ 자기매매를 위한 권유금지

    임직원은 투자자를 거래상대방으로 하여 매매하는 경우 외에 금융투자상품시장에서 회사 또는 자기계산에 따라 금융투자상품 매매를 유리하게 또는 원활하게 할 목적으로 투자자에게 특정 금융투자상품의 매매를 권유하여서는 아니 됨

  ⓒ 부당한 권유금지

    • 금융투자상품의 가치에 중대한 영향을 미치는 사항을 미리 알고 있으면서도 이를 투자자에게 알리지 않고 해당 금융투자상품의 매수나 매도를 권유하는 행위

    • 회사가 발행한 주식의 매매를 권유하는 행위

  ⓔ 파생상품등에 대한 투자권유대행인에 의한 투자권유는 금지

  ⓜ 투자의 일임은 별도의 투자일임계약에 의하지 않을 경우 불가능(불법)

(5) 계좌개설

① 개설 관련 제반 서류

  파생상품계좌 개설 신청서, 파생상품거래 위험고지서(파생상품거래와 관련한 거래 유의사항 및 관련 위험을 고지하고 거래의 주요 내용을 설명하는 서류로서, 관련법규에 의해 고객에게 설명되고 제공되어야 하는 기본서류), 파생상품거래 약관, 일반투자자 투자자정보 확인서, 일중매매거래위험고지서, 이체약정 신청서, 결제계좌 신청서, 은행이체 약관, 대용증권이체 약관, 전자금융거래 신청서 및 전자금융거래약관, 위임장, 사용인감신고서, 주문대리인 위임장, 거래전문회원·비회원 계좌개설 신고서, 적격 개인투자자 제도에 따른 서류

〈적격 개인투자자 제도에 따른 서류〉

장내파생상품 거래확인서		개인투자자의 거래 단계를 확인하기 위한 장내파생상품 거래확인서
신규 개인투자자	사전교육 수료 확인증	금융투자협회 사전교육(최소 1시간 이상 회원이 정하는 시간) 이수 후 협회 홈페이지에서 확인
	모의거래 이수 확인서	거래소 또는 거래소가 인증한 금융투자회사 모의거래과정을 최소 3시간(회원이 정하는 시간) 이상 이수한 후 거래소 홈페이지 또는 회원사에서 확인
자격증, 재직증명서	자격증 보유자	사전교육 면제, 모의거래만 이수
	파생상품 업무경력 1년 이상자	사전교육과 모의거래 모두 면제
	투자일임계좌	사전교육과 모의거래 모두 면제

② 신규계좌 개설 신청서류 접수 및 교부서류

　㉠ 계좌 개설 신청서 접수

　　• 위탁자명 및 비밀번호는 필히 고객 자필로 작성하여야 함

　　• 비밀번호는 숫자로 4 ~ 6자리(4자리 필수) → 주민등록번호, 동일숫자, 연속숫자는 비밀번호 등록 불가, 통신용 비밀번호와 계좌원장 비밀번호를 구분해서 사용

　　• 실명확인증표를 징구하고 대리인일 경우 위임장과 위임한 고객의 인감증명서 및 위임인과 위임받은 사람의 실명확인증표를 징구하여야 함

　㉡ 서면에 의한 계약체결 : 파생상품 계좌를 하는 때에는 서면으로 파생상품계좌 설정 계약을 체결하여야 함

　㉢ 파생상품거래 약관의 교부 : 위탁자에게 약관의 중요 내용을 설명하고 교부해야 함

　　• 약관의 신고 및 변경 : 금융투자업자는 약관을 제정하거나 변경하고자 할 때는 금융위원회에 사전에 신고하여야 함(금융투자협회가 제정한 표준약관을 사용할 경우 금융투자업자가 사전에 신고할 의무가 없고, 협회가 신고의무 가짐)

　　• 다음의 경우에는 약관의 제정·변경 후 7일 이내에 금융위원회 및 금융투자협회에 보고하면 됨

> – 투자자의 권리·의무와 관련 없는 사항을 변경하는 경우
> – 금융투자협회의 표준약관을 그대로 사용하는 경우
> – 제정 또는 변경하고자 하는 약관의 내용이 이미 다른 금융투자업자가 신고한 약관의 내용과 같은 경우
> – 전문투자자만을 대상으로 하는 약관을 제정 또는 변경하는 경우

　㉣ 파생상품거래 위험고지서 교부 : 거래소 회원은 위탁자와 파생상품 계좌설정 계약을 체결하기 전에 위탁증거금 이상의 손실발생 가능성, 위탁증거금의 추가 예탁 가능성 등의 내용이 기재된 파생상품거래 위험고지서를 위탁자에게 교부하고 그 내용을 충분히 설명하여야 함

　㉤ 거래소 회원은 파생상품 계좌설정계약에 관한 서면, 파생상품거래 위험고지서 교부확인서 및 위탁자 관련 사항에 관한 서면을 10년 이상 보관하여야 함

③ 실명확인

　㉠ 실명의 정의

개 인	내국인	주민등록표상에 기재된 성명 및 주민등록번호
	재외국인	• 여권에 기재된 성명 및 여권번호 • 여권이 발급되지 않은 외국인 : 재외국인 등록부에 기재된 성명 및 등록번호 • 외국인계좌(외화계좌)를 개설하는 경우 : 투자등록증상의 성명과 투자등록번호(고유번호)
	외국인	• 여권에 기재된 성명 및 여권번호 • 외국인등록증에 기재된 성명 및 등록번호 • 투자등록증상의 성명과 투자등록번호(고유번호)
법 인		• 사업자등록증에 기재된 법인명 및 등록번호 • 사업자등록증을 교부 받지 않은 법인 : 법인명 및 납세번호

법인이 아닌 단체	법인이 아닌 단체	당해 단체를 대표하는 실지 명의
	외국단체	• 투자등록증에 기록된 명칭 및 투자등록번호 • 외국단체 등록증에 기록된 명칭 및 등록번호

ⓛ 실명 확인자
- 실명 확인자는 실명확인 업무에 대한 권한·의무가 주어진 영업점(본부 영업부서 포함) 직원이며, 후선부서 직원(본부직원, 서무원, 청원경찰 등)은 실명확인을 할 수 없음
- 금융기관의 임직원이 아닌 금융상품 모집인 및 카드모집인(임시사용인) 등은 실명확인을 할 수 없으나, 본부부서 근무직원이 실명확인 관련업무를 처리하도록 명령받은 경우는 실명확인을 할 수 있음
- 업무위탁 계약에 의해 은행 및 다른 금융투자업자에게 실명확인 업무를 위탁한 경우, 다른 은행 및 금융투자업자에 의한 실명확인이 가능(이 경우에도 위험고지 등 필수적인 업무의 위탁은 불가)

ⓒ 대리인에 의한 계좌개설시 실명확인 방법
- 가족 외의 대리인이 계좌를 개설하는 경우 본인 및 대리인 모두의 실명확인증표(본인은 사본 가능), 본인의 인감증명서, 위임장 등을 징구
- 가족이 계좌를 개설하는 경우 대리인의 실명확인증표(본인의 실명확인증표는 불필요)와 가족확인서류를 징구

④ 서명거래
- ㉠ 서명등록은 필히 본인이 등록(단, 상임대리인과 법정대리인의 경우는 대리인의 서명등록 가능)
- ㉡ 인감 없이 서명만 등록 가능
- ㉢ 법인계좌는 서명거래 불가
- ㉣ 서명거래 시 필수적으로 실명확인증표에 의해 본인 확인
- ㉤ 성명과 서명은 필히 별도로 기재(성명과 서명이 같더라도 별도로 기재)

⑤ 해외파생상품 거래 계좌

자기 계좌	자기(금융투자업자)의 명의와 자기의 계산 → 장내파생상품의 투자매매업자 또는 투자중개업자가 해외파생상품시장거래를 자기의 명의와 계산으로 하기 위하여 해외파생상품시장회원 또는 해외파생상품중개인에게 거래를 중개할 수 있는 자에게 개설하는 계좌
총괄 계좌	자기(금융투자업자)의 명의와 위탁자의 계산 → 장내파생상품의 투자중개업자가 자기의 명의와 위탁자의 계산으로 해외파생상품시장거래를 하기 위하여 해외파생상품시장회원 또는 해외파생상품중개인에게 개설하는 계좌(옴니버스 계좌)
중개 계좌	위탁자 명의와 위탁자의 계산 → 위탁자가 장내파생상품의 투자중개업자의 중개를 통하여 해외파생상품시장거래를 하기 위하여 해외파생상품시장회원 또는 해외파생상품중개인에게 자기(위탁자)의 명의와 계산으로 개설하는 계좌

(6) 입출금 업무

① 출금할 수 없는 경우

    ㉠ 인출가능 금액보다 많은 금액을 출금할 경우

    ㉡ 출금 불응의 사고가 등록된 경우(분실계좌 등)

    ㉢ 미수금이 발생되어 있는 계좌인 경우

② 현금 과부족 시 처리방법

현금 부족 시	부족금액을 일시적으로 기타 유동자산으로 처리 → 일정기간 후에도 원인이 규명되지 않을 경우 잡손실로 처리
현금 과잉 시	과잉금액을 일시적으로 기타 예수금으로 처리 → 일정기간 후에도 원인규명 안될 경우 잡이익으로 처리

개념체크○×

▶ **투자권유대행인은 파생상품등에 대한 투자권유를 할 수 있다.** ○×

  [해설] 파생상품등에 대한 투자권유대행인에 의한 투자권유는 금지된다.

              답 X

▶ **인감 없이 서명만 등록은 불가능하다.** ○×

  [해설] 인감 없이 서명만 등록이 가능하다.

              답 X

STEP 02 **핵심보충문제**

---

01 **투자권유와 관련된 설명으로 옳지 않은 것은?**

★★★

① 투자권유란 특정 투자자를 상대로 금융투자상품의 매매 또는 투자자문계약·투자일임계약·신탁계약의 체결을 권유하는 것이다.

② 금융투자상품의 매매 또는 계약체결의 권유가 수반되지 않은 정보제공을 하는 경우에도 일반투자자정보확인서를 작성하여야 한다.

③ 투자권유를 희망하지 않는 투자자에 대하여는 투자권유에 해당하는 행위를 해서는 아니 된다.

④ 회사는 투자자에게 투자권유 전 일반투자자인지 전문투자자인지 확인해야 한다.

  [해설] 금융투자상품의 매매 또는 계약체결의 권유가 수반되지 않은 정보제공 등은 투자권유로 보기 어려우며, 이 경우 '일반투자자정보확인서'를 작성할 필요가 없다.

              답 ②

02 투자권유와 관련된 설명으로 옳지 않은 것은?

★★★

① 투자자 유형에 따라 투자권유의 내용이 달라질 수 있으므로 먼저 일반투자자인지 전문투자자인지를 구분해야 한다.

② 정부, 금융기관, 한국은행은 전문투자자이다.

③ 주권상장법인이 금융투자업자와 장외파생상품 거래를 하는 경우에는 전문투자자와 같은 대우를 받겠다는 의사를 서면으로 통지하는 경우에만 전문투자자가 된다.

④ 투자자가 전문투자자인 경우에 투자자정보를 확인하고 투자성향을 분류하여 투자성향에 적합한 금융투자상품을 투자권유하여야 한다.

[해설] 투자자가 일반투자자인 경우에 '일반투자자정보'를 확인하고 투자성향을 분류하여 투자성향에 적합한 금융투자상품을 투자권유하여야 한다.

답 ④

03 대리인에 의한 계좌개설 시 실명확인 방법으로 옳지 않은 것은?

★★★

① 가족 외의 대리인이 계좌를 개설하는 경우 본인 및 대리인 모두의 실명확인증표, 본인의 인감증명서, 위임장 등을 징구한다.

② 가족 외의 대리인이 계좌를 개설하는 경우 본인의 실명확인증표는 사본도 가능하다.

③ 가족이 계좌를 개설하는 경우 본인 및 대리인 모두의 실명확인증표와 가족확인서류를 징구한다.

④ 가족의 범위는 본인의 직계존비속(배우자부모 포함) 및 배우자이다.

[해설] 가족이 계좌를 개설하는 경우 대리인의 실명확인증표(본인의 실명확인증표는 불필요)와 가족확인서류를 징구한다.

답 ③

02 주문의 접수 및 거래체결 업무 _{중요도 ★★★}

대표유형문제 개별경쟁거래의 원칙과 거리가 먼 것은?

① 자기매매 우선의 원칙　　　　　　② 가격우선의 원칙

③ 시간우선의 원칙　　　　　　　　④ 수량우선의 원칙

해설 개별경쟁거래의 원칙으로는 가격우선의 원칙, 시간우선의 원칙, 수량우선의 원칙이 순차적으로 적용된다.

답 ①

STEP 01 핵심필수개념

(1) 주문의 접수

① 거래시간 및 휴장일

거래시간	• 파생상품시장의 정규 거래시간은 09시 ~ 15시 45분(단, 돈육선물은 10시 15분 ~ 15시 45분) • 최종거래일이 도래한 종목의 경우 　– 주식상품시장(09시 ~ 15시 20분), 코스피200변동성지수선물(09시 ~ 15시 30분) 　– 금리·통화상품시장(09시 ~ 11시 30분), 단, 미국달러옵션은 09시 ~ 15시 30분 　– 돈육선물(10시 15분 ~ 15시 45분), 금선물(09시 ~ 15시 20분)
호가 접수시간	• 거래시간의 개시 30분 전부터 거래시간의 종료 전까지 • 일반적으로 8시 30분부터 호가를 접수하고 거래는 9시부터 시작되며, 거래종료 시점인 15시 45분에 접수와 거래가 종료됨
휴장일	• 토요일, 공휴일, 근로자의 날 • 12월 31일(휴일인 경우에는 직전거래일) • 기타 시장관리상 필요하다고 인정되는 날

② 주문 접수의 유형 및 조건

지정가호가	종목, 수량, 가격을 지정하는 호가로 지정된 가격 또는 지정된 가격보다 유리한 가격으로 거래를 하고자 하는 주문
시장가호가	종목 및 수량은 지정하되 가격은 지정하지 않는 호가
조건부 지정가호가	시장에 도달된 때에는 지정가주문으로 거래하나, 만약 종가 단일가격 거래 전까지 체결되지 않은 경우에는 종가 단일가격 거래시에 시장가주문으로 전환되는 주문
최유리 지정가호가	종목 및 수량은 지정하되 가격은 시장에 도달하는 시점에서 가장 유리하게 거래되는 가격으로 지정되는 주문으로 시장가호가와 지정가호가를 결합한 것

*입력된 주문은 거래체결, 주문의 취소·정정 등의 경우를 제외하면 접수된 때부터 당일의 거래종료시까지 효력을 지속함

일부충족조건(FAK, IOC)	전량충족조건(FOK)
당해 주문의 접수시점에서 주문한 수량 중 체결될 수 있는 수량에 대하여는 거래를 성립시키고 체결되지 아니한 수량은 취소하는 조건	당해 주문의 접수시점에서 주문한 수량의 전부에 대하여 체결할 수 있는 경우에는 거래를 성립시키고 그러하지 아니한 경우에는 당해 수량 전부를 취소하는 조건

③ 호가의 입력제한

적용대상	입력제한
원월종목	시장가호가, 조건부지정가호가 및 최유리지정가호가
단일가호가	최유리지정가호가
종가단일가 호가시간	조건부지정가호가
최종거래일 도래 종목	조건부지정가호가
일부·전량 충족조건	조건부지정가호가, 단일가호가, 시장조성계좌를 통한 호가
조건부지정가호가	상한가로 지정한 매수호가, 하한가로 지정한 매도호가
예상체결가격 공표시간	단일가호가 시간의 종료 전 1분간 정정·취소호가

④ 일중 가격제한제도
　㉠ 기준가격을 기준으로 상한가보다 높거나 하한가보다 낮은 가격은 주문이 제한됨
　㉡ 기준가격
　　• 거래개시일부터 최초 거래성립일까지의 기준가격 : 이론가격(단, 주식선물거래에서 배당락이
　　　있는 경우에는 주식선물조정이론가격으로 함)
　　• 돈육선물의 기준가격 : 전일에 공표된 돈육대표가격이며, 코스피200변동성지수선물거래의
　　　경우 전일의 최종 코스피200변동성지수의 수치
　　• 최초 거래성립일의 다음 거래일 이후의 기준가격 : 전일의 정산가격(단, 미국달러플렉스선물
　　　거래의 경우에는 선물이론가격으로 함)

⑤ 실시간 가격제한제도
　㉠ 접속매매 시간 중, 거래가 체결될 때마다 그 약정가격을 기준으로 실시간 상·하한가(직전 약정
　　가격 ± 가격변동폭)를 설정하는 것
　㉡ 실시간 가격제한 제도가 적용되지 않는 경우
　　• 시가/종가/장중 단일가호가 접수시간과 당일 중 시가형성 전까지
　　• 야간거래, 협의거래, 기초자산이 정리매매종목인 주식선물거래
　　• 실시간 가격제한제도 미적용 상품은 모든 거래시간 동안 지정가호가만 허용

⑥ 호가수량 한도
　㉠ 호가당 지정할 수 있는 수량의 최대치
　㉡ 주문 한도를 초과해 일시에 넣을 수 없는 것이지 주문수량을 쪼개어 여러 번 넣는 것은 가능
　㉢ 유동성관리상품의 경우에는 정상적인 호가수량한도의 1 / 10 수준

구 분	호가수량 한도
코스피200선물, 코스피200변동성지수선물, 미니코스피200선물과 통화선물을 제외한 모든 선물거래	1,000계약
코스피200선물, 코스피200변동성지수선물, KRX300선물, ETF선물거래	2,000계약
미니코스피200선물	10,000계약
통화선물	5,000계약

⑦ 미결제약정의 제한
　㉠ 회원이 자기계산으로 행하거나 동일인 위탁자별로 위탁받을 수 있는 순미결제약정 수량 또는
　　종목별 미결제약정수량을 제한하고 있음
　㉡ 제한대상거래 : 투기거래(단, 차익·헤지거래 관련수량은 보유수량 산출 시 제외함)

⑧ 거래의 체결

   ⑦ 일반원칙 : 파생상품거래는 거래소에 제출된 호가끼리 일정한 경쟁원칙에 따라 개별적으로 거래를 성립시키는 개별경쟁거래가 원칙

경쟁거래	매도측과 매수측이 모두 복수인 경우로서, 매도자는 매도자끼리 매수자는 매수자끼리 가격경쟁을 하고, 다시 매도측과 매수측 간에 가격을 통해 경쟁을 하여 거래를 체결하는 방법
상대거래 (협의거래)	• 매도측과 매수측이 모두 단수인 경우의 체결유형으로, 거래당사자 쌍방이 임의로 상대방을 선택하고 서로의 합의에 의해 수량, 가격 등을 결정하여 거래를 체결시키는 방법 • 협의거래 종류 : 협의대량거래, 기초자산조기인수도부거래, 미국달러플렉스선물거래

   ⓒ 개별경쟁거래의 원칙

가격우선의 원칙	매수호가	가격이 높은 호가가 낮은 호가에 우선
	매도호가	가격이 낮은 호가가 높은 호가에 우선
	시장가호가	지정가호가에 우선
시간우선의 원칙	가격이 동일한 호가 간에는 먼저 접수된 호가가 우선	
수량우선의 원칙	단일가거래의 약정가격이 상·하한가로 결정되는 경우에 상·하한가로 제출된 단일가호가 간에는 시간우선의 원칙이 배제되는 대신에 호가수량이 많은 호가부터 수량을 배분	

   ⓒ 개별경쟁거래의 종류 : 단일가매매와 접속매매

단일가 매매	• 일정시간 동안 접수된 다수의 호가에 대하여 매도호가 간의 경합, 매수호가 간의 경합에 의하여 하나의 단일가격으로 계약을 체결함 • 매도호가의 합계수량과 매수호가의 합계수량이 일정한 가격에서 합치한 가격(합치가격)으로 호가의 우선순위에 따라 합치가격으로 거래를 체결	
	적용시기	시가 및 종가를 결정하는 때 매매거래를 중단한 후 재개시의 최초가격을 결정하는 때
접속 매매	• 단일가매매를 이용하는 경우를 제외한 경우에 이용 • 거래시간 중에 언제든지 거래가 가능한 호가가 접수되면 즉시 거래가 이루어지고 복수의 약정가격이 계속적으로 형성	

   ⓔ 협의대량거래(Block Trade)

개 념	당사자 간에 사전에 협의된 가격이나 수량으로 거래를 체결시키는 상대거래 방식의 협의거래 제도 → 기관투자자 등이 대량의 포지션을 신속, 원활하게 결제월간 이월하도록 해줌
신청시간	정규거래시간(단일가 호가시간 포함)
가격제한폭	선물거래 및 선물 스프레드거래 : 0.5% ~ 3.0%

   ⓜ 장 개시 전 협의거래

개 념	거래소와 제휴 또는 계약을 맺은 외국 거래소에서 거래소의 파생상품을 기초자산으로 하는 거래로서 회원이 해당 거래의 종목 및 수량에 관하여 당사자 간에 협의된 거래의 체결을 거래소에 신청하는 방법
대 상	코스피200선물, 미니코스피200선물, 코스피200옵션(결제주종목 제외), 미국달러선물을 기초자산으로 하여 유렉스가 상장한 1일물 선물거래
거래시간	7:30 ~ 8:30

ⓗ 기초자산조기인수도부거래(EFP ; Exchange of Futures for Physicals) : 미국 달러선물에 도입되어 있으며, 거래자가 원하는 시기에 한 번의 거래로 선물포지션 해소와 실물인수도가 가능하여 수출기업 등 외환 실수요자들이 유용하게 이용

ⓢ 플렉스협의거래(FLEX ; Flexible Exchange) : 최종거래일, 최종결제방법, 가격 및 수량에 관하여 당사자 간에 협의된 내용을 거래소에 신청한 경우 거래를 체결시켜 주는 제도

⑨ 거래내역의 통지

ⓐ 위탁자의 주문에 대하여 거래가 체결된 경우, 즉시 거래내용을 통지하여야 함

ⓑ 월간 거래내용 통지는 거래가 있는 고객의 경우 다음달 20일까지 통지

ⓒ 반기 잔고현황 통지는 반기간(6개월) 거래가 없는 고객의 경우에도 반기말 잔고현황을 반기종료 후 20일까지 통지하여야 함

⑩ 착오거래의 정정

ⓐ 착오거래의 정정 신청 : 착오가 발생한 날의 장 종료 후 30분 이내에 회원이 신청(착오거래의 정정 신청은 장중에도 신청이 가능)

ⓑ 기초자산조기인수도부거래(FEP)의 경우에는, 거래체결 즉시 실물인수도가 이루어지기 때문에 착오거래의 정정대상에서 제외

ⓒ 회원의 착오거래인 경우, 정정방법은 회원의 자기거래로 인수

⑪ 대량투자자 착오거래의 구제요건

ⓐ 약정가격과 착오거래구제기준가격과의 차이에 해당 거래의 약정수량 및 거래승수를 곱하여 산출되는 수치를 합산한 금액이 상품시장별로 100억원 이상일 것

ⓑ 약정가격이 착오거래구제 제한범위를 벗어날 것

ⓒ 착오거래가 동일한 착오에 의하여 연속적으로 체결될 것

ⓓ 착오자가 대량투자자착오거래 구제제도를 악용하지 않을 것

ⓔ 그밖에 안정적이고 원활한 결제를 위하여 해당 착오거래를 구제할 필요가 있을 것

※ 구제신청은 착오거래가 발생한 때부터 30분 이내에 하여야 함

(2) 기본예탁금

미결제약정이 없는 위탁자가 파생상품거래를 하기 위하여 금융투자업자에게 예탁하여야 하는 최소한의 거래개시 기준금액이며, 미결제약정이 없는 위탁자는 기본예탁금을 납부한 이후에만 거래가 가능함

기본예탁금액	• 코스피200변동성지수 선물거래를 제외한 선물거래 및 옵션을 매수하고자 하는 위탁자 : 1천만원 이상 • 모든 파생상품을 거래하고자 하는 위탁자 : 2천만원 이상
기본 예탁금의 예탁시점	• 미결제약정이 없는 위탁자가 신규주문 시 예탁 • 미결제약정을 보유하고 있는 경우에는 기본예탁금의 체크 없이 신규주문 가능 • 미결제약정을 전량 반대매매하여 미결제약정이 '0'이 된 경우에도 결제시한인 익일 12시까지는 기본예탁금의 체크 없이 신규주문 가능 • 결제시한인 익일 12시 이후에는 미결제약정이 완전 소멸되었기 때문에 신규주문 시 기본예탁금을 예탁하여야 함
기본 예탁금의 예탁	• 현금, 대용증권, 외화 또는 외화증권으로 납부할 수 있으며, 위탁증거금으로 사용(충당)할 수 있음 • 신용상태, 투자목적, 투자경험 등을 감안하여 위탁자별로 구분하여 차등적용(다만, 최초로 적용하는 경우에는 제1단계를 적용해서는 아니됨) • 사후위탁증거금 적용계좌 및 예탁자산에 대한 헤지거래만을 하는 계좌는 기본예탁금 면제 • 금선물거래 또는 돈육선물거래만을 위해 파생상품계좌를 설정하는 위탁자에 대하여는 기본예탁금을 50만원 이상으로 정할 수 있음 • 기본예탁금을 인출한 위탁자로부터 다시 매매거래를 위탁 받는 경우에는 사전에 기본예탁금을 예탁받아야 함
기본 예탁금의 인출	• 반대거래, 최종결제, 권리행사의 신고·배정 또는 옵션의 소멸로 미결제약정이 전량 해소된 때 • 옵션매수의 미결제약정만 보유한 상태에서 미결제약정의 전량을 해소하기 위하여 하한가로 위탁한 매도의 주문이 호가된 때

(3) 증거금(Margin) 제도

증거금이란 거래 및 결제이행을 담보하기 위한 보증금(증거금은 현금, 대용증권, 외화 또는 외화증권으로 납입 가능)이며, 증거금 제도란 각 참가자별 보유 포지션(위험 노출액)에 상응하는 액수의 금전을 징수하는 제도임

① 증거금의 종류

납부주체에 따른 구분	위탁증거금	고객이 회원에게 파생상품거래의 주문을 위탁할 때 납부	
		사전위탁증거금	= 주문증거금 + 순위험증거금 + 결제예정금액 → 주문 제출 전에 예탁(일반투자자)
		사후위탁증거금	= 순위험증거금 + 결제예정금액 → 거래종료 후에 예탁(적격기관투자자)
		개시증거금	신규거래 시 납부
		유지위탁증거금	미결제약정을 유지하는 데 필요한 최소한의 증거금
	거래증거금	위탁증거금 중에서 회원이 거래소에 납부하는 증거금 → 거래증거금은 위탁증거금의 2/3 수준으로 설정	
납부시기에 따른 구분	사전증거금	주문제출 전에 납부하는 증거금	
	사후증거금	거래종료 후에 납부하는 증거금 → 거래증거금은 모두 사후증거금제도가 적용	

② 사후위탁증거금이 적용되는 적격기관투자자의 범위

> • 국가, 한국은행, 금융기관, 기타 전문투자자(예금보험공사, 한국자산관리공사, 집합투자기구 등)
> → 「자본시장법」에 명기된 전문투자자 중 주권상장법인, 금융위에 전문투자자로 신고한 법인 및 개인, 금융투자업자 중 투자자문업자는 적격기관투자자에서 제외

개념체크○×

▶ 종목 및 수량은 지정하되 가격은 지정하지 않는 호가를 조건부지정가호가라고 한다. ○×

[해설] 종목 및 수량은 지정하되 가격은 지정하지 않는 호가는 시장가호가이다.

답 X

▶ 미결제약정이 없는 위탁자는 기본예탁금을 납부한 이후에만 거래 가능하다. ○×

답 O

01 최종거래일이 도래한 종목의 거래시간이 틀린 것은?
★★★
① 주식관련 선물·옵션 : 09:00 ~ 15:20
② 금리선물·통화선물 : 09:00 ~ 11:30
③ 돈육선물 : 09:00 ~ 11:30
④ 금선물 : 09:00 ~ 15:20

[해설] 돈육선물은 최종거래일이 도래한 종목의 거래시간도 평상시의 거래시간과 동일하게 10시 15분부터 15시 45분(10:15 ~ 15:45)까지이다.

[답] ③

02 KOSPI200 선물·옵션거래 호가의 입력제한에 관한 설명으로 옳지 않은 것은?
★★★
① 최근월물 이외의 원월물 종목인 경우 시장가호가 및 지정가호가로 입력하여야 한다.
② 선물 스프레드 거래인 경우에는 지정가호가만 입력하여야 한다.
③ 단일가 호가인 경우에는 최유리지정가호가의 신규 입력이 제한된다.
④ 최종거래일이 도래한 종목인 경우에는 조건부지정가호가의 입력이 제한된다.

[해설] 원월물 종목인 경우 호가가 거의 없기 때문에 착오거래 등을 방지하는 차원에서 지정가호가로만 입력하여야 한다.

[답] ①

03 실시간 가격제한제도(Price Band)에 관한 설명으로 옳지 않은 것은?
★★★
① 투자자 또는 회원의 착오거래로 인한 장중가격 급변으로 시장혼란을 방지하기 위한 제도이다.
② 접속매매 시간 중에만 적용된다.
③ 거래가 체결될 때마다 그 약정가격을 기준으로 실시간 상·하한가(직전 약정가격±가격변동폭)를 설정한다.
④ 실시간 가격제한제도가 적용되는 상품은 모든 거래시간 동안 지정가호가만 허용된다.

[해설] 실시간 가격제한제도가 적용되지 않는 상품은 모든 거래시간 동안 지정가호가만 허용된다.

〈실시간 가격제한제도가 적용되지 않는 경우〉
• 시가·종가·장중 단일가호가 접수시간과 당일 중 시가형성 전까지
• 야간거래, 협의거래, 기초자산이 정리매매종목인 주식선물거래

[답] ④

03 정산, 결제, 인수도 중요도 ★★★

대표유형문제 전일 매수미결제약정수량이 180계약이다. 오늘 120계약을 매수하고 320계약을 매도했다고 할 때, 당일의 미결제약정수량을 구하면?

① 매수미결제약정 20계약

② 매도미결제약정 20계약

③ 매수미결제약정 200계약

④ 매도미결제약정 200계약

해설 당일 미결제약정수량 = 전일 매수미결제약정수량 + (당일 매수거래수량 - 당일 매도거래수량) = 180 + (120 - 320) = -20. 즉, 매수미결제약정을 보유하고 있다가 당일 매도거래의 증가로 인해 매도미결제약정의 보유로 바뀌었다.

답 ②

STEP 01 | 핵심필수개념

(1) 일일정산

① 일일정산을 위한 미결제약정수량 산출

ㄱ 파생상품 거래는 소액의 증거금만으로 만기까지 비교적 장기간의 거래를 약속하는 계약이므로 결제불이행 위험을 막기 위하여 매 거래일마다 일일정산을 하여 이에 따른 차손익을 매일 수수

ㄴ 업무처리 순서 : 미결제약정수량 산출 → 정산차금 산출

〈미결제약정수량 산출〉

매수미결제약정수량	= 전일 매수미결제약정수량 + (당일 매수거래수량 - 당일 매도거래수량)
매도미결제약정수량	= 전일 매도미결제약정수량 + (당일 매도거래수량 - 당일 매수거래수량)

※ 매수·매도 대등수량의 소멸 : 회원은 위탁자의 파생상품계좌별로 동일한 종목의 매수와 매도의 약정수량 중 대등한 수량을 소멸시킴(자동상계)

② 정산차금 산출방법

개 념	정산차금이란 선물거래의 가격변화에 따라 매 거래일 각 종목에 대하여 정산가격으로 산정한 당일차금 및 갱신차금을 결제회원과 거래소, 거래전문회원과 지정결제회원 간에 수수하여야 할 금액임	
	〈정산차금 = 당일차금 + 갱신차금〉	
당일 차금	당일 체결된 매수·매도거래 수량에 대하여 해당 거래체결가격과 당일 정산가격을 비교하여 산출한 손익	
	당일 매수거래	당일차금 = 당일 매수수량 × (당일 정산가격 − 당일 체결가격) × 거래승수
	당일 매도거래	당일차금 = 당일 매도수량 × (당일 체결가격 − 당일 정산가격) × 거래승수
갱신 차금	전일의 미결제약정에 대하여 전일의 정산가격과 당일의 정산가격을 비교하여 산출한 손익	
	매수 미결제약정	갱신차금 = 전일 매수미결제약정수량 × (당일 정산가격 − 전일 정산가격) × 거래승수
	매도 미결제약정	갱신차금 = 전일 매도미결제약정수량 × (전일 정산가격 − 당일 정산가격) × 거래승수

(2) 결 제

개 념	결제란 장중 또는 거래분에 대한 익일결제대금을 계좌잔고 또는 주문가능액에 반영하는 업무 → 위탁자는 결제에 대한 의무를 지니며, 결제회원은 이에 대한 보증과 대납 의무를 수행함		
결제금액 산출	장종료 후 일일정산을 하여 예탁현금에 반영되는 금액 → 예탁현금이 부족할 경우 추가증거금 징수(마진콜)		
선물거래 결제	결제회원은 거래소, 거래전문회원은 지정결제회원, 회원은 위탁자와 거래일마다 결제금액을 수수		
	결제금액(차감결제) = 총지급액과 총수령액의 차감액		
	최종결제	현금결제	최종거래일의 정산가격과 최종결제가격(현물가격) 간의 차에 의해 산출되는 최종결제금액을 최종결제일에 현금으로 수수하는 방법 → 인수도결제를 하는 상품을 제외한 대부분의 선물·옵션거래
		인수도결제	최종거래일까지 반대매매되지 않고 남은 미결제약정에 대해서 최종결제일에 기초자산(실물)을 직접 인수도하고 그에 대한 결제대금을 수수하는 방식 → 통화선물(미국달러선물, 엔선물, 유로선물, 위안선물)
옵션거래 결제	결제방법	옵션(권리)과 프리미엄(대가)의 수수	매도자가 매수자로부터 받는 대가(프리미엄) = 체결가격 × 체결수량 × 거래승수
		반대매매	매수자는 자유롭게 선택할 수 있지만, 옵션매도자는 반대매매만 가능
		권리행사 또는 포기	
	결제대금 수수시한은 결제금액이 발생한 익일 12시까지		

(3) 추가 증거금(마진콜)

위탁증거금의 일별 추가 예탁 (일별 추가 증거금)	장 종료 시점을 기준으로 사전 위탁증거금을 적용받는 위탁자의 예탁총액이 유지위탁증거금액 보다 적거나 유지현금 예탁 필요액보다 적은 경우에는 위탁증거금을 추가로 예탁받아야 함 → 위탁증거금의 추가 예탁기한은 다음거래일 12시까지
위탁증거금의 장중 추가 예탁 (장중 추가 증거금)	정규거래시간 중 위탁자의 예탁 총액이 장중 유지위탁증거금액보다 적은 경우에는 위탁증거금을 추가로 예탁받아야 함

결제불이행시 (결제금액 및 추가증거금의 미납부시) 조치	• 결제불이행 위탁자의 미결제약정을 소멸시키게 되는 매도 또는 매수 거래를 하거나 위탁증거금으로 예탁받은 대용증권 또는 외화를 매도할 수 있음 • 미결제약정, 대용증권 또는 외화의 반대매매 후에도 부족액이 있는 때에는 위탁자에 대하여 그 부족액의 납부를 청구할 수 있음 • 위탁자의 미수금에 대하여 연체이자를 징수할 수 있으며, 결제불이행으로 인하여 회원이 부담한 손실 및 제반비용을 징구할 수 있음

(4) 통화선물의 인수도 결제

최종 거래일 (T일)	회원은 최종 거래일의 장 종료(15:45) 후부터 회원이 정하는 시간까지 통화선물거래의 최종 결제수량, 통화의 수수액, 최종 결제대금 등 인수도 내역을 위탁자에게 통지
최종 결제일 (T + 2일)	12시 이전까지 매수미결제를 보유한 위탁자는 인수도 대금을, 매도미결제를 보유한 위탁자는 해당 인수도 물품인 통화를 회원에게 납부 → 회원은 차감 결제 후 해당 위탁자에게 지급

개념체크○×

▶ 당일차금은 전일의 미결제약정에 대하여 전일의 정산가격과 당일의 정산가격을 비교하여 산출한 손익이다. ○×

해설 당일차금이 아니라 갱신차금에 대한 설명이다. 당일차금은 당일 체결된 매수·매도거래 수량에 대하여 해당 거래 체결가격과 당일 정산가격을 비교하여 산출한 손익이다.

답 X

STEP 02 **핵심보충문제**

01 선물거래와 옵션거래의 결제에 대한 설명으로 옳지 않은 것은?
★★★
① 선물거래의 결제금액은 총지급액(수량)과 총수령액(수량)의 차감액(차감수량)을 수수한다.
② 옵션거래의 결제방법으로는 옵션(권리)과 프리미엄(대가)의 수수, 반대매매, 권리행사 또는 권리포기의 방법이 있다.
③ 옵션매도자가 옵션매수자에게 권리를 부여하는 대가로 매수자로부터 받는 옵션대금(프리미엄)은 [체결가격 × 체결수량 × 거래승수]이다.
④ 옵션매수자와 옵션매도자는 반대매매, 권리행사, 권리포기 중에서 자유롭게 선택할 수 있다.

해설 권리보유자인 옵션매수자는 반대매매, 권리행사, 권리포기 중에서 자유롭게 선택할 수 있지만, 의무부담자인 옵션매도자는 자신의 의무를 소멸시키는 방법으로 반대매매만 선택할 수 있다.

답 ④

02 결제불이행시(결제금액 및 추가증거금의 미납부시) 조치에 관한 설명으로 옳지 않은 것은?

★★☆

① 회원은 결제불이행 위탁자의 미결제약정을 소멸시키게 되는 매도 또는 매수 거래를 할 수 있다.

② 미결제약정을 소멸시키게 되는 매도 또는 매수 거래를 할 경우에는 직전 약정가격 및 최우선호가 (매도의 경우엔 매수호가, 매수의 경우엔 매도호가) 또는 그 가격으로부터 호가가격단위를 순차적으로 뺀(매수의 경우엔 더한) 9개의 가격으로 해야 한다.

③ 회원은 위탁자의 미수금에 대하여 연체이자를 징수할 수 없다.

④ 회원은 위탁자가 결제불이행시 위탁증거금으로 예탁받은 대용증권 또는 외화를 매도할 수 있다.

해설 회원은 위탁자의 미수금에 대하여 연체이자를 징수할 수 있으며, 결제불이행으로 인하여 회원이 부담한 손실 및 제반비용을 징구할 수 있다.

답 ③

04 대용증권, 회계 중요도 ★★☆

대표유형문제 다음 중 거래증거금으로 사용할 수 없는 대용증권은?

① 상장 ELS　　　　　　　　② ETF

③ 관리종목　　　　　　　　④ 상장 DR

해설 관리종목은 대용증권으로 사용할 수 없다.

답 ③

STEP 01 핵심필수개념

(1) 대용증권 관리업무

대용증권의 정의	현금을 대신하여 증거금으로 사용할 수 있는 일정 기준 이상의 유가증권을 의미		
대용증권의 예탁	• 위탁자는 위탁증거금에서 현금예탁필요액을 제외한 금액에 대해서 대용증권으로 예탁할 수 있음 • 회원은 위탁증거금으로 예탁한 대용증권을 거래증거금 등으로 이용할 수 있음(단, 위탁자의 서면에 의한 사전동의 필요)		
대용증권의 종류	〈거래증거금으로 예탁 가능한 대용증권의 종류〉		
	납입가능 대용증권	• 유가증권시장, 코스닥시장, 코넥스시장에 상장된 주권, 상장외국주식예탁증권(DR) • 상장채권(국공채) : 국채, 지방채, 특수채 • 상장회사채(신용등급 BBB+ 이상) • ETF : 지수자산 유형 중 원자재 또는 분류 내용이 레버리지, 인버스 등 주식군(파생형)인 경우는 제외 • ETN : 지수자산 유형이 채권형이거나 분류 내용이 레버리지, 인버스 등 주식군(파생형)인 경우는 제외	
	제외대상	관리종목, 투자위험종목, 정리매매종목, 매매거래정지종목	
	기타 조치	• 회원은 자기가 발행한 유가증권을 거래증거금 또는 거래전문회원증거금으로 사용할 수 없음(단, 위탁자로부터 예탁받은 유가증권이 자기가 발행한 것일 경우 예외로 함) • 회원은 위탁자가 위탁증거금으로 예탁한 대용증권을 그 위탁자 이외의 자의 거래증거금으로 예탁할 수 없음	
대용가격의 산정	대용가격	대용가격 = 대용증권의 기준시세 × 사정비율	
	사정비율 산정기준	주식군	담보인정비율은 종목별 유동화기간과 일평균거래대금으로 설정한 유동성 등급과 종목별 99% 수준의 3일간 수익률로 설정한 수익률 등급을 고려
		채권군	담보인정비율은 발행자의 지급능력(발행주체, 신용등급)에 따라 설정한 등급과 잔존만기 구간을 고려
		외 화	담보인정비율은 99% 수준의 2일간(유동화기간)의 가격변동과 원화로 환전하는 경우 발생할 수 있는 부대비용을 커버할 수 있는 수준으로 산출(최대 95% 상한선)
	*후순위채권은 사정비율의 90%만 인정		
대용증권의 인출	증거금으로 예탁된 대용증권 중 증거금필요액을 초과하는 대용증권은 장중에 수시로 인출할 수 있음		

(2) 외화 및 외화증권 관리 업무

증거금으로 예탁가능한 외화	미국 달러화, 캐나다 달러화, 호주 달러화, 홍콩 달러화, 싱가포르 달러화, 영국 파운드화, 유럽연합 유로화, 스위스 프랑화, 중국 위안화, 일본 엔화(총 10개 통화)	
	기준시세	미국 달러화, 중국 위안화 / 산출일 다음날 매매기준율
		기타 통화 / 산출일의 매매기준율
	사정비율	외화별 매매기준율의 수익률을 기준으로 산출
증거금으로 예탁가능한 외화증권	• 미국 단기 재무부 국채(Treasury Bill) • 미국 중기 재무부 국채(Treasury Note) • 미국 장기 재무부 국채(Treasury Bond) • 그 밖에 거래소가 인정하는 외화증권	
	사정가격	외화증권의 기준시세 × 매매기준율 × 사정비율

(3) 회계관리 업무

① 일반적인 회계의 특성

ㄱ 회계단위로 측정하며 기업 실체의 가정(기업을 독립적으로 구분해서 측정할 수 있어야 함) 및 계속기업을 가정

ㄴ 역사적 원가주의 : 취득시점에 원가로 계산(시가평가대상 자산은 제외)

ㄷ 수익비용 대응의 원칙 : 수익과 비용의 인식은 관련된 수익과 비용이 동일한 회계기간 내에 인식되어야 한다는 것

ㄹ 실현주의(발생주의) : 수익의 획득과정이 거의 대부분 완료되고 그 금액을 객관적으로 측정할 수 있을 때 인식

ㅁ 계속성의 원칙 : 채택된 회계처리 방법은 특별한 사유가 없을 경우 계속 사용

② 금융투자업자의 회계

ㄱ 「자본시장법」에 명시된 금융투자업자의 회계처리

• 회계연도는 4월 1일부터 익년 3월 31일. 다만, 금융위원회가 정하여 고시하는 경우에는 1월 1일부터 12월 31일까지로 할 수 있음

• 금융투자업자의 고유재산과 신탁재산, 그리고 위탁자의 재산을 명확히 구분하여 계리

• 금융투자업자의 재무제표상 계정과목은 금융감독원장의 승인 없이는 신설 또는 개정하지 못함

ㄴ 장 부

회계에 관한 장부	일계표, 현금 및 예금출납부, 총계정원장 및 보조원장
업무에 관한 장부	위탁자별 거래원장, 예탁대용증권관리대장, 일일정산대장, 자기거래원장 등

*금융투자업자는 회계 및 재무에 관한 서류는 10년 이상, 업무에 관한 서류는 종류별로 3 ~ 10년의 기간 동안 기록·유지하여야 함

③ 파생상품거래 회계처리기준

   ○ 거래유형

     • 파생상품은 거래 시점에서 목적에 따라 유형을 구분하여 관리하여야 함

매매목적거래	위험회피목적거래가 아닌 모든 파생상품의 거래
위험회피목적거래	위험회피대상 항목의 공정가액 또는 미래현금흐름 변동을 부분적으로 또는 전체적으로 상계하기 위하여, 하나 이상의 위험회피수단을 지정함과 동시에 위험회피 회계의 적용 요건을 모두 충족하는 거래

   ○ 일반원칙

     • 파생상품거래의 계약금액은 외화로 표시된 경우 원화로 환산

     • 모든 거래는 공정가액으로 평가하여 그 평가손익을 재무제표에 반영

     • 장내파생상품의 공정가액은 평가일 현재 당해 거래소에서 거래되는 해당 상품의 종가로 할 것

   ○ 위험회피 회계

     • 위험회피 회계를 적용하고자 하는 경우에는 유사한 위험회피 활동은 모두 위험회피 회계를 적용하여야 함(적용의 일관성)

     • 위험회피 회계를 적용함에 있어 위험회피 활동으로 인한 공정가액 또는 현금흐름의 위험회피 효과 평가방법은 사전에 정해져 있어야 함

④ 금융투자업자의 대외 보고

업무보고서	매 사업연도 개시일부터 3개월간, 6개월간, 9개월간 및 12개월간의 업무보고서를 그 기간 경과 후 45일 이내, 월별보고서인 경우에는 익월 말일까지 금융위원회에 제출		
영업용 순자본비율 보고서	매 분기별로 제출, 분기 익월 말일까지		
	수시보고	매 영업일마다 150%에 미달하거나 미달할 우려가 있을 때	
	주요 내용	영업용순자본의 산정, 총위험액의 산정	
	영업용 순자본의 산정	대차대조표상의 [자기자본 − 차감항목 + 가산항목]	
		차감항목	선급금, 선급비용, 선급법인세, 고정자산, 특수관계인 채권, 자회사의 결손액에 소유지분을 곱하여 산정한 금액 등
		가산항목	유동자산에 설정한 대손충당금, 후순위차입금 등
	총위험액의 산정	• 시장위험액 : 증권 등의 시세변동 위험액, 환율변동 위험액 • 신용위험액 : 회수불능 위험액, 장외파생상품 결제불이행 위험액, 위탁자 계좌에서의 결제불이행 위험액 • 운영위험액	

▶ 관리종목, 투자위험종목, 매매거래정지종목은 대용증권으로 사용할 수 없지만, 정리매매종목은 대용증권으로 사용할 수 있다. ○ ×

[해설] 관리종목, 투자위험종목, 정리매매종목, 매매거래정지종목 모두 대용증권으로 사용할 수 없다.

답 X

▶ 선급금은 영업용순자본을 산정할 때 자기자본에서 차감한다. ○ ×

답 O

STEP 02 핵심보충문제

01 금융투자업자의 장부 중 회계에 관한 장부가 아닌 것은?
★★★
① 일계표   ② 일일정산대장

③ 현금 및 예금출납부   ④ 총계정원장 및 보조원장

[해설] 회계에 관한 장부는 일계표, 현금 및 예금출납부, 총계정원장 및 보조원장이 있으며, 일일정산대장은 업무에 관한 장부이다.

답 ②

---

02 다음 중 한국거래소에 증거금으로 예탁가능한 외화가 아닌 것은?
★★★
① 중국 위안화   ② 스위스 프랑화

③ 캐나다 달러화   ④ 프랑스 프랑화

[해설] 증거금으로 예탁가능한 외화로는 미국 달러화, 캐나다 달러화, 호주 달러화, 홍콩 달러화, 싱가포르 달러화, 영국 파운드화, 일본 엔화, 유럽연합 유로화, 스위스 프랑화, 중국 위안화 등 총 10개 통화이다.

답 ④

---

03 증거금으로 예탁 가능한 외화증권의 사정가격은 어떻게 산출하는가?
★★★
① 외화증권의 기준시세 × 사정비율

② 외화증권의 기준시세 × 매매기준율 × 사정비율

③ 외화증권의 매매기준율 × 사정비율

④ 외화증권의 기준시세 × 90%

[해설] 외화증권의 기준시세에 매매기준율 및 사정비율을 곱하여 산출한다.

답 ②

출제예상문제

01 일반투자자에 대한 투자권유 3대 준수사항과 거리가 먼 것은?

★★☆ ① 적합성 원칙   ② 적정성 원칙

③ 설명의무   ④ 손해배상 의무

02 투자권유에 대한 설명으로 옳지 않은 것은?

★★★ ① 회사의 임직원은 투자권유를 희망하지 않는 투자자에게 투자권유를 할 수 없음을 알려야 한다.

② 회사는 투자권유를 희망하지 않는 투자자로부터 '투자권유 불원 확인' 내용이 포함된 확인서를 투자자로부터 징구하고 후속 판매절차를 진행한다.

③ 투자자가 투자권유를 받지 않고 투자하는 경우에는 투자에 수반되는 유의사항을 알릴 의무는 없다.

④ 투자권유를 희망하는 일반투자자에 대하여 투자권유 전에 면담·질문 등을 통하여 투자자의 투자정보를 '일반투자자정보확인서'에 따라 파악하고, 투자자로부터 서명 등의 방법으로 확인을 받아 보관하여야 한다.

정답 및 해설

01 ④ 일반투자자에 대한 투자권유 3대 준수사항으로는 적합성 원칙, 적정성 원칙, 설명의무 등이 있다.

02 ③ 투자자가 투자권유를 받지 않고 투자하는 경우라도 원금손실 가능성, 투자에 따른 손익은 모두 투자자에게 귀속된다는 사실 등 투자에 수반되는 유의사항을 알려야 한다.

03 투자권유에 대한 설명으로 옳지 않은 것은?

★★★

① 회사는 회사가 정한 투자자 성향분류와 금융투자상품 위험도 평가분류를 참조하여 투자권유의 적합성 여부를 판단할 수 있는 기준을 정하여야 한다.

② 회사가 정한 적합성판단 기준에 비추어 보아 투자자에게 적합하지 아니하다고 인정되는 투자권유를 해서는 아니 된다.

③ 회사는 이미 투자자정보를 알고 있는 투자자에 대하여는 기존 투자자성향을 알리고 투자권유를 하여야 한다.

④ 임직원은 '공격투자형'인 투자자에게만 초고위험 상품인 '파생상품'을 추천할 수 있으며, 투자자에게 적합하지 않은 것으로 판단되는 금융투자상품은 판매할 수 없다.

04 설명의무에 대한 설명으로 옳지 않은 것은?

★★★

① 임직원 등은 투자자에게 투자권유를 하는 경우 금융투자상품의 내용, 투자에 따르는 위험 등 주요 내용을 투자자가 이해할 수 있도록 설명하여야 한다.

② 임직원 등은 투자자에게 설명한 내용을 투자자가 이해하였음을 서명 등의 방법으로 확인을 받아야 한다.

③ 투자자는 공평하게 대우해야 하므로 투자경험과 금융투자상품에 대한 지식수준 등 투자자의 이해 수준을 고려하여 설명의 정도를 다르게 할 수는 없다.

④ 임직원은 투자자가 추후에도 파생상품등에 대하여 문의할 수 있도록 자신의 성명, 직책, 연락처 및 콜센터 또는 상담센터 등의 이용방법을 알려야 한다.

05 금융투자회사의 임직원이 투자자에게 투자권유를 하는 경우, 투자자에게 설명하여야 할 내용과

★★★ 거리가 먼 것은?

① 원금보장 수준

② 투자에 따르는 위험

③ 투자자가 부담하는 수수료

④ 계약의 해제 · 해지에 관한 사항

06 투자권유 유의사항에 대한 설명으로 옳지 않은 것은?

★★☆ ① 임직원은 투자자와 계약을 체결한 경우, 그 계약서류를 지체 없이 투자자에게 교부한다.

② 투자자문계약을 체결한 투자자에게는 계약서류를 교부받은 날부터 10일 이내에 투자자문계약을 해제할 수 있음을 고지하여야 한다.

③ 매매거래계좌를 설정하는 등 거래를 위한 기본계약을 체결하고 그 계약내용에 따라 계속적·반복적으로 거래를 하는 경우에는 계약서류를 교부하지 않아도 된다.

④ 투자자가 입을 손실의 전부 또는 일부를 보전하여 줄 것을 사전에 약속하거나, 사후에 보전하여 주는 행위는 금지된다.

07 투자매매업자 및 투자중개업자의 금지행위에 대한 설명으로 옳지 않은 것은?

★★★ ① 투자자의 투자목적, 재산상황 및 투자경험 등을 고려하지 않고 일반투자자에게 빈번하거나 또는 과도한 규모의 금융투자상품의 매매거래를 권유하여서는 아니 된다.

② 투자자를 거래상대방으로 하여 매매하는 경우 외에 금융투자상품시장에서 회사 또는 자기계산에 따라 금융투자상품 매매를 유리하게 또는 원활하게 할 목적으로 투자자에게 특정 금융투자상품의 매매를 권유하여서는 아니 된다.

③ 금융투자상품의 가치에 중대한 영향을 미치는 사항을 미리 알고 있으면서도 이를 투자자에게 알리지 않고 해당 금융투자상품의 매수나 매도를 권유하는 행위는 금지된다.

④ 회사가 발행한 주식의 매매를 권유하는 행위는 허용된다.

정답 및 해설

03 ④ 권유가 제한되는 것이지 판매가 불가한 것은 아니다. 임직원은 '공격투자형'인 투자자에게만 초고위험 상품인 '파생상품'을 추천할 수 있으며, 투자자에게 적합하지 않은 것으로 판단되는 금융투자상품에 투자자가 투자하고자 하는 경우 투자자로부터 투자자 확인내용(부적합 / 부적정 금융투자상품 거래 확인)이 포함된 확인서를 받고 판매하거나, 해당 거래를 중단할 수 있다.

04 ③ 투자자의 투자경험과 금융투자상품에 대한 지식수준 등 투자자의 이해수준을 고려하여 설명의 정도를 다르게 할 수 있다. 또한 투자자의 합리적인 투자판단 또는 해당 금융투자상품의 가치에 중대한 영향을 미칠 수 있는 중요사항을 거짓 또는 왜곡하여 설명하거나 누락하여서는 아니 된다.

05 ① 원금보장을 약속하는 행위를 해서는 안 된다. 임직원 등은 투자자에게 투자권유를 하는 경우 금융투자상품의 내용, 투자에 따르는 위험, 금융투자상품의 투자성에 관한 구조와 성격, 투자자가 부담하는 수수료, 조기상환조건이 있는 경우 그에 관한 사항, 계약의 해제·해지에 관한 사항 등을 투자자가 이해할 수 있도록 설명하고, 설명한 내용을 투자자가 이해하였음을 서명 등의 방법으로 확인을 받아야 한다.

06 ② 임직원은 투자자문계약을 체결한 투자자에게 계약서류를 교부받은 날부터 7일 이내에 투자자문계약을 해제할 수 있음을 고지하여야 한다.

07 ④ ①은 과당매매, ②는 자기매매를 위한 권유, ③과 ④는 부당한 권유로 모두 금지된다.

08 투자권유에 대한 설명으로 옳은 것은?

★★★
① 투자권유 없이 파생상품을 거래하는 일반투자자의 경우에도 적정성 원칙에 의한 판별을 하여야 한다.

② 일반투자자에게 투자권유를 하기 전에 면담, 질문 등을 통해 투자목적, 재산상황 및 투자경험 등의 정보를 파악하고 서명(전자서명은 불가), 기명날인, 녹취 등의 방법으로 확인받아야 한다.

③ 투자의 일임은 시기, 가격 등 제한적인 범위 내에서 가능하다.

④ 투자권유대행인은 파생상품등에 대한 투자권유가 가능하다.

09 계좌개설 시의 서류준비에 관한 설명으로 옳지 않은 것은?

★★★
① 파생상품계좌 개설 신청서, 파생상품거래 위험고지서, 파생상품거래 약관, 일반투자자 투자자정보 확인서, 일중매매거래위험고지서 등을 징구하여야 한다.

② 계좌개설 신청서는 대리인에게 위임할 수 없으며, 투자자 본인이 작성하여야 한다.

③ 법인의 경우 사용인감을 따로 등록하여 거래편의성을 도모하기 위해서는 사용인감신고서를 제출하여야 한다.

④ 투자자와 주문대리인은 주문대리인위임장 등 서면서류를 작성하여야 한다.

10 신규계좌개설 신청서류 접수와 관련된 설명으로 옳지 않은 것은?

★★★
① 위탁자명 및 비밀번호는 필히 고객 자필로 작성하여야 한다.

② 비밀번호는 숫자로 4 ~ 6자리(4자리 필수)로 하여야 한다.

③ 통신용 비밀번호와 계좌원장 비밀번호를 구분해서 사용하여야 한다.

④ 실명확인증표를 징구하고 대리인일 경우 위임장과 대리인의 인감증명서 및 위임인과 위임받은 사람의 실명확인증표를 징구하여야 한다.

11 파생상품거래 약관의 필수적 기재사항이 아닌 것은?

★★★
① 일정한 경우 수탁을 거부할 수 있다는 수탁의 거부에 관한 사항

② 기본예탁금의 예탁에 관한 사항

③ 회사의 리스크관리 정책에 관한 사항

④ 위탁수수료의 징수에 관한 사항

12 파생상품거래 약관의 신고 및 변경에 대한 설명으로 옳지 않은 것은?

★★☆ ① 금융투자업자는 약관을 제정하거나 변경하고자 할 때는 금융위원회에 사전에 신고하여야 한다.

② 금융위원회는 금융투자업자로부터 신고받은 약관을 공정거래위원회에 통보하여 필요시 조치를 취하여야 한다.

③ 금융투자협회가 제정한 표준약관을 사용할 경우에는 금융투자업자가 사전에 신고할 의무가 없다.

④ 일반투자자만을 대상으로 하는 약관을 제정 또는 변경하는 경우에는 제정·변경 후 7일 이내에 금융위원회 및 금융투자협회에 보고하면 된다.

08 ① 전자서명도 가능하다. 투자의 일임은 별도의 투자일임계약에 의하지 않을 경우 불가능하다. 「자본시장법」에서는 별도의 일임계약에 의하지 않은 일임거래는 불법이므로 유의하여야 한다. 파생상품등에 대한 투자권유대행인에 의한 투자권유는 금지된다.

09 ② 계좌개설 신청서는 투자자 본인이 작성하는 것이 원칙이지만 대리인에게 위임할 수 있다. 만약 본인이 아닌 대리인이 계좌를 개설할 경우 위임장을 징구하여야 한다.

10 ④ 실명확인증표를 징구하고 대리인일 경우 위임장과 위임한 고객의 인감증명서 및 위임인과 위임받은 사람의 실명확인증표를 징구하여야 한다.

11 ③ 회사의 리스크관리 정책은 파생상품거래 약관의 필수적 기재사항이 아니다.

〈파생상품거래 약관의 필수적 기재사항〉
• 파생상품 관계법규 및 관련 조치의 준수에 관한 사항
• 수탁의 거부에 관한 사항
• 지정결제 회원에 관한 사항
• 기본예탁금 및 위탁증거금의 예탁에 관한 사항
• 대용증권 및 외화증권의 이용제한 사항
• 위탁수수료의 징수에 관한 사항
• 기초자산 수수의 제한 및 책임에 관한 사항
• 위탁증거금의 추가예탁 통지 등 위탁자에 대한 통지에 관한 사항 등

12 ④ 전문투자자만을 대상으로 하는 약관을 제정 또는 변경하는 경우에는 제정·변경 후 7일 이내에 금융위원회 및 금융투자협회에 보고하면 된다.

〈약관 제정·변경 이후 7일 이내에 금융위 및 금융투자협회에 보고하면 되는 경우〉
• 투자자의 권리·의무와 관련 없는 사항을 변경하는 경우
• 금융투자협회의 표준약관을 그대로 사용하는 경우
• 제정 또는 변경하고자 하는 약관의 내용이 이미 다른 금융투자업자가 신고한 약관의 내용과 같은 경우
• 전문투자자만을 대상으로 하는 약관을 제정 또는 변경하는 경우

13 다음의 내용이 기재된 파생상품거래와 관련된 서류는?
★★★

> • 위탁증거금 이상의 손실발생 가능성
> • 위탁증거금의 추가 예탁 가능성 및 위탁증거금의 인상 가능성

① 일반투자자 투자자정보확인서

② 파생상품거래 위험고지서

③ 파생상품거래 약관

④ 일중매매거래 위험고지서

14 실명확인의 방법으로 옳지 않은 것은?
★★★ ① 내국인인 개인은 주민등록표상에 기재된 성명 및 주민등록번호

② 외국인은 여권(외국인등록증)에 기재된 성명 및 여권번호(등록번호)

③ 법인은 법인등기부등본에 기재된 법인명 및 등록번호

④ 법인이 아닌 단체는 당해 단체를 대표하는 실지 명의

15 실명확인에 대한 설명으로 옳지 않은 것은?
★★★ ① 실제로 고객의 실명을 확인한 직원이 실명확인필을 날인한다.

② 실명확인자는 실명확인 업무에 대한 권한·의무가 주어진 영업점(본부 영업부서 포함) 직원이다.

③ 본부직원 및 청원경찰은 실명확인을 할 수 있다.

④ 금융기관의 임직원이 아닌 금융상품 모집인 및 카드모집인(임시사용인) 등은 실명확인을 할 수 없다.

16 서명거래에 대한 설명으로 옳지 않은 것은?
★★★ ① 법인계좌도 서명거래가 가능하다.

② 서명등록은 반드시 본인이 등록한다.

③ 인감 없이 서명만 등록이 가능하다.

④ 성명과 서명이 같더라도, 성명과 서명은 필히 별도로 기재하여야 한다.

17 외국인의 계좌개설 및 입·출금 업무에 대한 설명으로 옳지 않은 것은?

★★☆　① 외국인이 파생상품거래를 위한 계좌를 개설하는 경우 외국인의 실명확인증표가 있으면 가능하다.

② 거래증거금으로 대용증권을 사용할 경우는 투자등록증이 필요하다.

③ 외국인 거주자의 경우에는 외화계좌를 의무적으로 개설하여야 한다.

④ 외국인은 은행의 '외국인 투자전용 비거주자 원화계정'의 이체를 통해서만 입·출금이 가능하다.

18 장내파생상품의 투자중개업자가 자기의 명의와 위탁자의 계산으로 해외파생상품시장거래를 하기
★★★ 위하여 해외파생상품시장회원 또는 해외파생상품중개인에게 개설하는 계좌는?

① 자기계좌　　　　　　　　　　　② 총괄계좌

③ 중개계좌　　　　　　　　　　　④ 지정계좌

19 해외파생상품 거래계좌 중 위탁자가 자기의 명의와 계산으로 개설하는 계좌는?

★★★　① 중개계좌　　　　　　　　　　　② 총괄계좌

③ 자기계좌　　　　　　　　　　　④ 지정계좌

정답 및 해설

13　② 거래소 회원은 위탁자와 파생상품 계좌설정 계약을 체결하기 전에 위탁증거금 이상의 손실발생 가능성, 위탁증
　　　거금의 추가 예탁 가능성 등의 내용이 기재된 파생상품거래 위험고지서를 위탁자에게 교부하고 그 내용을 충분
　　　히 설명하여야 한다(위탁자로부터 교부확인서 징구).

14　③ 법인은 사업자등록증에 기재된 법인명 및 등록번호로 실명을 확인한다.

15　③ 실명확인자는 실명확인 업무에 대한 권한·의무가 주어진 영업점(본부 영업부서 포함) 직원이며, 후선부서 직
　　　원(본부직원, 서무원, 청원경찰 등)은 실명확인을 할 수 없다.

16　① 법인계좌는 계좌특성상 서명거래가 불가능하다. 또한 서명거래 시 필수적으로 실명확인증표에 의해 본인을 확
　　　인하여야 한다. 거래하는 신고인감 외에 본인의 서명을 사전에 등록하고 등록된 서명을 사용하여 거래할 경우
　　　인감거래와 동일하다.

17　③ 외화계좌 개설은 비거주 외국인의 경우에는 의무적으로 개설하여야 한다. 또한 외국인은 취득한 유가증권을
　　　투자매매업자, 투자중개업자, 예탁결제원, 외국환은행, 투자신탁회사, 외국보관기관 등에 보관하여야 한다. 그
　　　리고 금융투자업자에게 외화계좌를 개설한 자는 반드시 은행에 파생상품투자전용 대외계정(은행 외화계좌)과
　　　파생상품투자전용 비거주자 원화계정(은행 원화계좌)을 개설해야 한다.

18　② 총괄계좌는 금융투자업자 명의의 단일 계좌이지만 회사는 내부적으로 여러 고객을 Sub계좌로 관리하는 것이
　　　며, 거래상대방인 해외파생상품시장회원 또는 해외파생상품중개인은 금융투자업자 명의의 1계좌로만 처리한
　　　다. 총괄계좌를 옴니버스(Omnibus) 계좌라고도 한다.

19　① 중개계좌는 위탁자가 장내파생상품의 투자중개업자의 중개를 통하여 해외파생상품시장거래를 하기 위하여 해
　　　외파생상품시장회원 또는 해외파생상품중개인에게 자기(위탁자)의 명의와 계산으로 개설하는 계좌이다.

20 해외파생상품 거래와 관련된 설명으로 옳지 않은 것은?

★★★ ① 중개계좌에서 중개자인 금융투자업자는 주문의 집행 등 중개업무만 수행하고 실질적인 자금의 이체 등은 위탁자가 직접 해외파생상품시장회원 또는 해외파생상품중개인과 수행한다.

② 환율변동위험이 수반된다는 사실, 가격정보 및 주문처리 등 거래여건이 불리하다는 사실, 국내제도와 다를 수 있다는 사실 등을 위험고지서에 포함시켜야 한다.

③ 금융투자업자 또는 중개계좌를 개설한 위탁자는 해외파생상품시장회원 또는 해외금융투자업자인 중개인(FCM)이 제공하는 신용으로 거래할 수 없다.

④ 금융투자업자는 총괄계좌에 대하여 해외신용을 획득한 경우라도 이를 위탁자에게 제공하거나 그 사용대가를 위탁자에게 부담시킬 수 없다.

21 계좌개설과 관련된 설명으로 옳은 것은?

★★★ ① 계좌개설 시 인감 없이 서명만으로 등록이 불가능하다.

② 실명확인은 위탁자 본인을 통해서만 할 수 있다.

③ 계좌개설 신청서는 투자자가 작성하는 것이 원칙이다.

④ 해외선물계좌를 개설할 경우 제공되는 위험고지서는 국내선물의 경우와 같다.

22 입출금 업무에 관한 설명으로 옳지 않은 것은?

★★★ ① 입금 실수로 잘못 입금하였을 경우 필요한 부분만큼 일부 취소를 한 후에 정확한 전표를 작성하여 정상처리하여야 한다.

② 현금 부족 시 부족금을 일시적으로 기타 유동자산으로 처리하고, 일정기간 후에도 원인이 규명되지 않을 경우 잡손실로 처리한다.

③ 인출가능금액보다 많은 금액을 출금하거나 미수금이 발생되어 있는 계좌 등은 출금할 수 없다.

④ 취소업무는 당일 중 입금 지점에서만 처리할 수 있다.

23 주문 접수에 관한 설명으로 옳지 않은 것은?

★★☆ ① 회원은 위탁자로부터 거래의 위탁을 받는 경우에는 성명(법인명), 주민등록번호(법인등록번호), 비밀번호 및 파생상품계좌번호 등을 확인하여야 한다.

② 회원이 위탁자로부터 주문수탁 시 문서에 의한 방법, 전화 등에 의한 방법, 전자통신에 의한 방법으로 할 수 있다.

③ 주문 접수에 관한 기록은 그 접수일로부터 5년 이상 보관하여야 한다.

④ 거래의 수탁을 거부한 경우 그 이유를 주문표, 전산주문표, 그 밖에 주문내용을 기록한 문서에 기재하고 그 사실을 즉시 위탁자에게 통지하여야 한다.

24 종목 및 수량은 지정하되 가격은 지정하지 않는 주문(호가)은?

★★★
① 지정가호가
② 시장가호가
③ 조건부지정가호가
④ 최유리지정가

25 일중 가격제한제도(Price Limit)에 관한 설명으로 옳지 않은 것은?

★★★
① 기준가격을 기준으로 상한가보다 높거나 하한가보다 낮은 가격은 주문이 제한된다.

② 거래개시일부터 최초 거래성립일까지의 기준가격은 이론가격이다(다만, 주식선물거래에서 배당락이 있는 경우에는 주식선물조정이론가격으로 함).

③ 돈육선물의 기준가격은 전일에 공표된 돈육대표가격이며, 코스피200변동성지수선물거래의 경우 전일의 최종 코스피200변동성지수의 수치이다.

④ 최초 거래성립일의 다음 거래일 이후의 기준가격은 전일의 평균가격이다.

---

20 ③ 금융투자업자 또는 중개계좌를 개설한 위탁자는 해외파생상품시장회원 또는 해외금융투자업자인 중개인(FCM)이 제공하는 신용으로 거래가 가능하다. 참고로 국내 파생상품거래의 경우 신용공여가 일절 불가능하다.

21 ③ 계좌개설 시 인감 없이 서명만으로 등록이 가능하다. 실명확인은 대리인을 통해서도 가능하며, 해외선물계좌를 개설할 경우 제공되는 위험고지서는 해외파생상품거래의 특성상 환율변동위험이 수반된다는 사실, 가격정보 및 주문처리 등 거래여건이 불리하다는 사실, 국내제도와 다를 수 있다는 사실 등을 위험고지서에 포함시켜야 한다.

22 ① 입금취소는 당일 중 입금지점에서만 처리 가능하며, 일부 취소는 불가능하고 전부를 취소처리한 후 정확한 전표를 작성하여 처리한다.

23 ③ 주문 접수에 관한 기록은 그 접수일로부터 10년 이상 보관하여야 한다.

24 ② 시장가호가는 가격을 지정하지 않는다.

25 ④ 최초 거래성립일의 다음 거래일 이후의 기준가격은 전일의 정산가격이다(다만, 미국달러플렉스선물거래의 경우에는 선물이론가격으로 함).

26 실시간 가격제한제도에 관한 설명으로 옳지 않은 것은?

★★★
① 실시간 가격제한을 적용하는 거래는 코스피200선물거래, 코스피200옵션거래, 협의거래 등이다.
② 시가·종가·장중 단일가호가 접수시간과 당일 중 시가형성 전까지는 실시간 가격제한제도가 적용되지 않는다.
③ 선물거래 및 옵션거래의 경우 실시간 가격제한 적용종목은 최근월종목이다. 다만, 최근월종목의 최종 거래일로부터 소급한 4거래일간은 차근월물종목을 포함한다.
④ 야간거래 및 기초자산이 정리매매종목인 주식선물거래는 실시간 가격제한제도가 적용되지 않는다.

27 호가수량의 제한에 관한 설명으로 옳지 않은 것은?

★★☆
① 호가수량한도 이상으로 주문을 일시에 넣을 수 없는 것이지 주문수량을 쪼개어 여러 번 넣는다면 주문이 가능하다.
② 코스피200선물거래의 호가수량한도는 2,000계약이다.
③ 통화선물의 호가수량한도는 5,000계약이다.
④ 누적호가수량한도는 협의거래와 글로벌 거래에 한정하여 적용한다.

28 미결제약정의 제한에 관한 설명으로 옳지 않은 것은?

★★★
① 시세조종 등 불공정 행위의 사전 예방, 과당투기 방지 및 결제불이행을 방지할 목적으로 미결제약정을 제한한다.
② 회원이 자기계산으로 행하거나 동일인 위탁자별로 위탁받을 수 있는 순미결제약정수량 또는 종목별 미결제약정수량을 제한하고 있다.
③ 헤지거래에만 미결제약정수량을 제한하고 있다.
④ 코스피200선물·옵션 및 미니 코스피200선물·옵션의 미결제약정 보유한도는 선물환산 순델타 포지션 기준으로 20,000계약(개인투자자의 경우 10,000계약)이다.

29 사전에 정한 일정한 규칙에 따라 투자의 판단, 호가의 생성 및 제출 등을 사람의 개입 없이 자동화
★★☆ 된 시스템으로 하는 거래를 무엇이라 하는가?

① 알고리즘거래   ② 일중매매거래

③ 시스템거래   ④ 자동화거래

30 현물가격이 급락하는 경우 일정기간 냉각기간을 부여하기 위해 필요적으로 모든 종목의 대상이
★★★ 동일한 주가지수선물거래를 중단하도록 하는 거래소의 조치를 무엇이라 하는가?

① Side Car   ② Circuit Breakers

③ Shut Down   ④ 일중 가격제한제도

정답 및 해설

26 ① 협의거래는 실시간 가격제한을 적용하지 않는다.

〈일중 가격제한제도와 실시간 가격제한제도 비교〉

구 분	일중 가격제한제도	실시간 가격제한제도
상·하한가	당일기준가격 ± 가격변동폭 (전일 장종료 후 당일고정)	직전약정가격 ± 가격변동폭 (거래체결 시 실시간 변동)
적용상품	전 상품	유동성이 풍부한 상품
적용종목	전 종목	• 선물 : 최근월물, 차근월물, 제1스프레드 • 옵션 : 최근월물, 차근월물
설정횟수	1일 중 1회	체결 시마다

27 ④ 누적호가수량한도는 코스피200선물거래와 코스피200옵션거래를 하는 회원의 자기거래계좌와 사후위탁증거금 계좌에 한정하여 적용한다. 단, 협의거래와 글로벌 거래는 제외한다.

28 ③ 투기거래에만 미결제약정수량을 제한하고 있다. 차익·헤지거래 관련수량은 보유수량 산출시 제외한다. 이 경우 증빙서류를 다음 거래일의 10시까지 거래소에 제출하여야 한다.

29 ① 알고리즘계좌를 신설, 변경 또는 해지하는 경우 사전에 거래소에 신고하여야 한다. 알고리즘계좌로 신고하지 않은 계좌의 당일 호가건수가 20,000건 이상인 경우 소명자료를 다음 거래일 장종료 시까지 제출하여야 한다. 알고리즘 오류, 시스템 장애 등의 발생 시 해당 계좌에서 제출된 모든 호가를 일괄 취소 후, 추가적인 호가 접수를 차단한다(계좌단위 호가처리, Kill Switch).

30 ② Circuit Breakers는 현물주가가 급락하는 경우에만 발동한다.

〈거래중단 사유〉

- 거래소 파생상품시스템 또는 회원 파생상품시스템의 장애발생으로 정상적인 거래를 할 수 없는 경우 거래를 중단
- 주식시장의 시스템 장애발생으로 주가지수 구성종목 중 일정 종목수 이상의 거래를 할 수 없는 경우 및 옵션거래에 있어서 기초주권의 매매거래가 중단·정지된 경우 거래를 중단
- 현물시장(유가증권시장 or 코스닥시장) 지수의 급변에 따른 자체 Circuit Breakers가 발동된 경우에는 파생상품(선물·옵션) 거래를 중단

31 **거래소의 거래체결 원칙에 관한 설명으로 옳지 않은 것은?**
★★★
① 파생상품거래는 거래소에 제출된 호가끼리 일정한 경쟁원칙에 따라 개별적으로 거래를 성립시키는 개별경쟁거래가 원칙이다.
② 개별경쟁거래방식은 집중거래방법의 단일가격에 의한 개별경쟁거래(단일가거래)와 계속적 거래방법의 복수가격에 의한 개별경쟁거래(접속거래)로 구분된다.
③ 상대거래방식으로 거래를 체결하는 협의거래제도를 두고 있다.
④ 협의거래로는 협의대량거래, 기초자산조기인수도부거래 및 미국달러선물거래가 있다.

32 **개별경쟁거래의 원칙에 대한 설명으로 옳지 않은 것은?**
★★★
① 매수호가는 가격이 높은 호가가 가격이 낮은 호가에 우선하고, 매도호가는 가격이 낮은 호가가 가격이 높은 호가에 우선한다.
② 시장가호가는 지정가호가에 우선한다.
③ 가격이 동일한 호가 간에는 먼저 접수된 호가가 나중에 접수된 호가에 우선한다.
④ 단일가거래의 약정가격이 상한가·하한가로 결정되는 경우에 상한가 또는 하한가로 제출된 단일가호가 간에는 호가수량이 적은 호가부터 수량을 배분한다.

33 **협의대량거래(Block Trade)에 대한 설명으로 옳은 것을 모두 고르면?**
★★★

> ㉠ 협의가 완료된 시각으로부터 1시간 이내에 거래소로 신청하여야 한다.
> ㉡ 협의대량거래 신청시간은 정규거래시간(단일가호가시간을 포함)이다.
> ㉢ 10년 국채선물은 협의대량거래가 불가능하다.

① ㉠, ㉡, ㉢   ② ㉠, ㉡
③ ㉠, ㉢   ④ ㉠

34 **거래당사자가 선물거래의 미결제약정을 최종거래일 이전에 해소하기 위하여 거래소에 신청하여**
★★☆ **당사자 간에 협의한 대로 기초자산과 대금을 수수하는 제도는?**
① 기초자산조기인수도부거래   ② 플렉스협의거래
③ 협의대량거래   ④ 대량투자자착오거래

35 최종거래일, 최종결제방법, 가격 및 수량에 관하여 당사자 간에 협의된 내용을 거래소에 신청한
★★☆ 경우 거래를 체결시켜 주는 제도는?

① 기초자산조기인수도부거래   ② 플렉스협의거래
③ 협의대량거래   ④ 대량투자자착오거래

36 거래체결 내역의 통지에 관한 설명으로 옳지 않은 것은?
★★☆ ① 업무의 효율성을 위하여 거래 체결을 담당한 직원과 거래내역을 통보하는 직원은 동일인이 하는
것이 바람직하다.
② 위탁자의 주문에 대하여 거래가 체결된 경우, 즉시 거래내용을 통지하여야 한다.
③ 월간 거래내용 통지는 거래가 있는 고객의 경우 다음달 20일까지 통지한다.
④ 반기 잔고현황 통지는 반기간(6개월) 거래가 없는 고객의 경우에도 반기말 잔고현황을 반기종료
후 20일까지 통지하여야 한다.

37 착오거래의 정정에 관한 설명으로 옳지 않은 것은?
★★★ ① 착오거래의 정정신청은 착오가 발생한 날의 장 종료 후 30분 이내에 회원이 신청하여야 한다.
② 착오거래의 정정신청은 장중에도 신청이 가능하다.
③ 기초자산조기인수도부거래(FEP)는 착오거래의 정정신청이 활발하게 이루어지고 있다.
④ 회원의 종목, 수량 등의 착오거래인 경우, 정정방법은 회원의 자기거래로 인수한다.

정답 및 해설

31   ④   협의거래로는 협의대량거래, 기초자산조기인수도부거래 및 미국달러플렉스선물거래가 있다.

32   ④   단일가거래의 약정가격이 상한가·하한가로 결정되는 경우에 상한가 또는 하한가로 제출된 단일가호가 간에는
      호가수량이 많은 호가부터 수량을 배분한다.

33   ②   금리상품선물거래의 경우 3년 국채선물과 10년 국채선물 거래가 협의대량거래의 대상이다.

34   ①   기초자산조기인수도부거래(EFP ; Exchange of Futures for Physicals)는 거래자가 원하는 시기에 한 번의
      거래로 선물포지션 해소와 실물인수도가 가능하여 수출기업 등 외환 실수요자들이 유용하게 이용할 수 있다.

35   ②   플렉스협의거래(FLEX ; Flexible Exchange)는 현재 미국달러플렉스선물에 도입되어 있으며, 중소기업 등이
      은행과 행하고 있는 미국달러 선물환거래와 유사한 성격의 거래를 거래소 장내통화선물시장에서 낮은 거래비
      용으로 보다 안전하고 편리하게 이용할 수 있다.

36   ①   내부직원에 의한 부정이나 오류를 방지하기 위해 거래 체결을 담당한 직원과 거래내역을 통보하는 직원은 분리
      되어 운영되는 것이 바람직하다(Front Office와 Back Office의 분리). 또한 사고 및 변경은 투자자에게 지체
      없이 통보하여야 한다.

37   ③   기초자산조기인수도부거래(FEP)의 경우에는, 거래체결 즉시 실물인수도가 이루어지기 때문에 착오거래의 정
      정대상에서 제외된다.

38 대량투자자착오거래의 구제요건으로 옳지 않은 것은?

★★★

① 대량투자자착오거래에 대하여 회원의 신청이 있는 경우에 구제할 수 있다.

② 약정가격과 착오거래구제기준가격과의 차이에 약정수량 및 거래승수를 곱하여 산출되는 수치를 합한 금액이 상품시장별로 100억원 이상이어야 한다.

③ 약정가격이 착오거래구제 제한범위를 벗어나야 하며, 착오거래가 동일한 착오에 의하여 연속적으로 체결된 것이어야 한다.

④ 해당 착오거래가 발생한 때부터 60분 이내에 신청하여야 한다.

39 글로벌거래에 대한 설명으로 옳지 않은 것은?

★★☆

① 글로벌거래의 거래상품으로는 코스피200선물과 미국달러선물이 있다.

② 거래소의 정규시장이 휴장이더라도 글로벌거래는 이루어진다.

③ 글로벌거래의 가격제한폭은 정규시장의 종가 ±5%이다.

④ 글로벌거래의 기준가격은 익일 정규거래의 기준가격과 동일한 가격을 적용한다.

40 코스피200선물의 정규거래와 글로벌(야간)거래를 비교한 내용으로 옳지 않은 것은?

★★★

		정규거래	글로벌(야간)거래
①	거래체결방식	접속거래 및 단일가거래	접속거래만 적용
②	호가취소	수량 전부 및 일부취소 가능	수량 일부취소만 가능
③	호가정정	전체 및 일부수량 가격정정 가능	일부수량 가격정정 불가
④	호가공표	매도·매수별 총호가수량 공표	총호가수량 미공표

41 한국거래소(KRX)의 기본예탁금 제도에 대한 설명으로 옳지 않은 것은?

★★★

① 미결제약정이 없는 위탁자가 파생상품거래를 하기 위하여 금융투자업자에게 예탁하여야 하는 최소한의 거래개시기준금액이다.

② 미결제약정이 없는 위탁자는 기본예탁금을 납부한 이후에만 거래가 가능하다.

③ 미결제약정을 보유하고 있는 경우에는 기본예탁금의 체크 없이 신규주문이 가능하다.

④ 미결제약정을 전량 반대매매하여 미결제약정이 '0'이 된 경우에는 결제시한에 상관없이 신규주문 즉시 기본예탁금을 예탁하여야 한다.

42 한국거래소(KRX)의 기본예탁금 제도에 대한 설명으로 옳지 않은 것은?

★★★ ① 기본예탁금은 현금, 대용증권, 외화 또는 외화증권으로 납부할 수 있으나, 위탁증거금으로 사용(충당)할 수는 없다.

② 기본예탁금의 예탁 면제계좌는 사후위탁증거금 적용계좌이다.

③ 금선물거래 또는 돈육선물거래만을 위해 파생상품계좌를 설정하는 위탁자에 대하여는 기본예탁금을 50만원 이상으로 할 수 있다.

④ 기본예탁금을 인출한 위탁자로부터 다시 매매거래를 위탁받는 경우에는 사전에 기본예탁금을 예탁 받아야 한다.

43 증거금 제도에 관한 설명으로 옳지 않은 것은?

★★★ ① 증거금은 현금, 대용증권, 외화 또는 회화증권으로 납입할 수 있다.

② 납부주체에 따라 고객이 회원에 납부하는 위탁증거금과 회원이 거래소에 납부하는 거래증거금으로 구분된다.

③ 납부시기에 따라 주문제출 전에 납부하는 사전증거금과 거래종료 후에 납부하는 사후증거금으로 구분된다.

④ 거래증거금은 모두 사전증거금제도가 적용되며, 위탁증거금의 경우 적격기관투자자는 사후증거금제도가 그 외 일반투자자는 사전증거금제도가 적용된다.

---

38 ④ 해당 착오거래가 발생한 때부터 30분 이내에 신청하여야 한다. 거래소는 요건을 모두 충족하는 경우에 해당 착오거래를 구제할 수 있다(단, 협의거래와 글로벌거래의 경우에는 구제를 신청할 수 없음).

39 ② 거래소의 정규시장이 휴장이거나 CME Globex가 휴장인 경우 글로벌거래도 이루어지지 않는다. 글로벌(야간)거래는 국내외 투자자에게 정규시간 장 종료 이후부터 익일 장 개시 이전까지 해외시장에서 발생하는 가격변동 위험에 대한 헤지수단을 제공하기 위해 도입되었다. 거래소가 거래제도, 청산·결제 및 시장운영을 담당하고, 거래에 대한 체결 및 호가접수 서비스는 CME의 Globex가 제공하는 방식의 연계거래를 의미한다.

40 ② 정규거래는 수량 전부 및 일부취소가 가능하나, 글로벌거래는 수량 전부취소만 가능하고 수량 일부취소는 불가능하다.

41 ④ 미결제약정이 '0'이 된 경우에도 결제시한인 익일 12시까지는 미결제약정이 있는 것으로 보며, 기본예탁금의 체크없이 신규주문이 가능하다.

42 ① 기본예탁금은 현금, 대용증권, 외화 또는 외화증권으로 납부할 수 있으며, 위탁증거금으로 사용(충당)할 수 있다.

43 ④ 거래증거금은 모두 사후증거금제도가 적용되며, 위탁증거금의 경우 적격기관투자자는 사후증거금제도가 그 외 일반투자자는 사전증거금제도가 적용된다.

44 위탁증거금에 관한 설명으로 옳지 않은 것은?

★★★　① 회원이 고객이 보유한 미결제약정 및 주문의 위험을 고려하여 예탁받을 금액을 산출한 것이 위탁증거금액이다.

② 위탁증거금은 반드시 현금으로 예탁받아야 한다.

③ 위탁자의 파생상품계좌별로 위탁증거금을 예탁받아야 하며, 증거금을 납부하는 주문은 해당 종목의 미결제약정을 증가시키는 주문에 한한다.

④ 위탁증거금률, 계약당 위탁증거금액 및 위탁증거금 부과방식 등은 고객별로 차등징수가 가능하다.

45 다음은 위탁증거금에 대한 설명이다. 옳지 않은 것은?

★★★　① 사전위탁증거금 = [주문증거금 + 순위험증거금 + 결제예정금액]

② 미결제약정이 없는 선물거래의 매도 · 매수주문 시 위탁증거금은 1 / 2 이상을 현금으로 예탁받는다.

③ 미결제약정이 없는 선물 스프레드 거래 주문 시 위탁증거금은 전액 현금으로 납부해야 한다.

④ 미결제약정이 없는 옵션매수 주문 시 위탁증거금은 전액 현금으로 납부해야 하며, 옵션매도 주문 시 전액 대용증권으로 가능하다.

46 사전위탁증거금과 사후위탁증거금에 관한 설명으로 옳지 않은 것은?

★★★　① 사전위탁증거금은 적격투자자 이외의 모든 위탁자에 적용된다.

② 사전위탁증거금은 주문이 집행되기 전에 위탁증거금액을 계산하여 사전 납부되지 않으면 주문체결이 불가하다.

③ 사후위탁증거금은 적격투자자만을 대상으로 한다.

④ 사후위탁증거금은 장종료시점에 보유하고 있는 미결제약정에 대한 순위험증거금액과 익일결제 예정금액을 더한 위탁증거금액을 계산하여 당일 16시까지 예탁한다.

47 사후위탁증거금이 적용되는 적격기관투자자가 아닌 자는?

★★★　① 국가, 한국은행

② 금융기관

③ 예금보험공사, 한국자산관리공사, 집합투자기구 등 기타 전문투자자

④ 주권상장법인, 투자자문업자

48 다음 자료를 이용하여 당일의 미결제약정수량을 계산하면?
★★★

전일 미결제약정 현황	당일 거래체결 내역
매수미결제약정수량 : 160	• 당일 체결 매수거래 : 100 • 당일 체결 매도거래 : 300

① 매수미결제약정 40계약   ② 매도미결제약정 40계약

③ 매수미결제약정 360계약   ④ 매도미결제약정 360계약

49 다음과 같은 거래를 한 경우, 갱신차금을 구하면?(국채선물의 거래승수는 100만원)
★★★

> • 전일 미결제약정 : 5년 국채선물 10계약(체결가격 111.50, 정산가격 111.55)
> • 당일 신규 매수 2계약(체결가격 111.62)
> • 당일 매도 5계약(체결가격 111.58, 정산가격 111.65)

① −500,000   ② 500,000

③ −1,000,000   ④ 1,000,000

정답 및 해설

44 ② 위탁증거금은 현금으로 예탁받아야 하지만, 현금예탁필요액을 제외한 위탁증거금액은 대용증권, 외화 또는 외화증권으로 예탁받을 수 있다. 참고로 한국거래소의 증거금 제도를 COMS(Composite Optimized Margin System)라고 하는데, 보유하고 있는 선물 및 옵션거래 전체 포트폴리오를 고려하여 순위험 방식으로 평가하는 증거금 체계이다. 기초자산의 특성이 유사한 상품군별로 증거금을 산출 후, 상품군별 증거금을 단순 합산하는 방식이다.

45 ③ 사전위탁증거금은 위탁자로부터 거래의 위탁을 받기 이전에 예탁받는 위탁증거금을 말한다. 선물 스프레드 거래인 경우 신규 위탁증거금은 전액 대용증권으로 가능하다.

46 ④ 사후위탁증거금은 장종료시점에 보유하고 있는 미결제약정에 대한 순위험증거금액과 익일결제예정금액을 더한 위탁증거금액을 계산하여 다음 거래일 10시 이내에 예탁한다.

47 ④ 전문투자자 중에서 주권상장법인, 금융위에 전문투자자로 신고한 법인 · 개인, 금융투자업자 중 투자자문업자는 적격기관투자자에서 제외된다.

48 ② 당일미결제약정수량 = 전일 매수미결제약정수량 + (당일 매수거래수량 − 당일 매도거래수량) = 160 + (100 − 300) = −40. 즉, 매수미결제약정을 보유하고 있다가 당일 매도거래의 증가로 인해 매도미결제약정의 보유로 바뀌었다.

49 ④ 갱신차금은 전일의 미결제약정에 대하여 전일의 정산가격과 당일의 정산가격을 비교하여 산출한 손익이다. 따라서 갱신차금을 구할 때는 체결가격이나 당일의 계약수는 불필요한 자료이다. 당일에 매도를 5계약한 것으로 볼 때 전일의 미결제약정 10계약은 매수미결제약정이며, 당일의 정산가격은 111.65, 전일의 정산가격은 111.55. 따라서 갱신차금을 구하면 다음과 같다.
[갱신차금 = 전일 매수미결제약정수량 × (당일 정산가격 − 전일 정산가격) × 거래승수]
= 10 × (111.65 − 111.55) × 1,000,000 = 1,000,000원

50
★★★ 다음은 미국달러선물 거래에 관한 자료이다. T일의 정산차금을 계산하면?(미국달러선물의 거래승수는 10,000원)

T-1일	T일
매수 10계약	• 매수 2계약(체결가격 : 1,100원) • 매도 6계약(체결가격 : 1,109원)
정산가격 : 1,108원	정산가격 : 1,111원

① 100,000

② 400,000

③ -100,000

④ -200,000

51
★★★ 선물·옵션의 최종결제방법은 현금결제와 인수도결제로 구분된다. 다음 중 현금결제방식이 아닌 것은?

① 금선물

② 미국달러선물

③ 10년 국채선물

④ 돈육선물

52
★★★ 추가증거금(Margin Call)에 관한 설명으로 옳지 않은 것은?

① 장종료시점을 기준으로 위탁자의 예탁총액이 유지위탁증거금액보다 적은 경우에는 위탁증거금을 추가로 예탁받아야 한다.

② 장종료시점을 기준으로 위탁자의 예탁현금이 유지현금예탁필요액보다 적은 경우에는 위탁증거금을 추가로 예탁받아야 한다.

③ 정규거래시간 중 위탁자의 예탁총액이 장중 유지위탁증거금액보다 적은 경우에는 위탁증거금을 추가로 예탁받아야 한다.

④ 위탁증거금의 추가 예탁기한은 부족액이 발생한 당일 장 종료시점까지이다.

53
★★★ 다음 중 거래증거금으로 예탁가능한 대용증권은?

① 관리종목

② 상장지수펀드(ETF)

③ 정리매매종목

④ 회원 자기가 발행한 유가증권

54 다음 중 한국거래소에 증거금으로 사용할 수 없는 것은?

★★★

① 싱가포르 달러화

② 상장외국주식예탁증서(DR)

③ 프랑스 프랑화

④ 미국국채(Treasury Bill, Note, Bond)

55 「자본시장법」에 명시된 금융투자업자의 회계처리에 대한 설명으로 옳지 않은 것은?

★★★

① 회계연도는 4월 1일부터 익년 3월 31일로 한다. 다만, 금융위원회가 정하여 고시하는 경우에는 1월 1일부터 12월 31일까지로 할 수 있다.

② 금융투자업자의 고유재산과 신탁재산, 그리고 위탁자의 재산을 명확히 구분하여 계리한다.

③ 금융투자업자의 재무제표상 계정과목은 주주총회의 승인 없이는 신설 또는 개정하지 못한다.

④ 증권선물위원회의 심의를 거쳐 금융위가 정하여 고시하는 금융투자업자 회계처리 준칙 및 기업회계기준을 따라야 한다.

정답 및 해설

50 ② 정산차금은 당일차금과 갱신차금의 합으로 계산되며, 다음과 같이 계산한다.

종 류	내 역
당일차금	$= [(1,111 - 1,100) \times 2 \times 10,000] + [(1,109 - 1,111) \times 6 \times 10,000]$ $= 220,000 - 120,000 = 100,000$
갱신차금	$= (1,111 - 1,108) \times 10 \times 10,000 = 300,000$
합계(정산차금)	$= 100,000 + 300,000 = 400,000$

51 ② 통화선물과 미국달러옵션은 실물 인수도결제를 하며, 이를 제외한 대부분의 선물·옵션거래는 현금결제한다.

52 ④ 추가증거금(마진콜)은 일별 추가증거금과 장중 추가증거금으로 나눌 수 있는데, 위탁증거금의 추가 예탁기한은 다음거래일 12시까지이다. 만약 위탁자가 추가 예탁을 하지 않을 경우, 회원은 위탁자 예탁자산의 처분, 미결제약정의 정리 등 조치를 취하게 된다.

53 ② 이 중에는 상장지수펀드(ETF)만이 대용증권으로 사용할 수 있다.

54 ③ 예탁증거금은 현금, 대용증권, 외화 또는 외화증권으로 납입할 수 있는데, 프랑스 프랑화는 증거금으로 사용할 수 없는 외화이다.

55 ③ 금융투자업자의 재무제표상 계정과목은 금융감독원장의 승인 없이는 신설 또는 개정하지 못한다. 금융투자업자의 회계처리에 관한 사항으로 회계처리 방법, 계정과목의 종류와 배열순서, 그밖에 필요한 사항은 금융위가 정하여 고시한다.

56 파생상품거래의 회계처리기준에 관한 설명으로 옳지 않은 것은?

★★★

① 파생상품거래의 계약금액이 외화로 표시된 경우에는 외화로 계산한다.

② 모든 거래는 공정가액으로 평가하여 그 평가손익을 재무제표에 반영한다.

③ 장내파생상품의 공정가액은 평가일 현재 당해 거래소에서 거래되는 해당 상품의 종가로 한다.

④ 위험회피 회계를 적용하고자 하는 경우에는 유사한 위험회피 활동은 모두 위험회피 회계를 적용하여야 한다.

57 금융투자업자의 대외보고서에 관한 설명으로 옳지 않은 것은?

★★☆

① 금융투자업자는 업무보고서를 매 분기별로 분기 종료 후 45일 이내에 금융감독원과 금융투자협회에 제출하여야 한다.

② 금융투자업자는 영업용순자본비율 보고서를 매 분기별로 분기 익월 말일까지 금융감독원과 금융투자협회에 제출하여야 한다.

③ 금융투자업자는 매 영업일마다 영업용순자본비율이 100%에 미달하거나 미달할 우려가 있을 때에는 수시보고를 하여야 한다.

④ 영업용순자본은 [재무상태표상의 자기자본 − 차감항목 + 가산항목]이며, 총위험액은 [시장 위험액 + 신용 위험액 + 운영 위험액]이다.

58 다음 중 금융투자업자의 영업용순자본을 산정할 때, 자기자본에 가산되는 항목은?

★★★

① 선급금   ② 후순위차입금

③ 선급비용   ④ 고정자산

정답 및 해설

56 ① 파생상품거래의 계약금액은 외화로 표시된 경우 원화로 환산한다. 그리고 파생상품은 거래시점에서 그 목적에 따라 유형을 매매목적 거래와 위험회피목적 거래로 구분하여 관리하여야 한다.

57 ③ 금융투자업자는 매 영업일마다 영업용순자본비율이 150%에 미달하거나 미달할 우려가 있을 때에는 수시보고를 하여야 한다.

58 ② 영업용순자본 = 재무상태표상의 자기자본 − 차감항목 + 가산항목

차감항목	선급금, 선급비용, 선급법인세, 고정자산, 특수관계인 채권 등
가산항목	대손충당금, 후순위차입금 등

많이 보고 많이 겪고 많이 공부하는 것은 배움의 세 기둥이다.

– 벤자민 디즈라엘리 –

직무윤리 및
투자자분쟁예방

챕터 출제비중

	구 분	출제영역	출제문항
32%	제1장	리스크관리	8문항
20%	제2장	영업실무	5문항
48%	제3장	직무윤리 및 투자자분쟁예방	12문항

출제경향 및 학습전략
직무윤리 및 투자자분쟁예방은 총 12문제가 출제되기 때문에 제3과목에서 가장 출제비중이 높은 중요한 과목이다.
전체적인 내용은 고객우선의 원칙, 신의성실의 원칙, 이해상충의 방지 의무, 금융소비자보호 의무, 본인·회사 및
사회에 대한 윤리로 구성되어 있다. 수험생들은 각각의 파트에서 어떤 윤리기준이 있는지를 먼저 파악하고 세부내
용은 문제를 풀면서 익히는 게 좋다. 직무윤리는 즐제문항수에 비해 학습할 내용이 많은 편이지만 대부분의 자격
시험에 공통과목이기 때문에 소홀히 할 수 없고, 내용이 어렵지 않아 고득점을 노릴 만하지만 공부하지 않으면
낭패를 볼 수 있는 과목이기도 하다.
투자자분쟁예방과 자금세탁방지제도는 본서에 제시된 문제만 풀 수 있다면 시험대비에 충분할 것으로 생각한다.

TOPIC별 중요도 및 학습체크

TOPIC	핵심개념	중요도	학습체크		
			1회독	2회독	3회독
01	직무윤리 일반	★★★			
02	금융투자업 직무윤리(기본원칙, 이해상충의 방지 의무, 금융소비자보호 의무)	★★★			
03	금융투자업 직무윤리(본인, 회사 및 사회에 대한 윤리)	★★★			
04	직무윤리의 준수절차 및 위반시 제재	★★			
05	투자자분쟁예방	★★★			
06	자금세탁방지제도	★★★			

01 직무윤리 일반 중요도 ★★★

다른 산업에 비하여 금융투자산업에서 직무윤리가 특히 강조되는 이유와 거리가 먼 것은?

① 금융투자상품의 전문화·복잡화 등으로 고객이 관련 상품의 내용을 정확하게 파악하는 것이 어렵다.

② 직무윤리를 준수하는 것이 관련 업무종사자를 보호하는 안전장치가 된다.

③ 고객의 자산을 관리하는 속성상 이익상충의 가능성이 크다.

④ 자본시장에서 취급하는 금융투자상품은 손실위험의 가능성을 지닌다.

해설 직무윤리를 준수하는 것은 관련 업무종사자를 보호하는 안전장치가 되는데 이는 금융산업에서뿐만이 아니라 비금융산업을 포함한 모든 산업에서 직무윤리가 요구되는 공통의 이유가 된다.

답 ②

STEP 01 핵심필수개념

(1) 법적 강제와 윤리적 자율성

① 법의 성격이나 방향이 윤리와 다르지만, 법은 그 기초에 있어서 윤리원칙에 입각하고 윤리에 합당한 내용을 갖지 않으면 안 됨

② 법은 최소한의 윤리임

③ 윤리나 인간애를 강조한 나머지 인위적이고 강권적인 법을 무조건 배척하거나 반대로 합법적이기만 하면 무조건 책임을 문제 삼지 않으려는 법 만능주의도 그릇된 생각임

④ 법은 계약이므로 계약불이행으로 이득을 보려는 무임편승자를 감독하고 처벌하는 강권적 존재(정부, 감독기관)가 필요함

⑤ 감독기관이나 감독자를 감독해야 하는 무한소급의 문제를 해소하기 위해선 자율적 도덕감으로서 우리 안에 내면화된 준법정신, 즉 윤리가 중요함

(2) 윤리경영과 직무윤리가 강조되는 이유

① 윤리경쟁력 시대 : 기업을 평가하는 하나의 잣대 → 기업의 지속적인 생존여부와 직결

환경의 변화	현재 및 미래의 사회는 고도의 정보화 기술 및 시스템에 의해 움직이는 사회인데, 이를 잘못 사용할 경우에 초래될 재난을 방지하기 위하여 이를 다루는 자들에게 고도의 직무윤리가 요구됨
위험과 거래비용	개인은 위험을 통제함으로써 가장 적은 거래비용이 발생할 수 있도록 거래와 관련된 자들에게 직무윤리를 요구함 ※ 위험비용 : 상대방이 자신의 이익에 반하는 행동을 할 경우의 비용(예 부실한 자산관리에 따른 손해 위험)

생산성 제고	직무윤리는 더 많은 경제적 효용의 산출을 위하여 필요한 투입 → 생산성의 제고를 통한 장기적 생존의 목적으로 윤리경영의 중요성을 강조
신종 자본	직무윤리는 새로운 무형의 자본으로 인정되고 있음(금융산업은 신용도가 가장 중요한 자산)
인프라 구축	윤리는 공정하고 자유로운 경쟁의 전제조건 → 윤리는 지속적인 성장을 위한 인프라의 하나(윤리 인프라)
사회적 비용의 감소	비윤리적 행동은 더 큰 사회적 비용(규제비용 등)을 가져오며, 이를 규제하기 위한 법적 규제와 같은 타율적인 규제가 증가 → 규제법령 준수를 위한 기관과 조직의 운영비용 증가 → 사회 전체 비용 증가

② 금융투자업에서의 직무윤리가 더욱 강조되는 이유

산업의 고유속성	고객의 자산을 위탁받아 운영·관리하는 것을 주요 업무로 하므로 고객의 이익을 침해할 가능성(이해상충 발생가능성)이 높음
상품의 특성	금융투자상품은 투자성(원본손실 가능성)을 내포하고 있어 고객과의 분쟁가능성 상존
금융소비자의 질적 변화	금융투자상품의 전문화·복잡화·다양화로 인해 단순한 정보제공의 차원을 넘어 금융소비자 보호를 위한 노력이 요구됨
안전장치	직무윤리를 준수하는 것은 금융투자업종사자들을 보호하는 안전장치 역할을 함 → 직무윤리기준을 준수하도록 하는 것은 외부의 부당한 요구로부터 금융투자업종사자 스스로를 지켜주는 안전판 내지 자위수단이 됨(타산업에도 적용됨)

(3) 직무윤리의 사상적 배경 및 윤리경영의 국제적·국내적 환경

① 직무윤리의 사상적 배경

칼 뱅	• 금욕적 생활윤리(근검, 정직, 절제) → 종교적인 일과 세속적인 일을 구분하는 카톨릭에 반대, 모든 신앙인은 노동과 직업이 신성하다는 소명을 가져야 한다고 역설 • 초기 자본주의 발전의 정신력 원동력이자 지주로서의 역할(초기 자본주의 발전의 정신적 토대가 된 직업윤리의 중요성을 강조)
베 버	프로테스탄티즘(개신교)의 윤리와 자본주의 정신에서 서구의 문화적 속성으로 합리성, 체계성, 조직성, 합법성을 언급

② 윤리경영의 국제적 환경
  ㉠ OECD : 국제 공통의 기업윤리강령 발표 → 강제 규정은 아니지만 이에 따르지 않는 기업에 대해서는 불이익을 주도록 하고 있음
  ㉡ 국제투명성기구(TI ; Transparency International)
    • 국가별 부패인식지수(CPI)를 발표
    • 공무원들과 정치인들의 부패수준이 어느 정도인지에 대한 인식 정도를 지수로 나타낸 것
    • 부패인식지수의 점수가 낮을수록 부패 정도가 심함, 우리나라는 아직도 경제규모에 비해 윤리 수준이 낮게 평가됨
  ㉢ 영국의 BITC(Business In The Community)와 사회적 책임을 평가하는 CR Index(Corporate Responsibility Index) → 윤리경영을 평가하는 지수

③ 윤리경영의 국내적 환경
  ㉠ 2016년 9월 28일부터 시행된 「부정청탁 및 금품 수수 등의 금지에 관한 법률」(청탁금지법, 일명 김영란법)으로 인해 공직자 등(일반 국민 전체가 적용 대상)이 직무관련성, 대가성 등이 없더라도 금품 등의 수수를 하는 경우에는 제재가 가능해짐
  ㉡ 윤리경영 실천노력을 평가하기 위한 척도
    • 산업정책연구원의 KoBEX(Korea Business Ethics Index)

공통지표(CI)	공기업과 민간기업에 상관없이 모든 조직에 적용되는 지표(총 52개 항목)
추가지표(SI)	공기업과 민간기업의 특성에 따라 추가로 개발된 지표(총 32개 항목)

    • 전국경제인연합회의 윤리경영자율진단지표(FKI-BEX : FKI-Business Ethics Index) : 5대 업종별로 나누어 차별화를 시도
    • 서강대 경영전문대학원 경영연구소의 서강대 윤리경영지표(Sobex) 개발
④ 기업의 사회적 책임
  ㉠ 최근 자본주의 경제가 갖는 문제점이 부각되면서 자본주의체제가 갖추어야 할 윤리와 기업의 사회적 책임(CSR ; Corporate Social Responsibility)이 강조되고 있음
  ㉡ CSR은 기업이 영리활동을 통해 얻은 이익의 일부를 사회에 환원하여야 한다는 것을 의미
  ㉢ 윤리성이 결여된 자본주의경제는 결국 체제 몰락과 붕괴로 갈 수밖에 없음을 인식한 결과임
  ㉣ 미국의 Dow Jones 지수에 편입된 기업들을 조사한 결과 사회적 책임을 다하는 기업일수록 오랜기간 생존율이 높다는 연구결과가 존재함

(4) 교재(금투협 기본서)에서의 직무윤리

① 직무윤리의 적용대상 : 투자관련 직무에 종사하는 일체의 자는 직무윤리 적용대상임
  ㉠ 관련 전문자격증을 보유하고 있는 자(금융투자전문인력), 자격을 갖기 이전에 관련 업무에 실질적으로 종사하는 자, 직접 또는 간접적으로 이와 관련되어 있는 자를 포함
  ㉡ 회사와의 위임계약관계 또는 고용계약관계 및 보수의 유무, 고객과의 법률적인 계약관계 및 보수의 존부를 불문함
  ㉢ 회사와 정식 고용관계에 있지 않은 자나 무보수로 일하는 자도 직무윤리를 준수해야 함
  ㉣ 아직 아무런 계약관계를 맺지 않은 잠재적 고객에 대해서도 직무윤리를 준수해야 함
② 직무윤리의 성격
  ㉠ 법은 외형적 행위나 결과를 규제하는 강행적·타율적인 성격을 가지고 있지만, 직무윤리 및 직무윤리기준은 자율규제로서의 성격을 지님
  ㉡ 직무윤리는 자율적 준수라는 장점 존재
  ㉢ 직무윤리 위반 시 단순한 윤리적 비난에 그치지 않고, 실정법 위반행위로서 국가기관에 의한 행정제재·민사배상책임·형사책임 등의 타율적 규제와 제재의 대상이 되는 경우가 많음
  ㉣ 윤리는 법제적 접근방식의 공백과 한계를 메워주는 역할을 하므로, 법은 최소한의 도덕(윤리). 즉, 윤리가 더 포괄적인 개념임
  ㉤ 법적 규제에는 한계가 있으므로 이를 보완하는 것이 직무윤리임
  ㉥ 윤리는 사전예방 차원에서 필요하지만 법은 결과에 대해서 책임을 물음

③ 직무윤리의 핵심
　　㉠ 자신과 상대방의 이해가 상충하는 상황에서는 상대방 이익의 입장에서 자신에 대한 상대방의 신의를 저버리지 않는 행동을 선택하라는 것
　　㉡ 직무윤리에서 핵심적이고 가장 근본이 되는 2가지 원칙은 고객우선의 원칙과 신의성실의 원칙

개념체크OX

▶ 전문투자자는 「자본시장법」에 의한 주된 보호의 대상에서 빠져 있지만 이에 대한 금융투자회사의 윤리적 책임까지 완전히 면제되는 것은 아니다. ⓄⓍ

답 O

▶ 윤리(도덕)는 최소한의 법이다. ⓄⓍ

[해설] 윤리는 법제적 접근방식의 공백과 한계를 메워주는 역할을 하므로, 법은 최소한의 도덕(윤리), 즉 윤리가 더 포괄적인 개념이다.

답 X

STEP 02 **핵심보충문제**

01 윤리경영과 직무윤리의 중요성에 관한 설명으로 적절하지 않은 것은?
★★★
① 기업윤리는 공정하고 자유로운 경쟁의 전제조건이다.
② 직무윤리는 더 많은 경제적 효용의 산출을 위하여 필요한 투입이라는 인식이 보편화되어 있다.
③ 윤리는 명분적 측면에서 봤을 때 당연히 준수해야 하는 것이지만, 실용적 측면에서 봤을 때 준수한다고 이득이 되는 것은 아니다.
④ 직무윤리는 오늘날 새로운 무형의 자본으로 인식되고 있다.

[해설] 윤리는 결과적으로 경제적으로도 이득이 된다(윤리의 실용적 측면을 강조). 즉, 윤리경영과 직무윤리가 기업에서 실천될 때 조직의 구성원은 보람을 느끼고 기업활동에 대한 몰입도가 강화되어 경영성과가 개선될 수 있다.

답 ③

02 「자본시장과 금융투자업에 관한 법률(자본시장법)」에서의 직무윤리의 역할에 대한 설명으로 옳지
★★☆ 않은 것은?

① 「자본시장법」에서는 투자자보호에 관한 법제적 장치가 강화되었다.
② 「자본시장법」은 유가증권의 개념과 범위에 대해 포괄적으로 정의하고 있어, 적용대상과 범위가
확대되어 법의 사각지대를 메워주는 직무윤리의 중요성이 커졌다.
③ 「자본시장법」에서는 종전의 업무영역과 취급 가능한 상품에 대한 규제가 대폭 강화되었다.
④ 투자자보호를 위한 법적 규제 수준이 높아짐에 따라 윤리적 의무의 수준도 한층 높아졌지만, 전문
투자자는 「자본시장법」에서는 보호대상에서 빠져 있다.

[해설] 「자본시장법」에서는 종전의 업무영역과 취급 가능한 상품에 대한 규제가 대폭 완화되었다. 따라서 전문지식의
습득과 고객에 대한 고도의 윤리의식으로 고객의 신뢰를 확보하는 것은 평판위험을 관리하는 차원에서도 금융
투자업 종사자들에게 더욱 중요한 자질로 인식되고 있다. 「자본시장법」에서는 투자자보호에 관한 법제적 장치
가 강화되어, 종전에는 고객 배려차원에서 이루어지던 서비스의 상당 부분이 고객(특히 일반투자자)에 대한
법적 의무로 제도화되었다. 투자자보호를 위한 법적 규제 수준이 높아짐에 따라 윤리적 의무의 수준도 한층
높아졌다. 전문투자자는 「자본시장법」에서는 보호대상에서 빠져 있지만, 이에 대한 윤리적 책임까지 완전히
면제되는 것은 아니다.

답 ③

03 근검, 정직, 절제를 통하여 부를 얻는 행위는 신앙인의 정당하고 신성한 의무라는 점을 강조한
★★☆ 사상가는 누구인가?

① 칼뱅(Calvin)　　　　　　　　　② 루터(Luther)
③ 베버(Weber)　　　　　　　　　④ 칸트(Kant)

[해설] 칼뱅의 금욕적 생활윤리는 초기 자본주의 발전의 정신적 토대가 된 직업윤리의 중요성을 강조하고 있다.

답 ①

04 직무윤리의 성격에 관한 설명으로 옳지 않은 것은?
★★★

① 법은 외형적 행위나 결과를 규제하는 강행적·타율적인 성격을 가지고 있지만, 직무윤리 및 직무
윤리기준은 자율규제로서의 성격을 지닌다.
② 직무윤리는 자율적 준수라는 장점이 있다.
③ 직무윤리는 법규에 비해 강제수단이 미흡하기 때문에, 직무윤리를 위반하는 경우 단순히 윤리적
으로 잘못된 것이라는 비난에 그치게 된다.
④ 법적 규제에는 한계가 있으므로 이를 보완하는 것이 직무윤리이다. 또한 윤리는 사전예방 차원에
서 필요하지만 법은 결과에 대해서 책임을 묻는다.

[해설] 직무윤리 위반 시 단순한 윤리적 비난에 그치지 않고, 실정법 위반행위로서 국가기관에 의한 행정제재·민사
배상책임·형사책임 등의 타율적 규제와 제재의 대상이 되는 경우가 많다.

답 ③

02 금융투자업 직무윤리 : 기본원칙, 이해상충의 방지 의무, 금융소비자보호 의무 중요도 ★★★

대표유형문제 신의성실의 원칙(신의칙)이 가지는 기능에 대한 설명으로 옳지 않은 것은?

① 권리의 행사와 의무를 이행함에 있어서 행위준칙이며, 법률관계를 해석함에 있어서 해석상의 지침이 된다.

② 계약이나 법규에 흠결이나 불명확한 점이 있는 경우, 신의칙은 이를 메워 주고 명확하게 하는 기능을 한다.

③ 권리의 행사가 신의칙에 반하는 경우에는 권리남용이 되어 권리행사로서의 법률효과가 인정되지 않는다.

④ 신의칙 위반이 법원에서 다루어지는 경우, 당사자의 주장이 있는 경우에만 법원은 신의칙 위반여부를 판단할 수 있다.

해설 신의칙 위반이 법원에서 다루어지는 경우, 이는 강행법규에 대한 위반이기 때문에 당사자가 주장하지 않더라도 법원은 직권으로 신의칙 위반여부를 판단할 수 있다.

답 ④

STEP 01 핵심필수개념

〈금융투자업 직무윤리 개관〉

기본원칙	• 고객 우선의 원칙 • 신의성실의 원칙		
이해상충의 방지 의무	• 개 요 • 이해상충의 발생원인 • 이해상충의 방지체계		
금융소비자보호 의무	• 개 요 • 상품개발 단계의 금융소비자보호 • 상품판매 이전 단계의 금융소비자보호 • 상품판매 단계의 금융소비자보호 • 상품판매 이후 단계의 금융소비자보호		
본인, 회사 및 사회에 대한 윤리	**본인에 대한 윤리**	• 법규준수 • 품위유지 • 사적 이익 추구금지	• 자기혁신 • 공정성 및 독립성 유지
	회사에 대한 윤리	• 상호존중 • 경영진의 책임 • 위반행위의 보고 • 고용계약 종료 후의 의무	• 공용재산의 사적 사용 및 수익 금지 • 정보보호 • 대외활동
	사회 등에 대한 윤리	• 시장질서 존중 • 사회적 책임	• 주주가치 극대화

(1) 기본원칙

① 고객 우선의 원칙

  ㉠ 금융투자회사의 표준윤리준칙 제2조 : 회사와 임직원은 항상 고객의 입장에서 생각하고 고객에게 보다 나은 금융서비스를 제공하기 위해 노력하여야 함

  ㉡ 「자본시장법」 제1조에서는 법의 제정 목적 중 하나로 '투자자를 보호'하기 위한 것임을 명기하고 있으며, 금융투자업 종사자들은 이를 준수할 의무, 즉 금융소비자를 우선순위에 놓아야 할 의무가 발생함

② 신의성실의 원칙

  ㉠ 금융투자회사의 표준윤리준칙 제4조 : 회사와 임직원은 정직과 신뢰를 가장 중요한 가치관으로 삼고, 신의성실의 원칙에 입각하여 맡은 업무를 충실히 수행하여야 함

  ㉡ 신의성실은 금융투자업종사자의 직무수행에 있어서 가장 중요한 원칙임

  ㉢ 금융투자업에서 신의성실은 윤리적 원칙에 그치지 않고 법적 의무임(양면성)

  ※ 「자본시장법」 제37조 : 금융투자업자는 신의성실의 원칙에 따라 공정하게 금융투자업을 영위하여야 함

  ㉣ 「자본시장법」에서는 금융소비자에 대한 보호의무를 구체화시키고 있음

   → 금융소비자 보호의무는 금융투자상품의 개발 단계부터 판매 단계 및 판매 이후의 단계까지 모든 단계에 걸쳐 적용됨

  ㉤ 금융투자업종사자가 선관주의의무 혹은 충실의무를 위반하는 경우 불법행위에 대한 손해배상책임을 부담함

  ㉥ 신의성실의 양면성 : 윤리적 원칙이자 법적 의무

> • 권리의 행사와 의무를 이행함에 있어서 행위준칙이 되며, 법률관계를 해석함에 있어서 해석상의 지침이 됨
> • 신의성실의 원칙은 법규의 형식적 적용에 의하여 야기되는 불합리와 오류를 시정하는 역할을 함
> • 계약이나 법규에 흠결이나 불명확한 점이 있는 경우, 신의칙은 이를 메워 주고 명확하게 하는 기능을 함
> • 권리의 행사가 신의칙에 반하는 경우에는 권리남용이 되어 권리행사로서의 법률효과가 인정되지 않음
> • 신의칙 위반이 법원에서 다루어지는 경우, 이는 강행법규에 대한 위반이기 때문에 당사자가 주장하지 않더라도 법원은 직권으로 신의칙 위반여부를 판단할 수 있음

(2) 이해상충의 방지 의무

① 개 요

  ㉠ 「자본시장법」 제37조 제2항 : 금융투자업자는 금융투자업을 영위함에 있어서 정당한 사유 없이 투자자의 이익을 해하면서 자기가 이익을 얻거나 제3자가 이익을 얻도록 하여서는 아니 됨

  ㉡ 금융투자업종사자는 신의성실의 원칙에 입각하여 투자자, 즉 금융소비자의 이익을 최우선으로 하여 업무를 수행하여야 함

ⓒ '최선의 이익'이란 소극적으로 고객 등의 희생 위에 자기 또는 제3자의 이익을 도모해서는 안된다는 것에 그치는 것이 아니고, 적극적으로 금융소비자 등의 이익을 위하여 실현가능한 최대한의 이익을 추구하여야 하는 것을 말함(최선집행의무).

ⓔ '최선의 이익'이란 단순히 결과에 있어서 최대의 수익률을 얻어야 한다는 뜻이 아니라 결과와 과정 양자 모두에 있어서 최선의 결과를 얻도록 노력하여야 한다는 뜻임

② 이해상충의 발생원인

ⓐ 금융투자업자 내부의 문제로서 금융투자업을 영위하는 공적 업무영역에서 사적 업무영역의 정보를 이용하기 때문임

ⓑ 금융투자업자와 금융소비자 간에 존재하는 정보의 비대칭으로 금융투자업종사자가 금융소비자의 이익을 희생하여 본인 또는 제3자의 이익을 추구할 가능성이 항상 존재하기 때문임

ⓒ 금융투자업자의 겸영 업무 허용범위가 넓어졌기 때문임

③ 이해상충의 방지체계

ⓐ 이해상충발생 가능성의 파악 등 관리 의무 : 금융투자업자는 이해상충이 발생할 가능성을 파악·평가하고, 내부통제기준이 정하는 방법 및 절차에 따라 이를 적절히 관리하여야 함

ⓑ 이해상충발생 가능성 고지 및 저감 후 거래 의무 : 금융투자업자는 이해상충이 발생할 가능성이 있는 경우에는 그 사실을 미리 해당 투자자에게 알려야 하며, 이해상충이 발생할 가능성을 투자자보호에 문제가 없는 수준으로 낮춘 후 매매, 그 밖의 거래를 하여야 함

ⓒ 이해상충발생 회피 의무 : 금융투자업자는 이해상충발생 가능성을 낮추는 것이 곤란하다고 판단되는 경우에는 매매, 그 밖의 거래를 하여서는 아니 됨

ⓓ 정보교류의 차단(Chinese Wall 구축) 의무 : 금융투자업자는 그 영위하는 금융투자업 간에 이해상충이 발생할 가능성이 큰 경우로서 대통령령으로 정하는 경우에는 다음의 어느 하나에 해당하는 행위를 할 수 없음

정보제공행위	금융투자상품의 매매에 관한 정보제공행위
겸직행위	임원 및 직원을 겸직하게 하는 행위
공간·설비 공동이용행위	사무공간 또는 전산설비를 대통령령으로 정하는 방법으로 공동으로 이용하는 행위
기 타	그밖에 이해상충이 발생할 가능성이 있는 행위로서 대통령령으로 정하는 행위

ⓔ 조사분석자료의 작성 대상 및 제공의 제한 : 금융투자협회의 규정에서는 금융투자업자 자신이 발행하였거나 관련되어 있는 대상에 대한 조사분석자료의 공표와 제공을 원천적으로 금지하고 있음

〈이익이 상충되는 경우 우선순위를 정하는 방법(표준내부통제기준)〉
• 고객의 이익은 회사와 회사의 주주 및 임직원의 이익에 우선
• 회사의 이익은 임직원의 이익에 우선
• 모든 고객의 이익은 동등하게 다루어져야 함

ⓕ 자기거래의 금지 : 금융투자업종사자는 금융소비자가 동의한 경우를 제외하고는 금융소비자와의 거래 당사자가 되거나 자기 이해관계인의 대리인이 되어서는 아니 됨. 단, 증권시장 또는 파생상품시장을 통하여 매매가 이루어지는 경우에는 자기거래 금지규정이 적용되지 않음

(3) 금융소비자보호 의무

① 개 요

 ㉠ 금융투자업종사자는 일반인에게 요구되는 것 이상의 '전문가로서의 주의'를 기울여 업무를 수행하여야 함

 ㉡ 주의의무를 다했는지의 기준 : '신중한 투자자의 원칙'(수탁자가 자산운용업계에서 받아들여지고 있는 포트폴리오 이론에 따라서 자산을 운용한다면 적법한 것으로 인정)

 ㉢ 신중성은 수탁자의 투자판단에 관한 의무이행뿐만 아니라 수익자의 이익을 위하여 행동하여야 하는 의무와 수익전념의무를 포함(의무의 포괄성)

② 금융소비자보호 관련 국내외 동향

 ㉠ G20의 금융소비자보호 10대 원칙 채택

 ㉡ 금융소비자보호 모범규준 제정

③ 금융소비자보호 조직

 ㉠ 금융소비자보호 총괄책임자(CCO)

 ㉡ 금융소비자보호 업무전담 조직

 ㉢ 금융소비자보호 협의회

④ 상품개발 단계의 금융소비자보호

금융회사는 신상품 개발 및 마케팅 정책을 수립하는 경우 금융소비자를 보호할 수 있도록 회사 내의 관련 부서 간 사전협의 절차를 구축하고 운용하여야 함

⑤ 상품판매 이전 단계의 금융소비자보호

금융회사 및 그 소속 임직원은 불완전판매 예방을 위하여 취급하는 상품별로 판매를 위한 교육훈련 체계를 갖추고 실행하여야 하며, 소속 임직원이 해당 상품을 취급할 수 있는 자격을 갖추었는지 확인하고 관리하여야 함

(4) 상품판매 단계의 금융소비자보호(금융소비자보호법상 6대 판매원칙)

① 적합성의 원칙

〈금융소비자보호법 제17조(적합성 원칙)〉

㉠ 금융상품판매업자등은 금융상품계약체결등을 하거나 자문업무를 하는 경우에는 상대방인 금융소비자가 일반금융소비자인지 전문금융소비자인지를 확인하여야 함

㉡ 금융상품판매업자등은 일반금융소비자에게 금융상품 계약체결을 권유하는 경우에는 면담·질문 등을 통하여 상품별로 다음의 정보를 파악하고, 일반금융소비자로부터 서명(전자서명 포함), 기명날인, 녹취, 그 밖에 대통령령으로 정하는 방법으로 확인을 받아 이를 유지·관리하여야 하며, 확인받은 내용을 일반금융소비자에게 지체 없이 제공하여야 함

 • 투자성 상품 : 일반금융소비자의 해당 금융상품 취득 또는 처분 목적, 재산상황, 취득 또는 처분 경험

 • 대출성 상품 : 일반금융소비자의 재산상황, 신용 및 변제계획

 • 그 밖에 대통령령으로 정하는 사항

㉢ 금융상품판매업자등은 파악한 일반금융소비자의 정보를 고려하여 그 일반금융소비자에게 적합하지 아니하다고 인정되는 계약체결을 권유해서는 아니 됨

〈KYC(Know-Your-Customer-Rule) 실행 순서〉
→ KYC는 투자권유 및 투자상담 시 금융소비자의 정보를 파악하는 것
㉠ 금융소비자가 투자권유를 원하는지 원하지 않는지를 확인
㉡ 해당 금융소비자가 일반금융소비자인지 전문금융소비자인지 확인
㉢ 일반금융소비자인 경우 면담·질문 등을 통해 투자목적, 재산상황, 투자경험 파악
㉣ 파악된 금융소비자의 투자성향 등 정보를 서명(전자서명 포함), 기명날인, 녹취, 전자우편, 전자통신, 우편, 전화자동응답시스템 등의 방법으로 확인받음
㉤ 확인받은 내용을 해당 금융소비자에게 지체 없이 제공

- 적합성의 원칙에는 소극적 원칙뿐만 아니라 금융소비자의 투자의향·경험 및 자금력 등에 가장 적합한 금융투자상품을 권유해야 한다는 적극적 원칙까지를 포함
- 합리적 근거 없이 투기적인 증권투자를 권유하는 과잉권유(Boiler Room)는 적합성의 원칙에 반함

② 적정성의 원칙

〈금융소비자보호법 제18조(적정성 원칙)〉
㉠ 금융상품판매업자는 대통령령으로 각각 정하는 보장성 상품, 투자성 상품 및 대출성 상품에 대하여 일반금융소비자에게 계약체결을 권유하지 아니하고 금융상품 판매계약을 체결하려는 경우에는 미리 면담·질문 등을 통해 일반금융소비자의 정보를 파악하여야 함
㉡ 금융상품판매업자는 확인한 사항을 고려하여 해당 금융상품이 그 일반금융소비자에게 적정하지 아니하다고 판단되는 경우에는 그 사실을 알리고, 그 일반금융소비자로부터 서명, 기명날인, 녹취, 그 밖에 대통령령으로 정하는 방법으로 확인을 받아야 함

- 적정성 원칙은 적합성 원칙과 유사하나 적합성 원칙과는 달리 계약체결을 권유하지 않는 경우에 적용됨

③ 설명의무

〈금융소비자보호법 제19조(설명의무)〉
㉠ 금융상품판매업자등은 일반금융소비자에게 계약체결을 권유하는 경우 및 일반금융소비자가 설명을 요청하는 경우에는 금융상품에 관한 중요한 사항을 일반금융소비자가 이해할 수 있도록 설명하여야 함
㉡ 금융상품판매업자등은 설명에 필요한 설명서를 일반금융소비자에게 제공하여야 하며, 설명한 내용을 일반금융소비자가 이해하였음을 서명, 기명날인, 녹취, 그 밖에 대통령령으로 정하는 방법으로 확인을 받아야 함
㉢ 금융상품판매업자등은 설명을 할 때 일반금융소비자의 합리적인 판단 또는 금융상품의 가치에 중대한 영향을 미칠 수 있는 사항을 거짓 또는 왜곡(불확실한 사항에 대하여 단정적 판단을 제공하거나 확실하다고 오인하게 할 소지가 있는 내용을 알리는 행위를 말함)하여 설명하거나 중요한 사항을 빠뜨려서는 아니 됨

- 중요한 사항을 설명하지 않거나, 설명서를 사전에 제공하지 않거나, 설명하였음을 일반금융소비자로부터 확인받지 아니한 경우 금융회사에 대해 해당 금융상품의 계약으로부터 얻는 수입의 최대 50% 이내에서 과징금을 부과할 수 있으며, 별도로 최대 1억 원 이내에서 과태료를 부과할 수 있음
- 금융소비자에게 제공하는 정보의 요건 : 정확성, 시의성, 접근성 및 용이성, 권익침해 표시 금지
- 청약철회권 : 금융상품판매업자등과 보장성 상품, 투자성 상품, 대출성 상품 또는 금융상품자문에 관한 계약의 청약을 한 일반금융소비자는 다음에 따른 기간 내에 청약을 철회할 수 있음

구 분	기 준	철회기간
대출성 상품	• 계약서류를 제공받은 날 • 계약체결일	14일 이내
투자성 상품, 금융상품 자문	• 계약서류를 제공받은 날 • 계약체결일	7일 이내

④ 불공정영업행위의 금지

〈금융소비자보호법 제20조(불공정영업행위의 금지)〉

㉠ 금융상품판매업자등은 우월적 지위를 이용하여 금융소비자의 권익을 침해하는 다음 어느 하나에 해당하는 행위를 해서는 아니 됨
- 금융소비자의 의사에 반하여 다른 금융상품의 계약체결을 강요하는 행위
- 부당하게 담보를 요구하거나 보증을 요구하는 행위
- 금융상품판매업자등 또는 그 임직원이 업무와 관련하여 편익을 요구하거나 제공받는 행위
- 대출성 상품의 경우 수수료, 위약금 또는 어떤 명목이든 중도상환수수료를 부과하는 행위(단, 대출계약이 성립한 날부터 3년 이내에 상환하는 경우, 다른 법령에 따라 중도상환수수료 부과가 허용되는 경우는 부과 가능)

⑤ 부당권유행위의 금지

부당권유란 거짓의 내용을 알리는 행위, 불확실한 사항에 대하여 단정적 판단을 제공하거나 확실하다고 오인하게 할 소지가 있는 내용을 알리는 행위를 말함

㉠ 합리적 근거 제공의무 : 금융소비자에 대한 투자정보 제공 및 투자권유는 정밀한 조사·분석에 의한 자료에 기하여 합리적이고 충분한 근거에 기초하여야 하고, 여러 관련 요소 중에서 선택하여야 할 사항이 있는 경우, 그 취사여부는 합리적 판단에 기초하여야 함

㉡ 적정한 표시 의무
- 중요 사실에 대한 정확한 표시의무

  - '중요한 사실' : 금융소비자의 투자판단에 중요한 영향을 미친다고 생각되는 사실(국내에 영향을 미칠 수 있는 외국의 정보도 중요 사실에 해당함)
  - '정확한 표시' : 투자판단에 필요한 중요한 사항은 빠짐없이 모두 포함시켜야 하고, 그 내용이 충분하고 명료할 것을 의미함

- 투자성과보장 등에 관한 표현의 금지
- 허위·과장·부실표시의 금지

  - 실적의 허위·과장·부실표시 금지 규정은 집합투자기구의 운용역뿐만 아니라 투자중개업이나 투자자문업에 종사하는 자에게도 적용됨
  - 운용실적을 산출과정에서 여러 가지 선택 가능한 방법 중에서 자의적으로 취사선택을 함으로써 고객을 오인시킬 소지가 있는 행위도 허용되지 않음
  - 수탁된 자산규모를 부풀린다든지, 운용실적이 좋은 펀드매니저를 대표 펀드매니저로 제시하는 행위도 허용되지 않음

㉢ 요청하지 않은 투자권유 금지
- 투자권유는 금융소비자가 원하는 경우에만 하여야 함
- 특히 장외파생상품은 원본손실의 가능성이 매우 크고 분쟁 가능성이 크기 때문에 요청하지 않은 투자권유를 하여서는 아니 됨. 다만, 투자자보호 및 건전한 거래질서를 해할 우려가 없는 행위로서 증권과 장내파생상품의 투자권유는 가능
- 투자권유를 받은 금융소비자가 이를 거부하는 취지의 의사를 표시한 경우에는 투자권유를 계속하여서는 안 되며, 다음의 경우에만 예외적으로 허용됨

> – 투자권유를 받은 투자자가 이를 거부하는 취지의 의사를 표시한 후 금융위원회가 정하여 고시하는 기간(1개월)이 지난 후에 다시 투자권유를 하는 행위
> – 다른 종류의 금융투자상품에 대하여 투자권유를 하는 행위

    ② 손실보전 등의 금지
- 투자자가 입을 손실의 전부 또는 일부를 보전하여 줄 것을 사전에 약속하는 행위
- 투자자가 입은 손실의 전부 또는 일부를 사후에 보전하여 주는 행위
- 투자자에게 일정한 이익을 보장할 것을 사전에 약속하는 행위
- 투자자에게 일정한 이익을 사후에 제공하는 행위

⑥ 광고 관련 준수사항
    ㉠ 「금융소비자보호법」상 관련 법령 등에 따라 등록된 금융상품판매업자등만이 금융상품 또는 업무에 관한 광고가 가능
    ㉡ 광고는 금융소비자가 금융상품의 내용을 오해하지 않도록 명확하고 공정하게 전달해야 하며, 다음의 내용이 포함되어야 함
- 금융상품 계약 체결 전 설명서 및 약관을 읽어볼 것을 권유하는 내용
- 금융회사의 명칭 및 금융상품의 내용
- 보장성, 투자성, 예금성 상품의 위험, 조건 등 법에서 정하고 있는 주요 사항 등

(5) 상품판매 이후 단계의 금융소비자보호를 위한 제도

① 보고 및 기록의무
    ㉠ 금융투자업종사자는 고객으로부터 위임받은 업무에 대하여 그 결과를 고객에게 지체 없이 보고하고 그에 따른 필요한 조치를 취하여야 함
    ㉡ '지체 없이'란 위임받은 업무를 처리한 후에 보고에 필요한 최소한의 소요기간 내에 가급적 신속하게 통지하여야 한다는 뜻임
    ㉢ 매매명세의 통지 : 매매가 체결된 후 지체 없이 매매의 유형, 종목·품목, 수량, 가격, 수수료 등 모든 비용, 그 밖의 거래내용을 통지하고, 매매가 체결된 날의 다음달 20일까지 월간 매매내역·손익내역, 월말 현재 잔액현황·미결제약정현황 등을 통지할 것

② 기록 및 증거유지 의무
    ㉠ 금융투자업종사자는 업무를 처리함에 있어서 필요한 기록 및 증거물을 절차에 따라 보관하여야 함
    ㉡ 금융소비자와 가장 많은 분쟁이 발생하는 경우는 임의매매임
- 「자본시장법」 제70조에서는 임의매매를 금지하고 있음
- 임의매매 후에라도 금융소비자가 수용의사를 표명하는(사후추인) 경우에는 금융소비자는 금융투자업종사자를 대상으로 손해배상 청구를 할 수 없음
- 참고로 일임매매의 경우에는 원칙적으로 손해배상의 책임이 발생하지 않고 금융투자업종사자의 충실의무 위반 등이 인정되는 예외적인 경우에만 책임을 물을 수 있음

③ 정보의 누설 및 부당이용 금지
  ㉠ 금융투자업종사자는 업무를 수행하는 과정에서 알게 된 금융소비자의 정보를 누설하거나 이용할 수 있는 처분권한은 없음
  ㉡ 매매내역 등 직무와 관련하여 알게 된 금융소비자의 정보를 정당한 사유 없이 자기 또는 제3자의 이익을 위하여 부당하게 이용하여서는 아니 됨
  ㉢ 고객정보에 대하여 그 이용의 부당성 여부를 불문하고 고객정보를 누설하는 행위 자체를 금지
  ㉣ 고객정보의 제공을 허용하는 별도의 법적 근거가 있는 경우에는 고객정보를 이용할 수 있음
④ 자료열람요구권
  ㉠ 금융소비자는 분쟁 조정 또는 소송 수행 등 권리구제를 위한 목적으로 금융상품판매업자등이 기록 및 유지·관리하는 자료 열람을 요구할 수 있음
  ㉡ 금융상품판매업자등은 예외적인 경우를 제외하고는 자료 열람을 요구받은 날부터 10일 이내에 금융소비자가 해당 자료를 열람할 수 있도록 하여야 함
⑤ 상품판매 이후 금융소비자보호를 위한 관련 제도

판매 후 모니터링 제도 (해피콜 서비스)	금융소비자와 판매계약을 맺은 날로부터 7영업일 이내에 판매직원이 아닌 제3자가 해당 금융소비자와 통화하여 판매직원의 설명의무 이행 여부를 확인하는 절차
미스터리 쇼핑	금융소비자임을 가장하여 영업점을 방문해서 판매과정에서 금융투자업종사자의 규정 준수 여부 등을 확인하는 것
위법계약해지권	금융소비자는 금융상품판매업자등이 법령을 위반하여 금융상품에 관한 계약을 체결한 경우 5년 이내에 서면등으로 해당 계약의 해지를 요구할 수 있음
법원의 소송중지	조정이 신청된 사건에 대하여 신청 전 또는 신청 후 소가 제기되어 소송이 진행 중일 때에는 수소법원은 조정이 있을 때까지 소송절차를 중지할 수 있음
소액분쟁사건의 분쟁조정 이탈금지	조정대상기관은 일반금융소비자가 신청한 사건으로서 권리나 이익의 가액이 2천만 원 이내인 분쟁사건에 대하여 조정절차가 개시된 경우에는 조정안을 제시받기 전에는 소를 제기할 수 없음
손해배상책임	금융상품판매업자등이 고의 또는 과실로 법을 위반하여 금융소비자에게 손해를 발생시킨 경우에는 그 손해를 배상할 책임이 있음. 이 경우 손해배상의 입증책임은 금융회사에 있음

01 이해상충 방지 의무에 대한 설명으로 옳지 않은 것은?

★★★
① 금융투자업자는 금융투자업을 영위함에 있어 정당한 사유 없이 투자자의 이익을 해하면서 자기가 이익을 얻거나 제3자가 이익을 얻도록 하여서는 아니 된다.

② 금융투자업종사자는 신의성실의 원칙에 입각하여 투자자의 이익을 최우선으로 하여 업무를 수행하여야 한다.

③ 이해상충 방지 의무는 금융투자업종사의 충실의무와 직접적인 연관성이 있다.

④ '최선의 이익'이란 결과에 있어서 최대의 수익률을 얻어야 한다는 뜻이다.

[해설] '최선의 이익'이란 단순히 결과에 있어서 최대의 수익률을 얻어야 한다는 뜻이 아니라 결과와 과정 양자 모두에 있어서 최선의 결과를 얻도록 노력하여야 한다는 뜻이다. 즉 '최선의 이익'이란 소극적으로 고객 등의 희생 위에 자기 또는 제3자의 이익을 도모해서는 안 된다는 것에 그치는 것이 아니고, 적극적으로 금융소비자 등의 이익을 위하여 실현가능한 최대한의 이익을 추구하여야 하는 것을 말한다(최선집행의무).

답 ④

02 이익이 상충되는 경우 이익의 우선순위를 바르게 나타낸 것은?

★★★
① 고객 > 임직원 > 회사, 주주　　　② 고객 > 회사, 주주 > 임직원

③ 주주 > 고객 > 회사 > 임직원　　　④ 고객 > 주주 > 임직원 > 회사

[해설] • 고객의 이익은 회사와 회사의 주주 및 임직원의 이익에 우선
• 회사의 이익은 임직원의 이익에 우선
• 모든 고객의 이익은 동등하게 다루어져야 함

답 ②

03 자기거래의 금지에 관한 설명으로 옳지 않은 것은?

★★☆
① 금융투자업종사자가 직접 금융소비자의 거래당사자가 되는 것은 아니지만 '이해관계인의 대리인'이 되는 경우도 금지된다.

② '자기 이해관계인'에는 친족이나 소속 회사 등과 같이 경제적으로 관련성을 갖는 자를 제외한다.

③ 자기거래 금지 규정을 위반한 경우 형사처벌의 대상이 된다.

④ 증권시장 또는 파생상품시장을 통하여 매매가 이루어지는 경우에는 자기거래 금지 규정이 적용되지 않는다.

[해설] '자기 이해관계인'에는 친족이나 소속 회사 등과 같이 경제적으로 관련성을 갖는 자 등이 모두 포함된다. 즉 법률적 이해관계에 국한하지 않고 사실상의 이해관계까지도 모두 포함한다.

답 ②

04 Know-Your-Customer-Rule에 관한 설명으로 옳지 않은 것은?

★★☆

① 투자권유를 하기 전에 먼저 당해 고객이 투자권유를 원하는지 아니면 원하지 않는지를 확인하여야 하며, 투자권유를 원하지 않는 고객에 대하여는 투자권유를 하여서는 아니 된다.

② 상대방이 일반투자자인지 전문투자자인지를 확인하여야 한다.

③ 일반투자자인 경우 면담·질문 등을 통하여 투자목적·재무상황 및 투자경험 등의 정보를 파악하여야 한다.

④ 파악한 정보를 서명(전자서명 제외), 기명날인 및 그 밖의 방법으로 확인받고, 확인받은 내용을 투자자에게 지체 없이 제공하여야 한다.

[해설] 파악한 정보를 일반투자자로부터 서명(전자서명 포함), 기명날인, 녹취, 그 밖에 전자우편 또는 이와 비슷한 전자통신, 우편, 전화자동응답시스템의 방법으로 확인을 받고, 확인받은 내용을 투자자에게 지체 없이 제공하여야 한다.

답 ④

05 금융소비자보호를 위한 설명의무에 대한 설명으로 옳지 않은 것은?

★★★

① 금융투자업자는 일반투자자를 상대로 투자권유를 하는 경우에는 금융투자상품의 내용, 투자에 따르는 위험 등을 일반투자자가 이해할 수 있도록 설명하여야 한다.

② 금융투자업자는 설명내용을 일반투자자가 이해하였음을 서명, 기명날인, 녹취 등의 방법으로 확인을 받아야 한다.

③ 중요사항을 거짓 또는 왜곡하여 설명하거나 누락하여서는 아니 된다.

④ 투자자의 투자경험 등 투자자의 이해수준을 고려하여 설명의 정도를 달리하여서는 아니 된다.

[해설] 투자자의 투자경험과 금융투자상품에 대한 지식수준 등 투자자의 이해수준을 고려하여 설명의 정도를 달리할 수 있다. 금융투자업종사자는 설명의무 위반으로 인하여 발생한 일반투자자의 손해를 배상할 책임이 있다.

답 ④

03 금융투자업 직무윤리 : 본인, 회사 및 사회에 대한 윤리 중요도 ★★★

대표유형문제 금융투자업종사자가 준수하여야 할 직무윤리로 그 성격이 나머지 셋과 다른 하나는?

① 상호존중 ② 법규준수

③ 자기혁신 ④ 품위유지

해설 상호존중은 회사에 대한 윤리이며, 나머지 셋은 본인에 대한 윤리이다.

본인에 대한 윤리	법규준수, 자기혁신, 품위유지, 공정성 및 독립성 유지, 사적이익 추구금지(부당한 금품수수 및 제공의 금지, 직무관련 정보를 이용한 사적 거래 제한, 직위의 사적 이용 금지)
회사에 대한 윤리	상호존중, 공용재산의 사적사용 및 수익금지, 경영진의 책임, 정보보호(비밀정보의 범위, 비밀정보의 관리, 비밀정보의 제공절차), 위반행위의 보고, 대외활동(대외활동의 범위, 허가 등의 절차, 준수사항, 금지사항 및 중단, 언론기관과의 접촉, 정보통신수단의 사용), 고용계약 종료 후의 의무
사회 등에 대한 윤리	시장질서 존중, 주주가치 극대화, 사회적 책임

답 ①

STEP 01 **핵심필수개념**

(1) 본인에 대한 윤리

① 법규준수

> 금융투자회사의 표준윤리준칙 제3조(법규준수) : 회사와 임직원은 업무를 수행함에 있어 관련 법령 및 제 규정을 이해하고 준수하여야 한다.

ⓐ 법에 대한 무지는 변명되지 아니함 → 금융투자업종사자가 법규의 존재여부와 내용을 알지 못하여 위반한 경우라도 그에 대한 법적 제재가 가해진다는 뜻임

ⓑ 준수해야 할 법규는 직무와 직접적으로 관련 있는 법령뿐 아니라, 직무와 관련하여 적용되는 인접 분야의 법령 및 자율적으로 만든 사규까지도 포함함

ⓒ 준수하여야 할 법규는 법조문으로 되어 있는 것은 물론이고, 그 법정신과 취지에 해당하는 것도 포함함

② 자기혁신

> 금융투자회사의 표준윤리준칙 제7조(자기혁신) : 회사와 임직원은 경영환경 변화에 유연하게 적응하기 위하여 창의적 사고를 바탕으로 끊임없이 자기혁신에 힘써야 한다.

- ㉠ 자기혁신의 방법 중 하나는 금융투자업종사자 본인이 담당하고 있는 직무에 관한 이론과 실무를 숙지하고 전문지식을 배양하는 것
- ㉡ 또 다른 자기혁신의 방법 중 하나는 금융투자업종사자가 윤리경영 실천에 대한 의지를 스스로 제고하기 위해 노력하는 것

③ 품위유지

> 금융투자회사의 표준윤리준칙 제13조(품위유지) : 임직원은 회사의 품위나 사회적 신뢰를 훼손할 수 있는 일체의 행위를 하여서는 아니 된다.

- ㉠ 품위유지의 일반적 정의란 일정한 직업 또는 직책을 담당하는 자가 그 직업이나 직책에 합당한 체면과 위신을 손상하는 데 직접적인 영향이 있는 행위를 하지 아니하여야 할 것을 말함

④ 공정성 및 독립성 유지

> 금융소비자보호법 제14조(신의성실의무 등)
> - 금융상품판매업자등은 금융상품 또는 금융상품자문에 관한 계약의 체결, 권리의 행사 및 의무의 이행을 신의성실의 원칙에 따라 하여야 한다.
> - 금융상품판매업자등은 금융상품판매업등을 영위할 때 업무의 내용과 절차를 공정히 하여야 하며, 정당한 사유 없이 금융소비자의 이익을 해치면서 자기가 이익을 얻거나 제3자가 이익을 얻도록 해서는 아니 된다.

- ㉠ 금융투자업종사자는 다양한 이해관계의 상충 속에서 어느 한쪽으로 치우치지 아니하고 특히 금융소비자보호를 위하여 항상 공정한 판단을 내릴 수 있도록 하여야 함 → 온정주의나 적당한 타협주의는 업무의 공정성과 독립성을 해치는 가장 큰 걸림돌임
- ㉡ 상급자는 본인의 직위를 이용하여 하급자에게 부당한 명령이나 지시를 하지 않아야 하며, 부당한 명령이나 지시를 받은 직원은 이를 거절해야 함
- ㉢ 직무수행의 공정성을 기하기 위해서는 금융투자업종사자 스스로가 독립적으로 판단하고 업무를 수행하여야 함
- ㉣ '독립성'이란 자기 또는 제3자의 이해관계에 의하여 영향을 받는 업무를 수행하여서는 안 되며, 독립성과 객관성을 유지하기 위해 합리적 주의를 기울여야 한다는 것

> 〈조사분석업무의 독립성(협회 영업규정)〉
> - 금융투자회사 및 그 임직원은 금융투자분석사에게 부당한 압력이나 권한을 행사하여서는 아니 된다.
> - 금융투자회사는 금융투자분석사가 조사분석업무를 독립적으로 수행할 수 있도록 내부통제기준의 제정 등 필요한 조치를 취하여야 한다.

⑤ 사적 이익 추구금지

> 금융투자회사의 표준윤리준칙 제14조(사적 이익 추구금지) : 임직원은 회사의 재산을 부당하게 사용하거나 자신의 지위를 이용하여 사적 이익을 추구하여서는 아니 된다.

㉠ 부당한 금품 등의 제공 및 수령 금지

> 금융투자협회의 '금융투자회사의 영업 및 업무에 관한 규정'에서는 부당한 재산상 이익의 제공 및 수령을 강력히 금지하고 있음. 다만, 동 규정을 일부 개정하여 재산상 이익의 제공 및 수령 등에 관한 한도규제를 폐지하는 대신 다음과 같이 내부통제절차를 강화함

- 공시의무 신설 : 금융투자회사(및 그 종사자)가 거래상대방에게 제공하거나 거래상대방으로부터 수령한 재산상 이익의 가액이 10억원을 초과하는 즉시 인터넷 홈페이지를 공시하도록 의무화함
- 재산상 이익의 제공에 대한 적정성 평가 및 점검 : 재산상 이익을 거래상대방에게 제공하는 경우 금융투자회사가 자율적으로 정한 일정 금액을 초과하거나 금액과 무관하게 전체 건수에 대해 금융투자회사는 그 제공에 대한 적정성을 평가하고 점검하여야 함
- 이사회의 사전 승인 : 금융투자회사는 이사회가 정한 금액 이상을 초과하여 동일한 거래상대방과 재산상 이익을 제공하거나 수령하는 경우 이사회의 사전승인을 받아야 함
- 제공(수령) 내역 요청 시 임직원의 동의 의무 : 거래상대방에게 해당 내역의 제공을 요청하려는 경우에는 소속 임직원의 동의를 반드시 받은 후 대표이사 명의의 서면으로 요청하여야 함

㉡ 직무관련 정보를 이용한 사적 거래 제한

- 금융투자업종사자는 직무수행 중 알게 된 (미공개 중요)정보를 이용하여 금융투자상품, 부동산 등과 관련된 재산상 거래 또는 투자를 하거나, 다른 사람에게 그러한 정보를 제공하여 재산상 거래 또는 투자를 도와주는 행위를 해서는 아니 됨
- 「자본시장법」 및 관련 규정은 이러한 행위들을 '미공개 중요정보의 이용 금지' 및 '시장질서 교란행위'로 규정하고, 직무수행 중 알게 되는 정보를 이용하거나 이를 다른 사람에게 알리는 유통행위를 엄격히 금지하고 있음

㉢ 직위의 사적 이용 금지

- 금융투자업종사자는 직무의 범위를 벗어나 사적 이익을 위하여 회사의 명칭이나 직위를 공표, 게시하는 등의 방법으로 이용하거나 이용하게 해서는 아니 됨
- 일상적이고 특정인의 이익을 위한 목적이 아닌 경우에는 윤리기준 위반행위로 볼 수 없음
- 경조사 봉투 및 화환 등에 회사명 및 직위를 기재하는 행위나 지점 개업식 또는 계열사의 창립기념일에 축하 화환 등을 보내면서 회사의 명칭을 기재하는 것 등은 위반행위에 해당하지 않음

(2) 회사에 대한 윤리

① 상호존중

> 금융투자회사의 표준윤리준칙 제8조(상호존중) : 회사는 임직원 개개인의 자율과 창의를 존중하고 삶의 질 향상을 위하여 노력하여야 하며, 임직원은 서로를 존중하고 원활한 의사소통과 적극적인 협조 자세를 견지하여야 한다.

- ㉠ 상호존중에 포함되는 것 중의 하나가 성희롱 방지로, 넓은 의미의 품위유지 의무에도 해당하나 그 이상의 것이 포함됨
- ㉡ 금융투자회사는 정부의 권고에 따라 매년 1회 이상 성희롱 예방 등에 관한 교육을 정기적으로 실시해야 함

② 공용재산의 사적 사용 및 수익 금지

- ㉠ 금융투자업종사자는 회사의 업무용 차량, 부동산 등 회사 소유의 재산을 부당하게 사용하거나 정당한 사유 없이 사적인 용도로 사용해서는 아니 됨
- ㉡ 회사의 재산은 회사의 이익을 위한 용도로만 사용되어야지, 회사의 이익이 아닌 개인의 사적 이익을 위하여 부당하게 사용되거나 유출되어서는 아니 됨
- ㉢ 회사의 재산 : 매우 넓은 개념으로 동산, 부동산, 무체재산권, 영업비밀과 정보, 고객관계, 영업 기회 등과 같은 유형·무형의 것이 모두 포함되며, 회사가 임직원에게 부여한 지위도 개인의 것이 아니고 넓은 의미에서의 회사재산이 됨
- ㉣ 회사 재산을 부당하게 유용하거나 유출하는 행위는 형사법상 처벌의 대상 : 횡령죄, 배임죄, 절도죄, 업무방해죄 등

<회사재산의 사적 사용 및 수익 금지 위반 행위>
- 회사의 비품이나 자재를 사적인 용도로 사용하는 행위
- 회사의 정보를 무단으로 유출하는 행위
- 회사의 업무와 무관한 인터넷사이트·PC통신·e-mail·게임을 하는 행위
- 사적인 용도로 회사전화를 장시간 사용하는 행위 등

③ 경영진의 책임

> 금융투자회사의 표준윤리준칙 제11조(경영진의 책임) : 회사의 경영진은 직원을 대상으로 윤리교육을 실시하는 등 올바른 윤리문화 정착을 위하여 노력하여야 한다.

- ㉠ 회사 및 그 경영진은 스스로 법규 및 직무윤리기준을 준수하여야 함은 물론, 당해 회사 소속 업무종사자가 관계 법규 등에 위반되지 않고 직무윤리를 준수하도록 필요한 지도와 지원을 하여야 함
- ㉡ 지도의 부족으로 소속 업무당자가 업무수행과 관련하여 타인에게 손해를 끼친 경우, 회사와 경영진은 사용자로서 피해자에게 배상책임(사용자책임)을 질 수도 있음

④ 정보보호

> 금융투자회사의 표준윤리준칙 제6조(정보보호) : 회사와 임직원은 업무수행 과정에서 알게 된 회사의 업무정보와 고객정보를 안전하게 보호하고 관리하여야 한다.

ㄱ 정보차단벽이 설치된 사업부서 또는 사업기능 내에서 발생한 정보는 우선적으로 비밀이 요구되는 비밀정보로 간주되어야 함

ㄴ 비밀정보는 회사에서 정한 기준에 따라 정당한 권한을 보유하고 있거나 권한을 위임받은 자만이 열람할 수 있음

ㄷ 임직원은 회사가 요구하는 업무를 수행하기 위한 목적 이외에 어떤 경우라도 자신 또는 제삼자를 위하여 비밀정보를 이용하여서는 아니 됨

ㄹ 특정한 정보가 비밀정보인지 불명확한 경우 그 정보를 이용하기 전에 준법감시인의 사전 확인을 받아야 하며, 준법감시인의 사전 확인을 받기 전까지 당해 정보는 비밀정보로 분류·관리되어야 함

⑤ 위반행위의 보고

> 금융투자회사의 표준윤리준칙 제12조(위반행위의 보고) : 임직원은 업무와 관련하여 법규 또는 윤리강령의 위반 사실을 발견하거나 그 가능성을 인지한 경우, 회사가 정하는 절차에 따라 즉시 보고하여야 한다.

ㄱ 금융투자업종사자는 업무와 관련하여 법규 또는 윤리기준의 위반 사실을 발견하거나 위반할 가능성이 있는 것을 알게 되면 즉시 정해진 절차에 따라 회사에 보고하여야 함
→ 이를 위해 권장되고 있는 것이 내부제보(Whistle Blower) 제도임

⑥ 대외활동

ㄱ 금융투자회사의 표준윤리준칙 제16조(대외활동) : 임직원이 외부 강연이나 기고, 언론매체 접촉, Social Network Service(SNS) 등 전자통신수단을 이용한 대외활동을 하는 경우 다음 각 호의 사항을 준수하여야 한다.
- 회사의 공식의견이 아닌 경우 사견임을 명백히 표현하여야 함
- 대외활동으로 인하여 회사의 주된 업무 수행에 지장을 주어서는 아니 됨
- 대외활동으로 인하여 금전적인 보상을 받게 되는 경우 회사에 신고하여야 함
- 공정한 시장질서를 유지하고 건전한 투자문화 조성을 위해 최대한 노력하여야 함
- 불확실한 사항을 단정적으로 표현하거나 다른 금융투자회사를 비방하여서는 아니 됨

ㄴ 대외활동 시 금지사항 및 중단
- 회사가 승인하지 않은 중요자료나 홍보물 등을 배포하거나 사용하는 행위
- 불확실한 사항을 단정적으로 표현하는 행위 또는 오해를 유발할 수 있는 주장이나 예측이 담긴 내용을 제공하는 행위
- 합리적인 논거 없이 시장이나 특정 금융투자상품의 가격 또는 증권발행기업 등에 영향을 미칠 수 있는 내용을 언급하는 행위
- 자신이 책임질 수 없는 사안에 대해 언급하는 행위
- 주가조작 등 불공정거래나 부당권유 소지가 있는 내용을 제공하는 행위
- 경쟁업체의 금융투자상품, 인력 및 정책 등에 대하여 사실과 다르거나 명확한 근거 없이 부정적으로 언급하는 행위

※ 임직원이 대외활동으로 인하여 회사로부터 부여받은 주된 업무를 충실히 이행하지 못하거나 고객, 주주 및 회사 등과의 이해상충이 확대되는 경우 회사는 그 대외활동의 중단을 요구할 수 있으며, 이 경우 해당 임직원은 회사의 요구에 즉시 따라야 함

⑦ 고용계약 종료 후의 의무

> 금융투자회사의 표준윤리준칙 제15조(고용계약 종료 후의 의무) : 임직원은 회사를 퇴직하는 경우 업무관련 자료의 반납 등 적절한 후속조치를 취하여야 하며, 퇴직 이후에도 회사와 고객의 이익을 해하는 행위를 하여서는 아니 된다.

㉠ 고용기간이 종료된 이후에도 회사로부터 명시적으로 서면에 의한 권한을 부여받지 않으면 비밀정보를 출간, 공개 또는 제3자가 이용하도록 하여서는 아니 됨
㉡ 고용기간의 종료와 동시에 또는 회사의 요구가 있을 경우에는 보유하고 있거나 자신의 통제하에 있는 기밀정보를 포함한 모든 자료를 회사에 반납하여야 함
㉢ 고용기간이 종료되면 어떠한 경우에도 회사명, 상표, 로고 등을 사용하여서는 아니 되고, 고용기간 동안 본인이 생산한 지적재산물은 회사의 재산으로 반환하여야 하며, 고용기간이 종료한 후라도 지적재산물의 이용이나 처분권한은 회사가 가지는 것이 원칙임

(3) 사회 등에 대한 윤리

① 시장질서 존중

> 금융투자회사의 표준윤리준칙 제5조(시장질서 존중) : 회사와 임직원은 공정하고 자유로운 시장경제 질서를 존중하고, 이를 유지하기 위하여 노력하여야 한다.

㉠ 금융투자업종사자는 자본시장의 건전성을 훼손하거나 시장질서를 교란하는 행위가 발생하지 않도록 각별히 노력하여야 함
㉡ 과거에는 미공개 중요정보의 내부자, 준내부자, 1차 수령자만이 제재의 대상이었던 것과는 달리 이를 전달한 자, 자신의 직무와 관련하여 정보를 알게 된 자, 해킹·기망 등의 부정한 방법으로 정보를 알게 된 자 등으로 그 적용대상을 확대함으로써 시장질서를 교란하는 행위를 사전에 방지하고자 함
㉢ 시장질서 교란행위에 대한 과징금 계산

> • 시장질서 교란행위에 따른 이익 또는 손실회피액 × 1.5 ≤ 5억원 : 5억원 이하
> • 시장질서 교란행위에 따른 이익 또는 손실회피액 × 1.5 > 5억원 : 이익 또는 손실회피액

② 주주가치 극대화

> 금융투자회사의 표준윤리준칙 제9조(주주가치 극대화) : 회사와 임직원은 합리적인 의사결정과 투명한 경영활동을 통하여 주주와 기타 이해관계자의 가치를 극대화하기 위하여 최선을 다하여야 한다.

③ 사회적 책임

> 금융투자회사의 표준윤리준칙 제10조(사회적 책임) : 회사와 임직원 모두 시민사회의 일원임을 인식하고, 사회적 책임과 역할을 다하여야 한다.

01 품위유지를 위한 공정성과 독립성에 관한 설명으로 옳지 않은 것은?
★★★
① 금융투자업종사자는 다양한 이해관계의 상충 속에서 특히, 금융소비자보호를 위하여 항상 공정한 판단을 내릴 수 있도록 하여야 한다.

② 직무수행의 공정성을 기하기 위해서는 금융투자업종사자 스스로가 독립적으로 판단하고 업무를 수행하여야 한다.

③ '독립성'이란 자기 또는 제3자의 이해관계에 의하여 영향을 받는 업무를 수행하여서는 안 되며, 독립성과 객관성을 유지하기 위해 합리적 주의를 기울여야 한다는 것이다.

④ 공정성과 독립성을 유지해야 하는 가장 대표적인 금융투자업의 업무 중 하나는 기업금융업무이다.

해설 공정성과 독립성을 유지해야 하는 대표적인 금융투자업의 업무 중 하나는 조사분석업무이다. 금융투자협회 영업규정은 조사분석업무의 독립성을 규정하고 있는데, 이는 특히 조사분석 담당부서의 기업금융업무 관련부서 등에 대한 직무상의 독립성을 확보하기 위한 것이다.

답 ④

02 부당한 금품수수 및 제공 금지 규정에 관한 설명으로 옳지 않은 것은?
★★★
① 금융투자업종사자는 업무수행의 대가로 이해관계자로부터 부당한 재산적 이득을 제공받아서는 아니 된다.

② 금융투자업종사자는 금융소비자로부터 직무수행의 대가로 또는 직무수행과 관련하여 사회상규에 벗어나는 향응, 선물, 그 밖의 금품 등을 수수하여서는 아니 된다.

③ 자본시장법 시행령에서는 투자자 또는 거래상대방에게 직접 또는 간접으로 재산상의 이익을 제공하거나 제공받는 행위를 불건전영업행위로 금지하고 있다.

④ 재상의 이익을 제공하거나 제공받는 행위는 예외 없이 엄격히 규제하고 있다.

해설 원칙적으로 금융투자업종사자와 거래상대방 사이에서 금품 등의 수수 및 제공 등을 금지하고 있으나, 사회적으로 허용되는 범위 내에서는 예외적으로 인정하되, 제공(수령) 내역의 준법감시인 승인 및 기록의 유지 관리 등을 의무화하여 통제를 엄격히 하고 있다.

답 ④

03 금융투자업종사자의 회사에 대한 윤리를 설명한 내용으로 옳지 않은 것은?

★★★

① 금융투자업종사자는 회사에서 맡긴 자신의 직무를 신의로서 성실히 수행하여야 한다.

② 금융투자업종사자는 소속 회사의 직무수행에 영향을 줄 수 있는 지위를 겸하거나 업무를 수행할 때에는 사전에 회사의 승인을 얻어야 하고 부득이한 경우에는 사후에 즉시 보고하여야 한다.

③ 소속 회사의 직무수행에 영향을 줄 수 있는 것이라 할지라도 회사와 경쟁관계에 있지 않거나 이해상충 관계에 있지 않으며, 일시적인 경우에는 예외가 인정된다.

④ 회사와의 신임관계 및 신임의무의 존부를 판단함에 있어서는 정식의 고용계약관계의 유무, 보수지급의 유무, 계약기간의 장단은 문제되지 않는 것이 원칙이다.

[해설] 소속 회사의 직무수행에 영향을 줄 수 있는 것이면 회사와 경쟁관계에 있거나 이해상충 관계에 있는지의 여부를 불문하며, 계속성 여부도 불문하고 금지된다.

답 ③

04 사적인 용도로 회사전화를 장시간 사용하거나 회사의 업무와 무관한 인터넷쇼핑몰사이트를 방문하는 행위는 어떤 직무윤리 기준의 위반인가?

★★★

① 상호존중   ② 품위유지

③ 사적이익 추구   ④ 직위의 사적 이용

[해설] 공용재산의 사적사용 및 수익금지 규정은 회사의 재산은 오로지 회사의 이익 그 자체만을 위하여 사용되어야 하고 이를 회사의 이익이 아닌 사적 용도로 이용하는 일체의 행위가 금지된다. 따라서 사적인 용도로 회사전화를 장시간 사용하거나 회사의 업무와 무관한 인터넷쇼핑몰사이트를 방문하는 행위는 공용재산의 사적사용이며 이는 사적이익 추구 금지와 관련된 사항이다.

답 ③

05 금융투자회사 경영진의 책임에 대한 설명으로 옳지 않은 것은?

★★☆

① 경영진은 스스로 법규 및 직무윤리기준을 준수하여야 함은 물론, 회사의 업무종사자가 관계 법규 등에 위반되지 않고 직무윤리를 준수하도록 필요한 지도와 지원을 하여야 한다.

② 지도와 지원을 할 최종적인 책임은 당해 법인 또는 단체의 업무집행권한을 보유하는 대표자에게 있지만, 경영진을 포함한 중간책임자도 지도와 지원을 하게 된다.

③ 지도의 부족으로 소속 업무당자가 업무수행과 관련하여 타인에게 손해를 끼친 경우, 회사와 경영진은 사용자로서 피해자에게 배상책임(사용자책임)을 질 수도 있다.

④ 투자권유대행인은 회사의 피용자가 아니므로, 투자권유대행인이 투자권유를 대행함에 있어 투자자에게 손해를 끼친 경우 민법의 사용자책임 규정을 준용할 수 없다.

[해설] 「자본시장법」에서는 투자권유대행인이 투자권유를 대행함에 있어 투자자에게 손해를 끼친 경우 민법의 사용자책임 규정을 준용한다. 투자권유대행인은 개인사업자로서 회사의 피용자는 아니지만, 투자자를 두텁게 보호하기 위하여 이러한 준용규정을 둔 것이다.

답 ④

04 직무윤리의 준수절차 및 위반시 제재

중요도 ★★☆

대표유형문제 직무윤리 및 내부통제기준을 위반한 행위에 대하여 행정제재를 할 수 있는 기관이 아닌 것은?

① 금융투자협회　　　　　　　　　② 금융위원회
③ 금융감독원　　　　　　　　　　④ 증권선물위원회

해설 금융투자협회는 회원 간의 건전한 영업질서 유지 및 투자자 보호를 위한 자율규제업무를 담당한다(금융투자협회의 자율규제위원회).

답 ①

STEP 01 핵심필수개념

(1) 내부통제

① 우리나라 금융기관의 내부통제제도의 성립에 막대한 영향을 미친 것 : 미국의 SOX법(사베인스-옥슬리법 : 상장회사 회계 개선과 투자자보호법)

② 내부통제는 회사의 임직원이 업무수행 시 법규를 준수하고 조직운영의 효율성 제고 및 재무보고의 신뢰성을 확보하기 위해 회사 내부에서 수행하는 모든 절차와 과정을 말함

③ 준법감시제도 : 금융투자업에 있어서 내부통제의 하나로 두고 있는 것으로 금융투자회사의 임직원 모두가 금융소비자의 이익을 위해 최선을 다했는지, 업무를 수행함에 있어 윤리기준을 포함한 제반 법규를 엄격히 준수하고 있는지에 대하여 사전적으로 또는 상시적으로 통제·감독하는 장치

④ 「지배구조법」에서는 금융투자업자에 대해 내부통제기준을 마련하여 운영할 것을 법적 의무로 요구함

⑤ 내부통제의 주체별 역할

이사회	회사 내부통제의 근간이 되는 내부통제체제 구축 및 운영에 관한 기준을 정함
대표이사	내부통제체제 구축 및 운영에 필요한 제반 사항을 수행·지원하고 적절한 내부통제 정책을 수립
준법감시인	• 이사회 및 대표이사의 지휘를 받아 금융투자회사 전반의 내부통제 업무를 수행 • 표준내부통제기준에서는 금융투자회사가 준법감시인을 임면하려는 경우에는 이사회의 의결을 거쳐야 하며, 해임할 경우에는 이사 총수의 2/3 이상의 찬성으로 의결하도록 규정 • 준법감시인은 위임의 범위와 책임의 한계 등이 명확히 구분된 경우 준법감시업무 중 일부를 준법감시업무를 담당하는 임직원에게 위임할 수 있음

⑥ 준법감시업무의 독립성 확보 : 준법감시인 및 준법감시부서 직원이 수행할 수 없는 업무

　㉠ 자산 운용에 관한 업무, 회사의 본질적 업무 및 그 부수업무, 회사의 겸영업무

　㉡ 위험관리 업무(일정 기준을 충족하는 경우 준법감시부서는 예외적으로 위험관리업무 수행 가능)

⑦ 영업점에 대한 내부통제

　　㉠ 준법감시인은 영업점에 대한 내부통제를 위하여 권한을 위임하는 영업점별 영업관리자를 둘 수 있음

　　㉡ 영업점별 영업관리자의 자격

　　　• 영업점에서 1년 이상 근무한 경력이 있거나 준법감시·감사업무를 1년 이상 수행한 경력이 있는 자로서 당해 영업점에 상근하고 있을 것

　　　• 본인이 수행하는 업무가 과다하거나 수행하는 업무의 성격으로 인하여 준법감시업무에 곤란을 받지 아니할 것

　　　• 영업점장이 아닌 책임자급일 것. 다만, 당해 영업점의 직원 수가 적어 영업점장을 제외한 책임자급이 없는 경우에는 그러하지 아니함

　　　• 준법감시업무를 효율적으로 수행할 수 있는 충분한 경험과 능력, 윤리성을 갖추고 있을 것

(2) 직무윤리 위반행위에 대한 제재

① 자율규제

금융투자협회는 회원 및 그 임직원에 대한 자율규제업무를 담당 → 주요 직무 종사자의 등록 및 관리권과 회원의 제명 또는 그 밖의 제재권(회원의 임직원에 대한 제재의 권고를 포함)을 발동할 수 있음

② 행정제재

　　㉠ 행정제재는 금융감독기구인 금융위원회, 증권선물위원회, 금융감독원 등에 의한 제재가 중심이 됨

　　㉡ 금융위원회의 제재·조치권

금융투자업자에 대한 제재권	조치명령권, 금융투자업 인가 또는 금융투자업 등록의 취소권
금융투자업자의 임원에 대한 조치권	해임요구, 6개월 이내의 직무정지, 문책경고, 주의적 경고, 주의, 그 밖에 자본시장법 시행령으로 정하는 조치
금융투자업자의 직원에 대한 조치권	면직, 6개월 이내의 정직, 감봉, 견책, 경고, 주의, 그 밖에 자본시장법 시행령으로 정하는 조치 등
청문 및 이의신청	금융위원회의 처분 또는 조치에 대해 불복하는 자는 해당 처분 또는 조치의 고지를 받는 날로부터 30일 이내에 그 사유를 갖추어 금융위원회에 이의신청을 할 수 있음

③ 민사책임

법률행위의 실효	• 법률행위에 중대한 하자가 있는 경우에는 무효로 하고, 가벼운 하자가 있는 경우에는 취소할 수 있음 • 계약당사자 일방의 채무불이행으로 계약의 목적을 달성할 수 없는 경우, 일시적인 거래인 경우에는 계약 해제할 수 있고, 계속적인 거래인 경우에는 계약 해지할 수 있음
손해 배상	• 채무불이행(계약책임) 또는 불법행위에 의하여 손해를 입은 자는 배상을 청구할 수 있음 • 불법행위책임은 계약관계의 존부를 불문하고, 고의 또는 과실의 위법행위로 타인에게 손해를 가한 경우를 말하고, 가해자는 피해자에게 발생한 손해를 배상하여야 함

④ 형사책임
  ⊙ 형사처벌은 법에서 명시적으로 규정하고 있는 것에 한정하며(죄형법정주의), 그 절차는 형사소송법에 의함
  ⓛ 행위자와 법인 양자 모두를 처벌하는 양벌규정을 두는 경우가 많음
⑤ 시장의 통제
  직무윤리 위반행위에 대해 아무런 법적 제재를 받지 않을 수도 있으나 고객과 시장으로부터의 신뢰상실과 명예실추, 고객과의 단절은 당해 업무에 종사하는 자에게 가해지는 가장 무섭고 만회하기 어려운 제재가 됨

STEP 02 | 핵심보충문제

01 금융투자회사의 내부통제의 근간이 되는 내부통제체제 구축 및 운영에 관한 기준을 정하는 주체는?
★★★
① 이사회   ② 대표이사
③ 준법감시인   ④ 지점장

[해설] 이사회는 내부통제의 근간이 되는 내부통제체제 구축 및 운영에 관한 기준을 정한다. 대표이사는 내부통제체제의 구축 및 운영에 필요한 제반 사항을 수행·지원하고 적절한 내부통제 정책을 수립하여야 한다.
답 ①

02 금융투자회사의 임직원 모두가 금융소비자의 이익을 위해 최선을 다했는지, 업무를 수행함에 있어
★★★ 윤리기준을 포함한 제반 법규를 엄격히 준수하고 있는지에 대하여 사전적으로 또는 상시적으로 통제·감독하는 장치는?

① 내부통제제도   ② 준법감시제도
③ 이사회   ④ 내부제보제도

[해설] 금융투자업에 있어서 내부통제의 하나로 두고 있는 준법감시제도는 '감사'로 대표되는 관련법규에 의한 사후적 감독만으로는 자산운용의 안정성 유지와 금융소비자보호라는 기본적인 역할을 수행하는 데 한계가 있다는 점에 착안하여 감사와는 달리 사전적, 상시적 사고예방 등의 목적을 위해 도입된 내부통제시스템이다.
답 ②

03 준법감시인이 영업점에 대한 준법감시업무를 위하여 지명하는 영업점별 영업관리자가 구비하여야
★★★ 할 요건으로 옳지 않은 것은?

① 영업점에서 1년 이상 근무한 경력이 있거나 준법감시·감사업무를 1년 이상 수행한 경력이 있는
　자로서 당해 영업점에 상근하고 있을 것

② 본인이 수행하는 업무가 과다하거나 수행하는 업무의 성격으로 인하여 준법감시업무에 곤란을
　받지 아니할 것

③ 영업점장일 것

④ 준법감시업무를 효과적으로 수행할 수 있는 충분한 경험과 능력, 윤리성을 갖추고 있을 것

[해설] 영업점장이 아닌 책임자급일 것. 다만, 당해 영업점의 직원 수가 적어 영업점장을 제외한 책임자급이 없는 경
　　　우에는 그러하지 아니하다.

답 ③

05 투자자분쟁예방 _{중요도 ★★★}

금융투자상품의 내재적 특성과 가장 거리가 먼 것은?

① 원금손실 가능성

② 투자결과에 대한 본인책임

③ 안정성

④ 투자상품에 대한 지속적인 관리 요구(필요성)

해설 은행이나 보험과 달리 증권 또는 파생상품 거래는 투자대상 자산의 투자위험(원금손실 가능성), 높은 변동성, 투자과정에서의 전문성 등이 요구되므로 안정성과는 거리가 멀다.

답 ③

STEP 01 핵심필수개념

(1) 금융분쟁

① 금융업무 등과 관련하여 권리의무 또는 이해관계가 발생함에 따라 금융기관을 상대로 제기하는 분쟁

② 금융분쟁은 대부분 법령에서 부여하는 의무 이행여부가 쟁점

→ 금융투자업자가 연루된 금융분쟁은 「자본시장법」(자본시장과 금융투자업에 관한 법률)이 준거 기준으로 적용됨

③ 실제 분쟁이 발생할 경우 「자본시장법」과 시행령 및 시행규칙, 금융투자업규정 등이 적용됨(하위 규범이 상대적으로 더 명확하거나 상세한 경향)

(2) 금융투자상품 권유·판매 관련 의무

① 선관의무 등 – 고객 이익 최우선의 원칙

> 「자본시장법 제37조」 금융투자업자는 신의성실의 원칙에 따라 공정하게 금융투자업무를 영위하여야 하며, 금융투자업을 영위함에 있어 정당한 사유 없이 투자자의 이익을 해하면서 자기가 이익을 얻거나 제3자가 이익을 얻도록 하여서는 아니 된다.

② 소속 회사에 대한 충실의무

㉠ 금융투자회사 임직원은 회사와 위임계약 또는 고용계약에 의하여 맡은 업무를 수임자로서 성실하게 수행하여야 할 의무가 있으며 또한 직무에 전념할 의무를 짐

㉡ 금융투자회사 직원은 소속 회사의 승인을 받은 경우가 아니면 회사와의 이해상충 관계에 있는 지위를 맡거나 업무를 수행하여서는 안 되며, 회사의 승인을 받은 경우에도 대외활동을 함에 있어서 자신의 이익을 위하여 회사의 자산이나 인력 등을 사용할 수 없음

ⓒ 만일 이해상충의 우려가 있는 거래의 경우에는 반드시 준법감시인과 협의하여 고객과 회사의 이익이 침해받지 않는 범위 내에서 합리적인 절차를 거쳐 행하도록 하여야 함

ⓔ 미리 약정한 고용계약기간이 종료된 경우에도 일정한 의무가 부가됨

③ 정확한 정보 제공 의무

ⓐ 정보를 제공함에 있어서 고객에게 유리한 정보에 치중하여서는 안 되며, 반드시 고객에게 불리한 정보도 제공하여 고객이 이를 이해할 수 있도록 하여야 함

ⓑ 고객에게 특별한 위험이 내재된 상품에 대한 고지 또는 설명의무 등을 위반하였을 경우에는 회사 또는 직원이 손해배상책임을 질 수도 있음

(3) 금융투자상품 판매 관련 일반기준

① 고객에 관한 정보

ⓐ 고객에 관한 어떤 사항이 비밀정보인지 여부가 불명확할 경우에는 일단 비밀이 요구되는 정보인 것으로 취급하여야 함

ⓑ 법관이 발부한 영장에 의한 경우 등의 예외적인 경우를 제외하고는 금융기관 임직원이 고객의 금융거래정보를 타인에게 제공하거나 누설하는 것이 원칙적으로 금지되어 있음

ⓒ 「자본시장법」은 고객의 정적인 금융거래정보 외에도 동적인 정보(고객의 매매주문 동향 등)도 자기 또는 제3자의 이익을 위하여 이용하는 행위를 금지하고 있음

② 회사의 정보

ⓐ 임직원이 직무수행 중 알게 된 회사의 정보는 회사의 재산에 속하는 것이고, 오로지 회사의 이익을 위해서만 사용되어야 함

ⓑ 임직원이 고객 또는 회사의 비밀정보를 관련법령에 따라 제공하는 경우에도 준법감시인의 사전 승인을 받아 직무수행에 필요한 최소한의 범위 내에서 제공하여야 함

ⓒ 회사로부터 사전 허락을 받아 강연·방송 등에 참여하는 경우에도 원고 등을 준법감시인의 사전승인을 받은 후 사용하여야 하고, 고객의 동의 없이 특정고객에 대한 언급이나 확정되지 아니한 기획단계의 상품 등에 대한 언급을 하여서는 아니 됨

(4) 「개인정보보호법」 관련 고객정보 처리

「개인정보보호법」은 일반법으로서 관련 특별법이 있을 경우는 해당 법의 적용이 되나 관련 규정이 특별법에 없을 경우에는 「개인정보보호법」에 따라 처리해야 함

① 개인정보의 개념 및 처리 기본원칙

개인정보의 정의	개인정보란 살아 있는 개인에 관한 정보로서 성명, 주민등록번호 및 영상 등을 통하여 개인을 알아볼 수 있는 정보임
고유식별정보	주민등록번호, 여권번호 등
민감정보	건강상태, 진료기록, 병력, 정당의 가입 등
금융정보	신용카드번호, 통장계좌번호 등

② 개인정보의 처리 및 관리

　　㉠ 개인정보처리자는 불가피한 경우를 제외하고는 정보주체의 동의를 받은 경우 개인정보를 수집할 수 있음

　　㉡ 개인정보처리자는 그 목적에 필요한 최소한의 개인정보를 수집해야 하며, 이 경우 최소한의 개인정보 수집이라는 입증책임은 개인정보처리자가 부담함

　　㉢ 민감정보 및 고유식별정보는 정보주체에게 별도의 동의를 얻거나, 법령에서 구체적으로 허용된 경우에 한하여 예외적으로 처리를 하도록 엄격하게 제한함

　　㉣ 주민등록번호는 법 개정에 따라 정보주체의 동의를 받았더라도 법령 근거가 없는 경우에는 원칙적으로 처리가 금지되므로 2016년 8월 6일까지 수집된 주민등록번호에 대한 삭제 조치를 취해야 함

③ 개인정보 유출에 대한 처벌 강화

　　㉠ 고의·중과실로 개인정보를 유출한 기관에 대해 가중된 책임을 물어 피해액의 3배까지 배상액을 중과할 수 있음

　　㉡ 개인정보 유출로 인해 피해를 입었을 경우에는 구체적 피해액을 입증하지 못하더라도 법원 판결을 통해 정해진 일정금액(300만원 이내)을 보상받는 법정 손해배상제도를 도입함

(5) 금융소비자보호

① 금융소비자는 금융회사와 직접 또는 간접적으로 금융서비스 또는 금융상품계약 체결 등의 거래를 하는 상대방을 의미함

② 은행의 예금자, 금융투자회사의 투자자, 보험회사의 보험계약자, 신용카드사의 신용카드 이용자 등 금융회사와 거래하고 있는 당사자뿐 아니라 잠재적으로 금융회사의 상품이나 서비스를 이용하고자 하는 자를 포함

③ 금융소비자보호의 필요성

　　㉠ 금융소비자 보호가 필요한 이유는 금융소비자가 금융상품의 공급자에 비해 교섭력이 떨어지기 때문임

　　㉡ 교섭력의 판단기준 : 상품 선택의 다양성, 가격 흥정 가능성, 거래교체 용이성, 정보의 비대칭성

(6) 분쟁조정의 효력

① 조정은 법원의 판결과 달리 그 자체로는 구속력이 없고 당사자가 이를 수락하는 경우에 한하여 효력을 가짐

② 금융감독원에 설치된 금융분쟁조정위원회의 조정안을 당사자가 수락하면 당해 조정안은 재판상 화해와 동일한 효력을 가짐

③ 그 밖의 기관(한국거래소 분쟁조정심의위원회, 금융투자협회 분쟁조정위원회 등)에 의한 조정은 민법상 화해계약으로서의 효력을 가짐

(7) 금융투자상품 관련 분쟁

① 금융투자상품 관련 분쟁의 특징
  - ㉠ 증권 또는 선물거래는 은행거래, 보험거래 등 다른 금융거래와는 달리 투자대상의 높은 가격변동에 따른 고투자위험, 투자과정에서의 전문성 필요 등과 같은 내재적인 특성을 가지고 있음
  - ㉡ 고객의 증권회사 직원에 대한 높은 의존성, 금융투자회사 직원의 폭넓은 개입기회, 불공정거래 가능성 등 일반적인 위임의 법률관계와는 다른 특성이 존재함
  - ㉢ 계좌개설부터 거래종료까지의 거래과정 중에 고객과 금융투자회사 임직원 간에 예기치 못한 분쟁이 발생할 개연성이 높음
  - ㉣ 분쟁발생 시 당사자 간에 분쟁해결이 쉽지 않은 경향이 있음

② 분쟁 관련 금융투자상품의 내재적 특성
  - ㉠ 원금손실 가능성
  - ㉡ 투자결과에 대한 본인 책임
  - ㉢ 투자상품에 대한 지속적인 관리 요구(필요성)

개념체크○×

▶ 금융감독원에 설치된 금융분쟁조정위원회의 조정안을 당사자가 수락하면 당해 조정안은 민법상 화해계약으로서의 효력을 가진다. ○ ×

해설 한국거래소 분쟁조정심의위원회, 금융투자협회 분쟁조정위원회 등에 의한 조정은 민법상 화해계약으로서의 효력을 가지는 반면, 금융감독원에 설치된 금융분쟁조정위원회의 조정안을 당사자가 수락하면 당해 조정안은 재판상 화해와 동일한 효력을 가진다.

답 X

▶ 금융투자상품은 투자결과에 대한 본인 책임이라는 내재적 특성을 지닌다. ○ ×

답 ○

01 분쟁조정제도에 관한 설명으로 옳지 않은 것은?
★★★

① 분쟁조정기관은 중립적인 조정안을 제시하기 위해 통상적으로 분쟁의 양당사자와 법조계, 학계, 소비자단체, 업계 전문가로 구성된 분쟁조정위원회를 구성하고 운영한다.

② 조정은 법원의 판결과는 달리 그 자체로서는 구속력이 없고 당사자가 이를 수락하는 경우에 한하여 효력을 갖는다.

③ 금융감독원장은 조정신청사건의 진행 중에 일방당사자가 소를 제기한 경우에는 조정의 처리를 중지하고 이를 당사자 쌍방에게 통보하여야 한다.

④ 분쟁조정제도의 단점은 분쟁조정기관에 따라 결과의 차이가 있을 수 있으며, 양당사자의 합의가 도출되지 아니하면 분쟁처리가 지연될 수 있다는 것이다.

[해설] 분쟁조정위원회 구성에 분쟁의 양당사자는 제외된다. 분쟁조정제도의 장점은 소송비용 없이 최소한의 시간 내에 합리적으로 분쟁처리가 가능하고, 전문가의 조언 및 도움을 받을 수 있으며, 개인이 직접 확인하기 어려운 금융회사의 자료를 조정기관을 통해 간접적으로 확인이 가능하다는 점이다.

답 ①

02 개인정보 처리 및 관리에 대한 설명으로 옳지 않은 것은?
★★★

① 개인정보처리자는 불가피한 경우를 제외하고는 정보주체의 동의를 받은 경우 개인정보를 수집할 수 있다.

② 보유기간이 경과하여 개인정보가 불필요하게 된 경우에는 다른 법령에 따른 보존의무가 없는 경우를 제외하고 지체 없이 개인정보를 파기하여야 한다.

③ 민감정보 및 고유식별정보는 정보주체에게 별도의 동의를 얻거나, 법령에서 구체적으로 허용된 경우에 한하여 예외적으로 처리를 하도록 엄격하게 제한하고 있다.

④ 법령 근거가 없더라도 주민등록번호는 정보주체의 동의를 받은 경우에는 처리할 수 있다.

[해설] 주민등록번호는 법 개정에 따라 정보주체의 동의를 받았더라도 법령 근거가 없는 경우에는 원칙적으로 처리가 금지되므로 2016년 8월 6일까지 수집된 주민등록번호에 대한 삭제 조치를 취해야 한다.

답 ④

06 자금세탁방지제도 중요도 ★★★

대표유형문제 자금세탁방지를 위한 주요제도에 관한 설명으로 옳지 않은 것은?

① 고객확인제도(CDO)란 금융기관이 거래하는 고객의 신원, 실소유자 여부, 거래목적 등을 파악하는 등 고객에 대한 합당한 주의를 기울이는 제도이다.

② 강화된 고객확인(EDD ; Enhanced Due Diligence)이란 자금세탁의 우려가 있는 경우 금융회사는 금융거래의 목적과 거래자금의 원천을 확인하여야 한다는 것이다.

③ 의심거래보고제도(STR)란 거액(10억원 이상)의 현금거래에 대해서는 금융정보분석원에 즉시 보고하도록 하는 제도이다.

④ 고액현금거래보고제도(CTR)는 일정금액(1천만원 이상의 현금, 외국통화는 제외) 이상의 현금거래를 금융정보분석원에 보고하도록 하는 제도이다.

해설 의심거래보고제도(STR)란 금융기관 종사자의 주관적 판단에 의해 어떤 금융거래가 불법자금 또는 자금세탁을 하고 있다는 의심이 갈 경우, 금융정보분석원(FIU)에 보고하도록 하는 제도이다. 고액현금거래보고제도(CTR)는 일정금액 이상의 현금거래를 보고하도록 하는 것인 반면에, 의심거래보고제도(STR)는 금융기관이 자금세탁의 의심이 있다고 주관적으로 판단하는 금융거래에 대하여만 보고하도록 한다는 점에서 차이가 있다.

답 ③

STEP 01 핵심필수개념

(1) 금융기관과 자금세탁 방지

① 자금세탁의 절차 : 3단계 모델이론

㉠ 예치단계 : 배치	자금세탁행위자가 범죄행위로부터 얻은 불법재산을 취급하기 용이하고 덜 의심스러운 형태로 변형하여 수사기관 등에 적발되지 않도록 금융회사에 유입시키거나 국외로 이송하는 단계
㉡ 은폐단계 : 반복	자금세탁행위자가 불법자금의 출처와 소유자를 감추기 위하여 여러 가지 복잡한 금융거래를 거쳐 거래빈도, 거래량 등에서 정상적인 금융거래와 유사하게 만들어 자금추적을 불가능하게 만드는 단계
㉢ 합법화단계 : 통합	자금세탁의 마지막 단계인 합법화단계는 충분한 반복단계를 거쳐 자금출처 추적이 불가능하게 된 불법자금을 정상적인 경제활동에 재투입하는 단계

② 자금세탁의 유형

㉠ 전통적인 금융시스템을 이용한 자금세탁 : 차명계좌 사용, 소액분산입금, 은행어음 사용

㉡ 가격조작, 수출입화물을 이용한 자금세탁

- 현금 자체를 밀수출·입하거나 수표 등 은닉이 용이한 형태로 전환
- 해외로 소액분할 반출 후 여행자수표, 우편환 등을 통해 국내 반입

ⓒ 가격조작, 허위신고 등 수출입을 이용한 자금세탁
- 무역거래를 통해 범죄수익을 가장하거나 이동해 불법자금을 합법화
- 재화나 용역의 가격, 물량, 품명을 조작

ⓔ 신종기법
- 사업체 또는 조세피난처를 이용한 자금세탁
- 비금융기관(부동산거래, 보험회사, 커지노 등)을 이용한 자금세탁

(2) 자금세탁방지 국제기구 및 규범

① 국제기구 : FATF(Financial Action Task Force ; 금융조치기구)

자금세탁방지(AML) 및 테러자금조달금지(CFT) 분야 국제규범을 제정하고, 각국의 이행현황을 회원국 간 상호평가를 통해 평가·감독 등의 활동을 함

정회원	우리나라를 비롯한 35개국과 2개 기구(EC, GCC)로 구성
준회원	9개 지역기구인 FSRB로 구성
옵저버	세계은행를 비롯한 24개 국제기구

② 국제규범 : FATF의 40 권고사항

(3) 우리나라의 제도

① 금융정보분석원(FIU)

ⓐ 「특정 금융거래정보의 보고 및 이용 등에 관한 법률」(특정금융거래보고법)에 의거 설립된 우리나라의 자금세탁 방지기구

ⓑ 법무부, 금융위원회, 국세청, 관세청, 경찰청, 한국은행, 금융감독원 등 관계기관의 전문인력으로 구성됨

ⓒ 금융기관 등으로부터 자금세탁 관련 혐의거래를 수집·분석하여 불법거래, 자금세탁 행위 또는 공중협박자금조달행위와 관련된다고 판단되는 금융거래 자료를 법 집행기관(검찰청, 경찰청, 국세청, 관세청, 금융위원회, 중앙선관위 등)에 제공하는 업무를 담당함

② 관련 법령

ⓐ 「범죄수익 은닉의 규제 및 처벌 등에 관한 법률」, 「마약류 불법거래방지에 관한 특례법」, 「공중 등 협박 목적을 위한 자금조달행위의 금지에 관한 법률」, 「조세범 처벌법」, 「관세법」, 「특정 범죄 가중처벌 등에 관한 법률」 등

(4) 주요 제도

① 의심거래보고제도(STR ; Suspicious Transaction Report)

ⓐ 금융기관 종사자의 주관적 판단에 의해 어떤 금융거래가 불법자금이라는 의심이 가거나 거래상대방이 자금세탁을 하고 있다는 의심이 갈 경우, 금융정보분석원(FIU)에 지체 없이 보고토록 하는 것

ⓛ 보고대상

- 금융거래와 관련하여 수수한 재산이 불법재산이라고 의심되는 합당한 근거가 있는 경우
- 금융거래의 상대방이 불법적인 금융거래를 하는 등 자금세탁행위나 공중협박자금조달행위를 하고 있다고 의심되는 합당한 근거가 있는 경우
- 관계 법률에 따라 금융회사 등의 종사자가 관할 수사기관에 신고한 경우
- 고객현금거래보고를 회피할 목적으로 금액을 분할하여 현금거래를 한다고 판단하는 경우
- 고객확인의무 이행을 위해 요청하는 정보에 대해 고객이 제공을 거부하는 경우
- 수집한 정보의 검토 결과 고객의 금융거래가 정상적이지 못하다고 판단되는 경우

② 고액현금거래보고제도(CTR ; Currency Transaction Report)

ⓐ 원화 1천만원 이상의 현금거래를 금융정보분석원에 의무적으로 보고하도록 하는 제도

→ 금융기관이 자금세탁에 의심이 있다고 주관적으로 판단하는 금융거래에 대하여만 보고하도록 하는 의심거래제도와는 구별됨

ⓛ 보고대상

- 1거래일 동안 동일인이 창구를 통하여 1천만원 이상의 현금을 입금하거나 출금한 경우 또는 현금 자동입출금기를 이용한 경우 거래자의 신원과 거래일시, 거래금액 등을 의무적으로 보고하여야 함
- 금액산정 시 금융기관이 1거래일 동안 금융기관별로 지급한 금액, 영수한 금액을 각각 별도 합산하는 실질주의 방식을 취하고 있음

〈회계상의 가치이전만 이루어지는 거래 및 다음의 경우에는 보고에서 제외〉

- 고객요청에 의한 대체거래 : 실제 현금거래가 아닌 거래로 고객 요청에 따른 출금 후 현금으로 입금한 경우로서 고액현금거래보고는 제외 대상이나, 의심거래보고는 필수적으로 실시해야 함
- 다른 금융기관과의 현금 입출금 거래
- 국가, 지방자치단체, 기타 공공단체와의 현금 입출금 거래
- 100만원 이하의 무매체 입금거래
- 수표거래, 계좌이체, 인터넷 뱅킹 등을 이용한 거래

③ 고객확인제도(CDD ; Customer Due Diligence / EDD)

ⓐ 금융기관이 고객과 거래 시 고객의 신원, 실제 소유자 여부, 거래목적 등을 파악하는 등 고객에 대한 합당한 주의를 기울이는 제도

ⓛ 고객확인은 금융거래가 개시되기 전에 선행되어야 하지만, 예외적으로 다음의 두 가지 경우에는 금융거래 이후 고객확인을 할 수 있음

- 종업원, 학생 등에 대한 일괄적인 계좌 개설의 경우
- 「상법」에서 정하는 타인을 위한 보험(제3의 수익자)의 경우

ⓒ 적용대상

가. 신규계약 및 서비스 등록

- 고객이 금융기관과 계속적인 금융거래를 개시할 목적으로 계약을 체결하는 경우

예 계좌의 개설, 대출·보험·보증계약, 공제계약, CD·표지어음의 발행, 금고대여 약정, 펀드의 신규가입, 담보제공 계약, 대출의 차주 또는 보증인의 변경 등

나. 1,000만원(외화 1만 US$) 이상의 일회성 거래(연결거래 포함)

일회성 거래	고객이 매체(통장, 카드 등) 없이 기준금액 이상의 입출금을 발생시키는 경우
연결 거래	동일인이 일회성 거래로 100만원 초과 1,000만원 미만의 금액을 7일 동안 거래한 현금 및 수표금액을 합산한 금액이 기준금액 이상인 경우

[예] 무통장입금(송금), 외화송금(환전), 자기앞수표 발행, 수표의 지급, 선불카드 매매
→ 국세·지방세 등의 수납, 전화·전기요금 납부 등은 제외

④ 자금세탁 위험을 사전에 평가하고 관리할 수 있는 위험기반접근법

국가위험	특정 국가에서 자금세탁 방지 및 테러자금 조달 금지제도와 금융거래 환경의 취약 등에 따라 발생하는 위험 평가
고객위험	고객 또는 고객유형별 자금세탁 방지 및 테러자금 조달 금지 위험 평가
상품위험	금융기관에서 취급하는 모든 상품의 자금세탁 방지 및 테러자금 조달 금지 위험 평가
사업(서비스) 위험	전 사업영역에서 발생할 수 있는 자금세탁 방지 및 테러자금 조달 금지 위험 평가

(5) 자금세탁 방지 관련 제도

① 차명거래 금지제도

② 반부패협약(OECD뇌물방지협약) : 뇌물수뢰행위가 아닌 뇌물공여행위를 형사처벌하는 것을 목적으로 하고, 규제대상 행위는 외국 공무원에 한정되며, 민간인 간의 뇌물공여행위는 제외됨

③ 미국의 해외부패방지법(FCPA) : 자국 기업뿐만 아니라 외국인이나 외국기업의 뇌물제공 행위도 규제함

④ 해외금융계좌신고제도(FBAR) : 미국의 납세의무자가 1여 년 동안 어느 시점이든 모든 해외 금융계좌 잔고의 합계액이 1만달러를 초과하는 경우, 미국 재무부에 해외금융계좌 잔액을 신고하는 제도

⑤ 해외금융계좌 납세자협력법(FATCA) : 미국은 자국민의 역외 탈세를 방지하기 위해 해외 금융기관에게 미국 국민의 금융거래정보를 국세청에 보고하도록 의무화하였고, 이를 위해 다수의 국가와 FATCA 협정을 체결함

⑥ 다자간조세정보 자동교환 협정(MCAA) : 미국의 FATCA 협정 이후 OECD 및 G20 국가를 중심으로 각 국가에 납세의무가 있는 고객의 금융정보를 상호 교환하는 MCAA가 100여 개 이상 국가 간에 체결되어 있으며, 확대되는 추세임

개념체크ＯＸ

▶ 의심거래보고제도(STR)는 원화 1천만원 이상의 현금거래를 금융정보분석원에 의무적으로 보고하도록 하는 제도이다. ＯＸ

[해설] 의심거래보고제도(STR)가 아니라 고액현금거래보고제도(CTR)에 대한 설명이다.

답 X

▶ 자금세탁행위자가 범죄행위로부터 얻은 불법재산을 취급하기 용이하고 덜 의심스러운 형태로 변형하여 수사기관 등에 적발되지 않도록 금융회사에 유입시키거나 국외로 이송하는 단계를 예치단계라고 한다. ＯＸ

답 O

01 금융기관 등은 ⊙ 100만원(ⓒ 미화 1천달러)을 초과하는 모든 ⓒ 국외 전신송금에 대하여 고객
★★★ (⨂ 송금자)과 관련된 정보를 확인하고 보관하여야 한다. 밑줄 친 내용 중 틀린 것은?

① ⊙   ② ⓒ
③ ⓒ   ④ ⨂

[해설] 국내·외의 전신송금에 적용된다. 전신송금이란 고객이 계좌보유 여부를 불문하고 금융기관 등을 이용하여
국내·외의 다른 금융기관 등으로 자금을 이체하는 서비스를 말한다.

답 ③

02 반부패협약(OECD뇌물방지협약) 및 미국의 해외부패방지법(FCPA ; Foreign Corrupt Practices
★★★ Act)에 대한 설명으로 옳은 것은?

① OECD뇌물방지협약은 뇌물수뢰행위가 아닌 뇌물공여행위를 형사처벌하는 것을 목적으로 한다.
② 규제대상 뇌물공여행위는 외국 공무원 및 민간인 간의 뇌물공여행위를 포함한다.
③ FCPA에서 뇌물이란 현금, 증여·선물(Gift) 등 기타 각종 형태의 가치 있는 것을 말하며, 현금지
불에 대한 약속은 뇌물로 보지 않는다.
④ FCPA는 제3자 또는 중개인을 통해 이루어진 뇌물제공행위에 대해서는 규제하고 있지 않다.

[해설] 규제대상 뇌물공여행위는 외국 공무원에 한정되며, 민간인 간의 뇌물공여행위는 제외된다. FCPA에서 뇌물이
란 현금, 현금지불에 대한 약속, 증여·선물(Gift) 등 기타 각종 형태의 가치 있는 것을 말한다. FCPA는 제3
자 또는 중개인을 통해 이루어진 뇌물제공행위에 대해서도 규제하고 있다.

답 ①

출제예상문제

01 윤리경영과 직무윤리의 필요성이 강조되는 이유에 관한 설명으로 부적절한 것은?

★★☆
① 현대 사회는 고도의 정보화 기술에 의해 움직이는 사회인데, 이를 잘못 사용하는 경우에 초래될 재난을 방지하기 위하여 이를 다루는 자들에게 직무윤리가 요구된다.
② 현대 사회에서는 위험비용을 제외한 거래비용의 최소화를 요구하기 때문이다.
③ 현대 사회에서 직무윤리는 공정하고 자유로운 경쟁의 전제조건이기 때문이다.
④ 현대 사회에서 직무윤리는 새로운 무형의 자본으로 인정되고 있기 때문이다.

02 자본시장과 금융투자산업에서의 윤리경영과 직무윤리의 중요성이 다른 분야에 비해 더욱 강조되는

★★★ 이유와 거리가 먼 것은?

① 자본시장에서 다루는 상품은 대부분 투자성(원본손실 가능성)이 있어서 고객과의 분쟁 가능성이 상존한다.
② 고객의 자산을 위탁받아 운영·관리하는 것이 주요 업무이므로, 고객의 자산을 유용하거나 이익을 침해할 가능성이 많다.
③ 직무윤리를 준수하는 것은 외부의 부당한 요구로부터 자신을 지키는 수단이 된다.
④ 금융소비자의 자산을 관리하는 산업의 속성상 이익상충의 가능성이 작다.

03 「자본시장법」(자본시장과 금융투자업에 관한 법률)에서의 직무윤리의 역할에 대한 설명으로 가장

★★☆ 옳은 것은?

① 「자본시장법」에서 금융투자상품을 포괄적으로 정의함으로써 그 적용대상과 범위가 확대됨에 따라 법의 사각지대를 메워 주는 직무윤리의 중요성이 커졌다.
② 「자본시장법」상 직무윤리는 금융소비자에 대한 배려차원에서 법적의무 부여보다는 금융기관 자체 서비스 중심의 금융소비자보호를 강조한다.
③ 「자본시장법」상 전문투자자의 경우 법상 주된 보호대상에서 제외됨에 따라 직무윤리 책임도 한결 완화된 측면이 있다.
④ 「자본시장법」은 금융소비자보호와 금융투자업자의 평판리스크 관리를 위해 내부통제 중심의 자발적 직무윤리를 강조하였다.

04 국제투명성기구(TI ; Transparency International)와 관련된 설명으로 옳지 않은 것은?
★★★
① 1995년 이래 매년 각 국가별 부패인식지수(CPI)를 발표하고 있다.

② 전문가, 기업인, 애널리스트들의 견해를 반영하여 공무원들과 정치인들의 부패수준이 어느 정도 인지에 대한 인식의 정도를 지수로 나타낸 것이다.

③ 부패인식지수의 점수가 높을수록 부패정도가 심한 것이다.

④ 우리나라는 아직도 경제규모에 비해 윤리수준이 낮게 평가됨으로써 국제신인도와 국제경쟁력에 부정적인 영향을 미치고 있는 실정이다.

05 「부정청탁 및 금품수수 등의 금지에 관한 법률」(이하 '청탁금지법'이라 함)에 대한 설명으로 옳지
★★★ 않은 것은?

① 법안을 발의한 당시 국민권익위원회의 위원장이었던 김영란 전 대법관의 이름을 따 '김영란법'이 라고도 불린다.

② 그동안 우리나라에서 관행, 관습이라는 이름하에 묵인되어 왔던 공직자 등에 대한 부정청탁 행위 및 부당한 금품 등을 제공하는 행위 등을 강력하게 금지하고 있다.

③ 공직자 등이 직무관련성, 대가성 등이 있는 금품 등을 수수하는 경우에만 제재가 가능하도록 하고 있다.

④ 단순히 공직자 등에게만 국한된 것이 아니라 일반 국민 전체를 적용대상으로 하고 있다는 점에서 그 영향력이 매우 크며, 위반 시 제재조치 또한 강력하다.

정답 및 해설

01 ② 위험비용을 포함하여 거래비용의 최소화를 요구하기 때문이다. 개별 경제주체는 눈에 보이는 비용(거래수수료 등) 이외에 상대방이 자신의 이익에 반하는 행동을 할 경우에 발생하는 위험비용(부실한 자산관리에 따른 손해 위험 등)까지를 거래비용에 포함시켜 그 거래비용이 가장 적은 쪽을 선택하게 된다.

02 ④ 금융소비자의 자산을 관리하는 산업의 속성상 이익상충의 가능성이 크다.

03 ① 「자본시장법」에서는 투자자보호에 관한 법제적 장치가 강화되어, 종전에는 고객 배려차원에서 이루어지던 서비스의 상당 부분이 고객(특히 일반투자자)에 대한 법적 의무로 제도화되었다. 전문투자자는 「자본시장법」에서는 보호대상에서 빠져 있지만, 이에 대한 윤리적 책임까지 완전히 면제되는 것은 아니다. 「자본시장법」에서는 투자자보호를 위한 법적 규제 수준이 높아짐에 따라 윤리적 의무의 수준도 한층 높아졌다. 따라서, 전문지식의 습득과 고객에 대한 고도의 윤리의식으로 고객의 신뢰를 확보하는 것은 평판위험을 관리하는 차원에서도 금융 투자업종사자들에게 더욱 중요한 자질로 인식되고 있다.

04 ③ 부패인식지수의 점수가 낮을수록 부패정도가 심한 것이다.

05 ③ 공직자 등이 직무관련성, 대가성 등이 없더라도 금품 등을 수수하는 경우에는 제재가 가능하도록 하고 있다.

06 기업은 영리활동을 통하여 얻은 이익의 일부를 수익의 원천이 되는 사회에 환원하여야 한다는 것을
★★☆ 무엇이라 하는가?

① 기업의 윤리적 책임   ② 기업의 사회적 책임

③ 기업의 도덕적 책임   ④ 초과이익공유제

07 기업의 사회적 책임(CSR)에 대한 설명으로 옳지 않은 것은?
★★★

① '사회적 기업 육성법'은 기업의 사회적 책임을 법제화한 사례이다.

② 기업의 사회적 책임이 강조된다고 해서 영리와 이익추구를 목적으로 하는 기업 본연의 모습이
달라지는 것은 아니다.

③ 기업의 사회적 책임의 이행은 생산과 분배의 과정 중에서 그 이익을 분배하는 과정에서만 요구
된다.

④ 실제로 미국의 Dow Jones 지수에 편입된 기업들을 조사한 결과 사회적 책임을 다하는 기업일수
록 오랜 기간 생존율이 높다는 연구결과가 있다.

08 직무윤리의 적용대상에 관한 설명으로 적절하지 않은 것은?
★★☆

① 회사와의 위임, 고용관계, 고객과의 법률관계 및 보수의 유무를 불문하고 모든 금융투자업종사자
는 직무윤리를 준수해야 한다.

② 무보수직 및 임시직도 직무윤리를 준수해야 되지만, 회사와 정식 고용관계에 있지 않은 자나,
고객과 아무런 계약관계를 맺고 있지 않은 잠재적 고객은 적용대상에서 제외된다.

③ 직무윤리를 인지하지 못한 자도 준수해야 한다.

④ 직무윤리의 적용대상이 되는 직무행위는 자본시장과 금융투자업에 직접 또는 간접적으로 관련된
일체의 직무행위를 포함한다.

09 직무윤리의 적용대상에 관한 설명으로 부적절한 것은?
★★★

① 금융투자전문인력이 아니더라도 금융투자행위에 종사하는 자는 직무윤리 적용대상이다.

② 직무윤리의 적용대상인 직무행위란 금융투자업에 관련된 일체의 직무활동을 말한다.

③ 투자권유자문인력은 직무윤리 준수 대상이다.

④ 잠재적 고객은 아직 정식 고객이 아니므로 직무윤리를 준수할 대상이 아니다.

10 직무윤리의 성격에 관한 설명으로 옳지 않은 것은?

★★★

① 법은 외형적 행위나 결과를 규제하는 강행적·타율적인 성격을 가지고 있지만, 직무윤리 및 직무윤리기준은 자율규제로서의 성격을 지닌다.

② 직무윤리는 자율적 준수라는 장점이 있다.

③ 직무윤리는 법규에 비해 강제수단이 미흡하기 때문에, 직무윤리를 위반하는 경우 윤리적으로 잘못된 것이라는 비난에 그치게 된다.

④ 법적 규제에는 한계가 있으므로 이를 보완하는 것이 직무윤리이다. 또한 윤리는 사전예방 차원에서 필요하지만 법은 결과에 대해서 책임을 묻는다.

11 금융투자업종사자와 금융소비자 사이의 기본적 관계 및 기본적 의무에 대한 설명으로 옳지 않은 것은?

★★★

① 금융투자업종사자와 금융소비자 사이에는 기본적으로 신임관계에 있으므로 금융투자업종사자는 금융소비자에 대하여 신임의무가 발생한다.

② '신임의무'란 위임자로부터 신임을 받은 수임자는 위임자에 대하여 진실로 충실하고, 직업적 전문가로서 충분한 주의를 가지고 업무를 처리하여야 할 의무이다.

③ 신임자의 이익을 우선시할 의무는 모든 금융투자업자에게 적용되는 공통 행위규칙으로서 신의성실 원칙과도 연결된다.

④ 수임자와 신임자의 이익이 서로 충돌하는 경우, 수임자는 자기의 이익을 우선하는 것이 금지되고 회사 또는 신임자의 이익을 우선시하여야 할 의무를 진다.

정답 및 해설

06 ② 최근 자본주의 경제가 갖는 문제점이 부각되면서 자본주의체제가 갖추어야 할 윤리와 기업의 사회적 책임(CSR ; Corporate Social Responsibility)이 강조되고 있다. CSR은 기업은 영리활동을 통해 얻은 이익의 일부를 사회에 환원하여야 한다는 것이다.

07 ③ 기업의 사회적 책임의 이행은 생산과 분배 전 과정에서 요구되지만 오늘날은 그 이익을 분배하는 과정에서 특히 강조되는 경향이 있다.

08 ② 무보수직 및 임시직도 직무윤리를 준수해야 되고, 회사와 정식 고용관계에 있지 않은 자나, 고객과 아무런 계약관계를 맺고 있지 않은 잠재적 고객에 대해서도 직무윤리를 준수해야 한다.

09 ④ 잠재적 고객도 금융투자업종사자가 준수하여야 할 직무윤리의 대상이다.

10 ③ 직무윤리 위반시 단순한 윤리적 비난에 그치지 않고, 실정법 위반행위로서 국가기관에 의한 행정제재·민사배상책임·형사책임 등의 타율적 규제와 제재의 대상이 되는 경우가 많다.

11 ④ 수임자와 신임자의 이익이 서로 충돌하는 경우, 수임자는 자기(혹은 회사 또는 주주를 포함한 제3자)의 이익을 우선하는 것이 금지되고 신임자의 이익을 우선시하여야 할 의무를 진다.

12 금융투자업종사자의 직무수행에 있어서 가장 중요한 원칙이라고 할 수 있는 것은?

★★★
① 신의성실의 원칙　　　　　　　　② 공정성의 원칙
③ 상호존중의 원칙　　　　　　　　④ 독립성의 원칙

13 다음 규정에 공통적으로 강조하는 있는 말은?

★★★
> • (금융투자회사의 표준윤리준칙 제4조) 회사와 임직원은 정직과 신뢰를 가장 중요한 가치관으로 삼고 (㉠)에 입각하여 맡은 업무를 충실히 수행하여야 한다.
> • (자본시장법 제37조 제1항) 금융투자업자는 (㉡)에 따라 공정하게 금융투자업을 영위하여야 한다.

① 신의성실의 원칙　　　　　　　　② 상호존중의 원칙
③ 고객우선의 원칙　　　　　　　　④ 공평성의 원칙

14 「자본시장법」제37조 제1항 및 금융투자회사의 표준윤리준칙 제4조에서 명시적으로 규정하고 있

★★★ 는 금융투자업자의 영업행위규칙으로서 적절하지 않은 것은?

① 신의의 원칙　　　　　　　　　　② 성실의 원칙
③ 공정의 원칙　　　　　　　　　　④ 효율성의 원칙

15 신의성실의 원칙에 대한 설명으로 옳지 않은 것은?

★★★
① 신의성실은 상대방의 정당한 이익을 배려하여 형평에 어긋나거나 신뢰를 저버리는 일이 없도록 성실하게 행동해야 한다는 것을 말한다.
② 윤리적 원칙이면서 동시에 법적 의무이기도 하다.
③ 금융투자상품 판매 이전 단계에서 적용되는 원칙이다.
④ 이해상충의 방지 및 금융소비자보호와 관련된 기본원칙이다.

16 신의성실의 원칙(신의칙)이 가지는 기능에 대한 설명으로 옳지 않은 것은?

★★★

① 권리의 행사와 의무를 이행함에 있어서 행위준칙이며, 법률관계를 해석함에 있어서 해석상의 지침이 된다.

② 계약이나 법규에 흠결이나 불명확한 점이 있는 경우, 신의칙은 이를 메워 주고 명확하게 하는 기능을 한다.

③ 권리의 행사가 신의칙에 반하는 경우에는 권리남용이 되어 권리행사로서의 법률효과가 인정되지 않는다.

④ 신의칙 위반이 법원에서 다루어지는 경우, 당사자의 주장이 있는 경우에만 법원은 신의칙 위반여부를 판단할 수 있다.

17 다음 중 이해상충의 발생원인과 거리가 먼 것은?

★★☆

① 회사 내의 사적 업무영역에서 공적 업무영역의 정보를 이용하기 때문이다.

② 금융투자업자와 금융소비자 간 존재하는 정보의 비대칭 때문이다.

③ 금융투자업종사자가 금융소비자의 이익을 희생하여 본인 또는 제3자의 이익을 추구할 가능성이 항상 존재하기 때문이다.

④ 금융투자업자의 겸영 업무 허용범위가 넓어졌기 때문이다.

정답 및 해설

12 ① 신의성실의 원칙은 윤리적 의무이며 동시에 법적의무로서 모든 윤리기준의 근간이 된다.

13 ① 공통적으로 신의성실의 원칙을 강조한다.

14 ④ 앞의 문제 보기 내용 참조

15 ③ 신의성실 원칙은 계약 이전의 단계에서 발생하는 금융소비자보호 의무와 계약 체결 이후의 단계에서 발생하는 선관주의 의무를 모두 망라하여 적용할 수 있는 일반적이고 보충적인 계약 해석의 원칙으로서 적용이 가능하다. 신의성실의 원칙은 크게 금융투자업종사자의 충실의무와 주의의무에 모두 적용된다.

16 ④ 신의칙 위반이 법원에서 다루어지는 경우, 이는 강행법규에 대한 위반이기 때문에 당사자가 주장하지 않더라도 법원은 직권으로 신의칙 위반여부를 판단할 수 있다. 또한 신의성실의 원칙은 법규의 형식적 적용에 의하여 야기되는 불합리와 오류를 시정하는 역할을 한다.

17 ① 금융투자업자 내부의 문제로서 금융투자업을 영위하는 회사 내에서 공적 업무영역에서 사적 업무영역의 정보를 이용하기 때문이다.

18 일반적으로 금융투자업자와 금융소비자 사이에 대표적으로 발생하는 이해상충의 사례는?
★★★

① 선행매매 　　　　　　　　　　　② 과당매매

③ 스캘핑 　　　　　　　　　　　　④ 시세조종

19 「자본시장법」상의 이해상충 방지체계에 관한 설명으로 옳지 않은 것은?
★★★

① 「자본시장법」에서는 금융투자업 간 겸영허용 범위가 넓어짐에 따라 이해상충 방지체계를 금융투자업의 인가·등록 시부터 갖추도록 의무화하고 있다.

② 금융투자업자는 이해상충이 발생할 가능성을 파악·평가하고, 내부통제기준이 정하는 방법 및 절차에 따라 이를 적절히 관리하여야 한다.

③ 금융투자업자는 이해상충이 발생할 가능성이 있는 경우에는 그 사실을 미리 해당 투자자에게 알려야 하며, 이해상충이 발생할 가능성을 투자자보호에 문제가 없는 수준으로 낮춘 후 매매, 그 밖의 거래를 하여야 한다.

④ 금융투자업자는 이해상충이 발생할 가능성을 낮추는 것이 곤란하다고 판단되는 경우에는 그 사실을 해당 투자자에게 알린 이후에 거래를 하여야 한다.

20 「자본시장법」상의 이해상충 방지체계에 관한 설명으로 옳지 않은 것은?
★★★

① 금융투자업자는 영위하는 금융투자업 간 또는 계열회사 및 다른 회사와의 이해상충의 발생을 방지하기 위하여 정보교류 차단벽(Chiness Wall)을 구축할 의무가 있다.

② 금융투자협회의 영업규정에서는 금융투자업자 자신이 발행하였거나 관련되어 있는 대상에 대한 조사분석자료의 공표와 제공을 원칙적으로 금지하고 있다.

③ 금융투자업자는 금융소비자의 거래당사자가 되거나 자기 이해관계인의 대리인이 될 수 있다.

④ 자기거래의 금지 규정에서 '자기 이해관계인'에는 법률적 이해관계에 국한하지 않고 사실상의 이해관계까지도 모두 포함한다.

21 「자본시장법」상의 정보교류 차단장치를 무엇이라 부르는가?
★★☆

① Chinese Wall 　　　　　　　　　② Side Car

③ American Wall 　　　　　　　　④ Circuit Breakers

22 다음에서 설명하고 있는 이해상충 방지체계를 무엇이라 하는가?
★★★

> 금융투자업종사자는 금융소비자가 동의한 경우를 제외하고는 금융소비자와의 거래 당사자가 되거나 자기 이해관계인의 대리인이 되어서는 아니 된다.

① 임의매매의 금지   ② 일임매매의 금지

③ 자기거래의 금지   ④ 과당매매의 금지

23 금융투자업 직무윤리에 관한 설명으로 옳은 것은?
★★★
① 직무윤리는 일종의 자율규제의 성격을 지닌다.

② 직무윤리를 위반한 경우 대부분은 윤리적 지탄을 받을 뿐 법적 강제수단이 동원되지 않는다.

③ 금융투자업에서 이해상충의 문제가 발생되는 경우는 흔하지 않다.

④ 이해상충의 문제가 발생되는 경우 윤리기준에 따라 [주주 〉 금융소비자 〉 임직원]의 순서대로 가치를 두어야 한다.

---

24 금융소비자보호의 기본원칙인 주의의무에 관한 설명으로 옳지 않은 것은?

★★★ ① 금융투자업종사자는 금융소비자 등의 업무를 수행함에 있어서 그때마다의 구체적인 상황에서 전문가로서의 주의를 기울여야 한다.

② 금융투자업종사자는 일반인에게 요구되는 정도의 주의를 기울여 그 업무를 수행하여야 한다.

③ 어떻게 행동하면 주의업무를 다하는 것인가는 구체적 업무내용에 따라서 다르지만, 일반적으로 '신중한 투자자의 원칙(Prudent Investor Rule)'이 기준이 될 수 있다.

④ 수탁자가 포트폴리오 이론에 따라서 자산운용을 한다면 그것은 일반적으로 적법한 것으로 인정된다.

25 주의의무에 관한 설명으로 옳지 않은 것은?

★★★ ① '전문가로서의'라는 것은 일반인 내지 평균인(문외한) 이상의 당해 전문가집단에 평균적으로 요구되는 수준의 주의가 요구된다는 뜻이다.

② 주의의무는 사무 처리의 대가가 유상인 업무에 대해서만 요구된다.

③ 금융투자업자는 금융기관의 공공성으로 인하여 일반 주식회사에 비하여 더욱 높은 수준의 주의의무를 요한다.

④ 주의의무는 금융소비자가 금융투자상품을 매수하는 거래 이전과 매수한 이후 모두 적용된다.

26 금융소비자보호 의무에 대한 설명으로 옳지 않은 것은?

★★★ ① 신의성실의 원칙에 바탕을 두고 있다.

② 윤리적 의무인 동시에 법적인 의무이다.

③ 회사의 평판위험(Reputation Risk) 관리와도 관련이 있다.

④ 전문투자자에 대해서는 적용되지 않는다.

27 KYC(Know-Your-Customer-Rule)의 실행순서를 바르게 나타낸 것은?
★★★

> ㉠ 파악된 정보를 서명 등 기타 방법으로 확인
>
> ㉡ 투자권유를 원하는지 확인
>
> ㉢ 투자목적, 재산상황, 투자경험 확인
>
> ㉣ 일반투자자 여부 확인
>
> ㉤ 확인받은 내용을 지체 없이 투자자에게 제공

① ㉡ → ㉣ → ㉢ → ㉠ → ㉤

② ㉣ → ㉡ → ㉢ → ㉠ → ㉤

③ ㉣ → ㉢ → ㉡ → ㉠ → ㉤

④ ㉢ → ㉣ → ㉡ → ㉠ → ㉤

28 적합성의 원칙에 관한 설명으로 옳지 않은 것은?
★★★
① 금융투자업자는 일반투자자에게 투자권유를 하는 경우에는 일반투자자의 투자목적·재산상황 및 투자경험 등에 비추어 적합하지 아니하다고 인정되는 투자권유를 하여서는 아니 된다.

② 적합성의 원칙에는 소극적 원칙뿐만 아니라 금융소비자의 투자의향·경험 및 자금력 등에 가장 적합한 금융투자상품을 권유해야 한다는 적극적 원칙까지를 포함한다.

③ 합리적 근거 없이 투기적인 증권투자를 권유하는 과잉권유(Boiler Room)는 적합성의 원칙에 반한다.

④ 「자본시장법」은 일반투자자와 전문투자자 모두에 대해서 적합성 원칙과 설명의무를 부과하고 있다.

정답 및 해설

24 ② 금융투자업종사자는 일반인(아마추어)에게 요구되는 것 이상의 '전문가로서의 주의'를 기울여 그 업무를 수행하여야 한다.

25 ② 주의의무는 업무수행이 신임관계에 의한 것인한, 사무처리의 대가가 유상이건 무상이건을 묻지 않고 요구된다.

26 ④ 일반투자자에 비해 적기는 하지만 전문투자자에 대해서도 법적으로 일부 보호되고 있으며, 전문투자자에 대한 금융투자업자의 윤리적 책임까지도 면할 수는 없다.

27 ① KYC(금융소비자에 대한 정보파악)는 다음의 순서대로 실행된다. ㉡ 투자권유를 원하는지 확인 → ㉣ 일반투자자 여부 확인 → ㉢ 투자목적, 재산상황, 투자경험 확인 → ㉠ 파악된 정보를 서명 등 기타 방법으로 확인 → ㉤ 확인받은 내용을 지체 없이 투자자에게 제공

28 ④ 「자본시장법」은 투자자를 일반투자자와 전문투자자로 구분하고, 일반투자자에 대해서만 적합성 원칙과 설명의무를 부과하고 전문투자자에 대해서는 이를 적용하지 않고 있다.

29 다음 중 적합성의 원칙에 따라 파악하여야 할 일반투자자의 정보와 가장 거리가 먼 것은?
★★★
① 고객의 소비성향
② 고객의 투자목적
③ 고객의 투자경험
④ 고객의 재무상황

30 퇴직 후 안정적인 소득을 얻고자 하는 투자자에게, 향후 주식시장의 상승 전망을 설명하고 주식형
★★★ 펀드에 투자를 하게 하여 손실을 입혔다. 이 경우 투자권유를 한 자는 어떤 직무윤리를 위반한
것인지 가장 적절한 것은?

① 적정성 원칙
② 적합성 원칙
③ 민법상 선량한 관리자의 의무
④ 신의성실 원칙

31 다음에서 설명하고 있는 금융소비자보호 원칙은?
★★☆

> 파생상품등과 같이 위험성이 큰 금융투자상품을 판매하는 경우에는 투자자보호를 위하여 각별한 주
> 의를 기울여야 하고, 해당 파생상품등이 그 금융소비자에게 적정하지 아니하다고 판단되는 경우에
> 는 그 사실을 알리고 확인을 받아야 한다.

① 합리적 근거의 제공 및 적정한 표시의무
② 적합성의 원칙
③ 적정성의 원칙
④ 설명의무

32 금융투자업종사자가 고객에게 투자권유를 하거나 이에 관련된 직무를 수행함에 있어서 따라야 할
★★★ 기준으로 부적절한 것은?

① 투자권유 전 고객의 재무상황 · 투자경험 · 투자목적에 관하여 적절한 조사를 하여야 한다.
② 투자권유가 환경과 시장의 변화를 반영할 수 있도록 필요에 따라 당해 정보를 변경하여야 한다.
③ 고객을 위하여 투자권유를 하는 경우에는 모든 고객에게 동일한 투자권유를 하여야 한다.
④ 파생상품과 같이 위험성이 큰 금융투자상품의 경우에는 일반 금융투자상품에 요구되는 수준 이상
의 각별한 주의를 기울이고 필요한 조치를 취해야 한다.

33 증권회사 직원이 금융소비자를 상대로 미국 주식에 투자하는 펀드에 투자하도록 권유할 때, 설명해
★★★ 야 할 사항으로 거리가 먼 것은?

① 미국 달러 환율의 변동에 따른 손실 위험
② 펀드에서 개별 주식이 차지하는 비중
③ 종목선정 방식 및 운용전략
④ 금융소비자가 얻게 될 확정수익률

34 '약관의 규제에 관한 법률'상 명시·설명의무에 대한 내용으로 옳지 않은 것은?
★★☆ ① 약관이란 그 명칭이나 형태를 불문하고, 계약의 일방 당사자가 일방의 상대방과 계약을 체결하기
위하여 일정한 형식에 의하여 미리 마련한 계약의 내용을 말한다.
② 사업자는 계약을 체결할 때에는 고객에게 약관의 내용을 분명히 밝히고, 고객이 요구할 경우 약관
의 사본을 내주어 고객이 약관의 내용을 알 수 있게 하여야 한다.
③ 사업자는 약관에 정하여져 있는 중요한 내용을 설명하여야 한다.
④ 사업자가 명시·설명의무를 위반하여 계약을 체결한 때에는 해당 약관을 계약의 내용으로 주장할
수 없다.

정답 및 해설

29 ① 금융투자업자는 일반투자자에게 투자권유를 하기 전에 면담·질문 등을 통하여 일반투자자의 투자목적, 재무
상황 및 투자경험 등의 정보를 파악하고(KYC), 이에 적합하지 아니하다고 인정되는 투자권유를 하여서는 아니
된다(적합성의 원칙).

30 ② 고객의 투자목적에 적합하지 않은 투자권유를 한 경우이므로 투자목적 등에 적합하여야 할 의무, 즉 적합성
원칙을 위반한 경우이다.

31 ③ 적정성의 원칙은 파생상품등과 같이 위험성이 큰 금융투자상품을 판매하는 경우에 적용되는 원칙이다.

32 ③ 고객을 위하여 투자권유를 하는 경우에는 각 포트폴리오 또는 각 고객별로 투자권유의 타당성과 적합성을 검토
하여야 한다.

33 ④ 과거 수익률은 객관적 자료로 설명할 수 있으나 미래의 수익률은 확정된 것이 아니므로 투자권유 시 확정수익
률을 설명할 수는 없으며 확정적으로 알릴 경우 불건전영업행위에 해당한다.

34 ① 약관이란 그 명칭이나 형태를 불문하고, 계약의 일방 당사자가 다수의 상대방과 계약을 체결하기 위하여 일정
한 형식에 의하여 미리 마련한 계약의 내용을 말한다.

35 금융소비자보호 의무 중 합리적 근거의 제공 의무에 관한 설명으로 옳지 않은 것은?

★★★ ① 금융소비자에 대한 투자정보 제공 및 투자권유는 정밀한 조사·분석에 의한 자료에 기하여 합리적이고 충분한 근거에 기초하여야 한다.

② 여러 관련 요소 중에서 선택하여야 할 사항이 있는 경우, 그 취사여부는 금융소비자에게 유리한 방향으로 선택하여야 한다.

③ '합리적 판단'이란 유사한 상황에서 유사한 지식을 보유한 자가 대부분 선택할 수 있어야 함을 의미하며 이는 선량한 관리자로서의 주의의무와 연결된다.

④ 금융소비자의 의사결정에 중대한 영향을 미칠 수 있는 정보를 제공할 때에는 당해 사실 또는 정보의 출처를 밝힐 수 있어야 한다.

36 투자상담업무를 담당하고 있는 자가 객관적이고 중립적인 자료에 근거하여 투자권유를 하지 않고

★★★ 미래에 대한 낙관적인 전망을 기초로 하여 투자를 권유하였다면, 이는 어떤 윤리기준을 위배한 것인가?

① 모든 고객을 평등하게 취급할 의무　　② 품위유지의무

③ 합리적인 근거를 제시할 의무　　④ 보고 및 기록의무

37 다음은 중요 사실에 대한 정확한 표시의무에 관한 설명이다. 옳지 않은 것은?

★★★ ① 중요한 사실에 대해서는 모두 정확하게 표시하여야 한다.

② '중요한 사실'이란 고객의 투자판단에 중요한 영향을 미친다고 생각되는 사실이며, 국내에 영향을 미칠 수 있는 외국의 정보도 중요 사실에 해당한다.

③ '정확한 표시'란 투자판단에 필요한 중요한 사항은 빠짐없이 모두 포함시켜야 하고, 그 내용이 충분하고 명료할 것을 의미한다.

④ 상대방에게 불필요한 오해를 유발할 소지가 있는 경우라도 모든 사실은 빠짐없이 정확하게 표시하여야 한다.

38 투자성과보장 등에 관한 표현의 금지 규정을 설명한 것으로 옳지 않은 것은?

★★★
① 금융소비자에게 투자권유를 하면서 투자성과를 보장하는 듯한 표현을 사용해서는 안 된다.

② 증권투자상담을 하면서 일정한 기대성과를 확약하는 것은 투자성과의 보장에 해당한다.

③ 금융투자업자가 투자자의 손실을 보전해 줄 것을 사전에 약속하거나 사후에 보전하는 행위, 이익을 보장할 것을 사전에 약속하거나 사후에 제공하는 행위는 금지된다.

④ 금융투자업종사자가 금융소비자에게 손실부담을 약속하여 투자권유가 이루어진 경우 금융소비자가 그 권유에 따라 위탁을 하지 않는다면 금지규정을 위반한 것이 아니다.

39 허위·과장·부실표시의 금지 규정을 설명한 것으로 옳지 않은 것은?

★★★
① 소속 회사 또는 자신의 실적을 좋게 보이기 위하여 자의적으로 부풀려진 실적을 제시하는 것은 금지된다.

② 실적의 허위·과장·부실표시 금지 규정은 예외적으로 투자중개업이나 투자자문업에 종사하는 자에게는 적용되지 않는다.

③ 운용실적 산출과정에서 여러 가지 선택 가능한 방법 중에서 자의적으로 취사선택을 함으로써 고객을 오인시킬 소지가 있는 행위도 허용되지 않는다.

④ 수탁된 자산규모를 부풀린다든지, 운용실적이 좋은 펀드매니저를 대표 펀드매니저로 제시하는 행위도 허용되지 않는다.

정답 및 해설

35 ② 여러 요소 중에서 선택하여야 할 사항이 있는 경우, 그 취사여부는 합리적 판단에 기초하여야 한다. 「자본시장법」은 ⊙ 거짓의 내용을 알리는 행위, ⓒ 불확실한 사항에 대하여 단정적 판단을 제공하거나 확실하다고 오인하게 할 소지가 있는 내용을 알리는 행위를 부당권유행위로 규정하고 이를 엄격히 금지하고 있다.

36 ③ 투자상담업무종사자는 고객에게 객관적인 근거에 기초하여 합리적 근거를 가지고 투자권유를 하여야 한다.

37 ④ 전체적 맥락에서 당해정보가 불필요한 오해를 유발할 소지가 있는 경우인지, 내용의 복잡성이나 전문성에 비추어 정보의 전달방법이 상대방에게 정확하게 정보가 전달될 수 있는지를 고려하여 중요한 사실이 아니라면 생략이 가능하다.

38 ④ 금융투자업종사자가 금융소비자에게 손실부담을 약속하여 투자권유가 이루어진 경우 금융소비자가 그 권유에 따라 위탁을 하지 않더라도 금지규정을 위반한 것이다.

39 ② 실적의 허위·과장·부실표시 금지 규정은 집합투자기구의 운용역뿐만 아니라 투자중개업이나 투자자문업에 종사하는 자에게도 적용된다.

40 요청하지 않은 투자권유의 금지 규정에 대한 설명으로 옳지 않은 것은?

★★★

① 금융투자업종사자는 고객으로부터의 요청이 없으면 방문·전화 등의 방법에 의하여 투자권유 등을 하여서는 아니 된다. 즉, 투자권유는 고객이 원하는 경우에만 하여야 한다.

② 장외파생상품은 원본손실의 가능성이 매우 크고 분쟁 가능성이 크기 때문에 요청하지 않은 투자 권유를 하여서는 아니 된다.

③ 증권과 장내파생상품의 경우에도 손실위험이 있기 때문에 요청하지 않은 투자권유를 할 수 없다.

④ 투자권유를 받은 투자자가 이를 거부하는 취지의 의사를 표시하였음에도 불구하고 투자권유를 계속하는 행위는 금지된다.

41 다음 중 투자권유를 받은 투자자가 이를 거부하는 취지의 의사를 표시하였음에도 불구하고 재권유

★★★ 가 가능한 경우를 모두 고르면?

> ⊙ 처음과 다른 방법(예 전화 → SNS)을 이용하여 투자권유를 하는 행위
> ⓒ 투자자가 거부 의사표시를 한 후 금융위가 정하여 고시하는 기간(1개월)이 지난 후에 다시 투자 권유를 하는 행위
> ⓒ 처음과 다른 종류의 금융투자상품에 대하여 투자권유를 하는 행위

① ⊙   ② ⓒ

③ ⊙, ⓒ   ④ ⓒ, ⓒ

42 상품판매 이후 단계의 금융소비자 보호를 위한 보고 및 기록의무에 대한 설명으로 옳지 않은 것은?

★★☆

① 금융투자업종사자는 고객으로부터 위임받은 업무에 대하여 그 결과를 고객에게 지체 없이 보고하고 그에 따른 필요한 조치를 취하여야 한다.

② '지체 없이'란 위임받은 업무를 처리한 후에 보고에 필요한 최소한의 소요기간 내에 가급적 신속하게 통지하여야 한다는 뜻이다.

③ '보고'는 단순히 위임받은 업무를 처리하였다는 사실을 통지하면 충분하며, 구두로 보고해서는 안 된다.

④ 금융투자업종사자는 업무를 처리함에 있어서 필요한 기록 및 증거물을 절차에 따라 보관하여야 한다.

43 「자본시장법」에서는 '매매명세의 통지'에 관하여 다음과 같이 규정하고 있다. ㉠, ㉡에 알맞은
★★☆ 말은?

> 매매가 체결된 후 (㉠) 매매의 유형, 종목·품목, 수량, 가격, 수수료 등 모든 비용, 그 밖의
> 거래내용을 통지하고, 매매가 체결된 날의 다음달 (㉡)까지 월간 매매내역·손익내역, 월말 현
> 재 잔액현황·미결제약정현황 등을 통지할 것

① ㉠ (2일 이내에), ㉡ (10일) ② ㉠ (지체 없이), ㉡ (20일)
③ ㉠ (2일 이내에), ㉡ (20일) ④ ㉠ (지체 없이), ㉡ (10일)

44 고객정보의 누설 및 부당이용 금지 규정에 관한 설명으로 옳지 않은 것은?
★★★
① 금융투자업종사자는 업무를 수행하는 과정에서 알게 된 금융소비자의 정보를 누설하거나 이용할
수 있는 처분권한은 없다.
② 매매내역 등 직무와 관련하여 알게 된 금융소비자의 정보를 정당한 사유 없이 자기 또는 제3자의
이익을 위하여 부당하게 이용하여서는 아니 된다.
③ 고객정보에 대하여 그 이용의 부당성을 문제 삼는 것이지, 고객정보를 누설하는 행위 자체를 금지
하는 것은 아니다.
④ 고객정보의 제공을 허용하는 별도의 법적 근거가 있는 경우에는 고객정보를 이용할 수 있다.

정답 및 해설

40 ③ 「자본시장법」은 요청하지 않고 방문·전화 등 실시간 대화의 방법을 이용한 투자권유를 원칙적으로 금지하고
있다. 다만, 투자자보호 및 건전한 거래질서를 해할 우려가 없는 행위로서 증권과 장내파생상품의 경우에는
이를 금지하지 않는다.

41 ④ 예외적으로 ㉡, ㉢의 경우에는 재권유가 가능하다. ㉠ 처음과 다른 방법을 이용하여 투자권유를 하는 행위는
1개월이 지나지 않았다면 투자권유를 계속하는 행위이므로 금지된다.

42 ③ '보고'는 단순히 위임받은 업무를 처리하였다는 사실을 통지하는 것만이 아니라 금융소비자가 업무처리내용을
구체적으로 알 수 있고, 그에 따라 금융소비자가 적절한 지시를 할 수 있도록 필요한 사항을 알리는 것을 말한
다. 보고의 방법은 합리적인 것이라면 제한이 없으므로, 구두·문서·전화·모사전송(팩스)·기타 e-mail 등
의 전자통신의 방법으로도 가능하다.

43 ② ㉠ (지체 없이), ㉡ (20일)

44 ③ 고객정보에 대하여 그 이용의 부당성 여부를 불문하고 고객정보를 누설하는 행위 자체를 금지하는 것이다. 「자
본시장법」에서는 금융투자업자는 직무상 알게 된 정보로서 외부에 공개되지 아니한 정보를 정당한 사유 없이
자기 또는 제3자의 이익을 위하여 이용해서는 안 된다고 하여 포괄적으로 직무정보를 부당하게 이용하는 행위
를 금지하는 규정을 두고 있다. 다만, 고객정보의 제공을 허용하는 별도의 법적 근거가 있는 경우, 이를테면
법원제출명령, 조세관련법률 및 금융위원회의 감독을 위해 필요한 경우에는 업무상 필요한 범위 내에서만 제한
적으로 제공이 가능하다.

45 금융투자업자의 공정성 유지 의무에 대한 설명으로 옳지 않은 것은?
★★★

① 금융투자업종사자는 업무를 수행함에 있어서 개인적인 관계 등에 의하여 금융소비자를 차별해서는 아니 되고 모든 금융소비자를 공평하게 취급하여야 한다.

② '공평하게'란 '동일하게'라는 의미로서 예를 들면, 투자정보를 제공하는 경우 모든 고객에게 동일한 조건이어야 한다는 것을 의미한다.

③ '공평하게'란 공정성 유지 의무를 뜻한다.

④ 회사는 거래소로부터 받은 시세정보를 투자자에게 제공하는 경우, 특정 위탁자에게만 매매주문 관련 자료나 정보를 차별적으로 제공하는 행위를 해서는 아니 된다.

46 투자상담업무를 담당하고 있는 자가 고객에 대하여 투자를 권유할 때에 직무윤리기준을 위반하지 않은 것은?
★★★

① 정밀한 조사·분석을 거치지는 않았지만, 자신의 주관적인 예감에 확실히 수익성이 있다고 생각되는 금융투자상품을 권한다.

② 주가는 미래의 가치를 반영하는 것이므로 투자정보를 제시할 때에 현재의 객관적인 사실보다는 미래의 전망을 위주로 하여 설명한다.

③ 고객을 강하게 설득하기 위해 필요하다면 투자성과가 어느 정도 보장된다는 취지로 설명하는 것도 가능하다.

④ 중요한 사실이 아니라면 오히려 그것을 설명함으로 인하여 고객의 판단에 혼선을 줄 수 있는 사항은 설명을 생략할 수 있다.

47 본인에 대한 윤리로서 법규준수에 관한 설명으로 옳지 않은 것은?
★★☆

① 금융투자업무종사자는 직무와 관련된 윤리기준, 그리고 이와 관련된 모든 법률과 그 하부규정, 정부·공공기관 또는 당해 직무활동을 규제하는 자율단체의 각종 규정을 숙지하고 그 준수를 위하여 노력하여야 한다.

② 금융투자업종사자가 법규의 존재여부와 내용을 알지 못하여 위반한 경우에는 그에 대한 법적 제재가 가해지지 않는다.

③ 준수해야 할 법규는 「자본시장법」과 같이 직무와 직접적으로 관련 있는 법령뿐만 아니라, 직무와 관련하여 적용되는 인접 분야의 법령 및 자율적으로 만든 사규까지도 포함한다.

④ 준수해야 할 법규는 법조문으로 되어 있는 것은 물론이고, 그 법정신과 취지에 해당하는 것도 포함한다.

48 본인에 대한 윤리로서 자기혁신에 관한 설명으로 옳지 않은 것은?

★★☆

① 자기혁신의 방법 중 하나는 금융투자업종사자 본인이 담당하고 있는 직무에 관한 이론과 실무를 숙지하고 전문지식을 배양하는 것이다.

② 또 다른 자기혁신의 방법 중 하나는 금융투자업종사자가 윤리경영 실천에 대한 의지를 스스로 제고하기 위해 노력하는 것이다.

③ 금융투자업종사자가 윤리기준을 위반하는 경우 사람들의 지탄을 받게 되지만 법률을 위반하는 것은 아니다.

④ 금융투자협회는 표준윤리준칙을 제정하여 개별 회원사들이 준용할 수 있도록 권고하고 있다.

49 본인에 대한 윤리로서 품위유지에 관한 설명으로 옳지 않은 것은?

★★★

① 금융투자업종사자의 품위유지는 공정성 및 독립성을 유지하는 것과도 관련이 깊다.

② 금융투자업종사자는 해당 직무를 수행함에 있어서 항상 공정한 입장에 서야 하고 독립적이고 객관적인 판단을 하도록 하여야 한다.

③ 온정주의나 적당한 타협은 업무의 공정성과 독립성을 해치는 가장 큰 걸림돌이 된다.

④ 직위를 이용하여 상급자가 하급자에게 부당한 명령이나 지시를 하지 않으며, 부당한 명령이나 지시를 받은 직원은 일단 지시에 따른 후 이를 준법감시인에게 보고하여야 한다.

정답 및 해설

45 ② '공평하게'라고 하는 것은 반드시 '동일하게'라는 의미보다는 '공정하게'라는 의미가 더 강하다. 예를 들면, 투자 정보를 제공하는 경우 모든 고객에게 완전한 동일한 조건이어야 하는 것은 아니라 고객의 투자목적, 지식·경험, 정보제공에 대한 대가 등에 따라서 필요한 정보를 적절하게 차별하여 제공하는 것은 허용된다. 즉, 동일한 성격을 가진 금융소비자 내지 금융소비자군에 대하여 제공되는 서비스의 질과 양 및 시기 등이 동일하여 공정성을 유지하면 된다.

46 ④ 투자판단에 중요한 사실은 빠짐없이 설명해야 하지만 중요한 사실이 아니라면 오히려 그것을 설명함으로 인하여 고객의 판단에 혼선을 줄 수 있는 사항은 설명을 생략할 수 있다. 또한 투자권유는 객관적인 사실에 기초하여야 하며, 사실과 의견을 구분하여야 한다.

47 ② 법에 대한 무지는 변명되지 아니한다. 이는 금융투자업종사자가 법규의 존재여부와 내용을 알지 못하여 위반한 경우라도 그에 대한 법적 제재가 가해진다는 뜻이다.

48 ③ 금융투자업종사자들은 기본적으로 준수하여야 할 윤리기준이 있는데, 이는 법률로써 강제화되어 있어 중첩되는 부분이 많다. 이는 금융투자업종사자가 윤리기준을 위반하는 경우 단순히 사람들의 지탄을 받는 것으로 끝나는 것이 아니라 관련 법률을 위반하게 되는 경우가 많다는 의미이다.

49 ④ 직위를 이용하여 상급자가 하급자에게 부당한 명령이나 지시를 하지 않으며, 부당한 명령이나 지시를 받은 직원은 이를 거절해야 한다.

50 다음에서 설명하고 있는 금융투자협회의 '금융투자회사의 영업 및 업무에 관한 규정'은 어떤 직무
★★★ 윤리를 강조하고 있는 것인가?

> ㉠ 금융투자회사 및 그 임직원은 금융투자분석사에게 부당한 압력이나 권한 행사 금지
> ㉡ 조사분석 담당임원의 기업금융·법인영업 및 고유계정 운용업무 겸직금지
> ㉢ 금융투자분석사와 기업금융업무관련 부서 간의 의견교환 제한

① 조사분석업무의 정확성 유지　　　　② 조사분석업무의 독립성 유지
③ 조사분석업무의 객관성 유지　　　　④ 조사분석업무의 효율성 유지

51 금융감독기구는 금융투자회사 및 그 종사자가 거래상대방에게 제공하거나 거래상대방으로부터 수
★★★ 령한 재산상 이익의 가액이 (　　)을 초과하는 즉시 인터넷 홈페이지를 통하여 공시하도록 의무화
하였다. (　　)에 알맞은 것은?

① 1억원　　　　　　　　　　　　② 2억원
③ 5억원　　　　　　　　　　　　④ 10억원

52 「자본시장법」상 수수료 및 성과보수의 제한 규정에 대한 설명으로 옳지 않은 것은?
★★★ ① 금융투자업자는 수수료 부과기준을 정함에 있어서 투자자별로 차별이 불가능하다.
② 투자매매업자·투자중개업자가 조사분석자료의 작성을 담당하는 자에 대하여 기업금융업무와
　 연동된 성과보수를 지급하는 행위를 불건전 영업행위로 금지하고 있다.
③ 투자자문업자 및 투자일임업자의 경우 투자자문과 관련된 투자결과 또는 투자일임재산의 운용실
　 적과 연동된 성과보수를 받는 행위가 금지된다.
④ 투자자문업자 및 투자일임업자는 대통령령으로 정하는 경우에는 성과보수를 받을 수 있으며, 이
　 때에는 성과보수 산정방식 등을 계약서류에 기재하여야 한다.

53 다음 사례에서 D부장이 위반한 윤리기준과 가장 관계가 깊은 것은?
★★★

> ○○증권회사 D부장은 평소 알고 지내던 친구가 금융투자업 관련 자격증 취득반이 있는 학원을 개업
> 하면서 "○○증권회사가 소속 임직원들에게 해당 학원에 대해 이용 등 협찬을 하고 있는 것처럼 해
> 달라."는 부탁을 받고 마치 ○○증권회사에서 해당 학원을 협찬하는 것처럼 현수막 등 광고물에 회사
> 의 명칭 등을 사용하도록 하여 많은 사람들이 해당 학원의 공신력을 믿고 수강하도록 유도하였다.

① 부당한 금품수수 및 제공의 금지
② 품위유지
③ 직위의 사적 이용 금지
④ 직무관련정보를 이용한 사적 거래 제한

54 금융투자업종사자가 준수하여야 할 직무윤리로 그 성격이 나머지 셋과 다른 하나는?
★★★
① 법규준수
② 자기혁신
③ 품위유지
④ 상호존중

정답 및 해설

50 ② 조사분석업무의 직무상 독립성을 확보하기 위한 것이다.

51 ④ 10억원 초과하면 즉시 공시해야 한다.

52 ① 금융투자업자는 수수료 부과기준을 정함에 있어서 정당한 사유 없이 차별하여서는 아니 된다. 즉 정당한 사유
(예탁자산 규모 등)가 있으면 차별이 가능하다.

53 ③ 직위의 사적 이용 금지 규정을 위반한 사례이다. 금융투자업종사자는 직무의 범위를 벗어나 사적 이익을 위하
여 회사의 명칭이나 직위를 공표, 게시하는 등의 방법으로 이용하거나 이용하게 해서는 아니 된다. 하지만 일상
적이고 특정인의 이익을 위한 목적이 아닌 경우에는 윤리기준 위반행위로 볼 수 없다. 대표적으로 경조사 봉투
및 화환 등에 회사명 및 직위를 기재하는 행위나 지점 개업식 또는 계열사의 창립기념일에 축하 화환 등을 보내
면서 회사의 명칭을 기재하는 것 등은 직무와 관련하여 회사 명칭이나 직위를 사용하는 행위로서 위반행위에
해당하지 않는다.

54 ④ 상호존중은 회사에 대한 윤리이며, 나머지 셋은 본인에 대한 윤리이다.

55 금융투자업종사자의 회사에 대한 윤리로서 상호존중에 관한 설명으로 옳지 않은 것은?

★★☆

① 상사의 부당한 지시가 있을 경우 상호존중의 차원에서 일단 따른 후에 해당 지시내용의 잘못된 점은 회사에 보고하여야 한다.

② 회사는 임직원 개개인의 자율과 창의를 존중함으로써 임직원이 자신의 삶의 질을 향상시킬 수 있도록 도와주어야 한다.

③ 상호존중에 포함되는 것 중의 하나가 성희롱 방지로 넓은 의미의 품위유지의무에도 해당하나 그 이상의 것이 포함된다.

④ 금융투자회사는 정부의 권고에 따라 매년 1회 이상 성희롱 예방 등에 관한 교육을 정기적으로 실시하고 있다.

56 금융투자업종사자의 공용재산의 사적사용 및 수익금지 규정에 대한 설명으로 옳지 않은 것은?

★★★

① 회사의 재산을 사적인 용도로 사용하거나 자신의 지위를 이용하여 사적 이익을 추구하는 행위는 금지된다.

② 회사의 중요정보를 사전에 회사와 협의하지 않고 유출하는 행위는 금지된다.

③ 고객관계, 영업기회 등과 같은 무형의 것도 회사의 재산에 모두 포함된다.

④ 회사가 임직원에게 부여한 지위는 회사의 재산으로 볼 수 없다.

57 금융투자업종사자의 공용재산의 사적사용 및 수익금지 사항에 해당하지 않는 것은?

★★★

① 회사의 비품이나 자재를 사적인 용도로 사용하는 행위

② 사적인 용도로 회사전화를 장시간 사용하는 행위

③ 신문, 방송 등 언론매체 접촉을 준법감시인 등의 승인 없이 하는 행위

④ 회사의 업무와 무관한 E-mail을 사용하거나 게임을 하는 행위

58 A금융투자회사의 직원인 K는 업무상 해외출장이 잦은 관계로 그로 인하여 유럽 왕복권 2장에 해당

★★★ 하는 마일리지를 적립하게 되었다. K는 이를 이용하여 이번 겨울 휴가기간 동안 친구와 함께 유럽 여행을 다녀왔다. K의 이와 같은 행위는 어떤 직무윤리기준을 위반한 것인가?

① 상호존중　　　　　　　　　② 품위유지

③ 직위의 사적 이용　　　　　④ 사적이익 추구

59 금융투자회사와 그 임직원의 정보보호에 대한 설명으로 옳지 않은 것은?

★★★

① 미공개된 회사의 경영전략이나 새로운 상품 및 비즈니스 등에 관한 정보는 기록 형태나 기록 유무와 관계없이 비밀정보로 본다.

② 특정한 정보가 비밀정보인지 불명확한 경우, 그 정보를 이용하기 전에 준법감시인의 사전 확인을 받아야 한다.

③ 특정한 정보가 비밀정보인지 불명확한 경우, 준법감시인의 사전 확인을 받기 전까지 당해 정보는 비밀정보가 아닌 것으로 분류되어야 한다.

④ 비밀정보를 제공하는 경우에는 '필요성에 의한 제공원칙(Need to Know Rule)'에 부합하는 경우에 한하여 준법감시인의 사전 승인을 받아 제공하여야 한다.

정답 및 해설

55 ① 상사의 부당한 지시에 대해 이를 거부하거나 해당 지시내용의 잘못된 점은 회사에 보고하여야 한다.

56 ④ 회사의 재산은 매우 넓은 개념으로서 동산, 부동산, 무체재산권, 영업비밀과 정보, 고객관계, 영업기회 등과 같은 유형·무형의 것이 모두 포함된다. 회사가 임직원에게 부여한 지위도 그 지위를 부여받은 개인의 것이 아니고 넓은 의미에서의 회사재산이 된다. 회사의 재산을 부당하게 유용하거나 유출하는 행위는 형사법상 처벌의 대상이 될 수 있다(횡령죄, 배임죄, 절도죄, 업무방해죄).

57 ③ 신문, 방송 등 언론매체 접촉을 준법감시인 등의 승인 없이 하는 행위는 대외활동 시의 준법절차 준수의무에 관한 사항이다. 또한 회사 내에서의 지위를 이용하여 사적인 이익을 추구하는 행위, 회사의 정보를 무단으로 유출하는 행위 등도 공용재산의 사적사용 및 수익금지 사항이다.

58 ④ 회사의 비용으로 업무상 적립된 마일리지는 원칙적으로 회사의 재산에 속한다. 따라서 K가 회사가 정한 마일리지 사용방법에 의하지 않고, 이를 자신의 사적 용도로 사용하는 행위는 회사재산을 부당하게 이용한 행위에 해당한다. 즉 공용재산의 사적사용은 사적이익 추구 금지와 관련된 사항이다.

59 ③ 특정한 정보가 비밀정보인지 불명확한 경우, 준법감시인의 사전 확인을 받기 전까지 당해 정보는 표준내부통제기준이 정하는 바에 따라 비밀정보로 분류·관리되어야 한다. 비밀정보의 제공은 그 필요성이 인정되는 경우에 한하여 회사가 정하는 사전 승인절차에 따라 이루어져야 하며, 일체의 비밀정보는 정보차단의 원칙에 의거하여 관리되고, 적절한 보안장치를 구축하여 관리하여야 한다. '필요성에 의한 제공원칙(Need to Know Rule)'이란 회사에서 부여한 업무를 수행하기 위하여 필요한 최소한의 범위 내에서만 제공하여야 한다는 원칙이다.

60 금융투자회사와 그 임직원의 정보보호에 대한 설명으로 옳지 않은 것은?

★★★
① 법에 대한 무지는 변명되지 아니한다.

② 업무 수행 중 알게 된 회사 또는 금융소비자의 정보를 누설하거나 부당하게 이용하여서는 아니 된다.

③ 금융소비자별로 중요한 정보를 차별적으로 제공하는 것은 공정성을 훼손하지 않는다.

④ 금융소비자의 매매내역은 신용정보에 해당한다.

61 금융투자회사의 임직원이 직무와 관련한 법규 위반, 부조리 및 부당행위 등의 윤리기준 위반 행위

★★☆ 가 있거나 있을 가능성이 있는 경우 신분노출의 위험 없이 해당 행위를 회사에 제보할 수 있게 만든 제도는?

① Whistle Blower ② Chinese Wall

③ Know Your Customer Rule ④ Need to Know Rule

62 내부제보제도에 대한 설명으로 옳지 않은 것은?

★★★
① 제보자는 육하원칙에 따라 정확한 사실만을 제보하여야 한다.

② 제보의 대상은 법규 위반, 윤리기준 위반 및 성희롱 등이 포함된다.

③ 제보자의 신분 및 제보사실은 어떠한 경우라도 보장된다.

④ 제보자가 제보로 인하여 신분상의 불이익을 당한 경우 준법감시인에게 신분보장조치를 요구할 수 있다.

63 금융투자회사의 임직원이 대외활동시 준수사항에 대한 설명으로 옳지 않은 것은?

★★★
① 회사의 공식의견이 아닌 사견을 표현하여서는 아니 된다.

② 대외활동으로 인하여 회사의 주된 업무 수행에 지장을 주어서는 아니 된다.

③ 대외활동으로 인하여 금전적인 보상을 받게 되는 경우 회사에 신고하여야 한다.

④ 불확실한 사항을 단정적으로 표현하거나 다른 금융투자회사를 비방하여서는 아니 된다.

64 금융투자업종사자가 대외활동을 하는 경우의 준법절차에 대한 설명으로 옳지 않은 것은?

★★★ ① 대외활동이란 외부 강연, 기고 등의 활동, 신문·방송 등 언론매체 접촉활동, 회사가 운영하는 온라인 커뮤니티, SNS 등 전자통신수단을 이용한 대외 접촉활동 등을 말한다.

② 금융투자업종사자가 대외활동을 함에 있어서는 회사, 주주 또는 고객과 이해상충이 발생하지 않도록 하며 필요한 준법절차를 밟아야 한다.

③ 해당 활동의 성격, 이해상충의 정도 등에 따라 소속 부점장, 준법감시인 또는 대표이사의 사전 승인을 얻어야 한다.

④ 회사가 대외활동의 중단을 요구할 때에는 즉시 회사의 요구에 따라야 한다.

65 금융투자회사 임직원의 대외활동 시 금지사항이 아닌 것은?

★★★ ① 회사가 승인한 중요자료나 홍보물 등을 배포하거나 사용하는 행위

② 불확실한 사항을 단정적으로 표현하는 행위 또는 오해를 유발할 수 있는 주장이나 예측이 담긴 내용을 제공하는 행위

③ 합리적인 논거 없이 시장이나 특정 금융투자상품의 가격 또는 증권발행기업 등에 영향을 미칠 수 있는 내용을 언급하는 행위

④ 경쟁업체의 금융투자상품, 인력 및 정책 등에 대하여 사실과 다르거나 명확한 근거 없이 부정적으로 언급하는 행위

정답 및 해설

60 ③ 중요한 정보는 동등하게 제공되어야 한다.

61 ① 내부제보(Whistle Blower)제도에 관한 설명이다.

62 ③ 제보자가 무고, 음해, 비방 등 악의적인 목적으로 제보한 경우 또는 사실과 다른 내용을 제보하는 경우에는 비밀보장 및 근무조건 차별금지 등을 보장받을 수 없다.

63 ① 사견도 말할 수 있다. 다만, 회사의 공식의견이 아닌 경우 사견임을 명백히 표현하여야 한다.

64 ① 대외활동이란 외부 강연, 연설, 교육, 기고 등의 활동, 신문·방송 등 언론매체 접촉활동, 회사가 운영하지 않는 온라인 커뮤니티(블로그, 인터넷 카페 등), SNS, 웹사이트 등 전자통신수단을 이용한 대외 접촉활동 등을 말한다.

65 ① 회사가 승인하지 않은 중요자료나 홍보물 등을 배포하거나 사용하는 행위가 금지된다. 그 밖에 자신이 책임질 수 없는 사안에 대해 언급하는 행위, 주가조작 등 불공정거래나 부당권유 소지가 있는 내용을 제공하는 행위도 금지된다.

66 임직원의 언론기관 접촉 활동을 하는 경우의 준수사항에 대한 설명으로 가장 거리가 먼 것은?

★★★ ① 임직원이 언론기관 등에 대하여 업무와 관련된 정보를 제공하고자 하는 경우 사전에 관계부서(홍보부 등)와 충분히 협의하여야 한다.

② 관계부서의 장은 제공하는 정보가 거짓의 사실 또는 근거가 희박하거나, 일반인의 오해를 유발할 수 있는 주장이나 예측을 담고 있는지의 여부를 검토하여야 한다.

③ 관계부서의 장은 정보제공자가 언급하고자 하는 주제가 회사를 충분히 홍보할 수 있는 내용을 담고 있는지의 여부를 검토하여야 한다.

④ 관계부서의 장은 내용의 복잡성이나 전문성에 비추어 언론기관 등을 통한 정보 전달이 적합한지의 여부 등을 검토하여야 한다.

67 임직원이 전자통신수단(이메일, 대화방, 게시판 및 웹사이트 등)을 사용하는 경우의 준수사항으로
★★★ 옳지 않은 것은?

① 회사 이외의 장소에서 임직원과 금융소비자 간의 이메일은 개인정보이므로 표준내부통제기준 및 관계법령 등의 적용을 받지 않는다.

② 임직원의 사외 대화방 참여는 공중포럼으로 간주하여 언론기관과 접촉할 때와 동일한 윤리기준을 준수하여야 한다.

③ 임직원이 인터넷 게시판 등에 특정 금융투자상품에 대한 분석이나 권유와 관련된 내용을 게시하고자 하는 경우 사전에 준법감시인이 정하는 절차와 방법에 따라야 한다.

④ 임직원이 인터넷 게시판 등에 자료의 출처를 명시하고 그 내용을 인용하거나 기술적 분석에 따른 투자권유를 하는 경우에는 사전에 준법감시인이 정하는 절차와 방법을 따르지 않아도 된다.

68 금융투자업종사자의 대외활동에 대한 설명으로 옳은 것은?

★★★ ① 금전적인 보상은 수고에 대한 대가이므로 반드시 신고할 필요는 없다.

② 대외활동이 회사의 주된 업무수행에 지장을 주어서는 아니 된다.

③ 경쟁회사에 대한 부정적인 언급은 정도가 심하지 않은 경우 허용된다.

④ 회사의 공식의견이 아닌 사견은 대외활동 시 발표할 수 없다

69 금융투자업종사자의 고용계약 종료 후의 의무에 대한 설명으로 옳지 않은 것은?

★★★ ① 금융투자업종사자의 회사에 대한 선관주의 의무는 재직 중에는 물론이고 퇴직 등의 사유로 회사와의 고용 내지 위임계약관계가 종료된 이후에도 합리적인 기간 동안 지속된다.

② 고용기간이 종료된 이후에도 회사로부터 명시적으로 서면에 의한 권한을 부여받지 않으면 비밀정보를 출간, 공개 또는 제3자가 이용하도록 하여서는 아니 된다.

③ 고용기간의 종료와 동시에 또는 회사의 요구가 있을 경우에는 보유하고 있거나 자신의 통제 하에 있는 기밀정보를 포함한 모든 자료를 회사에 반납하여야 한다.

④ 고용기간 동안 본인이 생산한 지적재산물은 회사의 재산으로 반환하여야 하며, 고용기간이 종료한 후에야 퇴직자가 이용이나 처분권한을 가지게 된다.

70 금융투자업종사자의 소속 회사에 대한 의무를 설명한 것으로 옳지 않은 것은?

★★★ ① 회사의 재산은 회사의 이익을 위한 용도로만 사용되어야지 개인의 사적 이익을 위하여 부당하게 사용되어서는 아니 된다.

② 회사, 주주 또는 고객과 이해상충이 발생할 수 있는 대외활동을 하는 경우 준법감시인에게 사후보고를 하여야 한다.

③ 임직원과 고객 간의 이메일은 사용장소에 관계없이 표준내부통제기준 및 관계법령 등의 적용을 받는다.

④ 회사에 대한 선관주의의무는 퇴직 등의 사유로 고용관계가 종료된 이후에도 상당기간 지속된다.

정답 및 해설

66 ③ 관계부서의 장은 정보제공자가 언급하고자 하는 주제에 대하여 충분한 지식과 자격을 갖추고 있는지의 여부를 검토하여야 한다.

67 ① 임직원과 금융소비자 간의 이메일은 사용 장소에 관계없이 표준내부통제기준 및 관계법령 등의 적용을 받는다.

68 ② 대외활동 시 금전적인 보상은 반드시 신고해야 하며, 경쟁회사에 대한 비방은 금지된다. 사견임을 명백히 표시한 경우엔 사견을 발표할 수 있다.

69 ④ 고용기간 동안 본인이 생산한 지적재산물은 회사의 재산으로 반환하여야 하며, 고용기간이 종료한 후라도 그 이용이나 처분권한은 회사가 가지는 것이 원칙이다. 또한, 고용기간이 종료되면 어떠한 경우나 이유로도 회사명, 상표, 로고 등을 사용하여서는 아니 된다. 회사에 대한 선관주의 의무는 회사와의 고용 내지 위임계약관계가 종료된 이후에도 상당기간 지속된다. 이러한 의무는 일정기간(계약서에 3년으로 되어 있으면 3년) 동안 지속되지만 지나치게 장기간이면 합리적인 기간으로 제한된다.

70 ② 회사, 주주 또는 고객과 이해상충이 발생할 수 있는 대외활동을 하는 경우 해당 활동의 성격, 이해상충의 정도 등에 따라 소속 부점장, 준법감시인 또는 대표이사의 사전승인을 받아야 한다.

71 금융투자회사 및 임직원의 시장질서 존중에 대한 설명으로 옳지 않은 것은?

★★☆

① 금융투자업종사자는 자본시장의 건전성을 훼손하거나 시장질서를 교란하는 행위가 발생하지 않도록 각별히 노력하여야 한다.

② 기존의 불공정거래행위 규제와는 달리 시장질서 교란행위에 대한 규제는 그 적용대상을 크게 확대함으로써 시장질서를 교란하는 행위를 사전에 방지하고자 하였다.

③ 「자본시장법」의 개정으로 비록 부당이득을 얻을 목적 등이 없어도 시세에 부당한 영향을 주는 행위는 시장질서 교란행위로 보고 제재할 수 있게 되었다.

④ 프로그램 오류 등으로 대량의 매매가 체결되어 시세의 급변을 초래한 경우엔 기존의 「자본시장법」상 불공정거래행위로 제재할 수 있다.

72 주주가치 극대화를 위해서 금융투자업종사자가 준수하여야 할 사항과 가장 거리가 먼 것은?

★★☆

① 주주의 이익보호를 위하여 탁월한 성과창출로 회사의 가치를 높여야 한다.

② 회계자료의 정확성과 신뢰성을 유지하여야 한다.

③ 주주와 금융소비자에게 필요한 정보를 관련 법규 등에 따라 적시에 공정하게 제공하여야 한다.

④ 주주와 금융소비자의 모든 요구와 제안을 존중하여 상호 신뢰관계를 구축하여야 한다.

73 금융투자회사의 표준윤리준칙 제10조에서는 "회사와 임직원 모두 시민사회의 일원임을 인식하고,

★★☆ (   )적 책임과 역할을 다하여야 한다."라고 규정하고 있다. (   )에 알맞은 말은?

① 국 민　　　　　　　　　　　② 기업가

③ 사 회　　　　　　　　　　　④ 국 가

74 금융투자회사의 내부통제기준에 대한 설명으로 옳지 않은 것은?

★★☆

① 내부통제는 회사의 임직원이 업무수행 시 법규를 준수하고 조직운영의 효율성 제고 및 재무보고의 신뢰성을 확보하기 위해 회사 내부에서 수행하는 모든 절차와 과정을 말한다.

② 금융투자업자는 효과적인 내부통제 활동을 수행하기 위한 조직구조, 위험평가, 업무분장 및 승인 절차 등의 종합적 체제로서 내부통제체제를 구축하여야 한다.

③ 금융투자업종사자가 기본적으로 준수하여야 할 윤리기준은 상당 부분 법률 등과 중첩되어 강제되고 있어, 회사들은 윤리기준을 사규로 제정하는 등의 노력을 하고 있다.

④ 금융투자업종사자가 윤리기준을 위반하는 것은 비난과 지탄의 대상이 되지만 다른 사규들의 위반행위와 동일하게 제재의 대상이 되지는 않는다.

75 금융투자업자가 법령을 준수하고, 자산을 건전하게 운용하며, 이해상충방지 등 투자자를 보호하기
★★★ 위하여 금융투자업자의 임직원이 직무를 수행함에 있어서 준수해야 할 적절한 기준 및 절차를 정한
것은?

① 내부통제기준　　　　　　　　　　　② 준법감시제도
③ 컴플라이언스 매뉴얼　　　　　　　　④ 자금세탁방지제도

76 금융투자회사의 표준내부통제기준에 따른 준법감시인에 대한 설명으로 옳지 않은 것은?
★★★
① 내부통제기준의 적정성을 정기적으로 점검해야 한다.
② 이사회와 대표이사의 지휘를 받아 그 업무를 수행한다.
③ 내부통제체제의 구축·유지·운영 및 감독책임이 있다.
④ 관련 규정상 조건 충족 시 준법감시업무 중 일부를 준법감시업무를 담당하는 임직원에게 위임할
수 있다.

정답 및 해설

71　④　기존의 불공정행위는 매매유인이나 부당이득을 얻을 목적 등 목적성을 가져야 불공정거래행위로 규제할 수 있
　　　었으나, 개정「자본시장법」에서는 비록 목적성이 없어도 시세에 부당한 영향을 주는 행위는 시장질서 교란행위
　　　로 보고 제재할 수 있게 되었다. 따라서 프로그램 오류 등으로 대량의 매매가 체결되어 시세의 급변을 초래한
　　　경우라 할지라도 시장질서 교란행위로 보고 제재할 수 있다. 시장질서 교란행위의 대상이 되는 정보는 상장증
　　　권·장내파생상품등의 매매 조건에 중대한 영향을 줄 가능성이 있는 불특정다수인이 알 수 있도록 공개되기
　　　전의 정보이다.

72　④　주주와 금융소비자의 정당한 요구와 제안을 존중하여 상호 신뢰관계를 구축하여야 한다.

73　③　사회적 책임과 역할을 다하여야 한다.

74　④　금융투자업종사자가 윤리기준을 위반하는 것은 사규 및 관련 법규를 위반하는 것으로 다른 사규들의 위반행위
　　　와 동일하게 제재의 대상이 된다.

75　①　내부통제기준에 대한 설명이다.

76　③　내부통제체제의 구축·유지·운영 및 감독책임은 대표이사에게 있다. 준법감시인은 이사회와 대표이사의 지휘
　　　를 받아 그 업무를 수행하며, 대표이사와 감사(위원회)에 아무런 제한 없이 보고할 수 있다. 또한, 내부통제기준
　　　의 적정성을 정기적으로 점검하고 문제점 또는 미비사항이 발견된 경우 이의 개선 또는 개정을 요구할 수 있다.

77 준법감시인의 권한 및 의무에 대한 설명으로 옳지 않은 것은?
★★★
① 임직원들의 내부통제기준 준수 여부를 정기 또는 수시 점검한다.
② 임직원의 부당행위 발견 시 감사 및 이사회에 보고하고 시정을 요구한다.
③ 준법감시인은 감사의 지휘를 받아 그 업무를 수행한다.
④ 임직원에게 업무와 관련하여 각종 자료나 정보제출을 요구할 수 있다.

78 내부통제기준 준수를 위한 준법감시체제에 관한 설명으로 옳지 않은 것은?
★★★
① 회사는 임직원의 업무수행의 공정성 제고 및 위법·부당행위의 사전 예방 등에 필요한 효율적인 준법감시체제를 구축·운영하여야 한다.
② 준법감시인은 임직원의 관계법령 등 및 내부통제기준의 준수여부를 점검하기 위해 회사의 업무전반에 대한 준법감시 프로그램을 구축·운영하여야 한다.
③ 임직원은 회사가 정하는 준법서약서를 작성하여 준법감시인에게 제출하여야 한다.
④ 내부제보제도는 조직문화를 흐리고 조직의 결속력을 해칠 우려가 있으므로 회사는 가급적 내부제보제도의 운영을 자제하여야 한다.

79 내부통제기준 준수를 위한 준법감시체제에 관한 설명으로 옳지 않은 것은?
★★★
① 회사는 임직원이 금융투자업무를 수행하는 데 필요한 직무윤리와 관련된 윤리강령을 제정·운영하여야 한다.
② 준법감시 담당부서는 해당 회사의 임직원이 다른 회사의 임직원을 겸직하려는 경우 겸직 개시 전에 겸직의 내용을 검토하며, 준법감시인은 검토결과 필요하다고 인정하는 경우 겸직내용의 시정 및 중단을 요구할 수 있다.
③ 회사는 임직원 업무수행의 적정성을 점검하기 위해 금융사고 발생 우려가 높은 업무를 수행하고 있는 임직원을 대상으로 권고휴가제도를 운영하여야 한다.
④ 회사는 입·출금 등 금융사고 발생 우려가 높은 단일거래에 대해 복수의 인력이 참여하도록 하는 등의 직무윤리 기준을 마련·운영하여야 한다.

80 회사가 특정 고객을 위하여 고객전용공간을 제공하는 경우 준수하여야 할 사항에 대한 설명으로
★★★ 옳지 않은 것은?

① 당해 공간은 직원과 분리되어야 하며, 영업점장 및 영업관리자의 통제가 용이한 장소에 위치하여
야 한다.

② 사이버룸의 경우 반드시 '사이버룸'임을 명기하고 외부에서 내부를 관찰할 수 있도록 개방형 형태
로 설치되어야 한다.

③ 고객에 대한 서비스 차원에서 명패, 명칭, 개별 직통전화 등을 사용하도록 하거나 제공해야 한다.

④ 영업점장 및 영업관리자는 고객전용공간에서 이루어지는 매매거래의 적정성을 모니터링하고 이
상매매가 발견되는 경우 지체 없이 준법감시인에게 보고하여야 한다.

81 직무윤리 및 내부통제기준 위반행위에 대한 제재를 설명한 내용으로 옳지 않은 것은?
★★★
① 금융투자협회는 회원 간의 건전한 영업질서 유지 및 투자자 보호를 위한 자율규제업무를 담당
한다.

② 금융위원회는 금융투자업자의 직원에 대하여 면직, 6개월 이내의 정직, 감봉, 견책, 경고, 주의
등의 조치를 할 수 있다.

③ 형사처벌은 법에 명시적 규정이 없더라도 가능하며, 이 경우 행위자와 법인 양자 모두를 처벌하는
경우가 많다.

④ 직무윤리강령 및 직무윤리기준 등을 위반한 행위에 대하여 법적 제재를 받지 않을 수도 있으나,
고객 및 시장으로부터의 신뢰상실과 명예실추, 고객과의 단절이 야기된다.

---

77 ③ 준법감시인은 이사회 및 대표이사의 지휘를 받아 그 업무를 수행한다.

78 ④ 회사는 내부통제의 효율적 운영을 위하여 내부제보제도를 운영하여야 하며, 이에 필요한 세부운영지침을 정할
수 있다. 이 경우 회사는 정당한 내부제보자에 대하여 부당한 인사상 불이익을 부과하여서는 아니 된다.

79 ③ 회사는 임직원의 위법·부당한 행위를 사전에 방지하기 위하여 명령휴가제도를 운영하여야 한다. 명령휴가제
도란 금융사고 발생 우려가 높은 업무를 수행하고 있는 임직원을 대상으로 일정기간 휴가를 명령하고, 동 기간
중 해당 임직원의 업무수행 적정성을 점검하는 제도를 말한다.

80 ③ 다른 고객이 사이버룸 사용 고객을 직원으로 오인하지 않도록 명패, 명칭, 개별 직통전화 등을 사용하도록 하거
나 제공해서는 안 된다.

81 ③ 형사처벌은 법에서 명시적으로 규정하고 있는 것에 한정하며(죄형법정주의), 그 절차는 형사소송법에 의한다.
또 행위자와 법인 양자 모두를 처벌하는 양벌규정을 두는 경우가 많다.

82 직무윤리 및 내부통제기준을 위반한 행위에 대하여 다음과 같은 제재를 결정할 수 있는 기관은?
★★★

> • 6개월 이내의 업무의 전부 또는 일부의 정지
> • 위법행위의 시정명령 또는 중지명령
> • 위법행위로 인한 조치를 받았다는 사실의 공표명령

① 금융투자협회 자율규제위원회　　　② 금융위원회
③ 금융감독원　　　　　　　　　　　④ 증권선물위원회

83 「자본시장법」상 금융위원회의 금융투자업자의 임원에 대한 제재조치와 거리가 먼 것은?
★★★ ① 해임요구　　　　　　　　　　　② 6개월 이내의 정직
③ 문책경고　　　　　　　　　　　④ 주 의

84 준법감시인이 영업점에 대한 준법감시업무를 위하여 지명하는 영업점별 영업관리자가 구비하여야
★★☆ 할 요건으로 옳지 않은 것은?

① 영업점에서 1년 이상 근무한 경력이 있거나 준법감시·감사업무를 1년 이상 수행한 경력이 있는
자로서 당해 영업점에 상근하고 있을 것
② 본인이 수행하는 업무가 과다하거나 수행하는 업무의 성격으로 인하여 준법감시업무에 곤란을
받지 아니할 것
③ 영업점장일 것
④ 준법감시업무를 효과적으로 수행할 수 있는 충분한 경험과 능력, 윤리성을 갖추고 있을 것

85 금융분쟁에 관한 설명으로 옳지 않은 것은?
★★☆ ① 금융수요자 등이 금융업무 등과 관련하여 이해관계 등이 발생함에 따라 금융관련기관을 상대로
제기하는 분쟁이 금융분쟁이다.
② 비록 금융업무 관련이라도 금융관련기관이 금융관련기관을 상대로 제기하는 분쟁은 금융분쟁에
해당하지 않는다.
③ 금융투자 관련 금융분쟁은 주로 자본시장법령 등에서 부여하는 금융투자업자에게 부여하는 의무
이행 여부가 쟁점이 된다.
④ 금융투자업 영위과정에서 거래관계가 수반되는 권리의무에 대한 상반된 주장을 분쟁이라는 형태
로 도출된다.

86 금융투자상품 권유 및 판매와 관련한 의무와 가장 거리가 먼 것은?

★★★   ① 선관의무 등 - 고객이익 최우선의 원칙

     ② 금융투자회사 임직원의 소속회사에 대한 충실의무

     ③ 회사재산과 정보의 부당한 사용 및 유출 금지의무

     ④ 고객에게 정확한 정보제공 의무

87 「자본시장법」(제37조)은 금융투자업자에 공통으로 적용되는 의무 등을 규정하고 있는데, 다음 중

★★★ 이와 거리가 먼 것은?

     ① 신의의 원칙   ② 성실의 원칙

     ③ 공정의 원칙   ④ 효율성의 원칙

정답 및 해설

82 ② 금융위원회는 금융투자업자에 대하여 6개월 이내의 업무의 전부 또는 일부의 정지, 위법행위의 시정명령 또는 중지명령, 위법행위로 인한 조치를 받았다는 사실의 공표명령 또는 게시명령 등을 내릴 수 있다.

83 ② 6개월 이내의 직무정지를 조치할 수 있으며, 6개월 정직은 직원에 대한 제재 조치권이다.

84 ③ 영업점장이 아닌 책임자급일 것. 다만, 당해 영업점의 직원 수가 적어 영업점장을 제외한 책임자급이 없는 경우에는 그러하지 아니하다.

85 ② 금융관련기관이 금융업무 관련하여 금융관련기관을 상대로 제기하는 분쟁도 금융분쟁에 해당된다.

86 ③ 회사재산과 정보의 부당한 사용 및 유출 금지의무는 임직원이 회사에 대해 지켜야 할 의무로서, 고객에 대한 상품의 권유 및 판매와 관련된 의무와는 거리가 멀다.

87 ④ (자본시장법 제37조) 금융투자업자는 신의성실의 원칙에 따라 공정하게 금융투자업무를 영위하여야 하며, 금융투자업을 영위함에 있어 정당한 사유 없이 투자자의 이익을 해하면서 자기가 이익을 얻거나 제3자가 이익을 얻도록 하여서는 아니 된다.

88 「자본시장법」제79조에서는 집합투자업자에게 적용되는 의무 등을 별도로 규정하고 있는데, 다음
★★★ 중 이와 가장 관계가 깊은 것은?

① 신의성실의무 　　　　　　　　② 공정성 유지의무

③ 선관의무 및 충실의무 　　　　　④ 전문지식배양의무

89 고객과 이해충돌이 발생할 경우의 우선순위 등에 대한 설명으로 옳지 않은 것은?
★★★

① 고객이익 최우선의 원칙은 고객의 희생 위에 자기 또는 제3자의 이익을 취하는 것을 금지하는
소극적인 의무이다.

② 어떠한 경우에도 고객의 이익은 회사와 회사의 주주 및 임직원의 이익에 우선한다.

③ 회사의 이익은 임직원의 이익에 우선한다.

④ 모든 고객의 이익은 상호 동등하게 취급한다.

90 금융투자회사 임직원이 회사에 대하여 지켜야 할 충실의무 등을 설명한 것으로 옳지 않은 것은?
★★★

① 금융투자회사 임직원은 회사와 위임계약 또는 고용계약에 의하여 맡은 업무를 수임자로서 성실하
게 수행하여야 할 의무가 있으며 또한 직무에 전념할 의무를 진다.

② 금융투자회사 직원은 소속 회사의 승인을 받은 경우가 아니면 회사와의 이해상충 관계에 있는
지위를 맡거나 업무를 수행하여서는 안 되며, 회사의 승인을 받은 경우에도 대외활동을 함에 있어
서 자신의 이익을 위하여 회사의 자산이나 인력 등을 사용할 수 없다.

③ 만일 이해상충의 우려가 있는 거래의 경우에는 반드시 준법감시인과 협의하여 고객과 회사의
이익이 침해받지 않는 범위 내에서 합리적인 절차를 거쳐 행하도록 하여야 한다.

④ 약정한 고용계약기간이 종료된 시점에 회사에 대해 지켜야 할 의무가 사라진다.

91 금융투자회사의 임직원은 고객에게 정확한 정보를 제공할 의무가 있는데, 이와 관련한 설명으로
★★★ 옳지 않은 것은?

① 고객에게 정확하고 충분한 정보를 제공하는 것이야 말로 고객인 투자자로 하여금 최적의 상품을
선택하게 하는 기초가 된다.

② 정보를 제공함에 있어서 되도록 고객에게 유리한 정보에 치중하여야 하며, 고객에게 불리한 정보
는 최소한으로 제공하여야 한다.

③ 경험상으로 볼 때 대부분의 분쟁은 고객에게 정확한 정보를 제공하였는가에서 출발한다.

④ 고객에게 특별한 위험이 내재된 상품에 대한 고지 또는 설명의무 등을 위반하였을 경우에는 회사
또는 직원이 손해배상책임을 질 수도 있다.

92 금융투자회사 임직원이 직무수행과정에서 알게 된 고객의 정보와 관련하여 준수하여야 할 내용으
★★★ 로 옳지 않은 것은?

① 금융투자회사의 임직원은 투자상담 등 직무수행과정에서 알게 된 고객정보를 누설하거나 고객이 아닌 자의 이익을 위하여 부당하게 이용하는 행위를 하여서는 아니 된다.

② 만일 고객에 관한 어떤 사항이 비밀정보인지 여부가 불명확할 경우에는 일단 비밀정보가 아닌 것으로 취급하여야 한다.

③ 법관이 발부한 영장에 의한 경우 등의 예외적인 경우를 제외하고는 금융기관 임직원이 고객의 금융거래정보를 타인에게 제공하거나 누설하는 것이 원칙적으로 금지되어 있다.

④ 「자본시장법」은 고객의 정적인 금융거래정보 외에도 동적인 정보(고객의 매매주문 동향 등)도 자기 또는 제3자의 이익을 위하여 이용하는 행위를 금지하고 있다.

---

88 ③ (자본시장법 제79조) 집합투자업자는 투자자에 대하여 선량한 관리자의 주의로써 집합투자재산을 관리하여야 하며, 투자자의 이익을 보호하기 위해 해당업무를 충실하게 수행해야 한다.

89 ① 고객이익 최우선의 원칙은 소극적으로 고객의 희생 위에 자기 또는 제3자의 이익을 취하는 것을 금지하는 것에 그치는 것이 아니라, 적극적으로 고객이 실현가능한 최대한의 이익을 취득할 수 있도록 업무를 수행하여야 할 의무를 진다는 것으로 이해하여야 한다.

90 ④ 미리 약정한 고용계약기간이 종료된 경우에도 일정한 의무가 부가된다. 예를 들어 자신이 고용기간 중에 직무 상 알게 된 비밀정보 등 자료를 회사에 반납하여야 하며 이를 공개하거나 제3자로 하여금 이용하게 해서는 안 된다. 또한 고용계약 종료 후에는 고객으로 하여금 소속회사에 대한 오해를 유발하는 명함 등을 교부하는 행위 를 하여서는 안 된다.

91 ② 정보를 제공함에 있어서 일시적으로 약정을 많이 올리기 위해서 고객에게 유리한 정보에 치중하여서는 안 되 며, 반드시 고객에게 불리한 정보도 제공하여 고객이 이를 이해할 수 있도록 하여야 한다.

92 ② 만일 고객에 관한 어떤 사항이 비밀정보인지 여부가 불명확할 경우에는 일단 비밀이 요구되는 정보인 것으로 취급하여야 한다.

93 금융투자회사 임직원이 직무수행과정에서 알게 된 회사의 정보와 관련하여 준수하여야 할 내용으
★★★ 로 옳지 않은 것은?

① 금융투자회사의 임직원이 직무수행 중 알게 된 회사의 정보는 회사의 재산에 속하는 것이고, 오로
지 회사의 이익을 위해서만 사용되어야 한다.

② 임직원이 고객 또는 회사의 비밀정보를 관련법령에 따라 제공하는 경우에는, 정보를 제공한 후
준법감시인에게 보고하여야 한다.

③ 정부 또는 감독기관과 연락하거나 정보를 제공하는 경우에는 준법감시인에게 사전 통보를 하고
협의를 거쳐야 한다.

④ 회사로부터 사전 허락을 받아 강연·방송 등에 참여하는 경우에도 원고 등을 준법감시인의 사전
승인을 받은 후 사용하여야 하고, 고객의 동의 없이 특정고객에 대한 언급이나 확정되지 아니한
기획단계의 상품 등에 대한 언급을 하여서는 아니 된다.

94 일반법과 특별법의 관계에 있어 특별법에 의거하여 우선 처리하고 특별법에 정함이 없으면 일반법
★★★ 을 적용한다. 다음 중 다른 법의 일반법의 지위에 있는 법은?

① 개인정보보호법
② 금융실명거래 및 비밀보장에 관한 법률
③ 전자금융거래법
④ 신용정보의 이용 및 보호에 관한 법률

95 다음 중 법률상의 개인정보에 해당하지 않는 것은?
★★★ ① 성 명
② 여권번호
③ 건강상태
④ 학 번

96 다음 중 개인정보처리자의 개인정보 보호 원칙으로 옳지 않은 것은?
★★☆ ① 개인정보의 처리목적에 필요한 범위에서 적합하게 개인정보를 처리하여야 하며, 그 목적 외의
용도로 활용해서는 안 된다.

② 개인정보의 처리방침 등 개인정보의 처리에 관한 사항을 공개하여야 한다.

③ 정보주체의 사생활 침해를 최소화하는 방법으로 개인정보를 처리하여야 한다.

④ 개인정보는 정확한 정보를 필요로 하므로, 익명처리를 하여서는 안 된다.

97 개인정보 유출에 대한 처벌에 관해 설명한 것으로 옳지 않은 것은?
★★★
① 「개인정보보호법」은 정보유출에 대한 손해배상을 강화하면서 징벌적 손해배상제도를 도입하였다.

② 고의·중과실로 개인정보를 유출한 기관에 대해 가중된 책임을 물어 피해액의 3배까지 배상액을 중과할 수 있도록 하였다.

③ 개인정보 유출로 인해 피해를 입었을 경우에 구체적 피해액을 입증한다면, 법원 판결을 통해 정해진 일정금액을 보상받는 법정 손해배상제도를 도입하였다.

④ 개인에 대해서도 부정한 방법으로 개인정보를 취득하여 타인에게 제공하는 자에게는 징역 5년 이하 또는 벌금 5천만원 이하의 벌금에 처하도록 규정하고 있다.

98 금융소비자보호가 필요한 이유와 가장 거리가 먼 것은?
★★★
① 금융소비자가 금융상품의 공급자에 비해 교섭력이 떨어지기 때문

② 금융상품은 일반상품과 달리 소비자가 선택할 수 있는 상품이 다양하지 못하고, 가격 흥정 및 교체하기도 어렵기 때문

③ 금융회사와 소비자 간에 존재하는 정보의 대칭성 때문

④ 금융상품은 계약이 복잡하고, 전문성을 요하기 때문

정답 및 해설

93 ② 임직원이 고객 또는 회사의 비밀정보를 관련법령에 따라 제공하는 경우에도 준법감시인의 사전승인을 받아 직무수행에 필요한 최소한의 범위 내에서 제공하여야 한다.

94 ① 개인정보보호법은 일반법으로서 관련 특별법이 있을 경우는 해당 법의 적용이 되나 관련 규정이 특별법에 없을 경우에는 개인정보보호법에 따라 처리해야 한다. 개인정보보호법은 개인정보의 처리 및 보호에 관한 사항을 정함으로써 개인의 자유와 권리를 보호하고, 나아가 개인의 존엄과 가치를 구현함을 목적으로 하여 2011년 9월 30일 시행되었다.

95 ④ 학번은 개인정보(고유식별정보)로 보지 않는다.

96 ④ 개인정보의 익명처리가 가능한 경우에는 익명에 의하여 처리될 수 있도록 하여야 한다.

97 ③ 개인정보 유출로 인해 피해를 입었을 경우에는 구체적 피해액을 입증하지 못하더라도 법원 판결을 통해 정해진 일정금액(300만원 이내)을 보상받는 법정 손해배상제도를 도입하였다.

98 ③ 금융소비자보호가 필요한 이유는 금융소비자가 금융상품의 공급자에 비해 교섭력이 떨어지기 때문이다. 특히, 금융회사와 소비자 간에 존재하는 정보력의 차이에 의한 정보의 비대칭성은 교섭력의 불균형을 초래하는 가장 직접적인 원인이라 할 수 있다.

99 직무윤리 및 내부통제기준을 위반한 행위에 대하여 취해지는 제재조치와 거리가 먼 것은?

★★★
① 형사벌칙
② 행정제재
③ 민사책임
④ 금융분쟁조정위원회 회부

100 직무윤리 및 내부통제기준을 위반한 행위에 대하여 취해지는 제재조치에 관한 설명이다. (   )에
★★★ 적절한 말을 바르게 나타낸 것은?

> • (㉠)는 금융투자업자에 대하여 「자본시장법」에 따라 6개월 이내의 업무의 전부 또는 일부의
>   정지 조치를 할 수 있으며, 관련 기관이나 수사기관에 통보 등의 조치를 취할 수 있다.
> • 위규행위가 발견되는 경우 (㉡)의 자율규제위원회는 회원의 임원에 대하여 해임, 6개월 이내
>   의 업무집행정지, 경고, 주의를 권고할 수 있다.
> • (㉢)는 내부통제기준 위반자에 대한 처리기준을 사전에 규정화하고, 위반자에 대하여 견책,
>   경고, 감봉, 정직, 해고 등 엄정하고 공정하게 조치하여야 한다.

① ㉠ (금융위원회), ㉡ (금융투자협회), ㉢ (금융투자회사)
② ㉠ (금융투자협회), ㉡ (금융위원회), ㉢ (금융투자회사)
③ ㉠ (금융위원회), ㉡ (금융투자회사), ㉢ (금융투자협회)
④ ㉠ (금융투자회사), ㉡ (금융투자협회), ㉢ (금융위원회)

101 분쟁조정제도에 관한 설명으로 옳지 않은 것은?

★★★
① 금융기관과 예금자 등 금융수요자, 기타 이해관계인 사이에 발생하는 금융관련 분쟁의 조정에
   관한 사항을 심의·의결하기 위하여 금융감독원에 금융분쟁조정위원회를 두고 있다.
② 금융감독원장은 분쟁조정의 신청을 받은 때에는 관계당사자에게 그 내용을 통지하고 합의를 권고
   할 수 있다.
③ 금융감독원에 설치된 금융분쟁조정위원회의 조정안을 당사자가 수락하여 조정안이 성립되더라
   도 이는 사적 조정안이기 때문에 법률상 효력을 갖는 것은 아니다.
④ 금융감독원 이외의 기관(한국거래소 분쟁조정심의위원회, 금융투자협회 분쟁조정위원회 등)에
   의한 조정은 민법상 화해계약으로서의 효력을 갖는다.

102 금융감독원 금융분쟁조정위원회의 분쟁조정 절차를 순서대로 바르게 나타낸 것은?

★★★

> ㉠ 분쟁내용의 통지 및 합의권고　　　　㉡ 조정위원회의 회부
> ㉢ 조정안의 작성　　　　　　　　　　　㉣ 조정안의 제시 및 수락권고

① ㉠ → ㉡ → ㉢ → ㉣　　　　　　② ㉠ → ㉡ → ㉣ → ㉢
③ ㉡ → ㉠ → ㉢ → ㉣　　　　　　④ ㉢ → ㉣ → ㉠ → ㉡

103 금융투자상품 관련 분쟁의 특징과 가장 거리가 먼 것은?

★★★

① 증권 또는 선물거래는 은행거래, 보험거래 등 다른 금융거래와는 달리 투자대상의 높은 가격변동에 따른 고투자위험, 투자과정에서의 전문성 필요 등과 같은 내재적인 특성을 가지고 있다.

② 고객의 증권회사 직원에 대한 높은 의존성, 금융투자회사 직원의 폭넓은 개입기회, 불공정거래 가능성 등 일반적인 위임의 법률관계와는 다른 특성이 존재한다.

③ 계좌개설부터 거래종료까지의 거래과정 중에 고객과 금융투자회사 임직원 간에 예기치 못한 분쟁이 발생할 개연성이 높다.

④ 고객과 금융투자회사 임직원 간에 분쟁발생시, 금융분쟁조정위원회의 도움을 받을 수 있어 당사자 간에 분쟁해결이 쉽다.

정답 및 해설

99　④　금융분쟁조정위원회는 금융기관과 예금자 등 금융수요자 기타 이해관계인 사이에 발생하는 금융관련 분쟁의 조정에 관한 사항을 심의·의결하기 위하여 금융감독원에 설치된 기구이다.

100　①　금융위원회(행정제재), 금융투자협회(자율규제기관에 의한 규제), 금융투자회사(회사 자체의 제재조치).

101　③　금융감독원에 설치된 금융분쟁조정위원회의 조정안을 당사자가 수락하면 당해 조정안은 재판상 화해와 동일한 효력을 갖는다. 금융감독원 이외의 기관(한국거래소 분쟁조정심의위원회, 금융투자협회 분쟁조정위원회 등)에 의한 조정은 민법상 화해계약으로서의 효력을 갖는다.

102　①　금융분쟁조정위원회의 분쟁조정 절차는, ㉠ 분쟁내용의 통지 및 합의권고 → ㉡ 조정위원회의 회부 → ㉢ 조정안의 작성 → ㉣ 조정안의 제시 및 수락권고 순서로 진행된다.

103　④　계좌개설부터 결제 등 거래종료까지의 거래과정 중에 고객과 금융투자회사 임직원 간에 예기치 못한 분쟁이 발생할 개연성이 높은 특징을 가지며, 분쟁발생시 당사자 간에 분쟁해결이 쉽지 않은 경향이 있다.

104 고객과 금융회사 임직원 간 금융투자상품 관련 분쟁의 유형으로 보기 어려운 것은?

★★★ ① 임의매매   ② 일임매매

      ③ 부당권유   ④ 내부자거래

105 분쟁예방 요령에 대한 설명으로 가장 적절하지 않은 것은?

★★★ ① 부당권유행위의 경우에는 금전제공, 수수료 할인 또는 비정상적 조건 등 고객에 대한 직간접적 손실보전행위를 금지한다.

      ② 과다 일임매매와 관련하여 고객으로부터 포괄적 일임매매를 받는 것이 최선이며, 빈번하거나 과도한 거래권유를 삼간다.

      ③ 임의매매의 경우 위반시 엄격한 제재 등을 감안할 때 고객의 위임 없는 거래는 금지하여야 한다.

      ④ 금융투자상품 주문거래에서는 녹취와 서류 등의 증빙을 갖추어 분쟁예방 또는 분쟁발생시를 대비하여야 한다.

106 다음의 분쟁 사례를 통해 강조되는 판매회사 임직원의 의무로 가장 적절한 것은?

★★★

> M은행이 5개월 전에 판매하였던 파생상품펀드의 수익증권을 매입한 고객 갑이 투자매매업자·투자중개업자인 은행지점을 찾아와서 자신은 은행예금인줄 알고 거래했으며 원본손실이 날 줄 알았더라면 애당초 거래를 하지 않았을 것이라고 주장하면서 원리금상당액의 보전을 요구하였다.

      ① 전문지식배양의무   ② 투자설명서 교부 및 주요내용 설명의무

      ③ 공정성의무   ④ 소속회사의 직원에 대한 지도·지원의무

107 파생상품펀드를 판매한 회사의 직원이 고객에게 써준 수익률 보장각서의 효력에 관한 설명으로
★★★ 가장 거리가 먼 것은?

      ① 일반거래약관이든 개별약정이든 강행법규에 위반하는 내용은 무효이다.

      ② 「자본시장법」은 투자원금의 보장 등 수익을 보장하는 권유행위를 금지하고 있다.

      ③ 비록 판매회사 직원이 임의로 수익률 보장각서를 제공하였다고 하더라도 이는 강행규정 위반행위로서 무효이다.

      ④ 직원이 제공한 수익률 보장각서의 내용은 무효이나 해당 직원은 불법행위에 대한 책임을 지며 소속 회사는 책임을 부담하지 않는다.

108 자금세탁(Money Laundering)의 절차를 바르게 나타낸 것은?

★★★ ① 예치(Placement)단계 → 은폐(Layering)단계 → 합법화(Integration)단계

② 은폐(Layering)단계 → 예치(Placement)단계 → 합법화(Integration)단계

③ 은폐(Layering)단계 → 합법화(Integration)단계 → 예치(Placement)단계

④ 합법화(Integration)단계 → 은폐(Layering)단계 → 예치(Placement)단계

정답 및 해설

104 ④ 내부자거래란 상장기업의 주요주주나 임직원이 자신의 지위를 통하여 취득한 미공개의 중대한 정보(내부정보)를 이용하여 자기 회사의 주식을 매매하는 등 부당하게 이득을 취하는 것을 말한다. 따라서 내부자거래는 고객과 금융회사 임직원 간 금융투자상품 관련 분쟁과는 거리가 멀다.

〈금융투자상품 관련 분쟁의 유형〉

임의매매	고객이 증권회사 또는 선물회사 직원에게 금융투자상품의 관리를 맡기지 아니하였고 그 금융투자회사 직원이 매매주문을 받지 않았음에도 고객의 예탁자산으로 마음대로 매매한 경우에는 민사상 손해배상책임뿐만 아니라 직원의 처벌이 가해질 수 있음
일임매매	증권회사, (투자일임업 등록한) 선물회사 또는 투자일임업자가 고객과 투자일임계약을 체결한 상태에서 당초의 일임계약 취지를 위반하여 수수료 수입 목적 등의 사유로 인하여 과도한 매매를 일삼는 경우 등 고객충실의무 위반이 인정될 수 있는 경우에는 민사상 손해배상책임이 발생할 수 있음
부당권유	증권회사 또는 선물회사 등의 금융투자회사 또는 은행, 보험 등의 겸영 금융투자회사 직원이 고객에게 투자권유를 하면서 금융투자상품에 대한 설명의무를 충실히 이행하지 않아 위험성에 대한 투자자의 인식형성을 방해하거나, 과대한 위험성이 있는 투자를 부당하게 권유한 경우에는 사안에 따라 민사상 손해배상책임이 발생할 수 있음
집합투자증권 등 불완전판매	불완전판매도 부당권유의 한 유형으로 분류되는 것이 보통이므로 적합성의 원칙, 적정성의 원칙, 설명의무, 손실보전약정 금지 등을 종합적으로 고려하여 민법상의 불법행위 여부를 판단해야 함
주문관련	고객이 낸 주문을 증권회사, 선물회사 등 투자중개업자인 금융투자회사가 다르게 처리하거나, 주문권한이 없는 자로부터의 매매주문을 제출받아 처리한 경우 민사상 손해배상책임이 발생할 수 있음
기타분쟁	전산장애가 발생하여 매매가 불가능함으로 인해 발생된 손해, 금융투자회사의 부적절한 반대매매처리로 인한 분쟁, 기타 무자격상담사로 인한 분쟁 사례 등이 있음

105 ② 과다 일임매매와 관련하여 고객으로부터 포괄적 일임매매를 받지 않는 것이 최선이며, 일임의 경우에는 관련 규정을 준수하여 분쟁소지를 제거하는 것이 바람직하다. 또한 고객을 상대로 빈번하거나 과도한 거래권유를 삼가야 한다.

106 ② 투자설명서 교부 및 주요내용 설명의무는 투자자보호의 기능뿐 아니라 분쟁발생 시 판매회사와 그 임직원을 보호하는 수단으로도 작용할 수 있으므로 투자설명서 교부의무를 철저히 준수하여야 한다.

107 ④ 직원이 제공한 수익률 보장각서의 내용은 무효이며 직원은 불법행위책임을, 회사는 사용자로서 손해배상책임을 지게 된다.

108 ① 자금세탁은 단일한 행위가 아니라 일련의 단계로 이루어지는 과정이며, 3단계 모델이론에 따르면, 자금세탁은 예치(Placement)단계, 은폐(Layering)단계, 합법화(Integration)단계를 거쳐 이루어진다.

109 자금세탁과정에서 성공하기 가장 어려운 단계는?
★★★
① 예치(Placement)단계   ② 은폐(Layering)단계
③ 고객확인(CDO)단계   ④ 합법화(Integration)단계

110 자금의 출처 또는 소유자에 대한 허위서류 작성, 입출금 반복, 유가증권 매입·매각의 반복, 전자
★★★ 자금이체 등의 방법을 이용하는 자금세탁 단계는?

① 예치(Placement)단계   ② 은폐(Layering)단계
③ 고객확인(CDO)단계   ④ 합법화(Integration)단계

111 자금세탁의 은폐단계에서 자주 이용되는 역외금융피난처(Offshore Banking Heaven)와 가장 관
★★★ 계가 적은 곳은?

① 버뮤다   ② 베네수엘라
③ 케이만군도   ④ 바하마제도

112 자금세탁 방지를 위한 우리나라의 금융제도와 거리가 먼 것은?
★★★
① 의심거래보고제도(STR ; Suspicious Transaction Report)
② 고객확인제도(CDD ; Customer Due Diligence)
③ 고액현금거래보고제도(CTR ; Currency Transaction Report)
④ 고객알기제도(KYC ; Know Your Customer Rule)

113 다음 중 자금세탁의 유형으로 보기 어려운 것은?
★★★
① 자기앞수표를 반복적으로 유통하여 영업소에서 현금과 자기앞수표를 교환하는 방법
② 범죄수익인 소액의 현금이 모아진 후, 한 번에 인출해가는 방법
③ 불법자금을 국외로 송금하여 해외은행에 예치한 후, 동 예치금을 담보로 대출을 받아 합법적인
    대출금으로 위장하는 방법
④ 사이버 공간에서 전자화폐(예 비트코인)를 구입한 후 현금화하는 방법

114 다음 중 자금세탁이 의심스러운 상황으로 보기 어려운 것은?

★★☆ ① 금·토·일요일 집중거래

② 심야, 새벽시간에도 다수거래

③ 국내 다수인 입금 후 해외송금

④ 계좌이체 후 입금익일 현금출금

115 고객확인제도(CDD / EDD)에 대한 설명으로 옳지 않은 것은?

★★★ ① 종업원, 학생 등에 대한 일괄적인 계좌개설의 경우 거래당사자의 계좌개설 후 최초 거래 시 고객 확인을 할 수 있다.

② 금융기관은 실제당사자 여부가 의심되는 등 고객이 자금세탁행위를 할 우려가 있는 경우에는 고객별 신원확인 외에 거래자금의 원천 및 금융거래 목적까지 확인하여야 한다.

③ 고객이 계좌보유 여부를 불문하고 금융기관 등을 이용하여 국내외 다른 금융기관으로 1,000만원 (미화 1만달러)을 초과하는 전신송금을 하는 경우 고객(송금자)과 관련된 정보를 확인하고 보관하여야 한다.

④ 1,000만원(미화 1만달러) 이상의 일회성 거래(연결거래 포함)는 고객확인제도의 적용대상이다.

---

109 ① 예치단계는 자금세탁을 위해 금융회사 등을 통해 입출금함으로써 자금세탁행위자의 입장에서는 발각되기 쉬워 자금세탁과정에서 성공하기 가장 어려운 단계라고 할 수 있다.

110 ② 은폐(Layering)단계에서 이용하는 방법이다.

111 ② 자금세탁은 금융비밀이 엄격히 보장되는 역외금융피난처를 이용하기도 하는데, 베네수엘라는 남미에 있는 국가지만 역외금융피난처와는 관계가 거의 없다.

112 ④ 고객알기제도(KYC ; Know Your Customer Rule)는 금융투자업자가 일반투자자에게 투자권유를 하기 전에 면담·질문 등을 통하여 일반투자자의 투자목적, 재무상황 및 투자경험 등의 정보를 파악하여야 하는 것을 말한다.

113 ② 범죄수익인 현금을 금융기관의 감사대상에서 제외되는 일정금액 이하의 소액으로 분할하여 다수의 은행계좌에 입금하는 방법을 사용한다. 이밖에도, 차명, 도명의 방법, 가명계좌를 실명으로 전환하는 과정에서 전주들이 사채업자를 통하여 실명전환을 부탁하고, 부탁받은 자는 실명으로 전환하여 돈을 기업 돈으로 빌려주는 방법, 은행 대출 위장의 방법으로 전주가 자신의 금융거래 노출을 피하는 방법 등이 있으며, 최근에는 이런 다양한 자금세탁 방법들이 사이버 공간에서 전자화폐(예 비트코인)를 통하여 널리 이루어지고 있음

114 ④ 계좌이체 후 입금당일 현금출금하는 거래형태로 주로 도매상이나 주유소 등에서 세금계산서 자료상 허위 매출 전표를 이용하여 비자금을 조성하기 위해서 사용하는 방법이다.

115 ③ 고객이 계좌보유 여부를 불문하고 금융기관 등을 이용하여 국내외 다른 금융기관으로 100만원(미화 1천달러) 을 초과하는 전신송금을 하는 경우 고객(송금자)과 관련된 정보를 확인하고 보관하여야 한다.

116 의심거래보고제도(STR ; 혐의거래보고제도)에서 보고대상으로 적절하지 않은 것은?

★★★ ① 금융거래와 관련하여 수수한 재산이 불법재산이라고 의심되는 합당한 근거가 있는 경우

② 금융거래의 상대방이 불법적인 금융거래(차명거래 등)를 하는 등 자금세탁행위나 공중협박자금 조달행위를 하고 있다고 의심되는 합당한 근거가 있는 경우

③ 관계 법률에 따라 금융회사 등의 종사자가 관할 수사기관에 신고한 경우

④ 「특정금융거래정보의 보고 및 이용에 관한 법률(특정금융거래보고법)」에서 정한 기준금액 이상의 현금거래가 이루어진 경우

117 고액현금거래보고제도(CTR)에 관한 설명으로 옳지 않은 것은?

★★★ ① 1일 거래일 동안 천만원 이상의 현금을 입금하거나 출금한 경우 거래자의 신원과, 거래일시, 거래금액 등을 자동으로 보고하여야 한다.

② 금액을 산정함에 있어서는 금융회사가 실지명의가 동일한 1거래일 동안의 금융거래에 따라 지급한 금액, 영수한 금액을 각각 합산하는 실질주의 방식을 취하고 있다.

③ 금융기관이 자금세탁의 의심이 있다고 판단하는 금융거래를 보고하는 제도이다.

④ 수표거래, 계좌이체, 인터넷 뱅킹 등을 이용한 거래는 보고에서 제외된다.

118 금융기관이 고액현금거래 및 의심스러운 거래를 보고하는 곳은?

★★★ ① 금융정보분석원　　　　　　　　　② 금융위원회

③ 금융감독원　　　　　　　　　　　④ 검찰청 · 경찰청

119 금융을 이용한 자금세탁에 효과적으로 대처하기 위해 1989년 G7 정상회의 합의로 설립된 국제자
★★★ 금세탁방지지구는?

① FATF
② OECD
③ WTO
④ ICPO(Interpol)

---

116 ④ 의심거래보고제도(STR)에서 기준금액은 폐지되었다.

117 ③ 금융기관이 자금세탁의 의심이 있다고 주관적으로 판단하는 금융거래에 대하여만 보고하도록 하는 제도는 혐의거래보고제도(STR)이다.

118 ① 금융기관 등 보고기관이 의심스러운 거래(STR, 혐의거래)의 내용에 대해 금융정보분석원(FIU ; Financial Intellifence Unit)에 보고하면, 금융정보분석원은 관련자료를 종합·분석한 후 불법 또는 자금세탁행위와 관련된 거래라고 판단되는 때에는 해당 금융거래자료를 검찰청, 경찰청, 국세청, 관세청, 금융위원회, 선거관리위원회 등 법집행기관에 제공한다.

119 ① 국제자금세탁방지기구를 FATF(Financial Action Task Force)라고 한다. 우리나라도 FATF에 정회원으로 가입되어 있다.

배우기만 하고 생각하지 않으면 얻는 것이 없고,
생각만 하고 배우지 않으면 위태롭다.

- 공자 -

PART 04

파생상품 법규

제1장	자본시장과 금융투자업에 관한 법률 / 금융위원회규정 / 금융소비자보호법
제2장	한국금융투자협회규정
제3장	한국거래소규정

자본시장과 금융투자업에 관한 법률
/금융위원회규정/금융소비자보호법

챕터 출제비중

구 분	출제영역	출제문항
제1장	자본시장과 금융투자업에 관한 법률 /금융위원회규정/금융소비자보호법	17문항
제2장	한국금융투자협회규정	4문항
제3장	한국거래소규정	4문항

68%
16%
16%

70 65 60 55 50 45 35 30 25 20 15 10 5

파생상품 법규에서는 총 25문제가 출제되므로 13문제 이상 맞춰야 과락을 면할 수 있다. 파생상품법규는 학습할
분량도 많아 모든 수험생들이 가장 어려워하는 과목이며, 문제의 지문도 길어서 실제 과락도 많이 발생하는 과목
이다. 법규를 다루기 때문에 암기할 분량이 많아 단번에 정복하기가 쉽지 않으므로 무엇보다도 반복 학습이 중요
하다. 따라서 중요한 내용을 중심으로 노트를 하면서 다독하는 것이 좋은 점수를 받는 비결이라면 비결이라고 할
수 있다. 특히 2021년부터 시행된 「금융소비자보호에 관한 법률」(「금융소비자보호법」)은 반드시 출제된다는 생각
으로 숙지하고 있어야 한다. 다시 한 번 강조하지만 반복 학습하는 것만이 합격의 지름길이다.

TOPIC별 중요도 및 학습체크

TOPIC	핵심개념	중요도	학습체크		
			1회독	2회독	3회독
01	금융투자상품 및 금융투자업	★★★			
02	금융투자업자에 대한 규제·감독	★★★			
03	• 투자매매업자 및 투자중개업자에 대한 영업행위규제	★★★			
	• 장외거래 및 주식 소유제한	★★			
04	불공정거래행위에 대한 규제	★★★			
05	• 금융기관 검사·제재에 관한 규정	★★			
	• 자본시장 조사업무규정	★★			
	• 금융소비자보호에 관한 법률	★★★			

01 금융투자상품 및 금융투자업 중요도 ★★★

대표유형문제

「자본시장과 금융투자업에 관한 법률」(자본시장법) 제정의 기본철학에 관한 설명으로 옳지 않은 것은?

① 금융투자상품의 종류를 구체적으로 나열하는 열거주의를 채택하고 있다.

② 경제적 실질이 동일한 금융기능을 동일하게 규율하는 기능별 규율체제로 전환하였다.

③ 6개 금융투자업 상호 간 겸영을 허용하고, 부수업무를 포괄적으로 허용하며, 투자권유대행인 제도를 도입하고, 외국환 업무의 범위를 확대하며, 결제 · 송금업무를 허용하였다.

④ 설명의무 · 적합성 원칙 · 적정성 원칙 등 투자권유 규제를 도입하고, 투자광고 규제를 도입하며, 이해상충방지체제를 도입하였다.

해설 「자본시장법」은 금융투자상품의 종류를 구체적으로 나열하는 열거주의에서 금융투자상품의 개념을 추상적으로 정의하는 포괄주의로 규제체계를 전환하였다. 즉 「자본시장법」은 원본손실 가능성(투자성)이 있는 금융상품을 금융투자상품으로 정의하고, 이에 해당하면 「자본시장법」의 규제대상에 포함시키는 포괄주의를 채택하고 있다.

답 ①

STEP 01 핵심필수개념

(1) 「자본시장법」 제정의 기본 철학

구 분	「자본시장법」 이전	「자본시장법」의 내용
금융투자상품	열거주의	포괄주의로 전환 → 금융투자상품의 개념(투자성의 특징을 갖는 모든 금융상품)을 추상적으로 정의
규제체계	기관별 규제	기능별 규제로 전환 → 금융서비스를 투자자, 금융투자상품 및 금융투자업의 유형에 따라 구분(경제적 실질이 동일한 금융서비스를 동일하게 규율)
업무범위	엄격한 업무 규제 (겸영불허)	• 업무범위 확장 → 6개 금융투자업 간 겸영 허용, 부수업무의 범위를 포괄적으로 허용(투자권유대행인 제도 도입, 금융투자업자의 준법감시 및 내부통제제도 도입) • 업무범위 확대에 따른 투자자 피해를 방지하기 위해 정보교류 차단장치 등 이해상충 방지체제 도입
투자자 보호제도	투자자 보호 미흡	원칙중심 투자자보호 제도 도입 → 금융투자업자에 적용되는 공통 영업행위 규칙과 금융투자업별 특성을 고려하여 세분화된 영업행위 규칙을 규정

(2) 금융투자업 감독기관

금융위원회	• 금융정책, 외국환업무 취급기관의 건전성 감독 및 금융감독에 관한 업무를 독립적으로 수행 • 국무총리 소속의 중앙행정기관, 금융위원회는 9인으로 구성 • 재적위원 과반수 출석과 출석위원 과반수 찬성으로 의결
증권선물 위원회	• 자본시장의 불공정거래 조사 • 기업회계의 기준 및 회계감리에 관한 업무 • 증권선물위원회는 5인으로 구성
금융감독원	• 금융위 및 증선위의 지도·감독을 받아 금융기관에 대한 검사·감독업무를 수행 • 금융민원 해소 및 금융분쟁 조정 업무를 수행 • 무자본 특수법인으로 정부, 한국은행, 예금보험공사 등의 출연금, 금융회사가 지급하는 감독분담금, 기타수입금으로 경비를 충당

(3) 금융투자업 관계기관

한국거래소 시장감시위원회	유가증권·코스닥·파생상품 시장에서의 시세조정 등 불공정거래를 감시하기 위해「자본시장법」에 의해 설립된 자율규제기관
한국 금융투자협회	회원 간의 건전한 영업질서 유지 및 투자자보호를 위한 자율규제업무(주요직무 종사자의 등록 및 관리 등)
한국 예탁결제원	증권의 집중예탁과 계좌 간 대체, 매매거래에 따른 결제업무, 증권 등의 보호예수업무 및 유통의 원활을 위해 설립
증권금융회사	• 자기자본 20억원 이상의 주식회사로 금융위 인가를 받아 설립할 수 있으며, 현재 한국증권금융(주)이 유일하게 인가받은 회사임 • 금융투자상품 매매에 필요한 자금 또는 증권의 대여, 증권을 담보로 하는 대출업무
금융투자상품 거래청산회사	•「자본시장법」에 따라 금융위로부터 청산업 인가업무 단위의 전부나 일부를 택하여 금융투자상품거래청산업 인가를 받은 회사 • 청산대상거래는 장외파생상품의 거래, 증권의 장외거래 중 환매조건부매매·증권의 대차거래·채무증권의 거래 등이 포함
신용평가회사	「자본시장법」에서의 신용평가업이란 금융투자상품, 기업·집합투자기구, 그밖에 대통령령으로 정하는 자에 대한 신용상태를 평가하여 그 결과를 이해관계인에게 제공하는 것을 영업으로 하는 회사

(4) 금융법규 체계상 주요 용어

법규유권해석	금융회사가 금융위원회가 소관하는 금융법규 등과 관련된 사안에 대해 법규적용 여부를 명확하게 확인하기 위하여 요청하는 경우 관련 금융법규를 유권으로 해석하는 것
비조치의견서	금융회사가 새로운 금융상품 또는 사업을 하고자 할 경우 명확하게 적용받을 법규가 없는 경우 이에 대하여 금융위원회가 반대하거나 제재하지 않겠다는 견해를 표명하는 것
모범규준	금융위원회, 금융감독원, 금융회사가 공동으로 상호 준수할 것으로 약속하는 모범이 되는 규준으로, 이를 준수하지 않을 경우 그 사유에 대하여 설명할 의무를 가지며, 필요한 경우 제재를 부과할 수 있음

(5) 금융투자상품

금융투자상품은 원본손실 가능성(투자성)이 있는 금융상품으로 증권과 파생상품으로 구분

증 권	원금초과손실 가능성이 없는 금융투자상품(투자자의 최대손실이 투자원금으로 한정됨)	
	종 류	채무증권, 지분증권, 수익증권, 투자계약증권, 파생결합증권, 증권예탁증권
파생상품	원금초과손실 가능성이 있는 금융투자상품	
	종 류	선도·선물, 옵션, 스왑

*원화로 표시된 양도성 예금증서, 관리형신탁의 수익권, 주식매수선택권(스톡옵션)
→ 「자본시장법」의 금융투자상품에서 제외

투자성 판단	투자성이란 원금손실 가능성을 말하는 것으로, 투자금액이 회수금액을 초과하게 될 위험을 의미	
	투자금액 산정 시 제외항목	투자자가 지급하는 판매수수료, 보험계약에 따른 사업비, 위험보험료 등
	투자금액 산정 시 포함항목	투자자가 지급하는 환매·해지수수료, 각종 세금, 발행인·거래상대방이 채무불이행으로 지급하지 않은 미지급액 등

① 「자본시장법」상 증권의 종류

채무증권	발행인에 의하여 원금이 보장되나, 유통과정에서 원금손실이 발생할 수 있는 증권 → 지급청구권이 표시된 증권	국채, 지방채, 특수채, 사채권, 기업어음
지분증권	출자지분 또는 출자지분을 취득할 권리가 표시된 증권	출자증권(주권 등), 출자지분, 신주인수권증권·증서 등
수익증권	신탁의 수익권이 표시된 것	금전신탁의 수익증권, 투자신탁의 수익증권, 주택저당증권 등
증권예탁증권	증권을 예탁받은 자가 그 증권이 발행된 국가 외의 국가에서 발행한 것으로서 예탁받은 증권에 관련된 권리가 표시된 증권	KDR, GDR, ADR 등
투자계약증권	공동사업의 결과에 따른 손익을 귀속받는 계약상의 권리가 표시된 증권	
파생결합증권	기초자산의 변동과 연계하여 미리 정해진 방법에 따라 지급금액 또는 회수금액이 결정되는 권리가 표시된 증권	ELS, DLS, ELW, CLN, CAT Bond(재해연계증권) 등

② 파생상품

파생상품은 증권과는 달리 금전 등의 지급 시기가 장래의 일정 시점이고, 투자원금 이상의 손실이 발생할 수 있는 계약상의 권리임

선 도	기초자산이나 기초자산의 가격·이자율·지표·단위 또는 이를 기초로 하는 지수 등에 의하여 산출된 금전 등을 장래의 특정 시점에 인도할 것을 약정하는 계약
옵 션	당사자 어느 한쪽이 의사표시에 의하여 기초자산이나 기초자산의 가격·이자율·지표·단위 또는 이를 기초로 하는 지수 등에 의하여 산출된 금전 등을 수수하는 거래를 성립시킬 수 있는 권리를 부여하는 것을 약정하는 계약
스 왑	장래의 일정기간 동안 미리 정한 가격으로 기초자산이나 기초자산의 가격·이자율·지표·단위 또는 이를 기초로 하는 지수 등에 의하여 산출된 금전 등을 교환할 것을 약정하는 계약

(6) 금융투자업

① 「자본시장법」상 금융투자업의 분류

인가제	투자 매매업	누구의 명의로 하든지 '자기의 계산'으로 금융투자상품의 매매, 발행, 인수, 청약과 그 권유 및 승낙을 영업으로 하는 것
	투자 중개업	누구의 명의로 하든지 '타인의 계산'으로 금융투자상품의 매매, 발행, 인수, 청약과 그 권유 및 승낙을 영업으로 하는 것
	집합 투자업	2인 이상의 투자자로부터 모은 금전 등을, 투자자로부터 일상적인 운용지시를 받지 아니하고, 재산적 가치가 있는 투자대상 자산에 운용하며, 그 결과를 투자자 또는 기금관리 주체에게 배분하여 귀속시키는 것(투자자책임) → 사모펀드, 종합금융회사 어음관리계좌(CMA) 등은 적용배제
	신탁업	신탁설정자(위탁자)와 신탁을 인수하는 자(수탁자)의 특별한 신임관계에 기하여 위탁자가 특정 의 재산권을 수탁자에게 이전하거나 기타의 처분을 하고 수탁자로 하여금 일정한 자(수익자)의 이익을 위하여 재산권을 관리, 처분하게 하는 신탁을 영업으로 하는 것
등록제	투자 자문업	금융투자상품의 가치 또는 금융투자상품에 대한 투자판단에 관하여 자문에 응하는 것을 영업으 로 하는 것
	투자 일임업	투자자로부터 금융투자상품에 대한 투자판단의 전부 또는 일부를 일임받아 투자자별로 구분하 여 금융투자상품을 취득, 처분, 그 밖의 방법으로 운용하는 것을 영업으로 하는 것

② 전담중개업무(프라임 브로커)

> 전문사모집합투자기구(헤지펀드) 등에 대하여 효율적인 신용공여와 담보관리 등을 위하여 증권의 대
> 여 또는 그 중개·주선이나 대리업무, 금전의 융자, 전문사모집합투자기구의 재산의 보관 및 관리 등
> 의 업무를 주된 영업으로 하는 자

③ 온라인소액투자중개업자(증권형 크라우드펀딩업자)

> ⊙ 온라인상에서 누구의 명의로 하든지 타인의 계산으로 채무증권, 지분증권, 투자계약증권의 모집
> 또는 사모에 관한 중개를 영업으로 하는 투자중개업자
> ⓒ 온라인소액투자중개업자가 금융위원회에 등록한 경우 인가를 받은 것으로 보며, 주요 등록요건은
> 다음과 같음
> • 「상법」에 따른 주식회사 또는 지점 또는 영업소를 설치한 외국 온라인소액투자중개업자
> • 5억원 이상의 자기자본을 갖출 것
> • 사업계획이 타당하고 건전할 것
> • 투자자의 보호가 가능하고 업무수행에 충분한 인력과 전산설비, 그 밖의 물적설비를 갖출 것

(7) 투자자

① 전문투자자

    ㉠ 절대적 전문투자자 : 일반투자자 대우를 받을 수 없는 전문투자자

> 가. 국가
> 나. 한국은행
> 다. 금융기관 : 은행, 보험, 금융투자업자, 증권금융, 종합금융, 자금중개, 금융지주, 여신전문금융, 상호저축은행 및 동 중앙회, 산림조합중앙회, 새마을금고연합회, 신협중앙회 및 이에 준하는 외국금융기관
> 라. 기타기관 : 예금보험공사, 한국자산관리공사, 한국주택금융공사, 한국투자공사, 금융투자협회, 한국예탁결제원, 한국거래소, 금융감독원, 집합투자기구, 신용보증기금, 기술신용보증기금 및 이에 준하는 외국인
> 마. 외국정부·외국중앙은행·국제기구 등

    ㉡ 상대적 전문투자자 : 일반투자자 대우를 받겠다는 의사를 금융투자업자에게 서면으로 통지한 경우 일반투자자로 간주되는 자

> 가. 주권상장법인
> 나. 기타 기관 : 기금 관리·운용법인, 공제사업 영위법인, 지방자치단체, 해외주권상장 국내법인 및 이에 준하는 외국인
> 다. 자발적 전문투자자(이에 준하는 외국인) 등
> - 주권상장법인 등이 장외파생상품 거래를 하는 경우에는 별도 의사를 표시하지 아니하면 일반투자자로 대우 → 전문투자자 대우를 받기 위해서는 그 내용을 서면으로 금융투자업자에게 통지하여야 함
> - 상대적 전문투자자는 일반투자자로 대우받기를 원할 경우 또는 장외파생상품 거래를 위해 전문투자자 대우받기를 원할 경우 그 내용을 서면으로 금융투자업자에게 통지해야 함

    ㉢ 자발적 전문투자자 : 다음 요건을 갖춘 법인 및 개인이 전문투자자로 대우받고자 할 경우 금융위에 신고하여야 하며, 금융위 확인 후 2년간 전문투자자 대우를 받을 수 있음

> 가. 금융투자상품 잔고가 100억원(외부감사 대상법인은 50억원) 이상인 법인 또는 단체
> 나. 다음의 투자경험 요건(필수)과 나머지 요건 중 하나 이상 충족하는 개인
> - (투자경험) 최근 5년 중 1년 이상 금융투자상 평균잔고 5천만원 이상 보유한 경험이 있을 것
> - (소득기준) 본인 연소득이 1억원 이상이거나 부부합산 연소득 1.5억 이상일 것
> - (자산기준) 총자산에서 거주 부동산·임차보증금 및 총부채를 차감한 금액이 5억원 이상일 것
> - (전문성) 해당 분야에서 1년 이상 종사한 ㉠ 회계사·감평사·변호사·변리사·세무사, ㉡ 투자운용전문인력, 재무위험관리사 등 시험합격자, ㉢ 금융투자업 주요직무 종사자(1년 이상 등록이력이 있는 투자자산운용사, 금융투자분석사)

② 일반투자자

절대적 일반투자자	전문투자자(절대적 또는 상대적)가 아닌 투자자
상대적 일반투자자	상대적 전문투자자로서 일반투자자 대우를 받겠다는 의사를 금융투자업자에게 서면으로 통지한 자

개념체크OX

▶ 「자본시장법」은 금융투자상품의 개념을 기존의 포괄주의에서 열거주의로 전환하였다. O X

해설 「자본시장법」은 금융투자상품의 개념을 기존의 열거주의에서 포괄주의로 전환하였다.

답 X

▶ 주권상장법인 등이 장외파생상품 거래를 하는 경우에는 별도 의사를 표시하지 아니하면 일반투자자로 대우한다. O X

답 O

STEP 02 핵심보충문제

01 「자본시장법」에서 금융서비스(금융기능)를 분류한 유형과 거리가 먼 것은?
★★★
① 금융투자업 ② 금융투자상품
③ 투자자 ④ 금융투자업 감독기관

해설 「자본시장법」은 금융서비스를 금융투자업, 금융투자상품 및 투자자의 유형에 따라 구분한다. 경제적 실질이 동일한 금융서비스에 대해서는 동일한 규제를 적용하고, 이 유형의 조합이 달라지면 이를 구분하여 차등 규제한다.

답 ④

02 다음 중 금융투자업자의 감독기관으로 볼 수 없는 것은?
★★☆
① 금융위원회 ② 금융감독원
③ 한국거래소 시장감시위원회 ④ 증권선물위원회

해설 한국거래소 시장감시위원회는 유가증권·코스닥·파생상품 시장에서의 시세조정 등 불공정거래를 감시하기 위해 「자본시장법」에 의해 설립된 자율규제기관이다. 금융투자업자의 감독기관으로는 금융위원회(금융위), 금융감독원(금감원), 증권선물위원회(증선위)가 있다.

답 ③

03 금융회사가 새로운 금융상품 또는 사업을 하고자 할 경우 명확하게 적용받을 법규가 없는 경우
★★★ 이에 대하여 금융위원회가 반대하거나 제재하지 않겠다는 견해를 표명하는 것은?

① 법규유권해석   ② 비조치의견서
③ 모범규준   ④ 행정지도

[해설] 비조치의견서에 대한 설명이다.

답 ②

04 다음 중 「자본시장법」상 금융투자상품에 해당하는 것은?
★★★
① 원화표시 CD(양도성예금증서)   ② 관리형신탁의 수익권
③ 주식매수선택권(스톡옵션)   ④ 증권예탁증권

[해설] 증권예탁증권은 「자본시장법」상 증권에 속한다. 증권은 취득과 동시에 어떤 명목으로든 추가적인 지급의무를 부담하지 아니하는 금융투자상품이다. ① ~ ③은 「자본시장법」에서 명시적으로 금융투자상품에 해당하지 않는 것으로 정하고 있다.

답 ④

05 「자본시장법」상 투자자 분류에 관한 설명으로 옳지 않은 것은?
★★★
① 금융상품에 관한 전문성 및 소유자산 규모 등에 비추어 투자에 따른 위험감수 능력이 있는지 여부를 기준으로 전문투자자와 일반투자자로 구분한다.
② 절대적 전문투자자란 일반투자자 대우를 받을 수 없는 전문투자자를 말한다.
③ 상대적 전문투자자란 일반투자자 대우를 받겠다는 의사를 금융투자업자에게 서면으로 통지한 경우 일반투자자로 간주되는 자를 말한다.
④ 자발적 전문투자자란 전문투자자 대우를 받고자 하는 법인 및 개인으로서 일정 요건을 갖추고 금융위에 신고한 자인데, 금융위 확인 후 1년간 전문투자자 대우를 받을 수 있다.

[해설] 자발적 전문투자자는 금융위 확인 후 2년간 전문투자자 대우를 받을 수 있다.

답 ④

02 금융투자업자에 대한 규제·감독 중요도 ★★★

대표유형문제 「자본시장법」상 금융투자업 신규 진입 시 인가를 요건으로 하는 업무가 아닌 것은?

① 투자일임업　　　　　　　　② 투자중개업
③ 투자매매업　　　　　　　　④ 집합투자업

해설 투자일임업과 투자자문업은 신규 진입 시 등록을 요건으로 한다.

답 ①

STEP 01　핵심필수개념

(1) 인가대상 및 등록대상 금융투자업

인가대상 금융투자업	투자매매업, 투자중개업, 집합투자업, 신탁업
등록대상 금융투자업	투자자문업, 투자일임업, 온라인소액투자중개업, 전문사모집합투자업

(2) 금융투자업 인가 심사

① 금융투자업 인가 요건

법인격 요건	⊙ 「상법」에 따른 주식회사 ⓒ 대통령령이 정하는 금융기관 ⓒ 외국금융투자업자로서 지점 또는 영업소를 설치한 자
자기자본 요건	자기자본이 인가업무 단위별 5억원과 대통령령이 정하는 금액 중 큰 금액 이상이어야 함
인력 요건	⊙ 임원의 자격 : 미성년자, 피성년후견인, 피한정후견인 등의 결격요건에 해당하지 않을 것 ⓒ 최소 전문인력 요건을 충족할 것
물적시설 요건	충분한 전산설비, 그 밖의 물적 설비를 갖출 것
사업계획 요건	사업계획이 건전하고 타당할 것
대주주 요건	대주주 및 신청인이 충분한 출자능력, 건전한 재무상태, 사회적 신용을 갖출 것
이해상충 방지체계	정보교류차단장치 등 이해상충 방지를 위한 장치를 구비할 것

② 인가 요건 유지 의무

금융투자업자는 인가·등록을 받은 이후에도 인가·등록 요건을 계속 유지하여야 함

위반 시 제재	금융투자업자가 인가요건을 유지하지 못할 경우 금융위의 인가가 취소될 수 있음
자기자본 요건	매 회계연도말 기준 자기자본이 인가업무 단위별 최저 자기자본의 70% 이상을 유지하여야 하며, 다음 회계연도말까지 자본보완이 이루어지는 경우 요건을 충족한 것으로 간주함
대주주 요건	• 대주주의 출자능력(자기자본이 출자금액의 4배 이상), 재무건전성, 부채비율(300%) 요건은 출자 이후인 점을 감안하여 인가요건 유지의무에서 배제 • 최대주주의 경우 최근 5년간 5억원 이상의 벌금형만을 적용 • 「금산법」에 의하여 부실금융기관으로 지정된 금융기관의 최대주주·주요주주 또는 그 특수관계인이 아닐 경우

③ 금융투자업 등록 요건

법인격 요건	「상법」에 따른 주식회사, 대통령령이 정하는 금융기관 및 외국 투자자문업자(또는 투자일임업자)로서 업무수행에 필요한 지점 또는 영업소를 설치한 자
자기자본 요건	등록업무 단위별로 일정수준 이상의 자기자본을 갖출 것(둘 이상의 등록업무 단위를 영위할 경우 각각의 최저자기자본을 합산)
인력 요건	㉠ 임원의 자격 : 인가대상 금융투자업의 임원에 대한 요건과 동일 ㉡ 금융투자전문인력을 확보할 것 : 투자자문업의 경우 1인 이상, 투자일임업의 경우 2인 이상을 확보해야 함 → 둘 다 영위할 경우 각각의 인력을 모두 확보해야 함(총 3인 이상)
대주주 요건	투자자문·투자일임업을 등록하고자 하는 회사의 대주주는 다음의 요건에 적합하여야 함 • 최근 5년간 벌금형 이상의 형사처벌을 받은 사실이 없을 것 • 최근 5년간 채무불이행 등으로 건전한 신용질서를 해친 사실이 없을 것 • 「금산법」에 따라 부실금융기관으로 지정되었거나 「자본시장법」 등에 따라 영업의 허가·인가 등이 취소된 금융기관의 대주주 또는 특수관계인이 아닐 것 • 그 밖에 금융위가 정하는 건전한 금융거래질서를 해친 사실이 없을 것 등
신용	대통령령으로 정하는 건전한 재무상태와 사회적 신용을 갖출 것
이해상충 방지체계	금융투자업자는 다양한 업무를 겸영함에 따라 발생할 수 있는 이해상충 방지를 위한 장치를 구비할 것

(3) 회계처리

① 금융투자업자의 회계처리는 한국채택국제회계기준에 따르며, 한국채택국제회계기준에 정하지 않은 사항은 금융투자업규정 및 시행세칙에 따라야 함

② 투자중개업자는 투자자의 예탁자산과 투자중개업자의 자기재산을 구분계리하여야 함

③ 금융투자업자는 분기별로 가결산을 실시하여야 함

④ 신탁부문은 고유부문과 분리하여 독립된 계정으로 회계처리함

(4) 자산건전성 분류 및 충당금 적립기준

매분기마다 자산건전성을 5단계로 분류해야 하며, 고정이하로 분류된 채권은 회수예상가격을 산정해야 함

자산건전성 분류	대손충당금 적립비율 (해당 자산에 대한 비율)	〈대손충당금을 적립하지 않아도 되는 것〉
정 상	0.5%	정형화된 거래로 발생하는 미수금, 정상으로 분류된 대출채권 중 콜론, 환매조건부매수, 한국채택국제회계기준에 따라 당기손익인식금융자산이나 매도가능금융자산으로 지정하여 공정가치로 평가한 금융자산
요주의	2%	
고 정	20%	
회수의문	75%	
추정손실	100%	

(5) 금융투자업자의 순자본비율 규제

① 순자본비율 산정방식

영업용 순자본	= 자산 − 부채 − 차감항목 + 가산항목 → 자산, 부채, 자본은 재무제표에 계상된 장부가액을 기준으로 함	
	차감항목	자산 중 즉시 현금화하기 곤란한 자산
	가산항목	부채로 계상되었으나 실질적인 채무이행 의무가 없거나 실질적으로 자본의 보완적 기능을 하는 항목 등
총위험액	= 시장위험액 + 신용위험액 + 운영위험액	
필요유지 자기자본	금융투자업자가 영위하는 인가업무 또는 등록업무 단위별로 요구되는 자기자본을 합계한 금액	
순자본비율	$= \dfrac{\text{영업용순자본} - \text{총위험액}}{\text{필요유지자기자본}} = \dfrac{\text{순자본}}{\text{필요유지자기자본}}$ • [영업용순자본비율 = 영업용순자본 / 총위험액] → 따라서 영업용순자본과 총위험액이 같으면 순자본비율은 0%가 되고 영업용순자본비율은 100%가 됨	

*순자본비율 50% 이상 ~ 100% 미만 → 경영개선 권고
*순자본비율 0% 이상 ~ 50% 미만 → 경영개선 요구
*순자본비율 0% 미만 → 경영개선 명령

② 기본원칙

ㄱ) 순자본비율의 기초가 되는 금융투자업자의 자산, 부채, 자본은 연결재무제표에 계상된 장부가액(평가성 충당금을 차감한 것)을 기준으로 함

ㄴ) 시장위험과 신용위험을 동시에 내포하는 자산에 대하여는 시장위험액과 신용위험액을 모두 산정함

ㄷ) 영업용순자본 차감항목에 대하여는 원칙적으로 위험액을 산정하지 않음

ㄹ) 영업용순자본의 차감항목과 위험액 산정대상 자산 사이에 위험회피 효과가 있는 경우에는 위험액 산정대상 자산의 위험액을 감액할 수 있음

ㅁ) 부외자산과 부외부채에 대해서는 위험액을 산정하는 것을 원칙으로 함

(6) 경영실태평가 및 적기시정조치

① 경영실태평가

    ㉠ 금융투자업자(전업투자자문·일임업자 제외)의 경영 및 재무건전성을 판단하기 위하여 재산과 업무상태 및 위험을 종합적·체계적으로 분석·평가하는 것

    ㉡ 금융투자업의 종류에 따라 공통부문(자본적정성, 수익성, 내부통제)과 업종부문(유동성, 안전성)으로 구분하여 평가하고, 그 결과를 감안하여 종합평가함

    ㉢ 경영실태평가는 5단계 등급으로 구분 → 1등급(우수), 2등급(양호), 3등급(보통), 4등급(취약), 5등급(위험)

② 적기시정조치 : 경영개선 권고 → 경영개선 요구 → 경영개선 명령 순으로 강도가 세짐

	〈적기시정조치 해당요건〉			조치사항
	종합평가등급	순자본비율	레버리지비율	
경영개선 권고	3등급 이상으로서 자본적정성 부문의 평가등급이 4등급 이하	100% 미만	• 2년 연속 적자이면서 레버리지비율 900% 초과 • 레버리지비율 1100% 초과	• 인력의 조직운용의 개선 • 경비절감 • 점포관리의 효율화, 부실자산 처분 • 신규업무 진출의 제한 등
경영개선 요구	4등급 이하	50% 미만	• 2년 연속 적자이면서 레버리지비율 1100% 초과 • 레버리지비율 1300% 초과	• 고위험자산 보유제한 및 자산처분 • 점포폐쇄, 통합, 신설제한 • 조직 축소, 영업 일부정지 • 임원진 교체 요구 등
경영개선 명령	부실금융기관에 해당하는 경우	순자본비율 0% 미만 (영업용순자본비율의 경우 100% 미만)		• 주식 소각 • 임원의 직무집행정지 및 관리인 선임 • 합병, 금융지주회사의 자회사로 편입 • 영업의 양도, 6개월 이내의 영업정지 등

*경영개선계획 제출 : 당해 적기시정조치일로부터 2개월 이내
*경영개선계획의 이행기간 : 경영개선계획 승인일로부터 경영개선 권고는 6개월 이내, 경영개선 요구는 1년 이내, 경영개선 명령은 금융위가 정함

(7) 외환건전성

① 외화유동성비율

    ㉠ 잔존만기 3개월 이내 부채에 대한 잔존만기 3개월 이내 자산의 비율이 100분의 80(80%) 이상이어야 함

    ㉡ 외화자산 및 외화부채의 만기 불일치비율을 유지하여야 함. 다만, 총자산에 대한 외화부채의 비율이 100분의 1에 미달하는 외국환업무취급 금융투자업자에 대하여는 만기 불일치비율을 적용하지 않음

② 외국환포지션 한도
  ㉠ 외국환포지션 중 종합포지션은 각 외국통화별 종합매입초과포지션의 합계액과 종합매각초과포
    지션의 합계액 중 큰 것으로 함
  ㉡ 외국환포지션 중 선물환포지션은 각 외국통화별 선물환매입초과포지션의 합계에서 선물환매각
    초과포지션의 합계를 차감하여 산정함
  ㉢ 종합매입초과포지션은 각 외국통화별 종합매입초과포지션의 합계액 기준으로 전월말 자기자본
    의 100분의 50에 상당하는 금액을 한도로 함
  ㉣ 선물환매입초과포지션은 각 외국통화별 선물환매입초과포지션의 합계액 기준으로 전월말 자기
    자본의 100분의 50에 상당하는 금액을 한도로 함

(8) 대주주와의 거래 제한

① 대주주 및 특수관계인 발행 증권의 소유
  ㉠ 원칙 : 소유 금지
  ㉡ 예외 : 담보권 실행 등 권리행사, 시장조성·안정조작, 대주주 아닌 자가 대주주가 되는 경우,
    인수, 보증사채 특수채증권의 경우
② 계열회사 발행 증권(주식·채권·약속어음 등)의 소유
  ㉠ 원칙 : 소유비율 제한(자기자본의 8%를 초과하여 소유하지 못함)
  ㉡ 예외 : 담보권 실행 등 권리행사, 시장조성·안정조작, 계열회사가 아닌 자가 계열회사가 되는
    경우, 인수, 보증사채 특수채증권, 경영참여목적의 출자 등, 차익거래, 투자위험회피거래, 자기
    자본 변동 등의 사유로 인한 한도 초과 등
③ 대주주 신용공여
  ㉠ 원칙 : 대주주 및 대주주의 특수관계인에 대하여 신용공여 금지
  ㉡ 예외 : 임원에 대한 제한적 신용공여, 해외현지법인에 대한 채무보증, 담보권 실행 등 권리행사

(9) 공통 영업행위 규칙

신의성실의무	신의성실 원칙에 따라 공정하게 금융투자업을 영위해야 함
상호 규제	금융투자업자가 아닌 자가 금융투자업자로 오인될 수 있는 문자를 상호에 사용하는 것을 금지
명의대여 금지	금융투자업자는 자신의 명의를 대여하여 타인에게 금융투자업을 영위하게 해서는 안 됨
겸영 제한	금융투자업자는 다른 금융업무를 경영하고자 하는 경우 영위하기 시작한 날부터 2주 이내에 금융위에 보고
부수업무 영위	금융투자업자는 금융투자업에 부수하는 업무를 겸영하고자 하는 경우 영위하기 시작한 날부터 2주 이내에 금융위에 보고
업무위탁	업무의 일부를 제3자에게 위탁 가능(원칙적으로 허용) → (예외로 금지) 핵심업무는 위탁 금지
재위탁	원칙적으로 금지 → (예외로 허용) 단순업무, 외화자산 운용·보관업무는 재위탁 가능
이해상충관리	이해상충관리 의무
정보교류 차단장치	정보제공, 임직원 겸직, 사무공간 및 전산설비 공동이용 등 정보교류 금지(Chinese Wall 구축)

(10) 투자권유 영업행위 규제

① **공통규제** : 먼저, 투자자가 일반투자자인지 전문투자자인지를 확인하여야 함

고객파악 의무	일반투자자의 투자목적, 재산상황, 투자경험 등의 정보를 파악한 후 확인받아야 함
적합성 원칙	일반투자자에게 투자권유를 하는 경우 그 일반투자자의 투자목적 등에 비추어 적합하지 아니하다고 인정되는 투자권유를 하여서는 아니 됨
적정성 원칙	일반투자자에게 투자권유 없이 파생상품 등을 판매하려는 경우 투자자의 투자목적 등의 정보를 파악하고, 적정하지 않다고 판단되는 경우 그 사실을 알리고 서명 등으로 확인받아야 함
설명의무	일반투자자가 이해할 수 있도록 금융투자상품의 내용 등을 설명하며, 투자자가 이해하였음을 확인(서명 등)하여야 함
부당권유 금지	• 거짓내용, 단정적 판단의 제공, 오해소지가 있는 내용을 알리는 행위 금지 • 투자권유 요청을 받지 않고 장외파생상품의 투자권유 행위 금지(불초청권유 금지) • 투자권유를 거부한 투자자에게 투자권유를 하는 행위(재권유) 금지(예외 : 1개월 경과 후 투자권유, 다른 상품에 대한 투자권유) • 금전 대여 등의 조건으로 투자권유 금지
투자권유준칙	• 금융투자업자는 투자권유를 함에 있어 임직원이 준수해야 할 구체적인 기준 및 절차를 정해야 함(파생상품 등에 대해서는 투자자 등급별로 차등화된 투자권유준칙을 마련해야 함) • 협회는 표준투자권유준칙을 정할 수 있음

② **투자권유대행인의 금지행위**

㉠ 위탁한 금융투자업자를 대리하여 계약을 체결하는 행위

㉡ 투자자로부터 금전·증권 등의 재산을 수취하는 행위

㉢ 투자권유대행업무를 제3자에게 재위탁하는 행위

㉣ 보험설계사가 소속 보험회사가 아닌 보험회사와 투자권유 위탁계약을 체결하는 행위

㉤ 투자권유대행인은 둘 이상의 금융투자업자와 투자권유 위탁계약을 체결하는 행위를 할 수 없음

③ **투자광고**

㉠ 투자광고 규제

• 금융투자업자가 아닌 자는 금융투자업자의 영위업무 또는 금융투자상품에 관한 광고를 하여서는 아니 됨. 다만 금융투자협회, 금융지주회사는 투자광고를 할 수 있고, 증권의 발행인 및 매출인은 그 증권의 투자광고를 할 수 있음

• 투자광고(집합투자증권 제외)에는 금융투자업자의 명칭, 금융투자상품의 내용, 투자위험 등을 포함하여야 함

• 집합투자증권의 투자광고에는 취득 전 투자설명서를 읽어볼 것, 원금손실이 발생할 수 있다는 사실, 과거 운용실적이 미래 수익률을 보장하는 것은 아니라는 내용 등을 포함하여야 함

• 금융투자업자는 투자광고를 하는 경우 준법감시인의 사전 확인을 받는 등 금융위가 정하는 방법에 따라야 함

㉡ 광고에 포함될 사항

• 타 기관으로부터 수상을 받은 내용을 표기하는 경우 당해 기관의 명칭, 수상의 시기 및 내용

• 과거의 재무상태 또는 영업실적을 표기하는 경우 투자광고 시점 및 미래에는 이와 다를 수 있다는 내용

- 금융통계수치나 도표 등을 인용하는 경우 해당 자료의 출처
- 최소비용을 표기하는 경우 그 최대비용을 표기해야 하며, 최대수익을 표기하는 경우 그 최소수익을 표기해야 함

ⓒ 투자광고의 방법 및 절차
- 광고의 제작 및 내용에 있어서 관련 법령의 준수를 위하여 내부통제기준을 수립하여 운영할 것
- 금융투자업자의 경영실태평가결과와 영업용순자본비율 등을 다른 금융투자업자의 그것과 비교하는 방법으로 광고하지 아니할 것
- 준법감시인의 사전 확인을 받을 것
- 투자광고계획신고서와 투자광고안을 금융투자협회에 제출하여 심사를 받을 것
- 투자광고문에 협회 심사필 또는 준법감시인 심사필을 표시할 것

개념체크OX

▶ 순자본비율이 50% 이상 ~ 100% 미만이면 경영개선 요구 조치가 행해진다. ☐O ☐X

[해설] 순자본비율이 50% 이상 ~ 100% 미만이면 경영개선 권고 조치가 행해진다.

답 X

▶ 투자광고 시 금융투자업자의 경영실태평가결과와 영업용순자본비율 등을 다른 금융투자업자의 그것과 비교하는 방법으로 광고할 수 없다. ☐O ☐X

답 O

STEP 02 핵심보충문제

01 금융투자업 인가 요건에 대한 설명으로 옳지 않은 것은?
★★★
① 「상법」에 따른 주식회사, 대통령령이 정하는 금융기관 및 외국금융투자업자로서 지점 또는 영업소를 설치한 자이어야 한다.
② 자기자본이 인가업무 단위별 10억원과 대통령령이 정하는 금액 중 큰 금액 이상이어야 한다.
③ 투자자의 보호가 가능하고 금융투자업을 영위하기에 충분한 전산설비, 그 밖의 물적 설비를 갖추어야 한다.
④ 대주주 및 신청인이 충분한 출자능력(자기자본이 출자금액의 4배 이상), 건전한 재무상태(부채비율 300% 미만), 사회적 신용을 갖추어야 한다.

[해설] 자기자본이 인가업무 단위별 5억원과 대통령령이 정하는 금액 중 큰 금액 이상이어야 한다.

답 ②

02 금융투자업 인가 요건 중 대주주에 대한 요건으로 옳지 않은 것은?

★★★
① 대주주 및 신청인이 충분한 출자능력, 건전한 재무상태, 사회적 신용을 갖추어야 한다.

② 심사대상 대주주의 범위는 최대주주, 주요주주, 최대주주의 특수관계인인 주주, 최대주주가 법인인 경우 그 법인의 최대주주 및 대표자 등이다.

③ 대주주 요건은 대주주의 형태에 따라 별도의 세부요건을 금융위가 정한다.

④ 겸영 금융투자업자의 경우와 금융투자업자가 다른 회사와 합병·분할·분할합병을 하는 경우에는 금융위가 대주주 요건을 강화할 수 있다.

[해설] 겸영 금융투자업자의 경우와 금융투자업자가 다른 회사와 합병·분할·분할합병을 하는 경우에는 금융위가 대주주 요건을 완화할 수 있다.

<table>
<tr><td colspan="2">〈금융투자업 인가 요건 – 대주주에 대한 요건〉</td></tr>
<tr><td colspan="2">대주주 및 신청인이 충분한 출자능력(자기자본이 출자금액의 4배 이상), 건전한 재무상태(부채비율 300% 미만), 사회적 신용을 갖추어야 함</td></tr>
<tr><td>심사대상
대주주의 범위</td><td>최대주주, 주요주주, 최대주주의 특수관계인인 주주, 최대주주가 법인인 경우 그 법인의 최대주주(사실상의 지배자 포함) 및 대표자</td></tr>
<tr><td>대주주 요건</td><td>대주주의 형태에 따라 별도의 세부요건을 금융위가 정함</td></tr>
<tr><td>대주주 요건의
완화</td><td>겸영 금융투자업자의 경우와 금융투자업자가 다른 회사와 합병·분할·분할합병을 하는 경우에는 금융위가 대주주 요건을 완화할 수 있음</td></tr>
</table>

답 ④

03 금융투자업 등록 요건에 대한 설명으로 옳지 않은 것은?

★★★
① 등록업무 단위별로 일정수준 이상의 자기자본을 갖추어야 한다.

② 금융투자전문인력을 투자자문업의 경우 2인 이상, 투자일임업의 경우 3인 이상을 확보해야 한다.

③ 대주주는 최근 5년간 벌금형 이상의 형사처벌을 받은 사실이 없어야 한다.

④ 대주주는 최근 5년간 채무불이행 등으로 건전한 신용질서를 해친 사실이 없어야 한다.

[해설] 금융투자전문인력을 투자자문업의 경우 1인 이상, 투자일임업의 경우 2인 이상을 확보해야 하며, 둘 다 영위할 경우 각각의 인력을 모두 확보해야(총 3인 이상) 한다.

답 ②

04 금융투자업자의 충당금 적립기준에 대한 설명으로 옳지 않은 것은?

★★★

① 대출채권, 가지급금과 미수금, 미수수익, 대여금, 대지급금, 부도어음, 부도채권, 그밖에 금융투자업자가 건전성 분류가 필요하다고 인정되는 자산에 대하여 한국채택국제회계기준에 따라 대손충당금을 적립한다.

② 정형화된 거래로 발생하는 미수금에 대하여는 대손충당금을 적립하지 않아도 된다.

③ '정상'으로 분류된 대출채권 중 콜론, 환매조건부매도에 대하여는 대손충당금을 적립하지 아니할 수 있다.

④ 채권중개전문회사 및 다자간매매체결회사에 관하여는 자산건전성 분류 및 대손충당금 등의 적립기준에 관한 규정을 적용하지 아니한다.

[해설] '정상'으로 분류된 대출채권 중 콜론, 환매조건부매수에 대하여는 대손충당금을 적립하지 아니할 수 있다. 환매조건부매수란 되파는 조건으로 매수한 것이기 때문이다.

답 ③

05 금융투자업자의 순자본비율 산정 원칙에 대한 설명으로 옳은 것은?

★★★

① 시장위험과 신용위험을 동시에 내포하는 자산에 대하여는 시장위험액과 신용위험액 중 높은 금액을 산정한다.

② 영업용순자본 가산항목에 대하여는 원칙적으로 위험액을 산정하지 않는다.

③ 영업용순자본의 차감항목과 위험액 산정대상 자산 사이에 위험회피 효과가 있는 경우에는 위험액 산정대상 자산의 위험액을 감액할 수 있다.

④ 부외자산과 부외부채에 대해서는 위험액을 산정하지 않는 것을 원칙으로 한다.

[해설] 시장위험과 신용위험을 동시에 내포하는 자산에 대하여는 시장위험액과 신용위험액을 모두 산정한다. 영업용순자본 차감항목에 대하여는 원칙적으로 위험액을 산정하지 않는다. 부외자산과 부외부채에 대해서도 위험액을 산정하는 것을 원칙으로 한다.

답 ③

03 투자매매업자 및 투자중개업자에 대한 영업 행위규제 중요도 ★★★
장외거래 및 주식 소유제한 중요도 ★★☆

대표유형문제 투자매매업자 및 투자중개업자의 불건전 영업행위의 금지에 관한 설명으로 옳지 않은 것은?

① 일반투자자의 투자목적, 재산상황 및 투자경험 등을 고려하지 아니하고 일반투자자에게 지나치게 자주 투자권유를 하는 행위를 할 수 없다.

② 투자자에게 업무와 관련하여 금융위가 정하여 고시하는 기준을 위반하여 직접 또는 간접으로 재산상의 이익을 제공하거나 이들로부터 재산상의 이익을 제공받는 행위는 금지된다.

③ 금융투자상품의 가치에 중대한 영향을 미치는 사항을 미리 알고 있으면서 이를 투자자에게 알리지 아니하고 해당 금융투자상품의 매수나 매도를 권유하는 행위를 할 수 없다.

④ 투자자에게 다른 투자매매업자·투자중개업자가 발행한 주식의 매매를 권유하는 행위를 할 수 없다.

해설 투자자에게 해당 투자매매업자·투자중개업자가 발행한 자기주식의 매매를 권유하는 행위를 할 수 없다.

답 ④

STEP 01 핵심필수개념

(1) 투자매매업자 및 투자중개업자에 대한 매매 또는 중개업무 관련 규제

매매형태의 명시	투자자로부터 매매주문을 받는 경우 사전에 투자자에게 자기가 투자매매업자인지 투자중개업자인지를 밝혀야 함
자기계약의 금지	동일한 매매에 있어서 자신이 본인이 됨과 동시에 상대방의 투자중개업자가 될 수 없음
최선집행의 의무	금융투자상품의 매매에 관한 투자자의 청약 또는 주문을 처리하기 위하여 최선의 거래조건으로 집행하기 위한 기준을 마련해야 함
자기주식의 예외적 취득	투자매매업자는 투자자로부터 그 투자매매업자가 발행한 자기주식으로서 증권시장의 매매수량단위 미만의 주식에 대하여 매도의 청약을 받은 경우에는 이를 증권시장 밖에서 취득할 수 있음
임의매매 금지	매매주문을 받지 않고는 금융투자상품의 매매를 할 수 없음

(2) 투자매매업자 및 투자중개업자의 불건전 영업행위 금지

① 선행매매(Front-running)의 금지 → 고객의 주문정보 이용 행위 금지

② 조사분석자료 공표 후 매매(공표 후 24시간 동안) 금지 → 스캘핑(Scalping) 금지

③ 조사분석자료 작성자에 대한 성과보수 금지

④ 주권의 모집·매출과 관련된 조사분석자료의 공표·제공 금지→ 증권시장에 상장된 후 40일

⑤ 투자권유대행인 및 투자권유자문인력 이외의 자의 투자권유 금지

⑥ 일임매매의 금지 → 투자매매업자 또는 투자중개업자는 일임매매 불가(예외 : 투자일임업자는 가능)

⑦ 기타 불건전영업행위 금지 : 과당매매 금지, 직간접으로 재산상의 이익을 제공하거나 제공받는 행위 금지, 일반투자자로 대우받겠다고 통지한 전문투자자의 요구를 거부하는 행위 금지

(3) 신용공여의 기준과 방법

① 신용공여의 회사별 한도 : 투자매매업자 또는 투자중개업자의 총 신용공여 규모는 자기자본의 범위 이내로 하되 신용공여 종류별 한도는 금융위원장이 따로 정할 수 있음

② 담보비율 : 신용공여금액의 140 / 100 이상 담보를 징구하여야 함

③ 담보로 제공된 증권의 평가

청약주식	취득가액(다만, 상장된 후에는 당일 종가)
상장주권 및 상장지수집합투자기구의 집합투자증권	당일 종가
집합투자증권	당일에 고시된 기준가격
상장채권 및 공모 파생결합증권(ELS에 한함)	2 이상의 채권평가회사가 제공하는 가격정보를 기초로 투자매매업자 또는 투자중개업자가 산정한 가격

④ 임의상환방법

㉠ 채무상환, 추가 담보납입, 수수료 납입을 하지 않았을 때 그 다음 영업일에 투자자 계좌에 예탁된 현금을 채무변제에 우선 충당하고, 담보증권, 그 밖의 증권의 순서로 필요한 만큼 임의처분하여채무변제에 충당할 수 있음

㉡ 상장증권을 처분하는 경우에는 시가결정에 참여하는 호가에 따라 처분해야 함

㉢ 처분대금은 처분제비용 → 연체이자 → 이자 → 채무원금의 순서로 충당함

⑤ 신용거래 등의 제한

㉠ 신용거래로 매매할 수 있는 증권은 상장된 주권(증권예탁증권 포함) 및 ETF 증권으로 함

㉡ 다만, 거래소가 ㉮ 투자경고종목, 투자위험종목, 관리종목으로 지정한 증권, ㉯ 거래소가 매매호가 전 예납조치 또는 결제 전 예납조치를 취한 증권에 대해서는 신규의 신용거래를 할 수 없음

㉢ 투자매매업자가 증권의 인수일로부터 3개월 이내에 투자자에게 그 증권을 매수하게 하기 위하여 그 투자자에게 금전의 융자와 그 밖에 신용공여를 할 수 없음

(4) 투자자예탁금 등(투자자 예탁증권, 투자성 있는 보험계약)

① 투자자예탁금

㉠ 투자매매업자 또는 투자중개업자는 투자자예탁금을 고유재산과 구분하여 증권금융회사에 예치하거나 신탁업자에 신탁하여야 함

㉡ 투자자예탁금을 신탁업자에 신탁할 수 있는 금융투자업자는 은행, 한국산업은행, 중소기업은행, 보험회사이며 자기계약을 할 수 있음

㉢ 누구든지 예치기관에 예치 또는 신탁한 투자자예탁금을 상계·압류하지 못함

② 투자매매업자 또는 투자중개업자는 시행령으로 정하는 경우 외에는 투자자예탁금을 양도하거나 담보로 제공할 수 없음

⑩ 예치기관은 다음의 어느 하나에 해당하는 방법으로 투자자예탁금을 운용하여야 함

> - 국채증권 또는 지방채증권의 매수
> - 정부 · 지방자치단체 또는 시행령으로 정하는 금융기관이 지급을 보증한 채무증권의 매수
> - 그 밖에 투자자예탁금의 안정적 운용을 해할 우려가 없는 것으로서 시행령으로 정하는 방법
> - 증권 또는 원화로 표시된 양도성 예금증서를 담보로 한 대출
> - 한국은행 또는 체신관서에의 예치, 특수채 증권의 매수

ⓑ 투자자 예탁증권 : 투자매매업자 또는 투자중개업자는 금융투자상품의 매매, 그 밖의 거래에 따라 보관하게 되는 투자자 소유의 증권(원화표시 CD 포함)을 예탁결제원에 지체없이 예탁하여야 함

ⓢ 투자성 있는 예금 · 보험에 대한 특례 : 은행 또는 보험회사가 투자성 있는 예금 또는 투자성 있는 보험계약을 체결하는 경우에는 투자매매업 또는 투자중개업의 인가를 받은 것으로 보고, 금융투자업자에게 적용되는 적합성 원칙, 설명의무, 손해배상책임 등의 행위규제를 적용함

(5) 장외거래

금융투자협회를 통한 비상장주권의 장외거래	금융투자협회가 증권시장에 상장되지 아니한 주권의 장외매매거래에 관한 업무를 수행	
채권중개전문회사를 통한 채권장외거래	채권투자자만을 대상으로 채무증권에 대한 투자중개업 인가를 받은 투자중개업자(채권중개전문회사)가 증권시장 외에서 채무증권 매매의 중개업무를 수행	
채권전문자기매매업자를 통한 장외거래	채권을 대상으로 하여 투자매매업을 하는 자가 소유하고 있는 채권에 대하여 매도호가 및 매수호가를 동시에 제시하는 방법으로 해당 채권의 거래를 원활하게 하는 역할을 수행하는 자로서 금융위가 지정하는 자	
환매조건부매매	투자매매업자가 일반투자자 등과 환매조건부매매를 수행	
	환매조건부 매도	증권을 일정기간 후에 환매수할 것을 조건으로 매도하는 것
	환매조건부 매수	증권을 일정기간 후에 환매도할 것을 조건으로 매수하는 것
증권 대차거래	투자매매업자 또는 투자중개업자는 증권의 대차거래 또는 그 중개 · 주선이나 대리업무를 수행	
기업어음증권의 장외거래	투자매매업자 또는 투자중개업자는 기업어음증권을 매매하거나 중개 · 주선이나 대리업무를 수행	
기타의 장외거래 (해외시장 거래 등)	일반투자자는 해외 증권시장이나 해외 파생상품시장에서 외화증권 및 장내파생상품의 매매 거래를 하려는 경우에는 투자중개업자를 통하여 거래를 하여야 함	
장외파생상품의 매매	투자매매업자 또는 투자중개업자는 장외파생상품을 대상으로 하여 투자매매업 또는 투자중개업을 수행	

(6) 공공적 법인의 주식 소유제한

내국인 등	상장 당시 10% 이상 소유주주	그 소유비율까지
	이외의 주주	3% 이내에서 정관이 정하는 비율
외국인 또는 외국법인	종목별 1인 취득한도	해당 공공적 법인의 정관에서 정한 한도
	종목별 전체 취득한도	해당 종목의 지분증권 총수의 40%

*이 기준을 초과하여 사실상 주식을 소유하는 자는 그 초과분에 대하여는 의결권을 행사할 수 없으며, 금융위는 6개월 이내의 기간을 정하여 기준을 충족하도록 시정을 명할 수 있음

개념체크 O×

▶ 투자매매업자 또는 투자중개업자는 조사분석자료의 내용이 사실상 확정된 때부터 그 조사분석의 대상이 된 금융투자상품을 자기의 계산으로 매매(Scalping)할 수 없다. O ×

[해설] 투자매매업자 또는 투자중개업자는 조사분석자료의 내용이 사실상 확정된 때부터 공표 후 24시간이 경과하기 전까지 그 조사분석의 대상이 된 금융투자상품을 자기의 계산으로 매매(Scalping)할 수 없다(스캘핑 금지).

답 X

▶ 투자매매업자 또는 투자중개업자는 신용공여금액의 100% 이상에 상당하는 담보를 징구하여야 한다. O ×

[해설] 투자매매업자 또는 투자중개업자는 신용공여금액의 140 / 100(140%) 이상에 상당하는 담보를 징구하여야 한다.

답 X

STEP 02 **핵심보충문제**

01 다음 중 투자매매업자 및 투자중개업자에게만 적용되는 영업행위 규제가 아닌 것은?
★★★
① 매매형태 명시
② 자기계약 금지
③ 임의매매 금지
④ 대주주와의 거래제한

[해설] 대주주와의 거래제한은 모든 금융투자업자에게 적용되는 공통영업행위규칙이다.

답 ④

02 투자매매업자 및 투자중개업자에 대한 영업행위 규제에 관한 설명으로 옳지 않은 것은?

★★★
① 투자자로부터 금융투자상품의 매매에 관한 주문을 받는 경우에는 사전에 자기가 투자매매업자인지 투자중개업자인지를 밝혀야 한다.

② 매매형태 명시의무를 위반하여 투자자의 주문을 받은 투자매매업자 또는 투자중개업자는 1년 이하의 징역 또는 3천만원 이하의 벌금에 처할 수 있다.

③ 금융투자상품에 관한 같은 매매에 있어서 자신이 본인이 됨과 동시에 상대방의 투자중개업자가 될 수 없다.

④ 투자매매업자 또는 투자중개업자가 증권시장이나 파생상품시장을 통하여 매매가 이루어지도록 한 경우에도 자기계약금지 규정은 적용된다.

[해설] 투자매매업자 또는 투자중개업자가 증권시장이나 파생상품시장을 통하여 매매가 이루어지도록 한 경우에는 자기계약의 금지 규정이 적용되지 않는다. ①은 매매형태의 명시로서 이를 알리는 방법상의 제한은 없다.

답 ④

03 투자매매업자 및 투자중개업자의 최선집행의무에 대한 설명으로 옳지 않은 것은?

★★★
① 투자매매업자 또는 투자중개업자는 최선집행기준에 따라 금융투자상품의 매매에 관한 청약 또는 주문을 집행하여야 한다.

② 최선집행기준이 적용되는 금융투자상품은 채무증권, 지분증권(주권은 제외), 수익증권, 투자계약증권, 파생결합증권, 증권예탁증권(주권관련 증권예탁증권은 제외), 장내파생상품이다.

③ 투자매매업자 또는 투자중개업자는 해당투자자가 그 청약 또는 주문이 최선집행기준에 따라 처리되었음을 증명하는 서면 등을 요구하는 경우에는 제공하여야 한다.

④ 투자매매업자 또는 투자중개업자는 3개월마다 최선집행기준의 내용을 점검하여야 한다.

[해설] 채무증권, 지분증권(주권은 제외), 수익증권, 투자계약증권, 파생결합증권, 증권예탁증권(주권관련 증권예탁증권은 제외), 장내파생상품 등은 최선집행기준이 적용되지 않는 금융투자상품이다.

답 ②

04 투자매매업자 및 투자중개업자의 불건전 영업행위의 금지에 관한 설명으로 옳지 않은 것은?

★★★
① 금융투자상품의 매매, 그 밖의 거래와 관련하여 결제가 이행되지 아니할 것이 명백하다고 판단되는 경우임에도 정당한 사유 없이 거래를 위탁받는 행위를 할 수 없다.

② 투자자로부터 집합투자증권(상장된 집합투자증권은 제외)을 매수하거나 그 중개·주선 또는 대리하는 행위를 할 수 없다.

③ 장내 주식거래의 위험을 회피할 목적으로 하는 행위로서 장외파생상품거래, 신탁계약, 연계거래 등을 이용하는 행위는 할 수 없다.

④ 채권자로서 그 권리를 담보하기 위하여 백지수표나 백지어음을 받는 행위는 금지된다.

[해설] 장내 주식거래의 위험을 회피할 목적으로 하는 행위는 가능하지만, 손실보전 금지 및 불건전 영업행위의 금지 등을 회피할 목적으로 장외파생상품거래, 신탁계약, 연계거래 등을 이용하는 행위는 할 수 없다.

답 ③

04 불공정거래행위에 대한 규제 중요도 ★★★

대표유형문제 다음 중 「자본시장법」상 내부자거래 규제와 거리가 먼 것은?

① 시세조종행위의 금지

② 공개매수 관련 정보의 이용행위 금지

③ 단기매매차익의 반환의무

④ 임원 및 주요주주의 주식소유상황의 보고

해설 시세조종행위의 금지는 내부자뿐만 아니라 누구든지 상장증권 또는 장내파생상품에 대하여 시세조종행위를 할 수 없게 하는 규정이다.

답 ①

STEP 01 | 핵심필수개념

〈증권 불공정거래〉
미공개정보 이용(내부자거래), 시세조종행위(주가조작), 부정거래행위, 시장질서 교란행위, 단기매매차익 거래, 주식소유 및 대량보유 보고의무 위반, 신고·공시의무 위반

미공개정보 이용 (내부자거래) 규제	• 미공개 중요정보 이용행위의 금지 • 공개매수 관련 정보의 이용행위 금지 • 대량취득 및 처분관련정보 이용행위 금지 • 내부자의 단기매매차익 반환제도 • 임원 및 주요주주의 특정증권등 소유상황 보고 • 장내파생상품의 대량보유 보고

(1) 미공개 중요정보 이용행위의 금지

적용대상	상장법인(6개월 내 상장이 예정된 법인도 포함)	
규제대상	① 상장법인이 발행한 증권(CB, BW, PB, EB 이외의 채무증권, 수익증권, 파생결합증권(ELS, ELW는 제외)은 제외) ② 증권예탁증권(DR) ③ 상장법인 외의 자가 발행한 교환사채권 ④ 증권만을 기초자산으로 하는 금융투자상품(ELS, ELW, 파생상품 등)	
규제 대상자	내부자	그 법인, 임직원, 주요주주, 특수관계인
	준내부자	그 법인에 대해 인가나 감독권한을 가지는 자, 그 법인과 계약을 체결하고 있거나 교섭하고 있는 자 등(변호사, 세무사 등)
	정보 수령자	내부자나 준내부자(내부자나 준내부자에 해당되지 아니하게 된 날로부터 1년이 경과되지 아니한 자를 포함)로부터 미공개 중요정보를 받은 자

	증권의 매매거래 자체가 금지되는 것이 아니라 미공개 중요정보의 이용행위가 금지됨		
규제대상 행위	① 서류에 기재되어 있는 정보	서류가 비치된 날로부터 1일	
	② 금융위 또는 거래소가 운영하는 전자전달매체를 통해 내용이 공개된 정보	공개된 때부터 3시간	
		DART	금융위(금감원) 전자공시시스템
		KIND	거래소 상장공시시스템
	③ 신문 또는 방송	공개된 때부터 6시간	

(2) 공개매수 관련 정보의 이용행위 금지

규제 대상자	① 공개매수 예정자(그 계열사 포함) 및 공개매수 예정자의 임직원·대리인으로서 직무와 관련하여 공개매수의 실시 또는 중지에 관한 미공개 정보를 알게 된 자 ② 공개매수 예정자(그 계열사 포함)의 주요 주주로서 권리를 행사하는 과정에서 공개매수의 실시 또는 중지에 관한 미공개 정보를 알게 된 자 ③ 공개매수 예정자에 대하여 법령에 따른 허가·인가·지도·감독, 그 밖의 권한을 가지는 자로서 권한을 행사하는 과정에서 공개매수의 실시 또는 중지에 관한 미공개 정보를 알게 된 자 ④ 공개매수 예정자와 계약을 체결하고 있거나 교섭하고 있는 자로서 이행하는 과정에서 공개매수의 실시 또는 중지에 관한 미공개 정보를 알게 된 자 ⑤ ②부터 ④까지 어느 하나에 해당하는 자의 대리인·사용인, 그 밖의 종업원으로서 직무와 관련하여 공개매수의 실시 또는 중지에 관한 미공개 정보를 알게 된 자 ⑥ 공개매수 예정자 또는 ①부터 ⑤까지의 어느 하나에 해당하는 자로부터 공개매수의 실시 또는 중지에 관한 미공개 정보를 받은 자
규제대상 행위	① 주식 등에 대한 공개매수의 실시 또는 중지에 관한 미공개 정보를 특정 증권의 매매, 그 밖의 거래에 이용하거나 타인에게 이용하는 행위 ② 다만, 공개매수 예정자가 공개매수를 목적으로 거래하는 경우는 예외

(3) 대량취득 및 처분관련정보 이용행위 금지

① 주식의 대량취득 및 처분의 실시 또는 중지에 관한 미공개정보를 특정 증권등의 거래에 이용하거나 이용하는 행위가 금지됨
② 주식등의 대량취득 및 처분은 다음 요건을 모두 충족하는 주식등의 취득·처분을 말함

> ⊙ 회사나 그 임원에 대하여 사실상 영향력을 행사할 목적의 취득
> ⓒ 금융위가 정하는 고시하는 비율 이상의 대량취득·처분일 것
> ⓒ 그 취득·처분이 5% 보고대상에 해당할 것

(4) 내부자의 단기매매차익 반환제도

일정 범위의 내부자에 대하여 미공개 중요정보의 이용여부와 관계없이 특정 증권등의 단기매매거래에 따른 이익을 회사에 반환하도록 하는 제도임

반환 대상자	상장법인의 주요주주, 임원, 직원(단, 직원은 그 법인의 주요한 업무에 종사하고 있는 직원만 해당) 내부자에 대해 미공개 중요정보의 이용여부와 관계없이 단기매매차익을 회사에 반환하여야 함
반환 대상	단기매매차익(상장법인의 특정 증권등을 매수한 후 6개월 이내에 매도하거나 특정 증권등을 매도한 후 6개월 이내에 매수하여 얻은 이익)

(5) 임원 및 주요주주의 특정 증권등 소유상황 보고

보고대상자	주권상장법인의 임원(업무집행지시자 등 포함) 및 주요 주주
보고 방법	임원 또는 주요 주주가 된 날부터 5영업일 이내에 누구의 명의로든 자기의 계산으로 소유하고 있는 특정 증권등의 소유상황을, 특정 증권등의 소유상황에 변동이 있는 경우에는 누적변동수량이 1,000주 이상거나, 누적취득(처분) 금액이 1천만원 이상인 경우 그 변동이 있는 날부터 5영업일까지 증선위와 거래소에 보고

(6) 장내파생상품의 대량보유 보고

> 동일 품목의 장내파생상품을 금융위가 정하여 고시하는 수량 이상 보유하게 된 자는 그 날부터 5일(휴일 제외) 이내에 그 보유 상황 등을 금융위와 거래소에 보고하여야 하며, 그 보유 수량이 금융위가 정하여 고시하는 수량 이상으로 변동된 경우에는 그 변동된 날부터 5일(휴일 제외) 이내에 그 변동 내용을 금융위와 거래소에 보고하여야 함

(7) 위반행위에 대한 제재

① 형사책임

> 다음의 어느 하나에 해당하는 자는 1년 이상의 유기징역 또는 그 위반행위로 얻은 이익 또는 회피한 손실액의 3배 이상 5배 이하에 상당하는 벌금에 처함
> 다만, 위반행위로 얻은 이익 또는 회피한 손실액이 없거나 산정하기 곤란하거나 5배에 해당하는 금액이 5억원 이하인 경우에는 벌금의 상한액을 5억원으로 함
> ㉠ 상장법인의 업무 등과 관련된 미공개 중요정보를 특정 증권등의 매매, 그 밖의 거래에 이용하거나 타인에게 이용하게 한 자
> ㉡ 주식등에 대한 공개매수의 실시 또는 중지에 관한 미공개 정보를 그 주식등과 관련된 특정 증권등의 매매, 그 밖의 거래에 이용하거나 타인에게 이용하게 한 자
> ㉢ 주식등의 대량취득·처분의 실시 또는 중지에 관한 미공개 정보를 그 주식등과 관련된 특정 증권등의 매매, 그 밖의 거래에 이용하거나 타인에게 이용하게 한 자

② 손해배상책임
　　㉠ ①의 ㉠ ~ ㉢에 해당하는 자는 거래자가 입은 손해를 배상할 책임을 짐
　　㉡ 손해배상청구권은 청구권자가 그 위반행위가 있었던 사실을 안 날부터 2년간 또는 그 행위가 있었던 날부터 5년간 이를 행사하지 아니한 경우에는 시효로 인하여 소멸됨

(8) 시세조종행위 규제

① 의 미

　㉠ 시세조종행위란 협의로는 증권시장 및 파생상품시장에서 시장기능에 의하여 자연스럽게 형성되어야 할 가격이나 거래동향을 인위적으로 변동시킴으로써 부당이득을 취하는 행위임

　㉡ 「자본시장법」은 시세조종행위에 대한 규제를 강화 : 협의의 시세조종행위는 물론, 합리성이 결여된 비경제적 매매주문 또는 매매성황을 오인케 하거나 중요사실에 대한 허위의 표시 등 시장기능을 저해하는 일련의 행위를 유형화하여 엄격히 금지함

② 규제대상

　㉠ 위장거래에 의한 시세조종

　　누구든지 상장증권 또는 장내파생상품의 매매에 관하여 그 매매가 성황을 이루고 있는 듯이 잘못 알게 하거나, 그밖에 타인에게 그릇된 판단을 하게 할 목적으로 하는 행위 및 그 행위를 위탁하거나 수탁할 수 없음

통정매매	자기가 매도(매수)하는 것과 같은 시기에 그와 같은 가격 또는 약정수치로 타인이 매수(매도)할 것을 사전에 서로 짠 후 매도하는 행위
가장매매	상장증권 또는 장내파생상품의 매매를 함에 있어서 권리의 이전을 목적으로 하지 아니하는 거짓으로 꾸민 매매를 하는 행위

　㉡ 현실거래에 의한 시세조종

　　누구든지 상장증권 또는 장내파생상품의 매매를 유인할 목적으로 매매가 성황을 이루고 있는 듯이 잘못 알게 하거나 그 시세를 변동시키는 매매 또는 그 위탁이나 수탁하는 행위를 할 수 없음

　㉢ 허위표시 등에 의한 시세조종

　　누구든지 상장증권 또는 장내파생상품의 매매를 유인할 목적으로 다음의 행위를 할 수 없음

> 가. 그 증권 또는 장내파생상품의 시세가 자기 또는 타인의 시장 조작에 의하여 변동한다는 말을 유포하는 행위
>
> 나. 그 증권 또는 장내파생상품의 매매를 함에 있어서 중요한 사실에 관하여 거짓의 표시 또는 오해를 유발시키는 표시를 하는 행위

　㉣ 가격 고정 또는 안정조작행위

　　누구든지 상장증권 또는 장내파생상품의 시세를 고정시키거나 안정시킬 목적으로 그 증권 또는 장내파생상품에 관한 일련의 매매 또는 그 위탁이나 수탁을 하는 행위를 할 수 없음. (예외) 규정에 따른 투자매매업자의 안정조작과 시장조성

　㉤ 현·선연계(현·현연계) 시세조종행위

　　누구든지 상장증권 또는 장내파생상품의 매매와 관련하여 다음의 행위를 할 수 없음

현·선연계 시세조종	장내파생상품(장내파생상품의 기초자산) 매매에서 부당한 이익을 얻거나 제3자에게 부당한 이익을 얻게 할 목적으로 그 장내파생상품의 기초자산(장내파생상품)의 시세를 변동 또는 고정시키는 행위
현·현연계 시세조종	증권의 매매에서 부당한 이익을 얻거나 제3자에게 부당한 이익을 얻게 할 목적으로 그 증권과 연계된 증권의 시세를 변동 또는 고정시키는 행위

(9) 시장질서 교란행위 규제

정보이용 교란행위	① 내부자 등으로부터 나온 미공개(중요)정보인 점을 알면서 이를 받거나 전득한 자 ② 직무와 관련하여 미공개정보를 생산하거나 알게 된 자 ③ 해킹, 절취, 기만, 협박 등 부정한 방법으로 정보를 알게 된 자 ④ ②와 ③의 자들로부터 나온 정보인 점을 알면서 이를 받거나 전득한 자
시세관여 교란행위	① 거래 성립 가능성이 희박한 호가를 대량으로 제출하거나 호가를 제출한 후 해당 호가를 반복적으로 정정·취소 ② 권리이전을 목적으로 하지 않고 거짓으로 꾸민 매매 ③ 손익이전 또는 조세회피를 목적으로 타인과 서로 짜고 하는 매매 ④ 풍문을 유도하거나 거짓으로 계책을 꾸며 상장증권 등의 수급상황이나 가격에 대하여 오해를 유발하 거나 가격을 왜곡할 우려가 있는 행위

*시장질서 교란행위에 대해서는 5억원 이하의 과징금을 부과(행정책임)할 수 있음
*위반행위와 관련된 거래로 얻은 이득 등의 1.5배가 5억원을 넘는 경우에는 그 금액 이하의 과징금을 부과할 수 있음

개념체크 O X

▶ 미공개 중요정보 이용(내부자거래)행위의 금지 규정은 증권의 매매거래 자체를 금지하는 것이다. O X

[해설] 미공개 중요정보 이용(내부자거래)행위의 금지 규정은 증권의 매매거래 자체가 금지되는 것이 아니라 미공개 중
요정보의 이용행위가 금지되는 것이다.

답 X

▶ 내부자의 단기매매차익 반환제도는 일정 범위의 내부자가 미공개 중요정보를 이용하여 특정 증권등의 단기매매거래에
따른 이익을 회사에 반환하도록 하는 제도이다. O X

[해설] 내부자의 단기매매차익 반환제도 일정 범위의 내부자에 대하여 미공개 중요정보의 이용여부와 관계없이 특정 증
권등의 단기매매거래에 따른 이익을 회사에 반환하도록 하는 제도이다.

답 X

STEP 02 핵심보충문제

01 다음 중 내부자거래의 규제대상인 '특정 증권등'에 포함되지 않는 것은?
★★★
① 상장법인이 발행한 증권   ② 수익증권
③ ELS   ④ CB

[해설] 수익증권(펀드)은 제외된다. 내부자거래 규제의 대상증권은 당해 법인이 발행한 증권에 한정되지 않고, 당해
법인과 관련된 증권을 기초자산으로 하는 금융투자상품(주식관련 사채, 주가연계 파생결합증권(ELS, ELW
등), 주식관련 파생상품 등)을 포함한다.

답 ②

02 내부자의 단기매매차익 반환의 예외에 해당하는 것을 모두 고르면?

★★★

> ㉠ 안정조작이나 시장조성을 위하여 매수·매도 또는 매도·매수하는 경우
> ㉡ 주식매수선택권의 행사에 따라 주식을 취득하는 경우
> ㉢ 증권예탁증권의 예탁계약 해지에 따라 증권을 취득하는 경우
> ㉣ 모집·매출하는 특정 증권등의 청약에 따라 취득하는 경우

① ㉠

② ㉠, ㉡

③ ㉠, ㉡, ㉢

④ ㉠, ㉡, ㉢, ㉣

[해설] ㉠ ~ ㉣은 모두 불가피한 경우로서 단기매매차익의 반환을 적용하지 않는 경우에 해당된다.

답 ④

03 파생상품 관련정보의 누설 금지 규정의 적용을 받는 대상자와 거리가 먼 자는?

★★★

① 장내파생상품의 시세에 영향을 미칠 수 있는 정책을 입안·수립 또는 집행하는 자

② 장내파생상품의 시세에 영향을 미칠 수 있는 정보를 생성·관리하는 자

③ 장내파생상품의 기초자산의 중개·유통 또는 검사와 관련된 업무에 종사하는 자

④ 장내파생상품의 시세에 영향을 미칠 수 있는 대량의 매매를 하는 전문투자자

[해설] ① ~ ③이 대상자이다. ① ~ ③의 어느 하나에 해당하는 자로서 파생상품시장에서의 시세에 영향을 미칠 수 있는 정보를 업무와 관련하여 알게 된 자와 그 자로부터 정보를 전달받은 자는 그 정보를 누설하거나, 장내파생상품 및 그 기초자산의 매매나 그 밖의 거래에 이용하거나, 타인으로 하여금 이용하게 할 수 없다.

답 ④

04 시세조종행위 규제에 관한 설명으로 옳지 않은 것은?

★★★

① 허위표시에 의한 시세조종이란 매매를 유인할 목적으로 매매가 성황을 이루고 있는 듯이 잘못 알게 하거나 그 시세를 변동시키는 매매 또는 그 위탁이나 수탁하는 행위를 말한다.

② 시세조종으로 보지 않는 안정조작이란 투자매매업자가 청약기간의 종료일 전 20일부터 그 청약기간의 종료일까지의 기간 동안 증권의 가격을 안정시키는 매매거래를 말한다.

③ 시세조종으로 보지 않는 시장조성이란 투자매매업자가 모집·매출한 증권이 상장된 날부터 1개월 이상 6개월 이내에서 수요·공급을 조성하는 매매거래를 말한다.

④ 모집·매출되는 증권 발행인의 임원 등이 투자매매업자에게 안정조작을 위탁하는 경우는 금지되는 안정조작행위가 아니다.

[해설] 현실거래에 의한 시세조종을 설명한 내용이다.

답 ①

05 부정거래행위 규제에 대한 설명으로 옳지 않은 것은?

★★★
① 누구든지 금융투자상품의 매매, 그 밖의 거래와 관련하여 부정한 수단, 계획 또는 기교를 사용하는 행위를 할 수 없다.
② 증권의 경우 공모(모집과 매출)에는 적용하지만, 사모의 경우에는 적용하지 않는다.
③ 부정거래행위 금지를 위반한 자는 그 위반행위로 인하여 금융투자상품의 거래를 한 자가 입은 손해를 배상할 책임을 진다.
④ 부정거래행위 금지를 위반한 자에 대해서는 1년 이상의 유기징역 또는 그 위반행위로 얻은 이익(또는 회피한 손실액)의 3배 이상 5배 이하에 상당하는 벌금에 처한다.

해설 증권의 경우 공모(모집과 매출)는 물론 사모의 경우에도 부정거래행위를 금지한다.

답 ②

05 금융기관 검사·제재에 관한 규정 중요도 ★★☆
자본시장 조사업무규정 중요도 ★★☆
금융소비자보호에 관한 법률 중요도 ★★★

대표유형문제 「금융소비자보호법」에 대한 설명으로 옳지 않은 것은?

① 신용카드는 대출성 상품으로 분류된다.

② 투자권유대행인은 금융상품판매대리·중개업자이다.

③ 소비자가 금융상품판매업자 등의 위법한 행위로 금융상품에 관한 계약 해지를 요구할 경우, 금융회사가 정당한 사유를 제시하지 못하면 소비자가 일방적으로 계약을 해지할 수 있다.

④ 설명의무 위반에 따른 손해배상청구 소송 시 고의·과실 입증책임은 소비자에게 있다.

해설 설명의무 위반에 따른 손해배상청구 소송 시 고의·과실 입증책임은 금융회사에게 있다.

답 ④

STEP 01 핵심필수개념

(1) 금융감독원의 금융기관 검사

검사의 종류	종합검사	금융기관의 업무전반 및 재산상황에 대하여 종합적으로 실시하는 검사
	부문검사	금융사고예방, 금융질서확립, 기타 금융감독원장이 필요에 의하여 금융기관의 특정부문에 대하여 실시하는 검사
검사의 실시방법	현장검사	검사대상기관에 실제로 임하여 필요한 사항을 조사하는 것
	서면검사	장부, 서류를 제출받아 그 내용을 조사·검토하는 것 → 종합검사는 대부분 서면검사의 방법으로 실시
검사절차		검사의 사전통지(감사착수일 1주일 전(종합검사는 1개월 전)까지) → 시전조사 → 검사실시 → 결과보고 → 검사결과 조치 → 사후관리

(2) 금융기관의 주요 정보사항 보고

금융기관은 다음에 해당하는 정보사항을 금감원장에게 보고하여야 함

① 민사소송에서 패소확정되거나, 소송물 가액이 최직근 분기말 현재 자기자본의 100분의 1(자기자본의 100분의 1이 10억원 미만인 경우에는 10억원) 또는 100억원을 초과하는 민사소송에 피소된 경우

② 금융사고에는 해당되지 아니하나 금융기관이 보고할 필요가 있다고 판단하는 중요한 사항 또는 사건

(3) 자본시장 조사업무규정

'조사'의 법률적 정의	자본시장법령 또는 금융위의 규정이나 명령에 위반된 불공정거래가 있는지의 여부 및 공익 또는 투자자 보호를 위하여 필요하다고 인정되는 사항을 조사하여 필요한 조치를 취하는 업무
조사의 주요대상	미공개정보 이용행위, 시세조종등 불공정거래행위, 내부자의 단기매매차익 취득, 상장법인의 공시의무 위반, 상장법인 임원등의 특정 증권등 및 변동상황 보고의무 위반, 주식의 대량보유등의 보고(5% rule) 등
금융위의 조사결과 조치	형사벌칙 대상행위에 대해 고발 또는 수사기관에 통보, 시정명령, 과태료 부과, 단기매매차익 발생사실의 통보 등, 상장법인 및 피검사기관에 대한 조치(1년 이내의 증권발행 제한, 임원 해임권고, 인가·등록 취소 등), 과징금 부과

(4) 금융소비자보호에 관한 법률(「금융소비자보호법」, 금소법)

> 기존의 「은행법」, 「자본시장법」, 「보험업법」등 개별 금융업 법령에 산재된 금융소비자보호 규제를 통합하여 규율하는 법률(시행일 2021.3.25)

① 금융소비자의 정의
- ㉠ 금융소비자란 금융거래의 상대방으로서 금융업자와 금융상품을 거래하는 당사자(광의)를 말함
  - 거래단계나 형태에 따라 거래당사자, 고객, 투자자, 예금자, 보험계약 등이 사용됨
- ㉡ 금융소비자보호 대상으로서의 금융소비자는 전문금융소비자와 구분하여 일반금융소비자로 협의의 정의를 적용
- ㉢ 특정 소비자군에 대해서는 취약소비자로 별도 정의하고, 보다 적극적인 보호를 제공

② 법 제정에 따른 변화의 주요 내용
- ㉠ 금융소비자

구 분	제 도	금소법 제정 전	금소법 제정 후
신설된 권리	청약철회권 (청약철회 시 소비자 지급금액 반환)	투자자문업, 보험만 법령으로 보장	원칙적으로 모든 금융상품에 보장
	위법계약해지권 (계약해지로 인한 금전부담없이 해지 가능)	없 음	
사후 구제	소액분쟁 시 금융회사의 분쟁조정 이탈 금지	없 음	허 용
	분쟁조정 중 소 제기 시 법원의 소송중지		
	분쟁·소송 시 소비자의 금융회사에 대한 자료요구		
	손해배상 입증책임 전환		설명의무 위반 시 고의·과실 존부 입증에 적용

ⓛ 금융회사 등 금융서비스공급자

구 분	제 도	금소법 제정 전	금소법 제정 후
사전 규제	6대 판매규제	일부 금융업법에서 개별적으로 허용	원칙적으로 모든 금융상품에 적용
	소비자보호 관련 내부통제	법령상 규율 없음	관련 기준 마련 의무 및 관리책임 부과
사후 제재	금전적 제재	과태료 최대 5천만원	징벌적 과징금 도입 및 과태료 최대 1억원
	형 벌	3년 이하 징역, 1억원 이하 벌금	5년 이하 징역, 2억원 이하 벌금

ⓒ 정 부

구 분	제 도	금소법 제정 전	금소법 제정 후
행정 처분	대출모집인 인허가	개별 금융협회에서 행정지도에 따라 규율	법령에 따라 금융위에 등록
	판매제한명령권	없 음	소비자 재산상 현저한 피해발생 우려가 명백한 경우 금융위가 발동
인프라	금융상품 비교공시·소비자보호 실태평가 실시 근거	행정지도	법 령
	금융교육	관련 규정 없음	금융교육 제정지원 및 추진체계 설치근거 마련

(5) 「금융소비자보호법」의 주요 내용

① 기능별 규제체계 마련

> '동일기능 - 동일규제' 원칙이 적용될 수 있도록 금융상품 및 판매업 등의 유형을 재분류

㉠ (금융상품) 모든 금융상품 및 서비스를 '예금성·투자성·보장성·대출성' 상품으로 분류

구 분	개 념	대상(예시)
예금성	「은행법」상 예금 및 이와 유사한 것으로서 대통령령으로 정하는 것	예·적금 등
투자성	「자본시장법」상 금융투자상품 및 이와 유사한 것으로서 대통령령으로 정하는 것	펀드 등 금융투자상품, 신탁계약, 투자일임계약
보장성	「보험업법」상 보험상품 및 이와 유사한 것으로서 대통령령으로 정하는 것	보험상품 등
대출성	「은행법」상 대출 및 이와 유사한 것으로서 대통령령으로 정하는 것	대출상품, 신용카드 등

ⓒ (금융상품판매업자등) 금융 관계 법률에 따른 금융회사 등에 대하여 영업행위에 따라 금융상품 직접판매업자, 금융상품판매대리·중개업자 또는 금융상품자문업자로 업종을 구분

구 분	개 념	대상(예시)
직접 판매업자	자신이 직접 계약의 상대방으로서 금융상품에 관한 계약 체결을 영업으로 하는 자(투자중개업자 포함)	금융투자업자 및 겸영금융투자업자, 은행, 보험사, 저축은행 등
판매대리· 중개업자	금융회사와 금융소비자의 중간에서 금융상품 판매를 중개 하고 금융회사의 위탁을 받아 판매를 대리하는 자	투자권유대행인, 보험 설계·중개사, 보험대리점, 카드·대출 모집인 등
자문업자	금융소비자가 본인에게 적합한 상품을 구매할 수 있도록 자문을 제공	투자자문업자, 독립자문업자

② 금융상품 판매원칙

②-1 6대 판매원칙 확대 적용

- 개별업법에서 일부 금융상품에 한정하여 적용하고 있는 6대 판매원칙을 모든 금융상품에 확대 → 소비자보호 공백 해소
- 6대 판매원칙 : 적합성·적정성 확인 및 설명의무 준수, 불공정영업행위·부당권유행위 및 허위· 과장광고 금지
- 특히, 대출성상품 등에 대한 판매행위 규제를 강화하여 과잉 대출을 방지 → 대출성상품에도 적합성· 적정성 원칙을 적용
- 대출성상품의 상품 및 상환방식 선택권 보장 등을 위해 설명대상을 보다 명확하게 규정

㉠ (적합성 원칙) 일반금융소비자의 재산상황, 금융상품 취득·처분 경험 등에 비추어 부적합한 금융상품 계약 체결의 권유를 금지
- 금융투자상품 및 변액보험에만 도입되어 있었으나, 이를 대출성 상품, 대통령령으로 정하는 보장성 상품 등으로 확대 적용

㉡ (적정성 원칙) 일반금융소비자가 자발적으로 구매하려는 금융상품이 소비자의 재산상황, 투자 경험(투자성 상품), 신용 및 변제계획(대출성 상품 등)에 비추어 부적정할 경우 이를 고지·확 인하는 것
- 파생상품, 파생결합증권 등에 대해서만 도입되어 있었으나 일부 대출성·보장성 상품으로 확대

㉢ (설명의무) 금융상품 계약 체결을 권유하거나 일반금융소비자가 설명을 요청하는 경우 상품의 중요사항을 설명
- 금융상품 유형별로 필수 설명사항을 세부적으로 규율하고, 이를 일반금융소비자가 이해할 수 있게 설명할 것을 의무화
- 「은행법」·「자본시장법」·「보험업법」·「여신전문금융업법」 등에 각각 규정된 설명의무를 「금융소비자보호법」으로 통합·이관하였음

ⓔ (불공정영업행위 금지) 판매업자등이 금융상품 판매 시 우월적 지위를 이용하여 금융소비자의 권익을 침해하는 행위 금지

- 대출 후 3년 경과 시 중도상환수수료 부과 금지, 개인대출에 대한 제3자 연대보증 금지 등

불공정영업행위 유형	• 대출과 관련하여 다른 금융상품 계약을 강요하는 행위 • 대출과 관련하여 부당한 담보를 요구하는 행위 • 업무와 관련하여 편익을 요구하는 행위 • 연계·제휴서비스를 부당하게 축소·변경하는 행위 등

ⓜ (부당권유행위 금지) 금융상품 계약 체결 권유 시 소비자가 오인할 우려가 있는 허위 사실 등을 알리는 행위를 금지

부당권유행위 유형	• 불확실한 사항에 대해 단정적 판단을 제공하는 행위 • 금융상품의 내용을 사실과 다르게 알리는 행위 • 금융상품의 가치에 중대한 영향을 미치는 사항을 알리지 않는 행위 • 객관적 근거 없이 금융상품을 비교하는 행위 등

ⓑ (허위·과장광고 금지) 금융상품 또는 판매업자 등의 업무에 관한 광고 시 필수 포함사항 및 금지행위 등

필수 포함사항		• 금융상품 설명서 및 약관을 읽어 볼 것을 권유하는 내용 • 금융상품 판매업자 등의 명칭 및 금융상품의 내용 • 보장성 상품 : 보험료 인상 및 보장내용 변경 가능 여부 • 투자성 상품 : 운용실적이 미래수익률을 보장하지 않는다는 사항 등
금지행위	보장성 상품	보상한도, 면책사항 등을 누락하거나 충분히 고지하지 않는 행위
	투자성 상품	손실보전 또는 이익보장이 되는 것으로 오인하게 하는 행위
	대출성 상품	대출이자를 일단위로 표시하여 저렴한 것으로 오인하게 하는 행위

②-2 판매원칙 위반 시 제재 강화

> 판매원칙 관련 위법계약해지권, 징벌적 과징금 도입 등 판매원칙 준수를 위한 실효성 확보 수단 마련

ⓐ (위법계약해지권) 금융소비자가 금융상품판매업자 등의 위법한 행위로 금융상품에 관한 계약을 체결한 경우 계약 체결일부터 5년의 범위에서 서면 등으로 계약을 해지할 수 있도록 함

- 소비자의 해지요구에 대해 금융회사가 정당한 사유를 제시하지 못하는 경우에 소비자가 일방적으로 계약해지 가능

ⓛ (판매제한명령) 소비자의 재산상 현저한 피해가 발생할 우려가 있다고 명백히 인정되는 경우 금융상품 계약체결 제한·금지

- 금융상품 판매과정에서 소비자 피해가 가시화되거나 확대되는 것을 미연에 방지하여 소비자 피해를 최소화함

ⓒ (손해배상 입증책임 전환) 설명의무 위반에 따른 손해배상청구 소송 시 고의·과실 입증책임을 금융회사 등으로 전환

ⓓ (징벌적 과징금) 주요 판매원칙 위반 시 관련 수입 등의 50%까지 과징금 부과

- 위반행위와 관련된 계약으로 인한 수입 또는 이에 준하는 금액의 50 / 100 이내에서 과징금을 부과할 수 있도록 함

ⓜ (과태료) 판매원칙 위반 시 1억원 이하 또는 3천만원 이하의 과태료 부과

③ 금융소비자 권익보호를 위한 제도 신설·도입

> 소비자 선택권 확대, 피해 방지, 사후구제 강화 등을 위한 제도 신설

ⓐ (청약철회권) 일정기간 내 소비자가 금융상품 계약을 철회하는 경우 판매자는 이미 받은 금전·
재화 등을 반환
- 현재 투자자문, 일부 보험상품에 적용 중인 청약철회권을 대통령령으로 정하는 보장성·대출
  성·투자성상품 및 자문에 적용
- 시행령에서 규정하고 있는 대출성 상품 관련 청약철회권 행사 가능 상품 → 고난도금융투자상
  품, 고난도투자일임계약, 신탁계약(금전에 관한 신탁계약은 고난도금전신탁계약에 한정)
- 금융상품 또는 금융상품자문에 관한 계약을 체결한 일반금융소비자가 대출성 상품의 경우 계
  약서류를 제공받은 날부터 14일 등 일정기간 내에 청약을 철회할 수 있도록 함

구 분	철회 기간
투자성·자문	계약서류 제공일 또는 계약 체결일로부터 7일 이내
대출성	계약서류 제공일, 계약 체결일 또는 계약에 따른 금전·재화 등 제공일로부터 14일 이내

ⓑ (사후구제 강화) 금융회사의 소 제기를 통한 분쟁조정제도 무력화 방지 및 분쟁조정소송 시 소
비자의 정보접근 강화
- 분쟁조정이 신청된 사건에 대하여 소송이 진행 중일 경우 법원이 그 소송을 중지할 수 있는
  소송중지제도 도입
- 소비자가 신청한 소액분쟁은 분쟁조정 완료 시까지 금융회사의 제소를 금지하는 조정이탈금
  지제도 마련 → 일반금융소비자가 조정을 신청한 2,000만원 이하의 소액분쟁사건의 경우 분
  쟁조정 절차가 완료되기 전까지는 은행, 보험회사 등 조정대상기관이 법원에 소송을 제기할
  수 없도록 하여 금융소비자의 권리구제 관련 부담을 경감함
- 소비자가 분쟁조정·소송 등 대응 목적으로 금융회사 등이 유지·관리하는 자료의 열람 요구
  시 이를 수용할 의무

④ 기타사항

> 금융소비자의 합리적 금융상품 선택을 지원하고, 기존 제도의 공백·미흡사항 등을 보완하기 위한
> 제도개선 사항 등 포함

ⓐ (금융상품자문업 신설) 상품 선택 시 일반인들도 전문적·중립적인 자문서비스를 쉽게 이용할
수 있도록 금융상품자문업 신설
- 판매와 자문 간 겸영이 금지되는 독립자문업을 원칙(「자본시장법」상 투자자문업자는 예외)으
  로 하고 자문업자가 지켜야 할 소비자보호 원칙 등을 규정
ⓑ (금융교육 강화) 금융소비자 역량 제고를 통해 금융소비자의 금융상품 선택권 강화
- 그간 실무차원에서 운영된 금융교육협의회의 법적근거 마련
- 금융위에 금융교육 프로그램 개발, 금융소비자의 금융역량 조사(매 3년)등 다양한 의무를 부과

ⓒ (직판업자의 관리책임) 직판업자에게 대리·중개업자에 대한 관리 책임을 부여하고, 위반 시 과징금 또는 과태료, 손해배상 책임 부과

ⓔ (대출모집인 감독) 그간 법상 감독대상에 포함되지 않았던 대출모집인을 법상 감독대상(판매대리·중개업자)으로 규정

개념체크○×

▶ 적합성 원칙이란 소비자의 재산상황, 금융상품 취득·처분 경험 등에 비추어 부적합한 금융상품 계약 체결의 권유를 금지하는 것이다. ○×

답 ○

▶ 2021년 3월 25일부터 시행된 「금융소비자보호에 관한 법률」(금융소비자보호법)에 따르면 6대 판매원칙은 우선 투자성 상품과 대출성 상품에 적용된다. ○×

[해설] 6대 판매원칙(적합성 원칙, 적정성 원칙, 설명의무, 불공정영업행위 금지, 부당권유행위 금지, 허위·과장광고 금지)은 원칙적으로 모든 금융상품에 적용한다.

답 X

STEP 02 | **핵심보충문제**

01 금융감독원의 검사에 대한 설명으로 옳지 않은 것은?
★★★
① 감독원장은 금융기관의 업무 및 재산상황 또는 특정부문에 대한 검사를 실시한다.
② 검사절차는 주로 사전조사 → 검사실시 → 결과보고 → 검사결과조치 → 사후관리의 순에 의한다.
③ 검사의 종류는 종합검사와 부문검사로 구분하고, 검사의 실시는 현장검사 또는 서면검사의 방법으로 행한다.
④ 종합검사는 대부분 현장검사의 방법으로 실시한다.

[해설] 종합검사는 대부분 서면검사의 방법으로 실시한다.

답 ④

02 금융기관 검사에 대한 설명으로 옳지 않은 것은?

★★☆

① 금융기관의 업무 외에 재산상황에 대해서도 검사할 수 있다.

② 원칙적으로 검사결과에 대한 조치는 금융감독원장이 한다.

③ 금감원장은 검사사전예고통지서를 검사착수일 2주일 전까지 통지하여야 한다.

④ 「농업협동조합법」에 따라 설립된 농협은행도 금감원의 검사대상기관에 해당한다.

[해설] 금감원장은 검사사전예고통지서를 검사착수일 1주일 전(종합검사의 경우 1개월 전)까지 통지하여야 한다.

답 ③

03 자본시장 조사업무규정에 따른 조사의 주요대상으로 옳지 않은 것은?

★★☆

① 미공개정보 이용행위

② 시세조종등 불공정거래행위

③ 내부자의 단기매매차익 취득

④ 조사분석자료 작성·공표 시 준수사항 위반행위

[해설] 조사의 주요대상은 미공개정보 이용행위, 시세조종등 불공정거래행위, 내부자의 단기매매차익 취득, 상장법인의 공시의무 위반, 상장법인 임원등의 특정 증권등 및 변동사항 보고의무 위반, 주식의 대량보유등의 보고(5% Rule) 등이다. 불공정거래에 대한 조사는 원칙적으로 당사자의 동의와 협조를 전제로 한 청문적 성격의 행정상 임의조치의 성격을 띠지만, 시세조종등에 대한 조사와 같이 압수·수색 등 강제조사의 성격이 함께 혼재된 특수한 성격을 갖기도 한다.

답 ④

04 다음 괄호 안에 알맞은 숫자는?

★★★

> 금융상품판매업자등이 설명의무, 불공정영업행위·부당권유행위 금지, 허위·과장광고 금지의 영업행위 준수사항을 위반한 경우 해당 위반행위와 관련된 계약으로 인한 수입 또는 이에 준하는 금액의 100분의 (   ) 이내에서 과징금을 부과할 수 있도록 하였다.

① 20

② 30

③ 40

④ 50

[해설] 징벌적 과징금은 주요 판매원칙 위반 시 관련 수입 등의 50%까지 과징금 부과가 가능하다.

답 ④

출제예상문제

01
★★★
다음의 업무를 수행하는 감독기관은 어디인가?

> • 자본시장의 불공정거래 조사
> • 기업회계의 기준 및 회계감리에 관한 업무
> • 자본시장의 관리 · 감독 및 감시등을 위하여 금융위로부터 위임받은 업무 등

① 금융위원회   ② 증권선물위원회
③ 한국금융투자협회   ④ 한국거래소

02
★★☆
회원 상호 간의 건전한 영업질서 유지 및 공정한 거래질서 확립, 투자자보호 및 금융투자업의 건전한 발전을 목적으로 설립되어 자율규제업무를 하는 금융투자업 관계기관은?

① 금융위원회   ② 증권선물위원회
③ 한국금융투자협회   ④ 한국거래소

03
★★☆
우리나라의 금융법규 체계 및 행정지도에 대한 설명으로 옳지 않은 것은?

① 국회에서 제정 · 개정되는 법, 대통령령인 시행령, 국무총리령인 시행규칙, 금융위원회가 제정 · 개정하는 감독규정, 금융감독원이 제정 · 개정하고 금융위원회에 보고하는 시행세칙으로 이루어져 있다.

② 금융감독원판례, 비조치의견서, 법규유권해석, 행정지도, 실무해석 · 의견, 모범규준, 업무해설서, 검사매뉴얼 등이 금융법규를 보완한다.

③ 우리나라 금융법규는 은행, 금융투자, 보험, 서민금융 등 금융권역별로 나누어져 있기 때문에, 동일한 금융서비스에 대해서도 금융권역별로도 다르게 적용할 때가 있다.

④ 금융위원회 및 금융감독원은 행정지도 불이행 사유로 행정지도를 받은 해당 금융회사 등에게 불이익한 조치를 취할 수 있다.

04 금융투자상품에 관한 설명으로 적절하지 않은 것은?

★★★
① 금융투자상품은 원금손실 가능성(투자성) 여부에 따라 증권과 파생상품으로 구분한다.

② 투자성이란 원금손실 가능성을 의미하는 것으로, 투자금액이 회수금액을 초과하게 될 위험을 의미한다.

③ 증권은 취득과 동시에 어떤 명목으로든 추가적인 지급의무를 부담하지 아니하는 금융투자상품이다.

④ 파생상품은 취득 이후에 추가적인 지급의무를 부담할 수 있는 금융투자상품이다.

05 투자성(원금손실 가능성)을 판단할 때, 투자금액(원금) 산정시 제외되는 항목과 거리가 먼 것은?

★★★
① 투자자가 지급하는 판매수수료   ② 투자자가 지급하는 환매·해지수수료

③ 보험계약에 따른 사업비   ④ 위험보험료

06 금융투자상품에 관한 설명으로 옳지 않은 것은?

★★★
① 금융투자상품은 추가지급의무 부과여부에 따라 증권과 파생상품으로 구분된다.

② 증권은 채무증권, 지분증권, 수익증권, 증권예탁증권, 투자계약증권, 파생결합증권으로 분류한다.

③ 사적인 금전채권도 지급청구권이 표시되어 있으나 유통성이 없으므로 채권증권으로 인정하지 않는다.

④ 워런트(Warrants)와 같이 기초자산에 대한 매매를 성립시킬 수 있는 권리를 포함한 금융투자상품의 경우 추가지급의무가 있는 파생상품이다.

정답 및 해설

01 ② 자본시장의 불공정거래 조사 및 회계 관련 업무는 증권선물위원회의 소관 사무이다.

02 ③ 한국금융투자협회에 대한 설명이다.

03 ④ 행정지도는 금융관련 법규상 목적에 부합되는 필요한 최소한도에 그쳐야 하며 행정지도를 받은 금융회사 등의 의사에 반하여 부당하게 강요하거나 행정지도 불이행 사유로 해당 금융회사 등에게 불이익한 조치를 하지 아니한다. 행정지도란 금융위원회 및 금융감독원이 금융관련법규 등에 의한 소관업무를 수행하기 위해 금융회사 등의 임의적 협력에 기초하여 지도·권고·지시·협조요청 등을 하는 것을 말하는데, 행정지도를 한 경우 그 내용을 원칙적으로 공개하여야 한다.

04 ① 금융상품은 원금손실 가능성 여부에 따라 금융투자상품과 비금융투자상품으로 구분하고, 금융투자상품은 추가지급의무 부과(원금초과손실 가능성) 여부에 따라 증권과 파생상품으로 구분한다(원금초과손실의 가능성이 없으면 증권, 있으면 파생상품).

05 ② 투자자가 지급하는 환매·해지수수료는 회수금액 산정 시 포함되는 항목이다.

06 ④ 워런트(Warrants)와 같이 기초자산에 대한 매매를 성립시킬 수 있는 권리를 포함한 금융투자상품의 경우 추가지급의무가 있더라도 증권으로 구분한다.

07 「자본시장법」상 증권에 대한 설명으로 옳지 않은 것은?
★★☆

① 채무증권으로는 국채, 지방채, 특수채, 사채권(이자연계 파생결합채권), 기업어음 등이 포함된다.

② 지분증권으로는 법인이 발행한 출자증권, 신주인수권증권·증서, 합명회사의 지분 등이 포함된다.

③ 수익증권으로는 금전신탁의 수익증권, 투자신탁의 수익증권, 주택저당증권, 자산유동화증권 등이 포함된다.

④ 주가연계증권(ELS)은 파생결합증권이다.

08 다음에서 설명하고 있는 금융투자상품을 「자본시장법」상 무엇이라 하는가?
★★☆

> 기초자산의 가격·이자율·지표·단위 또는 이를 기초로 하는 지수 등의 변동과 연계하여 미리 정하여진 방법에 따라 지급금액 또는 회수금액이 결정되는 권리가 표시된 증권

① 파생결합증권 　　　　　　　　　② 파생상품
③ 투자계약증권 　　　　　　　　　④ 증권예탁증권

09 다음 중 파생결합증권이 아닌 것은?
★★★

① 이자율연계 파생결합채권(DLB) 　　② 주가연계증권(ELS)
③ 주가연계워런트(ELW) 　　　　　　④ 파생연계증권(DLS)

10 파생결합증권에 관한 설명으로 옳은 것은?
★★★

① 원본초과손실 가능성이 있는 금융투자상품이다.
② 파생상품에 속한다.
③ 농산물은 기초자산으로 할 수 없다.
④ 「자본시장법」상 증권이다.

11 금융투자업에 대한 설명으로 옳지 않은 것은?

★★☆ ① 경제적 실질에 따라 투자매매업, 투자중개업, 집합투자업, 투자자문업, 투자일임업 및 신탁업으로 분류한다.

② 투자매매업은 누구의 명의로 하든지 자기의 계산으로 금융투자상품의 매매, 증권의 발행·인수 또는 그 청약의 권유, 청약, 청약의 승낙을 영업으로 하는 것이다.

③ 투자중개업은 누구의 명의로 하든지 타인의 계산으로 금융투자상품의 매매, 그 청약의 권유, 청약, 청약의 승낙 또는 증권의 발행·인수에 대한 청약의 권유, 청약, 청약의 승낙을 중개하는 것을 영업으로 하는 것이다.

④ 투자자문업은 투자자로부터 금융투자상품에 대한 투자판단의 전부 또는 일부를 일임받아 투자자별로 구분하여 금융투자상품을 취득·처분, 그 밖의 방법으로 운용하는 것을 영업으로 하는 것이다.

정답 및 해설

07 ② 합명회사의 지분과 합자회사의 무한책임사원의 지분은 무한책임사원 지분의 특성에 비추어 볼 때 이를 금융투자상품에 포함시키는 것은 타당하지 않으므로 지분증권의 범위에서 제외한다.

08 ① 파생결합증권에 관한 정의이며, 파생결합증권은 「자본시장법」상 증권이다.

09 ① 이자율연계 파생결합채권(DLB)은 파생결합증권에서 제외되고 채무증권으로 분류된다. 이자율연계 파생결합채권(DLB)은 발행과 동시에 투자자가 지급한 금전 등에 대한 이자, 그 밖의 과실에 대하여만 해당 기초자산의 가격 등의 변동과 연계된 증권을 말한다. 파생결합증권으로는 주가연계증권(ELS), 주가연계워런트(ELW), 파생연계증권(DLS), 신용연계증권(CLN), 재해연계증권(CAT Bond) 등이 있다.

10 ④ 파생결합증권은 「자본시장법」상 원본초과손실 가능성이 없는 금융투자상품으로서 증권으로 분류하며, 농산물도 파생결합증권의 기초자산이 될 수 있다.

11 ④ ④는 투자일임업에 대한 설명이다.

12 다음 중 투자매매업의 적용이 배제되는 경우를 모두 고르면?
★★★

> ⊙ 투자신탁 수익증권, 투자성 있는 예금·보험 및 특정 파생결합증권을 발행하는 경우를 제외하고 자기가 증권을 발행하는 경우
> ⓒ 투자매매업자를 상대방으로 하거나 투자중개업자를 통하여 금융투자상품을 매매하는 경우
> ⓒ 한국은행이 공개시장 조작을 하는 경우

① ⊙
② ⓒ, ⓒ
③ ⊙, ⓒ, ⓒ
④ ⊙, ⓒ

13 투자중개업자가 따로 대가없이 금융투자상품에 대한 투자판단을 전부 또는 일부 위임받는 경우
★★★ 중에서 투자일임업으로 보지 않는 경우로 가장 거리가 먼 것은?

① 주식 매매주문을 받으면서 하루를 정하여 총매매수량, 총매매금액, 가격, 수량 및 시기에 대한 투자판단을 일임받는 경우
② 투자자가 여행으로 일시적으로 부재하는 중에 주가가 폭락하면 주식을 매도하도록 미리 일임받는 경우
③ 투자자가 투자중개업자로부터 신용공여를 받아 주식을 매수한 후 상환하지 않으면 주식을 매도하도록 일임받는 경우
④ 투자자가 CMA 계좌에서 입출금하면 따로 의사표시가 없어도 자동으로 단기금융집합투자증권을 매매하도록 일임받는 경우

14 전문사모집합투자기구(헤지펀드) 등에 대하여 효율적인 신용공여와 담보관리 등을 위하여 증권의
★★☆ 대여 또는 그 중개·주선이나 대리업무, 금전의 융자, 전문사모집합투자기구의 재산의 보관 및 관리 등의 업무를 주된 영업으로 하는 자는?

① 온라인소액투자중개업자
② 종합금융투자사업자(프라임브로커)
③ 투자중개업자
④ 집합투자업자

15 다음 중 증권형 크라우드펀딩(Crowd Funding)업자로 불리는 자는?

★★☆
① 온라인소액투자중개업자   ② 종합금융투자사업자(프라임브로커)

③ 투자중개업자   ④ 집합투자업자

16 온라인소액투자중개업자에 대한 설명으로 옳지 않은 것은?

★★★
① 5억원 이상의 자기자본을 갖추어야 한다.

② 자신이 온라인소액투자중개를 하는 증권을 자기의 계산으로 취득하거나, 증권의 발행 또는 그 청약을 주선 또는 대리하는 행위를 할 수 없다.

③ 온라인소액투자중개업자는 투자자의 자격 등을 제한할 수 없다.

④ 온라인소액투자중개업자 또는 온라인소액증권발행인은 온라인소액투자중개업자가 개설한 인터넷 홈페이지 이외의 수단을 통해서 투자광고를 할 수 없다.

정답 및 해설

12 ③ ㉠~㉢의 경우 모두 투자매매업의 적용이 배제된다.

〈투자매매업의 적용이 배제되는 경우〉

① 투자신탁 수익증권, 투자성 있는 예금·보험 및 특정 파생결합증권을 발행하는 경우를 제외하고 자기가 증권을 발행하는 경우

② 투자매매업자를 상대방으로 하거나 투자중개업자를 통하여 금융투자상품을 매매하는 경우

③ 국가·지방자치단체가 공익을 위하여 관련 법령에 따라 금융투자상품을 매매하는 경우

④ 한국은행이 공개시장 조작을 하는 경우

⑤ 특정 전문투자자 간에 환매조건부 매매를 하는 경우

⑥ 외국 투자매매업자가 일정 요건을 갖추고 국외에서 파생결합증권을 발행하는 경우 등

13 ① 투자중개업자가 그 대가를 받지 않고 불가피하게 투자판단을 일임받는 경우는 투자일임업으로 보지 않는데, 투자일임업으로 보지 않으려면 투자자가 총매수수량 또는 총매매금액은 지정해야 한다. 그 지정 범위에서 가격, 수량 및 시기에 대한 투자판단의 일임을 받는 경우에는 투자일임업으로 보지 않는다.

14 ② 종합금융투자사업자(프라임브로커)에 대한 설명이다.

15 ① 온라인소액투자중개업자에 대한 설명이다.

16 ③ 온라인소액투자중개업자는 온라인소액증권발행인의 요청에 따라 투자자의 자격 등을 합리적이고 명확한 기준에 따라 제한할 수 있다.

17 「자본시장법」상 투자자 분류에 관한 설명으로 옳지 않은 것은?
★★★

① 국가, 한국은행, 금융기관, 기타기관, 외국정부·외국중앙은행·국제기구 등은 절대적 전문투자자이다.

② 주권상장법인 및 기타기관(기금관리·운용법인, 지방자치단체 등), 자발적 전문투자자 등이 상대적 전문투자자에 해당된다.

③ 주권상장법인 등이 장외파생상품 거래를 하는 경우에는 별도 의사표시를 하지 아니하면 일반투자자 대우를 받게 된다.

④ 금융투자상품 잔고가 100억원 이상인 법인 또는 단체는 금융위에 신고하여 확인을 받은 후 3년간 자발적 전문투자자가 될 수 있다.

18 「자본시장법」상 절대적 전문투자자가 아닌 자는?
★★★

① 상호저축은행   ② 새마을금고연합회

③ 주권상장법인   ④ 집합투자기구

19 금융투자업 인가 요건으로 거리가 먼 것은?
★★★

① 사업계획의 타당성 요건   ② 최저 자본금 요건

③ 이해상충 방지체계 구비 요건   ④ 인력요건 및 전산설비 등 물적시설 요건

20 금융투자업 인가 요건 중 인력에 관한 요건으로 옳지 않은 것은?
★★★

① 금융업의 허가·인가·등록 등이 취소된 법인 또는 회사의 임직원이었던 자로서 그 법인 또는 회사에 대한 취소가 있는 날부터 5년이 경과되지 아니한 자는 임원이 될 수 없다.

② 금융관련 법령에 따라 해임되거나 면직된 날로부터 5년이 경과되지 아니한 자는 임원이 될 수 없다.

③ 집합투자업 및 신탁업의 경우 각 필요업무에 5년 이상 종사한 경력이 있는 전문인력 요건을 충족하여야 한다.

④ 집합투자증권의 투자매매업자·투자중개업자는 투자권유자문인력을 5인 이상 갖추어야 한다.

21 금융투자업 인가 요건 유지 의무에 대한 설명으로 옳지 않은 것은?

★★★
① 금융투자업자가 인가 요건을 유지하지 못할 경우 금융위의 인가가 취소될 수 있다.

② 매 회계연도말 기준 자기자본이 인가업무 단위별 최저 자기자본의 80% 이상을 유지하여야 한다.

③ 대주주의 출자능력(자기자본이 출자금액의 4배 이상), 재무건전성, 부채비율(300%) 요건은 출자 이후인 점을 감안하여 인가요건 유지의무에서 배제시켰다.

④ 최대주주의 경우 최근 5년간 5억원 이상의 벌금형만을 적용한다.

22 금융투자업 등록 요건으로 거리가 먼 것은?

★★★
① 사업계획의 타당성 요건　　　　　② 대주주 요건

③ 자기자본 요건　　　　　　　　　④ 전문인력 요건

23 금융투자업의 진입규제에 대한 설명으로 옳은 것은?

★★★
① 인가제와 등록제는 진입요건이 동일하다.

② 금융투자업자가 인가·등록된 업무 외에 타 업무에 대하여 추가하고자 할 때, 변경인가·등록을 하여야 한다.

③ 금융투자업자는 인가를 받은 이후에도 모든 인가요건을 계속 동일하게 유지하여야 한다.

④ 투자자문업과 투자일임업은 인가제이다.

정답 및 해설

17　④　금융투자상품 잔고가 100억원(외부감사 대상법인은 50억원) 이상인 법인 또는 단체는 금융위에 신고하여 확인을 받은 후 2년간 자발적 전문투자자가 될 수 있다.

18　③　주권상장법인은 상대적 전문투자자이며, 장외파생 거래 시에는 별도의 의사표시가 없으면 일반투자자로 대우한다.

19　②　자기자본 요건은 있지만 자본금 요건은 없다.

20　③　집합투자업 및 신탁업의 경우 각 필요업무에 2년 이상 종사한 경력이 있는 전문인력 요건을 충족하여야 한다.

21　②　매 회계연도말 기준 자기자본이 인가업무 단위별 최저 자기자본의 70% 이상을 유지하여야 한다.

22　①　사업계획의 타당성 요건(사업계획이 타당하고 건전할 것)은 일종의 적합성 기준으로 금융위의 주관적 개입을 의미하는데, 이 요건은 인가 요건에만 적용된다. 또한 등록 요건은 전문인력 요건만 적용하고 전산 등 물적 설비 요건은 적용하지 않는다.

23　②　① 인가제의 진입요건이 보다 엄격하다. ③ 자기자본요건과 대주주요건은 일부 완화하여 적용하고 있다. ④ 투자자문업과 투자일임업은 등록제이다.

24 금융투자업자의 회계처리에 관한 설명으로 옳지 않은 것은?
★★★

① 금융투자업자의 회계처리는 한국채택국제회계기준에 따르며, 한국채택국제회계기준에 정하지 않은 사항은 금융투자업규정 및 시행세칙에 따라야 한다.

② 투자중개업자는 투자자의 예탁자산과 투자중개업자의 자기재산을 구분계리하여야 한다.

③ 금융투자업자는 반기별로 가결산을 실시하여야 한다.

④ 신탁부문은 고유부문과 분리하여 독립된 계정으로 회계처리한다.

25 금융투자업자의 자산건전성 분류에 대한 설명으로 옳지 않은 것은?
★★★

① 매 분기마다 자산 및 부채에 대한 건전성을 정상, 요주의, 고정, 회수의문, 추정손실의 5단계로 분류하여야 한다.

② 매 분기 말 현재 '요주의' 이하로 분류된 채권에 대하여 적정한 예상회수가액을 산정하여야 한다.

③ 금융감독원장은 금융투자업자의 자산건전성 분류 및 대손충당금 등 적립의 적정성을 점검하고 부적정하다고 판단되는 경우 이의 시정을 요구할 수 있다.

④ 회수의문 또는 추정손실로 분류된 자산(부실자산)을 조기에 상각하여 자산의 건전성을 확보하여야 한다.

26 금융투자업자는 대손충당금 적립액이 '정상' 분류자산의 100분의 (㉠), '요주의' 분류자산의 100
★★★ 분의 2, '고정' 분류자산의 100분의 (㉡), '회수의문' 분류자산의 100분의 75, '추정손실' 분류자산의 100분의 100의 합계액에 미달하는 경우 그 미달액을 대손준비금으로 적립하여야 한다. ㉠, ㉡에 알맞은 숫자는?

① ㉠ 0, ㉡ 10

② ㉠ 0.5, ㉡ 10

③ ㉠ 0, ㉡ 20

④ ㉠ 0.5, ㉡ 20

27 금융투자업자의 순자본비율 규제에 대한 설명으로 옳지 않은 것은?
★★☆

① 적기시정조치의 기준비율로 금융투자업자는 자본적정성 유지를 위해 순자본비율 150% 이상 유지되도록 하여야 한다.

② 금융감독원은 순자본비율이 일정수준에 미달하는 금융투자업자에 대하여는 단계별로 경영개선 조치를 취한다.

③ 금융투자업자가 파산할 경우 고객 및 이해관계자에게 손실을 입히지 않기 위해서는 '위험손실을 감안한 현금화 가능자산의 규모'가 '상환의무 있는 부채의 규모'보다 항상 크게 유지되어야 한다.

④ 순자본비율의 기초가 되는 금융투자업자의 자산, 부채, 자본은 연결재무제표에 계상된 장부가액 (평가성 충당금을 차감한 것)을 기준으로 한다.

28 금융투자업자의 순자본비율 산정방식에 대한 설명으로 옳지 않은 것은?

★★★ ① 영업용순자본은 순재산액(= 자산 − 부채)에서 현금화곤란 자산을 가산하고 보완자본을 차감하여 계산한다.

② 총위험액은 시장위험액, 신용위험액 및 운영위험액을 합산하여 계산한다.

③ 순자본비율 = $\dfrac{영업용순자본 - 총위험액}{필요유지\ 자기자본}$

④ 특수관계인에 대한 금전 또는 증권에 관한 청구권과 특수관계인이 발행한 증권은 전액 영업용순자본에서 차감한다.

24 ③ 금융투자업자는 분기별로 가결산을 실시하여야 한다. 또한 재무상태표 및 포괄손익계산서의 표준 양식과 계정과목별 처리내용 및 외국환계정의 처리기준은 금융감독원장이 정한다.

25 ② 매 분기 말 현재 '고정' 이하로 분류된 채권에 대하여 적정한 예상회수가액을 산정하여야 한다.

26 ④ 대손충당금 적립액이 '정상' 분류자산의 100분의 0.5, '요주의' 분류자산의 100분의 2, '고정' 분류자산의 100분의 20, '회수의문' 분류자산의 100분의 75, '추정손실' 분류자산의 100분의 100의 합계액에 미달하는 경우 그 미달액을 대손준비금으로 적립하여야 한다.

27 ① 적기시정조치의 기준비율로 금융투자업자는 자본적정성 유지를 위해 순자본비율 100% 이상 유지되도록 하여야 한다.

28 ① 영업용순자본은 기준일 현재 금융투자업자의 순자산 가치로서 순재산액(= 자산 − 부채)에서 현금화곤란 자산을 차감하고 보완자본을 가산하여 계산한다. 또한, 총위험액은 금융투자업자가 영업을 영위함에 있어 직면하게 되는 손실을 미리 예측하여 계량화한 것이다.

29 다음 자료를 이용하여 계산한 금융투자업자의 순자본비율은?
★★★

총자산	총부채	차감항목	가산항목
1,000억원	400억원	40억원	100억원
시장위험액	신용위험액	운영위험액	필요유지자기자본
300억원	100억원	20억원	160억원

① 100%　　　　　　　　　② 130%

③ 150%　　　　　　　　　④ 170%

30 금융투자업자의 순자본비율 산정 및 보고시기에 대한 설명으로 옳지 않은 것은?
★★☆

① 금융투자업자는 최소한 일별로 순자본비율(또는 영업용순자본비율)을 산정해야 한다.

② 순자본비율(영업용순자본비율)과 산출내역은 매월말 기준으로 1개월 이내에 업무보고서를 통하여 금융감독원장에게 제출하여야 한다.

③ 분기별 업무보고서 제출시에는 순자본비율(영업용순자본비율)에 대한 외부감사인의 검토보고서를 첨부하여야 한다.

④ 순자본비율이 150%(영업용순자본비율은 200%) 미만이 된 경우에는 지체 없이 금융감독원장에게 보고하여야 한다.

31 금융감독원의 금융투자업자에 대한 경영실태평가를 설명한 것으로 옳지 않은 것은?
★★★

① 경영실태평가는 금융투자업자(전업투자자문·일임업자 제외)의 경영 및 재무건전성을 판단하기 위하여 재산과 업무상태 및 위험을 종합적·체계적으로 분석·평가하는 것이다.

② 경영실태평가는 금융투자업의 종류에 따라 공통부문(자본적정성, 수익성, 내부통제)과 업종부문(유동성, 안전성)으로 구분하여 평가하고, 그 결과를 감안하여 종합평가한다.

③ 경영실태평가는 금융투자업 본점, 해외 현지법인 및 해외지점을 대상으로 한다.

④ 경영실태평가 결과는 10단계 등급으로 구분한다.

32 금융위의 금융투자업자에 대한 적기시정조치와 그 해당사유의 연결이 바르지 않은 것은?
★★★

① 경영개선 권고 : 순자본비율 50% 이상 150% 미만인 경우

② 경영개선 요구 : 순자본비율 0% 이상 50% 미만인 경우

③ 경영개선 명령 : 순자본비율 0% 미만인 경우

④ 경영개선 명령 : 부실금융기관에 해당하는 경우

33 금융위가 금융투자업자에 대해 경영개선 권고를 하는 경우와 거리가 먼 것은?

★★★
① 순자본비율이 100% 미만인 경우
② 종합평가등급이 3등급 이상으로서 자본적정성 부문의 평가등급을 4등급 이하로 판정받은 경우
③ 2년 연속 적자이면서 레버리지비율이 900%를 초과하는 경우
④ 레버리지비율이 1,000%를 초과하는 경우

34 금융위원회가 긴급조치를 취할 수 있는 사유와 거리가 먼 것은?

★★☆
① 발행한 어음 또는 수표가 부도로 되거나 은행과의 거래가 정지 또는 금지되는 경우
② 유동성이 일시적으로 급격히 악화되어 투자예탁금 등의 지급불능 사태에 이른 경우
③ 휴업 또는 영업의 정지 등으로 돌발사태가 발생하여 정상적인 영업이 불가능하거나 어려운 경우
④ 순자본비율이 0% 미만인 경우 및 부실금융기관에 해당하는 경우

정답 및 해설

29 ③ 순자본비율을 계산하면 다음과 같다.

영업용순자본	= 자산 − 부채 − 차감항목 + 가산항목 = 1,000 − 400 − 40 + 100 = 660
총위험액	= 시장위험액 + 신용위험액 + 운영위험액 = 300 + 100 + 20 = 420
필요유지자기자본	= 160
순자본비율	= $\dfrac{\text{영업용순자본} - \text{총위험액}}{\text{필요유지자기자본}} = \dfrac{660 - 420}{160} = 1.5 = 150\%$

30 ④ 순자본비율이 100%(영업용순자본비율의 경우 150%) 미만이 된 경우에는 지체 없이 금감원장에게 보고하여야 한다. 참고로, 분기별 업무보고서 제출시에는 순자본비율(영업용순자본비율)에 대한 외부감사인의 검토보고서를 첨부하여야 한다. 다만, 최근 사업연도말 자산총액(투자자예탁금 제외)이 1천억원 미만이거나, 장외파생상품에 대한 투자매매업 또는 증권에 대한 투자매매업(인수업 포함)을 영위하지 않는 금융투자업자는 외부감사인 검토보고서를 반기별로 제출한다.

31 ④ 경영실태평가 결과는 5단계 등급으로 구분하여 나타낸다. 1등급(우수), 2등급(양호), 3등급(보통), 4등급(취약), 5등급(위험)

32 ① 순자본비율 50% 이상 100% 미만인 경우 경영개선 권고 조치가 취해진다.

33 ④ 레버리지비율이 1,100%를 초과하는 경우(1종 금융투자업자에 한함)이다.

34 ④ 순자본비율이 0% 미만인 경우 및 부실금융기관에 해당하는 경우에는 경영개선 명령을 한다.

〈금융위의 긴급조치 사항〉

• 투자자예탁금 등의 일부 또는 전부의 반환명령 또는 지급정지
• 투자자예탁금 등의 수탁금지 또는 다른 금융투자업자로의 이전
• 채무변제행위의 금지, 경영개선명령조치, 증권 및 파생상품의 매매 제한

35 금융투자업규정상 금융투자업자의 위험관리체제에 대한 설명으로 옳지 않은 것은?

★★★
① 각종 거래에서 발생할 수 있는 시장위험, 운영위험, 신용위험 및 유동성위험 등 각종 위험을 종류별로 평가하고 관리하여야 한다.
② 각종 거래에서 발생하는 제반위험을 적시에 인식, 평가, 감시, 통제하는 등 위험관리를 위한 체제를 갖추어야 한다.
③ 주요 위험변동사항을 자회사와 연결지어 인식하고 감시해서는 안 되며, 별도의 위험관리체제를 갖추어야 한다.
④ 위험을 효율적으로 관리하기 위하여 부서별, 거래별, 상품별 위험부담한도, 거래한도 등을 설정·운영하여야 한다.

36 외국환업무를 취급하는 금융투자업자의 위험관리에 대한 설명으로 옳지 않은 것은?

★★☆
① 외국환업무취급 금융투자업자는 국가별위험, 지역신용위험, 시장위험 등 외국환 거래에 따르는 위험의 관리기준을 종류별로 설정·운영하여야 한다.
② 외국환업무취급 금융투자업자는 감독원장이 설정하는 '외환파생상품거래위험관리기준'을 따라야 한다.
③ 외국환업무취급 금융투자업자는 '외환파생상품' 거래를 체결할 경우 거래상대방에 대하여 그 거래가 규정에 따른 위험회피 목적인지 여부를 확인하여야 한다.
④ 외국환업무취급 금융투자업자는 거래상대방별로 거래한도를 설정하여야 한다.

37 외국환업무를 취급하는 금융투자업자의 외화유동성비율에 대한 설명으로 옳지 않은 것은?

★★★
① 외화자산 및 외화부채를 각각 잔존만기별로 구분하여 관리하여야 한다.
② 잔존만기 3개월 이내 부채에 대한 잔존만기 3개월 이내 자산의 비율이 100% 이상이어야 한다.
③ 외화자산 및 외화부채의 만기 불일치비율을 유지하여야 한다.
④ 총자산에 대한 외화부채의 비율이 100분의 1에 미달하는 외국환업무취급 금융투자업자에 대하여는 만기 불일치비율을 적용하지 않는다.

38 다음은 외국환업무를 취급하는 금융투자업자의 외화자산 및 외화부채의 만기 불일치비율을 설명한
★★★ 것이다. ㉠, ㉡에 알맞은 숫자는?

> 잔존만기 7일 이내의 경우에는 자산이 부채를 초과하는 비율 100분의 (㉠) 이상, 잔존만기 1개
> 월 이내의 경우에는 부채가 자산을 초과하는 비율 100분의 (㉡) 이내를 유지하여야 한다.

① ㉠ 0, ㉡ 10   ② ㉠ 10, ㉡ 0

③ ㉠ 10, ㉡ 10   ④ ㉠ 10, ㉡ 20

39 외국환업무를 취급하는 금융투자업자의 외국환포지션 한도에 대한 설명으로 옳지 않은 것은?
★★☆ ① 외국환포지션 중 종합포지션은 각 외국통화별 종합매입초과포지션의 합계액과 종합매각초과포
지션의 합계액 중 큰 것으로 한다.
② 외국환포지션 중 선물환포지션은 각 외국통화별 선물환매입초과포지션의 합계액과 선물환매각
초과포지션의 합계액 중 큰 것으로 한다.
③ 종합매입초과포지션은 각 외국통화별 종합매입초과포지션의 합계액 기준으로 전월말 자기자본
의 100분의 50에 상당하는 금액을 한도로 한다.
④ 선물환매입초과포지션은 각 외국통화별 선물환매입초과포지션의 합계액 기준으로 전월말 자기
자본의 100분의 50에 상당하는 금액을 한도로 한다.

40 금융투자업자의 업무보고 및 경영공시에 대한 설명으로 옳지 않은 것은?

★★★
① 금융투자업자는 매 사업연도 개시일부터 6개월간 및 12개월간의 업무보고서를 작성하여 그 기간 경과 후 30일 이내에 금융위에 제출하여야 한다.

② 회계감사를 받은 감사보고서, 재무제표 및 부속명세서, 수정재무제표에 따라 작성한 순자본비율보고서 또는 영업용순자본비율보고서 및 자산부채비율보고서 등을 금융감독원장이 요청할 경우에 제출하여야 한다.

③ 금융투자업자는 상장법인의 공시의무 사항의 발생, 부실채권 또는 특별손실의 발생, 임직원이 형사처벌을 받은 경우에는 금융위에 보고하고 인터넷 홈페이지 등을 이용하여 공시하여야 한다.

④ 회계기간 변경을 결정한 경우에도 금융위에 보고하고 인터넷 홈페이지 등을 이용하여 공시하여야 한다.

41 금융투자업자의 대주주와의 거래제한에 관한 설명으로 옳지 않은 것은?

★★★
① 금융투자업자는 원칙적으로 대주주가 발행한 증권을 소유할 수 없다.

② 금융투자업자는 원칙적으로 그 계열회사가 발행한 주식, 채권 및 약속어음을 소유할 수 없다.

③ 금융투자업자는 원칙적으로 대주주 및 대주주의 특수관계인에 대하여 신용공여가 금지되며, 대주주 및 대주주의 특수관계인은 금융투자업자로부터 신용공여를 받는 것이 금지된다.

④ 금융투자업자는 계열회사 발행 증권을 한도 내에서 예외적으로 취득하거나, 대주주 및 대주주의 특수관계인에 대하여 예외적으로 신용공여를 하는 경우에는 재적이사 전원의 찬성에 의한 이사회 결의를 거쳐야 한다.

42 「자본시장법」상 금융투자업자의 공통 영업행위규칙에 관한 설명으로 옳지 않은 것은?

★★★
① 금융투자업자는 신의성실의 원칙에 따라 공정하게 금융투자업을 영위하여야 한다.

② 금융투자업자는 정당한 사유 없이 투자자의 이익을 해하면서 자기 또는 제3자의 이익을 추구해서는 아니 된다.

③ 금융투자업자가 아닌 자가 금융투자업자로 오인될 수 있는 문자를 상호에 사용하는 것을 금지한다.

④ 금융투자업자는 불가피한 경우에 자기의 명의를 대여하여 타인에게 금융투자업을 영위하게 할 수 있다.

43 다음은 「자본시장법」상 금융투자업자의 영업행위규칙에 관한 설명으로 옳지 않은 것은?

★★★ ① 금융투자업자는 다른 금융업무를 겸영하고자 하는 경우 영위하기 시작한 날부터 2주 이내에 금융위에 보고하여야 한다.

② 금융투자업자는 금융투자업에 부수하는 업무를 영위하고자 하는 경우 영위하기 시작한 날부터 2주 이내에 금융위에 보고하여야 한다.

③ 금융투자업자는 영위 업무(금융투자업, 겸영업무, 부수업무)의 일부를 제3자에게 위탁할 수 없다.

④ 원칙적으로 위탁받은 업무의 재위탁은 금지되나, 단순업무 및 외화자산 운용·보관업무는 위탁자의 동의를 받아 재위탁을 할 수 있다.

44 다음 중 금융투자업자가 제3자에게 위탁할 수 있는 업무는?

★★★ ① 투자매매업 관련 계약의 체결 및 해지 업무

② 투자매매업자의 매매호가 제시, 인수업무

③ 투자중개업 관련 증거금 관리 및 거래종결 업무

④ 집합투자업자의 운용업무와 관련한 조사분석업무

정답 및 해설

40 ① 금융투자업자는 매 사업연도 개시일부터 3개월간·6개월간·9개월간 및 12개월간의 업무보고서를 작성하여 그 기간 경과 후 45일 이내에 금융위에 제출하여야 한다.

41 ② 금융투자업자는 예외적인 경우를 제외하고는 그 계열회사가 발행한 주식, 채권 및 약속어음을 자기자본의 8%를 초과하여 소유할 수 없다.

42 ④ 금융투자업자는 자기의 명의를 대여하여 타인에게 금융투자업을 영위하게 하여서는 아니 된다.

43 ③ 금융투자업자는 영위 업무(금융투자업, 겸영업무, 부수업무)의 일부를 제3자에게 위탁할 수 있다. 다만, 핵심업무는 위탁이 금지된다. 금융투자업의 본질적 업무(인가·등록과 직접 관련된 필수업무)를 위탁하는 경우에는 위탁받은 자가 당해 업무 수행에 필요한 인가·등록한 자이어야 한다.

44 ④ 집합투자업, 투자자문업, 투자일임업, 신탁업의 경우에는 원칙적으로 모든 본질적 업무가 핵심업무에 해당하므로 본질적 업무에 대한 제3자의 위탁이 원칙적으로 금지된다. 다만, 일부 자산(외화자산 및 20% 이내의 원화자산)에 대한 운용(조언)업무, 운용업무와 관련한 조사분석업무 및 단순 매매주문업무, 일부 자산의 보관·관리업무는 위탁이 가능하다.

〈금융투자업자의 핵심업무 → 위탁이 금지됨〉

투자매매업	계약 체결·해지, 매매호가 제시, 인수
투자중개업	계약 체결·해지, 증거금 관리 및 거래종결
집합투자업 투자자문업 투자일임업	원칙적으로 모든 본질적 업무가 핵심업무에 해당 → 다만, 일부 자산(외화자산 및 20% 이내의 원화자산)에 대한 운용(조언)업무, 운용업무와 관련한 조사분석업무 및 단순 매매주문업무, 일부 자산의 보관·관리업무는 위탁이 가능

45 금융투자업자의 이해상충관리 규제체계 중 직접 규제와 거리가 먼 것은?

★★☆ ① 선행매매 금지   ② 과당매매 금지
③ 직무관련 정보이용 금지   ④ 이해관계인과의 투자자 재산 거래 제한

46 금융투자업자의 이해상충관리의무에 관한 내용에 관한 설명으로 옳지 않은 것은?

★★★ ① 금융투자업자는 금융투자업자와 투자자 간, 특정 투자자와 다른 투자자 간 이해상충을 방지하기
위해 이해상충발생 가능성을 파악·평가하고, 내부통제기준이 정하는 방법·절차에 따라 이를
적절히 관리하여야 한다.
② 이해상충이 발생할 가능성이 있다고 인정되는 경우에는 투자자에게 그 사실을 미리 알려야 한다.
③ 이해상충이 발생할 가능성이 있다고 인정되는 경우, 발생 가능성을 내부통제 기준에 따라 투자자
보호에 문제가 없는 수준으로 낮춘 후에 거래를 하여야 한다.
④ 금융투자업자는 이해상충이 발생할 가능성을 낮추는 것이 곤란하다고 판단되는 경우에는 고객에
게 알리고 동의를 받은 후 거래를 하여야 한다.

47 금융투자업자의 내부 정보교류 차단장치의 내용으로 옳지 않은 것은?

★★★ ① 금융투자상품의 매매 정보 및 소유현황 정보의 제공 금지
② 임원 및 직원 겸직 금지
③ 투자자가 예탁한 증권의 총액과 증권의 종류별 총액에 관한 정보 제공 금지
④ 사무공간 및 전산설비 공동이용 금지

48 금융투자업자의 외부 정보교류 차단장치 설치 범위에 해당되지 않은 것은?

★★☆ ① 계열회사
② 외국 금융투자업자 본점(외국 금융투자업자 지점의 경우)
③ 집합투자증권 판매회사(집합투자업자의 경우)
④ 투자자문업자

45 ③ 직무관련 정보이용 금지는 일반 규제에 해당된다.

〈금융투자업자의 이해상충관리 규제체계〉

일반 규제	신의성실의무, 투자자의 이익을 해하면서 자기 또는 제3자의 이익도모 금지, 직무관련 정보이용 금지, 선관주의의무(선관주의의무는 집합투자업, 신탁업, 투자자문·일임업 등 자산관리업자에게만 적용됨)
직접 규제	선행매매 금지, 과당매매 금지, 이해관계인과의 투자자 재산 거래 제한 등
정보교류 차단장치	사내·외 정보차단벽 간 정보제공, 임직원 겸직, 사무공간·전산설비 공동이용 등 정보교류 금지(Chinese Wall)

46 ④ 금융투자업자는 이해상충이 발생할 가능성을 낮추는 것이 곤란하다고 판단되는 경우에는 거래를 하여서는 아니 된다.

47 ③ 투자자가 예탁한 증권의 총액과 증권의 종류별 총액에 관한 정보 등은 별도 제한 없이 제공이 가능하다.

〈금융투자업자의 내부 정보교류 차단장치〉

정보의 제공 금지		대상정보 : 금융투자업자 또는 투자자의 금융투자상품의 매매 정보, 금융투자상품의 소유현황 정보, 집합투자재산의 구성내역과 운용 정보, 기업금융업무를 하면서 알게 된 미공개 중요정보 (예외) 투자자가 예탁한 증권의 총액과 증권의 종류별 총액에 관한 정보 등은 별도 제한 없이 제공 가능
임원 및 직원 겸직 금지		임원(대표이사, 감사, 사회이사가 아닌 감사위원회 의원은 제외) 및 직원 겸직 금지
사무공간·전산설비 공동이용 금지	사무공간	벽이나 칸막이 등을 통하여 공간적으로 분리되어야 하며, 출입문을 별도로 이용하여야 함
	전산설비	규제대상 정보에 관한 전산자료가 공유되지 못하도록 독립적으로 저장·관리·열람되어야 함
부서 및 업무의 독립		정보차단벽 대상 업무 간에 담당부서를 독립적으로 구분하고, 업무를 독립적으로 처리해야 함
회의·통신 관리		정보차단벽 대상 업무를 수행하는 임직원 간에 업무에 관한 회의·통신을 하는 경우 기록을 유지하여야 하며, 내부통제기준이 정하는 바에 따라 준법감시인의 확인을 받아야 함

48 ④ 투자자문업자는 외부 정보교류 차단장치 설치 범위에 해당되지 않는다.

49 위탁이 금지되는 금융투자업자의 핵심업무와 거리가 먼 것은?

★★☆
① 위험관리
② 계약 체결 및 해지
③ 투자매매업의 경우 매매호가 제시
④ 투자중개업의 경우 증거금관리

50 금융투자업자의 영업행위 규칙에 대한 설명으로 옳지 않은 것은?

★★☆
① 핵심업무는 위탁이 금지된다.
② 금융투자업자는 영위업무의 일부를 제3자에게 위탁할 수 없다.
③ 부수업무를 영위하고자 하는 경우 영위하기 시작한 날부터 2주 이내에 금융위에 보고해야 한다.
④ 원칙적으로 재위탁은 금지된다.

51 금융투자업자의 투자권유 영업행위 규제에 대한 설명으로 옳지 않은 것은?

★★☆
① 불확실한 사항에 대해 단정적 판단을 제공하는 행위는 금지된다.
② 조건부자본증권은 적정성의 원칙이 적용된다.
③ 장외파생상품에 투자하지 아니하는 상장지수집합투자기구의 집합투자증권은 적정성의 원칙이 적용되지 않는다.
④ 설명의무 위반으로 인한 손해배상의 경우 손실액의 80%를 손해액으로 추정한다.

52 다음 중 「자본시장법」상 금융투자업자의 투자권유 규제가 적용되는 대상이 아닌 것은?

★★☆
① 금융투자상품의 매매
② 투자자문계약의 체결
③ 투자일임계약의 체결
④ 관리형신탁계약의 체결

53 금융투자업자의 투자권유 원칙에 관한 설명이다. ㉠, ㉡에 알맞은 말은?

★★★

> • 금융투자업자는 투자자가 일반투자자인지 전문투자자인지를 확인하여야 한다.
> • (㉠) : 금융투자업자는 일반투자자에게 투자권유를 하기 전에 투자자의 투자목적·재산상황·투자경험 등의 정보를 파악하고, 투자자로부터 서명 등의 방법으로 확인을 받아 유지·관리하여야 하며, 확인받은 내용을 투자자에게 제공하여야 한다.
> • (㉡) : 금융투자업자는 일반투자자에게 투자권유를 하는 경우 그 일반투자자의 투자목적 등에 비추어 적합하지 아니하다고 인정되는 투자권유를 하여서는 아니 된다.

① ㉠ 고객파악의무(Know Your Customer Rule), ㉡ 적합성 원칙
② ㉠ 적합성 원칙, ㉡ 적합성 원칙
③ ㉠ 고객파악의무(Know Your Customer Rule), ㉡ 적정성 원칙
④ ㉠ 적정성 원칙, ㉡ 적합성 원칙

54 다음 중 「자본시장법」상 전문투자자에게도 적용되는 투자권유 원칙은?

★★★
① 고객파악의무
② 부당권유의 금지
③ 설명의무
④ 적합성원칙

정답 및 해설

49 ① 위험관리는 핵심업무에 해당하지 않는다. 다만, 의사결정 권한까지 위탁하는 경우에는 핵심업무에 포함된다.

50 ② 금융투자업자는 영위업무의 일부를 제3자에게 위탁할 수 있다.

51 ④ 설명의무 위반으로 인한 손해배상의 경우 손실액 전부를 손해액으로 추정한다.

52 ④ 투자권유 규제가 적용되는 대상으로는 금융투자상품의 매매, 투자자문계약·투자일임계약·신탁계약의 체결을 권유하는 경우이다. 다만, 관리형신탁 및 투자성 없는 신탁계약은 해당되지 않는다.

53 ① 고객파악의무와 적합성 원칙에 관한 설명이다.

54 ② 부당권유의 금지 규정은 일반투자자뿐만 아니라 전문투자자에게도 적용되는 투자권유 규제이다.

55 다음에서 설명하고 있는 금융투자업자의 투자권유 원칙을 무엇이라 하는가?

★★★

> ⓐ 금융투자업자는 일반투자자에게 투자권유를 하지 아니하고 파생상품등을 판매하는 경우에는 면담·질문 등을 통하여 그 일반투자자의 투자목적 등의 정보를 파악하여야 한다.
> ⓑ 금융투자업자는 일반투자자의 투자목적 등에 비추어 해당 파생상품등이 그 일반투자자에게 적정하지 아니하다고 판단되는 경우에는 그 사실을 알리고, 일반투자자로부터 서명 등의 방법으로 확인을 받아야 한다.

① 고객파악의무(Know Your Customer Rule)
② 적합성 원칙
③ 적정성 원칙
④ 설명의무

56 다음 중 「자본시장법」상 적정성 원칙의 적용대상이 되는 '파생상품등'에 해당되지 않는 것은?

★★★

① 파생상품
② 파생결합증권(원금보장형 제외)
③ 집합투자재산의 10%를 초과하여 파생결합증권에 운용하는 집합투자기구의 집합투자증권
④ 파생상품 매매에 따른 위험평가액이 펀드자산총액의 10%를 초과하여 투자할 수 있는 집합투자기구의 집합투자증권

57 다음 중 「자본시장법」상 투자권유 규제에 대한 설명으로 옳지 않은 것은?

★★★

① 적정성 원칙은 투자권유 없이 일반투자자에 대하여 파생상품등을 판매하는 경우에만 적용된다.
② 금융투자업자는 정보를 제공하지 않는 일반투자자라도 투자권유를 하지 않는다면 해당 고객에게 파생상품등을 판매할 수 있다.
③ 금융투자업자는 파생상품등의 투자권유업무는 투자권유대행인에게 위탁할 수 없다.
④ 금융투자업자는 파생상품등을 권유하는 경우에는 해당상품의 내용 등을 일반투자자가 이해할 수 있도록 설명하여야 한다.

58 설명의무에 관한 설명으로 옳지 않은 것은?

★★★ ① 금융투자업자는 일반투자자에게 투자권유를 하는 경우에는 금융투자상품의 내용 등을 투자자가 이해할 수 있도록 설명하여야 하며, 투자자가 이해하였음을 서명 등의 방법으로 확인하여야 한다.

② 금융투자업자는 설명을 함에 있어 투자자에게 불리한 내용에 관해서는 설명을 누락할 수 있다.

③ 금융투자업자는 설명의무 위반으로 인해 발생한 투자자의 손해를 배상할 책임이 있다.

④ 손해를 배상하는 경우 일반투자자 손실액 전부를 손해액으로 추정한다.

59 투자권유 시 부당권유의 금지에 관한 설명으로 옳지 않은 것은?

★★☆ ① 거짓의 내용을 알리는 행위 및 불확실한 사항에 대하여 단정적 판단을 제공하거나 확실하다고 오인하게 될 소지가 있는 내용을 알리는 행위는 금지된다.

② 투자자에게 투자권유의 요청을 받지 않고 방문·전화 등 실시간 대화의 방법을 이용하여 파생상품의 투자권유를 하는 행위는 금지된다.

③ 원칙적으로 투자권유를 거부한 투자자에게 투자권유를 하는 행위는 금지된다.

④ 일반투자자(신용공여 경험이 있는 투자자 제외)로부터 금전의 대여나 그 중개·주선·대리의 요건을 받지 않고 이를 조건으로 투자권유를 하는 행위는 금지된다.

정답 및 해설

55 ③ 적정성 원칙에 관한 설명이다. 적정성 원칙은 '파생상품등'에만 적용되는 원칙이다.

56 ③ 적정성의 원칙이 적용되는 '파생상품등'에는 파생상품, 파생결합증권(원금보장형 제외), 집합투자재산의 50%를 초과하여 파생결합증권에 운용하는 집합투자기구의 집합투자증권, 파생상품 매매에 따른 위험평가액이 펀드자산총액의 10%를 초과하여 투자할 수 있는 집합투자기구의 집합투자증권 등이 이에 해당된다.

57 ② 정보를 제공하지 않는 투자자에 대해서는 파생상품등을 판매할 수 없다.

58 ② 금융투자업자는 설명을 함에 있어 투자자의 합리적인 투자판단이나 해당 금융투자상품의 가치에 중대한 영향을 미칠 수 있는 중요사항을 거짓으로 설명하거나 설명을 누락하여서는 아니 된다.

59 ② 투자자로부터 투자권유의 요청을 받지 않고 방문·전화 등 실시간 대화의 방법을 이용하여 장외파생상품의 투자권유를 하는 행위는 금지된다. 그러나 증권과 장내파생상품에 대하여는 투자권유가 가능하다.

60 다음 중 투자권유를 받은 투자자가 이를 거부하였음에도 불구하고 재권유가 가능한 경우를 모두
★★★ 고르면?

> ⊙ 처음과 다른 방법을 이용한 투자권유
> ⓒ 1개월 경과 후 투자권유
> ⓒ 다른 종류의 금융투자상품에 대한 투자권유

① ⊙
② ⊙, ⓒ
③ ⓒ
④ ⓒ, ⓒ

61 투자권유준칙에 관한 설명으로 옳지 않은 것은?
★★☆
① 금융투자업자는 투자권유를 함에 있어 임직원이 준수하여야 할 구체적인 기준 및 절차(투자권유
준칙)를 정하여야 한다.
② 파생상품등에 대하여는 모든 투자자에게 동등하게 적용되는 투자권유준칙을 마련하여야 한다.
③ 금융투자협회는 표준투자권유준칙을 정할 수 있다.
④ 금융투자업자는 투자권유준칙을 제정하거나 변경한 경우 인터넷 홈페이지 등을 통하여 공시하여
야 한다.

62 투자권유대행인에 관한 설명으로 옳지 않은 것은?
★★★
① 금융투자업자는 투자권유대행인에게 투자권유를 위탁할 수 있다. 그러나 투자권유대행인 외의
자에게 투자권유를 대행하게 하는 것은 금지된다.
② 금융투자업자는 투자권유대행인에게 파생상품등에 대한 투자권유를 위탁할 수 있다.
③ 투자권유자문인력·투자운용인력 시험에 합격한 자 또는 보험모집에 종사하고 있는 보험설계
사·중개사·대리점 등록요건을 갖춘 자로서 금융투자협회가 정한 교육을 이수한 자는 투자권
유대행인 자격을 가질 수 있다.
④ 금융투자업자는 투자권유대행인에게 투자권유를 위탁하는 경우 위탁받은 자를 금융위에 등록하
여야 한다.

63 다음 중 투자권유대행인의 금지행위에 해당되지 않는 것은?

★★★

① 위탁한 금융투자업자를 대리하여 계약을 체결하는 행위

② 투자자로부터 금전·증권 등의 재산을 수취하는 행위

③ 투자권유대행업무를 제3자에게 재위탁하는 행위

④ 보험설계사가 소속 보험회사와 투자권유 위탁계약을 체결하는 행위

64 투자권유대행인에 대한 설명으로 옳지 않은 것은?

★★★

① 투자권유대행인은 둘 이상의 금융투자업자와 투자권유 위탁계약을 체결할 수 있다.

② 투자권유대행인은 투자권유를 대행함에 있어 자신이 투자권유대행인이라는 사실을 나타내는 표지를 게시하거나 증표를 내보여야 한다.

③ 금융투자업자는 투자권유대행인 투자권유를 대행함에 있어서 투자자에게 손해를 끼친 경우 민법상의 사용자 책임이 준용된다.

④ 투자권유대행인은 투자권유대행과 관련하여 업무 및 재산상황에 대하여 금감원장의 검사를 받아야 한다.

65 금융투자업자의 약관에 대한 설명으로 옳지 않은 것은?

★★★

① 금융투자업자는 예외적인 경우를 제외하고는 금융투자업 영위와 관련하여 약관을 제정·변경하고자 하는 경우 미리 금융위에 신고하여야 한다.

② 금융투자업자는 약관을 제정·변경한 경우 공시하여야 한다.

③ 금융투자협회는 전문투자자만을 대상으로 하는 표준약관을 제정·변경하고자 하는 경우에는 미리 금융위에 신고하여야 한다.

④ 금융위는 약관이 법령에 위반되거나 투자자 이익을 침해할 우려가 있는 경우에는 금융투자업자 또는 협회에 약관의 변경을 명할 수 있다.

정답 및 해설

60 ④ 투자권유를 거부한 투자자에게 투자권유를 하는 행위는 금지된다. 다만, 1개월 경과 후 투자권유 및 다른 종류의 금융투자상품에 대한 투자권유는 가능하다.

61 ② 파생상품에 대하여는 일반투자자의 투자목적 등을 고려하여 투자자 등급별로 차등화된 투자권유준칙을 마련하여야 한다.

62 ② 금융투자업자는 투자권유대행인에게 파생상품등에 대한 투자권유를 위탁할 수는 없다.

63 ④ 보험설계사가 소속 보험회사가 아닌 보험회사와 투자권유 위탁계약을 체결하는 행위가 금지된다.

64 ① 투자권유대행인은 둘 이상의 금융투자업자와 투자권유 위탁계약을 체결하는 행위를 할 수 없다.

65 ③ 금융투자협회는 표준약관을 제정·변경하고자 하는 경우에는 미리 금융위에 신고하여야 한다(사전신고). 다만, 전문투자자만을 대상으로 하는 표준약관을 제정·변경한 경우에는 제정·변경 후 7일 이내에 금융위에 보고하여야 한다(사후보고).

66 금융투자업자가 약관을 제정·변경하는 경우에는 미리 금융위에 신고하여야 하는데, 다음 중 예외
★★★ 적으로 제정·변경 후 7일 이내에 금융위 및 협회에 보고하면 되는 경우가 아닌 것은?

① 약관 내용 중 투자자의 권리·의무와 관련이 없는 사항을 변경하는 경우
② 다른 금융투자업자가 신고한 약관과 동일하게 약관을 제정·변경하는 경우
③ 전문투자자만을 대상으로 약관을 제정·변경하는 경우
④ 신상품을 대상으로 한 약관을 제정·변경하는 경우

67 금융투자업자의 투자광고에 대한 설명으로 옳지 않은 것은?
★★★
① 금융투자업자가 아닌 자, 금융투자협회, 금융지주회사는 투자광고를 할 수 없으나, 증권의 발행
인 및 매출인은 그 증권의 투자광고를 할 수 있다.
② 투자광고(집합투자증권 제외)에는 금융투자업자의 명칭, 금융투자상품의 내용, 투자위험 등을
포함하여야 한다.
③ 집합투자증권의 투자광고에는 취득 전 투자설명서를 읽어볼 것, 원금손실이 발생할 수 있다는
사실, 과거 운용실적이 미래 수익률을 보장하는 것은 아니라는 내용 등을 포함하여야 한다.
④ 금융투자업자는 투자광고를 하는 경우 준법감시인의 사전 확인을 받는 등 금융위가 정하는 방법
에 따라야 한다.

68 금융투자업자가 투자광고(집합투자증권에 대한 투자광고 제외)에 포함시켜야 하는 사항으로 옳지
★★★ 않은 것은?

① 타 기관으로부터 수상을 받은 내용을 표기하는 경우 당해 기관의 명칭, 수상의 시기 및 내용
② 과거의 재무상태 또는 영업실적을 표기하는 경우 투자광고 시점 및 미래에는 이와 다를 수 있다는
내용
③ 금융통계수치나 도표 등을 인용하는 경우 해당 자료의 출처
④ 최대수익을 표기하는 경우 그 최소비용

69 금융투자업자가 집합투자증권에 대한 투자광고를 하는 경우 투자광고에 포함할 수 있는 사항이
★★★ 아닌 것은?

① 집합투자재산은 신탁업자의 고유재산과 분리하여 안전하게 보관·관리되고 있다는 사실
② 손실보전 또는 이익보장 내용
③ 집합투자기구평가회사 등이 평가한 평가결과
④ 집합투자기구의 수익구조

70 금융투자업자의 투자광고 방법 및 절차에 대한 설명으로 옳지 않은 것은?

★★★

① 광고의 제작 및 내용에 있어서 관련 법령의 준수를 위하여 내부통제기준을 수립하여 운영할 것

② 금융투자업자의 경영실태평가결과와 영업용순자본비율 등을 다른 금융투자업자의 그것과 비교하는 방법으로 광고하지 아니할 것

③ 준법감시인의 사전 확인을 받으며, 투자광고계획신고서와 투자광고안을 금융위원회에 제출하여 심사를 받을 것

④ 투자광고문에 협회 심사필 또는 준법감시인 심사필을 표시할 것

71 금융투자업자의 영업행위규칙에 대한 설명으로 옳지 않은 것은?

★★☆

① 금융투자업자는 투자자로부터 받는 수수료 부과기준을 정함에 있어 정당한 사유 없이 투자자를 차별하여서는 아니 된다.

② 금융투자업자는 투자자와 계약을 체결한 경우 예외적인 경우를 제외하고는 그 계약서류를 투자자에게 10일 내에 교부하여야 한다.

③ 금융투자업자는 업무 관련 자료를 종류별로 일정한 기간 동안(영업·재무관련 자료는 10년, 내부통제자료는 5년 등) 기록·유지하여야 한다.

④ 금융투자업자(겸영업자 제외)는 고유재산으로 소유하는 증권 및 원화 CD를 예탁결제원에 예탁하여야 하며, 외화증권의 경우에는 외국 보관기관에 예탁할 수 있다.

72 (㉠)을 체결한 투자자는 계약서류를 교부받은 날로부터 (㉡)일 이내에 계약을 해제할 수 있다.
★★★ ㉠, ㉡에 알맞은 것은?

① ㉠ 투자자문계약, ㉡ 7 　　　　　② ㉠ 투자일임계약, ㉡ 7

③ ㉠ 신탁계약, ㉡ 7 　　　　　　　④ ㉠ 신탁계약, ㉡ 10

73 금융투자업자의 영업행위규칙에 대한 설명으로 옳지 않은 것은?
★★★
① 금융투자업자는 금융투자업을 폐지하거나 지점·영업소의 영업을 폐지하는 경우에는 폐지 30일 전에 일간신문에 공고하여야 하며, 알고 있는 채권자에게는 통지를 생략할 수 있다.
② 금융투자업자의 임직원은 자기 계산으로 특정 금융투자상품을 매매하는 경우 자기의 명의로 하나의 투자중개업자를 통하여 매매하여야 하며, 매매명세를 분기별(주요직무종사자는 월별)로 소속 회사에 통지하여야 한다.
③ 금융투자업자는 법령·약관·집합투자규약·투자설명서를 위반하거나 그 업무를 소홀히 하여 투자자에게 손해를 발생시킨 경우 배상책임이 있다.
④ 외국 금융투자업자의 지점·영업소는 영업기금과 부채액의 합계액에 상당하는 자산을 국내에 두어야 한다.

74 투자매매업자 및 투자중개업자의 영업행위 규제에 관한 설명으로 옳지 않은 것은?
★★☆
① 증권시장에 상장되지 아니한 증권의 매매, 파생결합증권, 장외파생상품의 매매 등은 최선집행기준이 적용되지 않는 거래이다.
② 최선집행기준에는 금융투자상품의 가격, 투자자가 매매체결과 관련하여 부담하는 수수료 및 그 밖의 비용, 그밖에 최선의 거래조건으로 집행하기 위한 방법 및 이유 등이 포함되어야 한다.
③ 투자매매업자는 투자자로부터 그 투자매매업자가 발행한 자기주식으로서 증권시장의 매매 수량단위 미만의 주식에 대하여 매도의 청약을 받은 경우에는 이를 증권시장에서 취득할 수 있다.
④ 투자매매업자 또는 투자중개업자는 투자자나 그 대리인으로부터 금융투자상품의 매매주문을 받지 아니하고는 투자자로부터 예탁받은 재산으로 금융투자상품의 매매를 할 수 없다.

75 금융투자업자가 자기매매와 위탁매매업무를 겸영하므로 인하여 발생할 수 있는 이해상충을 방지하기 위해서 정한 영업행위 규칙과 거리가 먼 것은?
★★★
① 자기계약의 금지 　　　　　　② 자기주식 취득 금지

③ 매매형태의 명시 의무 　　　　④ 임의매매금지

76 투자매매업자 및 투자중개업자의 불건전 영업행위의 금지에 관한 설명으로 옳지 않은 것은?

★★★
① 투자매매업자 또는 투자중개업자는 투자자로부터 금융투자상품의 가격에 중대한 영향을 미칠 수 있는 주문을 받거나 받게 될 가능성이 큰 경우 고객의 주문을 체결하기 전에 자기의 계산으로 매수 또는 매도하거나 제3자에게 매수 또는 매도를 권유하는 행위를 할 수 없다.

② 선행매매의 금지는 투자매매업자 또는 투자중개업자가 고객의 매매주문정보를 이용하여 시장에서의 정보의 평등을 해치는 것을 막기 위한 것이다.

③ 투자매매업자 또는 투자중개업자는 조사분석자료의 내용이 사실상 확정된 때부터 공표 후 일주일이 경과하기 전까지 그 조사분석의 대상이 된 금융투자상품을 자기의 계산으로 매매(Scalping)할 수 없다.

④ 조사분석자료의 작성을 담당하는 자에 대해서는 일정한 기업금융업무와 연동된 성과보수를 지급할 수 없다.

77 다음 중 선행매매 금지의 예외사항에 해당하지 않는 것은?

★★★
① 투자자의 매매주문에 관한 정보를 이용하지 않았음을 입증하는 경우

② 증권시장과 파생상품시장 간의 가격 차이를 이용한 차익거래

③ 투자자의 정보를 의도적으로 이용하지 아니하였다는 사실이 객관적으로 명백한 경우

④ 보유한 주식포트폴리오의 가치하락 위험에 대비하여 선물을 매도하는 헤지거래

정답 및 해설

72 ① 투자자문계약을 체결한 투자자는 계약서류를 교부받은 날로부터 7일 이내에 계약을 해제할 수 있다. 이 경우 금융투자업자는 계약해제 기간에 상당하는 수수료 외에 손해배상금이나 위약금의 지급을 청구할 수 없으며, 미리 대가를 지급받은 때에는 투자자에게 반환하여야 한다.

73 ① 금융투자업자는 금융투자업을 폐지하거나 지점·업소의 영업을 폐지하는 경우에는 폐지 30일 전에 일간신문에 공고하여야 하며, 알고 있는 채권자에게는 각각 통지하여야 한다.

74 ③ 증권시장 밖에서 취득할 수 있다. ④는 임의매매의 금지를 말하며 임의매매는 투자자로부터 매매에 대한 위탁 또는 위임이 있는 일임매매와 구분하여야 한다. 임의매매를 한 투자매매업자 또는 투자중개업자는 5년 이하의 징역 또는 2억원 이하의 벌금에 처할 수 있다.

75 ② 자기주식의 예외적 취득을 허용한다. 즉 투자매매업자는 투자자로부터 그 투자매매업자가 발행한 자기주식으로서 증권시장의 매매 수량단위 미만의 주식에 대하여 매도의 청약을 받은 경우에는 이를 증권시장 밖에서 취득할 수 있다.

76 ③ 투자매매업자 또는 투자중개업자는 조사분석자료의 내용이 사실상 확정된 때부터 공표 후 24시간이 경과하기 전까지 그 조사분석의 대상이 된 금융투자상품을 자기의 계산으로 매매(Scalping)할 수 없다.(스캘핑 금지)

77 ④ ①, ②, ③의 경우에만 선행매매 금지의 예외사항이다.

78 투자매매업자 및 투자중개업자의 불건전 영업행위의 금지에 관한 설명으로 옳지 않은 것은?

★★☆

① 증권의 모집·매출과 관련된 계약을 체결한 날부터 그 증권이 최초로 증권시장에 상장된 후 30일 이내에 그 증권에 대한 조사분석자료를 공표하거나 특정인에게 제공할 수 없다.

② 투자권유대행인 또는 투자권유자문인력이 아닌 자에게 투자권유를 하도록 할 수 없다.

③ 원칙적으로 투자자로부터 금융투자상품에 대한 투자판단의 전부 또는 일부를 일임받아 투자자별로 구분하여 금융투자상품의 취득·처분, 그 밖의 방법으로 운용하는 행위, 즉 일임매매를 할 수 없다.

④ 투자매매업자 또는 투자중개업자에게 서면으로 일반투자자와 같은 대우를 받겠다고 통지한 전문투자자의 요구에 정당한 사유 없이 동의하지 아니하는 행위를 할 수 없다.

79 「자본시장법」상 투자매매업자 및 투자중개업자의 불건전 영업행위 금지에 관한 설명으로 옳지 않은 것은?

★★★

① 조사분석자료가 이미 공표된 자료와 비교하여 새로운 내용을 담고 있지 아니한 경우에는 내용이 사실상 확정된 때부터 공표 후 24시간 이내라도 대상 금융투자상품을 자기의 계산으로 매매할 수 있다.

② 조사분석자료의 작성을 담당하는 자에 대해서는 일정한 기업금융업무와 연동된 성과보수를 지급할 수 있다.

③ 일반적으로 투자매매업자 또는 투자중개업자는 일임매매를 할 수 없지만 예외적으로 투자일임업의 형태로 하는 것은 가능하다.

④ 일반적으로 가격에 중대한 영향을 미칠 수 있는 고객의 주문을 체결하기 전에 자기의 계산으로 매수 또는 매도를 해서는 아니 된다.

80 투자매매업자 및 투자중개업자의 불건전 영업행위에 관한 설명이 바르게 연결된 것은?

★★★

> ㉠ 투자자로부터 금융투자상품의 가격에 중대한 영향을 미칠 수 있는 고객의 주문을 체결하기 전에 자기의 계산으로 매수 또는 매도하거나 제3자에게 매수 또는 매도를 권유하는 행위
> ㉡ 조사분석자료의 내용이 사실상 확정된 때부터 공표 후 24시간이 경과하기 전까지 그 조사분석의 대상이 된 금융투자상품을 자기의 계산으로 매매하는 행위
> ㉢ 일반투자자의 투자목적, 재산상황 및 투자경험 등을 고려하지 아니하고 일반투자자에게 지나치게 자주 투자권유를 하는 행위

① ㉠ (선행매매), ㉡ (스캘핑), ㉢ (과당매매)
② ㉠ (스캘핑), ㉡ (선행매매), ㉢ (과당매매)
③ ㉠ (선행매매), ㉡ (스캘핑), ㉢ (일임매매)
④ ㉠ (선행매매), ㉡ (스캘핑), ㉢ (임의매매)

81 투자매매업자 및 투자중개업자의 신용공여에 관한 설명으로 옳지 않은 것은?

★★☆ ① 신용공여라 함은 증권과 관련하여 금전의 융자 또는 증권 대여의 방법으로 투자자에게 신용을 공여하는 것을 말한다.

② 신용공여 행위는 투자매매업자 또는 투자중개업자의 고유업무는 아니지만, 증권과 관련된 경우에는 예외적으로 허용된다.

③ 투자매매업자는 증권의 인수일로부터 3개월 이내에 투자자에게 그 증권을 매수하게 하기 위하여 그 투자자에게 금전의 융자, 그 밖의 신용공여를 할 수 없다.

④ 신용공여에 관한 규제를 위반한 투자매매업자 또는 투자중개업자에 대해서는 형사상의 제재와 함께, 회사 및 임직원에 대한 금융위의 행정조치의 대상이 된다.

82 투자매매업자 및 투자중개업자의 신용공여에 관한 설명으로 옳지 않은 것은?

★★★ ① 투자매매업자 또는 투자중개업자는 증권 매수대금을 융자하거나 매도하려는 증권을 대여하는 방법으로 투자자에게 신용을 공여할 수 있다.

② 투자매매업자 또는 투자중개업자에게 증권을 예탁하고 있는 자에 대하여 그 증권을 담보로 금전을 융자하는 방법으로 투자자에게 신용을 공여할 수 있다.

③ 투자매매업자 또는 투자중개업자는 투자자의 전자주식등록증을 담보로 금전을 융자하는 방법으로 투자자에게 신용을 공여할 수 있다.

④ 투자매매업자 또는 투자중개업자의 총 신용공여 규모는 총자본의 범위 이내로 한다.

정답 및 해설

78 ① 증권이 최초로 증권시장에 상장된 후 40일 이내에 그 증권에 대한 조사분석자료를 공표하거나 특정인에게 제공할 수 없다.

79 ② 조사분석자료의 작성을 담당하는 자에 대해서는 일정한 기업금융업무와 연동된 성과보수를 지급할 수 없다.

80 ① ㉠ (선행매매), ㉡ (스캘핑), ㉢ (과당매매)

81 ④ 신용공여에 관한 규제를 위반한 투자매매업자 또는 투자중개업자에 대해서는 형사상의 제재는 없고, 회사 및 임직원에 대한 금융위의 행정조치의 대상이 된다.

82 ④ 투자매매업자 또는 투자중개업자의 총 신용공여 규모는 자기자본의 범위 이내로 한다.

83 투자매매업자 및 투자중개업자의 신용공여에 관한 설명으로 옳지 않은 것은?

★★★

① 투자매매업자 또는 투자중개업자는 청약자금을 대출할 때에 청약하여 배정받은 증권을 담보로 징구하여 한다.

② 청약하여 배정받은 증권이 교부되지 아니한 때에는 교부될 때까지 납입영수증으로 갈음할 수 있다.

③ 투자매매업자 또는 투자중개업자가 예탁증권을 담보로 융자를 할 때 가치산정이 곤란한 증권을 담보로 징구해서는 안 된다.

④ 투자매매업자 또는 투자중개업자는 신용공여금액의 100% 이상에 상당하는 담보를 징구하여야 한다.

84 신용공여와 관련하여 담보 및 보증금으로 제공된 증권의 평가로 옳지 않은 것은?

★★★

① 청약주식 : 취득가액(다만, 상장된 후에는 당일 종가)

② 상장증권 및 상장지수집합투자기구의 집합투자증권 : 당일 종가

③ 집합투자증권 : 당일 종가

④ 상장채권 및 공모 파생결합증권(ELS에 한함) : 2 이상의 채권평가회사가 제공하는 가격정보를 기초로 투자매매업자 또는 투자중개업자가 산정한 가격

85 신용공여의 임의상환시 처분대금의 충당 순서는?

★★★

① 처분제비용 → 연체이자 → 이자 → 채무원금

② 연체이자 → 이자 → 처분제비용 → 채무원금

③ 채무원금 → 처분제비용 → 연체이자 → 이자

④ 채무원금 → 이자 → 연체이자 → 처분제비용

86 다음 중 신용거래로 매매할 수 있는 증권이 아닌 것은?

★★★

① 상장주권   ② 상장채무증권

③ 상장주권과 관련된 증권예탁증권   ④ 상장지수집합투자기구 증권

87 신규 신용거래가 제한되는 경우가 아닌 것은?

★★★

① 거래소가 투자주의종목으로 지정한 증권

② 거래소가 투자경고종목으로 지정한 증권

③ 거래소가 관리종목으로 지정한 증권

④ 거래소가 매매호가 전 예납조치 또는 결제 전 예납조치를 취한 증권

88
★★☆ 투자자 재산 보호를 위한 투자매매업자 및 투자중개업자에 대한 규제를 설명한 것으로 옳지 않은 것은?

① 투자매매업자 또는 투자중개업자가 파산하는 경우 투자자를 보호하기 위하여 사전에 예탁금 및 예탁증권을 별도로 보관하도록 하고 있다.

② 투자매매업자 또는 투자중개업자는 투자자예탁금을 고유재산과 구분하여 예탁결제원에 예치 또는 신탁하여야 한다.

③ 투자자예탁금을 신탁업자에 신탁할 수 있는 있는 금융투자업자는 은행, 한국산업은행, 중소기업은행, 보험회사 등이다.

④ 투자매매업자 및 투자중개업자는 증권금융회사 또는 신탁업자에게 투자자예탁금을 예치 또는 신탁하는 경우에는 그 투자자예탁금이 투자자의 재산이라는 점을 명시하여야 한다.

89
★★★ 투자자예탁금에 대한 설명으로 옳지 않은 것은?

① 투자매매업자 또는 투자중개업자를 제외하고는 누구든지 예치기관에 예치 또는 신탁한 투자자예탁금을 상계·압류하지 못한다.

② 투자매매업자 또는 투자중개업자는 시행령으로 정하는 경우 외에는 투자자예탁금을 양도하거나 담보로 제공할 수 없다.

③ 예치금융투자업자는 인가 취소, 해산 결의, 파산선고 등이 발생하는 경우에는 예치기관에 예치 또는 신탁한 투자자예탁금을 인출하여 투자자에게 우선하여 지급하여야 한다.

④ 예치기관은 투자자예탁금의 안정적 운용을 해할 우려가 없는 것으로서 시행령으로 정하는 방법 등으로 투자자예탁금을 운용하여야 한다.

정답 및 해설

83 ④ 담보비율은 140% 이상이다.

84 ③ 집합투자증권 : 당일에 고시된 기준가격

85 ① 처분대금은 처분제비용 → 연체이자 → 이자 → 채무원금의 순서로 충당한다.

86 ② 상장채무증권은 신용거래 매매가 가능한 증권이 아니다.

87 ① 거래소가 투자경고종목, 투자위험종목, 관리종목으로 지정한 증권, 거래소가 매매호가 전 예납조치 또는 결제 전 예납조치를 취한 증권에 대해서는 신규의 신용거래를 할 수 없다.

88 ② 투자매매업자 또는 투자중개업자는 투자자예탁금을 고유재산과 구분하여 증권금융회사에 예치하거나 신탁업자에 신탁하여야 한다. 투자자 예탁증권은 예탁결제원에 지체 없이 예탁하여야 한다.

89 ① 누구든지 예치기관에 예치 또는 신탁한 투자자예탁금을 상계·압류하지 못한다. 또한 시행령으로 정하는 정하는 경우 외에는 예치기관에 예치 또는 신탁한 투자자예탁금을 양도하거나 담보로 제공할 수 없다.

90 예치기관이 투자자예탁금을 운용할 수 있는 방법으로 옳지 않은 것은?

★★★ ① 국채증권 또는 지방채증권의 매수

② 정부·지방자치단체 또는 시행령으로 정하는 금융기관이 지급을 보증한 채무증권의 매수

③ 증권 또는 원화로 표시된 양도성 예금증서를 담보로 한 대출, 한국은행 또는 체신관서에의 예치, 특수채증권의 매수

④ 상장법인의 주식 매수

91 「자본시장법」상 장외거래에 대한 설명으로 옳지 않은 것은?

★★☆ ① 장외거래란 증권시장 및 파생상품시장 외에서 금융투자상품을 매매하는 것이다.

② 장외거래는 일정한 예외를 제외하고는 원칙적으로 단일 매도자와 매수자 간 매매하는 방법으로 하여야 한다.

③ 투자매매업자 또는 투자중개업자는 증권의 대차거래 또는 그 중개·주선이나 대리업무를 하는 경우에는 차입자로부터 담보를 받아서는 아니 된다.

④ 투자매매업자 또는 투자중개업자는 증권의 대차거래 또는 그 중개·주선이나 대리업무를 하는 경우에는 그 대상증권의 인도와 담보의 제공을 동시에 이행하여야 한다.

92 투자매매업자가 일반투자자 등과 환매조건부매매를 하는 경우 준수하여야 할 사항으로 옳지 않은 것은?

★★☆ ① 증권을 일정기간 후에 환매수할 것을 조건으로 매도하는 것을 환매조건부매도라고 한다.

② 환매조건부매매는 국채증권, 지방채증권, 특수채증권, 그밖에 금융위가 정하여 고시하는 증권을 대상으로 하여야 한다.

③ 환매조건부매매는 투자매매업자와 투자자가 협의하는 가격으로 매매하여야 한다.

④ 환매수 또는 환매도 하는 날을 정하여야 한다.

93 「자본시장법」상 장외거래에 대한 설명으로 옳지 않은 것은?

★★☆ ① 투자중개업자는 하나 이상의 신용평가업자로부터 신용평가를 받은 기업어음증권만을 중개할 수 있다.

② 투자매매업자 또는 투자중개업자는 기업어음증권을 매매하거나 중개·주선이나 대리하는 경우에 기업어음증권에 대해 직접 또는 간접의 지급보증을 하지 아니하여야 한다.

③ 일반투자자가 해외증권시장에서 외화증권을 매매거래 하고자 하는 경우에는 투자중개업자를 통하여야 한다.

④ 투자매매업자가 아닌 자는 보유하지 아니한 채권을 증권시장 및 다자간매매체결회사 외에서 매도할 수 없다.

94 장외파생상품을 대상으로 하여 투자매매업을 영위하고자 하는 금융투자업자가 준수하여 할 사항으
★★☆ 로 옳지 않은 것은?

① 장외파생상품의 상대방이 일반투자자인 경우에는 그 일반투자자가 위험회피 목적의 거래를 하는
경우에 한한다.

② 장외파생상품에 대한 투자권유 시 적정성의 원칙은 일반투자자 및 전문투자자 모두에게 적용하여
야 한다.

③ 장외파생상품의 매매에 따른 위험평가액이 금융위원회가 정하여 고시하는 한도를 초과하여서는
아니 된다.

④ 위험액은 시장위험액, 신용위험액, 운영위험액을 합산하여 산정한다.

95 투자매매업자 및 투자중개업자가 장외파생상품을 대상으로 투자매매업 또는 투자중개업을 하는
★★★ 경우 준수해야 하는 기준으로 옳지 않은 것은?

① 장외파생상품의 매매에 따른 위험액이 금융위가 정하는 한도를 초과하지 않을 것

② 영업용순자본에서 총위험액을 차감한 금액을 인가 및 등록단위별 자기자본을 합계한 금액으로
나눈 값이 100분의 100에 미달하는 경우에는 새로운 장외파생상품의 매매를 중지하여야 한다.

③ 원칙적으로 장외파생상품의 매매거래시마다 해당업무를 관장하는 파생상품업무책임자의 승인을
받아야 한다.

④ 월별 장외파생상품의 거래내역을 다음달 10일까지 금융위원회에 보고해야 한다.

정답 및 해설

90 ④ 예치기관은 투자자예탁금의 안정적 운용을 해할 우려가 없는 안정적 자산에 운용하여야 한다. 따라서 상장주식
의 매수는 할 수 없다.

91 ③ 투자매매업자 또는 투자중개업자는 증권의 대차거래 또는 그 중개·주선이나 대리업무를 하는 경우에는 차입
자로부터 담보를 받아야 한다.

92 ③ 환매조건부매매는 금융위가 정하여 고시하는 매매가격으로 매매하여야 한다.

93 ① 둘 이상의 신용평가업자로부터 신용평가를 받은 기업어음증권만을 중개할 수 있다.

94 ② 적정성의 원칙은 일반투자자에게만 적용되는 투자권유준칙이다.

95 ② 영업용순자본에서 총위험액을 차감한 금액을 인가 및 등록단위별 자기자본을 합계한 금액으로 나눈 값이 100
분의 150에 미달하는 경우에는 새로운 장외파생상품의 매매를 중지하여야 한다.

96 공공적 법인의 주식 소유제한에 대한 설명으로 옳지 않은 것은?

★★★

① 공공적 법인이 상장된 당시 발행주식총수의 10% 이상을 소유한 주주는 그 소유비율을 초과하여 소유할 수 없다.

② ①의 주주이외의 자는 발행주식총수의 1% 이내에서 정관이 정하는 비율을 초과하여 소유할 수 없다.

③ 기준을 초과하여 사실상 주식을 소유하는 자는 그 초과분에 대하여는 의결권을 행사할 수 없다.

④ 기준을 초과하여 주식을 소유하는 자에 대해 금융위는 6개월 이내의 기간을 정하여 기준을 충족하도록 시정을 명할 수 있다.

97 외국인의 증권 소유제한에 대한 설명으로 옳지 않은 것은?

★★★

① 외국인은 국내에 6개월 이상 주소 또는 거소를 두지 아니한 개인을 말하며, 외국법인은 외국 정부, 외국 지방자치단체 등을 말한다.

② 공공적 법인이 발행한 지분증권에 대한 종목별 외국인 또는 외국법인등의 1인 취득한도는 해당 공공적 법인의 정관에서 정한 한도이다.

③ 공공적 법인이 발행한 지분증권에 종목별 외국인 및 외국법인등의 전체 취득한도는 해당 종목의 지분증권총수의 30%이다.

④ 외국인 또는 외국법인등에 의한 공공적 법인의 주식 취득에 관하여는 위의 제한에 추가하여 그 공공적 법인의 정관이 정하는 바에 따라 따로 이를 제한할 수 있다.

98 미공개 중요정보 이용행위의 금지에 관한 설명으로 옳지 않은 것은?

★★★

① 내부자거래 규제의 적용대상 법인은 상장법인 및 6개월 내 상장이 예정된 법인이다.

② 내부자거래 규제의 대상증권은 당해 법인이 발행한 증권으로 한정한다.

③ 내부자거래 규제대상자는 내부자, 준내부자, 정보수령자의 어느 하나에 해당하는 자를 말한다.

④ 규제대상 행위는 증권의 매매거래 자체가 금지되는 것이 아니라 미공개 중요정보의 이용행위가 금지되는 것이다.

99 내부자거래의 규제대상자를 잘못 설명한 것은?

★★★ ① 그 법인(계열사 제외) 및 그 법인의 임직원·대리인으로서 그 직무와 관련하여 미공개 중요정보를 알게 된 자

② 그 법인(계열사 포함)의 주요주주로서 그 권리를 행사하는 과정에서 미공개 중요정보를 알게 된 자

③ 그 법인과 계약체결을 교섭 중인 자로서 미공개 중요정보를 알게 된 자

④ 당해 법인을 퇴직한지 1년이 경과하지 아니한 직원으로부터 미공개 중요정보를 받은 자

100 다음의 어느 하나에 해당하는 방법으로 정보를 공개하고 해당 기간(시간)이 지나는 것은 미공개
★★★ 중요정보의 이용행위에 해당하지 않는다. 다음 중 해당 기간(시간)이 잘못 표시된 것은?

① 금융위 또는 거래소에 신고되거나 보고된 서류에 기재되어 있는 정보 : 그 내용이 기재되어 있는 서류가 비치된 날부터 1일

② 일간신문 또는 경제신문 중 전국을 보급지역으로 하는 둘 이상의 신문에 그 내용이 게재된 정보 : 게재된 날부터 3시간

③ 금융위 또는 거래소가 설치·운영하는 전자전달매체를 통하여 그 내용이 공개된 정보 : 공개된 때부터 3시간

④ 전국을 가시청권으로 하는 지상파방송을 통하여 그 내용이 방송된 정보 : 방송된 때부터 6시간

정답 및 해설

96 ② 공공적 법인이 상장된 당시 발행주식총수의 10% 미만을 소유한 주주는 발행주식총수의 3% 이내에서 정관이 정하는 비율을 초과하여 소유할 수 없다.

97 ③ 공공적 법인이 발행한 지분증권에 종목별 외국인 및 외국법인등의 전체 취득한도는 해당 종목의 지분증권총수의 40%이다. 외국인 또는 외국법인등은 상장증권 또는 증권시장에 상장하기 위하여 모집·매출하는 증권등 상장이 예정된 증권을 취득 또는 처분하려는 경우에는 미리 본인의 인적 사항을 금융위에 등록하여야 한다.

98 ② 내부자거래 규제의 대상증권은 당해 법인이 발행한 증권에 한정되지 않고, 당해 법인과 관련한 증권을 기초자산으로 하는 금융투자상품을 포함한다.

99 ① 그 법인(계열회사를 포함) 및 그 법인의 임직원·대리인으로서 그 직무와 관련하여 미공개 중요정보를 알게 된 자는 규제대상 내부자이다. ④는 정보수령자로서 규제대상이다. 만약 퇴직한지 1년이 경과한 직원으로부터 정보를 받았다면 정보수령자가 아니다.

100 ② 일간신문 또는 경제신문 중 전국을 보급지역으로 하는 둘 이상의 신문에 그 내용이 게재된 정보는 게재된 날의 다음날 0시부터 6시간이다. 다만, 법률에 따른 전자간행물의 형태로 게재된 경우에는 게재된 때부터 6시간이다. 또한 연합뉴스사를 통하여 그 내용이 제공된 정보는 제공된 때부터 6시간이다.

101 대량취득 및 처분 관련 정보이용행위 금지 규정에서 주식등의 대량취득 · 처분은 정해진 요건을
★★★ 모두 충족하는 주식 등의 취득 · 처분을 말한다. 다음 중 이 요건과 거리가 먼 것은?

① 회사나 그 임원에 대하여 사실상 영향력을 행사할 목적의 취득
② 금융위가 정하는 고시하는 비율 이상의 대량취득 · 처분일 것
③ 그 취득 · 처분이 5% 보고대상에 해당할 것
④ 그 취득 · 처분이 1개월 내에 이루어질 것

102 내부자의 단기매매차익 반환제도에 대한 설명으로 옳은 것은?
★★★
① 주권상장법인의 모든 임원과 직원 또는 주요주주가 특정 증권등을 매수한 후 6개월 이내에 매도
하거나, 특정 증권등을 매도한 후 6개월 이내에 매수하여 이익을 얻은 단기매매차익에 적용한다.
② 일정범위의 내부자가 특정 증권등을 6개월 이내에 매매하여 얻은 이익은 그것이 미공개 중요정보
를 이용한 경우에만 무조건 회사에게 반환하도록 하고 있다.
③ 주요주주가 매도 · 매수한 시기 중 어느 한 시기에 있어서 주요주주가 아닌 경우에는 적용하지
아니한다.
④ 단기매매차익 계산의 구체적인 기준과 방법 등 필요한 세부사항은 한국거래소가 정한다.

103 임원 및 주요주주의 특정 증권등 소유상황 보고에 대한 설명으로 옳은 것은?
★★★
① 보고대상자는 주권상장법인의 임원 및 주요주주와 중요한 직무를 맡고 있는 직원이다.
② 임원 또는 주요주주가 된 날로부터 3일(휴일 제외) 이내에 누구의 명의로든 자기의 계산으로 소유
하고 있는 특정 증권등의 소유상황을 증권선물위원회와 거래소에 보고하여야 한다.
③ 임원 또는 주요주주는 그 특정 증권등의 소유상황에 변동이 있는 경우에는 그 변동이 있는 날부터
3(휴일 제외)일까지 증권선물위원회와 금융투자협회에 보고하여야 한다.
④ 보고서 기재사항은 보고자, 해당 주권상장법인, 특정 증권등의 종류별 소유현황 및 그 변동에
관한 사항이다.

104 장내파생상품의 대량보유 보고에 대한 설명으로 옳지 않은 것은?
★★☆
① 동일 품목의 장내파생상품을 금융위가 정하여 고시하는 수량 이상 보유하게 된 자는 그 날부터
5일(휴일 제외) 이내에 그 보유상황 등을 금융위와 거래소에 보고하여야 한다.
② 그 보유 수량이 금융위가 정하여 고시하는 수량 이상으로 변동된 경우에는 그 변동된 날부터
5일(휴일 제외) 이내에 그 변동내용을 금융위와 거래소에 보고하여야 한다.
③ 보고대상 파생상품은 통화, 금리, 일반상품 및 금융위가 정하여 고시하는 기준과 방법에 따른
주가지수를 기초자산으로 하는 것으로서 파생상품시장에서 거래되는 것에 한한다.
④ 금융위와 거래소에 보고하여야 할 자가 위탁자인 경우에는 금융투자업자로 하여금 대신하여 보고
하게 할 수 있다.

105 다음의 어느 하나에 해당하는 자는 형사책임과 손해배상책임을 질 수 있는데, 이에 관한 설명으로
★★★ 옳지 않은 것은?

> ㉠ 상장법인의 업무 등과 관련된 미공개 중요정보를 특정 증권등의 매매, 그 밖의 거래에 이용하거
> 나 타인에게 이용하게 한 자
> ㉡ 주식등에 대한 공개매수의 실시 또는 중지에 관한 미공개 정보를 그 주식등과 관련된 특정 증권
> 등의 매매, 그 밖의 거래에 이용하거나 타인에게 이용하게 한 자
> ㉢ 주식등의 대량취득·처분의 실시 또는 중지에 관한 미공개 정보를 그 주식등과 관련된 특정 증
> 권등의 매매, 그 밖의 거래에 이용하거나 타인에게 이용하게 한 자

① 1년 이상의 유기징역에 처할 수 있다.

② 위반행위로 얻은 이익 또는 회피한 손실액의 5배 이상에 상당하는 벌금에 처할 수 있다.

③ ㉠ ~ ㉢에 해당하는 자는 특정 증권등의 매매, 그 밖의 거래를 한 자가 입은 손해를 배상할 책임을
진다.

④ 손해배상청구권은 청구권자가 위반행위가 있었던 사실을 안 날부터 2년간 또는 그 행위가 있었던
날부터 5년간 이를 행사하지 아니한 경우에는 시효로 인하여 소멸한다.

106 시세조종행위 규제에 관한 설명으로 옳지 않은 것은?
★★★
① 통정매매나 가장매매는 위장거래에 의한 시세조종행위이다.

② 상장증권 또는 장내파생상품의 시세가 자기 또는 타인의 시장 조작에 의하여 변동한다는 말을 유포하는 행위는 허위표시 등에 의한 시세조종행위이다.

③ 투자매매업자가 시장조성이나 안정조작을 하는 행위는 가격고정 또는 안정조작 행위로서 시세조종행위이다.

④ 삼성전자 주식 옵션거래에서 부당한 이익을 얻을 목적으로 삼성전자 주식의 시세를 변동 또는 고정시키는 행위는 현·선 연계 시세조종행위이다.

107 자기가 매도하는 것과 같은 시기에 그와 같은 가격 또는 약정수치로 타인이 매수할 것을 사전에
★★☆ 서로 짠 후 매도하는 행위, 또는 자기가 매수하는 것과 같은 시기에 그와 같은 가격 또는 약정수치로 타인이 매도할 것을 사전에 서로 짠 후 매도하는 행위를 무엇이라 하는가?

① 현실거래에 의한 시세조종　　　　② 통정매매
③ 가장매매　　　　　　　　　　　　④ 위장매매

108 다음 중 시세조종행위에 해당되지 않는 것은?
★★★
① 현대차 주식 옵션거래에서 부당한 이익을 얻을 목적으로 현대차 주식의 시세를 변동 또는 고정시키는 행위

② 삼성전자 주식 매매에서 부당한 이익을 얻을 목적으로 삼성전자 주식 옵션의 시세를 변동 또는 고정시키는 행위

③ 삼성전자 주식 매매에서 부당한 이익을 얻을 목적으로 삼성전자의 전환사채권이나 신주인수권부 사채권의 시세를 변동 또는 고정시키는 행위

④ 삼성전자 주식 옵션거래에서 부당한 이익을 얻을 목적으로 삼성전자 주식 선물의 시세를 변동 또는 고정시키는 행위

109 시장질서 교란행위 규제에 대한 설명으로 옳지 않은 것은?
★★★
① 시장질서 교란행위는 크게 '정보이용 교란행위'와 '시세관여 교란행위'로 나눌 수 있다.

② 정보이용 교란행위 규제의 도입으로 기존 미공개 중요정보 금지조항으로 규제할 수 없었던 2차 이상의 다차 정보수령자가 부정한 방법으로 지득한 정보이용 등이 규제된다.

③ 허수성 주문을 대량으로 제출하는 경우 매매유인이나 부당이득을 얻을 목적 등이 없다고 판단되면 해당 행위자에게 과징금을 부과할 수 없다.

④ 시장질서 교란행위에 대해서는 5억원 이하의 과징금을 부과할 수 있다.

110 단기매매차익 거래 규제에 대한 설명으로 옳지 않은 것은?

★★☆ ① 규제대상자는 회사의 임직원 또는 주요주주이다.

② 규제대상(증권)은 주권, 전환사채권, 신주인수권부사채권 등 주식관련사채와 신주인수권증서, 이익참가부사채권 및 주권상장법인의 비상장사채권주식 등이다.

③ 규제대상행위는 규제대상증권을 매수(매도)한 후 6월 이내에 매도(매수)하여 이익을 얻는 거래이다.

④ 규제방법은 거래로 차익이 발생하는 경우 그 매매차익을 회사에 반환할 민·형사상 책임을 부과하는 것이다.

111 금융기관은 민사소송에서 패소확정되거나, 소송물 가액이 최적근 분기말 현재 자기자본의 100분
★★☆ 의 1(자기자본의 100분의 1이 10억원 미만인 경우에는 10억원) 또는 (   )원을 초과하는 민사소송에 피소된 경우 금융감독원장에게 보고하여야 한다. (   )에 맞는 액수는?

① 10억　　　　　　　　　　　　② 20억

③ 50억　　　　　　　　　　　　④ 100억

정답 및 해설

106 ③ 상장증권 또는 장내파생상품의 시세를 고정시키거나 안정시킬 목적으로 그 증권 또는 장내파생상품에 관한 일련의 매매 또는 그 위탁이나 수탁을 하는 행위는 가격고정 또는 안정조작 행위로서 시세조종행위이다. 그러나 투자매매업자가 시장조성이나 안정조작을 하는 행위는 시세조종행위로 보지 않는다.

107 ② 통정매매는 위장거래에 의한 시세조종행위로 규제대상이다.

108 ④ ①과 ②는 현·선 연계 시세조종행위이며, ③은 현·현 연계 시세조종행위이다. 그러나 ④는 선·선 연계로 시세조종행위가 아니다. 파생상품의 가격은 해당 기초자산의 가격에 영향을 받으므로 기초자산(현물)이 개입된 연계거래만이 시세조종행위에 해당된다고 할 수 있다.

109 ③ 기존 시세조종행위 금지조항은 매매유인이나 부당이득을 얻을 목적 등이 없으면 규제하기 어려웠으나, 시장질서 교란행위(시세관여 교란행위) 규제가 도입되면서 비록 매매유인이나 부당이득을 얻을 목적 등이 없다고 할지라도 허수성 주문을 대량으로 제출하거나, 가장성 매매, 통정성 매매, 풍문유포 등을 하여 시세에 부당한 영향을 주거나 줄 우려가 있다고 판단되면 해당 행위자에게 과징금을 부과할 수 있다. 시장질서 교란행위에 대해서는 5억원 이하의 과징금을 부과(행정책임)할 수 있으며, 위반행위와 관련된 거래로 얻은 이득 등의 1.5배가 5억원을 넘는 경우에는 그 금액 이하의 과징금을 부과할 수 있다.

110 ④ 규제방법은 거래로 차익이 발생하는 경우 그 매매차익을 회사에 반환할 민사상 책임을 부과하는 것이다. 단기매매를 한 경우라도 거래상의 필요에 의하여 법령에서 예외적으로 허용하는 경우(주식매수선택권 행사, 근로자증권저축 매매, 증권시자의 최소거래단위 미만의 매매, 이미 소유한 증권에서 나온 신주취득, 우리사주 청약 등)에는 단기매매차익을 반환할 의무가 없다. 단기매매차익 거래 규제는 회사내부자가 그 직무에 의하여 취득한 비빌정보를 부당하게 이용하는 것을 방지하기 위한 제도로서, 미공개정보(내부자거래) 이용규제와는 다른 규제책이다.

111 ④ 100억원을 초과하는 민사소송에 피소된 경우 금융감독원장에게 보고하여야 한다.

112 「금융소비자보호법」에 따르면 설명의무 및 광고규제 위반 시에 최대 얼마까지 금융판매업자에게
★★☆ 과태료를 부과할 수 있는가?

① 5억원 ② 3억원

③ 2억원 ④ 1억원

113 금융소비자보호의 대상으로서 금융소비자를 가장 적절하게 나타낸 것은?
★★★ ① 투자자 ② 예금자

③ 일반금융소비자 ④ 전문금융소비자

114 「금융소비자보호법」에 대한 설명으로 옳지 않은 것은?
★★★ ① 금융거래에서 소비자가 금융기관에 비하여 협상력이 열위에 있기 때문에 금융소비자를 보호할
필요성이 높아졌다.
② 청약철회권이 신설되어 이제 원칙적으로 모든 금융상품에 적용되게 되었다.
③ 기존에 없던 위법계약해지권이 신설되어 이제 원칙적으로 모든 금융상품에 적용되게 되었다.
④ 소액분쟁 시 금융회사의 소송 이탈을 가속화하는 조치가 도입되었다.

115 「금융소비자보호법」상 대출성 상품에 해당되는 것은?
★★★ ① 예 금 ② 신 탁

③ 손해보험 ④ 신용카드

116 「금융소비자보호법」에 대한 설명으로 옳지 않은 것은?
★★★ ① 소비자의 재산상 현저한 피해가 발생할 우려가 있다고 명백히 인정되는 경우 금융위는 금융상품
계약 체결을 제한·금지하는 판매제한명령을 발동할 수 있다.
② 적정성 원칙이란 소비자가 자발적으로 구매하려는 금융상품이 소비자의 재산상황, 투자경험, 신
용 및 변제계획에 비추어 부적정할 경우 이를 고지·확인하는 것이다.
③ 대출성 상품에도 적합성·적정성 원칙을 적용한다.
④ 투자권유대행인은 금융상품직접판매업자이다.

117 「금융소비자보호법」에 대한 설명으로 옳지 않은 것은?

★★★ ① 대출 후 2년 경과 시 중도상환수수료 부과를 금지한다.

② 금융소비자가 금융상품판매업자 등의 위법한 행위로 금융상품에 관한 계약을 체결한 경우 계약 체결일부터 5년의 범위에서 서면 등으로 계약을 해지할 수 있도록 한다.

③ 소비자의 해지요구에 대해 금융회사가 정당한 사유를 제시하지 못하는 경우에 소비자가 일방적으로 계약해지를 할 수 있다.

④ 설명의무 위반에 따른 손해배상청구 소송 시 고의·과실 입증책임은 금융회사에게 있다.

118 「금융소비자보호법」상 청약철회권에 대한 설명으로 옳지 않은 것은?

★★★ ① 일정기간 내 소비자가 금융상품 계약을 철회하는 경우 판매자는 이미 받은 금전·재화 등을 반환해야 한다.

② 현재 투자자문, 일부 보험상품에 적용 중인 청약철회권을 대통령령으로 정하는 보장성·대출성·투자성 상품 및 자문에도 적용한다.

③ 시행령에서 규정하고 있는 대출성 상품 관련 청약철회권 행사 가능 상품은 고난도금융투자상품, 고난도투자일임계약, 신탁계약(금전에 관한 신탁계약은 고난도금전신탁계약에 한정)이다.

④ 투자성상품과 금융상품 자문계약의 경우 청약철회권 행사 가능기간은 계약서류 제공일 또는 계약 체결일로부터 14일 이내이다.

---

112 ④ 설명의무 및 광고규제 위반 시에 최대 1억원까지 과태료를 부과할 수 있다.

113 ③ 금융소비자보호의 대상으로서의 금융소비자는 전문금융소비자와 구분하여 일반금융소비자로 협의의 정의를 적용할 수 있다.

114 ④ 소액분쟁 시 금융회사의 소송 이탈을 금지하는 조치가 도입되었다.

115 ④ 신용카드는 대출성 상품이다. 금소법은 금융상품 및 서비스를 예금성, 투자성, 보장성, 대출성 상품으로 분류한다.

116 ④ 투자권유대행인은 금융상품판매대리·중개업자이다.

117 ① 대출 후 3년 경과 시 중도상환수수료 부과를 금지한다.

118 ④ 투자성 상품과 금융상품 자문계약의 경우 청약철회권 행사 가능기간은 계약서류 제공일 또는 계약 체결일로부터 7일 이내이다.

119 「금융소비자보호법」의 사후구제 강화 내용에 대한 설명으로 옳지 않은 것은?

★★★ ① 분쟁조정이 신청된 사건에 대하여 소송이 진행 중일 경우 금융위원회가 그 소송을 중지할 수 있는 소송중지제도를 도입하였다.

② 일반금융소비자가 조정을 신청한 2,000만원 이하의 소액분쟁사건의 경우 분쟁조정 절차가 완료되기 전까지는 은행, 보험회사 등 조정대상기관이 법원에 소송을 제기할 수 없도록 하는 조정이탈 금지제도가 마련되었다.

③ 소비자가 분쟁조정·소송 등 대응 목적으로 금융회사 등이 유지·관리하는 자료의 열람 요구 시 금융회사는 이를 수용할 의무가 있다.

④ 금융회사의 영업비밀이 현저한 침해가 발생할 우려가 있을 경우에는 소비자의 자료열람을 거절할 수 있다.

120 「금융소비자보호법」에 대한 설명으로 옳지 않은 것은?

★★★ ① 금융상품 광고 시 대출성 상품의 경우 대출이자를 연단위로 표시하여 저렴한 것으로 오인하게 하는 행위는 금지된다.

② 상품 선택 시 일반인들도 전문적·중립적인 자문서비스를 쉽게 이용할 수 있도록 금융상품자문업을 신설하였다.

③ 금융상품직접판매업자에게 대리·중개업자에 대한 관리 책임을 부여하고, 위반 시 과징금 또는 과태료, 손해배상 책임을 부과한다.

④ 그동안 법상 감독대상에 포함되지 않았던 대출모집인을 법상 감독대상(판매대리·중개업자)으로 규정하였다.

정답 및 해설

119 ① 분쟁조정이 신청된 사건에 대하여 소송이 진행 중일 경우 법원이 그 소송을 중지할 수 있는 소송중지제도를 도입하였다.

120 ① 금융상품 광고 시 대출성 상품의 경우 대출이자를 일단위로 표시하여 저렴한 것으로 오인하게 하는 행위는 금지된다.

인생이란 결코 공평하지 않다. 이 사실에 익숙해져라.

- 빌 게이츠 -

한국금융투자협회규정

챕터 출제비중

	70	65	60	55	50	45	35	30	25	20	15	10	5	구 분	출제영역	출제문항
68%														제1장	자본시장과 금융투자업에 관한 법률 /금융위원회규정/금융소비자보호법	17문항
16%														제2장	한국금융투자협회규정	4문항
16%														제3장	한국거래소규정	4문항

한국금융투자협회규정은 총 4문제가 출제된다. 따라서 한국거래소규정과 더불어 출제비중이 가장 낮은 과목이다. 시험은 주로 금융투자회사의 영업 및 업무에 관한 규정이나 약관운용 규정에서 출제되는데, 특히 투자권유, 조사 분석자료 작성 및 공표, 투자광고, 영업보고서 및 경영공시, 재산상 이익의 제공 및 수령, 약관 등은 자주 출제되는 핵심적인 내용들이다. 타 법규 과목과 중복되는 내용도 있고 출제비중이 높지 않기 때문에 본서에 제시된 문제만 풀 수 있다면 시험대비에 어려움이 없다고 할 수 있다.

TOPIC별 중요도 및 학습체크

TOPIC	핵심개념	중요도	학습체크		
			1회독	2회독	3회독
01	투자권유, 조사분석자료 작성 및 공표	★★★			
02	투자광고, 영업보고서, 재산상 이익의 제공 및 수령 등	★★★			
03	• 신상품 보호, 신용공여, 파생결합증권 등	★★★			
	• 금융투자전문인력과 자격시험에 관한 규정	★★			
	• 금융투자회사의 약관운용에 관한 규정	★★★			

01 투자권유, 조사분석자료 작성 및 공표

대표유형문제 일반투자자에 대한 투자권유에 관한 설명으로 옳은 것은?

① 투자목적·재산상황·투자경험 등 고객정보를 파악하지 않은 일반투자자에 대하여는 투자권유를 할 수 없다.

② 투자권유 전 파악한 일반투자자의 투자성향 등 분석 결과는 서명 또는 기명날인의 방법으로만 일반투자자로부터 확인을 받을 수 있다.

③ 투자권유를 희망하지 않는 투자자에 대해서는 파생상품을 판매하더라도 고객정보를 파악할 필요가 없다.

④ 증권신고서를 제출한 집합투자증권의 경우 판매시 반드시 투자설명서를 교부하여야 한다.

해설 서명(전자서명 포함), 기명날인 이외에 녹취, 전자우편 또는 이와 유사한 전자통신, 우편, 전화자동응답시스템의 방법을 통하여 고객으로부터 확인을 받을 수 있다. 파생상품을 판매하고자 하는 경우에는 투자권유를 희망하지 않는 투자자라도 반드시 고객정보를 확인하고 적정하지 않은 경우 이를 알리고 확인받아야 한다. 집합투자증권의 경우 간이투자설명서를 교부하거나, 투자자가 원하는 경우 투자설명서를 교부하여야 한다.

답 ①

STEP 01 핵심필수개념

(1) 투자권유의 적합성 확보

투자자정보 확인의무 등	투자자정보 확인	고객이 일반투자자인지 전문투자자인지를 확인 → 일반투자자이면 투자권유를 하기 전에 고객의 투자목적, 재산상황, 투자경험등의 정보를 파악
	투자자정보 확인 방법	• 대면만이 아닌 전화 등 사실상 기록·보관이 가능한 여러 매체를 인정 • 투자권유를 하기 전에 투자성향 분석결과를 서명 등의 방법으로 확인받아야 함 → 확인한 내용은 지체 없이 일반투자자에게 제공하며, 10년 이상 기록보관
	투자권유의 적합성	일반투자자에게 적합하지 아니하다고 인정되는 투자권유를 해서는 아니 됨 → 그럼에도 고객이 투자하고자 한다면 투자위험성을 다시 고지하고 서명 등의 방법으로 확인받아야 함
파생상품등에 대한 특례		파생상품등의 경우 투자권유를 하지 않더라도 일반투자자에게 파생상품등을 판매하고자 하는 경우에 면담·질문등을 통하여 투자자정보를 파악하고 확인받아야 함(적정성 원칙) → 고객정보를 파악하지 못하면 일반투자자에게 파생상품등을 판매할 수 없음

(2) 설명의무

① 투자설명서

투자설명서 설명의무	일반투자자에게 투자권유를 하는 경우에는 상품의 내용, 위험, 투자성, 수수료 등을 설명하고 서명 등의 방법으로 확인받아야 함
교부의무 및 방법	투자자가 서명 등의 방법으로 설명서의 수령을 거부하는 경우를 제외하고는 투자설명사항을 명시한 설명서를 교부하여야 함

② 핵심설명서

핵심설명서는 설명을 위한 추가자료(투자설명서의 보조자료)이므로 (투자)설명서는 교부하지 않고 핵심설명서만을 교부해서는 안 됨 → 핵심설명서 교부 시 고객의 확인을 받을 필요는 없으며, 설명한 임직원의 실명만 기입하면 됨

교부 대상	① 공모로 발행된 파생결합증권(주식워런트증권 및 상장지수증권은 제외) ② 신용융자거래 ② 유사해외통화선물거래

③ 파생결합증권에 대한 특례

만기 전 조건에 따라 만기 시 손실여부에 영향을 미치는 파생결합증권의 경우 손실요건이 발생할 시 지체 없이 알려야 할 사항(공모로 발행된 파생결합증권에만 적용, 고지대상도 일반투자자만 해당)

① 원금손실조건에 해당되었다는 사실

② 조기상환조건 및 조기상환시 예상수익률

② 환매청구방법, 기한 및 환매수수료 등

④ 주식워런트증권(ELW) 및 상장지수증권(ETN)에 대한 투자자보호 특례

일반투자자가 최초로 ELW나 ETN을 매매하고자 하는 경우,

① 별도 거래신청서 작성

② 사전 교육 실시(ELW의 경우)

⑤ 장내파생상품 적격개인투자자제도

투자능력을 갖춘 개인투자자에 한해 파생상품시장 신규진입을 허용

① 사전교육

② 모의거래 이수

② 기본예탁금 예탁

(3) 위험고지

일중 매매거래	같은 날에 동일 종목의 금융투자상품을 매수한 후 매도하거나, 매도한 후 매수함으로써 해당 금융투자상품의 일중 가격등락의 차액을 얻을 목적으로 행하는 거래(Day Trading) → 회사가 정한 '일중매매거래 위험고지서'를 교부하고 충분히 설명하여야 함
시스템 매매	투자자 자신의 판단을 배제하고 사전에 내장된 일련의 조건에 의하여 금융투자상품 매매종목, 매매시점 또는 매매호가에 대한 의사결정정보를 제공하거나 이에 의하여 자동매매주문을 내는 전산소프트웨어에 의하여 금융투자상품을 매매하는 투자방법 → 회사가 정한 '시스템매매 위험고지서'를 교부하고 충분히 설명하여야 함

(4) 방문판매인력의 요건(다음 요건을 모두 갖추어야 함)

① 금융투자회사의 임직원 또는 금융투자회사로부터 투자권유의 업무를 위탁받은 투자권유대행인일 것

② 금융투자전문인력으로 등록하였거나 투자권유대행인으로 등록하였을 것

③ 협회가 주관하는 방문판매인력 사전교육을 이수할 것

④ 협회가 주관하는 방문판매인력 직무교육을 연간 1회 이상 이수할 것

(5) 투자권유대행인의 금지행위

① 회사 또는 고객을 대리하여 계약을 체결하는 행위

② 고객으로부터 금전·증권, 그 밖의 재산을 수취하는 행위

③ 회사로부터 위탁받은 투자권유대행업무를 제3자에게 재위탁하는 행위

④ 고객으로부터 금융투자상품 등에 대한 매매권한을 위탁받는 행위

⑤ 제3자로 하여금 고객에게 금전을 대여하도록 중개·주선 또는 대리하는 행위

⑥ 투자일임재산이나 신탁재산을 각각의 고객별 또는 신탁재산별로 운용하지 아니하고 집합하여 운용하는 것처럼 그 투자일임계약이나 신탁계약의 체결에 대한 투자권유를 하거나 투자광고를 하는 행위

⑦ 둘 이상의 금융투자회사와 투자권유 위탁계약을 체결하는 행위

⑧ 집합투자증권에 대한 투자권유를 대행하는 보험설계사가 소속 보험회사가 아닌 보험회사와 투자권유 위탁계약을 체결하는 행위

⑨ 회사가 이미 발행한 주식의 매수 또는 매도를 권유하는 행위 등

(6) 조사분석자료 작성 및 공표

① 조사분석업무의 독립성 확보를 위한 조치

ㄱ 금융투자회사 및 임직원의 금융투자분석사에 대한 부당한 압력이나 권한 행사 금지

ㄴ 조사분석업무 독립적 수행을 위한 내부통제기준 제정 등 필요조치 이행의무

ㄷ 조사분석자료 공표 전 임직원등에 대한 사전 제공 금지 → 금융투자회사 및 금융투자분석사는 조사분석자료를 공표하기 전에 내부기준에 따른 승인 절차를 거치지 않고 제3자에게 조사분석자료 또는 그 주된 내용을 제공할 수 없음

ㄹ 조사분석자료 사전제공 금지대상 명문화 → 금융투자회사 및 금융투자분석사는 조사분석자료를 공표하기 전에 조사분석대상법인 및 조사분석자료의 작성·심의에 관여하지 않은 임직원에게 조사분석자료 또는 그 주된 내용을 제공할 수 없음

ㅁ 금융투자분석사의 기업금융업무부서와의 협의 조건 → 금융투자분석사와 기업금융업무부서 간의 의견 교환을 원칙적으로 제한하되 준법감시부서의 통제하에 예외적으로 허용

ㅂ 조사분석 담당임원의 기업금융·법인영업 및 고유계정 운용업무 겸직 금지(다만, 임원수의 제한 등으로 겸직이 불가피한 경우엔 가능)

② 조사분석대상법인의 제한 등

조사분석대상 법인의 제한	금융투자회사는 다음의 어느 하나에 해당하는 금융투자상품에 대해서는 조사분석자료를 공표하거나 특정인에게 제공하여서는 아니 됨 ㄱ 자신이 발행한 금융투자상품 ㄴ 자신이 발행한 주식을 기초자산으로 하는 주식선물·주식옵션 및 주식워런트증권(ELW)

	ⓒ 다음의 어느 하나에 해당하는 법인이 발행한 주식 및 주식관련사채권과 해당 주식을 기초자산으로 하는 주식선물·주식옵션 및 주식워런트증권 • 자신이 안정조작 또는 시장조성업무를 수행하고 있는 증권을 발행한 법인 • 자신이 발행주식총수의 100분의 5 이상의 주식등(신주인수권, 신주인수권증서, CB, BW, EB를 통해 취득가능한 주식수 포함)을 보유 또는 소유하고 있는 법인 • 최근 사업연도 재무제표에 대한 감사인의 감사의견이 부적정 또는 의견거절이거나 한정인 법인 (다만, 투자등급 및 목표가격 등을 하향 조정하기 위한 경우에는 가능)
회사와의 이해관계 고지	다음에 해당하는 법인이 발행한 주식 등의 금융투자상품에 대한 조사분석자료를 공표하거나 특정인에게 제공하는 경우, 회사와의 이해관계를 조사분석자료에 명시하여야 함(즉, 조사분석자료 공표는 가능) ㉠ 금융투자회사 자신이 채무이행을 직·간접으로 보장하고 있는 법인 ㉡ 발행주식의 1% 이상의 주식등을 보유하고 있는 법인

*주권의 모집 또는 매출과 관련한 계약을 체결한 날부터 그 주권이 증권시장에 최초로 상장된 후 40일 이내에 그 주권에 대한 조사분석자료를 공표하거나 특정인에게 제공하는 행위는 금지됨
*회사는 증권시장에 주권을 최초로 상장하기 위하여 대표주관업무를 수행한 경우 해당 법인에 대하여 최초거래일로부터 1년간 2회 이상의 조사분석자료를 무료로 공표하여야 함

개념체크ＯＸ

▶ 파생상품등의 경우 고객정보를 파악하지 못하면 투자권유불원 신청서를 받고 일반투자자에게 파생상품등을 판매할 수 있다. Ｏ Ｘ

[해설] 파생상품등의 경우 고객정보를 파악하지 못하면 일반투자자에게 파생상품등을 판매할 수 없다.

답 Ｘ

▶ 투자권유대행인은 회사 또는 고객을 대리하여 계약을 체결할 수 없다. Ｏ Ｘ

답 Ｏ

STEP 02 핵심보충문제

01 설명의무와 관련된 금융투자협회 규정에 대한 설명으로 옳지 않은 것은?
★★★
① 설명서(투자설명서, 간이투자설명서 제외)는 준법감시인 또는 금융소비자보호 총괄책임자의 사전심의를 받아야 한다.
② 설명서의 내용 중 원금손실 가능성, 예금자보호 여부, 투자위험 등과 관련된 중요단어는 붉은색 문자로 표기하여야 한다.
③ 금융투자상품의 판매를 용이하게 할 목적으로 임직원이 위험성에 대한 설명 등을 제대로 하지 않은 보조자료를 개인적으로 만들어 고객에게 교부하는 것은 금지된다.
④ 금융투자회사는 금융투자협회의 권고안을 참고로 자율적으로 정한 설명서를 사용할 수 있다.

[해설] 설명서의 내용 중 원금손실 가능성, 예금자보호 여부, 투자위험 등과 관련된 중요단어는 상대적으로 크고 굵은 문자로 표기하여야 한다.

답 ②

02 만기 전 조건에 따라 만기시 손실여부에 영향을 미치는 파생결합증권의 경우에는 일반투자자에게
★★★ 만기 전(또는 최종환매청구일 전) 손실요건이 발생할 경우 지체 없이 다음의 사항을 알려야 한다.
알려야 할 사항과 거리가 먼 것은?

① 원금손실조건에 해당되었다는 사실

② 조기상환조건 및 조기상환 시 예상수익률

③ 환매청구방법, 환매청구기한 및 환매수수료 등

④ 만기 시의 예상수익률

[해설] 고객이 손실요건에 도달하였음을 미리 알게 함으로써 중도환매의 기회를 주기 위한 것이므로 ① ~ ③을 고지
하면 된다. 모든 파생결합증권에 대하여 적용되는 것이 아니고 공모로 발행되는 상품에 한하며, 일반투자자에
게만 고지하면 된다.

답 ④

03 금융투자업 규정상 전문투자자의 관리에 대한 설명으로 옳지 않은 것은?
★★★ ① 일반투자자로 전환이 가능한 전문투자자가 일반투자자와 같은 대우를 받겠다는 의사를 금융투자
회사에 서면으로 통지하는 경우 금융투자회사는 정당한 사유가 없는 한 이에 동의하여야 한다.

② 일반투자자가 위험회피 목적의 장외파생상품거래를 하기 위하여는 전문투자자가 되어야 가능
하다.

③ 전문투자자로의 지정 신청은 본인이 직접 하거나 또는 금융투자회사가 대행할 수 있다.

④ 전문투자자로 한번 지정이 되면 2년간 모든 금융투자회사에 대하여 전문투자자로서 대우받을
수 있지만 일반투자자로 대우받기를 원한다면 해당 금융기관에 서면으로 요청을 하면 된다.

[해설] 일반투자자가 장외파생상품거래를 하고자 할 경우 법에서 위험회피 목적의 경우로 한정하고 있기 때문에 만약
위험회피 목적 이외의 장외파생상품거래를 하기 위하여는 전문투자자가 되어야 가능하다. 즉 위험회피 목적의
장외파생상품거래를 하는 경우에는 일반투자자로서도 가능하다. 그리고 금융투자회사는 일반투자자의 요청에
의해 일반투자자를 전문투자자로 분류하는 경우 해당 전문투자자에게 향후 위험고지 및 설명 등을 받지 못한
다는 사실을 충분히 설명하여야 한다.

답 ②

04 조사분석자료의 작성 원칙에 대한 설명으로 옳지 않은 것은?
★★☆ ① 금융투자분석사는 조사분석자료를 타인의 부당한 압력이나 간섭 없이 본인의 의견을 정확하게
반영하여 신의성실하게 작성한 경우 그 사실을 조사분석자료에 명시하여야 한다.

② 금융투자회사는 금융투자분석사의 확인 없이 조사분석자료를 공표하여서는 아니 된다.

③ 금융투자회사는 금융투자분석사의 확인 없이 조사분석자료를 제3자에게 제공하여서는 아니 된다.

④ 금융투자회사는 해당 금융투자회사의 임직원이 아닌 제3자가 작성한 조사분석자료를 공표하여서
는 아니 된다.

[해설] 금융투자회사는 해당 금융투자회사의 임직원이 아닌 제3자가 작성한 조사분석자료를 공표하는 경우 해당 제3
자의 성명(법인의 경우 법인명)을 조사분석자료에 기재하여야 한다.

답 ④

02 투자광고, 영업보고서, 재산상 이익의 제공 및 수령 등 중요도 ★★★

대표유형문제 다음 중 투자광고 시 일반적인 의무표시사항(펀드 제외)이 아닌 것은?

① 금융투자업자의 명칭

② 투자에 따른 위험

③ 최소비용을 표기하는 경우 그 최대수익

④ 수수료에 관한 사항

해설 최소비용을 표기하는 경우 그 최대비용을, 최대수익을 표기하는 경우 그 최소수익을 표기하여야 한다.

답 ③

STEP 01 핵심필수개념

(1) 투자광고 시 일반적 의무표시사항(펀드 제외)

① 금융투자업자의 명칭, 금융투자상품의 내용, 투자에 따른 위험

② 회사는 금융투자상품에 대해 충분히 설명할 의무가 있다는 내용

③ 회사로부터 설명을 듣고서 투자할 것을 권고하는 내용

④ 수수료에 관한 사항

⑤ 타 기관 등으로부터 수상, 인증, 특허 등을 받은 내용을 표기하는 경우 당해 기관의 명칭, 수상 등의 시기 및 내용

⑥ 과거의 재무상태 또는 영업실적을 표기하는 경우 투자광고 시점 및 미래에는 이와 다를 수 있다는 내용

⑦ 최소비용을 표기하는 경우 그 최대비용, 최대수익을 표기하는 경우 그 최소수익

⑧ 통계수치나 도표 등을 인용하는 경우 해당 자료의 출처

※ 다만, 이미지 광고와 휴대전화·라디오를 이용한 투자광고에는 의무표시사항을 표시하지 않을 수 있음

(2) 펀드 투자광고 시 의무표시사항

① 집합투자증권을 취득하기 전에 투자설명서를 읽어볼 것을 권고하는 내용

② 집합투자기구는 투자원금의 손실이 발생할 수 있으며, 그 손실은 투자자에게 귀속된다는 사실

③ 집합투자기구의 운용실적을 포함하여 광고를 하는 경우에는 그 운용실적이 미래의 수익률을 보장하는 것은 아니라는 내용

④ 환매 신청 후 환매금액의 수령이 가능한 구체적인 시기 및 환매수수료

⑤ 투자자가 부담하는 각종 보수 및 수수료. 이 경우 보수는 총보수, 운용보수, 판매보수, 기타보수 등으로 구분 표시하여야 함

⑥ 고유한 특성 및 위험성 등이 있는 집합투자기구의 경우 해당 특성 및 위험성 등에 관한 설명

(3) 투자광고 시 금지행위

① 손실보전 또는 이익보장으로 오인할 우려가 있는 표시를 하는 행위

② 운용실적이 좋은 기간의 수익률만을 표시하는 행위

③ 실현되지 아니한 수익률을 표시하는 행위

④ 사모의 방법으로 발행한 금융투자상품에 관한 내용을 표시하는 행위

⑤ 비교광고를 하는 경우 명확한 근거 없이 다른 비교대상이 열등한 것처럼 표시하는 행위(명확한 근거가 있으면 비교광고 가능)

⑥ 금융투자회사의 경영실태평가결과와 영업용순자본비율등을 다른 금융투자회사의 그것과 비교하여 표시하는 행위

⑦ 수익률 및 수수료 등을 특별히 우대하여 제시하면서 우대조건·기간 등을 수익률 및 수수료 글자크기의 1/3 미만으로 표시하거나 이를 수익률 및 수수료와 분리하여 표시하는 행위

(4) 펀드의 운용실적 표시

대 상	펀드 설립일로부터 1년 이상 경과하고 순자산총액이 100억 이상인 펀드
표시방법	기준일로부터 과거 1개월 이상 수익률을 사용하되, 과거 6개월 및 1년 수익률을 함께 표시
의무 표시사항	집합투자기구의 유형, 기준일 및 기준일 현재의 순자산총액, 설립일, 수익률 산출기간 및 산출기준, 세전·세후 여부, 벤치마크 수익률
준수사항	• 방송을 이용한 광고 불가 • 집합투자증권의 가격으로 평가한 운용실적 사용 • 종류형 집합투자기구의 운용실적을 표시하는 경우 종류별 집합투자증권에 부과되는 보수·수수료의 차이로 운용실적이 달라질 수 있다는 사실 표시 • MMF 운용실적을 표시하는 경우 과거 1개월 수익률을 표시할 것 • 다른 금융투자회사가 판매하는 MMF와 운용실적 등에 관한 비교광고를 하지 말 것

(5) 재산상 이익의 제공 및 수령 한도

재산상 이익으로 보지 않는 범위	• 금융투자상품에 대한 주문 집행 등을 위하여 자체적으로 개발한 소프트웨어 및 컴퓨터 등 전산기기 • 금융투자회사가 자체적으로 작성한 조사분석자료 • 경제적 가치가 3만원 이하의 물품, 식사, 신유형 상품권(물품제공형 신유형 상품권을 의미), 거래실적에 연동되어 거래상대방에게 차별없이 지급되는 포인트 및 마일리지 • 20만원 이하의 경조비 및 조화·화환 • 국내에서 불특정 다수를 대상으로 하여 개최되는 세미나 또는 설명회로서 1인당 재산상 이익의 제공금액을 산정하기 곤란한 경우 그 비용
재산상 이익의 제공 한도	• 재산상 이익의 제공 한도 규제를 폐지했으나, 파생상품에 대해서는 예외적으로 한도 규제를 유지 • 추첨 등(기타 우연성을 이용하는 방법 또는 특정 행위의 우열이나 정오의 방법)으로 선정된 동일 투자자에게 1회당 제공할 수 있는 재산상 이익은 300만원을 초과할 수 없음(유사해외통화선물 및 주식워런트증권과 관련하여 추첨 등의 방법으로 선정된 동일 일반투자자에 대하여는 재산상 이익을 제공할 수 없음)
재산상 이익의 수령 한도	• 1회당 한도 및 연간 한도 등을 회사가 스스로 정하여 준수하도록 하고 있음 • 이 경우 재산상 이익의 한도는 일반적으로 용인되는 사회적 상규를 초과해서는 아니 됨 • 외부에서 개최하는 연수, 기업설명회, 기업탐방, 세미나의 경우 거래상대방으로부터 받은 교통비 및 숙박비는 대표이사 또는 준법감시인의 확인을 받아 재산상 이익에서 제외할 수 있도록 하고 있음
재산상 이익의 제공 및 수령내역 공시	• 공시 대상 : 금전·물품·편익 등을 10억원(최근 5개 사업연도 합산)을 초과하여 제공하거나 제공받은 경우

개념체크○×

▶ 이미지 광고와 휴대전화·라디오를 이용한 투자광고에는 일반적 의무표시사항을 표시하지 않을 수 있다. ○×

답 ○

▶ 30만원 이하의 경조비 및 조화·화환은 재산상 이익으로 보지 않는다. ○×

해설 20만원 이하의 경조비 및 조화·화환은 재산상 이익으로 보지 않는다.

답 ×

STEP 02 **핵심보충문제**

01 투자광고에 대한 설명으로 옳은 것은?
★★★
① 투자권유와 투자광고는 동일한 개념이다.
② 원칙적으로 금융투자업자가 아닌 자는 투자광고를 할 수 없다.
③ 협회가 심사하는 투자광고는 준법감시인의 사전 승인 절차가 필요 없다.
④ 단순한 이미지 광고나 지점광고도 협회의 심사가 필요하다.

해설 투자권유와 투자광고는 구별되는 개념이다. 즉 투자권유는 특정 투자자를 대상으로 하는 반면, 투자광고는 통상적으로 불특정 다수를 대상으로 한다. 「자본시장법」에서 금융투자업자는 투자광고를 시행하기 전에 준법감시인의 사전 확인을 거친 후 협회의 심사를 받도록 강제하고 있다. 단순한 이미지 광고나 지점광고 등은 협회의 심사절차를 거치지 않고 준법감시인의 사전 승인만 받으면 된다.

답 ②

02 투자광고 시 주요 매체별 위험고지 표시기준으로 옳지 않은 것은?

★★★ ① 바탕색과 구별되는 색상으로 선명하게 표시할 것

② A4용지 기준 9포인트 이상의 활자체로 투자자가 쉽게 알아볼 수 있도록 표시할 것. 다만, 신문에 전면으로 게재하는 광고물의 경우 10포인트 이상의 활자체로 표시

③ 영상매체를 이용한 투자광고의 경우 1회당 투자광고 시간의 2분의 1 이상의 시간 동안 투자자가 쉽게 알아볼 수 있도록 충분한 면적에 걸쳐 해당 위험고지내용을 표시할 것

④ 인터넷 배너를 이용한 투자광고의 경우 위험고지내용이 3초 이상 보일 수 있도록 할 것. 다만 파생상품, 그밖에 투자위험성이 큰 거래는 5초 이상 보일 수 있도록 하여야 한다.

[해설] 투자광고 시간의 3분의 1 이상의 시간 동안 투자자가 쉽게 알아볼 수 있도록 충분한 면적에 걸쳐 해당 위험고지내용을 표시할 것

답 ③

03 다음 중 투자광고를 할 수 없는 자는?

★★★ ① 한국금융투자협회

② 금융지주회사

③ 증권의 발행인 및 매출인(해당 발행·매출 증권에 한정)

④ 상장회사

[해설] 원칙적으로 금융투자업자가 아닌 자는 투자광고를 할 수 없다. 다만, 금융투자업자가 아닌 자 중에서 ① ~ ③에 대하여는 예외적으로 투자광고를 허용하고 있다.

답 ④

04 다음은 금융투자업 관련 규정상 재산상 이익으로 보지 않는 범위가 잘못된 것은?

★★★ ① 금융투자상품에 대한 주문 집행 등을 위하여 자체적으로 개발한 소프트웨어 및 컴퓨터 등 전산 기기

② 금융투자회사가 자체적으로 작성한 조사분석자료

③ 경제적 가치가 5만원 이하의 물품 또는 식사

④ 20만원 이하의 경조비 및 조화·화환

[해설] 경제적 가치가 3만원 이하의 물품 또는 식사는 재산상 이익으로 보지 아니한다. 또한 국내에서 불특정 다수를 대상으로 하여 개최되는 세미나 또는 설명회로서 1인당 재산상 이익의 제공금액을 산정하기 곤란한 경우 그 비용은 재산상 이익으로 보지 아니한다(이 경우 대표이사 또는 준법감시인은 그 비용의 적정성을 사전에 확인 하여야 함). 재산상 이익이란 금융투자회사가 업무와 관련하여 거래상대방에게 제공하거나 이들로부터 제공받는 금전, 물품, 편익 등을 말한다.

답 ③

03

신상품 보호, 신용공여, 파생결합증권 등 중요도 ★★★
금융투자전문인력과 자격시험에 관한 규정 중요도 ★★☆
금융투자회사의 약관운용에 관한 규정 중요도 ★★★

대표유형문제 다음 중 투자자 예탁자산의 평가방법으로 적절하지 않은 것은?

① 청약하여 취득하는 주식(상장 전) – 취득가액

② 상장주권·주식워런트증권·상장지수집합투자기구의 집합투자증권 – 당일 종가

③ 상장채권 및 공모 주가연계증권 – 당일 종가

④ 집합투자증권(상장지수집합투자기구의 집합투자증권 제외) – 당일에 고시된 기준가격

해설 상장채권 및 공모 주가연계증권은 2 이상의 채권평가회사가 제공하는 가격정보를 기초로 금융투자회사가 산정한 가격으로 평가한다.

답 ③

STEP 01 핵심필수개념

(1) 신상품의 배타적 사용권

신상품	금융투자상품 또는 이에 준하는 서비스로서 다음의 어느 하나에 해당되는 것을 말한다. 다만, 국내외에서 이미 공지되었거나 판매된 적이 없어야 함 ① 새로운 비즈니스 모델을 적용한 금융투자상품 또는 이에 준하는 서비스 ② 금융공학 등 선진금융기법을 이용하여 개발한 금융투자상품 또는 이에 준하는 서비스 ③ 기존의 금융투자상품 또는 이에 준하는 서비스와 구별되는 독창성이 있는 금융투자상품 또는 이에 준하는 서비스
배타적 사용권	신상품을 개발한 금융투자회사가 일정기간 동안 독립적으로 신상품을 판매할 수 있는 권리

(2) 투자자 예탁자산의 평가

예탁자산의 평가는 다음에서 정하는 방법에 따라 산정하며, 그 밖의 금융투자상품은 금융투자회사가 정하는 방법에 따라 산정함

① 청약하여 취득하는 주식 – 취득가액(다만, 증권시장에 상장된 후에는 당일 종가, 당일 종가로 평가가 불가능한 경우에는 최근일 기준가격)

② 상장주권(주권과 관련된 증권예탁증권을 포함)·주식워런트증권·상장지수집합투자기구(ETF)의 집합투자증권 – 당일 종가(다만, 당일 종가로 평가가 불가능한 경우에는 최근일 기준가격)

③ 상장채권 및 공모 주가연계증권 −2 이상의 채권평가회사가 제공하는 가격정보를 기초로 금융투자회사가 산정한 가격

④ 집합투자증권(상장지수집합투자기구의 집합투자증권 제외) – 당일에 고시된 기준가격(당일에 고시된 기준가격으로 평가가 불가능한 경우에는 최근일에 고시된 기준가격)

(3) 고객예탁금이용료

금융투자회사가 투자자에게 이용료를 지급하여야 하는 투자자예탁금은 다음과 같으며, 투자자계좌에 입금하는 방법으로 지급하여야 함

> ① 위탁자예수금
> ② 집합투자증권투자자예수금
> ③ 장내파생상품거래예수금. 단, 장내파생상품거래예수금 중 한국거래소의 '파생상품시장 업무규정'에 따른 현금예탁필요액은 제외 가능 → 즉, 거래소규정상 필요한 현금예탁필요액을 초과하여 현금으로 예탁한 위탁증거금이 투자자예탁금이용료 지급대상임

(4) 금융투자업규정상 신용공여 시 담보가격 산정방법

① 청약하여 취득하는 주식 – 취득가액(다만, 증권시장에 상장된 후에는 당일 종가, 당일 종가로 평가가 불가능한 경우에는 최근일 기준가격)

② 상장주권(주권과 관련된 증권예탁증권을 포함) 또는 상장지수집합투자기구의 집합투자증권(ETF) – 당일 종가(다만, 당일 종가로 평가가 불가능한 경우에는 최근일 기준가격)

③ 상장채권 및 공모파생결합증권(주가연계증권만을 말함) –2 이상의 채권평가회사가 제공하는 가격정보를 기초로 투자매매업자 또는 투자중개업자가 산정한 가격

④ 집합투자증권(ETF 제외) – 당일에 고시된 기준가격(당일에 고시된 기준가격으로 평가가 불가능한 경우에는 최근일에 고시된 기준가격)

(5) 유사해외통화선물거래(FX 마진거래) 제도

유사해외통화선물(FX 마진)이란 미국선물협회 규정에 따른 장외외국환거래, 일본 상품거래소법에 따른 장외외국환거래 또는 이와 유사한 거래로서 해외 파생상품시장에서 거래되는 외국환거래임

특 성	• 표준화된 계약단위(기준통화의 100,000단위) • 소액의 증거금(거래대금의 10%) 등을 적용 • 이종통화 간 환율변동을 이용하여 시세차익을 추구하는 거래(「자본시장법」상 장내파생상품)
〈거래제도〉	
거래대상	원화를 제외한 이종통화, 즉 달러–유로화, 유로–엔화, 달러–엔화 간 등 이종통화 간의 환율이 거래대상임 → 원화–외국통화 간 환율은 거래대상에서 제외됨
거래단위	기준통화의 100,000단위
위탁증거금	거래단위당 미화 1만달러 이상이며, 미국달러만 증거금으로 인정
유지증거금	위탁증거금의 50% 이상의 미화
거래방법	금융투자회사의 명의와 투자자의 계산으로 유사해외통화선물거래를 하도록 하여야 함
양방향 포지션 보유 금지	동일 투자자가 동일 통화상품에 대하여 매수와 매도 양방향 포지션을 동시에 취할 수 없음

(6) 금융투자회사의 파생결합증권 및 파생결합사채 발행

단기물 발행 제한	금융투자회사는 파생결합증권(ELW는 제외) 및 파생결합사채의 만기를 3개월 이상으로 하여야 하며, 조기상환조건이 있는 경우에는 최초조기상환 기간을 3개월 이상으로 설정하여야 함
기초자산	공모파생결합증권 및 공파생결합사채의 기초자산은 발행 당시 유동성이 풍부하여야 하고, 투자자가 기초자산에 대한 정보를 금융투자회사의 인터넷 홈페이지 등을 통해 쉽게 확인할 수 있어야 함
헤지자산의 구분관리	금융투자회사는 파생결합증권 및 파생결합사채의 발행대금을 헤지자산의 운용에 사용하여야 하며, 헤지자산을 고유자산과 구분하여 관리하여야 함
헤지자산의 건전성 확보	금융투자회사는 계열회사가 발행한 증권(상장주식은 제외) 및 계열회사의 자산을 기초로 하여 발행한 유동화증권으로 헤지자산을 운용하여서는 아니 됨 → 다만, 법령을 준수하는 경우로서 해당 증권이 투자가능등급 이상인 경우에는 운용이 가능

(7) 집합투자회사의 집합투자기구 명칭의 사용

① 집합투자기구의 명칭에 집합투자기구의 종류를 표시하는 문자(증권·부동산·특별자산·혼합자산 및 단기금융을 말함)를 사용할 것

② 집합투자회사의 회사명을 집합투자기구의 명칭에 포함할 경우 명칭의 앞부분에 표기할 것. 다만, 회사 명칭이 긴 경우 생략·조정하여 표기할 수 있음

③ 판매회사의 명칭을 사용하지 아니할 것

④ 집합투자기구의 투자대상·운용전략 등 상품내용과 다르거나 투자자를 오인하게 할 우려가 있는 명칭을 사용하지 아니할 것

⑤ 다른 금융투자회사가 사용하고 있는 명칭과 동일하거나 유사한 명칭을 사용하지 아니할 것

⑥ 실적배당형 상품의 특성과 다르게 수식어를 부가함으로써 투자자의 오해를 야기할 우려가 있는 집합투자기구의 명칭을 사용하지 아니할 것

⑦ 사모집합투자기구의 경우 집합투자기구 명칭에 '사모'를 포함할 것

⑧ 운용전문인력의 이름을 사용하지 아니할 것

※ 판매회사는 집합투자기구를 판매(광고선전, 통장인자 등을 포함)함에 있어 집합투자규약에서 정한 집합투자기구의 명칭을 사용하여야 함(다만, 긴 명칭인 경우 생략·조정하여 사용할 수 있음)

(8) 신탁회사의 신탁의 설정시기 및 해지에 따른 회계처리

신탁의 설정시기	① 금전을 신탁하는 경우 금액이 납입되는 날 ② 금전 외의 재산을 신탁하는 경우 소유권이 이전되는 날
해지에 따른 회계처리	① 신탁계약에 따라 금전이 지급되는 날에 해지 처리할 것 ② 현물해지의 경우 현물이 출고되는 날에 해지 처리할 것

*신탁회사는 신탁재산을 운용함에 있어서 업무의 일부를 제3자에게 위탁할 수 있고, 신탁업을 영위하는 자는 계약규모 등을 작성하여 협회에 보고하여야 함

(9) 금융투자전문인력과 자격시험에 관한 규정

① 금융투자전문인력과 자격시험에 관한 규정에 따른 주요직무 종사자의 종류

금융투자전문인력	㉠ 투자권유자문인력 – 펀드투자권유자문인력, 증권투자권유자문인력, 파생상품투자권유자문인력 ㉡ 투자상담관리인력(투자권유자문관리인력) ㉢ 투자자산운용사(투자운용인력) ㉣ 금융투자분석사(조사분석인력) ㉤ 위험관리전문인력 ㉥ 신용평가전문인력
펀드관계회사인력	㉠ 집합투자재산계산전문인력(펀드사무관리인력) ㉡ 집합투자기구평가전문인력(펀드평가인력) ㉢ 집합투자재산평가전문인력(채권평가인력)

② 금융투자전문인력에 대한 제재 사유

㉠ 금융투자전문인력의 업무와 관련하여 「자본시장법」령 등을 위반한 경우

㉡ 정당한 사유 없이 보수교육을 이수하지 않은 경우

㉢ 등록의 신청과 관련된 사항을 허위로 기재한 경우

㉣ 횡령, 배임, 절도, 업무와 관련한 금품수수 등 범죄행위를 한 경우

㉤ 금융투자전문인력이 아닌 자를 고용하여 투자자를 유치하거나 금융투자상품의 매매주문을 수탁한 경우

㉥ 금융투자전문인력의 자격 또는 명의를 대여한 경우

㉦ 협회가 실시하는 자격시험에서 부정행위를 한 경우

㉧ 준법교육을 이수하지 아니한 경우 등

③ 협회의 금융투자전문인력 및 금융투자회사 등에 대한 제재의 종류

금융투자 전문인력에 대한 제재	㉠ 자격취소(모든 금융투자전문인력 자격시험 합격 취소) ㉡ 자격시험 응시 제한 ㉢ 금융투자전문인력 등록말소, 등록의 효력정지 또는 등록거부 ㉣ 소속 회사에 위법·부당행위 사실 통보 후 자체규정에 따른 문책 등 요구 ㉤ 그밖에 필요한 조치
금융투자회사 등에 대한 제재	㉠ 6개월 이내의 금융투자전문인력 신규등록 정지조치 ㉡ 제재금 부과

(10) 약관의 구분

구 분	의 의
표준 약관	금융투자협회는 금융투자업 영위와 관련하여 표준약관을 정할 수 있다.
수정 약관	• 금융투자회사는 협회가 정한 표준약관을 사용하거나, 수정하여 사용할 수 있음 • 모든 표준약관을 다 수정하여 사용할 수 있는 것은 아니고 '외국집합투자증권 매매거래에 관한 표준약관'은 표준약관 그대로 사용하여야 함
개별 약관	• 금융투자회사는 약관을 제정하거나 변경하는 경우에는 변경 후 7일 이내에 협회에 보고하여야 함 • 다만, 고객의 권리 또는 의무에 중대한 영향을 미칠 수 있는 경우에는 약관의 제정 또는 변경 전에 미리 금융위에 신고하여야 하고, 사전신고에 해당되는 경우에는 시행예정일 10영업일 전까지 협회에 신고하여야 함

▶ 예탁자산을 평가할 때 투자자가 청약하여 취득하는 주식(상장 전)은 취득가액으로 평가한다. ○ ×

답 O

▶ 금융투자회사는 협회가 정한 표준약관을 수정하여 사용할 수 없다. ○ ×

[해설] 금융투자회사는 협회가 정한 표준약관을 사용하거나, 수정하여 사용할 수 있다. 다만, 모든 표준약관을 다 수정하여 사용할 수 있지는 않고 '외국집합투자증권 매매거래에 관한 표준약관'은 표준약관 그대로 사용하여야 한다.

답 X

STEP 02 핵심보충문제

01 금융투자회사의 투자자 계좌 관리에 대한 설명으로 옳지 않은 것은?
★★★

① 예탁자산의 평가액이 10만원 이하이고 최근 6개월간 투자자의 매매거래 및 입출금·입출고 등이 발생하지 아니한 계좌는 다른 계좌와 구분하여 통합계좌로 별도 관리할 수 있다.

② 통합계좌로 분류된 계좌에 대하여는 입·출금(고) 및 매매거래 정지 조치를 취하여야 한다.

③ 통합계좌로 분류된 계좌에서 배당금 및 투자자예탁금 이용료 등의 입금(고)과 출금(고)을 하기 위해서는 통합계좌 해제 절차를 거친 후 처리하여야 한다.

④ 통합계좌로 분류된 계좌의 투자자가 입·출금(고) 또는 매매거래의 재개를 요청하는 경우 본인확인 및 통합계좌 해제 절차를 거친 후 처리하여야 한다.

[해설] 통합계좌로 분류된 계좌에 대하여는 입·출금(고) 및 매매거래 정지 조치를 취하여야 한다. 다만, 배당금 및 투자자예탁금 이용료 등의 입금(고)은 예외로 한다.

답 ③

---

02 다음 중 금융투자회사가 예탁증권담보융자를 하고자 하는 경우 담보로 인정되는 증권은?
★★★

① 주식워런트증권   ② 상장채권

③ 환매금지형 집합투자증권   ④ 관리종목으로 지정된 상장주식

[해설] 상장채권은 담보로 인정된다.

답 ②

03 금융투자회사의 파생결합증권 및 파생결합사채의 발행과 관련된 설명으로 옳지 않은 것은?

★★☆

① 금융투자회사는 파생결합증권(ELW는 제외) 및 파생결합사채의 만기를 6개월 이상으로 하여야 한다.

② 파생결합증권(ELW는 제외) 및 파생결합사채에 조기상환조건이 있는 경우에는 최초조기상환 기간을 3개월 이상으로 설정하여야 한다.

③ 금융투자회사는 파생결합증권 및 파생결합사채의 발행대금을 헤지자산의 운용에 사용하여야 하며, 헤지자산을 고유자산과 구분하여 관리하여야 한다.

④ 원칙적으로 금융투자회사는 계열회사가 발행한 증권(상장주식은 제외) 및 계열회사의 자산을 기초로 하여 발행한 유동화증권으로 헤지자산을 운용하여서는 아니 된다.

[해설] 금융투자회사는 파생결합증권(ELW는 제외) 및 파생결합사채의 만기를 3개월 이상으로 하여야 한다(단기물 발행 제한).

답 ①

04 집합투자회사는 집합투자재산 총액의 (　　)% 이상을 특정 종류의 증권 또는 특정 국가·지역에
★★☆ 투자하는 경우 그 사실을 집합투자기구의 명칭에 포함할 수 있다. (　　)에 알맞은 숫자는?

① 30

② 40

③ 50

④ 60

[해설] 집합투자회사는 집합투자재산 총액의 60% 이상을 특정 종류의 증권 또는 특정 국가·지역에 투자하는 경우 그 사실을 집합투자기구의 명칭에 포함할 수 있다. 다만, 그 이외의 자산이 집중투자자산(60%)의 성격에 큰 영향을 미치거나 부합하지 않는 경우에는 포함할 수 없다.

답 ④

01 적정성의 원칙이 적용되는 '파생상품등'에 해당되지 않는 것은?

★★★　① 파생상품

② 파생결합증권(단, 금적립 계좌등은 제외)

③ 조건부 자본증권

④ 파생결합증권의 매매에 따른 위험평가액이 집합투자기구 자산총액의 100분의 10을 초과하여 투자할 수 있는 집합투자기구의 집합투자증권

02 적정성의 원칙 외에 파생상품등에 대한 (일반)투자자 보호장치로서 옳지 않은 것은?

★★★　① 주권상장법인은 일반적으로 전문투자자로 간주되지만 장외파생상품 거래 시에는 전문투자자의 대우를 받겠다는 의사를 금융투자회사에 서면으로 통지하여야 전문투자자가 될 수 있다.

② 금융투자업자의 일반투자자와의 장외파생상품 매매를 불허한다.

③ 금융투자업자는 파생상품등의 투자권유 시, 투자목적·투자경험 등을 고려하여 일반투자자 등급별로 차등화된 투자권유준칙을 마련하여야 한다.

④ 파생상품등에 대해서는 투자권유대행 위탁을 불허한다.

정답 및 해설

01　④ 파생상품의 매매에 따른 위험평가액이 집합투자기구 자산총액의 100분의 10을 초과하여 투자할 수 있는 집합투자기구(파생상품펀드)의 집합투자증권이 파생상품등에 해당된다. 이외에도 금융투자상품(파생상품, 파생결합증권, 파생상품 집합투자증권, 조건부 자본증권)에 운용하는 금전신탁계약의 수익증권이 파생상품등에 해당된다.

02　② 금융투자업자가 일반투자자와 장외파생상품 매매를 할 경우, 일반투자자가 위험회피목적의 거래를 하는 경우로 한정한다.

03 일반투자자를 대상으로 투자권유를 하는 경우 준수하여야 할 설명의무에 대한 설명으로 옳지 않은
★★★ 것은?

① 금융투자상품의 내용, 투자에 따르는 위험 등을 투자자가 이해할 수 있도록 설명하고, 설명한
내용을 일반투자자가 이해하였음을 서명 등의 방법으로 확인하여야 한다.

② 해당 일반투자자가 서명 또는 기명날인의 방법으로 설명서의 수령을 거부하는 경우를 제외하고는
투자설명사항을 명시한 설명서를 교부하여야 한다.

③ 설명서는 제안서, 계약서 등의 명칭이 붙은 것을 제외한 법에 따른 (정식)투자설명서 및 간이투자
설명서만 해당된다.

④ 집합투자증권(펀드)을 투자권유하는 경우에는 투자자가 투자설명서 교부를 별도로 요청하는 경
우 외에는 간이투자설명서를 교부하여도 된다.

04 설명의무와 관련된 금융투자협회 규정에 대한 설명으로 옳지 않은 것은?
★★★
① 금융투자회사는 일반투자자가 공모의 방법으로 발행된 파생결합증권을 매매하고자 하는 경우
투자설명서 대신에 핵심설명서를 교부하고 그 내용을 충분히 설명하여야 한다.

② 일반투자자가 최초로 주식워런트증권이나 상장지수증권을 매매하고자 하는 경우에는 기존에 위
탁매매거래계좌가 있더라도 별도의 서면신청서를 징구하여야 한다.

③ 일반투자자가 주식워런트증권을 매매하고자 하는 경우 협회가 인정하는 교육을 사전에 이수하여
야 한다.

④ 개인투자자는 사전교육 및 모의거래를 이수하고 기본예탁금을 예탁하여야만 장내파생상품 거래
가 가능하다.

05 금융투자회사가 핵심설명서를 추가로 교부하고 내용을 설명해야 하는 경우에 해당되지 않는 것은?
★★★
① 일반투자자가 고난도금융투자상품 이외의 공모의 방법으로 발행된 파생결합증권(ELW, ETN,
금적립계좌 등은 제외)을 매매하는 경우

② 일반투자자 또는 개인전문투자자가 공모 또는 사모의 방법으로 발행된 고난도금융투자상품을
매매하거나 고난도금전신탁계약, 고난도투자일임계약을 체결하는 경우

③ 일반투자자가 신용융자거래를 하고자 하는 경우

④ 개인전문투자자가 유사해외통화선물거래를 하고자 하는 경우

06 주식워런트증권(ELW) 및 상장지수증권(ETN), 상장지수집합투자기구(ETF)에 대한 금융투자협회
★★☆ 규정의 내용으로 옳지 않은 것은?

① 금융투자회사는 일반투자자가 최초로 주식워런트증권을 매매하고자 하는 경우 서명 등의 방법으
로 매매의사를 별도로 확인하여야 한다.

② 일반투자자가 1배(-1배)를 초과하는 레버리지 ETN · ETF를 매매하고자 하는 경우 협회가 인정
하는 교육을 사전에 이수하여야 한다.

③ 해당 투자자가 법인 · 단체 또는 외국인인 경우 사전교육 대상에서 제외된다.

④ 투자자문계약 또는 지정형 금전신탁계약에 따라 거래하려는 개인투자자의 경우 사전교육 대상에
서 제외된다.

07 펀드(집합투자증권) 판매시 금지행위와 거리가 먼 것은?
★★★

① 투자자의 이익에 부합된다고 볼 수 있는 합리적 근거가 있어 특정 펀드의 판매에 차별적인 판매촉
진노력을 하는 행위

② 펀드 판매의 대가로 집합투자재산의 매매주문을 판매회사나 제3자에게 배정하도록 집합투자업자
에게 요구하는 행위

③ 투자자의 집합투자증권 취득자금을 판매회사 임직원 이외의 자를 통해 받는 행위

④ 판매회사의 직원이 집합투자업과 관련된 수탁업무 · 자산보관업무 · 일반사무관리업무 또는 고유
재산 운용업무를 겸직하는 경우

정답 및 해설

03 ③ 설명서는 제안서, 계약서, 설명서 등 명칭을 불문하며, 법에 따른 (정식)투자설명서 및 간이투자설명서를 포함
한다.

04 ① 기존의 투자설명서와는 별도로 핵심설명서를 추가로 교부하고 그 내용을 충분히 설명하여야 한다.

05 ④ 일반투자자가 유사해외통화선물거래를 하고자 하는 경우에 핵심설명서를 교부하고 설명해야 한다.

06 ④ 투자일임계약 또는 비지정형 금전신탁계약에 따라 거래하려는 개인투자자의 경우 사전교육 대상에서 제외된다.

07 ① 회사가 받는 판매보수 또는 판매수수료가 높다는 이유로 특정 펀드의 판매에 차별적인 판매촉진노력을 하는
행위는 금지된다. 다만, 투자자의 이익에 부합된다고 볼 수 있는 합리적 근거가 있어 판매대상을 단일 집합투자
업자의 펀드로 한정하거나 특정 펀드의 판매에 차별적인 판매촉진노력을 하는 행위는 허용된다.

08 펀드(집합투자증권) 판매시 준수사항으로 옳지 않은 것은?

★★★
① 펀드 판매 창구와 자금입출금 창구의 통합 표시

② 임직원의 펀드 판매실적 및 투자권유대행인의 투자권유 실적평가시 법규등 준수여부 반영

③ 펀드 온라인 판매시 투자자의 적합 또는 적정 여부를 확인할 수 있는 절차 마련

④ 계열회사등인 집합투자회사가 운용하는 펀드를 투자권유하는 경우 그 집합투자회사가 자기의 계열회사등이라는 사실 고지

09 투자자에 대한 설명으로 옳지 않은 것은?

★★★
① 전문투자자란 금융투자상품에 관한 전문성 구비여부, 소유자산규모 등에 비추어 투자에 따른 위험감수 능력이 있는 투자자로서 인정되는 자를 말한다.

② 국가, 금융기관(은행, 보험회사, 금융투자업자 등), 증권유관단체 등은 일반투자자로 전환될 수 없는 전문투자자이다.

③ 주권상장법인, 지방자치단체 등은 일반투자자로 전환이 가능한 전문투자자이다.

④ 금융투자상품 잔고가 10억원 이상인 법인은 신청을 통해 전문투자자로 전환할 수 있다.

10 투자권유대행인에 대한 설명으로 옳지 않은 것은?

★★★
① 투자권유대행인은 금융투자회사의 임직원이 아닌 자로서 금융투자회사와의 계약에 의하여 투자권유업무를 위탁받은 개인 및 법인을 말한다.

② 파생상품등에 대해서는 투자권유대행인에게 투자권유를 위탁할 수 없다.

③ 투자권유대행인은 펀드투자권유대행인과 증권투자권유대행인으로 구분하여, 위탁받은 범위 내에서만 투자권유가 가능하다.

④ 투자권유대행인은 투자권유를 위탁한 금융투자회사의 명칭 및 금지사항을 투자자에게 미리 알려야 하며, 자신이 투자권유대행인이라는 사실을 나타내는 표시를 제시하거나 증표를 투자자에게 내보여야 한다.

11 투자권유대행인에 대한 설명으로 옳지 않은 것은?

★★★
① 투자권유대행인은 금융투자회사의 임직원이 아니다.

② 투자권유대행인은 투자권유 시 필요한 고객의 적합성을 확인하고 금융투자상품 등에 대한 설명을 할 수 있다.

③ 투자권유대행인은 고객의 계좌개설이나 주문 수탁을 할 수 있다.

④ 투자권유대행인은 협회가 실시하는 소정의 보수교육을 매년 1회 이상 이수하여야 한다. 투자권유대행인으로 협회에 등록된 당해 연도는 보수교육을 면제한다.

12 투자권유대행인의 금지행위가 아닌 것은?
★★★
① 회사 또는 고객을 대리하여 계약을 체결하는 행위

② 회사가 이미 발행한 주식의 매수 또는 매도를 권유하는 행위

③ 회사로부터 위탁받은 투자권유대행업무를 제3자에게 재위탁하는 행위

④ 단 하나의 금융투자회사와 투자권유 위탁계약을 체결하는 행위

13 투자권유대행인의 금지행위가 아닌 것은?
★★★
① 고객으로부터 금융투자상품 등에 대한 매매권한을 위탁받는 행위

② 고객으로부터 금전, 증권을 수취하는 행위

③ 투자일임재산이나 신탁재산을 집합하여 운용하지 아니하고 각각의 고객별 또는 신탁재산별로 운용하는 것처럼 투자권유를 하거나 투자광고를 하는 행위

④ 집합투자증권에 대한 투자권유를 대행하는 보험설계사가 소속 보험회사가 아닌 보험회사와 투자권유 위탁계약을 체결하는 행위

정답 및 해설

08 ① 판매회사는 영업점에 자금입출 등 통상적인 창구와 구분될 수 있도록 집합투자증권의 투자권유 및 판매업무를 수행하는 창구에 별도의 표시를 하여야 한다.

09 ④ 금융투자상품 잔고가 100억원(외감법에 따라 외부감사를 받는 주식회사는 50억원) 이상인 법인 또는 단체는 신청을 통해 전문투자자로 전환할 수 있다.

10 ① 법인은 투자권유대행인이 될 수 없다.

11 ③ 투자권유대행인은 고객의 계좌개설이나 주문 수탁을 할 수 없다.

12 ④ 둘 이상의 금융투자회사와 투자권유 위탁계약을 체결하는 행위가 금지된다. 투자권유대행인은 1사 전속계약이다.

13 ③ 투자일임재산이나 신탁재산을 각각의 고객별 또는 신탁재산별로 운용하지 아니하고 집합하여 운용하는 것처럼 투자권유를 하거나 투자광고를 하는 행위가 금지된다.

14 조사분석 및 조사분석자료의 작성 원칙에 대한 설명으로 옳지 않은 것은?

★★★
① 금융투자회사 및 금융투자분석사는 조사분석업무를 수행함에 있어 선량한 관리자로서의 주의의 무를 다하여야 한다.

② 금융투자회사 및 금융투자분석사는 조사분석의 대가로 조사분석 대상법인 등 이해관계자로부터 부당한 재산적 이득을 제공받아서는 아니 된다.

③ 금융투자회사 및 금융투자분석사는 조사분석 대상법인 등 외부로부터 취득한 자료를 인용하여서 는 아니 된다.

④ 금융투자회사 및 금융투자분석사는 공정성을 현저하게 결여하거나 합리적 근거가 없는 조사분석 자료를 작성하거나 이를 공표하여서는 아니 된다.

15 조사분석업무의 독립성을 확보하기 위한 조치로 보기 어려운 것은?

★★★
① 금융투자회사 및 임직원의 금융투자분석사에 대한 부당한 압력이나 권한 행사 금지

② 조사분석업무 독립적 수행을 위한 내부통제기준 제정 등 필요한 조치 이행의무

③ 조사분석자료 공표 전 임직원 등에 대한 사전 제공 금지 및 금지대상 명문화

④ 금융투자분석사의 기업금융업무부서와의 의견 교환 명문화

16 금융투자회사가 조사분석자료를 공표하거나 특정인에게 제공하는 것이 제한되는 금융투자상품이

★★★ 아닌 것은?

① 자신이 발행한 금융투자상품

② 자신이 발행한 주식을 기초자산으로 하는 주식선물·주식옵션 및 주식워런트증권(ELW)

③ 자신이 발행주식총수의 100분의 5 이상의 주식등(신주인수권, 신주인수권증서, CB, BW, EB를 통해 취득가능한 주식수 포함)을 보유하고 있는 법인이 발행한 주식

④ 자신이 보증, 배서, 담보제공·채무인수 등의 방법으로 채무이행을 직접 또는 간접으로 보장하고 있는 법인이 발행한 금융투자상품

17 금융투자회사 및 금융투자분석사의 매매거래 제한에 대한 설명으로 옳지 않은 것은?

★★★ ① 조사분석자료가 확정된 시점부터 공표 후 24시간까지는 회사의 고유재산으로 조사분석대상이
된 금융투자상품을 매매할 수 없다.

② 금융투자분석사는 자신이 담당하는 업종에 속하는 법인이 발행한 주식 등을 매매하는 경우에는
조사분석자료 공표 후 7일이 경과하여야 한다.

③ 금융투자분석사는 소속 회사에서 조사분석자료를 공표한 금융투자상품을 매매하는 경우에는 공
표 후 24시간이 경과하여야 하며, 공표일로부터 7일 동안은 공표한 투자의견과 같은 방향으로
매매하여야 한다.

④ 금융투자분석사는 금융투자상품 매매내역을 매월 회사에 보고하여야 한다.

18 조사분석자료 관련 각종 공시 등에 대한 설명으로 옳지 않은 것은?

★★★ ① 조사분석자료를 공표하는 경우 투자등급의 의미와 공표일로부터 과거 2년간 해당 금융투자상품
에 대하여 제시한 투자등급 및 목표가격 변동추이를 게재하여야 한다.

② 조사분석자료를 공표하는 경우 목표가격과 해당 금융투자상품의 가격 변동추이를 그래프로 표기
하여야 한다.

③ 조사분석자료에 해당 조사분석자료의 작성에 관여한 금융투자분석사의 성명, 재산적 이해관계,
외부자료를 인용한 경우 해당 자료의 출처 등을 명기하여야 한다.

④ 최근 1년간 투자의견을 2단계(매수 / 매도)로 구분하여 최소 월 1회 이상 갱신하여 조사분석자료
에 명기하여야 한다.

14 ③ 금융투자회사 및 금융투자분석사는 조사분석 대상법인 등 외부로부터 취득한 자료를 인용하는 경우 해당 자료
의 신뢰도를 철저히 검증하여야 한다.

15 ④ 금융투자분석사와 기업금융업무부서 간의 의견 교환을 원칙적으로 제한하되 준법감시부서의 통제하에 예외적
으로 허용하고 있다.

16 ④ 금융투자회사는 자신이 채무이행을 직·간접으로 보장하거나, 발행주식의 1% 이상의 주식등을 보유하고 있는
법인에 대한 조사분석자료 공표 시 회사와의 이해관계 사실을 조사분석자료에 명시하면 된다.

17 ② 금융투자분석사는 불가피한 경우를 제외하고는 자신이 담당하는 업종에 속하는 법인이 발행한 주식 등을 매매
하여서는 안 된다. 일반적인 금융투자회사 임직원은 금융투자상품 매매내역을 분기별로 회사에 보고하면 되지
만 금융투자분석사는 매월 보고하여야 한다.

18 ④ 금융투자회사는 최근 1년간 투자의견을 3단계(매수 / 중립 / 매도)로 구분하여 최소 분기 1회 이상 갱신하여 조
사분석자료에 명기하여야 한다. 또한 분석자료에 제시된 목표가격과 실제 주가 간의 괴리율을 조사분석자료에
명기하여야 한다.

19 다음 중 펀드 투자광고 시 의무표시 사항이 아닌 것은?
★★★
① 운용전문인력　　　　　　　　　② 투자원금의 손실 가능성

③ 집합투자기구의 위험성　　　　　④ 환매수수료

20 투자광고 시 금지행위가 아닌 것은?
★★★
① 수익률이나 운용실적이 좋은 기간의 것만을 표시하는 행위

② 운용실적에 따라 수익이 결정되는 금융투자상품에 대하여 예상수익률 또는 목표수익률 등 실현되지 아니한 수익률을 표시하는 행위

③ 세전 및 세후수익률을 구분하여 표시하는 행위

④ 금융투자회사의 경영실태평가 결과와 영업용순자본비율 등을 다른 금융투자회사의 그것과 비교하여 표시하는 행위

21 펀드의 운용실적 표시에 관한 설명으로 옳지 않은 것은?
★★★
① 펀드 설립일로부터 1년 이상 경과하고 순자산총액이 100억 이상인 펀드를 대상으로 한다.

② 기준일로부터 과거 1개월 이상 수익률을 사용하되, 과거 6개월 및 1년 수익률을 함께 표시한다.

③ 집합투자기구의 유형, 기준일 및 기준일 현재의 순자산총액, 설립일, 수익률 산출기간 및 산출기준, 세전·세후 여부, 벤치마크 수익률은 의무표시사항이다.

④ MMF의 경우 다른 금융투자회사가 판매하는 MMF와 운용실적을 비교하여 광고하여야 한다.

22 투자광고의 심의에 대한 설명으로 옳지 않은 것은?
★★☆
① 투자광고를 하고자 하는 경우 준법감시인의 사전승인을 거친 후 협회에 심사를 청구하여야 한다.

② 단순한 이미지 광고나 지점 광고 등 일부의 경우에는 협회 심사 절차를 거치지 않고 준법감시인의 사전승인만 얻으면 투자광고가 가능하다.

③ 협회의 투자광고 심사결과에 이의가 있는 경우 심사결과 통보서를 받은 날부터 7영업일 이내에 협회에 재심사를 청구할 수 있다.

④ 단순 이미지광고의 경우 유효기간은 1년이다.

23 금융투자회사의 영업보고서 및 경영공시에 관한 설명으로 옳지 않은 것은?

★★☆

① 영업보고서를 매분기 종료 후 45일(결산기 영업보고서의 경우 결산기 종료 후 90일) 이내에 전산 파일과 함께 협회에 제출하여야 한다.

② 직전 분기말 자기자본의 100분의 10에 상당하는 금액을 초과하는 부실채권이 발생하는 등 공시사 항이 발생한 경우 지체 없이 회사 및 협회의 인터넷 홈페이지에 공시하여야 한다.

③ 사업보고서 제출대상 금융투자회사는 반기보고서와 분기보고서를 각각 그 기간 경과 후 45일 이내에 전산파일과 함께 협회에 제출하여야 한다.

④ 금융투자회사는 수수료 부과기준 및 절차에 관한 사항을 정하거나 이를 변경한 경우 7일 이내에 그 내용을 협회에 통보하여야 한다.

24 재산상 이익으로 보지 않는 범위에 대한 설명으로 옳지 않은 것은?

★★★

① 금융투자상품에 대한 주문 집행 등을 위하여 자체적으로 개발한 소프트웨어 및 컴퓨터 등 전산 기기

② 금융투자회사가 자체적으로 작성한 조사분석자료

③ 경제적 가치가 3만원 이하의 물품 또는 식사

④ 국내 및 국외에서 불특정 다수를 대상으로 하여 개최되는 세미나 또는 설명회로서 총 재산상 이익의 제공금액을 산정하기 곤란한 경우 그 비용

---

19 ① 운용전문인력은 의무표시 사항에 해당하지 않는다.

20 ③ 세전·세후 여부를 누락하여 표시하는 행위가 금지된다.

21 ④ 다른 금융투자회사가 판매하는 MMF와 운용실적 등에 관한 비교광고를 하지 말아야 한다.

22 ④ 단순 이미지광고의 경우 유효기간은 별도로 있지 아니하며, 펀드 운용실적을 포함하고 있는 광고는 6개월, 기타 광고는 1년이지만 수익률변동이 커지거나 펀드등급변동 등 중요한 내용이 변경되는 경우에는 다시 심사를 받아야 한다.

23 ④ 수수료 부과기준 및 절차에 관한 사항을 정하거나 이를 변경한 경우 지체 없이 협회에 통보하여야 한다. 참고 로, 금융투자회사의 대표이사는 영업보고서 기재내용이 사실과 다름없음을 확인한 후 영업보고서에 기명날인 하여야 한다.

24 ④ 국내에서 불특정 다수를 대상으로 하여 개최되는 세미나 또는 설명회로서 1인당 재산상 이익의 제공금액을 산 정하기 곤란한 경우 그 비용(이 경우 대표이사 또는 준법감시인은 비용의 적정성을 확인해야 함)

25 재산상 이익의 제공 및 수령에 대한 설명으로 옳지 않은 것은?

★★★
① 재산상 이익의 제공 한도 규제를 폐지했으나, 파생상품에 대해서는 예외적으로 한도 규제를 유지하고 있다.

② 추첨 및 기타 우연성을 이용하는 방법 또는 특정 행위의 우열이나 정오의 방법으로 선정된 동일 투자자에게 1회당 제공할 수 있는 재산상 이익은 300만원을 초과할 수 없다.

③ 유사해외통화선물 및 주식워런트증권과 관련하여 추첨 등의 방법으로 선정된 동일 일반투자자에 대하여는 재산상 이익을 제공할 수 없다.

④ 재산상 이익의 수령에 대해서는 1회당 한도 및 연간 한도 등을 금융투자협회가 일률적인 금액 기준을 정해서 운용하고 있다.

26 금융투자회사의 직원채용 및 복무기준에 대한 설명으로 옳지 않은 것은?

★★☆
① 금융투자회사 직원은 본인의 계산으로 금융투자상품의 매매거래, 투자자문 및 일임계약, 신탁계약을 체결함에 있어 타인의 명의나 주소를 사용해서는 안 된다.

② 임직원이 금고 이상의 형의 선고를 받은 사실을 인지하거나 임직원에게 주의적 경고 또는 견책 이상의 징계처분을 부과한 경우 10영업일 이내에 협회에 보고하여야 한다.

③ 투자자가 자신의 계좌 및 자산을 관리하는 직원의 징계내역 열람을 서면으로 신청하는 경우 회사는 해당 직원의 동의가 없더라도 협회에 징계내역 열람신청을 하여야 한다.

④ 감봉 이상의 자격제재를 부과받은 임직원은 1개월 내에 자율규제위원장이 정하는 준법교육을 이수하여야 한다.

27 다음 중 금융투자협회 규정상 신상품으로 볼 수 없는 것은?

★★☆
① 새로운 비즈니스 모델을 적용한 금융투자상품 또는 이에 준하는 서비스

② 국외에서 판매된 적이 있지만 국내에서는 판매된 적이 없는 금융투자상품 또는 이에 준하는 서비스

③ 금융공학 등 선진금융기법을 이용하여 개발한 금융투자상품 또는 이에 준하는 서비스

④ 기존의 금융투자상품 또는 이에 준하는 서비스와 구별되는 독창성이 있는 금융투자상품 또는 이에 준하는 서비스

28 투자자 계좌의 폐쇄에 대한 설명으로 옳지 않은 것은?

★★★ ① 금융투자회사는 투자자가 계좌의 폐쇄를 요청하는 경우 해당 계좌를 폐쇄할 수 있다.

② 금융투자회사는 투자자 계좌의 잔액·잔량이 0이 된 날로부터 6개월이 경과한 경우에는 해당 계좌를 폐쇄할 수 있다.

③ 폐쇄된 계좌의 투자자가 배당금(주식) 등의 출금(고)을 요청하는 경우 본인 확인 절차를 거친 후 처리하여야 한다.

④ 폐쇄된 계좌의 계좌번호를 새로운 투자자에게 부여할 수 없다.

29 금융투자회사가 투자자에게 이용료를 지급하여야 하는 투자자예탁금과 거리가 먼 것은?

★★★ ① 위탁자예수금

② 집합투자증권투자자예수금

③ 장내파생상품거래예수금 중 현금예탁필요액

④ 장내파생상품거래예수금 중 현금예탁필요액을 초과하여 현금으로 예탁한 위탁증거금

30 금융투자회사가 신용공여와 관련하여 담보로 징구한 증권 중 증권시장에 상장되지 아니한 증권의

★★★ 처분방법으로 부적절한 것은?

① 상장지수집합투자기구(ETF) 이외의 집합투자증권 – 해당 집합, 투자증권을 운용하는 금융투자회사에 환매 청구

② 상장지수집합투자기구(ETF) 이외의 집합투자증권 – 해당 집합투자증권을 판매한 금융투자회사에 환매 청구

③ 파생결합증권 – 판매회사에 상환청구

④ 그 밖의 증권 – 금융투자회사와 투자자가 사전에 합의한 방법

정답 및 해설

25 ④ 재산상 이익의 수령에 대해서는 1회당 한도 및 연간 한도 등을 회사가 스스로 정하여 준수하도록 하고 있다.

26 ③ 투자자가 자신의 계좌 또는 자산을 관리하는 직원의 징계내역 열람을 서면으로 신청하는 경우 회사는 지체 없이 해당 직원의 동의서를 첨부하여 협회에 징계내역 열람신청을 하여야 한다. 다만, 해당 직원이 투자자의 징계내역 열람에 동의하지 않는 경우에는 협회에 열람신청을 하지 않아도 되며, 조회를 신청한 투자자에게 해당 직원이 징계내역 열람에 동의하지 않는다는 사실을 통보하여야 한다.

27 ② 신상품으로 보호받기 위해서는 국내외에서 이미 공지되었거나 판매된 적이 없어야 한다.

28 ④ 계좌가 폐쇄된 날부터 6개월이 경과한 때에는 해당 계좌의 계좌번호를 새로운 투자자에게 부여할 수 있다.

29 ③ 장내파생상품거래예수금 중 한국거래소의 '파생상품시장 업무규정'에 따른 현금예탁필요액은 이용료를 지급하지 않을 수 있다.

30 ③ 파생결합증권은 발행회사에 상환청구한다.

31 금융투자회사의 신용공여 시 담보로 제공되는 증권의 금융투자업규정상 담보가격 산정방법으로
★★★ 옳지 않은 것은?

① 청약하여 취득하는 주식(상장 전) - 취득가액
② 상장주권 - 당일종가
③ 상장채권 - 당일 평균거래가격
④ 집합투자증권(ETF는 제외) - 당일에 고시된 기준가격

32 금융투자회사가 신용공여와 관련하여 담보로 징구한 증권의 협회가 정하는 담보가격 산정방법으로
★★★ 옳지 않은 것은?

① 비상장주권 중 해외 증권시장에 상장된 주권 - 당일 해당 증권시장의 최종시가
② 기업어음증권, 파생결합사채 및 파생결합증권(상장지수증권은 제외) - 금융위원회에 등록된 채권평가회사 중 2 이상의 채권평가회사가 제공하는 가격정보를 기초로 금융투자회사가 산정한 가격
③ 상장지수증권(ETN) - 당일 종가
④ 그 밖의 증권 - 당일에 고시된 기준가격

33 유사해외통화선물거래(FX 마진거래) 제도에 대한 설명으로 옳지 않은 것은?
★★★
① 원화-외국통화 간 환율은 거래대상에서 제외된다.
② 거래단위는 기준통화의 100,000단위이다.
③ 위탁증거금은 거래단위당 미화 1만달러 이상이며, 미국달러만 증거금으로 인정된다.
④ 동일 투자자가 동일 통화상품에 대하여 매수와 매도 양방향 포지션을 동시에 취할 수 있다.

34 집합투자회사의 집합투자기구 명칭 사용에 대한 설명으로 옳지 않은 것은?
★★☆
① 집합투자기구의 명칭에 집합투자기구의 종류를 표시하는 문자(증권·부동산·특별자산·혼합자산 및 단기금융을 말함)를 사용하여야 한다.
② 집합투자회사의 회사명을 집합투자기구의 명칭에 포함할 경우 명칭의 앞부분에 표기하여야 한다.
③ 판매회사의 명칭을 집합투자기구 명칭의 앞부분에 표기하여야 한다.
④ 사모집합투자기구의 경우 집합투자기구 명칭에 '사모'를 포함하여야 한다.

35 집합투자기구의 공시에 대한 설명으로 옳지 않은 것은?

★★☆ ① 투자신탁 등은 집합투자재산에 관한 매 분기의 영업보고서를 매 분기 종료 후 2개월 이내 협회에 제출하여야 한다.

② 투자신탁 등은 회계감사인으로부터 회계감사보고서를 제출받은 경우 이를 지체 없이 협회에 제출하여야 한다.

③ 집합투자회사 또는 투자회사의 감독이사는 투자신탁 등이 산정한 집합투자기구의 기준가격과 신탁회사가 산정한 기준가격의 편차가 1,000분의 5를 초과하는 경우 이 내역을 지체 없이 협회에 제출하여야 한다.

④ 투자신탁 등은 각 집합투자기구에 대한 기타비용에 관한 자료를 매월 말일을 기준으로 작성하여 다음 달 10일까지 협회에 제출하여야 한다.

36 집합투자기구의 운용실적공시에 대한 설명으로 옳지 않은 것은?

★★★ ① 협회가 운용실적을 비교·공시하는 경우에는 운용실적분류기준, 집합투자회사, 집합투자기구의 종류 등을 구분하여 공시한다.

② 운용실적 비교·공시의 공시주기는 1개월로 하며, 발표 이후 투자신탁 등은 정당한 사유 없이 수정을 요구할 수 없다.

③ 상환된 집합투자기구는 상환일의 다음 달에 공시한다.

④ 운용실적 비교·공시 대상 집합투자기구는 모든 집합투자기구를 대상으로 한다.

정답 및 해설

31 ③ 상장채권 - 2 이상의 채권평가회사가 제공하는 가격정보를 기초로 투자매매업자 또는 투자중개업자가 산정한 가격

32 ④ 그 밖의 증권은 금융투자회사와 투자자가 사전에 합의한 방법으로 담보가격을 산정한다. 즉, 비상장주권이나 외화증권의 경우 가격평가 방법이 여러 가지가 존재할 수 있어 협회는 일률적으로 기준을 정하지 않고 회사가 고객과 합의한 방법으로 정하도록 하고 있다.

33 ④ 동일 투자자가 동일 통화상품에 대하여 매수와 매도 양방향 포지션을 동시에 취할 수 없다.

34 ③ 판매회사의 명칭을 사용하지 아니하여야 한다.

35 ③ 집합투자회사 또는 투자회사의 감독이사는 투자신탁 등이 산정한 집합투자기구의 기준가격과 신탁회사가 산정한 기준가격의 편차가 1,000분의 3을 초과하는 경우 이 내역을 지체 없이 협회에 제출하여야 한다.

36 ④ 운용실적 비교·공시 대상 집합투자기구는 공모집합투자기구를 대상으로 한다. 단, 공모집합투자기구(존속하는 동안 투자금을 추가로 모집할 수 있는 집합투자기구로 한정)로서 원본액 50억원 미만과 50억원 이상의 집합투자기구의 수익률은 별도로 비교·공시하여야 한다.

37 집합투자증권의 판매회사 변경에 대한 설명으로 옳지 않은 것은?

★★☆

① 판매회사 변경제도는 판매회사가 판매할 수 있는 모든 펀드에 대하여 적용함을 원칙으로 한다.

② 판매회사는 판매회사 변경의 절차를 이행하는 대가로 투자자로부터 별도의 비용(변경수수료)을 청구할 수 없다.

③ 판매회사 변경효력이 발생하는 날이 집합투자규약에서 정하는 환매수수료 부과 기간 이내인 경우에 판매회사는 투자자로부터 환매수수료를 징구할 수 있다.

④ 판매회사 변경 또는 변경에 따른 이동액을 조건으로 하는 재산상 이익 제공 및 수령은 부당한 행위로서 금지된다.

38 투자자문회사가 일반투자자에게 교부하여야 하는 서면자료에 포함하여야 할 사항으로 적절하지 않은 것은?

★★☆

① 투자자문의 범위를 주식, 채권, 증권관련 지수 파생상품 등 구체적으로 기재할 것

② 투자자문의 방법을 구술, 문서, 그 밖의 방법으로 구분하고 구체적인 방법 및 시기를 기재할 것

③ 해당 투자자문회사와 이해관계가 있는 회사가 발행한 증권에 대해서는 투자권유를 할 수 없다는 내용을 기재할 것

④ 투자자의 투자자문 요구 방법이나 시기에 특별한 제한이 있는 경우 그 내용을 기재할 것

39 투자일임회사가 일반투자자에게 교부하여야 하는 서면자료에 포함하여야 할 사항으로 적절하지 않은 것은?

★★☆

① 투자일임의 범위를 구체적으로 기재할 것

② 투자일임의 대상이 되는 금융투자상품의 범위를 기재할 것

③ 자신과 이해관계가 있는 회사가 발행한 투자일임대상 자산을 매매하고자 하는 경우에는 투자자에게 동의를 얻어 매매한다는 내용을 기재할 것

④ 투자일임업자가 주로 거래하는 투자중개회사를 통해서 거래한다는 내용을 기재할 것

40 신탁의 설정 및 해지에 따른 회계처리가 옳지 않은 것은?

★★☆　① 금전을 신탁하는 경우 금액이 납입되는 날이 신탁의 설정시기이다.

② 금전 외의 재산을 신탁하는 경우 소유권이 이전되는 날이 신탁의 설정시기이다.

③ 신탁계약에 따라 금전이 지급되는 날에 해지 처리한다.

④ 현물해지의 경우 현물이 매각되는 날에 해지 처리한다.

41 다음 중 '금융투자전문인력과 자격시험에 관한 규정'에 따른 금융투자전문인력과 거리가 먼 자는?

★★★　① 펀드투자권유자문인력　　　　　② 투자자산운용사

③ 투자상담관리인력　　　　　　　④ 채권평가인력

42 금융투자분석사의 등록 요건을 갖춘 자가 아닌 것은?

★★☆　① 집합투자기구 평가전문인력

② 채권평가회사에서 증권 분석·평가 업무에 3년 이상 종사한 경력이 있는 자

③ 자율규제위원장이 인정하는 연구기관에서 연구업무에 1년 이상 종사한 자

④ 공인회계사

정답 및 해설

37　③　판매회사 변경효력이 발생하는 날이 집합투자규약에서 정하는 환매수수료 부과 기간 이내라 하더라도 판매회
　　　　사는 투자자로부터 환매수수료를 징구할 수 없다.

38　③　해당 투자자문회사와 이해관계가 있는 회사가 발행한 증권 및 투자자문대상 자산에 대한 투자권유를 하고자
　　　　하는 경우에는 투자자에게 미리 그 사실을 통보한다는 내용을 기재할 것

39　④　투자일임업자가 주로 거래하는 투자중개회사가 있는 경우 그 명칭 및 해당 투자일임회사와의 관계를 기재할 것

40　④　현물해지의 경우 현물이 출고되는 날에 해지 처리한다.

41　④　채권평가인력은 펀드관계회사인력의 일종이다.

42　③　자율규제위원장이 인정하는 연구기관(국가가 출자한 연구기관 등)에서 연구업무에 3년 이상 종사한 자이다.

43 금융투자전문인력 및 금융투자회사 제재에 대한 설명으로 옳지 않은 것은?

★★☆ ① 펀드관계회사 및 펀드관계회사인력에 대해서는 전문인력 규정 중 제재에 관한 규정은 적용하지 아니한다.

② 정당한 사유 없이 보수교육을 이수하지 않은 경우 제재를 부과한다.

③ 위법·부당행위에 적극 가담한 임직원(퇴직자는 제외)에 한하여 제재를 부과한다.

④ 단순가담자 등도 소속회사에 통보하고 징계 등을 요구할 수 있다.

44 금융투자협회가 금융투자전문인력에 대하여 부과할 수 있는 제재의 종류와 거리가 먼 것은?

★★★ ① 제재금 부과

② 자격취소

③ 금융투자전문인력 등록말소, 등록의 효력정지 또는 등록거부

④ 자격시험 응시 제한

45 금융투자회사의 약관운용 규정에 대한 설명으로 옳지 않은 것은?

★★★ ① 금융투자협회는 금융투자업 영위와 관련하여 표준약관을 정할 수 있다.

② 금융투자회사는 협회가 정한 표준약관을 사용하거나, 이를 수정하여 사용할 수 있다.

③ '외국집합투자증권 매매거래에 관한 표준약관'은 수정하여 사용할 수 없다.

④ 금융투자회사는 개별약관을 제정하거나 변경하는 경우에는 제정 또는 변경 후 10일 이내에 협회에 보고하여야 한다.

정답 및 해설

43 ③ 위법·부당행위에 적극 가담한 임직원 및 퇴직자에 한하여 제재를 부과한다.

44 ① 제재금 부과 및 6개월 이내의 금융투자전문인력 신규등록 정지조치는 금융투자회사에 대한 제재이다.

45 ④ 금융투자회사는 개별약관을 제정하거나 변경하는 경우에는 제정 또는 변경 후 7일 이내에 협회에 보고하여야 한다. 다만, 고객의 권리 또는 의무에 중대한 영향을 미칠 수 있는 경우에는 약관의 제정 또는 변경 전에 미리 금융위에 신고하여야 하고, 사전신고에 해당되는 경우에는 시행예정일 10영업일 전까지 협회에 신고하여야 한다.

작은 기회로부터 종종 위대한 업적이 시작된다.

– 데모스테네스 –

챕터 출제비중

구 분	출제영역	출제문항
제1장	자본시장과 금융투자업에 관한 법률 /금융위원회규정/금융소비자보호법	17문항
제2장	한국금융투자협회규정	4문항
제3장	한국거래소규정	4문항

68%

16%

16%

70 65 60 55 50 45 35 30 25 20 15 10 5

한국거래소규정에서는 총 4문제가 출제되며, 전체 시험과목 중에서 출제 문항수가 가장 적다. 문항수에 비해 학습 내용은 다소 까다로운 편이지만 2과목의 영업실무와 상당부분 중복되는 내용이 많아 일석이조의 효과를 볼 수 있는 과목이므로 소홀히 다루는 것도 바람직하지 않다. 매매거래제도, 증거금 예탁수단, 거래증거금 산출방법, 선물거래와 옵션거래의 결제방법, 기본예탁금 및 위탁증거금 등은 자주 출제되는 중요한 부분이다. 본서에서는 영업 실무와 중복되는 부분이라도 빼놓지 않고 문제를 제시하여 복습 효과를 거둘 수 있도록 하였다.

TOPIC별 중요도 및 학습체크

TOPIC	핵심개념	중요도	학습체크		
			1회독	2회독	3회독
01	거래소 파생상품시장 개요, 회원구조	★★			
02	상장상품	★★★			
03	매매거래제도, 시장조성자	★★★			
04	거래증거금, 결제방법, 거래의 수탁	★★★			
05	파생상품 세제	★★			

01 거래소 파생상품시장 개요, 회원구조

대표유형문제 다음 중 현재 한국거래소(KRX) 파생상품시장에서 거래되고 있는 상품은?

① 은선물　　　　　　　　　　　　② 3개월무험지표금리선물

③ 3년국채옵션　　　　　　　　　　④ 일본엔옵션

해설 현재 은선물, 3년국채옵션, 일본엔옵션 등은 상장되어 있지 않다.

답 ②

STEP 01 | **핵심필수개념**

(1) 한국거래소(KRX) 파생상품시장의 구성

주식상품시장	개별 주식, 주가지수 및 ETF를 기초자산으로 하는 선물·옵션시장 → (미니)코스피200선물, (미니)코스피200옵션, 코스닥150선물, 코스닥150옵션, KRX300선물, 코스피200섹터지수선물, 해외지수선물(유로스톡스50선물), 코스피200변동성지수선물, 주식선물, 주식옵션, ETF선물
금리상품시장	단기금리, 채권, 채권지수 등을 기초자산으로 하는 선물·옵션시장 → 3년국채선물, 5년국채선물, 10년국채선물, 3개월무험지표금리선물
통화상품시장	외국통화 또는 환율을 기초자산으로 하는 선물·옵션시장 → 미국달러선물, 유럽연합유로선물, 일본엔선물, 중국위안선물, 미국달러옵션
일반상품시장	금융상품 이외의 농·축·수산물, 광물 등을 기초자산으로 하는 선물·옵션시장 → 금선물, 돈육선물
선물스프레드 시장	기초자산 및 거래승수가 같은 2개의 선물종목으로 구성된 종목간 스프레드 거래와 기초자산이 다른 2개의 선물종목으로 구성된 상품간 스프레드 거래로 구분
플렉스 선물시장	최종거래일과 최종결제방법이 표준화된 선물거래와 별도로 거래당사자가 최종거래일과 최종결제일을 협의할 수 있도록 하는 선물시장 → 미국달러플렉스선물시장

(2) 한국거래소의 회원구조

① 시장 및 금융투자상품 범위에 따른 한국거래소(KRX) 회원 구분

시장 및 회원 구분		영업범위
증권 시장	증권회원	증권 전체(주권, 채권, 수익증권 등)
	지분증권전문회원	지분증권(주권, 신주인수권 등)
	채무증권전문회원	채무증권(국채, 지방채, 특수채, 사채권 등)
파생상품 시장	파생상품회원	파생상품(선물·옵션) 전체
	주권기초파생상품전문회원	주권을 기초로 한 파생상품
	통화·금리기초파생상품전문회원	통화 또는 채무증권을 기초로 한 파생상품

② 결제이행책임 부담 여부에 따른 한국거래소(KRX) 회원 구분

결제 회원	자기의 명의로 성립된 증권매매거래나 파생상품거래 또는 매매전문회원으로부터 결제를 위탁받은 증권 또는 파생상품거래에 대해 자기 명의로 결제를 하는 회원
매매전문 회원	자기의 명의로 성립된 증권 또는 파생상품의 거래에 따른 결제를 직접 수행하지 못하고 결제회원에게 결제를 위탁해야 하는 회원 → 매매체결은 직접 수행하나 결제업무는 지정결제회원을 통해서 수행하는 회원

③ 회원가입

회원의 자격	• 거래소의 회원은 금융위원회로부터 투자매매업 또는 투자중개업의 인가를 받은 자이어야 함 • 파생상품회원이 되고자 하는 자는 장내파생상품 거래에 관한 투자매매업 또는 투자중개업의 허가를 받아야 함
가입요건	• 회원이 되고자 하는 자는 적정한 재무요건을 충족하고, 전산설비 등을 갖추며, 전문성과 건전성을 갖춘 인력을 충분히 보유하고, 사회적 신용이 충분하여야 함 • 거래소 회원으로 가입하였다가 임의로 회원탈퇴한 자는 탈퇴일로부터 3년이 경과한 후에 거래소 회원으로 가입할 수 있음
회원가입 절차	거래소 회원 가입 승인 및 승인 취소는 거래소 이사회의 결의를 통하여 이루어짐

(3) 한국거래소의 위험관리수단

① 일일정산 : 매 거래일마다 보유하고 있는 미결제약정 및 당일에 체결된 모든 거래를 당일의 선물종 가를 기준으로 손익을 평가하여 그 손익을 수수함으로써 채무불이행위험의 크기를 제한하는 것

② 충분한 결제이행재원의 확보

증거금 징수	결제대금을 변제할 수 있는 이상의 금액을 매일 재평가하여 담보금 성격의 증거금을 징수함 → 거래소는 이틀치 가격변동에 따른 손실을 추정하여 증거금을 징수하고 있음
공동기금 적립	파생상품시장의 결제회원들은 결제회원의 결제불이행으로 인한 손해를 공동으로 배상하기 위해 결제회원별로 거래소에 공동기금을 적립하여야 함
회원보증금 예탁	회원은 파생상품거래와 관련하여 발생할 수 있는 채무의 이행을 보증하기 위한 재원으로 거래소에 회원보증금을 예탁하고 있음
거래소의 결제적립금 적립	거래소는 매 사업연도의 처분 전 이익잉여금 중 일정액을 증권의 매매거래 또는 파생상품거래의 결제에 따른 회원의 채무불이행으로 인하여 거래소가 손실을 보는 경우에 해당 손실을 보전하기 위하여 결제적립금을 적립하고 있음
은행과의 차입약정	거래소는 회원의 파생거래와 관련한 채무의 이행을 원활히 하기 위하여 은행과 차입약정(당좌차월)을 체결하고 있음

③ 미결제약정 보유제한 : 투기목적의 거래에 대해서는 시장상황에 따라 미결제약정의 보유한도를 설정할 수 있음

④ 위탁증거금 사전예탁 : 파생상품거래를 하고자 하는 위탁자는 위탁증거금을 투자중개업자에게 주문을 위탁하기 전에 미리 예탁하여야 함(사전위탁증거금 제도). 다만, 적격기관투자자에 대해서는 장종료 후 또는 다음 거래일 10시 이내에 위탁증거금을 예탁할 수 있는 사후위탁증거금제도도 인정하고 있음

⑤ **고객자금의 분리보관** : 금융투자업자는 고객재산을 회원의 재산과 분리하여 외부 예치기관에 예치하여야 함 → 고객예탁금(현금)은 한국증권금융, 고객예탁증권(대용증권)은 한국예탁결제원에 각각 분리 예탁하도록 하고 있음

⑥ **위탁자에 대한 위험고지** : 거래소 회원은 위탁자와 파생상품거래를 위한 계좌설정약정을 체결하기에 앞서 위탁자에게 파생상품거래위험고지서를 교부하고 그 내용을 충분히 설명하여야 함

⑦ **거래증거금의 장중 추가징수** : 거래소는 외부충격 등에 의한 시황급변 또는 결제회원의 일시적 결제이행능력 악화 시 거래시간 중에 추가(위탁)증거금 부과를 통해 결제불이행위험을 축소할 수 있도록 장중 추가증거금 제도를 시행하고 있음

개념체크○×

▶ 플렉스 선물시장이란 최종거래일과 최종결제방법이 표준화된 선물거래이다. ○ ×

해설 플렉스 선물시장이란 거래당사자가 최종거래일과 최종결제일을 협의할 수 있도록 하는 선물시장이다.

답 X

▶ 파생상품시장에서 금선물, 돈육선물은 일반상품시장이다. ○ ×

답 ○

STEP 02 | 핵심보충문제

01 한국거래소의 회원구조에 관한 설명으로 옳지 않은 것은?

★★☆

① KRX의 회원은 참가할 수 있는 시장과 매매거래 가능한 금융투자상품의 범위에 따라 증권회원, 지분증권전문회원, 채무증권전문회원, 파생상품회원, 주권기초파생상품전문회원 및 통화·금리기초파생상품전문회원 등 6가지 종류로 구분된다.

② 파생상품회원은 KRX 파생상품시장에서 거래되는 모든 선물거래와 옵션거래를 매매 거래할 수 있는 회원이다.

③ KRX의 회원은 거래소에 대하여 결제이행책임을 누가 부담하느냐에 따라 결제회원과 매매전문회원으로 구분된다.

④ 매매전문회원은 자기의 명의로 성립된 증권 또는 파생상품의 거래에 따른 매매체결과 결제를 직접 수행하는 회원이다.

해설 매매전문회원은 매매체결은 직접 수행하나 결제업무는 결제회원을 통해서 수행하는 회원이다. 반면에, 결제회원은 매매체결도 직접 수행하면서 자기명의로 결제를 하는 회원이다. 매매전문회원이 결제업무를 수행하기 위해서는 결제회원과 결제위탁계약을 체결하여 해당 결제회원(지정결제회원)에게 결제업무를 위탁하여야 한다. 매매전문회원은 하나 이상의 결제회원과 결제위탁계약을 체결할 수 있다.

답 ④

02 한국거래소 회원가입과 관련된 설명으로 옳지 않은 것은?

★★☆

① 파생상품회원이 되고자 하는 자는 금융위원회로부터 장내파생상품 거래에 관한 투자매매업 또는 투자중개업의 허가를 받아야 한다.

② 거래소 회원이 되고자 하는 자는 적정한 재무요건을 충족하고, 전산설비 등을 갖추며, 전문성과 건전성을 갖춘 인력을 충분히 보유하고, 사회적 신용이 충분하여야 한다.

③ 거래소 회원으로 가입하였다가 임의로 회원탈퇴한 자는 탈퇴일로부터 3년이 경과한 후에 거래소 회원으로 가입할 수 있다.

④ 거래소 회원 가입 승인 및 승인 취소는 증권선물위원회(증선위)의 결의를 통하여 이루어진다.

해설 거래소 회원 가입 승인 및 승인 취소는 거래소 이사회의 결의를 통하여 이루어진다.

답 ④

03 거래소의 위험관리수단으로 올바르지 않은 것은?

★★★

① 이틀치 가격변동에 따른 손실을 추정하여 증거금 징수

② 모든 회원에 대한 손해배상 공동기금 적립의무 부과

③ 위탁자에 대한 위험고지(파생상품거래위험고지서 교부)

④ 고객자금을 회원의 자금과 분리하여 외부 예치기관에 예탁

해설 생산품시장의 결제회원들은 결제회원의 채무불이행으로 인한 손해를 공동으로 배상하기 위하여 결제회원별로 거래소에 공동기금을 적립하여야 한다.

답 ②

TOPIC

02 상장상품 중요도 ★★★

대표유형문제 코스피200선물 및 미니코스피200선물에 관한 내용으로 옳지 않은 것은?

① 기초자산(거래대상)은 코스피200지수이고, 최종결제방법은 현금결제이다.

② 최종거래일은 결제월 둘째 주 목요일(휴장일인 경우 순차적으로 앞당김)이다.

③ 거래승수는 코스피200선물은 250,000원, 미니코스피200선물은 50,000원이다.

④ 최소가격변동금액은 코스피200선물은 12,500원, 미니코스피200선물은 1,000원이다.

해설 최종거래일(만기일)은 결제월 두 번째 목요일(휴장일인 경우 순차적으로 앞당김)이다. 둘째 주 목요일과 두 번째 목요일이 항상 같지는 않다. 예를 들어 어느 결제월의 1일이 금요일이면 둘째 주 목요일은 7일이지만 두 번째 목요일은 14일이 된다. 따라서 이런 경우 만기일(최종거래일)은 7일이 아니라 14일이다.

답 ②

STEP 01 핵심필수개념

(1) 상장상품 및 시장 구분

주식상품시장	(기초자산 : 주식, 주가지수, ETF) 코스피200선물, 코스피200옵션, 미니코스피200선물, 미니코스피200옵션, 코스닥150선물, 코스닥150옵션, KRX300선물, 코스피200섹터지수선물, 코스피배당지수선물, KRX-X뉴딜지수선물, 해외지수선물(유로스톡스50선물), 코스피200변동성지수선물, 주식선물, 주식옵션, ETF선물
금리상품시장	(기초자산 : 채무증권(국채)) 3년국채선물, 5년국채선물, 10년국채선물, 3개월무위험지표금리선물
통화상품시장	(기초자산 : 외화) 미국달러선물, 미국달러옵션, 유로선물, 엔선물, 중국위안선물
일반상품시장	(기초자산 : 일반상품) 금선물, 돈육선물
글로벌거래	2021년 7월부터 독일 Eurex를 통해 코스피200선물과 옵션, 미니코스피200선물, 미국달러선물을 거래함

(2) 선물 스프레드 종목

① 기초자산, 거래단위 및 최종결제방법은 동일하나 결제월이 상이한 두 종목의 선물종목을 하나의 종목으로 구성하여, 한 종목을 매수(매도)하고 동시에 다른 종목을 매도(매수)하는 스프레드 종목

선물 스프레드 매수(매도) : 원월종목매수(매도) + 최근월종목매도(매수)

→ 다만, 금리상품의 경우 원월종목매도(매수) + 최근월종목매수(매도)

② 선물 스프레드 종목은 상장결제월종목 수보다 1종목 적음

→ 3년국채선물, 5년국채선물, 10년국채선물 : 1종목 / 해외지수선물 : 2종목 / ETF선물, KRX300선물, 3개월무위험지표금리선물 : 3종목

(3) 주식상품거래

① 코스피200선물, 미니코스피200선물

구 분	코스피200선물	미니코스피200선물
기초자산	코스피200지수	
거래승수	250,000	50,000
결제월	3, 6, 9, 12월	매월
호가가격단위	0.05포인트	0.02포인트
호가가격단위당 금액	12,500원(25만원 × 0.05)	1,000원(5만 × 0.02포인트)
거래시간	09:00 ~ 15:45(최종거래일 09:00 ~ 15:20)	
최종거래일	각 결제월의 두 번째 목요일(공휴일인 경우 순차적으로 앞당김)	
최종결제방법	현금결제	

② 코스피200옵션, 미니코스피200옵션

구 분	코스피200옵션	미니코스피200옵션
기초자산	코스피200지수	
권리행사유형	유럽식(최종거래일에만 권리행사 가능)	
거래승수	250,000	50,000
가격의 표시	코스피200옵션 수치(포인트)	미니코스피200옵션 수치(포인트)
거래시간	09:00 ~ 15:45(최종거래일 09:00 ~ 15:20)	
최종거래일	각 결제월의 두 번째 목요일(공휴일인 경우 순차적으로 앞당김)	
결제방법	현금결제	

③ 주식선물, 주식옵션

구 분	주식선물	주식옵션
기초자산	개별주식(유가증권 · 코스닥 상장주식)	
거래단위	주식선물가격 × 10(거래승수)	주식옵션가격 × 10(거래승수)
결제월	매월 : 분기월(3, 6, 9, 12) 및 비분기월	
가격의 표시	1기초주권당 가격	프리미엄(원)
호가가격단위	기초주권가격 수준에 따라 상이 (유가증권 10원 ~ 1000원, 코스닥 1원 ~ 100원)	옵션가격(프리미엄) 수준에 따라 상이(10원 ~ 200원)
거래시간	09:00 ~ 15:45(최종거래일 09:00 ~ 15:20)	
최종거래일	각 결제월의 두 번째 목요일(공휴일인 경우 순차적으로 앞당김)	
최종결제일	최종거래일의 다음 거래일	
결제방법	현금결제	

(4) 금리상품거래

구 분	3년국채선물	5년국채선물	10년국채선물	3개월무위험지표금리선물
기초자산 (거래대상)	액면가 100원, 만기 3년(5년 / 10년), 표면금리 연 5%, 6개월 단위 이자지급방식의 국고채 표준물			100 − R R = 산식으로 계산되는 KOFR 3개월 복리 금리
거래단위 및 거래승수	거래단위(액면가 1억원), 거래승수(100만원)			거래단위(액면가 10억원), 거래승수(250만원)
결제월	3, 6, 9, 12월			매월
가격의 표시	액면가 100원당 원화(백분율방식)			100 − R
호가가격단위	0.01포인트			0.005포인트
최소가격변동금액	10,000원(1억원 × 0.01 × 1 / 100)			12,500원 (250만원×0.005)
거래시간	09:00 ~ 15:45(최종거래일 09:00 ~ 11:30)			09:00~15:45 (최종거래일도 동일)
최종거래일	결제월의 세 번째 화요일(휴장일인 경우 순차적으로 앞당김)			결제월의 세 번째 수요일의 직전 거래일
결제방법	현금결제			

(5) 통화상품거래

구 분	미국달러선물	엔선물	유로선물	위안선물
거래대상	미국달러화	일본엔	유로화	중국위안화
거래단위	10,000달러	1,000,000엔	10,000유로	100,000위엔
결제월	매월			
가격의 표시	1달러당 원화	100엔당 원화	1유로당 원화	1위안당원화
호가가격단위	0.1원	0.1원	0.1원	0.01원
최소가격변동금액	1,000원			
거래시간	09:00 ~ 15:45(최종거래일 09:00 ~ 11:30)			
최종거래일	결제월의 세 번째 월요일(휴장일인 경우 순차적으로 앞당김)			
최종결제일	최종거래일로부터 기산하여 3일째 거래일(T + 2)			
결제방법	인수도결제			

(6) 일반상품거래

구 분	금선물	돈육선물
대상자산	금지금	돈육대표가격(축산물품질평가원)
1계약크기(거래단위)	100g	1,000kg
결제월	매월	
가격표시방법	1g당 원화(원 / g)	1kg당 원화(원 / kg)
호가가격단위	10원	5원
최소가격변동금액	1,000원(100g × 10원 / g)	5,000원(1,000Kg × 5원 / kg)

거래시간	09:00 ~ 15:45 (최종거래일 09:00 ~ 15:20)	10:15 ~ 15:45 (최종거래일도 동일)
최종거래일(만기)	결제월의 세 번째 수요일(휴장일인 경우 직전 영업일로 앞당김)	
최종결제일	최종거래일 T + 1일 16:00시	(T + 2) 거래일
결제방법	현금결제	

개념체크 O X

▶ 코스피200선물의 거래승수는 500,000원이다. O X

[해설] 코스피200선물의 거래승수는 250,000원이다.

답 X

▶ 금선물의 결제방법은 현금결제이다. O X

답 O

STEP 02 핵심보충문제

01 코스피200변동성지수선물에 관한 내용으로 옳지 않은 것은?

★★★

① 기초자산(거래대상)은 코스피200지수이고, 최종결제방법은 현금결제이다.

② 상장결제월은 연속 6개 결제월이다.

③ 거래승수는 250,000원이며, 호가가격단위는 0.05포인트이다.

④ 가격제한폭은 기준가격 대비 각 단계별로 확대(±30% → ±45% → ±60%) 적용한다.

[해설] 코스피200변동성지수선물의 기초자산(거래대상)은 코스피200변동성지수이다.

답 ①

02 통화선물에 대한 설명으로 옳지 않은 것은?

★★★

① 최소가격변동폭은 달러·엔·유로선물이 0.10원이며, 위안선물이 0.01원이다.

② 최소가격변동금액은 위안선물이 1,000원이며, 달러·엔·유로선물이 10,000원이다.

③ 최종결제일은 최종거래일로부터 기산하여 3일째 거래일(T + 2)이며, 최종결제방법은 실물인수도 결제방식이다.

④ 최종거래일은 결제월의 세 번째 월요일이다.

[해설] 최소가격변동금액은 달러·엔·유로·위안선물 모두 1,000원이다.

답 ②

대표유형문제 호가에 대한 설명으로 옳지 않은 것은?

① 매도 최유리지정가는 가장 높은 매수호가의 가격을 지정한 것으로 한다.

② 거래소에 접수된 호가는 접수된 때로부터 당일의 장종료 때까지 효력이 지속된다.

③ 접속거래 시 매도시장가호가는 가장 낮은 매도호가의 가격에서 호가가격단위를 뺀 가격과 가장 낮은 매수호가의 가격 중 낮은 가격으로 한다.

④ 전량충족조건은 해당 호가의 접수시점에서 호가한 수량 중 체결할 수 있는 수량에 대해서만 거래를 체결하고 체결되지 않은 호가잔량은 취소하는 조건이다.

해설 해당 호가의 접수시점에서 호가한 수량 중 체결할 수 있는 수량에 대해서만 거래를 체결하고 체결되지 않은 호가잔량은 취소하는 조건은 일부충족조건이다.

답 ④

STEP 01 핵심필수개념

(1) 거래시간

① 거래시간

거래시간	09:00 ~ 15:45(단, 돈육선물은 10:15 ~ 15:45)	
최종거래일 거래시간	주식상품, 금선물	09:00 ~ 15:20
	금리 · 통화상품	09:00 ~ 11:30(돈육선물은 10:15 ~ 15:45, 3개월무위험지표금리선물은 09:00 ~ 15:45)
	선물 스프레드의 거래시간은 대상선물거래의 접속거래시간에만 가능	

*호가(주문)접수시간은 거래시작 시간 30분 전부터 거래시간 종료 시까지

*해외지수선물, 통화선물, 돈육선물의 최종거래일에는 장 종료 전 10분간(11:20 ~ 11:30) 단일가 거래(나머지는 단일가 없이 접속거래)

② 휴장일

㉠ 토요일, 공휴일, 근로자의 날

㉡ 12월 31일(공휴일 또는 토요일인 경우 직전의 거래일)

㉢ 기초자산이 주식 또는 주가지수일 경우, 유가증권시장 또는 코스닥시장의 휴장일

㉣ 돈육선물은 축산물공판장의 과반수가 휴장하는 날

㉤ 기초자산이 변동성지수인 경우, 변동성지수를 산출하는 대상이 되는 옵션시장의 휴장일

㉥ 기타 거래소가 시장관리상 필요하다고 인정하는 날

(2) 호가의 종류 및 방법

① 호가의 종류

지정가	종목, 수량 및 가격을 지정하는 호가로서 지정한 가격 또는 그 가격보다 유리한 가격으로 거래를 하고자 하는 호가로 가장 일반적이고 많이 사용하는 호가
시장가	종목, 수량만 지정하고 가격은 지정하지 않는 호가로서 호가수량이 전량 충족될 때까지 가장 빨리 집행할 수 있는 가격으로, 즉 시장에 호가된 상대편 가격으로 즉시 거래하고자 할 때 이용하는 호가
최유리 지정가	호가를 할 때에는 가격을 지정하지는 않으나 호가가 시장에 도달된 때 가장 빨리 집행될 수 있는 가격을 지정한 것으로 간주하는 호가로서 시장가호가와 지정가호가의 성격을 동시에 갖고 있음

최유리 지정가	매도 최유리지정가	가장 높은 매수호가의 가격을 지정한 것으로 함
	매수 최유리지정가	가장 낮은 매도호가의 가격을 지정한 것으로 함

조건부 지정가	호가가 시장에 도달된 때에는 지정가호가로 거래되지만, 종가 단일가거래 전까지 체결되지 않은 경우에는 종가 단일가거래 시에 시장가호가로 전환되는 호가

② 호가의 유효기간

- ㉠ 거래소에 접수된 호가는 접수된 때로부터 당일 장종료 때까지 효력이 지속됨
- ㉡ 일부충족조건 또는 전량충족조건의 호가는 해당 조건에 따라 체결하거나 호가를 취소한 것으로 함
- ㉢ 일부충족조건은 해당 호가의 접수시점에서 호가한 수량 중 체결할 수 있는 수량에 대해서만 거래를 체결하고 체결되지 않은 호가잔량은 취소하는 조건
- ㉣ 전량충족조건은 해당 호가의 접수시점에서 호가한 수량 전량을 체결할 수 있는 경우에는 거래를 체결하고, 전량 체결이 안 되는 경우에는 호가수량 전량을 취소하는 조건

③ 호가의 제한

거래소 회원은 다음에 해당하는 호가를 입력해서는 아니 됨

원월물종목	시장가호가, 조건부지정가호가, 최유리지정가호가
단일가호가	최유리지정가호가(다만, 취소호가는 허용)
종가 단일가호가접수시간	조건부지정가호가(다만, 취소호가는 허용)
최종거래일 도래 종목	조건부지정가호가
일부 · 전량충족조건	조건부지정가호가, 단일가호가, 시장조성계좌를 통한 호가
조건부지정가호가	상한가로 지정한 매수호가, 하한가로 지정한 매도호가

(3) 호가의 가격 제한 및 수량 제한

① 가격 제한

거래구분	가격제한비율	거래구분	가격 제한비율
주가지수 선물	1단계(±8%), 2단계(±15%), 3단계(±20%)	미국달러선물 및 중국위안선물	4.5%
		미국달러옵션	4.5%
		엔선물 / 유로선물	5.25%
변동성 지수선물	1단계(±30%), 2단계(±45%), 3단계(±60%)	금선물	10%
		돈육선물	21%

주식선물	1단계(±10%), 2단계(±20%), 3단계(±30%)	주식옵션	1단계(±10%), 2단계(±20%), 3단계(±30%)
주가지수 옵션	1단계(±8%), 2단계(±15%), 3단계(±20%)	국채선물	3년(1.5%), 5년(1.8%), 10년(2.7%)

② 호가의 실시간 가격 제한

복수가격에 의한 개별경쟁거래(접속매매)시간 중 거래가 체결될 때마다 그 약정가격을 기준으로 실시간 상·하한가(직전 약정가격 ± 가격변동폭)를 설정하고, 실시간 상한가를 초과하는 매수호가와 실시간 하한가 미만의 매도호가 접수를 거래소에서 거부함

실시간 가격 제한 제도가 적용되는 경우	• 코스피200선물거래, 코스피200옵션거래, 주식선물거래, 3년국채선물거래, 10년국채선물 거래, 미국달러선물거래, 미니코스피200선물거래, 코스닥150선물거래 • 최근월종목에 한해 적용함. 다만, 해당 거래의 차근월종목은 최근월종목의 최종 거래일부터 기산하여 소급한 4거래일부터 포함함

(4) 거래계약의 체결

가격 우선 원칙	낮은 가격의 매도호가는 높은 가격의 매도호가에 우선하고, 높은 가격의 매수호가는 낮은 가격 의 매수호가에 우선
시간 우선 원칙	가격이 동일한 호가 간에는 거래소에 먼저 접수된 호가가 우선. 다만, 상한가 및 하한가의 단일가 호가 간에는 큰 수량의 호가가 적은 수량의 호가에 우선하고, 수량이 동일한 경우에는 먼저 접수된 호가가 나중에 접수된 호가에 우선

① 복수가격에 의한 개별 경쟁거래(접속거래)

   ㉠ 호가의 우선순위에 따라 매수호가와 매도호가의 가격이 합치되는 가격으로 즉시 연속적으로 거래를 체결하는 것

   ㉡ 만일, 가장 높은 매수호가의 가격이 가장 낮은 매도호가의 가격 이상인 때에는 먼저 접수된 호가의 가격을 체결가격으로 함

② 단일가격에 의한 개별 경쟁거래(단일가거래)

   ㉠ 호가접수시간 동안 거래를 체결하지 않고 해당 호가접수시간 종료 시점에 가장 많은 호가가 체결될 수 있는 하나의 합치가격으로 호가를 체결하는 거래방식

   ㉡ 단일가 거래가 적용되는 경우 : 최초 약정가격, 거래 중단 후 거래 재개 시의 최초 약정가격, 기초주권이 정리매매종목인 주식선물거래 및 주식옵션거래의 약정가격

   ㉢ 최종 약정가격은 단일가 거래방식으로 결정하는 것이 원칙이나, 해외지수선물, 통화선물 및 돈육선물 거래를 제외한 최종거래일이 도래한 종목의 최종 약정거래가격은 접속거래의 방법으로 결정함

③ 협의거래

〈거래자 간 쌍방의 협의에 의한 거래체결방법〉

- 기관투자가의 결제월간 미결제약정의 이전(Roll-over)에 따른 대량거래 수요를 충족하기 위한 협의대량거래
- 금융위기 이후 중소기업의 다양한 외환 헤지수요충족을 위해 선물상품의 유연성을 제고한 기초자산 조기인수도부거래 및 플렉스협의거래
- EUREX 시장(독일 파생상품거래소)에서 체결된 코스피200옵션선물(코스피200옵션에 대한 1일물 선물거래)의 인수도 결제를 위한 장 개시 전 협의거래

(5) 거래의 중단

① 임의적 중단

ㄱ 거래소파생상품시스템의 장애로 10분 이상 정상적인 거래를 할 수 없는 경우 해당 종목의 거래를 중단

ㄴ 회원파생상품시스템의 장애로 호가입력 or 거래내용의 통지를 받을 수 없는 회원들의 총약정수량이 전체 약정수량의 75%를 초과하는 경우 해당종목의 거래를 중단

ㄷ 주식시장(코스닥시장)시스템에 10분 이상 장애가 발생하여 코스피200지수 구성종목 중 100종목(KRX300은 150종목, 코스닥150은 75종목) 이상 매매할 수 없는 경우 (미니)코스피200선물·옵션, KRX300선물, 코스닥150선물거래를 중단

ㄹ 주식시장시스템에 10분 이상 장애가 발생하여 섹터지수별 구성종목 중 1/2 이상 매매거래할 수 없는 경우 해당 섹터지수선물의 거래를 중단

ㅁ 주식선물 및 주식옵션거래의 경우 기초주권 매매거래의 중단·정지시 해당 주식선물 및 주식옵션의 거래를 중단

ㅂ 선물 스프레드 거래의 구성종목 중 한 종목의 거래가 중단된 경우 해당 선물 스프레드 거래를 중단

ㅅ 축산물 품질평가원이 정한 축산물도매시장의 과반수가 거래를 중단하는 경우 돈육선물거래를 중단

ㅇ 금선물거래에 있어서 KRX금시장의 매매거래가 중단되는 경우 ETF선물거래에 있어서 ETF매매거래의 중단·정지

② 주식상품거래의 필요적 거래중단 및 종결(CB ; Circuit Breakers)

ㄱ 필요적 거래중단 및 종결 발동요건

- 코스피지수 또는 코스닥지수가 직전 거래일의 종가보다 8% 이상 하락하여 1분간 지속되어 유가증권시장 또는 코스닥시장의 모든 종목의 거래가 중단되는 경우
  → 20분간 매매거래 중단
- 코스피지수 또는 코스닥지수가 직전 매매거래일의 종가보다 15% 이상 하락하여 1분간 지속되어 유가증권시장 또는 코스닥시장의 모든 종목의 거래가 중단되는 경우
  → 20분간 매매거래 중단

- 코스피지수 또는 코스닥지수가 직전 매매거래일의 종가보다 20% 이상 하락하여 1분간 지속되어 유가증권시장 또는 코스닥시장의 모든 종목의 거래가 종결되는 경우
  → 당일 정규거래 종결
- 주식시장의 필요적 거래중단은 14시 50분 이후에는 발동하지 않으나, 필요적 거래 종결은 14시 50분 이후에도 적용됨

ⓒ 필요적 거래중단 후 거래재개
- 주식파생상품의 필요적 거래중단 후 주식시장 등의 매매거래를 재개하는 경우에 거래소는 지체 없이 10분간 단일가 호가접수시간을 거쳐 단일가거래로 거래를 재개함

(6) 대량투자자 착오거래의 취소

대량투자자 착오거래 구제요건은 계좌별로 다음의 요건을 모두 충족해야 함

> ① 약정가격과 착오거래 구제기준 가격과의 차이에 해당 거래의 약정수량 및 거래승수를 곱하여 산출되는 수치를 합산한 금액이 상품시장별로 100억원 이상일 것
> ② 약정가격이 착오거래 구제제한 범위를 벗어날 것
> ③ 착오거래가 동일한 착오에 의하여 연속적으로 체결될 것
> ④ 착오자가 대량투자자 착오거래의 구제 제도를 악용하지 않을 것
> ⑤ 그 밖에 안정적이고 원활한 결제를 위하여 해당 착오거래를 구제할 필요가 있을 것

(7) 시장조성자

시장조성자 혜택	① 시장조성자는 시장조성계좌를 이용하여야 함 ② 거래소는 시장조성자에게 시장조성기간 동안 시장조성상품의 수수료 범위에서 거래실적에 따라 대가를 지급할 수 있음 ③ 주식(주가지수)선물·옵션 시장조성자의 경우에는 위험을 회피하기 위한 목적으로 거래하는 주식에 대해 증권거래세를 면제함
시장기여자	거래소는 시장조성자 이외에 시장 활성화에 기여한 자(시장기여자)에 대하여 시장기여자가 납부한 수수료의 범위에서 거래실적에 따라 대가를 지급할 수 있음 〈시장기여자가 시장기여에 따른 대가를 지급받기 위한 요건〉 • 시장기여 전용계좌를 거래소에 신고할 것 • 거래소와 대가지급에 관한 계약이 사전에 체결되어 있을 것

▶ 코스피지수 또는 코스닥지수가 직전 거래일의 종가보다 8% 이상 상승 또는 하락하여 1분간 지속되는 경우 20분간 매매 거래를 중단한다. ☐O☐X

[해설] 코스피지수 또는 코스닥지수가 직전 거래일의 종가보다 8% 이상 하락하여 1분간 지속되는 경우 20분간 매매거래 를 중단한다.

답 X

▶ 낮은 가격의 매도호가는 높은 가격의 매도호가에 우선하고, 높은 가격의 매수호가는 낮은 가격의 매수호가에 우선한다. ☐O☐X

답 O

STEP 02 핵심보충문제

01 파생상품시장의 거래시간에 대한 설명으로 옳지 않은 것은?

★★★
① 정규거래시간은 돈육선물을 제외한 모든 선물·옵션시장의 경우 오전 9:00부터 15:45이며, 돈육 선물은 오전 10:15부터 15:45까지이다.

② 최종거래일이 도래한 종목의 정규거래시간은 금리상품시장과 통화상품시장의 경우 9:00부터 11:30까지이다.

③ 선물 스프레드의 거래시간은 선물 스프레드를 구성하는 선물거래에 포함된 종목의 거래시간보다 1시간 짧다.

④ 최종거래일이 도래한 종목의 정규거래시간은 주식상품시장 및 금선물시장의 경우 9:00부터 15:20까지이다.

[해설] 선물 스프레드의 거래시간은 선물 스프레드를 구성하는 선물거래에 포함된 종목의 거래시간과 동일하다.

답 ③

02 다음 중 호가입력 시 호가입력사항이 아닌 것은?

★★★
① 위탁자명
② 종목코드
③ 매수와 매도의 구분
④ 가격(지정가호가의 경우)

[해설] 위탁자명은 호가입력사항이 아니며, 위탁자명 대신에 계좌번호가 주문입력 시에 입력되어야 한다. 호가입력 사항은 거래소가 회원에게 부여한 번호, 종목코드, 수량, 가격(지정가호가의 경우), 매수와 매도의 구분, 위탁 거래와 자기거래의 구분, 호가의 구분, 호가의 조건, 국적의 구분, 투자자의 구분 등이다.

답 ①

03 호가의 입력(제출) 제한에 관한 설명으로 옳지 않은 것은?

★★★

① 원월물종목인 경우에는 지정가호가를 입력할 수 없다.

② 단일가호가인 경우에는 최유리지정가호가를 입력할 수 없다. 다만, 취소호가는 허용된다.

③ 최종거래일이 도래한 종목(통화상품과 일반상품이 종목은 제외)에는 조건부지정가호가를 입력할 수 없다.

④ 선물 스프레드 거래인 경우에는 지정가호가만 가능하며, 단일가호가시간에는 선물 스프레드 호가를 입력할 수 없다.

[해설] 원월물종목인 경우에는 시장가호가, 조건부지정가호가 및 최유리지정가호가를 입력할 수 없다. 즉 원월물종목에 대해서는 지정가호가만 사용할 수 있다.

〈거래유형별 사용가능한 호가의 유형〉

구 분	시가 단일가	접속거래	종가 단일가
시장가호가	○	○	○
지정가호가	○	○	○
최유리지정가호가	X	○	X
조건부지정가호가	○	○	X
선물스프레드호가	X	○	X

*단, 최근월종목이며 최종거래일은 제외함(○는 허용, X는 입력불가)

답 ①

04 가격제한폭을 설정할 때 기준이 되는 기준가격에 대한 설명으로 옳지 않은 것은?

★★★

① 선물거래의 경우 거래개시일부터 최초 거래성립일까지의 기준가격은 해당 선물거래의 대상인 기초자산의 가격이다.

② 선물거래의 경우 최초 거래성립일 이후의 기준가격은 전일 정산가격이다.

③ 옵션거래의 경우 거래개시일부터 최초 거래성립일까지의 기준가격은 옵션이론가격이다.

④ 옵션거래의 경우 최초 거래성립일 이후의 기준가격은 전일 거래증거금기준가격(전일 종가)이다.

[해설] 선물거래의 경우 거래개시일부터 최초 거래성립일까지의 기준가격은 선물이론가격(돈육선물의 경우 직전거래일에 공표된 돈육대표가격, 주식선물에 배당락 등이 있는 경우에는 주식선물 조정이론가격)이다.

답 ①

05 파생상품거래의 체결방법에 대한 설명으로 옳지 않은 것은?

★★☆

① 파생상품거래의 체결방법은 가격—시간 우선의 원칙에 따라 거래를 체결하는 개별경쟁거래방법으로 한다.

② 낮은 가격의 매도호가는 높은 가격의 매도호가에 우선하고, 높은 가격의 매수호가는 낮은 가격의 매수호가에 우선한다.

③ 가격이 동일한 호가 간에는 거래소에 먼저 접수된 호가가 나중에 접수된 호가에 우선한다.

④ 상한가 및 하한가의 단일가호가 간에는 적은 수량의 호가가 큰 수량의 호가에 우선한다.

[해설] 상한가 및 하한가의 단일가호가 간에는 큰 수량의 호가가 적은 수량의 호가에 우선하고, 수량이 동일한 경우에는 먼저 접수된 호가가 나중에 접수된 호가에 우선한다.

답 ④

04 거래증거금, 결제방법, 거래의 수탁 중요도 ★★★

대표유형문제 거래증거금 예탁수단에 대한 설명으로 옳지 않은 것은?

① 거래증거금은 현금으로 예탁하여야 하나 대용증권, 외화 또는 외화증권으로 전액 예탁할 수 있다.

② 거래증거금으로 예탁할 수 있는 외화의 평가가격은 기준시세로 한다.

③ 회원은 자기가 발행한 증권을 거래증거금 또는 매매전문회원증거금으로 예탁할 수 없다.

④ 지정결제회원은 매매전문회원증거금으로 예탁받은 현금, 대용증권, 외화 또는 외화증권을 해당 매매전문회원 이외의 자를 위하여 사용할 수 없다.

해설 거래증거금으로 예탁할 수 있는 외화의 평가가격은 기준시세에 사정비율을 곱하여 산출한 가격으로 한다.

답 ②

STEP 01 핵심필수개념

(1) 거래증거금 예탁수단

① 회원은 거래증거금 전액을 현금, 대용증권, 외화 또는 외화증권으로 예탁

② 회원의 재산과 회원이 아닌 자의 재산으로 구분하여 산출일의 다음 거래일의 12시까지 예탁

③ 거래증거금으로 예탁할 수 있는 외화

　㉠ 미국 달러화, 캐나다 달러화, 홍콩 달러화, 호주 달러화, 싱가포르 달러화, 영국 파운드화, 유럽연합 유로화, 스위스 프랑화, 중국 위안화, 일본 엔화

　㉡ 외화의 평가가격은 기준시세(외환시장의 매매기준율)에 사정비율을 곱하여 산출한 가격으로 함

④ 거래증거금으로 예탁할 수 있는 외화증권

　㉠ 미국 단기 재무부국채(T-Bill), 미국 중기 재무부국채(T-Note), 미국 장기 재무부국채(T-Bond), 그 밖에 거래소가 인정하는 외화증권

　㉡ 외화증권의 평가가격은 기준시세(외환시장의 매매기준율)에 사정비율을 곱하여 산출한 가격으로 함

(2) 거래증거금 산출

① 거래증거금 산출방법

- ㉠ 거래증거금은 파생상품계좌별로 산출하며, 동일인이 파생상품계좌를 2개 이상 개설한 경우에도 각 계좌별로 산출함
- ㉡ 파생상품계좌는 거래증거금할인계좌(차익거래 또는 헤지거래를 위한 회원 또는 사후위탁증거금 적용 적격기관투자자의 계좌)와 거래증거금일반계좌로 구분함
- ㉢ 순위험거래증거금 산출 : 상품군 구분 → 상품군 순위험거래증거금액 산출 → 계좌별 순위험거래증거금액 산출(상품군별 순위험거래증거금액을 단순 합산한 금액)

② 순위험거래증거금 산출

- ㉠ 상품군 구분 : KRX 파생상품시장은 주가지수상품군, 각 기초주권상품군, 국채상품군, 통화상품군, 금상품군으로 분류
- ㉡ 상품군 순위험거래증거금액

$$= \text{Max} \left\{ \begin{matrix} \text{가격변동 거래증거금액} \\ + \\ \text{선물스프레드 거래증거금액} \\ + \\ \text{인수도 거래증거금액} \\ + \\ \text{최종결제가격 확정전 거래증거금액} \end{matrix} \ , \ \begin{matrix} \text{최소 순위험거래} \\ \text{증거금액} \end{matrix} \right\} + \text{옵션가격 거래증거금액}$$

- ㉢ 계좌별 순위험거래증거금액 : 상품군별 순위험거래증거금액을 단순 합산

(3) 거래소와 회원 간 결제방법

① 거래소의 결제상대방 : 거래소가 모든 거래의 결제상대방(CCP ; Central Counter Party)이 되어 파생상품시장의 결제이행을 보증함

② 결제시한(거래소와 결제회원 간)

- ㉠ 정산차금(당일차금, 갱신차금), 최종결제차금, 옵션대금, 권리행사차금
  → 다음 거래일 16시
- ㉡ 미국달러선물·옵션과 다른 통화선물에 대한 최종결제대금과 외화금액
  → 최종거래일로부터 3일째 날(T + 2)의 12시
- ㉢ 결제회원은 모든 선물·옵션에 대한 결제일 및 결제시한이 동일한 결제금액을 서로 합산, 차감하여 결제를 행함

(4) 선물거래의 결제방법

① 일일정산

ⓐ 당일차금 : 당일의 약정가격과 당일의 정산가격의 차에 당일 약정수량과 거래승수를 곱하여 산출한 손익

당일 매수거래	= 당일 매수수량 × (당일 정산가격 − 당일 약정가격) × 거래승수
당일 매도거래	= 당일 매도수량 × (당일 약정가격 − 당일 정산가격) × 거래승수

ⓑ 갱신차금 : 전일의 정산가격과 당일의 정산가격의 차에 전일의 미결제약정수량과 거래승수를 곱하여 산출한 손익

매수 미결제약정	= 전일 매수미결제약정수량 × (당일 정산가격 − 전일 정산가격) × 거래승수
매도 미결제약정	= 전일 매도미결제약정수량 × (전일 정산가격 − 당일 정산가격) × 거래승수

② 정산가격(일일정산의 기준이 되는 가격)

ⓐ 당일 정규거래시간 중 설립된 약정가격이 있는 경우 : 가장 나중에 성립된 약정가격

ⓑ 당일 정규거래시간 중 설립된 거래가 없거나 괴리조건에 해당하는 경우 : 별도 기준에 따름

③ 최종결제

ⓐ 현금결제 : 최종거래일의 정산가격과 최종결제가격의 차에 의해 산출되는 최종결제차금을 최종결제일에 수수하여 선물거래를 종결시키는 방법

〈최종결제차금산출식〉

매수 미결제약정	= (최종결제가격 − 당일 정산가격) × 매수 최종결제수량 × 거래승수
매도 미결제약정	= (당일 정산가격 − 최종결제가격) × 매도 최종결제수량 × 거래승수

ⓑ 현금결제 시 최종결제가격

- 코스피200선물, 코스닥150선물, 섹터지수선물, 주식선물, 금선물 : 최종거래일의 기초자산 종가(지수)
- 유로스톡스50선물 : 유렉스가 상장한 유로스톡스50선물의 최종결제가격
- 육선물 : 최종거래일의 다음 날 최초로 공표되는 돈육대표가격
- 3년/5년/10년 국채선물 : 각 선물거래의 기초자산에 대하여 한국금융투자협회가 최종거래일 10:00, 10:30, 11:00에 공표하는 수익률 중 최고치와 최저치를 제외한 수익률과 11:30분에 공표하는 수익률의 평균수익률을 최종결제가격 산출 산식에 의해 환산한 가격

ⓒ 인수도결제

- 최종결제수량에 대하여 매도자는 매수자에게 인도물품을 인도하고 그 대가로 최종결제가격 기준으로 산출한 최종결제대금을 수수하는 방법으로 최종결제하는 것
- 인수도결제 시 최종결제가격은 선물시장의 가격으로 함

(5) 옵션거래의 결제방법

① 옵션대금

ⓐ 결제회원은 당일 중에 거래가 성립된 옵션거래에 대하여 옵션대금(= 약정가격 × 약정수량 × 거래승수)을 거래소와 수수하여야 함

② 권리행사
  ㉠ 결제회원은 옵션의 권리행사를 위하여 최종거래일(권리행사일)의 장 종료시점부터 장 종료 후 30분 이내에 권리행사 수량을 파생상품계좌별 옵션종목별로 신고
  ㉡ 현금결제방식에 의해 최종결제되는 옵션거래의 경우 손실종목에 대하여 권리행사를 신고할 수 없음

콜옵션의 권리행사 불가종목	행사가격 ≥ 권리행사결제 기준가격
풋옵션의 권리행사 불가종목	행사가격 ≤ 권리행사결제 기준가격

  ㉢ 권리행사로 이익이 발생하는 종목에 대해서는 회원이 권리행사를 신고하지 않아도 권리행사를 신청한 것으로 봄(권리행사 신고 의제)

〈권리행사 신고 의제(자동권리행사) 기준〉

(미니) 코스피200 옵션	콜옵션	권리행사결제기준가격 − 행사가격 ≥ 0.01
	풋옵션	행사가격 − 권리행사결제기준가격 ≥ 0.01
	권리행사결제기준가격 : 권리행사일의 코스피200 최종지수	
주식옵션	콜옵션	권리행사결제기준가격 − 행사가격 ≥ 5원
	풋옵션	행사가격 − 권리행사결제기준가격 ≥ 5원
	권리행사결제기준가격 : 권리행사일의 기초주권의 종가	
미국달러 옵션	콜옵션	권리행사결제기준가격 − 행사가격 ≥ 0.1원
	풋옵션	행사가격 − 권리행사결제기준가격 ≥ 0.1원
	권리행사결제기준가격 : 권리행사일의 서울외국환중개㈜에서 공표하는 매매기준율	

(6) 차감결제 및 결제시한

① 차감결제
  ㉠ 거래소와 결제회원은 현금의 경우, 수수일 및 수수시한이 동일한 당일차금, 갱신차금, 옵션대금, 최종결제차금, 최종결제대금, 권리행사차금 및 권리행사결제대금의 총지급액과 총수령액을 차감하여 결제함(차감결제)
  ㉡ 인수도결제에 의해 수수하는 기초자산의 경우에도 거래소와 결제회원 간에는 수수일 및 수수시한이 동일한 각 기초자산별로 지급할 기초자산과 수령할 기초자산을 차감한 수량만 결제함

② 결제시한
거래소와 결제회원 간 현금 또는 기초자산을 수수하는 결제시한은 다음과 같음

당일차금 및 갱신차금	해당 차금이 발생한 날의 다음 거래일의 16시
옵션대금	옵션거래가 성립한 날의 다음 거래일의 16시
최종결제차금, 권리행사차금 (현금결제방식에 의해 최종결제되는 상품)	최종결제일 또는 권리행사결제일의 16시
최종결제대금, 권리행사결제대금 (인수도결제방식에 의해 최종결제되는 상품)	최종결제일의 12시

(7) 파생상품계좌 설정

① 파생상품계좌 개설

㉠ 회원은 위탁자와 파생상품계좌를 설정하려면 다음 사항이 기재된 서면으로 파생상품계좌설정 계약을 체결하여야 함

> • 회원과 위탁자는 거래를 위하여 파생상품계좌를 설정한다는 사항
> • 위탁자는 거래의 수탁과 관련하여 회원이 사전에 정한 계약의 내용을 승인한다는 사항

㉡ 회원은 파생상품계좌설정계약서, 파생상품거래위험고지서 교부확인서 및 위탁자관련 사항에 관한 서면을 10년 동안 기록·유지하여야 함

② 파생상품거래약관

㉠ 회원은 다음의 사항을 파생상품거래약관에 기재하고 파생상품 계좌설정 시에 위탁자에게 중요 내용을 설명하고 파생상품거래약관을 교부하여야 함

> • 수탁의 거부에 관한 사항
> • 지정결제회원에 관한 사항
> • 기본예탁금 및 위탁증거금의 예탁에 관한 사항

③ 파생상품거래위험고지서

㉠ 회원은 위탁자와 파생상품계좌를 설정하기 전에 위탁증거금 이상의 손실발생 가능성, 위탁증거금의 추가예탁가능성, 위탁증거금의 인상가능성 등이 기재된 서면(파생상품거래위험고지서)을 위탁자에게 교부하고 그 내용을 충분히 설명하여야 함

㉡ 회원은 파생상품거래위험고지서를 충분히 숙지한 후, 자신의 판단과 책임으로 거래를 한다는 취지가 기재된 서면에 위탁자의 기명날인 또는 서명을 받고 이를 위탁자로부터 징구하여야 함

(8) 기본예탁금

미결제약정이 없는 위탁자가 파생상품거래를 하기 위하여 금융투자업자에게 예탁하여야 하는 최소한의 거래개시기준금액을 의미함

코스피200변동성지수 선물거래를 제외한 선물거래 및 옵션을 매수하고자 하는 위탁자	1천만원 이상
모든 파생상품을 거래하고자 하는 위탁자	2천만원 이상

(9) 위탁증거금

① 고객이 회원에게 파생상품거래의 주문을 위탁할 때 납부

② 사전위탁증거금 : 주문 제출 시에 예탁 → 일반투자자에 적용

③ 사후위탁증거금 : 거래종료 후에 예탁 → 적격기관투자자인 경우에 적용

④ 개시위탁증거금 : 신규거래 시 납부

⑤ 유지위탁증거금 : 미결제약정을 유지하는 데 필요한 최소한의 증거금

⑥ 고객은 회원에게 파생상품 거래의 주문을 위탁할 때에는 해당주문에 대한 위탁증거금을 납부하여야 함

⑦ 위탁증거금은 현금으로 예탁받아야 하지만, 현금예탁필요액을 제외한 위탁증거금액은 대용증권, 외화, 외화증권으로 예탁함

(10) 미결제약정수량의 제한

투기목적의 거래에 대해서는 시장상황에 따라 투자자가 보유할 수 있는 미결제약정수량을 제한할 수 있음

코스피200선물 / 옵션, 미니코스피200선물 / 옵션	선물환산순델타포지션 기준 2만계약(개인 1만)
코스피200변동성지수선물	순미결제약정수량 기준 2만계약(개인 1만)
코스닥150선물, 코스닥150옵션	순미결제약정수량 기준 2만계약(개인 1만)
해외지수선물	순미결제약정수량 기준 5만계약(개인 2만5천)
섹터지수선물	순미결제약정수량 기준 1만계약(개인 5천)
돈육선물거래	순미결제약정수량 기준 3천계약
금선물거래	

개념체크 O X

▶ 선물거래의 일일정산 시 갱신차금이란 당일의 약정가격과 당일의 정산가격의 차에 당일 약정수량과 거래승수를 곱하여 산출한 손익이다. O X

해설 선물거래의 일일정산 시 당일차금이란 당일의 약정가격과 당일의 정산가격의 차에 당일 약정수량과 거래승수를 곱하여 산출한 손익이다.

답 X

▶ 사전위탁증거금이란 주문 제출 시에 예탁하는 증거금으로 일반투자자에 적용된다. O X

답 O

01 거래증거금 산출방법에 대한 설명으로 옳지 않은 것은?

★★★
① 거래증거금의 산출은 파생상품계좌별로 산출하며, 동일인이 파생상품계좌를 2개 이상 개설한 경우에는 이를 모두 합하여 거래증거금을 산출한다.

② 파생상품계좌는 거래증거금할인계좌(차익거래 또는 헤지거래를 위한 회원 또는 사후위탁증거금 적용 적격기관투자자의 계좌)와 거래증거금일반계좌로 구분한다.

③ 계좌별 순위험거래증거금액은 파생상품계좌 내의 모든 상품군별 순위험거래증거금액을 단순 합산한 금액으로 한다(0보다 적은 경우 0으로 하며, 10원 미만은 절사).

④ 상품군, 상품군을 구성하는 기초자산의 상대적 규모비율 및 가격상관율은 기초자산 간 연관성을 고려하여 거래소가 별도로 정하여 공표한다.

[해설] 거래증거금은 위탁증거금 중에서 회원이 실제로 거래소에 예탁하는 증거금으로, 거래증거금의 산출은 파생상품계좌별로 산출하며, 동일인이 파생상품계좌를 2개 이상 개설한 경우에도 각 계좌별로 산출한다.

답 ①

02 거래증거금 항목 중 돈육선물에만 적용되는 증거금액은?

★★★
① 인수도 거래증거금액

② 선물스프레드 거래증거금액

③ 가격변동 거래증거금액

④ 최종결제가격 확정전 거래증거금액

[해설] 최종결제가격 확정전 거래증거금액은 돈육선물에만 적용되는 것으로, 돈육선물의 최종결제가격이 최종거래일의 다음 거래일에 발표됨에 따라 최종거래일로부터 최종거래일 익일까지의 가격변동에 대한 위험을 커버하기 위한 증거금이다.

답 ④

03 선물거래의 결제방법에 대한 설명으로 옳지 않은 것은?

★★★
① 선물거래의 결제금액은 일일정산차금과 최종 결제차금 또는 최종 결제대금으로 구분된다.

② 거래소와 결제회원, 지정결제회원과 매매전문회원은 선물거래의 각 종목에 대하여 거래일마다 정산가격으로 정산하여야 한다.

③ 갱신차금은 전일의 정산가격과 당일의 약정가격의 차에 당일의 미결제약정수량과 거래승수를 곱하여 산출한 손익이다.

④ 일일정산에 따른 차금은 당일차금과 갱신차금으로 구성된다.

[해설] 갱신차금은 전일의 정산가격과 당일의 정산가격의 차에 전일의 미결제약정수량과 거래승수를 곱하여 산출한 손익이다.

답 ③

04 다음 중 최종결제 또는 권리행사결제방식이 동일한 품목끼리 짝지어지지 않은 것은?

★★★
① 주식선물, 코스닥150선물

② 3년 국채선물, 유로선물

③ 코스피200옵션, 주식옵션

④ 미국달러선물, 위안선물

해설 ①은 모두 현금결제방식, ②의 3년 국채선물은 현금결제방식이나 유로선물은 인수도결제방식, ③은 모두 현금결제방식, ④는 모두 인수도결제방식으로 최종결제가 이루어진다.

답 ②

05 파생상품 세제 _{중요도 ★★☆}

대표유형문제 다음 중 납세의무의 성립시기가 잘못 연결된 것은?

① 부가가치세 – 과세기간이 끝나는 때

② 증권거래세 – 매매거래가 확정되는 때

③ 상속세 – 상속재산을 처분한 때

④ 증여세 – 증여에 의하여 재산을 취득하는 때

해설 상속세의 납세의무가 성립하는 시기는 상속이 개시되는 때이다.

〈납세의무의 성립시기〉

소득세, 법인세, 부가가치세, 금융보험업자의 수익금액에 부과되는 교육세	과세기간이 끝나는 때
상속세	상속이 개시되는 때
증여세	증여에 의하여 재산을 취득하는 때
인지세	과세문서를 작성한 때
증권거래세	해당 매매거래가 확정되는 때
종합부동산세	과세기준일
원천징수하는 소득세, 법인세	소득금액 또는 수입금액을 지급하는 때

답 ③

STEP 01 핵심필수개념

(1) 조세의 분류

분류기준		분 류
과세주체	국 세	과세권자가 국가인 조세
	지방세	과세권자가 지방자치단체인 조세
조세의 전가성	직접세	조세부담의 전가가 예상되지 않는 조세
	간접세	조세부담의 전가가 예상되는 조세
지출의 목적성	보통세	세수의 용도가 불특정한 조세(일반적인 지출 충당)
	목적세	세수의 용도가 특정한 조세(특정목적 지출 충당)
과세표준 단위	종가세	가격을 과세표준으로 하는 조세
	종량세	양을 과세표준으로 하는 조세
세율의 구조	비례세	과세표준과 관계없이 일정률의 세율이 적용되는 조세
	누진세	과세표준에 크기에 따라 세율의 차이가 있는 조세

(2) 총 칙

① 기간과 기한

ㄱ 세법에서 규정하는 기한이 공휴일·토요일이거나 근로자의 날에 해당하는 때에는 그 다음날을 기한으로 함

ㄴ 우편으로 서류를 제출하는 경우에는 통신날짜 도장이 찍힌 날에 신고된 것으로 봄

ㄷ 국제정보 통신망이 장애로 가동이 정지된 경우 그 장애가 복구되어 신고 또는 납부할 수 있게 된 날의 다음날을 기한으로 함

기 간	어느 시점에서 어느 시점까지의 계속된 시간
기 한	법률행위의 효력발생·소멸·채무의 이행 등을 위하여 정한 일정 시점

② 서류의 송달

「국세기본법」은 세법에 규정하는 서류를 그 명의인의 주소, 거소, 영업소 또는 사무소에 아래의 방법으로 송달할 것을 규정함

교부송달	행정기관의 소속 공무원이 송달할 장소에서 송달받아야 할 자에게 서류를 교부함
우편송달	서류의 송달을 우편으로 할 때에는 등기우편으로 하여야 함
전자송달	정보통신망을 이용한 송달은 서류의 송달을 받아야 할 자가 신청하는 경우에 한하여 행함
공시송달	• 다음의 경우에는 서류의 주요 내용을 공고한 날부터 14일이 경과함으로써 서류가 송달된 것으로 봄 – 송달 장소가 국외에 있고 송달이 곤란한 경우, 송달 장소가 분명하지 아니한 경우, 등기송달 또는 2회 이상 교부송달을 하였으나 수취인 부재로 확인되어 납부기한 내에 송달이 곤란한 경우

(3) 납세의무

① 납세의무의 확정

신고확정	소득세, 법인세, 부가가치세, 증권거래세, 교육세, 개별소비세 등은 납세의무자가 과세표준과 세액을 정부에 신고함으로써 확정됨
부과확정	상속세, 증여세 등은 정부가 과세표준과 세액을 결정함으로써 확정됨
자동확정	인지세, 원천징수하는 소득세 또는 법인세, 납세조합이 징수하는 소득세, 중간예납하는 법인세는 납세의무가 성립하는 때에 특별한 절차 없이 확정됨

② 납세의무의 소멸

ㄱ 납부충당(국세환급금을 납부할 국세 등과 상계시키는 것)되거나 부과가 취소된 때

ㄴ 국세 부과의 제척기간이 끝난 때

ㄷ 국세징수권의 소멸시효가 완성된 때

국세의 부과제척기간	국가가 납세의무자에게 국세를 부과할 수 있는 법정기간으로 그 기간이 끝난 날 후에는 국세부과권의 소멸로 인하여 납세의무도 소멸함
국세징수권의 소멸시효	• 소멸시효는 권리자가 권리를 행사할 수 있음에도 일정기간 권리를 행사하지 않는 경우 그 권리가 소멸하는 것 • 국세징수권은 국가가 권리를 행사할 수 있는 때로부터 5년(5억원 이상의 국세채권은 10년), 행사하지 아니하면 소멸시효가 완성하고 이로 인하여 납세의무도 소멸 • 다만, 납세고지·독촉 또는 납부최고·교부청구·압류의 경우에는 이미 경과한 시효기간의 효력이 중단됨

ⓔ 국세의 부과제척기간

구 분	일반조세	상속증여세
사기 등 부정한 행위로 국세를 포탈 또는 환급받는 경우	10년	15년
법정신고기한까지 과세표준신고서를 제출하지 아니한 경우	7년(역외거래의 경우 10년)	
국제거래가 수반되는 부정행위	15년	
법정신고기한까지 상속증여세과세표준신고서를 제출하였으나 허위, 누락 신고한 경우	–	
부정행위로 상속증여세를 포탈한 경우로서 상속인이 명의이전 없이 취득하는 경우	–	안 날부터 1년 (재산가액 50억원 초과)
기타의 경우	5년	10년

③ 납세의무의 승계

합병법인의 승계	법인이 합병한 경우 합병법인은 피합병법인에게 부과되거나 납부할 국세, 가산세와 체납처분비를 납부할 의무를 짐
상속인의 승계	상속이 개시된 때에 상속인은 피상속인에게 부과되거나 납부할 국세, 가산세와 체납처분비를 상속받은 재산을 한도로 납부할 의무를 짐

④ 제2차 납세의무자

청산인 등	청산인 또는 잔여재산을 분배받은 자는 그 해산법인의 국세 등에 대하여 제2차 납세의무를 짐
출자자	법인의 재산으로 국세 등을 충당하고 부족한 금액은 납세의무 성립일 현재의 무한책임사원과 과점주주가 제2차 납세의무를 짐
법 인	국세의 납부기간 만료일 현재 법인의 무한책임사원과 과점주주가 당사자의 재산으로 국세 등을 충당한 후에도 부족한 금액은 당해 법인이 제2차 납세의무를 짐
사업양수인	양도양수한 사업과 관련하여 양도일 이전에 양도인의 납세의무가 확정된 국세 등은 사업양수인이 제2차 납세의무를 짐

*과점주주 : 주주 또는 유한책임사원 1명과 그의 특수관계인으로 시행령에서 정하는 자로서 그들의 소유주식 합계 또는 출자액 합계가 해당 법인의 발행주식 총수 또는 출자총액의 50%를 초과하면서 그에 관한 권리를 실질적으로 행사하는 자를 말함

(4) 소득세법

① 납세의무자와 과세소득의 범위

ⓐ 소득세는 자연인인 개인을 납세의무자로 함. 다만, 법인격없는 단체 중 「국세기본법」에 따라 법인으로 보는 단체가 아닌 단체(예 동창회, 종중등)는 세법상 개인으로 보아 소득세의 납세의무자가 됨

ⓑ 「소득세법」은 납세의무자인 개인을 거주자와 비거주자로 구분하여 과세소득의 범위와 과세방법을 달리하고 있음

ⓒ 거주자는 국내에 주소를 두거나 183일 이상 거소를 둔 개인으로 국내외의 모든 소득에 대해서 납세의무가 있는 반면, 개인인 비거주자는 국내 원천소득에 대해서만 납세의무가 있음

② 소득의 구분과 과세방법

　　㉠ 소득의 구분

　　　• 「소득세법」은 거주자의 소득을 종합소득(이자소득, 배당소득, 사업소득, 근로소득, 연금소득 및 기타소득을 합산한 소득), 퇴직소득(퇴직으로 인하여 발생하는 소득), 양도소득(자산의 양도로 인하여 발생하는 소득)으로 각각 구분함

　　　• 종합소득은 매년 종합소득과세 방식으로 과세하고 퇴직소득과 양도소득은 발생 시에 분류소득과세 방식으로 과세함

　　㉡ 거주자의 과세방법

종합과세	개인의 소득 중 해마다 발생하는 경상소득을 개인별로 합산하여 종합소득세율에 의해 신고ㆍ납부과세하는 것으로, 이자소득, 배당소득, 사업소득, 근로소득, 연금소득 그리고 기타소득 등 6가지 소득을 종합과세대상 소득으로 함
분류과세	종합과세 소득에 포함되지 아니하는 퇴직소득, 양도소득은 그 소득이 비정상적으로 발생된 것이므로, 종합소득과 구분하여 각 소득별로 별도의 절차와 방법에 따라 소득세를 신고ㆍ납부하는 제도를 말함
분리과세	소득의 유형이 종합소득에 속하는 소득이지만 법정률(원천징수세율)만을 원천징수함으로써 종합소득세의 납세의무가 종료되어 종합소득과세표준에 합산하지 아니하는 제도를 말함 → 거주자의 이자소득, 배당소득, 기타소득, 연금소득 중 특정 소득 또는 일정 기준액 이하의 소득은 분리과세함
비과세소득	과세소득에 속하는 소득 중 그 소득의 성질이나 국가의 정책에 따라 과세에서 제외되는 소득을 말함

　　㉢ 신고와 납부

　　　• 소득세는 신고확정 세목으로 납세자가 정부에 신고함으로써 과세표준과 세액이 확정됨. 따라서 증빙서류와 기장된 장부에 의하여 소득금액과 세액을 계산하여 다음 연도 5월 1일부터 31일까지 주소지 관할세무서에 신고 및 납부하여야 함

　　　• 다만, 다음에 해당하는 거주자는 신고를 하지 않아도 됨 → 근로소득만 있는 거주자, 퇴직소득만 있는 거주자, 공적연금소득만 있는 자, 원천징수 연말정산하는 사업소득만 있는 자, 원천징수되는 기타소득으로 종교인소득만 있는 자, 분리과세 이자ㆍ배당ㆍ연금ㆍ기타소득만 있는 자

(5) 상속세

상속세는 자연인의 사망을 원인으로 무상이전되는 재산을 과세대상으로 하여 그 재산의 취득자(상속인)에게 과세하는 조세임

과세 방식	유산세 방식	피상속인의 유산총액을 기준하여 과세하는 방식 → 우리나라는 유산세 방식을 원칙으로 함
	유산취득세 방식	상속인 각 인이 취득하는 상속재산을 기준하여 과세하는 방식
납세의무자		상속인 및 유증을 받는 자(수유자) → 각자가 취득하는 재산의 비율에 따라 상속세 납세의무를 가지며, 상속세 납세의무자들은 상속세를 연대하여 납부할 의무를 가짐
상속재산		= 민법상의 상속재산 + 유증재산 + 사인증여재산 + 특별연고자분여재산 + [보험금 + 신탁재산 + 퇴직금]

상속세 과세가액	= 상속재산가액 + 생전 증여재산가액 + 생전 재산처분가액 + 생전 부채부담액 − 법정 공제액 (= 공과금 + 장례비 + 채무)
과세표준	= 상속세과세가액 − 상속공제액 = 기초공제 + 인적공제 + 물적공제 + 감정평가수수료 → 과세표준이 50만원 미만인 때에는 상속세를 부과하지 않음
세액공제	= 증여세액공제 + 외국납부세액공제 + 단기재상속세액공제 + 신고세액공제

〈세 율〉

과세표준	세 율
1억원 이하	과세표준의 10 / 100
1억원 초과 5억원 이하	1천만원 + 1억원을 초과하는 금액의 20 / 100
5억원 초과 10억원 이하	9천만원 + 5억원을 초과하는 금액의 30 / 100
10억원 초과 30억원 이하	2억 4천만원 + 10억원을 초과하는 금액의 40 / 100
30억원 초과	10억 4천만원 + 30억원을 초과하는 금액의 50 / 100

(6) 증여세

> 증여세는 증여에 의하여 수증되는 재산을 과세대상으로 수증자에게 과세하는 조세임(상속세는 사후이전 재산에 과세. 반면, 증여세는 생전이전 재산에 과세)

① 납세의무자
  ㉠ 증여세의 납세의무자는 재산을 증여받은 자(수증자)
  ㉡ 수증자가 거주자인 경우엔 증여로 취득한 재산의 소재가 국내인지 국외인지 불문하고 취득재산 전부에 대해 납세의무가 있으며, 비거주자인 경우에는 국내에 있는 수증재산에 대하여만 증여세를 납부할 의무가 있음
  ㉢ 그러나 거주자가 비거주자에게 국외에 있는 재산을 증여하는 경우에는 증여자가 납세의무를 지며, 수증자에게 증여재산에 대하여 법인세, 소득세가 부과되는 때에는 증여세는 부과하지 아니함
  ㉣ 수증자가 비거주자이거나, 주소・거소가 불명이거나, 수증자가 담세력이 없는 경우에는 증여자가 연대납세의무를 짐

② 증여세 과세대상
  ㉠ 증여세는 타인의 증여에 의하여 취득하는 모든 증여재산을 과세대상으로 함
  ㉡ 따라서 「민법」상의 증여재산 외에도 증여의제재산이나 증여추정재산도 증여세 과세대상인 증여재산에 포함함(증여세 완전포괄주의 원칙)
  ㉢ 다만, 수증자가 비거주자인 경우에는 증여받은 재산 중 국내에 있는 모든 재산이 과세대상이 되며, 증여재산에 대하여 수증자에게 법인세 또는 소득세가 부가되는 때에는 증여세는 부과하지 아니함

③ 증여세과세가액 = 증여재산가액 + 동일인으로부터 10년 이내에 받은 1천만원 이상의 수증액 − 수증인이 인수한 채무

④ 과세표준 : 과세표준이 50만원 미만인 때에는 증여세를 부과하지 아니함

⑤ 세율 : 상속세 세율과 같음

⑥ 신고와 납부

　㉠ 신고·납부기한 : 상속세 및 증여세는 상속 또는 증여개시일이 속하는 달의 말일을 기준으로
　아래에 정한 기한 내에 신고 및 납부를 하여야 함

구 분	신고기한
상속세	• 국내거주 : 6월 • 국외거주 : 9월
증여세	3월

　㉡ 세액공제·가산세
　　• 법정신고기간 내에 신고한 경우에는 산출세액에서 징수유예, 공제감면금액을 제외한 금액의
　　3%를 공제
　　• 법정신고기간 내에 신고하지 아니하거나 과세표준에 미달하게 신고한 경우와 법정기간 내에
　　세금을 납부하지 아니한 경우에는 가산세

　㉢ 물납 : 상속세는 다음의 요건을 모두 갖춘 경우에는 납세지 관할 세무서장의 허가를 받아 물납
　할 수 있음(증여세는 2016년부터 물납이 허용되지 않음)

> • 상속재산 중 부동산과 유가증권의 가액이 해당 상속재산가액의 1 / 2을 초과할 것
> • 상속세 납부세액이 2천만원을 초과할 것
> • 상속세 납부세액이 상속재산가액 중 금융재산가액을 초과할 것

　㉣ 분납 : 상속세 또는 증여세액이 1천만원을 초과하는 경우에 납부기한 경과일로부터 2개월 이내
　에 분납할 수 있음. 다만, 연부연납허가를 받은 경우에는 분납할 수 없음

　㉤ 연부연납 : 상속세 또는 증여세액이 2천만원을 초과하는 경우에는 세무서의 허가를 얻어 연부
　연납할수 있음

(7) 세무관리 업무

① 원천징수 : 소득금액 지급 시 지급자(원천징수의무자)가 지급받는 자의 부담세액을 국가를 대신하
여 미리 징수하는 것

② 이자소득의 범위

　㉠ 국가·지방자치단체·내국법인·외국법인·외국법인의 국내 지점 또는 국내 영업소에서 발생
　한 채권 또는 증권의 이자와 할인액

　㉡ 국내에서 받는 예금의 이자와 할인액

　㉢ 신용계 또는 신용부금으로 인한 이익

　㉣ 국외에서 받는 예금의 이자

　㉤ 채권 또는 증권의 환매조건부매매차익

　㉥ 저축성 보험의 보험차익

　㉦ 직장공제회 초과반환금

　㉧ 비영업대금의 이익

　㉨ 금전의 사용에 따른 대가의 성격이 있는 것

　㉪ 파생결합상품의 이익

③ 이자소득의 수입시기와 지급시기

지급시기	실제 소득을 지급하는 날을 말하며, 원천징수되는 소득세의 납세의무가 성립·확정되는 시기
수입시기	수입금액과 필요경비가 귀속되는 연도를 파악하여 연도별로 소득을 산정하는 기준을 말함

④ 원천징수 세율(예탁금이용료, 채권이자)

　　　㉠ 거주자에게 이자소득을 지급하는 경우(개인일반법인) : 이자소득금액의 14%(지방소득세 : 이자소득세의 10%(개인만 해당))

　　　㉡ 비거주자에게 이자소득을 지급하는 경우 : 조세조약이 체결된 국가의 거주자인 경우는 조세조약상 제한세율 적용, 정부산하기관은 비과세

　　　㉢ 조세조약이 체결되지 않는 국가의 거주자인 경우 : 20%(채권이자는 14%)

(8) 양도소득

① 양도소득의 범위

　　　㉠ 양도소득이란 재고자산 이외의 자산 중 토지, 건물, 부동산의 권리 및 주식 등「소득세법」이 정한 자산의 양도로 인하여 발생하는 일시적인 소득을 말함

　　　㉡ 부동산 매매업이나 주택건설업자가 양도하는 토지·건물등의 양도차익은 사업소득으로 종합소득세가 과세되고, 사업목적이 아니고 개인이 소유하던 부동산 등을 양도함으로써 발생하는 소득만이 양도소득에 해당함

② 양도소득세 과세

　　　㉠ 대상 : 부동산(토지, 건물), 부동산의 권리, 기타자산(특정주식, 특정시설물 이용권 주식, 부동산 과다보유 주식, 영업권), 비상장주식, 상장주식(대주주 소유 주식, 소액주주 장외거래주식), 파생상품

〈대주주범위 기준 판단 시〉

- 소유주식비율은 직전 사업연도 종료일을 기준으로 하되 직전 사업연도 종료일에는 1%, 2% 또는 4% 미만이었으나 주식 취득으로 1%, 2% 또는 4% 이상을 소유하게 된 때에는 그 취득일 이후에는 대주주로 봄
- 시가총액은 양도일이 속하는 사업연도의 직전 사업연도 종료일 현재의 최종시세 가액에 의함. 다만, 최종시세 가액이 없는 경우에는 직전 거래일의 최종시세 가액에 의함

　　　㉡ 파생상품 양도소득세 부과는 2016. 1. 1 시행

　　　㉢ 양도차익 = 양도금액 - 필요경비[취득가액, 기타필요경비(자본적지출, 양도비, 증권거래세 등)]

　　　㉣ 양도소득금액 = 양도차익 - 장기보유 특별공제양도소득 과세표준 = 양도소득금액 - 양도소득기본공제

　　　㉤ 양도가액·취득가액의 적용기준 : 양도차익은 당해 자산의 양도가액과 취득가액을 실거래가액에 의하여 계산함을 원칙으로 하나, 실거래가액이 확인되지 아니하는 경우에는 기준시가에 의하여 양도차액을 계산함

ⓑ 실지거래가액의 특례

다음에 해당하는 경우에는 등기부에 기재된 가액을 실지거래가액으로 함

> • 등기부 기재가액을 실지거래가액으로하여 계산한 양도소득세액이 50만원 미만인 경우
> • 30일 이내에 기한 후 신고를 하지 아니한 경우

ⓐ 기준시가

토 지	일반지역은 개별 공시지가
건물 및 공동주택	국세청장이 고시한 가액
주 택	개별 주택가격
상장주식	기준일 이전 1월간의 한국거래소 최종시세 가액의 평균액

ⓞ 장기보유 특별공제와 양도소득 기본공제

장기보유 특별공제	토지・건물(1세대 1주택 이외의 주택과 미등기 양도자산・비사용사업용토지 및 주식 등은 제외)로서 보유기간이 3년 이상인 경우 자산의 양도차익에서 일정 율을 곱해 계산한 금액을 공제함
양도소득 기본공제	양도소득이 있는 거주자에 대하여는 당해연도의 양도소득금액에서 소득별로 각각 연 250만원을 공제함

③ 파생상품 양도소득세 과세

구 분	주요 내용
과세대상	주가지수 관련 파생상품과 해외시장에서 거래되는 장내파생상품, 주가지수 관련 장외파생상품, 주가지수 관련 ELW, 주식 관련 CFD
세 율	10%(현재 탄력세율 적용, 기본세율은 20%)
기본공제	연간 250만원
신고방법	연 1회 투자자가 직접 신고・납부
타 소득과의 통산여부	파생상품 양도차익 별도 계산(타 소득과 통산 불가)

④ 세 율

미등기자산(70%), 중소기업 발행주식(대주주가 아닌 자는 10%, 대주주는 20%(과표 3억 초과분은 25%)), 대기업 발행주식(대주주 1년 미만 보유주식은 30%, 기타주주는 20%(대주주의 과표 3억원 초과분은 25%))

⑤ 신고와 납부

예정신고 납부	• 양도소득세 과세대상 자산 중 주권상장법인주식・주권비상장주식을 양도한 경우에는 양도일이 속하는 반기의 말일부터 2월 이내에, 상기 외 자산의 경우에는 양도일이 속하는 달의 말일부터 2월 이내에 예정신고 납부하여야 함 • 다만, 파생상품을 양도한 경우에는 예정신고가 면제됨
확정신고 납부	양도소득과세표준을 양도한 해의 다음 연도 5.1 ~ 5.31까지 신고 납부하여야 함

▶ 수증자가 거주자인 경우엔 증여로 취득한 재산의 소재가 국내에 있는 수증재산에 대하여만 증여세를 납부할 의무가 있으며, 비거주자인 경우에는 국외에 있는 수증재산에 대하여만 증여세를 납부할 의무가 있다. ○×

[해설] 수증자가 거주자인 경우엔 증여로 취득한 재산의 소재가 국내인지 국외인지 불문하고 취득재산 전부에 대해 납세의무가 있으며, 비거주자인 경우에는 국내에 있는 수증재산에 대하여만 증여세를 납부할 의무가 있다.

답 X

▶ 서류의 송달을 우편으로 할 때에는 등기우편으로 하여야 한다. ○×

답 ○

STEP 02 핵심보충문제

01 국세징수권은 국가가 권리를 행사할 수 있는 때로부터 (㉠)년간(5억원 이상 국세채권은 (㉡) ★★★ 년] 행사하지 아니하면 소멸시효가 완성하고 이로 인하여 납세의무도 소멸한다. ㉠, ㉡에 알맞은 숫자는?

① ㉠ 3, ㉡ 5
② ㉠ 5, ㉡ 10
③ ㉠ 7, ㉡ 10
④ ㉠ 7, ㉡ 15

[해설] 소멸시효는 권리자가 권리를 행사할 수 있음에도 일정기간 권리를 행사하지 않는 경우 그 권리가 소멸하는 것으로, 국세징수권은 국가가 권리를 행사할 수 있는 때로부터 5년간(5억원 이상 국세채권은 10년) 행사하지 아니하면 소멸시효가 완성하고 이로 인하여 납세의무도 소멸한다.

답 ②

02 거주자의 소득별 과세방법에 대한 설명으로 옳지 않은 것은?
★★★ ① 종합과세는 개인의 소득 중 해마다 발생하는 경상소득을 개인별로 합산하여 종합소득세율에 의해 신고·납부과세하는 것이다.
② 분류과세는 종합과세소득에 포함되지 않는 퇴직소득, 양도소득 등 비경상적인 소득을 종합소득과 구분하여 각 소득별로 별도 방법에 따라 신고·납부하는 제도이다.
③ 분리과세는 원천징수함으로써 종합소득세의 납세의무가 종료되지 아니하고 종합소득과세표준에 합산하는 제도이다.
④ 비과세소득이란 과세에서 제외되는 소득을 말한다.

[해설] 분리과세는 소득의 유형이 종합소득에 속하는 소득이나 법정률(원천징수세율)만을 원천징수함으로써 종합소득세의 납세의무가 종료되어 종합소득과세표준에 합산하지 아니하는 제도이다.

답 ③

03 다음 중 상속재산에 포함되는 것으로 적절하지 않은 것은?
★★★
① 유증재산   ② 공과금
③ 보험금   ④ 퇴직금

[해설] 공과금은 상속세과세가액 계산시 공제되는 법정공제액에 해당한다.

답 ②

출제예상문제

01 한국거래소에서 거래되는 파생상품의 거래시장을 잘못 나타낸 것은?
★★★
① 코스피200변동성지수선물, 유럽연합유로선물 → 주식상품시장
② 3년국채선물, 5년국채선물 → 금리상품시장
③ 미국달러옵션, 중국위안선물 → 통화상품시장
④ 금선물, 돈육선물 → 일반상품시장

02 다음 중 주권기초파생상품전문회원이 거래할 수 없는 상품은?
★★☆
① 코스피200선물   ② 코스피200옵션
③ 3년국채선물   ④ 주식선물

03 거래소가 장내파생상품시장에서 수행하는 위험관리수단과 거리가 먼 것은?
★★★
① 일일정산   ② 거래증거금의 장중추가징수
③ 미결제약정 보유제한   ④ 위탁증거금 사후예탁

04 선물 스프레드 거래에 관한 설명으로 옳지 않은 것은?
★★★
① 선물 스프레드 거래는 기초자산이 동일한 선물거래에 대해서만 구성되며, 기초자산이 다른 경우에는 구성되지 않는다.
② 금리상품의 경우 매수 선물 스프레드 거래는 원월물종목을 매수하고 근월물종목을 매도하는 스프레드 거래이다.
③ 10년국채선물의 선물 스프레드 거래종목은 1종목이다.
④ 선물 스프레드 거래는 지정가호가만 입력가능하며, 일부충족조건의 호가조건을 이용할 수 있다.

05 코스피200옵션 및 미니코스피200옵션에 관한 내용으로 옳지 않은 것은?

★★★

① 기초자산(거래대상)은 코스피200지수이고, 최종결제방법은 현금결제이다.

② 권리행사 유형은 미국식이다.

③ 거래승수는 코스피200옵션은 250,000원, 미니코스피200옵션은 50,000원이다.

④ 코스피200옵션의 호가가격단위는 옵션가격 10포인트 이상은 0.05포인트이며, 옵션가격 10포인트 미만은 0.01포인트이다.

정답 및 해설

01 ① 유럽연합유로선물은 통화상품시장이다.

02 ③ 파생상품회원은 KRX 파생상품시장에 상장된 모든 선물거래와 옵션거래를 매매 거래할 수 있으나, 주권기초파생상품전문회원은 주식 및 주가지수관련 선물거래(코스피200선물, 미니코스피200선물, 코스닥150선물, 코스피200섹터지수선물, 코스피200변동성지수선물, 주식선물)와 옵션거래(코스피200옵션, 미니코스피200옵션, 주식옵션)만을 거래할 수 있는 회원이다.

03 ④ 파생상품거래를 하고자 하는 위탁자는 위탁증거금을 투자중개업자에게 주문을 위탁하기 전에 미리 예탁하여야 한다(사전위탁증거금 제도). 다만, 적격기관투자자에 대해서는 장종료 후 또는 다음 거래일 10시 이내에 위탁증거금을 예탁할 수 있는 사후위탁증거금을 인정하고 있다. 국내 파생상품시장의 결제안정성 확보를 위해 자본금 규모가 큰 적격기관투자자를 제외한 일반투자자에 대해서는 사전위탁증거금제도를 유지하고 있다.

04 ② 금리상품을 제외한 여타 선물상품의 경우 매수 선물 스프레드 거래는 원월물을 매수하고 근월물을 매도하는 거래이나, 금리상품의 경우 매수 선물 스프레드 거래는 근월물을 매수하고 원월물을 매도하는 거래이다. 선물 스프레드 종목은 상장결제월종목수보다 1종목 적다. 국채선물의 경우 상장결제월은 2개로 정해져 있으므로 국채선물의 선물 스프레드 거래종목은 1종목이다.

〈선물 스프레드 종목〉

기초자산, 거래단위 및 최종결제방법은 동일하나 결제월(또는 최종결제일)이 상이한 두 종목의 선물종목을 하나의 종목으로 구성하여, 한 종목을 매수(매도)하고 동시에 다른 종목을 매도(매수)하는 스프레드 종목	
선물 스프레드 매수	= 원월종목 매수 + 최근월종목 매도 → 금리상품의 경우에는 [원월종목 매도 + 최근월종목 매수]
선물 스프레드 매도	= 원월종목 매도 + 최근월종목 매수 → 금리상품의 경우에는 [원월종목 매수 + 최근월종목 매도]

• 선물 스프레드 종목은 상장결제월종목 수보다 1개 적음
① 3년국채선물, 5년국채선물, 10년국채선물 : 1개
② 해외지수선물 : 2개
③ 3개월무위험지표금리선물 : 3개
④ 미니코스피200선물, 코스피200변동성지수선물, 돈육선물 : 5개
⑤ 코스피200선물, 코스닥150선물, 섹터지수선물, 금선물 : 6개
⑥ 엔선물, 유로선물, 위안선물 : 7개
⑦ 주식선물 : 8개
⑧ 미국달러선물 : 19개

05 ② 권리행사 유형은 만기일에만 권리행사가 가능한 유럽식 옵션이다.

06 3년국채선물에 대한 설명으로 옳지 않은 것은?

★★★ ① 거래대상은 만기 3년, 표면금리 5%의 6개월 단위 이자지급방식의 액면가 1억원의 국고채권 표준물이다.

② 최종거래일 도래 종목의 거래시간은 9시부터 11시 30분까지이다.

③ 최종결제기준채권의 결제수익률은 최종거래일에 한국금융투자협회가 공시하는 10시, 10시 30분, 11시의 수익률 중 최고치와 최저치를 제외한 수익률과 11시 30분에 공시된 수익률을 평균한 수익률로 한다.

④ 최종결제방법은 실물인수도 결제방식이다.

07 KRX300선물에 대한 설명으로 옳지 않은 것은?

★★★ ① 기초자산은 KRX300지수이다.

② 거래승수는 50,000원이다.

③ 호가가격단위는 0.50포인트이다.

④ 최종거래일은 결제월 두 번째 목요일이다.

08 금선물에 대한 설명으로 옳지 않은 것은?

★★★ ① 거래대상은 순도 99.99% 이상의 1kg 벽돌모양의 직육면체 금지금(금괴)이며, 가격은 1g당 원화로 표시된다.

② 거래단위(1계약의 크기)는 100g이며, 호가가격단위는 10원이다.

③ 최종거래일은 각 결제월의 세 번째 수요일이다.

④ 최종거래일의 거래시간은 9시부터 11시 30분까지이며, 실물인수도 방식에 의해 최종결제된다.

09 돈육선물에 대한 설명으로 옳지 않은 것은?

★★★ ① 거래대상은 축산물품질평가원에서 산출하는 돈육대표가격이다.

② 거래단위(1계약의 크기)는 1,000kg이며, 호가가격단위는 5원이다.

③ 최종거래일은 각 결제월의 세 번째 수요일이다.

④ 최종거래일의 거래시간은 9시부터 11시 30분까지이며, 실물인수도 방식에 의해 최종결제된다.

10 파생상품시장의 호가(주문) 접수시간에 대한 설명으로 옳지 않은 것은?

★★★
① 정규거래의 호가(주문) 접수시간은 거래시간 30분 전부터 거래시간 종료시까지이다.

② 정규거래의 호가접수 시작시간은 최종거래일에 관계없이 모두 8:30(돈육선물의 경우 9:45)이나 종료시간은 평일 15:45이다.

③ 최종거래일의 호가접수시간은 최종결제방법과는 상관없이 장종료 전 10분간 단일가거래로 거래를 종료한다.

④ 단일가거래를 위한 호가접수시간은 시초가의 경우 정규거래시간의 개시 전 30분간, 거래중단 후 재개시의 최초가의 경우 재기한 때부터 10분간, 종가의 경우 장종료 전 10분간이다.

11 다음 중 최종거래일의 거래시간 종료 전 10분간 종가 결정을 위한 단일가격 경쟁거래를 위한 호가
★★★ 접수시간이 있는 거래는?

① 금선물   ② 코스피200선물

③ 3년국채선물   ④ 미국달러선물

정답 및 해설

06 ④ 최종결제방법은 현금결제방식이다.

07 ③ 호가가격단위는 0.20포인트이다.

08 ④ 최종거래일의 거래시간은 9시부터 15시 20분까지이며, 현금결제방식에 의해 최종결제된다.

09 ④ 최종거래일의 거래시간도 정규거래 평일의 거래시간과 동일하게 10시 15분부터 15시 45분까지이며, 현금결제방식에 의해 최종결제된다.

10 ③ 최종거래일의 호가접수시간은 최종결제방법에 따라 상품별로 차이가 있다. 해외지수선물거래, 통화선물거래 및 돈육선물거래의 종목을 제외한 최종거래일이 도래한 종목은 종가 단일가 호가접수시간 없이 접속거래로 거래가 종료되며, 해외지수선물거래, 통화선물거래 및 돈육선물거래의 종목은 장종료 전 10분간(11:20 ~ 11:30) 단일가거래로 거래를 종료한다.

11 ④ 인수도결제방식에 의해 최종결제되는 통화선물(미국달러선물, 엔선물, 유로선물, 위안선물)은 최종거래일에도 최종거래일 장 종료 전 10분간(11:20 ~ 11:30) 종가 결정을 위한 단일가주문 접수시간을 두고 있다.

12 202X년 9월의 달력이 다음과 같을 때, 다음 중 **최종거래일 또는 최종결제일이 다른 것은?**

★★★

일	월	화	수	목	금	토
	1	2	3	4	5	6
7	8	9	10	11	12	13(추석)
14(추석)	15(추석)	16	17	18	19	20
21	22	23	24	25	26	27
28	29	30				

① 삼성전자 주식옵션 202X년 9월 결제월종목의 최종결제일
② 코스피200옵션 202X년 9월 결제월종목의 최종결제일
③ 미국달러선물 202X년 9월 결제월종목의 최종거래일
④ 5년국채선물 202X년 9월 결제월종목의 최종거래일

13 호가의 종류에 관한 설명으로 옳은 것은?

★★★
① 지정가호가는 종목, 수량, 가격을 지정하는 호가로서 선물 스프레드 종목을 포함하여 모든 선물·옵션 종목에 대해 사용가능한 호가이며, 다른 호가에 우선하여 체결된다.
② 조건부지정가호가는 지정가호가로 거래하되 해당 호가수량이 호가 당시 전부 체결될 수 있으면 체결시키고, 그렇지 않을 경우 해당 호가를 취소할 것을 조건으로 하는 호가이다.
③ 시장가호가는 종목 및 수량은 지정하되, 가격지정 없이 시장에서 형성되는 가격으로 거래하고자 하는 호가이다.
④ 최유리지정가호가는 선물 스프레드 종목에 대해서도 사용 가능하다.

14
★★★
3년국채선물의 접속거래 시간에 거래소에 접수된 호가의 상황이 다음과 같다. 이런 상황에서 10계약의 매도주문이 최유리지정가호가로 제출되었을 경우, 체결가격과 체결수량은 각각 얼마인가?

매 도	가 격(p)	매 수
30	105.80	
20	105.70	
8	105.65	
	105.60	
	105.55	7
	105.50	5

① 105.55p 7계약
② 105.55p 7계약, 105.50p 3계약
③ 105.65p 8계약
④ 105.65p 8계약, 105.70p 2계약

정답 및 해설

12 ④ 삼성전자 주식옵션과 코스피200옵션의 최종결제일은 최종거래일인 두 번째 목요일(T)의 다음 날(T + 1)인 12일이다. 미국달러선물의 최종거래일은 세 번째 월요일인 15일인데, 이 날이 휴일임에 따라 직전 거래일인 12일이 최종거래일이 된다. 5년국채선물의 최종거래일은 세 번째 화요일인 16일이다.

구 분	거래시간	최종거래일(T)	최종결제일
코스피200선물 코스피200옵션 주식선물 · 옵션	09:00 ~ 15:45 (최종거래일 09:00 ~ 15:20)	결제월의 두 번째 목요일	최종거래일의 다음 거래일(T + 1)
3년 · 5년 · 10년 국채선물	09:00 ~ 15:45 (최종거래일 09:00 ~ 11:30)	결제월의 세 번째 화요일	최종거래일의 다음 거래일(T + 1)
통화선물 (달러선물 등)	09:00 ~ 15:45 (최종거래일 09:00 ~ 11:30)	결제월의 세 번째 월요일	최종거래일로부터 기산하여 3일째 거래일(T + 2)
금선물	09:00 ~ 15:45 (최종거래일 09:00 ~ 15:20)	결제월의 세 번째 수요일	최종거래일의 다음 거래일(T + 1) 16:00시
돈육선물	10:15 ~ 15:45 (최종거래일 동일)	결제월의 세 번째 수요일	최종거래일로부터 기산하여 3일째 거래일(T + 2)

*최종거래일이 공휴일인 경우 순차적으로 앞당김

13 ③ ① 지정가호가는 다른 호가와 동일하게 가격 · 시간 우선원칙에 따라 체결된다. ② 지정가호가의 전량충족조건에 대한 설명이다. ④ 최유리지정가호가는 선물 스프레드 종목에 대해서는 허용되지 않는다.

14 ① 매도 최유리지정가호가는 가장 높은 매수호가의 가격을 지정한 것으로 한다. 즉, 매도 최유리지정가는 가장 높은 매수호가의 가격으로 매도가격을 지정하는 지정가호가와 동일하다. 현재 가장 높은 매수호가는 105.55이므로 105.55에 10계약 매도호가를 제출한 셈이므로 105.55p에 7계약이 체결되고, 3계약은 105.55에 매도주문으로 대기한다.

15 다음은 접속거래시간의 코스피200선물에 대한 호가집계장을 나타낸 것이다. 이런 상황에서 일부
★★★ 충족조건의 지정가 244.95p에 15계약의 매도주문이 제출될 경우 체결가격, 체결수량 및 취소수량
은 각각 얼마인가?

매 도	가 격(p)	매 수
10	245.15	
5	245.10	
15	245.05	
25	245.00	
	244.95	10
	244.90	5

① 244.95p 10계약 체결, 244.90p 5계약 체결, 취소 0계약

② 244.95p 10계약 체결, 취소 5계약

③ 245.00p 5계약 체결, 취소 20계약

④ 0계약 체결, 취소 15계약

16 호가에 관한 설명으로 옳지 않은 것은?
★★★ ① 최근월물의 경우 일부충족조건 또는 전량충족조건은 조건부지정가호가에는 사용할 수 없다.

② 원월물종목에 대해서는 지정가호가만 사용할 수 있다.

③ 최유리지정가호가는 호가의 조건을 사용할 수 없다.

④ 전량충족조건은 호가가 입력되는 즉시 호가수량 전부가 체결되지 않으면 호가 전량을 취소하는
조건이다.

17 호가의 가격제한에 관한 설명으로 옳지 않은 것은?
★★★ ① 코스피200선물의 가격제한폭은 기준가격 대비 각 단계별로 확대 적용하는데 1단계는 ±8%, 2단
계는 ±15%, 3단계는 ±20%이다.

② 주식옵션의 가격제한폭은 기초주권의 15% 가격변동을 적용하여 산출한 이론가격 중 가장 높은
가격과 가장 낮은 가격으로 한다.

③ 3년국채선물의 가격제한폭은 [전일 기준가격 ± (전일 기준가격 × 1.5%)]이다.

④ 미국달러선물의 가격제한폭은 [전일 기준가격 ± (전일 기준가격 × 4.5%)]이다.

15 ② 일부충족조건은 체결가능한 수량은 모두 체결하고 미체결수량은 모두 취소하는 조건이므로, 244.95p에 매수 호가의 수량이 10계약이니까 매도주문수량 15계약 중에서 244.95p에 10계약만 체결되고 나머지 5계약은 자동 취소된다.

16 ③ 호가의 조건(일부충족조건 또는 전량충족조건)은 지정가호가, 시장가호가, 최유리지정가호가에 사용할 수 있고 조건부지정가호가에는 사용할 수 없다. 그리고 호가의 조건은 접속거래에만 사용할 수 있고, 단일가호가접수시간에는 사용할 수 없다.

〈종목별 사용가능한 호가의 유형 및 조건〉

구 분	최근월물종목	원월종목	일부 / 전량 충족조건
시장가호가	O	X	O
지정가호가	O	O	O
최유리지정가호가	O	X	O
조건부지정가호가	O	X	X

*단, 호가의 조건(일부 / 전량 충족조건)은 접속거래에만 사용할 수 있고, 단일가호가접수시간에는 사용할 수 없음(O는 허용, X는 입력불가)

17 ② 주식옵션의 가격제한폭은 기초주권 가격의 10%(1단계), 20%(2단계), 30%(3단계) 변동을 적용하여 산출한 최대의 이론가격과 최소의 이론가격으로 한다. 참고로, 코스피200옵션의 가격제한폭은 기초자산 기준가격의 8%(1단계), 15%(2단계), 20%(3단계) 변동을 적용하여 산출한 최대의 이론가격과 최소의 이론가격으로 한다.

〈파생상품의 상품별 가격제한비율〉

거래구분	가격제한비율	거래구분	가격제한비율
주가지수선물	1단계(±8%), 2단계(±15%), 3단계(±20%)	미국달러선물 및 중국위안선물	4.5%
변동성지수선물	1단계(±30%), 2단계(±45%), 3단계(±60%)	엔선물 및 유로선물	5.25%
주식선물	1단계(±10%), 2단계(±20%), 3단계(±30%)	금선물	10%
3년국채선물	1.5%	돈육선물	21%
5년국채선물	1.8%	주가지수옵션	1단계(±8%), 2단계(±15%), 3단계(±20%)
10년국채선물	2.7%	주식옵션	1단계(±10%), 2단계(±20%), 3단계(±30%)
		미국달러옵션	4.5%

18 호가의 실시간 가격제한에 대한 설명으로 옳지 않은 것은?
★★★
① 실시간 가격제한은 거래가 체결될 때마다 그 약정가격을 기준으로 실시간 상·하한가(직전 약정가격 ± 가격변동폭)를 설정하는 것이다.

② 실시간 가격제한의 가격변동폭은 각 거래의 가격변동률(예 코스피200선물거래 1%, 코스피200 옵션거래 2%)을 감안하여 일정한 산식에 따라 산출되는 수치로 한다.

③ 실시간 가격제한은 단일가격에 의한 개별경쟁거래(단일가거래)에도 적용한다.

④ 실시간 가격제한은 최근월물종목에 대하여 적용한다. 다만, 차근월물종목은 최근월물종목의 최종거래일부터 기산하여 소급한 4거래일부터 포함한다.

19 거래소의 파생상품시장에 접수된 호가에 대해 호가의 우선순위(가격-시간 우선의 원칙)에 따라
★★☆ 매수호가와 매도호가의 가격이 합치하는 가격으로 즉시 연속적으로 거래를 체결하는 방법은?

① 상대거래   ② 협의대량거래
③ 단일가격에 의한 개별경쟁거래   ④ 접속거래

20 다음 중 단일가거래가 적용되는 경우가 아닌 것은?
★★★
① 최초약정가격(시가) 및 최종약정가격(종가)을 결정하는 경우

② 해외지수선물거래, 통화선물거래 및 돈육선물거래의 종목을 제외한 최종거래일이 도래한 종목의 최종 약정거래가격을 결정하는 경우

③ 기초주권이 정리매매종목인 주식선물거래 및 주식옵션의 약정가격을 결정하는 경우

④ 임의적 또는 필요적 거래중단 후 거래재개 시의 최초약정가격을 결정하는 경우

21 EUREX 시장에서의 코스피200옵션선물의 인수도결제를 위해 국내 정규시장 개장 전에 코스피
★★☆ 200옵션의 미결제약정을 인수도하기 위한 거래는?

① 협의대량거래   ② 기초자산조기인수도부거래(EFP)
③ 장 개시 전 협의거래   ④ 플렉스협의거래

22 파생상품 거래의 임의적 중단에 관한 설명으로 옳지 않은 것은?
★★★
① 거래소파생상품시스템의 장애로 10분 이상 호가접수 및 정상적 거래를 할 수 없는 경우 해당 종목의 거래를 중단한다.

② 회원파생상품시스템의 장애로 호가입력 또는 거래내용의 통지를 받을 수 없는 회원들의 총약정수량이 전체 약정수량의 75%를 초과하는 경우 해당 종목의 거래를 중단한다.

③ 주식시장시스템에 10분 이상 장애가 발생하여 코스피200지수 구성종목 중 75종목 이상 매매할 수 없는 경우 (미니)코스피200선물·옵션의 거래를 중단한다.

④ 코스닥시장 전산시스템에 10분 이상 장애가 발생하여 코스닥150의 구성종목 중 75종목 이상 매매거래를 할 수 없는 경우 코스닥150 선물거래를 중단한다.

23 파생상품 거래의 임의적 중단에 관한 설명으로 옳지 않은 것은?
★★★
① 주식시장시스템에 10분 이상 장애가 발생하여 섹터지수별 구성종목 중 1/2 이상 매매거래할 수 없는 경우 해당 섹터지수선물의 거래를 중단한다.

② 주식선물 및 주식옵션거래의 경우 기초주권 매매거래의 중단·정지시 해당 주식선물 및 주식옵션의 거래를 중단한다.

③ 선물 스프레드 거래의 경우 스프레드 거래 구성종목 중 한 종목의 거래가 중단된 경우 해당 선물 스프레드 거래를 중단한다.

④ 돈육선물거래의 경우 축산물 품질평가원이 정한 축산물도매시장의 전체가 거래를 중단하는 경우 돈육선물거래를 중단한다.

정답 및 해설

18 ③ 실시간 가격제한은 단일가격에 의한 개별경쟁거래(단일가거래)에는 적용하지 않고 복수가격에 의한 개별경쟁거래(접속거래)에만 적용한다.

19 ④ 복수가격에 의한 개별경쟁거래 또는 접속거래라고 한다. 단일가격에 의한 개별경쟁거래는 단일가거래라고 한다.

20 ② 해외지수선물거래, 통화선물거래 및 돈육선물거래의 종목을 제외한 최종거래일이 도래한 종목의 최종 약정거래가격은 접속거래의 방법으로 결정한다.

21 ③ 투자자의 거래편의를 위해 장외시장에서 이용되고 있는 거래자 간 쌍방의 협의에 의한 거래체결방법인 상대거래방식을 협의거래라고 한다. 협의거래에는 협의대량거래, 기초자산조기인수도부거래(EFP), 플렉스협의거래, EUREX 시장에서 체결된 코스피200옵션선물의 인수도결제를 위한 장 개시 전 협의거래가 있다.

22 ③ 주식시장시스템에 10분 이상 장애가 발생하여 코스피200지수 구성종목 중 100종목 이상 매매할 수 없는 경우 (미니)코스피200선물·옵션의 거래를 중단한다.

23 ④ 돈육선물거래의 경우 축산물 품질평가원이 정한 축산물도매시장의 과반수가 거래를 중단하는 경우 돈육선물거래를 중단한다. 참고로, 금선물거래에 있어서는 KRX금시장의 매매거래가 중단되는 경우에 금선물거래를 중단한다.

24 주식상품거래의 필요적 거래중단 및 종결(CB ; Circuit Breakers)에 대한 설명으로 옳지 않은
★★★ 것은?

① 코스피지수 또는 코스닥지수가 직전 매매거래일의 종가보다 8% 이상 상승 또는 하락하여 1분간
지속되는 경우 20분간 주식상품거래를 중단한다.

② 코스피지수 또는 코스닥지수가 직전 매매거래일의 종가보다 15% 이상 하락하여 1분간 지속되는
경우 20분간 주식상품거래를 중단한다.

③ 코스피지수 또는 코스닥지수가 직전 매매거래일의 종가보다 20% 이상 하락하여 1분간 지속되는
경우 당일 주식상품의 정규거래를 종결한다.

④ 주식시장의 필요적 거래중단은 14시 50분 이후에는 발동하지 않으나, 필요적 거래 종결은 14시
50분 이후에도 적용된다.

25 다음 중 주식상품거래의 필요적 거래중단이 발동될 수 있는 시간은?
★★★
① 8시 55분
② 9시 40분
③ 14시 55분
④ 15시 20분

26 착오거래의 정정에 대한 설명으로 옳지 않은 것은?
★★★
① 종목, 수량, 가격, 매도와 매수, 호가의 종류 및 위탁자의 파생상품계좌번호 등에 대한 착오거래
의 경우에는 회원의 자기거래로 인수하게 한다.

② 기초자산인수도부거래의 경우 위탁거래와 자기거래의 구분 및 투자자의 구분에 대한 착오거래는
그 구분에 부합되도록 정정할 수 있다.

③ 회원은 착오거래가 발생한 날의 장종료 후 30분 이내에 거래소에 착오거래의 정정을 신청하여야
한다.

④ 거래소에 의한 착오거래를 회원이 자기거래로 인수한 경우에는 지체 없이 단일가호가로 반대거래
를 하여야 한다.

27 대량투자자착오거래의 구제요건으로 옳지 않은 것은?

★★★

① 약정가격과 착오거래구제기준가격과의 차이에 해당 거래의 약정수량 및 거래승수를 곱하여 산출되는 수치를 합산한 금액이 상품시장별로 100억원 이상일 것

② 약정가격이 착오거래구제 제한범위를 벗어나지 않을 것

③ 착오거래가 동일한 착오에 의하여 연속적으로 체결될 것

④ 착오자가 대량투자자착오거래 구제제도를 악용하지 않을 것

28 시장조성자 및 시장기여자에 대한 설명으로 옳지 않은 것은?

★★☆

① 시장조성자는 금융위로부터 승인받은 투자매매업자이면서 거래소 파생상품회원이어야 하며, 소속 임직원 중에서 시장조성담당자를 지정해야 한다.

② 거래소는 시장조성자에게 시장조성기간 동안 시장조성상품의 수수료의 범위에서 거래실적에 따라 대가를 지급할 수 있다.

③ 주식선물·옵션 시장조성자의 경우에는 거래하는 모든 주식에 대해 증권거래세를 면제한다.

④ 거래소는 시장조성자 이외에 시장 활성화에 기여한 자(시장기여자)에 대하여 시장기여자가 납부한 수수료의 범위에서 거래실적에 따라 대가를 지급할 수 있다.

정답 및 해설

24 ① 주식상품거래의 필요적 거래중단 및 종결(CB ; Circuit Breakers)은 코스피지수 또는 코스닥지수가 직전 매매거래일의 종가보다 하락하는 경우에만 적용한다.

25 ② 필요적 중단은 개장 후 1분 전과 장종료 40분 전(14시 50분) 이후로는 발동되지 않는다. 다만, 3단계(20% 이상 하락시)의 필요적 거래 종결은 14시 50분 이후에도 발동이 가능하다.

26 ② 위탁거래와 자기거래의 구분 및 투자자의 구분에 대한 착오거래는 그 구분에 부합되도록 정정할 수 있다. 다만, 기초자산인수도부거래는 착오거래에 따른 정정을 할 수 없다.

27 ② 약정가격이 착오거래구제 제한범위를 벗어나야 한다.

28 ③ 주식선물·옵션 시장조성자의 경우에는 위험을 회피하기 위한 목적으로 거래하는 주식에 대해 증권거래세를 면제한다.

29 다음 중 한국거래소에 거래증거금으로 예탁 가능한 외화가 아닌 것은?
★★★

① 중국 위안화
② 호주 달러화
③ 프랑스 프랑화
④ 캐나다 달러화

30 거래증거금에 대한 설명으로 옳지 않은 것은?
★★★

① 순위험거래증거금액은 가격변동 거래증거금액, 선물스프레드 거래증거금액, 인수도 거래증거금액과 최종결제가격 확정전 거래증거금액의 합계액과 최소 순위험거래증거금액 중 큰 금액에 옵션가격 거래증거금액을 합산하여 산출된다.
② 가격변동 거래증거금액은 파생상품거래의 미결제약정수량에 대하여 동일한 순위의 증거금 구간 수치별 선물가격 변동증거금과 옵션가격 변동증거금액의 합계액이 가장 큰 금액으로 산출된다.
③ 인수도 거래증거금액은 인수도가격 거래증거금액과 인수도가격 변동거래증거금액 중 큰 금액으로 한다.
④ 최종결제가격 확정전 거래증거금액은 돈육선물에만 적용된다.

31 다음은 상품군 순위험거래증거금액 산출방법에 대한 설명이다. ㉠, ㉡에 알맞은 말은?
★★★

> 상품군 순위험증거금액은 동일한 상품군으로 속한 선물 및 옵션 종목의 거래에 대하여 산출되는 4가지 금액(가격변동 거래증거금액, 선물스프레드 거래증거금액, 인수도 거래증거금액, 최종결제가격 확정전 거래증거금액)의 합계액과 최소 순위험거래증거금액 중 (㉠) 금액에 (㉡)을 합산하여 산출한다.

① ㉠ 큰, ㉡ 옵션가격 거래증거금액
② ㉠ 작은, ㉡ 옵션가격 거래증거금액
③ ㉠ 큰, ㉡ 선물가격 거래증거금액
④ ㉠ 작은, ㉡ 선물가격 거래증거금액

32 거래소는 정규거래시간 개시 후 ( )이 되는 시점 및 정규거래시간 개시 후 1시간마다 각 시점을
★★★ 기준으로 ① 코스피200의 가격변동률이 코스피200선물의 거래증거금률의 ( ) 이상이고 ② 회원별로 산출한 장중거래증거금이 예탁총액의 120% 이상인 경우에는 해당 결제회원에게 장중추가증거금을 부과한다. ( )에 알맞은 것을 순서대로 바르게 나타낸 것은?

① 1분, 80%
② 10분, 80%
③ 1분, 100%
④ 10분, 100%

33 선물거래의 일일정산에 따른 당일차금과 갱신차금에 대한 설명으로 옳지 않은 것은?

★★★

① 당일차금은 당일의 약정가격과 당일의 정산가격의 차에 당일 약정수량과 거래승수를 곱하여 산출한다.

② 갱신차금은 전일의 정산가격과 당일의 정산가격의 차에 전일의 미결제약정수량과 거래승수를 곱하여 산출한다.

③ 당일 매수거래인 경우 당일차금은 [당일 매수수량 × (당일 정산가격 − 당일 약정가격) × 거래승수]로 계산된다.

④ 매도 미결제약정을 보유한 경우 갱신차금은 [전일 매도미결제약정수량 × (당일 정산가격 − 전일 정산가격) × 거래승수]로 계산된다.

34 선물거래에서 일일정산의 기준이 되는 정산가격을 결정하는 순서에서 가장 우선시되는 가격은?

★★★

① 당일 정규거래시간 중 가장 나중에 성립된 약정가격

② 기세가 있는 경우 기세

③ 전일 정산가격

④ 선물이론정산가격

---

29 ③ 증거금으로 예탁 가능한 외화로는 미국 달러화, 캐나다 달러화, 호주 달러화, 홍콩 달러화, 싱가포르 달러화, 영국 파운드화, 일본 엔화, 유럽연합 유로화, 스위스 프랑화, 중국 위안화 등 총 10개 통화이다.

30 ③ 인수도 거래증거금액은 인수도가격 거래증거금액과 인수도가격 변동거래증거금액을 합산하여 산출한다.

31 ① 상품군 순위험거래증거금액은 동일한 상품군으로 속한 선물 및 옵션 종목의 거래에 대하여 산출되는 4가지 금액의 합계액과 최소 순위험거래증거금액 중 큰 금액에 옵션가격 거래증거금액을 합산하여 산출한다.

32 ① 순서대로 1분, 80%이다.

33 ④ 매도 미결제약정을 보유한 경우 갱신차금은 [전일 매도미결제약정수량 × (전일 정산가격 − 당일 정산가격) × 거래승수]로 계산된다.

34 ① 당일 정규거래시간 중 성립된 약정가격이 있는 경우에는 가장 나중에 성립된 약정가격을 우선 적용한다.

35 다음 중 최종결제일에 현금결제를 하지 않는 상품은?

★★★ ① 미국달러선물 ② 국채선물

③ 금선물 ④ 돈육선물

36 선물거래의 최종결제 방법에 대한 설명으로 옳지 않은 것은?

★★★ ① 현금결제는 최종거래일의 정산가격과 최종결제가격의 차에 의해 산출되는 최종결제차금을 최종결제일에 수수하여 선물거래를 종결시키는 방법이다.

② 인수도결제는 최종결제수량에 대하여 매도자는 매수자에게 인도물품을 인도하고 그 대가로 최종결제가격 기준으로 산출한 최종결제대금을 수수하는 방법으로 최종결제한다.

③ 인수도결제 시 최종결제가격은 현물시장의 가격으로 한다.

④ 통화선물의 최종결제대금(인수도금액)은 [최종결제수량 × 최종결제가격 × 거래승수]이다.

37 선물거래의 최종결제가격에 대한 설명으로 옳지 않은 것은?

★★★ ① 코스피200선물, 코스닥150선물, 코스피200섹터지수선물, 주식선물, 금선물의 최종결제가격은 최종거래일의 기초자산 종가(지수)이다.

② 유로스톡스50선물의 최종결제가격은 유렉스가 상장한 유로스톡스50선물의 최종결제가격이다.

③ 돈육선물의 최종결제가격은 최종거래일의 다음 날 최초로 공표되는 돈육대표가격이다.

④ 3년 / 5년 / 10년 국채선물의 최종결제가격은 각 선물거래의 기초자산에 대하여 한국금융투자협회가 최종거래일 11:30분에 공표하는 수익률을 최종결제가격 산출산식에 의해 환산한 가격이다.

38 옵션거래의 최종결제 방법(권리행사)에 대한 설명으로 옳지 않은 것은?

★★★ ① 결제회원은 옵션의 권리행사를 위해서 최종거래일(권리행사일)의 장종료 시점부터 장종료 후 30분(15:45 ~ 16:15) 이내에 권리행사 수량을 파생상품계좌별 옵션종목별로 신고하여야 한다.

② 현금결제방식에 의해 최종결제되는 옵션거래의 경우에는 손실종목에 대하여 권리행사를 신고할 수 없다.

③ 권리행사로 이익이 발생하는 종목에 대해서는 회원이 반드시 권리행사를 신고하여야 한다.

④ 한국거래소에서 현재 인수도결제방식의 옵션상품은 없다.

39 오늘은 코스피200옵션의 최종거래일이다. 당일 코스피200 최종지수가 480.50p일 때, 다음 중
★★★ 권리행사신고가 불가능한 종목은?

① 콜옵션 행사가격 480.55p
② 콜옵션 행사가격 480.45p
③ 풋옵션 행사가격 480.65p
④ 풋옵션 행사가격 480.55p

40 오늘은 코스피200옵션의 최종거래일이다. 당일 코스피200 최종지수가 475.10p일 때, 다음 중
★★★ 권리행사신고가 의제되는 종목은?

① 콜옵션 행사가격 475.50p
② 콜옵션 행사가격 475.25p
③ 풋옵션 행사가격 475.25p
④ 풋옵션 행사가격 475.00p

정답 및 해설

35 ① 통화선물(달러선물, 엔선물, 유로선물, 위안선물)은 인수도결제, 나머지 선물은 모두 현금결제한다.

36 ③ 인수도결제 시 최종결제가격은 선물시장의 가격으로 한다. 참고로 인수도결제시한은 최종결제일의 12시이다.

37 ④ 3년 / 5년 / 10년 국채선물의 최종결제가격은 각 선물거래의 기초자산에 대하여 한국금융투자협회가 최종거래
일 10:00, 10:30, 11:00에 공표하는 수익률 중 최고치와 최저치를 제외한 수익률과 11:30에 공표하는 수익률
의 평균수익률을 최종결제가격 산출산식에 의해 환산한 가격이다.

38 ③ 권리행사로 이익이 발생하는 종목에 대해서는 회원이 권리행사를 신고하지 않아도 권리행사를 신청한 것으로
본다(권리행사신고의제).

39 ① 손실종목에 대하여 권리행사를 신고할 수 없다. 즉, 콜옵션은 [행사가격 ≥ 코스피200 최종지수]일 때, 풋옵션
은 [행사가격 ≤ 코스피200 최종지수]일 때 권리행사를 할 수 없다. 따라서 ①번의 옵션종목에 대해서는 권리
행사를 신고할 수 없다.

〈권리행사 불가종목〉

콜옵션	행사가격 ≥ 권리행사결제기준가격
풋옵션	행사가격 ≤ 권리행사결제기준가격

*코스피200옵션의 권리행사결제기준가격 : 권리행사일의 코스피200 최종지수

40 ③ 콜옵션의 자동권리행사 기준은 [코스피200 최종지수 − 행사가격 ≥ 0.01]이고, 풋옵션의 자동권리행사 기준
은 [행사가격 − 코스피200 최종지수 ≥ 0.01]이다. 따라서 ③번의 옵션종목에 대해서만 자동권리행사가 수행
된다.

41 다음 중 결제제도에 대한 설명으로 옳지 않은 것은?

★★☆

① 주식선물의 최종결제방법은 실물인수도에 의한 결제이며, 최종결제대금의 결제시한은 최종거래일로부터 3일째 날의 15시이다.

② 돈육선물의 최종결제는 최종거래일 다음 거래일에 공표되는 돈육대표가격으로 현금결제방식에 의한다.

③ 미국달러선물의 최종결제방법은 인수도결제방식에 의한 결제이며, 인수도결제시한은 최종거래일로부터 3일째 날(T + 2)의 12시이다.

④ 10년국채선물의 최종결제차금의 결제시한은 최종결제일의 16시이다.

42 상품 판매 이후 단계의 금융소비자보호를 위한 보고 및 기록의무에 대한 설명으로 옳지 않은 것은?

★★☆

① 금융투자업종사자는 고객으로부터 위임받은 업무에 대하여 그 결과를 고객에게 지체 없이 보고하고 그에 따른 필요한 조치를 취하여야 한다.

② '지체 없이'란 위임받은 업무를 처리한 후에 보고에 필요한 최소한의 소요기간 내에 가급적 신속하게 통지하여야 한다는 뜻이다.

③ '보고'는 단순히 위임받은 업무를 처리하였다는 사실을 통지하면 충분하며, 구두로 보고해서는 안 된다.

④ 금융투자업종사자는 업무를 처리함에 있어서 필요한 기록 및 증거물을 절차에 따라 보관하여야 한다.

43 파생상품거래 약관의 필수적 기재사항이 아닌 것은?

★★★

① 일정한 경우 수탁을 거부할 수 있다는 수탁의 거부에 관한 사항

② 기본예탁금의 예탁에 관한 사항

③ 회사의 리스크관리 정책에 관한 사항

④ 위탁수수료의 징수에 관한 사항

44 다음 중 거래소 회원이 위탁자와 파생상품계좌설정계약을 체결하기 전에 반드시 위탁자에게 교부
★★☆ 하고 그 내용을 충분히 설명하여야 하며, 위탁자의 서명 또는 기명날인한 교부확인서를 징구해야
하는 것은?

① 파생상품계좌설정약정서　　　　　② 파생상품거래위험고지서

③ 파생상품거래약관　　　　　　　　④ 파생상품거래설명서

45 기본예탁금에 대한 설명으로 옳지 않은 것은?
★★★
① 미결제약정이 없는 위탁자는 기본예탁금을 납부한 이후에만 거래가 가능하다.

② 파생상품계좌를 최초로 설정하는 위탁자에 대해서는 2단계 또는 3단계의 기본예탁금액을 적용하
여야 한다.

③ 돈육선물 또는 금선물만을 거래하기 위한 전용계좌를 개설한 위탁자에 대해서는 기본예탁금을
100만원 이상의 금액에서 정할 수 있다.

④ 사후위탁증거금을 예탁하는 파생상품계좌에 대해서는 기본예탁금을 예탁받지 아니할 수 있다.

정답 및 해설

41　①　주식선물의 최종결제방법은 현금결제에 의한 결제이며, 최종결제차금은 다음 거래일 16시에 거래소와 회원 간
에 수수한다.

42　③　'보고'는 단순히 위임받은 업무를 처리하였다는 사실을 통지하는 것만이 아니라 금융소비자가 업무처리내용을
구체적으로 알 수 있고, 그에 따라 금융소비자가 적절한 지시를 할 수 있도록 필요한 사항을 알리는 것을 말한
다. 보고의 방법은 합리적인 것이라면 제한이 없으므로, 구두·문서·전화·모사전송(팩스)·기타 e-mail 등
의 전자통신의 방법으로도 가능하다.

43　③　회사의 리스크관리 정책은 파생상품거래 약관의 필수적 기재사항이 아니다.

44　②　거래소 회원은 파생상품계좌설정계약을 체결하기 전에 파생상품거래위험고지서를 위탁자에게 교부하고 그 내
용을 충분히 설명하여야 한다.

45　③　돈육선물 또는 금선물만을 거래하기 위한 전용계좌를 개설한 위탁자에 대해서는 기본예탁금을 50만원 이상의
금액에서 정할 수 있다. 기본예탁금이란 미결제약정이 없는 위탁자가 파생상품거래를 하기 위하여 금융투자업
자에게 예탁하여야 하는 최소한의 거래개시 기준금액을 말한다.

46 다음 중 기본예탁금을 예탁하지 않아도 되는 투자자는?
★★★
① 사전위탁증거금계좌의 건전투자자
② 사전위탁증거금계좌의 일반투자자
③ 사전위탁증거금계좌의 관리대상투자자
④ 사후위탁증거금계좌의 적격기관투자자

47 위탁증거금의 예탁 및 미예탁시 조치에 대한 설명으로 옳지 않은 것은?
★★★
① 회원은 위탁자의 파생상품계좌별로 사전위탁증거금과 사후위탁증거금으로 구분하여 위탁증거금을 예탁받아야 한다.
② 위탁증거금은 원칙적으로 현금으로 예탁받아야 하나, 반드시 현금으로 예탁하여야 하는 현금예탁필요액을 제외한 위탁증거금은 대용증권, 외화 또는 외화증권으로 예탁받을 수 있다.
③ 회원은 위탁자가 위탁증거금을 추가로 예탁하지 아니하거나 사후위탁증거금을 예탁하지 아니하는 경우에는 위탁자의 미결제약정을 소멸시키게 되는 매도 또는 매수를 할 수 있다.
④ 회원은 위탁자의 미결제약정을 반대거래하는 경우에는 반드시 규정에서 정해진 가격의 지정가호가 또는 조건부지정가호가로만 입력하여야 하며, 시장가호가로 입력할 수 없다.

48 다음은 위탁증거금 미예탁시 회원이 위탁자의 미결제약정을 반대거래하는 경우의 가격에 대한 설
★★☆ 명이다. ㉠ ~ ㉢에 알맞은 말은?

매도 호가	최우선매수호가의 가격(최우선매수호가의 가격이 없는 경우 최우선매도호가의 가격) 및 그 가격에서 호가가격단위를 순차적으로 (㉠) (㉢)개의 가격
매수 호가	최우선매도호가의 가격(최우선매도호가의 가격이 없는 경우 최우선매수호가의 가격) 및 그 가격에서 호가가격단위를 순차적으로 (㉡) (㉢)개의 가격

① ㉠ 뺀, ㉡ 더한, ㉢ 9
② ㉠ 더한, ㉡ 뺀, ㉢ 9
③ ㉠ 뺀, ㉡ 더한, ㉢ 10
④ ㉠ 더한, ㉡ 뺀, ㉢ 10

49 기간과 기한에 대한 설명으로 옳지 않은 것은?

★★☆

① 기간은 어느 시점에서 어느 시점까지의 계속된 시간을 뜻하며, 기한은 법률행위의 효력발생·소멸·채무의 이행 등을 위하여 정한 일정시점을 뜻한다.

② 세법에 규정하는 기한이 공휴일·토요일이거나 근로자의 날에 해당하는 때에는 그 다음날을 기한으로 한다.

③ 우편으로 서류를 제출하는 경우에는 통신일부인이 찍힌 날에 신고가 된 것으로 본다.

④ 국세정보 통신망이 장애로 가동이 정지된 경우 그 장애가 복구되어 신고 또는 납부할 수 있게 된 날을 기한으로 한다.

50 서류의 송달에 대한 설명으로 옳지 않은 것은?

★★★

① 교부송달은 당해 행정기관의 소속공무원이 송달 장소에서 송달받을 자에게 서류를 교부하는 것이다.

② 우편송달은 서류의 송달을 우편으로 하는 것으로서 우편송달의 경우 보통우편에 의하여야 한다.

③ 전자송달은 정보통신망을 이용한 것으로서 전자송달은 서류의 송달을 받아야 할 자가 신청하는 경우에 한한다.

④ 공시송달은 서류의 요지를 공고한 날로부터 14일이 경과함으로써 서류가 송달된 것으로 본다.

51 다음 중 공시송달을 할 수 있는 경우가 아닌 것은?

★★★

① 송달 장소가 국외에 있어 송달이 곤란한 때

② 송달 장소가 분명하지 아니한 때

③ 등기송달하였으나 수취인 부재로 확인되어 납부기한 내에 송달이 곤란한 때

④ 교부송달을 할 수 없는 때

---

46 ④ 기본예탁금을 예탁하지 않고 파생상품거래가 가능한 계좌는 사후위탁증거금계좌(일반·할인)를 개설한 적격투자자뿐이다.

47 ④ 회원은 위탁자의 미결제약정을 반대거래하는 경우에는 규정에서 정해진 가격의 지정가호가 또는 조건부지정가호가로 입력하여야 한다. 다만, 위탁자의 동의 또는 요구가 있는 경우에는 시장가호가로 입력할 수 있다.

48 ① ㉠ 뺀, ㉡ 더한, ㉢ 9

49 ④ 국세정보 통신망이 장애로 가동이 정지된 경우 그 장애가 복구되어 신고 또는 납부할 수 있게 된 날의 다음 날을 기한으로 한다.

50 ② 우편송달은 서류의 송달을 우편으로 하는 것으로서 우편송달의 경우 등기우편에 의하여야 한다.

51 ④ 교부송달을 할 수 없는 때가 아니라, 2회 이상 교부송달하였으나 수취인 부재로 확인되어 납부기한 내에 송달이 곤란한 때에 공시송달을 할 수 있다.

52 「국세기본법」상 납세의무의 성립시기가 같은 것끼리 바르게 묶은 것은?
★★★

> ㉠ 소득세 ㉡ 법인세
> ㉢ 부가가치세 ㉣ 증권거래세

① ㉠, ㉡ ② ㉠, ㉡, ㉢
③ ㉠, ㉢, ㉣ ④ ㉡, ㉢, ㉣

53 납세의무의 확정에 관한 설명으로 옳지 않은 것은?
★★★
① 납세의무의 확정에는 신고확정, 부과확정, 자동확정이 있다.
② 신고확정은 납세의무자가 과세표준과 세액을 정부에 신고함으로써 확정된다.
③ 부과확정은 정부가 과세표준과 세액을 결정함으로써 확정되는 것으로 증권거래세, 상속세, 증여세가 있다.
④ 자동확정은 납세의무가 성립하는 때에 특별한 절차 없이 확정되는 것으로 인지세, 원천징수하는 소득세 및 법인세 등이 이에 해당한다.

54 다음 중 납세의무가 소멸되는 경우가 아닌 것은?
★★★
① 납부·충당(국세환급금을 납부할 국세 등과 상계시키는 것)되거나 부가가 취소된 때
② 국세부과의 제척기간이 만료된 때
③ 국세징수권의 소멸시효가 완성된 경우
④ 상속인이 승계한 경우

55 다음 중 국세부과의 제척기간이 옳지 않은 것은?
★★★
① 사기 등 부정행위로 국세를 포탈 또는 환급받는 경우 일반조세는 10년, 상속·증여세는 15년이다.
② 법정신고기한까지 과세표준신고서를 제출하지 아니한 경우 일반조세는 7년, 상속·증여세는 15년이다.
③ 법정신고기한까지 상속·증여세 과세표준을 신고했으나 허위, 누락신고한 경우 10년이다.
④ 사기나 부정한 상속·증여세를 포탈하는 경우로서 신고대상 재산가액이 50억원을 초과하는 경우 확인일 후 1년이다.

56 다음 중 국세징수권의 시효기간의 효력이 중단되는 경우가 아닌 것은?
★★★
① 압 류   ② 물 납
③ 독 촉   ④ 교부청구

57 납세의무의 승계와 제2차 납세의무자에 대한 설명으로 옳지 않은 것은?
★★★
① 법인이 합병한 경우, 합병법인은 피합병법인의 납세의무를 부담한다.
② 상속인은 피상속인의 납세의무를 전액 부담한다.
③ 청산인과 잔여재산을 분배받은 자는 그 해산법인의 국세 등에 대하여 제2차 납세의무를 진다.
④ 양도·양수한 사업과 관련하여 양도일 이전에 확정된 국세 등은 사업양수인이 제2차 납세의무를 진다.

58 다음 중 「국세기본법」에 규정된 제2차 납세의무자의 유형과 거리가 먼 것은?
★★★
① 청산인과 잔여재산을 분배받은 자   ② 출자자
③ 법 인   ④ 사업양도인

<hr>

정답 및 해설

52 ② ㉠, ㉡, ㉢은 과세기간이 끝나는 때에 납세의무가 성립하며, ㉣ 증권거래세는 매매거래가 확정되는 때에 납세의무가 성립한다.

53 ③ 증권거래세는 신고확정이다. 부과확정은 정부가 과세표준과 세액을 결정함으로써 확정되는 것으로 상속세, 증여세가 있다.

54 ④ 상속인이 승계한 경우엔 납세의무가 소멸하지 않는다. 확정된 납세의무는 ①～③의 경우에만 소멸한다.

55 ③ 법정신고기한까지 상속·증여세 과세표준을 신고했으나 허위, 누락신고한 경우 국세부과의 제척기간은 15년이다.

56 ② 국세징수권의 소멸시효는 납세고지·독촉 또는 납부청구·교부청구·압류의 경우는 이미 경과한 시효기간의 효력이 중단된다.

57 ② 상속인은 피상속인의 납세의무를 상속으로 인하여 얻은 재산을 한도로 부담한다.

58 ④ 양도·양수한 사업과 관련하여 양도일 이후에 확정된 국세 등은 사업양수인이 제2차 납세의무를 진다.

59 주주 또는 유한책임사원 1명과 그의 특수관계인으로 시행령에서 정하는 자로서 그들의 소유주식
★★★ 합계 또는 출자액 합계가 해당법인의 발행주식총수 또는 출자총액의 50%를 초과하면서 그에 관한
권리를 실질적으로 행사하는 자들을 무엇이라 하는가?

① 소액주주 ② 대주주
③ 과점주주 ④ 지배주주

60 납세의무자와 과세소득의 범위에 대한 설명으로 옳지 않은 것은?
★★★ ① 소득세는 자연인인 개인을 납세의무자로 한다.
② 「국세기본법」상 법인으로 보는 단체가 아닌 단체(동창회, 종중 등)는 세법상 개인으로 보아 소득
세의 납세의무자가 된다.
③ 거주자는 국내에 주소를 두거나 1년 이상 거소를 둔 개인으로 국내·외의 모든 소득에 대해서
납세의무가 있다.
④ 개인인 비거주자는 국내원천소득에 대해서만 납세의무가 있다.

61 「소득세법」상 거주자의 소득구분 중 종합소득에 해당하지 않는 것은?
★★★ ① 이자소득 ② 배당소득
③ 근로소득 ④ 퇴직소득

62 소득세는 분리과세소득과 종합과세소득으로 구분할 수 있는데, 다음의 거주자가 반드시 확정신고
★★★ 를 하여야 하는 경우로 가장 올바른 것은?

① 근로소득만 있는 거주자
② 근로소득과 퇴직소득만 있는 자
③ 근로소득과 사업소득만 있는 자
④ 퇴직소득과 연말정산하는 사업소득만 있는 자

63 상속세에 대한 설명으로 옳지 않은 것은?

★★★ ① 우리나라의 경우 상속세는 유산취득세 방식을 원칙으로 한다.

② 상속인 및 유증을 받는 자(수유자)는 각자가 취득하는 재산의 비율에 따라 상속세 납세의무를 갖는다.

③ 상속세 납세의무자들은 상속세를 연대하여 납부할 의무를 갖는다.

④ 「상속세법」은 보험금, 신탁재산, 그리고 퇴직금을 상속재산에 포함하고 있다.

정답 및 해설

59 ③ 과점주주에 대한 설명이다.

60 ③ 거주자는 국내에 주소를 두거나 183일 이상 거소를 둔 개인으로 국내·외의 모든 소득에 대해서 납세의무가 있다. 소득세법은 납세의무자인 개인을 거주자와 비거주자로 구분하여 과세소득의 범위와 과세방법을 달리하고 있다.

61 ④ 퇴직소득과 양도소득은 별도로 분류과세된다. 현행 「소득세법」은 이자소득, 배당소득, 사업소득, 근로소득, 연금소득, 기타소득 등 6가지 소득을 종합과세대상 소득으로 한다.

62 ③ 근로소득과 사업소득만 있는 거주자는 소득세 확정신고 대상에 해당한다.

〈소득세 확정신고를 하지 않아도 되는 거주자〉

• 근로소득만 있는 거주자	• 퇴직소득과 법정연금소득만 있는 자
• 퇴직소득만 있는 거주자	• 퇴직소득과 원천징수 연말정산하는 사업소득만 있는 자
• 법정연금소득만 있는 자	
• 원천징수 연말정산하는 사업소득만 있는 자	• 분리과세이자·배당·연금·기타소득이 있는 자
• 근로소득과 퇴직소득만 있는 거주자	

63 ① 우리나라의 경우 상속세는 유산세 방식을 원칙으로 한다.

64 상속세에 대한 설명으로 옳지 않은 것은?

★★★
① 상속세과세가액은 상속재산가액에 생전 증여재산가액과 생전 재산처분 및 부채부담액을 가산하고 법정 공제액을 공제한 금액으로 한다.
② 국가·지방자치단체 또는 공공단체에 유증한 재산은 과세가액에 불산입한다.
③ 상속세의 과세표준은 상속세과세가액에서 기초공제, 인적공제 및 물적공제를 한 금액으로 한다.
④ 과세표준이 100만원 미만인 때에는 상속세를 부과하지 않는다.

65 「상속세 및 증여세법」상 상속세가 비과세되는 항목으로 옳지 않은 것은?

★★★
① 신탁재산
② 공공단체에 유증한 재산
③ 정당법의 규정에 따라 정당에 유증한 재산
④ 사회통념상 인정되는 이재구호금품

66 상속세 과세표준이 (　)억원을 초과하는 금액에 대한 상속세율은 50%이다. (　)에 알맞은
★★★ 것은?

① 10
② 20
③ 30
④ 40

67 증여세에 대한 설명으로 옳지 않은 것은?

★★★
① 증여세의 납세의무자는 재산을 증여받은 자, 즉 수증자이다.
② 수증자가 거주자인 경우에는 증여로 취득한 재산의 소재가 국내인지 국외인지 불문하고 취득재산 전부에 대하여 납세의무가 있다.
③ 수증자가 비거주자인 경우에는 국내에 있는 수증재산에 대하여만 증여세를 납부할 의무가 있다.
④ 거주자가 비거주자에게 국외에 있는 재산을 증여하는 경우에는 수증자가 납세의무를 진다.

68 다음 중 수증자가 증여세를 납부할 능력이 없는 때에 증여세를 면제하는 경우와 거리가 먼 것은?

★★★ ① 저가, 고가양도에 따른 증여

② 채무면제 등에 따른 증여

③ 부동산유상사용에 따른 증여

④ 금전무상대부에 따른 증여

69 상속 및 증여세의 신고에 대한 설명으로 옳지 않은 것은?

★★☆ ① 상속세는 상속개시일이 속하는 달의 말일을 기준으로 6월(국외거주인 경우에는 9월) 내에 신고 및 납부를 하여야 한다.

② 증여세는 증여개시일이 속하는 달의 말일을 기준으로 6월 내에 신고 및 납부를 하여야 한다.

③ 상속 및 증여세를 법정신고기간 내에 신고한 경우에는 산출세액의 10%를 공제한다.

④ 상속 및 증여세를 법정신고기간 내에 신고를 하지 아니하거나 과세표준에 미달하게 신고한 경우와 법정기간 내에 세금을 납부하지 아니한 경우에는 가산세가 부과된다.

정답 및 해설

64 ④ 과세표준이 50만원 미만인 때에는 상속세를 부과하지 않는다.

65 ① 신탁재산은 상속재산에 포함된다.

66 ③ 상속세 과세표준이 30억원을 초과하는 금액에 대한 상속세율은 50%이다.

67 ④ 거주자가 비거주자에게 국외에 있는 재산을 증여하는 경우에는 증여자가 납세의무를 진다.

68 ③ 부동산무상사용에 따른 증여의 경우로서 수증자가 증여세를 납부할 능력이 없는 때에 증여세를 면제한다.

69 ② 증여세는 증여개시일이 속하는 달의 말일을 기준으로 3월 내에 신고 및 납부를 하여야 한다.

70 상속 및 증여세의 납부에 대한 설명으로 옳지 않은 것은?
★★★

① 상속세는 상속재산 중 부동산과 유가증권의 가액이 상속재산가액의 1 / 2을 초과하고, 납부세액이 2천만원을 초과하며, 납부세액이 상속재산가액 중 금융재산가액을 초과하는 경우에만 세무서의 허가를 받아 물납할 수 있다.

② 증여세도 상속세와 마찬가지의 조건을 갖추면 물납할 수 있다.

③ 상속세 또는 증여세액이 1천만원을 초과하는 경우에 일정한 금액을 납부기한 경과일로부터 2개월 이내에 분납할 수 있다.

④ 상속 또는 증여세액이 2천만원을 초과하는 경우에는 세무서의 허가를 받아 연부연납할 수 있다.

71 다음 중 「소득세법」상 이자소득에 해당하지 않는 것은?
★★★

① 채권 또는 증권의 환매조건부 매매차익

② 저축성 보험의 보험차익(저축기간 10년 미만)

③ 직장공제회 초과반환금

④ 영업대금의 이익

72 원천징수의무자가 소득 지급 시 소득세를 원천징수하여 납부하는 기한으로 옳은 것은?
★★★

① 다음달 10일

② 지급일의 말일

③ 지급일의 말일로부터 2월 이내

④ 지급일의 분기말

73 거주자에게 예탁금이용료를 지급하는 경우에 적용되는 이자소득세율로 옳은 것은?
★★★

① 14%   ② 15%

③ 20%   ④ 25%

74 비거주자에게 이자소득을 지급하는 경우 조세협약이 체결되지 않은 국가의 거주자에게 적용되는
★★★ 이자소득세율로 옳은 것은?

① 14% ② 15%

③ 20% ④ 25%

75 양도소득에 대한 설명으로 옳지 않은 것은?
★★★
① 양도소득이란 재고자산 이외의 자산 중 토지·건물·부동산의 권리 및 주식 등 「소득세법」이 정한 자산의 양도로 인하여 발생하는 일시적인 소득을 말한다.

② 부동산매매업이나 주택건설업자가 양도하는 토지·건물 등의 양도차익은 사업소득으로 종합소득세가 과세된다.

③ 사업목적이 아니고 개인이 소유하던 부동산 등을 양도함으로써 발생하는 소득이 양도소득이다.

④ 양도라 함은 자산의 등기·등록에 관계없이 매도·교환·법인의 현물출자 등을 이유로 자산이 사실상 무상으로 이전되는 것을 말한다.

정답 및 해설

70 ② 증여세는 물납이 허용되지 않는다.

71 ④ 비영업대금의 이익이 이자소득이다. 즉 대금업에 해당하지 않는 금전대여로 인해 받는 이자는 이자소득이다. 반면에, 대금업자가 받는 영업대금의 이익은 이자소득이 아니라 사업소득에 해당한다.

72 ① 원천징수의무자는 소득의 지급시에 소득세를 원천징수하여 다음달 10일까지 납부하여야 한다.

73 ① 거주자에게 이자소득(예탁금이용료, 채권이자)을 지급하는 경우 원천징수세율(이자소득세율)은 이자소득금액의 14%(개인의 경우 이자소득세의 10%를 지방소득세로 부과)이다.

74 ③ 비거주자에게 이자소득(예탁금이용료, 채권이자)을 지급하는 경우 조세조약이 체결되지 않은 국가의 거주자인 경우 원천징수세율(이자소득세율)은 이자소득금액의 20%이다.

75 ④ 양도라 함은 자산의 등기·등록에 관계없이 매도·교환·법인의 현물출자 등을 이유로 자산이 사실상 유상으로 이전되는 것을 말한다.

76 다음 중 양도소득세 과세대상 자산에 해당하는 것을 모두 고르면?
★★★

> ㉠ 토지, 건물 등 부동산
> ㉡ 부동산 이용권 및 부동산 취득권 등의 부동산
> ㉢ 소주주가 거래소에서 양도하는 주식
> ㉣ 파생결합증권
> ㉤ 채무증권

① ㉠, ㉡
② ㉠, ㉡, ㉢
③ ㉠, ㉡, ㉣
④ ㉠, ㉤

77 대주주가 소유하는 상장주식은 양도소득세 과세대상이 되는데, 여기서 대주주의 범위를 설명한
★★★ 것으로 ㉠, ㉡에 알맞은 숫자는?

> 주주 1인과 그와 특수관계에 있는 자가 발행주식의 (㉠)%(코스닥 2%, 코넥스상장법인·벤처기업
> 은 4%) 이상을 소유하거나, 시가총액 (㉡)억원 이상을 보유한 주주

① ㉠ 1, ㉡ 10
② ㉠ 1, ㉡ 20
③ ㉠ 3, ㉡ 10
④ ㉠ 3, ㉡ 20

78 양도소득세 계산시 장기보유특별공제는 토지·건물로서 보유기간이 (   )년 이상인 경우에 해당
★★★ 된다. (   )에 알맞은 것은?

① 1
② 3
③ 5
④ 7

79 양도소득세 계산시 기본공제액으로 옳은 것은?
★★★
① 200만원
② 250만원
③ 300만원
④ 350만원

80 현행 파생상품 양도소득에 대한 세율은?
★★★
    ① 3%(탄력세율)   ② 5%(탄력세율)

    ③ 10%(탄력세율)   ④ 15%(탄력세율)

81 비상장 주식을 2021년 11월 11일 양도한 경우 양도소득세 예정신고기간은?
★★★
    ① 2021년 12월 31일   ② 2022년 1월 10일

    ③ 2022년 1월 31일   ④ 2022년 2월 28일

정답 및 해설

76 ① ⓒ 상장주식은 대주주소유주식과 소주주가 거래소 외(장외시장)에서 양도하는 주식이 양도소득세 과세대상이다. ⓔ~ⓜ 파생결합증권과 채무증권은 양도소득세 과세대상이 아니며, 코스피200선물·옵션 등의 파생상품이 양도소득세 과세대상이다.

77 ① 대주주란 주주 1인과 그와 특수관계에 있는 자가 발행주식의 1%(코스닥 2%, 코넥스상장법인·벤처기업은 4%) 이상을 소유하거나, 시가총액 10억원 이상을 보유한 주주이다.

78 ② 장기보유특별공제는 토지·건물로서 보유기간이 3년 이상인 경우에 해당된다.

79 ② 양도소득이 있는 거주자에 대하여는 당해연도의 양도소득금액에서 각 소득별로 연간 250만원을 공제한다.

80 ③ 10%이다.(현재 탄력세율 적용, 기본세율은 20%)

81 ④ 양도소득세 과세대상 자산 중 주권상장법인주식·주권비상장주식을 양도한 경우에는 양도일이 속하는 분기의 말일부터 2월 이내에 예정신고 납부를 하여야 한다. 2021년 11월에 주식을 양도하였으므로 양도일이 속하는 분기의 말일은 2021년 12월 31일이며, 이때부터 2월 이내에 예정신고 납부하여야 하므로 2022년 2월 28일까지 예정신고 납부하면 된다.

〈양도소득세 신고와 납부〉

예정신고 납부	• 주권상장법인주식·주권비상장주식을 양도한 경우 : 양도일이 속하는 분기의 말일부터 2월 이내 예정신고 납부 • 그 밖의 자산을 양도한 경우 : 양도일이 속하는 달의 말일부터 2월 이내 예정신고 납부
확정신고 납부	양도소득과세표준을 양도한 해의 다음 연도 5.1 ~ 5.31까지 신고납부하여야 함

많이 보고 많이 겪고 많이 공부하는 것은 배움의 세 기둥이다.

– 벤자민 디즈라엘리 –

실전모의고사

• 문항 및 시험시간 •

평가영역	문항 수	시험시간	비 고
파생상품투자권유자문인력	100문항	120분	

실전모의고사

문 항 수 : 100문항
응시시간 : 120분

제1과목 : 파생상품 I

01 주가지수 산출방법이 나머지 셋과 다른 것은?

① KOSPI200
② NIKKEI225
③ KTOP30
④ DJIA

02 주식관련 선물의 균형가격(이론가격)을 높이는 경우가 아닌 것은?

① KOSPI200지수가 상승할 경우
② 이자율이 상승할 경우
③ 잔존만기가 줄어들 경우
④ 배당수익률이 하락할 경우

03 주가지수 선물시장이 콘탱고(Contango) 상태일 경우에 다음 설명 중 옳지 않은 것은?

① 매도헤지 시 선물지수의 상승폭이 현물지수의 상승폭보다 크면 손실
② 매도헤지 시 선물지수의 하락폭이 현물지수의 하락폭보다 크면 이익
③ 매수헤지 시 선물지수의 하락폭이 현물지수의 하락폭보다 작으면 손실
④ 매수헤지 시 선물지수의 상승폭이 현물지수의 상승폭보다 크면 이익

04 향후 주식시장의 강세가 예상되어 KOSPI200 지수선물(현재 300포인트)을 이용하여 주식포트폴리오(현재 150억원)의 베타(현재 0.8)를 1.4로 증가시키려고 한다. 이 경우 매수(또는 매도)해야 할 선물의 계약수는? (1포인트=25만원)

① KOSPI200 선물 100계약을 매도
② KOSPI200 선물 120계약을 매수
③ KOSPI200 선물 100계약을 매수
④ KOSPI200 선물 150계약을 매수

05 현재 주가지수는 350포인트이며, 잔존만기가 6개월인 주가지수선물의 시장가격이 355포인트이다. 이자율이 4%, 주가지수 배당수익률이 2%일 경우 다음 설명 중 옳지 않은 것은? (거래비용은 없다고 가정)

① 주가지수선물의 이론가격은 353.5포인트이다.
② 선물시장은 콘탱고 상태이다.
③ 주가지수 선물가격이 고평가되어 있다.
④ 매도차익거래를 하면 이익을 볼 수 있다.

06 현재(9월 2일) 9월물 코스피200 선물지수는 360포인트이고 12월물 선물지수는 363포인트이다. 다음 설명 중 옳지 않은 것은?

① 결제월 간(만기 간) 스프레드는 3포인트이다.
② 선물시장은 콘탱고 상태이다.
③ 장차 스프레드가 확대될 것으로 예상하는 경우에는 스프레드 매수전략이 적절하다.
④ 장차 스프레드가 줄어들 것으로 예상하는 경우에는 9월물을 매도하고 12월물을 매수하는 전략이 적절하다.

07 단기금리의 상승이 예상될 경우 단기자금의 차입(또는 운용) 금리를 고정시키기 위해서 가장 바람직한 거래는?

① 유로달러선물 매도
② T-Note선물 매도
③ T-Bond선물 매수
④ 한국국채선물 매도

08 다음 설명 중 옳지 않은 것은?

① NOB(Notes over Bonds) 스프레드 거래는 단기 채권선물이 장기 채권선물보다 금리변화에 민감한 특성을 이용하는 전략이다.

② 금리하락 시 단기채권을 매도하고 장기채권을 매수한다.

③ 장단기 금리가 동일하게 하락할 것으로 예상할 때는 NOB 스프레드 매도전략이 적절하다.

④ NOB 스프레드 매수전략은 T-Note선물을 매도하고 T-Bond선물을 매수하는 거래를 말한다.

09 수익률곡선이 우상향의 모습을 띠고 있는데, 향후 수익률곡선이 플래트닝(Flattening)해질 것으로 예측한다면, 다음 중 어떤 포지션이 바람직한가?

① 국채선물 3년물 매도 + 국채선물 10년물 매수

② 국채선물 3년물 매수 + 국채선물 10년물 매도

③ 국채선물 3년물 매수 + 국채선물 10년물 매수

④ 국채선물 3년물 매도 + 국채선물 10년물 매도

10 원-달러 환율은 ₩1,150/$에서 ₩1,200/$으로 변동하였고, 원-엔 환율은 ₩1,200/¥100에서 ₩1,150/¥100으로 변동하였다. 이에 대한 설명으로 틀린 것은?

① 원화에 대한 달러화의 가치 하락   ② 원화에 대한 엔화의 가치 하락

③ 달러화에 대한 원화의 가치 하락   ④ 엔화에 대한 원화의 가치 상승

11 현재 한국의 이자율은 연 2%, 미국의 이자율은 연 4%, 일본의 이자율은 연 1%이다. 이자율 평형이론(IRP)이 성립할 경우, 다음 설명 중 옳은 것은?

① 원-달러 선물환율 할인, 엔-달러 선물환율 할인

② 원-달러 선물환율 할증, 엔-달러 선물환율 할증

③ 원-달러 선물환율 할인, 엔-달러 선물환율 할증

④ 원-달러 선물환율 할증, 엔-달러 선물환율 할인

12 현재(5월 31일) 금 시세는 아래 표와 같다. 다음 설명 중 옳은 것은?

현물가격	6월물 선물	8월물 선물	10월물 선물	12월물 선물
42,360원	42,330원	42,720원	42,540원	42,940원

① 현물가격과 6월물 선물가격은 정상시장 구조이다.

② 8월물 선물가격과 10월물 선물가격은 정상시장 구조이다.

③ 10월물 선물가격과 12월물 선물가격은 정상시장 구조이다.

④ 현물가격과 8월물 선물가격은 역조시장 구조이다.

13 현재(10월 27일) 돈육 현물가격이 5,500원/kg인 상황에서 양돈농가가 돈육선물로 매도헤지한 후 12월 1일에 헤지포지션을 청산하였다. 헤지기간 동안 베이시스가 200원/kg 상승하였다면, 돈육의 순매도가격(NSP)은?

① 5,300원

② 5,500원

③ 5,700원

④ 5,900원

14 합성포지션의 구성방법이 옳지 않은 것은?

① 합성 콜 매수 = 풋 매도 & 기초자산 매수

② 합성 풋 매수 = 콜 매수 & 기초자산 매도

③ 합성 콜 매도 = 풋 매도 & 기초자산 매도

④ 합성 기초자산 매도포지션 = 콜 매도 & 풋 매수

15 옵션의 민감도지표인 감마에 대한 설명으로 옳지 않은 것은?

① 감마는 옵션가격과 기초자산가격 간 곡선의 기울기의 변화를 의미한다.

② 잔존기간이 짧을수록 등가격의 감마는 빠르게 높아지고, 외가격과 내가격의 감마는 오히려 0으로 접근한다.

③ 감마는 내가격(ITM)에서 가장 높고, 외가격(OTM) 및 등가격(ATM)일수록 작아진다.

④ 옵션 매수포지션의 감마는 (+)의 값을 갖는다.

16 옵션 포지션에 대한 민감도 부호가 잘못된 것은?

① 콜옵션 매수 : 쎄타(−), 베가(+)　　② 콜옵션 매도 : 감마(−), 베가(+)

③ 풋옵션 매수 : 델타(−), 베가(+)　　④ 풋옵션 매도 : 감마(−), 쎄타(+)

17 옵션에서 (수직적) 스프레드 전략에 관한 설명으로 옳지 않은 것은?

① 이익과 손실이 한정되어 있다.

② 옵션포지션의 시간가치 소멸효과가 매우 크다.

③ 옵션포지션의 손익이 현물가격의 변동성에 비교적 독립적이다.

④ 약세 스프레드 전략은 만기는 같은 낮은 행사가격의 옵션을 매도하고 높은 행사가격의 옵션은 매수하는 거래이다.

18 다음 옵션거래 전략 중에서 변동성 매수전략이 아닌 것은?

① 스트래들 매수　　　　　　　　　② 스트랭글 매수

③ 버터플라이 매수　　　　　　　　④ 스트랩

19 장차 주가의 변동성이 커질 것으로 예상되는데, 주가의 상승 확률이 높을 것으로 예상될 때 사용할 수 있는 가장 적절한 옵션 투자전략은?

① 버터플라이 매도　　　　　　　　② 컨버전

③ 스트립 매수　　　　　　　　　　④ 스트랩 매수

20 다음 중 스트래들 매수 포지션의 민감도 부호가 옳지 않은 것은?

① 포지션의 델타 ≒ 0　　　　　　　② 포지션의 감마 : (+)

③ 포지션의 세타 : (−)　　　　　　④ 포지션의 베가 : (−)

21 옵션을 이용한 차익거래에 대한 설명으로 옳지 않은 것은?

① 풋-콜 패리티가 성립하지 않을 때 실행하는 거래전략이다.

② 컨버전은 풋옵션이 콜옵션보다 상대적으로 고평가된 상황을 이용하는 전략이다.

③ 합성물과 합성물을 이용한 차익거래를 박스(Box)거래라고 한다.

④ 데빗박스는 포지션 구성시 순현금이 유출되기 때문에 '박스 매수'라고 한다.

22 현재 유로달러선물 가격은 97.50이다. 행사가격이 100인 유로달러선물 콜옵션의 프리미엄이 1.5일 때 시간가치는?

① 0

② 2.5

③ 1

④ 1.5

23 다음 중 금리리스크를 관리하기 위한 방법으로 옳지 않은 것은?

① 금리가 상승할 것으로 예상하여 선도금리계약(FRA)을 매수하였다.

② 금리가 상승할 것으로 예상하여 금리선물계약을 매도하였다.

③ 금리가 하락할 것으로 예상하여 금리선물 풋옵션을 매수하였다.

④ 금리가 하락할 것으로 예상하여 금리하한계약(금리 Floor)을 매수하였다.

24 3개월 후 2,000만 달러의 수입대금을 지급해야 하는 수입업자가 원-달러 통화옵션을 이용하여 환리스크를 헤지하고자 할 때, 가장 적절한 전략은?

① 달러 콜옵션 매수

② 달러 콜옵션 매도

③ 달러 풋옵션 매수

④ 달러 풋옵션 매도

25 상품선물 콜옵션을 이용한 매수헤지에 대한 설명으로 옳지 않은 것은?

① 상품 가격이 상승하는 불리한 리스크를 제거하고, 가격이 하락하는 유리한 리스크는 보존할 수 있다.

② 상품 가격이 상승하는 경우 콜옵션을 행사하는 것보다 콜옵션을 매도하는 것이 유리하다.

③ 상품선물 콜옵션을 매수함으로써 최저 매도(하한) 가격을 설정할 수 있다.

④ 상품 가격이 상승하여 콜옵션을 행사하는 경우 순매수가격은 [현물매수가격 − 선물거래이익 + 콜옵션 프리미엄]으로 결정된다.

제2과목 : 파생상품 Ⅱ

26 스왑에 대한 설명으로 옳지 않은 것은?

① 스왑은 현물거래와 선도거래 혹은 일련의 선도거래가 여러 개 모여진 하나의 거래이다.

② 스왑가격이란 특정 고정금리와 교환되는 변동금리를 말한다.

③ 통화스왑은 일정기간마다 정기적으로 이자교환이 발생하게 된다는 점에서 외환스왑과 다르다.

④ 외환스왑거래는 거래금액은 동일하나 거래방향이 서로 반대인 현물환(Spot)과 선물환(Forward)을 동시에 체결하는 거래를 말한다.

27 스왑금리가 'T+35/32'이다. K기업은 향후 금리상승이 우려되어 스왑딜러와 이자율스왑 거래를 하고자 한다. K기업에게 필요한 스왑포지션과 K기업에게 적용되는 스왑금리는?

① Receiver Swap, T+32   ② Payer Swap, T+35

③ Receiver Swap, T+35   ④ Payer Swap, T+32

(28~29) 두 기업의 차입금리가 다음과 같다.

구 분	고정금리 차입시장	변동금리 차입시장	스왑금리
K기업	2.50%	Libor	2.75 / 2.70
U기업	3.50%	Libor + 0.50%	

28 고정금리 차입시장과 변동금리 차입시장에서 각각 차입상의 비교우위가 있는 기업은?

	고정금리	변동금리
①	K	K
②	U	U
③	U	K
④	K	U

29 차입상의 비교우위를 통해 차입한 후에 스왑딜러를 통해 이자율스왑 거래를 한다면, 두 기업의 순차입금리 및 금리이익(비용절감)은?

	K기업		U기업	
	순차입금리	금리이익	순차입금리	금리이익
①	3.20%	0.20%	Libor − 0.25%	0.25%
②	3.25%	0.25%	Libor − 0.20%	0.20%
③	Libor − 0.25%	0.25%	3.20%	0.20%
④	Libor − 0.20%	0.20%	3.25%	0.25%

30 Payer 이자율스왑 포지션을 취하는 목적으로 적절하지 않은 것은?

① 변동금리부채를 고정금리부채로 바꾸기 위해

② 고정금리 수입을 변동금리 수입으로 바꾸기 위해

③ 금리하락 시 이익을 얻기 위해

④ 금리상승 위험을 회피하기 위해

31 1×4 callable 스왑에 대한 설명으로 옳지 않은 것은?

① 1년 후 취소 가능한 4년짜리 스왑이다.

② 스왑거래 체결 후 금리가 하락하면 고정금리 지급자는 1년 후 스왑거래의 조기 청산으로 손실폭을 줄일 수 있다.

③ 1×4 callable 스왑에 적용되는 고정금리는 4년 만기 표준스왑 금리보다 높다.

④ 고정금리 수취자가 취소 가능한 스왑이다.

32 W기업은 4% 1×3 Payer's Swaption을 매입하였다. 옵션 만기시점에서 3년 만기 스왑금리가 5%라고 할 경우, 다음 설명 중 옳지 않은 것은?

① W기업은 옵션 만기 시 5%의 고정금리를 지급하는 스왑거래를 개시할 것이다.

② W기업은 1년 뒤에 3년짜리 고정금리 지급 스왑을 할 수 있는 권리가 있다.

③ W기업은 프리미엄을 지급한다.

④ 권리행사 후에는 변동금리(Libor)가 행사금리보다 낮아서 순지급액이 발생하는 기간도 있을 수 있다.

33 통화스왑에서 초기 거래시점의 환율이 ₩1,100/$일 때, 두 당사자 사이에 초기자금 교환액수가 100억원과 1천만달러였다. 만기시점에 환율이 ₩1,250/$가 되었다면, 두 거래당사자가 만기에 재교환하는 자금의 액수는?

① 8백만달러와 120억원
② 1천만달러와 120억원
③ 1,250만달러와 100억원
④ 1천만달러와 100억원

34 다음 중 시간의존형 옵션에 해당하는 것은?

① 선택옵션(Chooser Option)
② 평균옵션(Average Option)
③ 장애옵션(Barrier Option)
④ 룩백옵션(Lookback Option)

35 장외옵션을 이용하여 원유를 수입해야 하는 정유회사에서 유가변동 위험을 헤지하려고 한다. 다음 중 가장 적절한 선택은?

① Down-and-In 콜옵션 매입
② Up-and-In 풋옵션 매입
③ Up-and-Out 콜옵션 매입
④ Down-and-Out 콜옵션 매입

36 옵션의 만기 이전에 손익정산 및 행사가격 재조정이 이루어지는 옵션은?

① 클리켓옵션(Cliquet Option)
② 선택옵션(Chooser Option)
③ 평균옵션(Average Option)
④ 장애옵션(Barrier Option)

37 디지털옵션에 대한 설명으로 옳지 않은 것은?

① 수익은 일정한 금액을 지급하는 방식과 내가격으로 끝났을 때 기초자산을 지급하는 방식이 있다.

② 만기일에 내가격 상태이면 사전에 약정한 수익이 지급되고, 그렇지 않으면 아무것도 지급하지 않는다.

③ 옵션 매수자는 만기일에 프리미엄을 지불한다.

④ 만기일에 얼마만큼 내가격 상태에 있는가는 의미가 없고, 내가격 상태인지 아닌지만이 의미가 있다.

38 선택옵션에 대한 설명으로 옳지 않은 것은?

① 시간의존형 옵션이다.

② 옵션 보유자가 만기일 이전에 미래의 특정 시점에서 이 옵션이 콜옵션인지 풋옵션인지 여부를 선택할 수 있다.

③ 기초자산가격이 크게 상승한 경우에는 콜옵션으로 선택할 가능성이 크다.

④ 스프레드 매수전략과 유사하다.

39 원/달러 현물환율이 1,150원, 1년 만기 선물환율이 1,200원일 때, 다음 설명 중 옳지 않은 것은?

① 1년 만기 통화스왑 거래 시 거래초기 원금교환은 1,150원에, 만기 시 원금교환도 1,150원에 교환된다.

② 1년 만기 선물환 거래 시, 적용환율은 1,200원이다.

③ 1년 만기 외환스왑 거래 시 거래초기 원금교환은 1,150원에, 만기 시 원금교환은 1,200원에 교환된다.

④ 이자율평가이론에 따르면, 달러화 금리는 원화 금리보다 높다.

40 시장리스크와 신용위험에 대한 설명으로 옳지 않은 것은?

① 신용위험은 법적 문제가 매우 중요하다.

② 시장리스크는 신용위험에 비해 장기이다.

③ 시장리스크는 신용리스크에 비해 계량화하는 것이 용이하다.

④ 신용위험은 시장가격 변화와 함께 채무자의 신용등급 변화 및 부도확률 등에 따라 달라진다.

41 CDS(Credit Default Swap) 계약의 프리미엄 수준에 대한 설명으로 옳지 않은 것은?

① 준거자산의 채무불이행 가능성이 높아질수록 프리미엄은 높아진다.

② 보장매도자의 신용도가 높을수록 프리미엄은 높아진다.

③ CDS 계약의 만기가 길어질수록 프리미엄은 높아진다.

④ 준거자산의 회수가치가 높을수록 프리미엄은 높아진다.

42 CDS거래와 CLN거래에 관한 설명으로 옳지 않은 것은?

① 보장매입자인 CLN 발행자는 거래상대방에 대한 위험이 없다.

② CLN은 투자자금이 수반되는 funded 형태의 거래이다.

③ CDS거래에서 보장매입자는 거래상대방(보장매도자)에 대한 위험에 노출된다.

④ CDS거래는 투자원금이 수반되는 funded 형태의 스왑거래이다.

43 역사적 시뮬레이션으로 VaR를 측정하는 방법에 대한 설명으로 옳지 않은 것은?

① 오직 1개의 가격변화만이 고려된다.

② 완전가치평가를 위한 가치평가모형이 요구된다.

③ 정규분포를 가정한다.

④ 일시적으로 증가한 변동성을 잘 고려하지 못한다.

44 다음 중 「자본시장법」상 파생결합증권으로 분류되지 않는 상품은?

① ELW
② DLS
③ ETN
④ ELB

45 ELS에 대한 설명으로 옳은 것은?

① ELS 헤지 시 현물주식의 가격에 영향을 미치지 않는다.

② 발행사의 Back-to-Back 헤지거래는 신용위험이 없다.

③ ELS를 펀드에 편입할 수 없다.

④ ELS의 구조는 정형화되어 있지 않다.

46 조기상환형 Step-down ELS에 대한 설명으로 옳지 않은 것은?

① 노녹인(No Knock-in)형 ELS는 녹인(Knock-in)형 ELS보다 제시수익률이 낮다.

② 월지급식 조건을 추가한 ELS는 제시수익률이 더 낮다.

③ 기초자산의 수가 적을수록 제시수익률이 높다.

④ 기초자산의 변동성이 클수록 제시수익률이 높다.

47 주가가 15,000원일 때 콜 ELW의 가격이 1,000원이다. 전환비율이 2라면 기어링은 얼마인가?

① 15

② 30

③ 150

④ 300

48 최대 원금손실 가능금액이 원금의 20%를 초과하는 고난도 금융투자상품과 거리가 먼 것은?

① 파생결합증권

② 은행의 금적립계좌

③ 투자일임 · 금전신탁계약

④ 파생상품

49 ETN에 대한 설명으로 옳지 않은 것은?

① ETN 발행회사의 신용등급은 AA- 이상이어야 한다.

② ETN 발행회사의 자기자본이 2,500억원 미만이면 퇴출된다.

③ ETN의 매매수량단위는 1증권이다.

④ ETN 발행회사의 순자본비율은 100% 이상이어야 한다.

50 정해진 일정 이상의 ESG 기준에 부합하는 종목 또는 산업에만 투자하는 방식을 무엇이라 하는가?

① ESG 통합

② 지속가능/테마투자

③ 네거티브 스크리닝

④ 파지티브 스크리닝

제3과목 : 리스크관리 및 직무윤리

51 다음 리스크 중 계량리스크에 해당하는 것은?

① 평판리스크   ② 운영리스크

③ 전략리스크   ④ 법률리스크

52 VaR에 대한 설명으로 옳지 않은 것은?

① 극단적인 시장상황에서의 손실금액을 측정하는 것이다.

② 목표기간이 길어지면 VaR는 커진다.

③ 신뢰수준이 높아지면 VaR는 커진다.

④ VaR는 분포의 하향 손실에 초점을 맞추어 계산한다.

53 A포지션의 VaR가 200억원이고 B포지션의 VaR가 400억원이다. 두 포지션 간의 상관계수가 −1일 때, 두 포지션으로 포트폴리오를 구성하는 경우 분산효과는 얼마인가?

① 200억원   ② 400억원

③ 600억원   ④ 800억원

54 옵션의 VaR를 델타–노말 방법으로 계산할 때의 문제점을 설명한 것으로 옳지 않은 것은?

① 양(+)의 감마를 갖는 포지션의 경우, 선형으로 추정한 VaR는 실제의 VaR보다 과대평가된다.

② 등가격 콜옵션과 풋옵션 매도로 구성한 스트래들 매도포지션의 VaR를 델타–노말법으로 구하면 매우 큰 값이 나온다.

③ 음(−)의 감마를 갖는 포지션의 경우, 선형으로 추정한 VaR는 실제의 VaR보다 과소평가된다.

④ 포트폴리오가 무위험 상태가 아니어도 옵션포트폴리오의 델타는 0일 수 있다.

55 원/달러 선물환 매도포지션을 복제하는 방법으로 적절한 것은?

① 원화채권 매입포지션 + 현물환 매도포지션 + 달러채권 매도포지션

② 원화채권 매입포지션 + 현물환 매입포지션 + 달러채권 매도포지션

③ 원화채권 매도포지션 + 현물환 매도포지션 + 달러채권 매입포지션

④ 원화채권 매도포지션 + 현물환 매입포지션 + 달러채권 매입포지션

56 K은행은 1,000억원의 대출채권를 보유하고 있다. 예상손실이 2억원이고 회수율이 90%이다. 대출의 부도율(채무불이행확률)은 얼마인가?

① 1%   ② 2%

③ 3%   ④ 4%

57 다음 중 신용리스크에 노출되는 포지션은?

① 콜 강세 스프레드   ② 스트랭글 매도

③ 콜 약세 스프레드   ④ 풋 강세 스프레드

58 ELS 발행사의 헤지거래에 대한 설명으로 옳지 않은 것은?

① 백투백헤지의 경우 unfunded 스왑을 하면 유동성위험이 발생하지 않는다.

② 동적헤지 전략은 자산과 부채의 변동액이 일치하도록 델타중립 포트폴리오를 유지해 나가는 전략이다.

③ 동적헤지 전략의 경우 ELS의 모든 위험이 헤지가 가능하지 않는 경우가 있다.

④ 백투백헤지의 경우 Fully-funded 스왑을 하더라도 거래상대방의 신용위험에 노출된다.

59 호가의 유형과 조건에 대한 설명으로 옳지 않은 것은?

① 최유리지정가호가는 종목 및 수량은 지정하되 가격은 시장에 도달하는 시점에서 가장 유리하게 거래되는 가격으로 지정되는 주문이다.

② 전량충족조건은 주문 접수시점에서 수량 전부를 체결할 수 있는 경우에는 거래를 성립시키고 그러하지 아니한 경우에는 수량 전부를 취소하는 조건이다.

③ 조건부시장가호가는 시장에 도달된 때에는 지정가호가로 거래하나, 체결되지 않은 경우에는 종가 단일가격 거래시에 시장가호가로 전환되는 호가이다.

④ 일부충족조건은 당해 주문의 접수시점에서 주문한 수량 중 체결될 수 있는 수량에 대하여는 거래를 성립시키고 체결되지 아니한 수량은 취소하는 조건이다.

60 개별 경쟁거래의 원칙에 대한 설명으로 옳지 않은 것은?

① 단일가거래의 약정가격이 상한가·하한가로 결정되는 경우에 상한가 또는 하한가로 제출된 단일가호가 간에는 호가수량이 많은 호가부터 수량을 배분한다.

② 매수호가는 가격이 높은 호가가 가격이 낮은 호가에 우선한다.

③ 가격이 동일한 호가 간에는 먼저 접수된 호가가 나중에 접수된 호가에 우선한다.

④ 지정가호가는 시장가호가에 우선한다.

61 계좌 설정 시 서명거래에 대한 설명으로 옳지 않은 것은?

① 인감 없이 서명만 등록하는 것은 불가능하다.

② 성명과 서명이 같더라도, 성명과 서명은 필히 별도로 기재하여야 한다.

③ 법인계좌는 서명거래가 불가능하다.

④ 서명등록은 반드시 본인이 등록한다.

62 투자자 K의 국채선물 거래현황이 다음과 같을 때, 갱신차금을 구하면?(국채선물의 거래승수는 100만원)

> - 전일 매수미결제약정 : 국채선물 10계약 (체결가격 101.50, 정산가격 101.65)
> - 당일 신규 매수 2계약 (체결가격 101.60)
> - 당일 매도 5계약 (체결가격 101.75, 정산가격 101.85)

① -1,000,000   ② 1,000,000

③ -2,000,000   ④ 2,000,000

63 다음 중 한국거래소에 예탁증거금으로 사용할 수 없는 것은?

① 호주 달러화   ② 미국국채(Treasury Bond)

③ 프랑스 프랑화   ④ 상장외국주식예탁증서(DR)

64 법과 윤리에 대한 설명으로 옳지 않은 것은?

① 법은 강제력을 가지며 윤리는 자율적 성격을 갖는다.

② 사회가 변함에 따라 윤리관도 급격하게 변한다.

③ 법과 윤리가 충돌하는 경우는 없다.

④ 윤리에 합당한 법을 '있어야 할 법'이라고 한다.

65 이해상충 방지 의무에 대한 설명으로 옳지 않은 것은?

① 금융투자업종사자는 신의성실의 원칙에 입각하여 회사의 이익을 최우선으로 하여 업무를 수행하여야 한다.

② 이해상충 방지 의무는 금융투자업종사자의 충실의무와 직접적인 연관성이 있다.

③ '최선의 이익'이란 결과에 있어서 최대의 수익률을 얻어야 한다는 뜻이 아니다.

④ 금융투자업자는 금융투자업을 영위함에 있어 정당한 사유 없이 투자자의 이익을 해하면서 자기가 이익을 얻거나 제3자가 이익을 얻도록 하여서는 아니 된다.

66 본인에 대한 윤리와 가장 거리가 먼 것은?

① 정보보호   ② 품위유지

③ 법규준수   ④ 자기혁신

67 직무윤리의 기초 사상 및 국내외 동향에 대한 설명으로 옳지 않은 것은?

① 칼뱅의 금욕적 생활윤리는 초기 자본주의 발전의 정신력 토대가 된 직업윤리의 중요성을 강조하고 있다.

② 국제투명성기구의 부패인식지수는 각 국가별 기업의 부패수준이 어느 정도인지에 대한 인식의 정도를 지수로 나타낸 것이다.

③ 오늘날 기업의 사회적 책임은 이익을 분배하는 과정에서 특히 강조되고 있다.

④ 청탁금지법(김영란법)은 단순히 공직자 등에게만 국한된 것이 아니다.

68 「자본시장법」제37조 제1항 및 금융투자회사의 표준윤리준칙 제4조에서 명시적으로 규정하고 있는 금융투자업자의 영업행위규칙으로서 적절하지 않은 것은?

① 신의의 원칙   ② 공정의 원칙

③ 평등의 원칙   ④ 성실의 원칙

69 「자본시장법」상의 이해상충 방지체계에 관한 설명으로 옳지 않은 것은?

① 「자본시장법」에서는 이해상충 방지체제를 금융투자업의 인가·등록 시부터 갖추도록 의무화하고 있다.

② 금융투자업자는 이해상충이 발생할 가능성이 있는 경우에는 그 사실을 미리 해당 투자자에게 알려야 한다.

③ 금융투자업자는 이해상충이 발생할 가능성을 투자자보호에 문제가 없는 수준으로 낮춘 후 매매, 그 밖의 거래를 하여야 한다.

④ 금융투자업자는 이해상충이 발생할 가능성을 낮추는 것이 곤란하다고 판단되는 경우에는 그 사실을 해당 투자자에게 알린 후에 거래를 하여야 한다.

70 금융소비자보호 의무에 대한 설명으로 옳지 않은 것은?

① 윤리적 의무인 동시에 법적인 의무이다.

② 회사의 평판위험(Reputation Risk) 관리와도 관련이 있다.

③ 전문투자자에 대해서는 적용되지 않는다.

④ 신의성실의 원칙에 바탕을 두고 있다.

71 소득의 안정성을 중시하는 일반투자자인 K씨에게 주식형펀드에 투자를 하게 하여 손실을 입혔다. 이 경우 투자권유를 한 자는 어떤 직무윤리를 위반한 것인가?

① 적합성 원칙   ② 신의성실 원칙

③ 적정성 원칙   ④ 설명의무

72 고객이 요청하지 않은 경우의 투자권유에 대한 설명으로 옳지 않은 것은?

① 증권과 장내파생상품의 경우에는 요청하지 않은 투자권유가 가능하다.

② 장외파생상품은 요청하지 않은 투자권유가 가능하다.

③ 투자권유를 받은 투자자가 이를 거부한 경우에 투자권유를 계속하는 행위는 금지된다.

④ 금융투자업종사자는 고객으로부터의 요청이 없으면 방문·전화 등의 방법에 의하여 투자권유 등을 하여서는 아니 된다.

73 금융투자업종사자의 공용재산 사적사용 및 수익금지 규정에 대한 설명으로 옳지 않은 것은?

① 고객관계는 형태가 없는 것이므로 회사의 재산으로 볼 수 없다.

② 회사의 재산을 사적인 용도로 사용하거나 자신의 지위를 이용하여 사적 이익을 추구하는 행위는 금지된다.

③ 회사가 임직원에게 부여한 지위도 회사의 재산이다.

④ 회사의 중요정보를 사전에 회사와 협의하지 않고 유출하는 행위는 금지된다.

74 「금융소비자보호법」상 청약철회권의 대상이 되는 고난도 금융투자상품에 해당되지 않는 것은?

① 대 출   ② 투자일임계약

③ 신탁계약   ④ 금전신탁

75 자금세탁(Money Laundering)에 대한 설명으로 옳지 않은 것은?

① 자금세탁 절차는 예치단계, 합법화단계, 은폐단계 순서로 이루어진다.

② FATF(금융조치기구)는 정회원, 준회원, 옵저버로 구성된다.

③ 1,000만원 이상의 일회성 거래는 고객확인제도의 적용대상이다.

④ 현재 의심거래보고제도의 보고기준 금액은 없다.

제4과목 : 파생상품 법규

76 「자본시장법」상 증권에 대한 설명으로 옳지 않은 것은?

① 자산유동화증권은 수익증권이다.

② 합명회사의 지분은 지분증권이다.

③ DLS는 파생결합증권이다.

④ 기업어음은 채무증권이다.

77 「자본시장법」상 투자자에 대한 설명으로 옳지 않은 것은?

① 새마을금고연합회는 절대적 전문투자자이다.

② 지방자치단체는 상대적 전문투자자이다.

③ 금융투자상품 잔고가 100억원 이상인 단체는 자발적 전문투자자가 될 수 있다.

④ 자발적 전문투자자는 3년간 전문투자자 대우를 받을 수 있다.

78 「자본시장법」상 금융투자업 신규 진입 시 인가를 요건으로 하는 업무가 아닌 것은?

① 투자일임업   ② 집합투자업

③ 신탁업   ④ 투자중개업

79 금융투자업 등록요건으로 거리가 먼 것은?

① 사업계획의 타당성 요건   ② 법인격 요건

③ 이해상충 방지체계 요건   ④ 자기자본 요건

80 금융투자업자의 회계처리에 대한 설명으로 옳지 않은 것은?

① 금융투자업자의 회계처리는 한국채택국제회계기준에 따른다.

② 금융투자업자는 반기별로 가결산을 실시하여야 한다.

③ 투자중개업자는 고객의 예탁자산과 자기재산을 구분계리하여야 한다.

④ 계정과목별 처리내용 등은 금융감독원장이 정한다.

81 금융투자업자의 충당금 적립기준에 대한 설명으로 옳지 않은 것은?

① 채권중개전문회사 및 다자간매매체결회사에 관하여는 자산건전성 분류 및 대손충당금 등의 적립 기준에 관한 규정을 적용하지 아니한다.

② 대출채권에 대하여 대손충당금을 적립한다.

③ '정상'으로 분류된 대출채권 중 환매조건부매도에 대하여는 대손충당금을 적립하지 아니할 수 있다.

④ 정형화된 거래로 발생하는 미수금에 대하여는 대손충당금을 적립하지 않아도 된다.

82 금융투자업자의 순자본비율 규제에 대한 설명으로 옳지 않은 것은?

① 순자본비율 0% 이상 ~ 50% 미만은 경영개선 요구 조치가 취해진다.

② 순자본비율의 기초가 되는 금융투자업자의 자산, 부채, 자본은 공정가액을 기준으로 한다.

③ 적기시정조치의 기준비율로 금융투자업자는 자본적정성 유지를 위해 순자본비율이 100% 이상 유지되도록 하여야 한다.

④ 부외자산과 부외부채에 대해서도 위험액을 산정하는 것을 원칙으로 한다.

83 금융투자업자의 순자본비율 50% 이상 100% 미만인 경우에 이루어지는 금융위원회의 적기시정조치는?

① 경영개선 권고
② 경영개선 요구
③ 경영개선 명령
④ 아무 조치 없음

84 다음 설명 중 옳지 않은 것은?

① 금융투자업자는 최소한 일별로 순자본비율을 산정해야 한다.
② 외국환업무 취급 금융투자업자는 잔존만기 3개월 이내 부채에 대한 잔존만기 3개월 이내 자산의 비율이 100분의 80 이상을 유지하여야 한다.
③ 금융투자업자의 경우 준법감시인의 업무는 위탁이 금지된다.
④ 금융투자업자는 대주주가 발행한 증권을 자기자본의 100분의 1까지 소유할 수 있다.

85 다음 중 투자권유대행인의 금지행위에 해당되지 않는 것은?

① 보험설계사가 소속 보험회사가 아닌 보험회사와 투자권유 위탁계약을 체결하는 행위
② 투자권유대행업무를 제3자에게 재위탁하는 행위
③ 위탁한 금융투자업자를 대리하여 계약을 체결하는 행위
④ 오직 1개의 금융투자업자와 투자권유 위탁계약을 체결하는 행위

86 투자매매업자 및 투자중개업자에 대한 영업행위규제에 관한 설명으로 옳지 않은 것은?

① 조사분석자료의 내용이 사실상 확정된 때부터 공표 후 24시간이 경과하기 전까지 그 조사분석의 대상이 된 금융투자상품을 자기의 계산으로 매매할 수 없다.
② 고객의 주문을 체결하기 전에 자기의 계산으로 매수 또는 매도하거나 제3자에게 매수 또는 매도를 권유하는 행위를 할 수 없다.
③ 조사분석자료의 작성을 담당하는 자에 대해서는 일정한 기업금융업무와 연동된 성과보수를 지급할 수 있다.
④ 고객의 매매주문정보를 이용하는 선행매매를 할 수 없다.

87 금융투자업자의 내부 정보교류 차단장치의 내용으로 옳지 않은 것은?

① 사무공간 및 전산설비 공동이용 금지
② 금융투자상품의 매매 정보 및 소유현황 정보의 제공 금지
③ 투자자가 예탁한 증권의 총액과 증권의 종류별 총액에 관한 정보 제공 금지
④ 임원 및 직원 겸직 금지

88 「금융소비자보호법」상 금융상품의 유형분류와 거리가 먼 것은?

① 대부업 상품   ② 투자성 상품

③ 예금성 상품   ④ 보장성 상품

89 다음 중 신용거래로 매매할 수 있는 증권이 아닌 것은?

① 상장주권과 관련된 증권예탁증권

② 상장채무증권

③ 상장지수집합투자기구 증권

④ 상장주권

90 공공적 법인의 주식 소유제한에 대한 설명으로 옳지 않은 것은?

① 기준을 초과하여 주식을 소유하는 자에 대해 금융위는 6개월 이내의 기간을 정하여 기준을 충족하도록 시정을 명할 수 있다.

② 상장 당시 발행주식총수의 10% 미만을 소유한 주주는 발행주식총수의 1% 이내에서 정관이 정하는 비율을 초과하여 소유할 수 없다.

③ 상장 당시 발행주식총수의 10% 이상을 소유한 주주는 그 소유비율을 초과하여 소유할 수 없다.

④ 기준을 초과하여 사실상 주식을 소유하는 자는 그 초과분에 대하여는 의결권을 행사할 수 없다.

91 다음 중 「자본시장법」상 미공개 중요정보 이용행위금지 규제대상에 해당하지 않는 것은?

① 권리를 행사하는 과정에서 미공개 중요정보를 알게 된 해당법인 주주

② 해당 법인과 계약체결을 하고 있는 자로서 계약체결과정에서 미공개 중요정보를 알게 된 자

③ 회사 내부자로부터 미공개 중요정보를 받은 자

④ 직무와 관련하여 미공개 중요정보를 알게 된 해당법인 임직원

92 내부자거래 규제대상자를 잘못 설명한 것은?

① 그 법인과 계약체결을 교섭 중인 자로서 미공개 중요정보를 알게 된 자

② 당해 법인을 퇴직한 지 1년이 경과하지 아니한 직원으로부터 미공개 중요정보를 받은 자

③ 그 법인(계열사 제외) 및 그 법인의 임직원·대리인으로서 그 직무와 관련하여 미공개 중요정보를 알게 된 자

④ 그 법인(계열사 포함)의 주요주주로서 그 권리를 행사하는 과정에서 미공개 중요정보를 알게 된 자

93 금융투자회사 및 금융투자분석사의 매매거래 제한에 대한 설명으로 옳지 않은 것은?

① 금융투자분석사는 소속 회사에서 조사분석자료를 공표한 금융투자상품을 매매하는 경우에는 공표 후 24시간이 경과하여야 한다.

② 금융투자분석사는 자신이 담당하는 업종에 속하는 법인이 발행한 주식 등을 매매하는 경우에는 조사분석자료 공표 후 7일이 경과하여야 한다.

③ 금융투자분석사는 금융투자상품 매매내역을 매월 회사에 보고하여야 한다.

④ 조사분석자료가 확정된 시점부터 공표 후 24시간까지는 회사의 고유재산으로 조사분석대상이 된 금융투자상품을 매매할 수 없다.

94 집합투자기구의 운용실적 표시에 관한 설명으로 옳지 않은 것은?

① 집합투자기구의 유형 및 수익률 산출기준 등은 의무표시사항이다.

② 설립일로부터 1년 이상 경과하고 순자산총액이 100억원 이상인 펀드를 대상으로 한다.

③ 기준일로부터 과거 1개월 이상 수익률을 사용하되, 과거 6개월 및 1년 수익률을 함께 표시한다.

④ MMF의 경우 다른 금융투자회사가 판매하는 MMF와 운용실적을 비교하여 광고하여야 한다.

95 금융투자업규정상 담보가격 산정방법으로 옳지 않은 것은?

① 집합투자증권(ETF 제외) : 당일에 고시된 기준가격

② 청약하여 취득하는 주식(상장 전) : 취득가액

③ 상장채권 : 당일 종가

④ ETF : 당일 종가

96 다음 중 '금융투자전문인력과 자격시험에 관한 규정' 에 따른 금융투자전문인력과 거리가 먼 자는?

① 투자상담관리인력

② 투자자산운용사

③ 신용평가전문인력

④ 채권평가인력

97 KRX의 장내파생상품에 대한 설명으로 옳지 않은 것은?

① 코스피200 선물의 최종거래일은 결제월의 두 번째 목요일이다.

② 5년 국채선물의 최종거래일은 결제월의 세 번째 화요일이다.

③ 미국달러선물은 인수도 결제한다.

④ 금선물의 호가가격단위는 100원(1g당)이다.

98 다음 중 협의대량거래를 할 수 없는 상품은?

① 코스피200선물   ② 미국달러선물
③ 코스피200변동성지수선물   ④ 5년국채선물

99 호가의 제한에 대한 설명으로 옳지 않은 것은?

① 종가 단일가호가 접수시간에는 조건부지정가호가를 입력할 수 없다.
② 단일가호가인 경우에는 시장가호가를 입력할 수 없다.
③ 최종거래일이 도래한 종목(통화상품과 일반상품 제외)에는 조건부지정가호가를 입력할 수 없다.
④ 선물 스프레드 거래인 경우 시장가호가를 입력할 수 없다.

100 선물거래의 거래증거금에 대한 설명으로 옳지 않은 것은?

① 회원은 자기가 발행한 증권을 거래증거금으로 예탁할 수 없다.
② 계좌별 순위험 거래증거금액은 상품군별 순위험 거래증거금액을 단순 합산한 금액이다.
③ 회원은 거래증거금 전액을 산출일의 다음 거래일 12시까지 예탁하여야 한다.
④ 중국위안화는 거래증거금으로 예탁할 수 없다.

실전모의고사

정답 및 해설

01	02	03	04	05	06	07	08	09	10
①	③	③	②	④	④	①	④	①	①
11	12	13	14	15	16	17	18	19	20
①	③	③	①	③	②	②	③	④	④
21	22	23	24	25	26	27	28	29	30
②	④	③	①	③	②	②	④	④	③
31	32	33	34	35	36	37	38	39	40
④	①	④	①	④	①	③	④	④	②
41	42	43	44	45	46	47	48	49	50
④	④	③	④	④	③	②	④	②	④
51	52	53	54	55	56	57	58	59	60
②	①	②	②	①	②	①	①	③	④
61	62	63	64	65	66	67	68	69	70
①	③	③	③	①	④	②	③	③	④
71	72	73	74	75	76	77	78	79	80
①	②	①	④	①	②	④	①	①	②
81	82	83	84	85	86	87	88	89	90
③	②	①	④	④	③	③	①	②	②
91	92	93	94	95	96	97	98	99	100
①	③	②	④	③	④	④	③	②	④

제1과목 : 파생상품 Ⅰ

01
정답 ①

KOSPI200은 시가총액 가중지수이다. 반면에, 다우존스산업평균지수(DJIA), NIKKEI225, KTOP30지수는 가격 가중지수이다. 참고로 KTOP30은 한국 경제의 성장성을 반영하여 국내 주식시장을 대표할 수 있는 30개의 대표종목으로 구성된 지수이다.

02
정답 ③

주식관련 선물의 이론가격은

$(F_t) = S_t + S_t(r - d) \times \dfrac{T - t}{365}$ 이다. 이 식에서 알

수 있는 것처럼 잔존만기가 줄어들수록 선물의 이론가격은 낮아진다.

03
정답 ③

주가지수 선물에서 콘탱고 상태란 [선물지수(F) > 현물지수(S)]인 경우이다. 따라서 선물지수의 상승폭이 현물지수의 상승폭보다 크거나 선물지수의 하락폭이 현물지수의 하락폭보다 작은 경우에 베이시스(=선물지수 – 현물지수)는 확대되고, 선물지수의 상승폭이 현물지수의 상승폭보다 작거나 선물지수의 하락폭이 현물지수의 하락폭보다 큰 경우에 베이시스는 축소된다. 따라서 현물을 매수하고 선물을 매도하는 매도헤지는 베이시스 축소 시에 이익이 발생하고, 매입헤지는 베이시스 확대 시에 이익이 발생한다.

04
정답 ②

$N(\text{선물계약수}) = \dfrac{P}{F} \times (\beta_T - \beta_P)$, 따라서,

$N = \dfrac{150억 원}{300포인트 \times 250,000} \times (1.4 - 0.8) = 120(\text{계약})$

→ N이 양수(+)이므로 매수포지션을 취해야 할 선물계약수를 나타낸다.

05
정답 ④

현재 선물가격(355)이 이론가격(353.5)보다 높은 고평가 상태이므로 현물보유전략(cash & carry)이 적합하다. 즉, 선물을 매도하고 주식 현물을 매수하는 매수차익거래를 하면 이익을 볼 수 있다.

06
정답 ④

장차 스프레드가 줄어들 것으로 예상하는 경우에는 근월물(9월물)을 매수하고 원월물(12월물)을 매도하는 스프레드 매도전략이 적절하다.

정답 및 해설

07   **정답 ①**

단기금리의 상승이 예상되면 향후 금리상승에 대비하여 차입금리를 미리 고정시키는 거래가 필요하다. 따라서 유로달러선물을 매도하여야 한다. 반면에, 단기금리의 하락이 예상되면 향후 금리하락에 대비하여 대출(운용)금리를 고정시키는 거래가 필요하다. 이 경우에는 유로달러선물을 매수하여야 한다.

08   **정답 ④**

T-Note선물을 매도하고 T-Bond선물을 매수하는 거래는 NOB 스프레드 매도전략이다. 금리하락 시에는 장기채권의 가격이 단기채권의 가격보다 상승률이 높기 때문에 단기채권(T-Note선물)을 매도하고 장기채권(T-Bond선물)을 매수하는 NOB 스프레드 매도전략이 적절하다.

09   **정답 ①**

수익률곡선이 플래트닝(Flattening, 평탄)해진다는 것은 단기물의 수익률 상승폭(가격 하락폭)이 장기물보다 커지는 경우 또는 장기물의 수익률 하락폭(가격 상승폭)이 단기물보다 커지는 경우이다. 따라서 수익률곡선이 플래트닝해질 것으로 예상되는 경우에는 단기물(국채선물 3년물)을 매도하고 장기물(국채선물 10년물)을 매수하는 포지션이 필요하다.

10   **정답 ①**

원-달러 환율은 달러가 기준인데, 원-달러 환율이 상승하였으므로 원화에 대해 달러화의 가치는 상승(달러화 평가절상)했고, 달러화에 대해 원화의 가치는 하락(원화 평가절하)한 것이다. 원-엔 환율은 엔화가 기준이다. 원-엔 환율은 하락하였으므로 원화에 대해 엔화의 가치는 하락(엔화 평가절하)했고, 엔화에 대해 원화의 가치는 상승(원화 평가절상)한 것이다.

11   **정답 ①**

한국의 이자율(2%)이 미국의 이자율(4%)보다 낮으므로 원-달러 선물환율은 할인상태에 있다. 그리고, 일본의 이자율(1%)도 미국의 이자율(4%)보다 낮으므로 엔-달러 선물환율도 할인상태에 있다.

12   **정답 ③**

틀린 것을 바르게 고치면, ① 현물가격과 6월물 선물가격은 역조시장 구조이다. ② 8월물 선물가격과 10월물 선물가격은 역조시장 구조이다. ④ 현물가격과 8월물 선물가격은 정상시장 구조이다.

13   **정답 ③**

$NSP = S_1 + (B_2 - B_1) = S_1 + \Delta B = 5,500 + 200 = 5,700$원 → 헤지를 청산하는 시점에서 베이시스가 상승(+200원)하였기 때문에, 매도헤지 시에는 베이시스 상승분만큼 순매도가격(NSP)을 높여준다. 만약 베이시스가 감소했다면, 베이시스 하락분만큼 순매도가격(NSP)을 낮추게 된다.

14   **정답 ①**

합성 콜 매수(c) = 풋 매수(p) + 기초자산 매수(S)

15   **정답 ③**

감마는 등가격(ATM)에서 가장 높고, 외가격(OTM) 및 내가격(ITM)일수록 작아지는 종모양의 곡선을 형성한다.

16   **정답 ②**

콜옵션 매도는 감마(-), 베가(-)이다. 콜이든 풋이든 옵션을 매수한 포지션은 감마와 베가가 (+)이고 쎄타는 (-)이며, 옵션을 매도한 포지션은 감마와 베가가 (-)이고 쎄타는 (+)이다.

17   **정답 ②**

수직적 스프레드 전략은 만기는 같으나 행사가격이 다른 콜옵션(또는 풋옵션)을 동시에 매수/매도하는 전략이다. 따라서 매수/매도하는 두 옵션의 세타는 반대부호를 갖게 되므로 시간가치 소멸효과가 거의 없을 정도로 아주 미미하다. 그리고 매수/매도하는 두 옵션의 베가는 크기가 같고 부호가 반대이므로 옵션포지션의 손익이 기초자산가격의 변동성에 덜 민감(독립적)하다.

정답 및 해설

18   정답 ③

버터플라이 매수는 변동성 매도전략이다. 변동성 매도전략은 향후 기초자산가격의 변동성이 줄어들면 이익을 보는 전략이며, 변동성 매수전략은 향후 기초자산가격의 변동성이 커지면 이익을 보는 전략이다.

19   정답 ④

스트랩 매수 전략은 두 개의 콜옵션과 한 개의 풋옵션 매수로 구성되며, 변동성 상승과 주가 상승이 예상될 때 사용할 수 있는 전략이다

20   정답 ④

포지션의 베가는 (+)이다. 스트래들 매수 포지션은 일반적으로 등가격의 콜옵션과 풋옵션을 동시에 매수하여 변동성의 상승을 기대하는 전략이다. 따라서 감마와 베가는 (+)이며 세타는 (−)이다. 또한 스트래들 매수포지션은 등가격의 콜과 풋을 매수함으로써 포지션의 델타를 중립(델타 ≒ 0)으로 유지할 수 있다.

21   정답 ②

컨버전은 콜옵션이 풋옵션보다 상대적으로 고평가된 상황을 이용하는 전략이다.

22   정답 ④

유로달러 선물옵션의 기초자산은 유로달러선물이다. 따라서 콜옵션은 선물가격(F)이 행사가격(K)보다 높은($F > K$) 경우에 내재가치를 갖는다. 그런데 현재 $[F(97.5) < K(100)]$이므로 콜옵션은 내재가치가 없는 외가격(OTM) 상태이다. 따라서 프리미엄(1.5)이 모두 시간가치이다.

23   정답 ③

금리가 하락하면 채권가격이 상승하므로 풋옵션을 매입하면 손실이 발생한다. 따라서 금리가 하락할 것으로 예상하면 콜옵션을 매입해야 한다.

24   정답 ①

수입업자는 원−달러 환율이 상승하면, 3개월 후에 지급해야 하는 원화금액이 증가하여 손실을 보게 된다. 따라서 환율상승에 대비하여 달러 콜옵션을 매수하여야 한다.

25   정답 ③

상품선물 콜옵션을 매수함으로써 최고 매수(상한) 가격을 설정할 수 있다.

제2과목 : 파생상품 Ⅱ

26   정답 ②

스왑가격(Swap Price) 또는 스왑금리(Swap Rate)란 특정 변동금리와 교환되는 고정금리를 말한다.

27   정답 ②

K기업이 금리상승 리스크를 헤지하기 위해서는 딜러에게 고정금리를 지급하고 변동금리를 수취하는 Payer Swap이 필요하다. 이 경우에는 딜러가 고정금리를 수취하는 입장이므로 받고자 하는 고정금리인 Offer Rate(T+35)가 적용된다.

28   정답 ④

K기업은 U기업보다 신용도가 높기 때문에 두 시장에서의 차입금리가 모두 U기업보다 낮은 절대우위에 있다. K는 변동금리 차입시장에서는 U보다 0.5%포인트 낮게 차입하는 반면, 고정금리 차입시장에서는 U보다 1%포인트 낮게 차입하므로 상대적으로 K기업은 고정금리 차입시장에서 비교우위에 있다. 반면에, U는 고정금리 차입시장에서는 K보다 1%포인트나 높게 차입하는 반면, 변동금리 차입시장에서는 K보다 0.5%포인트만 높게 차입하므로 상대적으로 U기업은 변동금리 차입시장에서 비교우위에 있다.

정답 및 해설

29   정답 ④

스왑거래 후 순차입금리 및 금리이익을 계산하면 다음과 같다.

구 분	K의 거래 종합	U의 거래 종합
비교우위 차입금리	-2.50%	-(Libor + 0.50%)
스왑에서 지급금리	-Libor	-2.75%
스왑에서 수취금리	+2.70%	+Libor
순차입금리	-2.50% - Libor +2.70% = -(L - 0.20%)	-(L + 0.50%) -2.75% + L = -3.25%
금리이익 (비용절감)	0.20%(vs Libor)	0.25%(vs 3.50%)

30   정답 ③

금리하락 시 이익을 얻기 위해서는 금리하락 시 유리한 스왑, 즉 Receiver 이자율스왑(Short Swap) 포지션이 필요하다.

31   정답 ④

Callable 스왑은 고정금리 지급자가 취소 가능한 스왑이다.

32   정답 ①

W기업은 옵션 만기 시 4%의 고정금리를 지급하는 스왑거래를 개시할 것이다.

33   정답 ④

통화스왑에서 만기 원금교환에 적용되는 환율은 만기시점의 환율과 관계없이 최초 거래 시점의 현물환율이 동일하게 적용된다. 따라서 만기 원금교환은 거래초기에 교환한 원금액수 그대로 반대방향으로 재교환하는 것이다.

34   정답 ①

선택옵션은 시간의존형 옵션이며, 나머지는 경로의존형 옵션이다.

35   정답 ④

정유회사는 원유를 매입해야 하므로 유가 상승 위험에 대비한 콜옵션을 매수해야 한다. 헤지비용을 줄이려면 프리미엄이 싼 녹아웃(Knock-out) 옵션을 이용하는 것이 바람직한데, 이 경우 유가 하락 시 무효가 되는 Down-and-Out 콜옵션을 이용하는 것이 좋다. 왜냐하면, 유가가 하락하면 옵션이 무효가 되더라도 현재의 싼 가격으로 원유를 살 수 있고, 유가 상승 시에는 콜옵션을 행사하면 되기 때문이다.

36   정답 ①

클리켓옵션은 표준옵션처럼 초기에 행사가격이 정해지지만, 일정한 시점이 되면 그 시점의 기초자산가격이 새로운 행사가격이 되도록 설정하는 옵션으로서, 행사가격이 재확정될 때마다 그 시점에서의 내재가치가 실현된 것으로 하여 차액지급이 보장된다.

37   정답 ③

만기일에 내가격 상태로 끝나지 아니면 옵션 매수자는 프리미엄을 지불하지 않는다.

38   정답 ④

선택옵션은 옵션 보유자가 만기일 이전에 미래의 특정 시점에서 이 옵션이 콜옵션인지 풋옵션인지 여부를 선택할 수 있는 권리를 가지는 시간의존형 옵션으로서 동일한 행사가격의 Call과 Put을 동시에 보유하는 스트래들(Straddle) 매수전략과 유사하다.

39   정답 ④

이자율평가이론에 따르면, 달러화 금리보다 원화 금리가 높아야 선물환율이 현물환율보다 높다.

40   정답 ②

신용위험은 시장리스크에 비해 장기이다.

정답 및 해설

41
정답 ④

준거자산의 회수율이 높아 회수가치가 높을수록 프리미엄은 낮아진다.

42
정답 ④

CDS거래는 초기원금이 수반되지 않고 신용위험 인수에 대한 대가로 프리미엄만이 수수되는 unfunded 형태의 스왑거래이다.

43
정답 ③

역사적 시뮬레이션은 특정 분포를 가정하지 않고 실제의 변동성과 상관관계를 이용한다는 점에서 우수하다.

44
정답 ④

ELB(Equity Linked Bond, 주가연계파생결합사채)와 DLB(Derivatives Linked Bond, 기타파생결합사채)는 파생결합증권이 아닌 채무증권(파생결합사채)으로 분류된다. 대표적인 파생결합증권에는 ELS, DLS, ELW, ETN 등이 있다.

45
정답 ④

ELS 발행 증권사들이 ELS를 헤지하는 과정에서 현물주식의 가격에 영향을 미칠 수 있으며, 발행 증권사의 Back-to-Back 헤지거래는 장외거래이므로 거래상대방에 대한 신용위험이 있다. ELS가 펀드에 편입된 것이 ELF이다.

46
정답 ③

기본적으로 투자자에게 불리할수록(안전성이 떨어질수록) 제시수익률은 높다. 따라서 기초자산의 개수가 많을수록 투자자가 손실을 볼 가능성이 커지므로 제시수익률은 높아진다.

47
정답 ②

$$기어링 = \frac{기초자산\,가격}{ELW\,가격} \times 전환비율$$

$$= \frac{15,000}{1,000} \times 2 = 30$$

48
정답 ②

은행의 금적립계좌 또는 은적립계좌는 제외한다.

49
정답 ④

ETN 발행회사의 순자본비율은 150% 이상이어야 한다.

50
정답 ④

파지티브 스크리닝이라고 한다.

제3과목 : 리스크관리 및 직무윤리

51
정답 ②

운영리스크를 제외한 나머지는 비계량리스크이다.

52
정답 ①

VaR는 정상적인 시장상황에서의 최대 손실금액을 측정하는 것이다.

53
정답 ②

포트폴리오의 VaR(VaR_P) =

$$\sqrt{VaR_A^2 + VaR_B^2 + 2 \times \rho_{AB} \times VaR_A \times VaR_B}$$

$$= \sqrt{200억^2 + 400억^2 + 2 \times (-1) \times 200억 \times 400억}$$

$$= 200억원,$$

따라서 분산효과(VaR의 감소금액)

$$= VaR_A + VaR_B - VaR_P$$

$$= 200억원 + 400억원 - 200억원 = 400억원$$

54
정답 ②

등가격 콜옵션과 풋옵션 매도로 구성한 스트래들 매도 포지션의 델타는 0이지만 이 포지션의 위험은 대단히 크다. 즉, 이 경우 포지션의 델타가 0이므로 델타-노말 방법으로 구한 VaR는 0이 되어 마치 위험이 하나도 없는 것처럼 계산된다는 것이다.

정답 및 해설

55   정답 ①

원/달러 선물환 매도포지션은 원화채권 매입, 현물환 매도, 달러채권 매도로 복제될 수 있다.

56   정답 ②

예상손실 또는 기대손실(EL) = 익스포져(EAD) × 채무불이행확률(PD) × 손실률(LGD) = 1,000억원 × PD × (1 − 90%) = 2억원. 따라서 부도율(PD)은 2%이다.

57   정답 ①

콜 강세 스프레드는 낮은 행사가격의 콜을 매수하고 만기가 동일한 높은 행사가격의 콜을 매도하는 포지션으로 초기에 순투자(현금지출)가 발생한다. 즉, 프리미엄을 이미 지불했고 미래에 발생할 수 있는 것은 이익뿐이기 때문에 신용리스크에 노출된다.

58   정답 ①

백투백헤지의 경우 unfunded 스왑을 하면 추가 담보 납입 요청 시 유동성위험이 발생할 수 있다.

59   정답 ③

시장에 도달된 때에는 지정가호가로 거래하나, 체결되지 않은 경우에는 종가 단일가격 거래시에 시장가호가로 전환되는 호가는 조건부지정가호가이다.

60   정답 ④

시장가호가는 지정가호가에 우선한다.

61   정답 ①

인감 없이 서명만 등록이 가능하다.

62   정답 ④

갱신차금은 전일의 미결제약정에 대하여 전일의 정산가격과 당일의 정산가격을 비교하여 산출한 손익이다. 따라서 갱신차금을 구하면 다음과 같다.

[갱신차금 = 전일 매수미결제약정수량 × (당일 정산가격 − 전일 정산가격) × 거래승수]
= 10 × (101.85 − 101.65) × 1,000,000 = 2,000,000원

63   정답 ③

예탁증거금은 현금, 대용증권, 외화 또는 회화증권으로 납입할 수 있는데, 프랑스 프랑화는 증거금으로 사용할 수 없는 외화이다.

64   정답 ③

법과 윤리가 충돌하는 경우가 종종 있다. 그 이유는 법의 목적(사회적 : 윤리의 실현)과 윤리의 목적(개인적 : 개인의 도덕심 실현)이 다르기 때문이다.

65   정답 ①

금융투자업종사자는 신의성실의 원칙에 입각하여 투자자의 이익을 최우선으로 하여 업무를 수행하여야 한다.

66   정답 ①

정보보호는 회사에 대한 윤리이며, 나머지 셋은 본인에 대한 윤리이다.

67   정답 ②

국제투명성기구의 부패인식지수는 각 국가별 공무원들과 정치인들의 부패수준이 어느 정도인지에 대한 인식의 정도를 지수로 나타낸 것이다.

68   정답 ③

(금융투자회사의 표준윤리준칙 제4조) 회사와 임직원은 정직과 신뢰를 가장 중요한 가치관으로 삼고 신의성실의 원칙에 입각하여 맡은 업무를 충실히 수행하여야 한다.
(자본시장법 제37조 제1항) 금융투자업자는 신의성실의 원칙에 따라 공정하게 금융투자업을 영위하여야 한다.

정답 및 해설

69 정답 ④

금융투자업자는 이해상충 발생 가능성을 낮추는 것이 곤란하다고 판단되는 경우에는 매매, 그 밖의 거래를 하여서는 아니 된다.

70 정답 ③

일반투자자에 비해 적기는 하지만 전문투자자에 대해서도 법적으로 일부 보호되고 있으며, 전문투자자에 대한 금융투자업자의 윤리적 책임까지도 면할 수는 없다.

71 정답 ①

고객의 투자목적에 적합하지 않은 투자권유를 한 경우이므로 투자목적 등에 적합하여야 할 의무, 즉 적합성 원칙을 위반한 경우라고 봐야 할 것이다.

72 정답 ②

장외파생상품은 요청하지 않은 투자권유를 하여서는 아니 된다.

73 정답 ①

회사의 재산은 매우 넓은 개념으로서 동산, 부동산, 무체재산권, 영업비밀과 정보, 고객관계, 영업기회 등과 같은 유형·무형의 것이 모두 포함된다.

74 정답 ④

청약철회권의 대상이 되는 신탁계약에서 금전신탁은 제외된다.

75 정답 ①

3단계 모델이론에 따르면 자금세탁은 예치단계, 은폐단계, 합법화단계를 거쳐 이루어진다.

제4과목 : 파생상품 법규

76 정답 ②

합명회사의 지분과 합자회사의 무한책임사원의 지분은 지분증권의 범위에서 제외한다.

77 정답 ④

자발적 전문투자자는 2년간 전문투자자 대우를 받을 수 있다.

78 정답 ①

투자일임업과 투자자문업은 신규 진입 시 등록을 요건으로 한다.

79 정답 ①

사업계획의 타당성 요건(사업계획이 타당하고 건전할 것)은 일종의 적합성 기준으로 금융위의 주관적 개입을 의미하는데, 이 요건은 인가요건에만 적용된다.

80 정답 ②

금융투자업자는 분기별로 가결산을 실시하여야 한다.

81 정답 ③

'정상'으로 분류된 대출채권 중 콜론, 환매조건부매수에 대하여는 대손충당금을 적립하지 아니할 수 있다.

82 정답 ②

순자본비율의 기초가 되는 금융투자업자의 자산, 부채, 자본은 연결재무제표에 계상된 장부가액(평가성충당금을 차감한 것)을 기준으로 한다.

83 정답 ①

순자본비율 50% 이상 100% 미만인 경우 경영개선 권고 조치가 취해진다.

정답 및 해설

84   정답 ④

금융투자업자는 대주주가 발행한 증권을 소유할 수 없다.

85   정답 ④

둘 이상의 금융투자업자와 투자권유 위탁계약을 체결하는 행위가 금지된다.

86   정답 ③

조사분석자료의 작성을 담당하는 자에 대해서는 일정한 기업금융업무와 연동된 성과보수를 지급할 수 없다.

87   정답 ③

투자자가 예탁한 증권의 총액과 증권의 종류별 총액에 관한 정보 등은 별도 제한 없이 제공이 가능하다.

88   정답 ①

「금융소비자보호법」상 금융상품 유형은 투자성 상품, 예금성 상품, 보장성 상품, 대출성 상품으로 구분한다.

89   정답 ②

상장채무증권은 신용거래 매매가 가능한 증권이 아니다.

90   정답 ②

공공적 법인이 상장된 당시 발행주식총수의 10% 미만을 소유한 주주는 발행주식총수의 3% 이내에서 정관이 정하는 비율을 초과하여 소유할 수 없다.

91   정답 ①

권리를 행사하는 과정에서 미공개 중요정보를 알게 된 그 법인(계열사 포함)의 주요주주가 규제대상에 해당된다. 미공개 중요정보 이용금지 규정은 주요주주, 즉 해당 법인의 10% 이상 보유주주 및 법인의 주요 경영사항에 대하여 사실상 영향력을 행사하고 있는 주주를 규제대상으로 하고 있다.

92   정답 ③

그 법인(계열회사를 포함) 및 그 법인의 임직원·대리인으로서 그 직무와 관련하여 미공개 중요정보를 알게 된 자는 규제대상 내부자이다.

93   정답 ②

금융투자분석사는 불가피한 경우를 제외하고는 자신이 담당하는 업종에 속하는 법인이 발행한 주식 등을 매매하여서는 안 된다.

94   정답 ④

다른 금융투자회사가 판매하는 MMF와 운용실적 등에 관한 비교광고를 하지 말아야 한다.

95   정답 ③

상장채권 및 공모 주가연계증권은 2 이상의 채권평가회사가 제공하는 가격정보를 기초로 투자매매업자 또는 투자중개업자가 산정한 가격으로 평가한다.

96   정답 ④

채권평가인력은 펀드관계회사인력의 일종이다.

97   정답 ④

금선물의 호가가격단위는 10원(1g당)이다.

98   정답 ③

코스피200변동성지수선물은 협의대량거래가 가능한 상품이 아니다.

99   정답 ②

단일가호가인 경우에는 시장가호가를 입력할 수 있지만, 최유리지정가호가는 입력할 수 없다.

100   정답 ④

중국위안화는 거래증거금으로 예탁할 수 있다.

지식에 대한 투자가 가장 이윤이 많이 남는 법이다.

– 벤자민 프랭클린 –

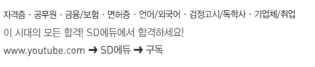

실전모의고사 OMR 답안지

번호	1	2	3	4	5	번호	1	2	3	4	5	번호	1	2	3	4	5	번호	1	2	3	4	5	번호	1	2	3	4	5
1	①	②	③	④	⑤	21	①	②	③	④	⑤	41	①	②	③	④	⑤	61	①	②	③	④	⑤	81	①	②	③	④	⑤
2	①	②	③	④	⑤	22	①	②	③	④	⑤	42	①	②	③	④	⑤	62	①	②	③	④	⑤	82	①	②	③	④	⑤
3	①	②	③	④	⑤	23	①	②	③	④	⑤	43	①	②	③	④	⑤	63	①	②	③	④	⑤	83	①	②	③	④	⑤
4	①	②	③	④	⑤	24	①	②	③	④	⑤	44	①	②	③	④	⑤	64	①	②	③	④	⑤	84	①	②	③	④	⑤
5	①	②	③	④	⑤	25	①	②	③	④	⑤	45	①	②	③	④	⑤	65	①	②	③	④	⑤	85	①	②	③	④	⑤
6	①	②	③	④	⑤	26	①	②	③	④	⑤	46	①	②	③	④	⑤	66	①	②	③	④	⑤	86	①	②	③	④	⑤
7	①	②	③	④	⑤	27	①	②	③	④	⑤	47	①	②	③	④	⑤	67	①	②	③	④	⑤	87	①	②	③	④	⑤
8	①	②	③	④	⑤	28	①	②	③	④	⑤	48	①	②	③	④	⑤	68	①	②	③	④	⑤	88	①	②	③	④	⑤
9	①	②	③	④	⑤	29	①	②	③	④	⑤	49	①	②	③	④	⑤	69	①	②	③	④	⑤	89	①	②	③	④	⑤
10	①	②	③	④	⑤	30	①	②	③	④	⑤	50	①	②	③	④	⑤	70	①	②	③	④	⑤	90	①	②	③	④	⑤
11	①	②	③	④	⑤	31	①	②	③	④	⑤	51	①	②	③	④	⑤	71	①	②	③	④	⑤	91	①	②	③	④	⑤
12	①	②	③	④	⑤	32	①	②	③	④	⑤	52	①	②	③	④	⑤	72	①	②	③	④	⑤	92	①	②	③	④	⑤
13	①	②	③	④	⑤	33	①	②	③	④	⑤	53	①	②	③	④	⑤	73	①	②	③	④	⑤	93	①	②	③	④	⑤
14	①	②	③	④	⑤	34	①	②	③	④	⑤	54	①	②	③	④	⑤	74	①	②	③	④	⑤	94	①	②	③	④	⑤
15	①	②	③	④	⑤	35	①	②	③	④	⑤	55	①	②	③	④	⑤	75	①	②	③	④	⑤	95	①	②	③	④	⑤
16	①	②	③	④	⑤	36	①	②	③	④	⑤	56	①	②	③	④	⑤	76	①	②	③	④	⑤	96	①	②	③	④	⑤
17	①	②	③	④	⑤	37	①	②	③	④	⑤	57	①	②	③	④	⑤	77	①	②	③	④	⑤	97	①	②	③	④	⑤
18	①	②	③	④	⑤	38	①	②	③	④	⑤	58	①	②	③	④	⑤	78	①	②	③	④	⑤	98	①	②	③	④	⑤
19	①	②	③	④	⑤	39	①	②	③	④	⑤	59	①	②	③	④	⑤	79	①	②	③	④	⑤	99	①	②	③	④	⑤
20	①	②	③	④	⑤	40	①	②	③	④	⑤	60	①	②	③	④	⑤	80	①	②	③	④	⑤	100	①	②	③	④	⑤

성명

주민등록번호

교시 문제형

수험번호

감독위원 확인

인

2024~2025 SD에듀 파생상품투자권유자문인력 한권으로 끝내기

개정3판1쇄 발행	2024년 04월 15일 (인쇄 2024년 04월 02일)
초 판 발 행	2021년 10월 05일 (인쇄 2021년 09월 17일)
발 행 인	박영일
책 임 편 집	이해욱
저 자	박선호
편 집 진 행	김준일 · 이보영
표지디자인	하연주
편집디자인	하한우 · 장하늬
발 행 처	(주)시대고시기획
출 판 등 록	제10-1521호
주 소	서울시 마포구 큰우물로 75 [도화동 538 성지 B/D] 9F
전 화	1600-3600
팩 스	02-701-8823
홈 페 이 지	www.sdedu.co.kr

I S B N	979-11-383-6966-4 (13320)
정 가	30,000원